DIE BESTEN REZEPTE

Erschienen im Unipart-Verlag GmbH,
Remseck bei Stuttgart 1992

ISBN 3 8122 3110 7

DIE BESTEN REZEPTE

KOCHEN & BACKEN

Unipart-Verlag · Stuttgart

Haben Sie Lust auf eine kulinarische Entdeckungsreise? Unser Bestes Kochen & Backen lädt Sie ein zu einem Streifzug durch die Vielfalt der modernen Küche. Die Palette ist verlockend. Wir zeigen Ihnen, wie raffiniert, abwechslungsreich und interessant die gute Küche sein kann.
Natürlich fehlen auch nicht die unentbehrlichen Grundrezepte und die klassischen Gerichte der deutschen und der internationalen Küche.
Über 1000 Rezepte, Tips und Ideen sind in dieses Dr. Oetker Buch des guten Essens eingegangen.
Es bietet eine reichhaltige Vielfalt ausgesuchter Rezepte, deren Ausgereiftheit für Dr. Oetker sprichwörtlich ist.
Praktische Schritt-für-Schritt-Fotos geben Ihnen eine genaue Vorstellung der Zubereitung.
Die Garantie für ein sicheres Gelingen bieten zusätzlich die kleinen Tricks und Tips in den Ratgebern.
Ein zeitgemäßes kulinarisches Standardwerk für Könner und solche, die es werden wollen.

INHALTSÜBERSICHT

Saucen

Fische und Schalentiere

Fleisch

Geflügel und Wild

Nicht, daß wir Sorge hätten, Sie würden sich in Ihrer Küche und an Ihrem Herd nicht auskennen oder gar von Ernährungslehre nichts wissen.
Das ist nicht der Grund, warum wir auf den folgenden Seiten alles dargestellt haben, was an Wissenswertem über Ernährung, Einkauf, Vorratshaltung, Messer und Töpfe, über Kräuter und Gewürze wichig ist.
Der Grund ist vielmehr: Manches gerät in der Hektik des Alltags in Vergessenheit. Und noch eins: Jährlich entdecken viele Menschen ihre Liebe und Begeisterung für das Kochen und das gute Essen. Ihnen eine Nachschlagemöglichkeit an die Hand zu geben, ist unser Anliegen. Niemand soll mit seinen Koch-, Küchen- und Ernährungsproblemen allein gelassen werden.
Da bekanntlich auch „das Auge mitißt", sagen wir Ihnen auch etwas über das Arrangement der Speisen und daß zum guten Essen auch der hübsch gedeckte Tisch gehört. Der Phantasie sind keine Grenzen gesetzt.
Aber sehen Sie selbst, ob Sie das eine oder andere noch nicht wissen oder ob Sie Ihr Wissen nur noch aufzufrischen brauchen.

ERNÄHRUNGSLEHRE

Essen und trinken ist ein Teil unserer Lebensfreude. Nicht umsonst heißt es: der Mensch ist, was er ißt. Um sich jedoch gesund und vollwertig ernähren zu können, sind einige Grundkenntnisse über die Stoffe unerläßlich, die unserem Organismus die lebensnotwendige Energie liefern und ihn erhalten. Und dabei soll Ihnen dieser Überblick helfen. Da ist zuerst einmal das Eiweiß (Protein), ohne das kein Mensch leben kann. Haare, Muskeln, Haut, innere Organe, kurz alle Körperzellen bestehen aus Eiweiß. Da dieses Körpereiweiß jedoch ständig abgebaut wird, muß es aus Aminosäuren, so heißen die Eiweißbausteine, immer wieder neu gebildet werden. Allerdings ist der Mensch nur in der Lage, zwölf von insgesamt 20 lebenswichtigen (essentiellen) Aminosäuren im Körper selbst zu produzieren. Die restlichen acht müssen ihm mit der Nahrung zugeführt werden.
Der tägliche Eiweißbedarf beträgt bei einem Erwachsenen 0,8 g pro Kilogramm. Er läßt sich zum Beispiel schon durch 250 g Putenbrust decken. Kinder, ältere Menschen und werdende oder stillende Mütter brauchen ca. 1 – 1,2 g.
Sowohl tierische als auch pflanzliche Lebensmittel enthalten Eiweiß, tierisches jedoch biologisch hochwertigeres. Der Grund: Es liefert mehr essentielle Aminosäuren. Hochwertiges tierisches Eiweiß ist enthalten in Milch und Milchprodukten wie Quark, Joghurt und Käse, in Fleisch, Geflügel und Fisch und natürlich in Eiern.
Unter den pflanzlichen Produkten sind Hülsenfrüchte, Getreide, Soja und Nüsse die wichtigsten Eiweißlieferanten. Eiweißmangel beeinträchtigt nicht nur die körperliche und geistige Leistungsfähigkeit, sondern auch die Widerstandskraft gegen Infektionen. Am besten hält man sich bei der täglichen Eiweißzufuhr an das vernünftige Mittelmaß, das heißt 15 % unserer Nahrung sollte aus Eiweiß bestehen.

Fett hat im menschlichen Körper verschiedene wichtige Funktionen zu erfüllen. Es liefert Brennstoff zum Betrieb der Organe und Muskeln und versorgt den Körper mit den fettlöslichen Vitaminen A, D, E und K. Gleichzeitig führt es ihm aber auch mehrfach ungesättigte Fettsäuren zu. Und die sind für den Körper lebensnotwendig (essentiell), weil er sie im Gegensatz zu den gesättigten und einfach gesättigten Fettsäuren nicht selber bilden kann. Ein weiterer Pluspunkt der mehrfach ungesättigten Fettsäuren, deren Hauptvertreter die Linolsäure ist: Sie können den Cholesterinspiegel senken und damit Herz- und Gefäßerkrankungen entgegenwirken.

Nun ist Fett jedoch nicht gleich Fett. Tierisches Fett wie Butter und Schweineschmalz enthält mehr gesättigte Fettsäuren. Pflanzliches Fett wie Pflanzenmargarine oder -öl (vor allem Distel-, Sonnenblumen-, Soja- und Weizenkeimöl) hat einen weitaus höheren Anteil an mehrfach ungesättigten Fettsäuren. Trotz seiner Wichtigkeit sollte man mit dem Super-Energiespender Fett (1 g hat 9,3 Kalorien und damit doppelt soviel Energie wie 1 g Eiweiß oder 1 g Kohlenhydrate) durchaus vorsichtig umgehen. Wenn man nämlich bedenkt, daß jeder Bundesbürger täglich etwa 140 g Fett zu sich nimmt, dann wundert es nicht mehr, daß fast jeder Dritte übergewichtig ist. Die Empfehlung der Ernährungswissenschaft liegt bei 70 g täglich! Das heißt nun nicht, daß man sich die Butter oder Margarine auf's Brot kratzen sollte. Doch mehr Zurückhaltung ist geboten. Ein Beispiel: Um einen zuviel gegessenen Eßlöffel Butter oder Margarine wieder abzuarbeiten, muß man eine Stunde lang bügeln. Besonders gefährlich sind die sogenannten versteckten Fette. Für's Auge meist nicht sichtbar, aber zum Beispiel in Käse, Wurst, Kuchen, Gebäck, Nüssen und Schokolade enthalten. Wer also unerwünschten Fettpolstern vorbeugen möchte, sollte beim Essen solcher Produkte Maß halten. Die ideale Fettzufuhr pro Tag: je 20 g Streich- und Kochfett und 30 g versteckte Fette.

Auch Kohlenhydrate braucht der Mensch. Aber die richtigen müssen es sein. Genau wie Eiweiß und Fett können sie Aufbaustoff sein. Vor allem aber liefern sie Energie. Ohne sie könnte kein Mensch leben. Der Stoffwechsel würde entgleisen, die Hirntätigkeit wäre geradezu unmöglich. Fast alle Nahrungsmittel enthalten Kohlenhydrate, entweder in Form von Zucker oder in Form von Stärke. Nun ist es aber dem Körper durchaus nicht gleichgültig, welche Kohlenhydrate er bekommt. Denn nicht alle sind gleichermaßen hochwertig. Wichtig ist, ob Kohlenhydrate mit Vitalstoffen einhergehen. Vorsicht geboten ist deshalb bei allzu reichhaltigem Genuß von Zucker und zuckerhaltigen Nahrungsmitteln. Denn Zweifachzucker liefert leere Energie, kommt also nie in Verbindung mit Vitaminen und Mineralstoffen vor. Hinzu kommt, daß Zukker und alle damit hergestellten Lebensmittel die Eigenschaft haben, Kalk im Körper abzubauen und einen erhöhten Bedarf an Vitamin B 1 zu wecken, den der Körper sich aus seinen Reserven holt. Die Folge: Eine noch größere Lust auf Zucker. Und bei überhöhter Zufuhr die Gefahr, an Karies, chronischer Verstopfung oder gar Diabetes zu erkranken. Übergewicht mit allen Folge-Erkrankungen inbegriffen. Denn ein Zuviel an Kohlenhydraten verwandelt der Körper in Fett, das schlicht dick macht. Nützliche Kohlenhydratlieferanten sind dagegen pflanzliche Lebensmittel wie Reis, Nudeln und Vollkornprodukte. Nicht zuletzt Gemüse wie Kartoffeln, Kohlrabi, Möhren, Spargel, Schwarzwurzeln, Rote Bete und Obst (Äpfel, Birnen und Orangen). Im Gegensatz zum Zukker, der rasch ins Blut gelangt, werden stärkehaltige Lebensmittel langsamer vom Körper aufgenommen und im Stoffwechsel verarbeitet. Das Ergebnis: Man bleibt länger satt. Hinzu kommt, daß mit der Stärke meistens gleichzeitig Vitamine und Mineralstoffe zugeführt werden. Faustregel: Die Hälfte unserer Kost sollte aus Kohlenhydraten bestehen, davon aber höchstens 10 bis 15 % in Form von Zucker oder zuckerhaltigen Lebensmitteln.

Ballaststoffe sind die unverdaulichen Bestandteile von Getreide, Gemüse und Obst und durchaus kein überflüssiger Ballast für den menschlichen Körper. Im Gegenteil. Dank ihrer hohen Quellfähigkeit füllen sie Magen und Darm, sättigen schneller und anhaltender und regen den Darm zu stärkerer Aktivität an. Ballaststoffreiche Nahrung hilft zudem bei Stuhlträgheit und soll neueren Erkenntnissen zufolge sogar Dickdarmkrebs und andere Darmleiden verhüten helfen. Ballaststoffe, auch Rohfaser genannt, sind nur in pflanzlichen Lebensmitteln enthalten, nicht in tierischen Nahrungsmitteln.
Es gibt vier Hauptsorten an Ballaststoffen mit unterschiedlichen Wirkstoffen: Cellulose, Hemicellulosen, Lignin (hauptsächlich in Getreide und Gemüse vorhanden) und Pektin (vor allem in Obst enthalten). Ballaststoffe aus Getreide sind besonders günstig für die Verdauung. Die aus Obst und Gemüse bringen dagegen den Magensäften Arbeit und sorgen für das Sättigungsgefühl. Zudem können sie einen erhöhten Cholesterinspiegel im Blut senken.
Den größten Anteil an Ballaststoffen enthält Weizenkleie. Aber auch schrothaltiges Brot, alle Vollkornbrot und -brötchensorten, Pumpernickel und mit Kleie angereichertes Brot liefern reichlich Ballaststoffe.
Zu den ballaststoffreichen Gemüsen gehören Hülsenfrüchte (Erbsen, Linsen, weiße Bohnen), Spinat, Broccoli, Zuckermais, Porree, Rot-, Weiß-, Rosen- und Blumenkohl, grüne Bohnen, Rhabarber, Kartoffeln, Champignons, Tomaten, Endivien- und Kopfsalat.
Beim Obst sind es vor allem getrocknete Feigen und Aprikosen, Backpflaumen, Datteln, Johannisbeeren, Himbeeren, Brombeeren und Erdbeeren, Bananen, Äpfel, Birnen und Passionsfrüchte. Aber auch Nüsse und Mandeln sind ballaststoffreich. Allerdings liefern nur rohes Obst und Gemüse die Ballaststoffe unverändert. Sie sind daher für den Organismus wirksamer. Nach einer Empfehlung der Deutschen Gesellschaft für Ernährung sollte ein Erwachsener täglich mindestens 30 g Ballaststoffe zu sich nehmen.

Vitamine sind für unseren Körper unentbehrlich . Sie bewirken, daß die Nährstoffe Eiweiß, Fett und Kohlenhydrate innerhalb des Stoffwechsels ordnungsgemäß umgesetzt werden. Da der Körper sie nicht oder nicht alle selbst aufbauen kann, müssen sie ständig mit der Nahrung zugeführt werden.
Es gibt die fettlöslichen Vitamine A, D, E und K, die im Körper gespeichert werden können. Und es gibt die wasserlöslichen Vitamine B1, B2, Niacin, B6, Folsäure, Pantothensäuren, B12 und Vitamin C. Der Organismus kann sie nicht speichern. Ein Überschuß wird ausgeschieden. Die wichtigsten Vitamine:
Vitamin A: enthalten in Leber, Lebertran, Spinat, Möhren, Paprika, Milch, Butter, Margarine, als Provitamin A (Karotin) in allen Gemüse- und Obstsorten. Wichtig für Wachstum und Sehvermögen.
Vitamin B1: enthalten in Schweinefleisch, Vollkornbrot, Hülsenfrüchten, Kartoffeln, Gemüse, Nüssen, Hefe, Leber. Wichtig für Nerven, Herz und Darm.
Vitamin B2: enthalten in Hefe, Eigelb, Käse, Leber, Milch, Vollkornbrot, Blattgemüse. Wichtig für den gesamten Stoffwechsel.
Vitamin B6: enthalten in Hefe, Leber, grünem Gemüse, Fisch, Geflügel. Wichtig für Stoffwechsel und Blutbildung.
Vitamin B 12: enthalten in Leber, Nieren, Fleisch, Fisch, Eigelb. Wichtig für den Stoffwechsel.
Niacin: enthalten in Innereien, Hefe, Hülsenfrüchten, Vollkornprodukten. Wichtig für die Nerven.
Folsäure: enthalten in Milch, grünem Gemüse, Obst, Fleisch, Leber. Wichtig für die Reifung der roten Blutkörperchen.
Pantothensäure: enthalten in Innereien, Muskelfleisch, grünem Gemüse, Getreide, Eiern. Wichtig für Stoffwechsel und Haut.
Vitamin C: enthalten in Sanddornbeeren, Zitrusfrüchten, Kiwi, schwarzen Johannisbeeren, Petersilie, Paprika. Wichtig für Abwehrfunktionen des Körpers.

Mineralstoffe sind als Baustoffe für Knochen und Zähne lebensnotwendig. Ohne sie wären viele Stoffwechselvorgänge nicht möglich. Jede lebende Zelle benötigt sie zum Aufbau, zum Funktionieren und zur Erneuerung. Hier die wichtigsten:
Calcium: enthalten in Milch, Milchprodukten, Gemüse, Obst, Brot, Haferflocken, Fisch, Hülsenfrüchten, Nüssen. Wichtig für Knochen, Zähne, Blut und Nerven.
Kalium: u.a. enthalten in Bananen, Johannisbeeren, Broccoli, Kartoffeln, Fleisch, Käse, Milch. Wichtig für die Muskelfunktion.
Magnesium: enthalten in Fisch, Milch, Pute, Hack, Hülsenfrüchten, Vollkornprodukten, Kartoffeln, Beerenfrüchten. Wichtig für Nerven, Muskeln und Zähne.
Phosphor: enthalten in Milch und Milchprodukten, Fleisch, Fisch, Wurst, Getreideerzeugnissen, Gemüse. Wichtig für den gesamten Knochenaufbau.
Was wir nun als Spurenelemente kennen, sind auch Mineralstoffe. Aber sie werden nur in „Spuren" benötigt, also in Milligramm-Mengen, die Mineralstoffe eher in Gramm-Mengen. Daher der Name. Die meisten sind lebensnotwendig. Der Überblick:
Eisen: enthalten in Innereien, Fleisch, Spinat, Endivien- und Feldsalat, Schnittlauch, Hülsenfrüchten, Vollkornbrot. Wichtig für die Bildung des roten Blutfarbstoffes Hämoglobin.
Jod: enthalten in Seefisch, Vollmilch, Radieschen, Brunnenkresse, Grünkohl, Eiern. Wichtig für den Aufbau von Schilddrüsenhormonen.
Kupfer: enthalten in Innereien, Fleisch, Fisch, Getreide, Hülsenfrüchten, Champignons, Kakao. Wichtig für die Bildung von Blutfarbstoff und Knochen. Mangan: enthalten in Obst, Blattgemüse, Sojabohnen, Getreide, Nüssen. Wichtig für die Funktion des Stoffwechsels.
Kobalt: enthalten in Erbsen, Rettich, Fleisch, Leber, Milch. Wichtig für den Aufbau des Stoffwechsel-Vitamins B 12.

EINKAUF UND LAGERUNG

Kaufen Sie nur frische Lebensmittel ein! Sie können sich noch so viel Mühe mit dem Kochen geben, wenn Sie welkes Gemüse, Schrumpfkartoffeln, zähes Rindfleisch, wässriges Schweinefleisch oder Uralt-Eier eingekauft haben, können sie kein gutes Gericht zubereiten. Grundsätzlich gilt: Wer Qualität einkauft, legt zwar ein bißchen mehr Geld auf den Ladentisch. Aber das zahlt sich aus. Denn mit der Qualität erkaufen Sie sich weniger Abfall, höheren Nähr- und Wirkstoffgehalt und besseren Geschmack. Woran aber erkennt man frische Lebensmittel? Bei Gemüse, Salatgemüse und Obst ist das relativ einfach. Da gibt's die Handelsklassen von Extra bis III. Wobei Extra die qualitativ beste Ware, aber III auch noch zu billigen ist. Das allein garantiert Ihnen aber weder vollkommenes Aroma noch guten Geschmack.
Denn Obst und Gemüse werden nach ihrem Äußeren in Handelsklassen eingeteilt. Ein hübsch aussehender Apfel kann durchaus nach nichts schmecken, ein ungleich gewachsener, nicht so ansehnlicher, sein volles Aroma vermitteln, obwohl er in Klasse III eingestuft ist. Unser Rat: Verlassen Sie sich auf Ihre Augen. Sie sehen ja selbst, ob Ihnen die Ware gefällt.
Aber wie ist es mit Fleisch? Frisches Fleisch im wahrsten Sinn gibt's ja nicht, denn es muß – außer Schweinefleisch – reifen und abhängen, damit es auch schmeckt. Das einzig wahrnehmbare Qualitätsmerkmal: Fleisch muß frisch riechen. Das betrifft auch Wurst und Frischgeflügel. Beim Einkauf können Sie sich also nur auf Ihre Nase und Ihren Fleischer verlassen. Und ihn wechseln, falls seine Ware nicht gut ist.
Bei Butter und Margarine haben Sie's einfacher. Denn auf den Packungen steht das Mindesthaltbarkeitsdatum. Das brauchen Sie beim Einkauf nur zu beachten. Milchprodukte, also auch Quark, Joghurt, Buttermilch und alle Frischmilchsorten sollten Sie täglich frisch oder als Kurzzeitvorrat für den Kühlschrank einkaufen.

Vorrat ist der beste Rat.
An einem klug ausgewählten Lebensmittelvorrat führt nunmal kein Weg vorbei. Das betrifft jeden Haushalt. Denn ohne einen gewissen Standardvorrat ist keine Küche denkbar. Eine schnelle schon gar nicht, auf die heutzutage viele angewiesen sind. Ganz gleich, wieviel Personen Sie zu betreuen haben, Ihr Vorrat sollte aus folgenden Grundlebensmitteln bestehen (die Menge richtet sich nach der Anzahl der Familienmitglieder): Kartoffeln, Kartoffelprodukte wie Püree, Kroketten, Knödel; Brot, Toastbrot, Schwarzbrot, Knäcke; Margarine oder/und Butter; Öl, Bratfett; Mehl, Reis, Haferflocken, Nudeln, Speisestärke, Puddingpulver; Salz und Gewürze; Essig; Eier; Kondensmilch und H-Milch (kurzzeiterhitzte, lange ohne Kühlung haltbare Milch).

Was Sie außerdem in Ihrem Vorrat haben sollten.
Gemüse-, Obst-, Sauer-, Fleisch- und Fischkonserven. Vielleicht auch ein paar Suppen oder Suppen in Beuteln. Außerdem Brühwürfel, Soße in Päckchen und Flaschen. Nicht zu vergessen: Mineralwasser, Säfte und Limonaden. Das alles können Sie außerhalb der Kühlung in der Speisekammer oder im Vorratsschrank aufbewahren (Foto unten). Außer Margarine, Butter und Eiern, die in den Kühlschrank gehören. Achten Sie darauf, daß Speisekammer und Vorratsschrank trocken, belüftet und kühl sind. Und: Alle Vorräte in ihren Packungen oder in fest schließenden Gefäßen (z.B. Nährmittel) aufbewahren. Wichtig: Kartoffeln am besten im Spankorb, nie in der geschlossenen Plastiktüte lagern. Sie müssen luftig aufbewahrt werden, sonst verderben sie.

Der unentbehrliche Kühlschrank.
Wer nun glaubt, im Kühlschrank wären verderbliche Lebensmittel fast unbegrenzt haltbar, der irrt leider gewaltig. Aber er ist eine unentbehrliche Hilfe für die Vorratshaltung. Damit Sie ein paar Anhaltspunkte haben, finden Sie in unserer Tabelle, wieviel Tage sich was frisch hält. Die erste Zahl bedeutet: Lagerzeit ohne wesentlichen Frischverlust. Die zweite Zahl sagt Ihnen, wie lange Sie Lebensmitteln lagern können, wenn Sie bereit sind, auch Qualitätseinbußen hinzunehmen:

Lebensmittel	Tage
Butter, Margarine	6 – 20
Eier	10 – 20
Frischer Fisch, offene Fischkonserven	1 – 2
frisches Fleisch	2 – 3
Fleisch gehackt	12 Std.
Fleisch gegart	3
Blattgemüse	1 – 3
Wurzelgemüse	7 – 14
Fruchtgemüse wie Tomaten	6 – 8
Gemüse gegart	2 – 4
Kräuter	3 – 4
Käse, alle Sorten	8 – 14
Konserven, angebrochen	2 – 3
Mayonnaise, angebrochen	8
Frischmilch	2
Joghurt, Kefir, Dickmilch	7 – 14
Beerenobst	2 – 3
Stein- und Kernobst	5 – 8
Quark, angebrochen	3 – 6
frische Pilze	1 – 2
Saure Sahne	7 – 14
Schlagsahne, frisch	3
Gekochter Schinken	4
Geräucherter Schinken	7 – 14
Frischwurst	3 – 4

Wichtig: Alle Lebensmittel müssen verpackt oder zugedeckt in den Kühlschrank gestellt werden, sonst nimmt eines vom anderen den Geschmack an. Und wer mag schon Butter mit Fischduft? Ideales Verpackungsmaterial sind fest schließende Gefäße, Alu- und Klarsichtfolie, Frischhaltebeutel und -boxen (Foto oben). Nicht in den Kühlschrank gehören Zitrusfrüchte wie Mandarinen und Orangen. Sie trocknen aus und geben zuviel Aroma ab. Käse, Tomaten, Wurst, gekochten und geräucherten Schinken 30 Minuten vor Gebrauch aus dem Kühlschrank nehmen. Nur so können sie ihr ganzes Aroma entwickeln. Kräuter mit Wasser benetzt in Klarsichtfolie hüllen und im Gemüsefach aufbewahren. Es hat sich auch bewährt, Käse und Geräuchertes wie Schinken und Wurst im Gemüsefach aufzubewahren. Dort sind sie aromageschützter. Nur fertig gekaufte Delikateßsalate brauchen etwas Luft, Gefäßdeckel leicht öffnen.

EINFRIEREN

1

2

3

Einfrieren ist die beste Vorratswirtschaft. Moderner kann man Lebensmittel nicht konservieren. Denn durch den plötzlichen Kälteschock bleiben Nährwert, Vitamine und sogar Konsistenz und Farbe weitgehend wie frisch erhalten. Einfrieren hat aber noch mehr Vorteile. Man spart zum Beispiel Geld, weil Sonderangebote genutzt oder größere Lebensmittelmengen preiswerter eingekauft werden können. Und man spart Zeit und Energie, weil auf Vorrat gekocht wird. Zum Beispiel Eintöpfe. Es ist keine Schwierigkeit, die dreifache Menge auf einmal zuzubereiten. Mit etwas mehr Zeitaufwand. Mittags wird die gewohnte Menge serviert. Der Rest kommt in beliebige Portionen verpackt ins Gefriergerät. Fazit: Mindestens zweimal Kochen gespart, weil die Portion für die nächste Mahlzeit nur noch erhitzt werden muß. Gefriergeräte haben also einen erheblichen Freizeitwert. Weitere Vorteile: Sie können jederzeit das große Tiefkühlkost-Angebot im Einzelhandel optimal nutzen. Vor allem aber immer wieder die preiswerten Sonderangebote. Denn Lagerprobleme gibt es für Sie nicht. Und damit auch nicht mehr das Problem: Was koche ich morgen oder was setze ich meinen Gästen vor. Ganz abgesehen davon, daß Sie gesunde Kost servieren, haben Sie auch den Vorteil, daß diese billiger ist. Weil sie – einmal in Ihrem Gefriergerät lagernd – nicht mehr teurer werden kann. Nur eines müssen Sie sich merken: Kochen Sie mittags gelegentlich planmäßig die doppelte oder dreifache Portion, damit Ihr Tiefkühlgerät immer voll ausgenutzt wird. Nur so macht es sich bezahlt.

Wie Lebensmittel eingefroren werden

Einfrieren können Sie fast alle Lebensmittel. Ausnahme: Blattsalate, Tomaten, Zwiebeln, Knoblauch, Schnittlauch, Radieschen, Rettich und Kartoffeln im rohen Zustand. Auch Mayonnaise, Salatsoßen, hartgekochtes Eiweiß, Torten mit Guß und Baisergebäck sind nichts für Gefriergeräte. Und so bereitet man die Lebensmittel vor:

Gemüse wird zuerst geputzt und gewaschen (Foto 1) am Beispiel von Broccoli und dann blanchiert. Also das Gemüse in einem Sieb 2 bis 5 Minuten in kochendes Wasser stellen (Foto 2), damit die Oberflächenfermente zerstört werden, die Geschmack und Geruch beeinträchtigen können. Gemüse sofort im Sieb in Eiswasser stellen, damit der Garprozeß unterbrochen wird (Foto 3).

Obst kann man roh einfrieren. Es wird vorher gewaschen, geputzt und trockengetupft. Äpfel und Birnen schälen und entkernen und in Stücke schneiden, dann blanchieren. Sonst werden sie braun und unansehnlich. Es ist auch möglich, Obst mit Zucker einzufrieren. Rohes Obst einfach mit ein paar Eßl. Zucker mischen.

Rohes Fleisch kann bis zu einem Gewicht von ca. 1500 g im ganzen Stück eingefroren werden. Besser aber in für Ihren Haushalt gebräuchliche Portionen, damit die Gefrierzeit verringert wird. Auch Schnitzel, Steaks, gewürfeltes Fleisch für Ragouts und Frikassées und sogar rohe Bratwürste kann man einfrieren.

Rohes Geflügel kochfertig vorbereiten. Auch nicht zu stark abgehangenes Wild kann ganz oder in Portionen eingefroren werden. Innereien gesondert ins Gerät packen.

Fisch – ausgenommen und gesäubert – nur dann einfrieren, wenn er fangfrisch ist.

Backwaren und fertige Gerichte sind natürlich auch was für den Kältevorrat. Kuchen und Brot schneidet man am besten in Stücke oder Scheiben. Man kann beides auch im Ganzen einfrieren, braucht aber nachher eine längere Auftauzeit. Speisen fürs Mittag- oder Abendessen wie üblich kochen, abkühlen lassen und portionsweise in Gefrierbehältern einfrieren.

Die Gefrier- und Lagerzeiten sind unterschiedlich. So braucht zum Beispiel 1000 g Fleisch oder ein Hähnchen mindestens sechs, wenn nicht acht Stunden, bevor sie tiefgefroren sind. Eine komplette Gans braucht sogar 24 Stunden. Und für 1000 g Obst oder Gemüse müssen Sie bis zu zwölf Stunden rechnen. Alle Lebensmittel und Gerichte müssen schnell eingefroren werden. Ge-

4

schieht das langsam, dann tritt ein Qualitätsabfall ein. Denn die darin enthaltene Flüssigkeit gefriert, wenn zu langsam eingefroren wird, zu großen, spitzen Kristallen. Sie zerstören die Zellwände. Ergebnis: Beim Auftauen wird das Gefriergut matschig. Das gilt vor allem für Obst und Gemüse. Beim schnellen Einfrieren bilden sich nur winzige Kristalle, die nicht schaden. Und bitte nicht zuviel auf einmal einfrieren! Nur soviel, wie Ihr Gerät in 24 Stunden leisten kann. Wieviel das ist, steht auf der Gebrauchsanweisung.

Was Sie noch zum Einfrieren brauchen

Auf jeden Fall das passende Verpackungsmaterial. Denn nichts kommt uneingepackt ins Gerät. Besorgen Sie sich Kunststoff- oder Alufolie extrastark, auch Kunststoff-Dosen oder Alubehälter. Verwahren Sie auch Joghurt- und Quarkbehälter. Sie haben sich sehr gut bewährt, wenn kleine Mengen eingefroren werden sollen. Zum Verschließen nimmt man Gummibänder, Clips und frostfestes Klebeband.

5

Fachgerecht einfrieren. Gefriergut immer vollkommen auskühlen lassen. Blanchiertes Gemüse nach dem Eintauchen in Eiswasser sorgfältig abtropfen lassen. Broccoli oder anderes Gemüse und fertige Speisen wie Schmorbraten, gefüllte Paprika und Kohlrouladen in Gefrierdosen packen und luftdicht verschließen. Immer beschriften, damit Sie wissen, was in der Verpackung ist und nichts überlagert wird (Foto 4 und 5). Für Eintöpfe und Rinderrouladen kann man z.B. auch Gefrierbeutel verwenden (Foto 5).

Viele gute Einfriertips

Gefriergeräte mindestens einmal im Jahr abtauen, damit sie wieder leistungsfähig werden. Dazu den Inhalt rausnehmen und dick in Zeitungspapier wickeln. Dann taut er nicht so schnell auf.

Eine Schüssel heißes Wasser ins Gerät stellen und damit schneller abtauen. Gerät anschließend gründlich auswischen und trockenreiben. Lebensmittel wieder hineingeben. Gerät 24 Stunden auf Super schalten. Zeigt Ihr Gerät mal per rotem Licht weniger als minus 15 Grad an, dann wird's für Fleisch, Gemüse, Obst und fertige Gerichte kritisch. Sollte die Temperatur noch mehr steigen, dann müssen die gekochten Nahrungsmittel noch am selben Tag verbraucht werden. Nur roh eingefrorene Ware ist noch zu retten, weil sie gekocht und wieder eingefroren werden kann. Damit Sie das alles nicht nötig haben, rufen Sie sofort nach dem Kundendienstmann.

Vorbereitetes Gemüse kann man auch mit den passenden Kräutern einfrieren. Alu- oder Kunststoff-Folie immmer fest ums Gefriergut schlagen, Luftblasen beeinflussen das Gefriergut negativ.

SAISON KALENDER

Gemüsekalender

	JAN	FEB	MÄRZ	APR	MAI	JUNI	JULI	AUG	SEPT	OKT	NOV	DEZ
Artischocken	○	○	●	●	●					○	○	○
Auberginen	○	○	○	○	●	●	●	●	●	○	○	○
Blumenkohl	○	○	●	●	○	●	●	●	●	○	○	○
Bohnen						○	●	●	●	●		
Broccoli	○	○	○			○	●	●	●	●	○	○
Chicorée	●	●	○	○						○	●	●
Endiviensalat	○	○	○	○	○	○	●	●	●	●	○	○
Erbsen, grün				○	○	●	●	●	○			
Feldsalat	●	●	○						○	●	●	●
Fenchel				○	○	○	○	○	●	●	○	○
Grünkohl	●	○	○							●	●	●
Kohlrabi				○	●	●	●	○	○	○		
Kopfsalat			●	●	●	●	●	●	●			
Mangold							●	●	●	○		
Möhren	●	○	○	○	○	●	●	●	●	●	●	●
Paprika	○	○	○	○	○	○	○	●	●	●	○	○
Porree	○	○	○	○	○	○	○	●	●	●	●	●
Radiccio	●	●	○	○							○	●
Radieschen	○	○	○	○	●	●	●	○	○	○	○	○
Rosenkohl	●	●	○	○						●	●	●
Rote Bete	○	○							●	●	●	●
Rotkohl	●	●	●	○	○	○	○	●	●	●	●	●
Schwarzwurzeln	●	●	○							○	●	●
Sellerie	●	●	●	○	○	○	○	○	○	●	●	●
Staudensellerie	○	○	○	○	○	○	○	○	●	●	●	○

Zeichenerklärung: ● Monate starker Angebote ○ Monate geringerer Angebote

Unsere beiden Kalender werden Ihnen eine praktische Hilfe sein. In vielfacher Hinsicht. Zu allererst geben sie Ihnen einen Überblick, wann und ob überhaupt was frisch am Markt ist. Und zum zweiten sagen wir Ihnen, wann die Produkte Hochsaison haben. Das finden Sie mit einem Blick heraus. Denn die ausgefüllten Symbole sagen an: Jetzt zugreifen. Jetzt sind die Obst- und Gemüsesorten so reichlich am Markt, daß Sie beim Einkauf vier Vorteile wahrnehmen können: Das Gemüse und Obst ist topfrisch. Die Frische bringt es mit sich, daß alle Wirkstoffe unverändert Ihrer Gesundheit zugute kommen. Geschmack und Aroma sind optimal. Und die Ware ist zu keiner Zeit so

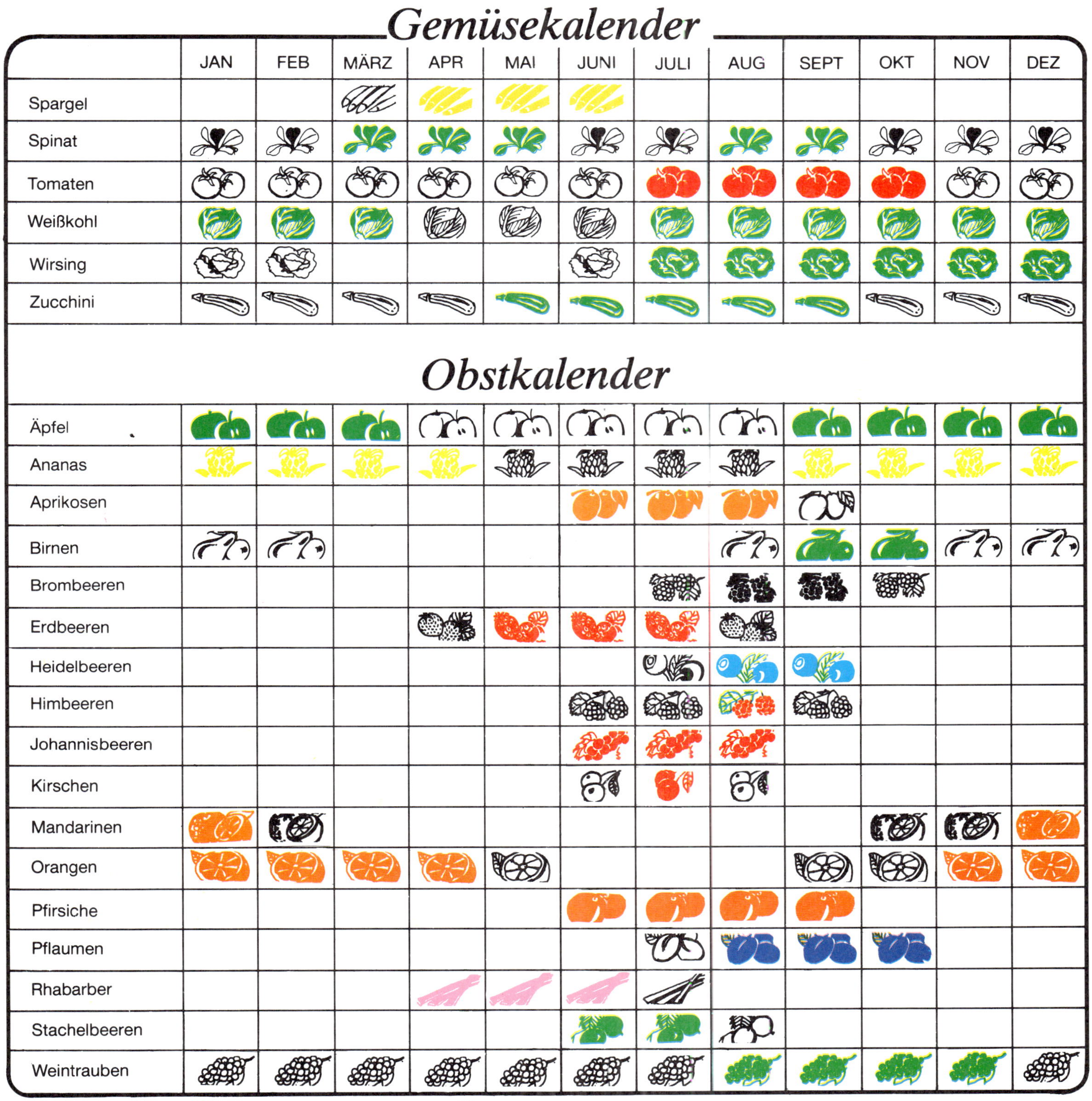

Zeichenerklärung: Monate starker Angebote — Monate geringerer Angebote

preisgünstig. In dieser Zeit können Sie auch daran denken, einen Vorrat anzulegen, weil die Produkte auch in größeren Mengen bezahlbar sind. Zeit also zum Einmachen oder Einfrieren. Zumal es in der Saison so manch lukratives Sonderangebot gibt. Wichtig zu wissen, daß einheimisches Gemüse und Obst während der Hauptsaison besonders schmackhaft und aromatisch ist. So ist es auch mit Ware wie z.B. Zitrusfrüchten, die bei uns nicht wachsen, aber Saison-Höhepunkte haben.

MESSER · TÖPFE · PFANNEN

Koch- und Küchenmesser sind in der Küche unentbehrlich. Man braucht sie ständig, aber nicht irgendwelche Messer, sondern gute, bewährte. Sie müssen also funktionstüchtig und haltbar sein. Das wird durch eine gute Stahl-Sorte erreicht, die hart ist und so flexibel, daß die Klingen auch stark gebogen werden können. Verständlich, daß dabei weder Risse noch Brüche entstehen dürfen. Und rostfrei müssen die Messer auch sein. Höchste Stahlqualität ist also erforderlich. Das sind aber nicht die einzigen Anforderungen, die an Messer (auch an Wiegemesser und Küchenschere, unser Foto) gestellt werden. Auch auf die Griffe, der Fachmann spricht von Griffschalen, kommt es an. Sie müssen einfach „griffig" sein, also gut in der Hand liegen. Diese Griffe aus Holz oder Kunststoff sollen dafür sorgen, daß die Messer bequem und sicher gehandhabt werden können. Beim Kauf ist es also wichtig, das Messer in die Hand zu nehmen und nachzuspüren, ob es gut darin liegt, also zur Hand paßt. Wichtig ist noch die Balance zwischen Griff und Schneide eines Messers. Auf die Verarbeitung des Griffs achten. Griffe mit großen Lücken und Fugen werden nicht nur schnell unansehnlich, sondern auch bald wackelig. Das Messer ist dann nicht mehr funktionstüchtig. Wir zeigen auf unserem Foto von links nach rechts, was Sie an Messern in Ihrem Haushalt gebrauchen können (alle von Zwilling, Solingen):

- Kochmesser
- Schinkenmesser
- Fleischmesser
- Ausbeinmesser mit dem man Fleisch von den Knochen löst und es auch putzt (Pariert).
- Garniermesser
- Fleischgabel
- Wetzstahl
- Schinkenmesser mit „Kulle", eine Zahnung, die die Schnittfähigkeit verbessert.
- Brotmesser.

Außerdem brauchen Sie noch Schäl- und Gemüsemesser.

LIEBSTÖCKEL

Die Staude, die bis zu 2 m hoch wächst, gedeiht praktisch überall. Liebstöckel wird im Sommer aus dem Freiland angeboten, außerhalb der Saison als Unterglasware: zarte Pflänzchen in Töpfen. Er schmeckt nach Bouillon mit Suppengrün und heißt nicht umsonst Maggikraut. Liebstöckel ist ein vorzügliches Kräutchen für Eintöpfe, Bratensaucen, Erbsen- und Bohnengemüse.

MAJORAN

Vom Ursprung her stammt Majoran aus den Mittelmeerländern, wächst aber auch im übrigen Europa. Bei uns gibt es ihn von Mai bis August frisch zu kaufen. Verwendet werden die Blätter, die kräftig herb-würzig schmecken. Der Geschmack ist von der Würze vieler Wurstsorten her bekannt. Geeignet für deftige Eintöpfe, Speck- und Schinkengerichte, Suppen und fettes Geflügel.

PETERSILIE

Es gibt die glatte und die krause Sorte. Feinschmecker bevorzugen die glatte wegen ihres intensiven Aromas. Petersilie gibt's das ganze Jahr über frisch. Am aromatischsten aber ist, wie jeder weiß, die Sommerpetersilie. Sie ist frisch gehackt zu verwenden, man kann aber die Stengel und Blätter auch mitkochen. Dazu eignet sich jedoch die kräftigere Wurzelpetersilie besser.

PIMPINELLE

Sie wurde früher selten frisch angeboten, ist aber heute häufiger auf Märkten und in Gemüsegeschäften zu haben. Sie schmeckt mild nach Haselnüssen und gibt dadurch allerlei Speisen die interessante Würze. So gehört sie in die Frankfurter Grüne Sauce, paßt in frische Salate, zu Gurkengerichten, in leichte Eintöpfe und Cremesuppen, in Kräuterquark und in alle Gurkengerichte.

ROSMARIN

Wer sich einen kleinen Rosmarinstrauch frisch besorgt, kann ihn auf der Fensterbank oder im Garten als immergrüne Würzquelle pflegen. Sonst gibt es frischen Rosmarin kaum. Der Geschmack ist aromatisch-pikant und leicht bitter. Damit kann man vorzüglich würzen: Braten, Grill- und Bratfisch. Sehr gut geeignet für Lammkeule, für Hähnchen, Zucchini und Tomaten.

SALBEI

Mehr denn je zuvor wird heute Salbei im Sommer frisch angeboten. So ist es denn nicht schwer, Salbei-Gerichte nach italienischer Art zuzubereiten. Zum Beispiel die Kalbsschnitzel „Saltimbocca", die ohne Salbei nicht echt wären. Der Geschmack: duftig-strengwürzig. Daher muß Salbei immer sparsam dosiert werden. Geeignet für Fettfisch, wie Aal, Leber, Lamm- und Schweinefleisch.

saucen (köstlich für Fondues), Mayonnaise- und Sahnesoßen, aufgeschlagene Buttersoßen (z.B. Sauce hollandaise), Eintöpfe, Soßen zu Fleisch und Salate.
Wichtig: Von den stark aromatischen Kräutern sollten Sie wenig, von den milden mehr verwenden. Stark aromatisch bis scharf sind zum Beispiel Basilikum, Bohnenkraut, Brunnenkresse, Kapuzinerkresse, Rosmarin, Thymian und Ysop. Mild sind Dill, Estragon, auch Petersilie, Portulak und Tripmadam. Natürlich können Sie einen Teil der Kräuter mitkochen. Ganz, damit Sie sie vorm Servieren herausnehmen können, oder gehackt, damit Sie mehr davon im Essen haben. Das sollten Sie auch tun. Aber den richtigen Pfiff bekommt Ihr Essen dadurch, daß Sie zusätzlich oder hauptsächlich frische Kräuter hineingeben.
Man wäscht sie, schleudert sie in einem frischen Küchentuch trocken, zupft sie entweder klein oder hackt sie fein mit dem Küchenmesser, dem Kräuterschneider oder der Kräutermühle. Am besten übrigens auf Plastikbrettchen. Wenn sich darauf der heraustretende Kräutersaft sammelt, können Sie ihn noch ins Essen geben.
Ein paar Tips:

- Kräuter aus dem eigenen Garten erst kurz vorm Essen pflücken, wenn's draußen frisch ist. Sonst in der Morgenkühle, dann sind sie noch knackfrisch. Damit sie es auch bleiben, packt man sie in Folie und bewahrt sie im Gemüsefach des Kühlschranks auf. Es ist eine Unsitte, Kräuter in Wasser auf der Fensterbank aufzubewahren. Es sei denn, sie sollen als Sträußchen die Küche zieren. Solche Kräuter verlieren Wirkstoffe und Aroma.
- Kräuter am besten unterm zarten Wasserstrahl abbrausen, aber nie in Wasser legen, weil sonst wasserlösliche Vitamine verloren gehen.
- Kräuter erst kurz vorm Essen hakken, damit der Luftsauerstoff keine Wirkstoffe zerstören kann.
- Schließlich die Kräuter erst kurz vorm Servieren ins heiße Essen geben. In unserer Küchen-Kräuter-Übersicht erfahren Sie genaues über jedes Kräutchen.

SAUERAMPFER

Vom Frühling bis zum Frühsommer kann man die frischsäuerlichen Blätter des Sauerampfers kaufen. Als Gemüse oder Mus zubereitet, ist er eine vorzügliche Beilage zu Fisch. Sonst verwendet man die zarten Blätter fein gehackt zum Würzen von Suppen und Saucen, Fischgerichten, Zubereitungen aus hellem Fleisch und für Braten. Und die Grüne Sauce braucht auch ein paar Blättchen Sauerampfer.

SCHNITTLAUCH

Den gibt's das ganze Jahr über frisch. Aber am besten ist der Freilandschnittlauch im Sommer. Das Kraut mit dem zarten, feinen Zwiebelgeschmack, ein Lauchgewächs, ist universell für alle pikanten Gerichte zu verwenden. Es paßt in alle Eintöpfe, in Mischsalate, Kräuterquark und -butter, Tomatengerichte, helle und dunkle Saucen und Suppen und verträgt sich mit jedem Kraut.

SCHNITTSELLERIE

Er wird auch Krautsellerie genannt. Es gibt ihn als kleine Pflanzen in Töpfen zu kaufen. Man kann ihn aber auch selbst ziehen oder ihn aus dem geringen Freilandangebot kaufen. Die der glatten Petersilie ähnlichen Blätter werden ganz in den Speisen mitgekocht oder frisch gehackt verwendet. Er ist überall da einzusetzen, wo sonst Knollensellerie verwendet wird. Nicht mitkochen!

THYMIAN

Frischer Thymian ist von Frühjahr bis in den Herbst hinein zu haben. Man verwendet die Blätter und die jungen Triebe, die ein bißchen nach Nelken und Majoran schmecken. Gut geeignet zum Würzen von Fleischgerichten mit dunklen Saucen, egal ob von Rind, Schwein, Lamm oder Wild. Er gibt Hasenklein und Geflügelfüllungen, Rotweinsaucen, Tomaten- und Pilzgerichten eine vorzügliche Würze.

TRIPMADAM

Dieses Kräutchen gibt es nicht oder nur ganz selten im Handel. Es ist also fast nur aus dem eigenen Garten zu beziehen. Da gedeiht das auch Fetthenne genannte Dickblattgewächs mit seinen fleischigen Blättern gut. Man verwendet die jungen Triebe und Blätter, die säuerlich-aromatisch schmecken. Geeignet zum Würzen von frischen Salaten, Suppen, Kräuterquark und -soßen.

ZITRONENMELISSE

Es gibt sie im Sommer immer frisch und außerhalb der Saison in Töpfen zu kaufen. Verwendet werden die Blätter, die zart-würzig nach Zitrone schmecken. Zitronenmelisse ist ein gutes Kraut für frische Salate, für Kräuter- und andere helle Saucen, für Frikassées von Geflügel und Kalbfleisch, für helle Saucen und Suppen. Neben der Minze ist es das einzige Kraut, das auch zu vielen süßen Speisen paßt.

CAYENNEPFEFFER

Wo immer es auf der Welt die Sonne besonders gut meint, z.B. in Südamerika, Indien und Afrika, wächst der Chilistrauch. Der nahe Verwandte des Paprika produziert die kleinsten und schärfsten Schoten. Sie werden getrocknet verwendet oder zu Cayennepfeffer gemahlen. Ein höllisch scharfes Gewürz, das immer nur in kleinen Prisen verwendet werden soll. Es regt übrigens den Kreislauf an.

CURCUMA

Dieser Gelbwurz, der vor allem in Indien, aber auch überall in Südostasien kultiviert wird, ist eine dem Ingwer verwandte Pflanze. Sie produziert knollige Wurzeln, die man trocknet und zu Pulver mahlt. Der Geschmack ist scharf und eine Spur herb-säuerlich. Wie fast alle Gewürze, wirkt auch Curcuma appetitanregend. Gut zum Würzen von Saucen, Ragouts und Marinaden.

CURRY

Ob Chili, Nelken, Koriander oder Kreuzkrümmel, Ingwer, Senfkörner oder Piment im Curry enthalten sind, das ist je nach Zusammensetzung dieser Gewürzmischung unterschiedlich. Kein Unterschied besteht darin, daß alle Curries Curcuma enthalten. Gewöhnlich besteht Curry aus 12 bis 15 und mehr Gewürzen. Indien ist seine Urheimat. Für Fleisch-, Fisch- Geflügelgerichte, Salate, Saucen geeignet.

FENCHELSAMEN

Gewürzfenchel, von dem die länglichen Fenchelsamen stammen, wird in den Mittelmeerländern und in Westasien angebaut. Es gibt ihn als Körner und gemahlen zu kaufen. Fenchel ist unentbehrlich für Weihnachtsgebäck und andere Backwaren. Er ist aber auch eine interessante Würze für Kochfisch, Gemüsesuppen, Gewürzgurken, frische Salate und Süßspeisen.

INGWER

Ingwerstauden gedeihen in China, Indien, Jamaika, Japan, Westafrika überall im heißen Klima. Sie bilden knollige Wurzelstöcke, die man frisch, in Sirup eingelegt, getrocknet und getrocknet gemahlen in der Küche verwendet. Geeignet zum Würzen von Geflügelgerichten, Lammbraten, Steaks, Schweinebraten, Delikateßsalaten, Süßspeisen, Gebäck und süßsauer eingelegtem Obst.

KARDAMOM

In Vorderindien und auf Ceylon wird die mehrjährige Pflanze kultiviert, von der die dickeren länglichen Samenkörner stammen. Kardamom gibt es aber auch gemahlen. Er hat die typische Würze, die wir bei Weihnachtsgebäck erwarten. Aber mit einer Prise Kardamom kann man auch Lamm- und Hackfleischgerichte, Geflügel wie Hähnchen und Ente und Fisch würziger machen.

KORIANDER

Im Orient, in den Mittelmeerländern, ja sogar in Deutschland wird die einjährige Korianderpflanze angebaut. Ihre eher kugeligen Samenkörner gibt es ganz und gemahlen zu kaufen. Das verdauungsfördernde Gewürz ist für Gemüseeintöpfe und Schweinebraten, Enten- und Gänsebraten, Ragouts und Gemüse wie Rot- und Weißkohl und für Gebäck eine gute Würze.

KREUZ-KÜMMEL

Er gehört zu den ältesten Kulturpflanzen, die in allen tropischen Ländern angebaut werden. Der Samen des Staudengewächses ist sichelförmig. Man kann ihn ganz und gemahlen kaufen. Ganz feine Zungen merken noch eine Geschmacksähnlichkeit mit unserem Kümmel. Aber Kreuz-Kümmel ist schärfer. Er wird in der indonesischen, mexikanischen und südamerikanischen Küche häufig verwendet.

KÜMMEL

Die Deutschen gehören, das ist bemerkenswert, zu den größten Kümmelverbrauchern der Welt. Und den Kümmel, auch das ist bemerkenswert, gab's schon in der Jungsteinzeit. Angebaut wird die zweijährige Doldenpflanze in Europa. Besonders gute Sorten in Holland, Dänemark und Ostfriesland. Die Samenkörner und der gemahlene Kümmel sind in der guten Küche unentbehrlich.

LORBEER

Heimat des Lorbeerstrauches sind die Mittelmeerländer. Aber er gedeiht eigentlich überall in Europa und sei es als Zierde in Vorgärten. Die bis zu 15 m hohen Bäume allerdings wachsen nur in Sonnen-Ländern. Verwendet werden die getrockneten oder frischen (aber herberen) Blätter für Fischsud, Gemüse- und Hülsenfruchtsuppen, für Sauerkraut, Rinder- und Schweinebraten und Marinaden.

MACIS

Der Samenmantel der Muskatnuß heißt Macis. Er wird getrocknet und gemahlen angeboten, ist also nicht die Muskatblüte, als die er oft fälschlich bezeichnet wird. Das angenehm-aromatische Gewürz ist ein idealer Bestandteil für Gewürzmischungen, wie sie z.B. für Pasteten und Terrinen verwendet werden. Sonst überall einzusetzen, wo Muskatnuß genommen wird.

MUSKAT

Bei der Muskatnuß gilt als oberstes Gebot: Nur frisch gemahlen verwenden. Dann würzt er wirklich wirksam und schmeckt nicht alt. Die Muskatnuß ist die Frucht des immergrünen Muskatbaumes, der in tropischen Gebieten, vor allem auf den Philippinen, in Afrika und Brasilien angebaut wird. Unentbehrlich zum Würzen von Blumenkohl, Spinat, Gemüsesuppen, Aufläufen, weißen Saucen und Gebäck.

NELKEN

Madagaskar, Sansibar und Indonesien, auch andere tropische Länder kultivieren den immergrünen Nelkenbaum, dessen getrocknete Blütenknospen ganz oder gemahlen als Gewürz verwendet werden. Unentbehrlich sind sie für jeden Sud, in Fonds, Brühen und Saucen. Man würzt damit u.a. noch Wildgerichte, Weiß-, Rot- und Grünkohl, aber auch Kompott und Gebäck.

PAPRIKA

Ungarn, Bulgarien, Griechenland und Spanien sind die Hauptanbauländer für Gewürzpaprika. Die kleineren Schoten werden getrocknet, gemahlen und in den Sorten edelsüß, Delikateß und rosenscharf angeboten. Ein Universalgewürz, das in der modernen Küche unverzichtbar ist. Fleisch-, Gemüse-, Fischgerichte, Gulasch, Gemüsesuppen, Marinaden und Salate kann man damit vorzüglich würzen.

PFEFFER

Vor allem in Indien, Indonesien und Brasilien wird Pfeffer angebaut. Dieses Hauptgewürz entsteht aus den kleinen, runden Früchten eines Kletterstrauchs, deren Schale von grün über rot und schwarz bis gelblichweiß reift. Alle diese Sorten gibt s als Körner und gemahlen. Den milden grünen Pfeffer auch eingelegt. Weißer Pfeffer ist der schärfste, schwarzer der würzigste.

PIMENT

Ein Gewürz, das auch als Nelkenpfeffer bekannt ist. Es stammt von einem Baum, der in Mittelamerika, z.B. auf Jamaika, Kuba, in Mexiko und Venezuela gedeiht. Die unreifen Beeren werden getrocknet und gemahlen oder ganz angeboten. Ihr Geschmack: Nelkenähnlich mit einem Hauch von Zimt und Muskat. Für Gemüsesuppen, Fleisch- und Wildgerichte, auch für Obstsalate und Gebäck geeignet.

SAFRAN
Im Orient, in Spanien und in Frankreich wachsen die nahen Verwandten unseres Krokus heran, deren gelbe Blütennarben als Gewürz verwendet werden. Die Ernte ist mühsam, der Safran darum teuer. Es gibt die getrockneten Blütennarben ganz und gemahlen zu kaufen. Ihr Geschmack ist von milder Würze, ein bißchen bittersüß. Unentbehrlich für die Küche der Mittelmeerländer.

SENFKÖRNER
Die einjährige Pflanze entwickelt Schoten mit gelben, kleinkugeligen Samen. Sie wird in Europa, Nordamerika, Indien und Japan angebaut. Ganze Körner werden für Marinaden, Fischsud, eingelegte Gurken, Mixed Pickles, Sülzen, Sauerbraten und saure Mischgerichte verwendet. Gemahlene Körner ergeben das Senfmehl, das unverzichtbarer Bestandteil aller Senfsorten ist.

SESAMSAMEN
In tropischen Ländern wächst die Pflanze heran, die Schoten mit ovalen kleinen Samen hervorbringt. Sie werden zum Würzen verwendet. Es gibt sie ganz und geschrotet. Die nussig schmeckenden Sesamkörner regen die Verdauung an. Man kann sie – leicht geröstet – auf gekochtes Gemüse oder frische Salate streuen. In oder auf Brot sind sie ein pikanter Geschmacksgeber.

SOJA
Hauptsächlich in Ostasien und in den USA werden die Sojabohnenpflanzen kultiviert. Sie sind der Grundbestandteil für die würzige Sojasauce und für Sojapaste. Beide geben allen pikanten Speisen eine unvergleichliche „Bratenwürze". Und Sojamehl gibt Broten, Brötchen, Suppen und Saucen den ganz besonderen Geschmack. Mit Sojasauce läßt sich vieles lecker nachwürzen.

STERNANIS
In Südchina ist der Würzbaum zuhause, der Sternanis – das ist die Samenhülse der Blüten hervorbringt. Da er fast so wie Anis schmeckt, kann man beide Gewürze in der Küche ähnlich einsetzen. Beim Anis handelt es sich allerdings um eine einjährige Doldenpflanze, die einen gerippten, länglichen Samen hervorbringt. Beides gut für Brot, Süßspeisen, aber auch für Rotkohl.

VANILLE
Von einer Kletterorchidee, deren Heimat Mexiko ist, stammt die vollreife Schotenfrucht, deren Mark uns – ist sie erst einmal fermentiert – die "Vanillesüße" vermittelt. Für Cremes, Pudding und Gebäck geeignet. Eine Spur Vanillemark gibt aber auch milden Fleisch- und Geflügelgerichten, Pasteten und Terrinen Pfiff und macht sich gut in vielerlei Gewürzmischungen.

WACHOLDER
Wacholder, der Nadelholzstrauch, wächst in allen europäischen Ländern. Die 6–8 mm großen, kugeligen Beeren sind Beerenzapfen, also Scheinbeeren. Es gibt sie getrocknet zu kaufen. In der Küche sind die bitter-harzigen, aber süßlichen Würzkugeln geeignet für Saucen und Fonds, Fleisch- und Fischsud, Schmorbraten, Kohlgerichte und vor allem für alle denkbaren, würzigen Wildgerichte.

ZIMT
Der kleime Zimtbaum ist ein Lorbeergewächs. Ceylonzimt aus Südostasien und Kassia aus China sind die wichtigsten Sorten. Bei beiden handelt es sich um die getrocknete Innenrinde des Zimtbaumes. Ceylonzimt ist würzig- mild und von heller Farbe, Kassia stark-würzig, eher brennend- und dunkler. Gibt's als Stangen und gemahlen. Für die süße und die pikante Küche.

KLEINE MENÜKUNDE

Es soll Menschen geben, die sich beim Gedanken an das große Gedeck und die Batterie an Messern, Gabeln und Löffeln bei Menüs lieber eine Erbsensuppe bestellen und zu einem einsamen Löffel greifen. Nun ist gegen eine Erbsensuppe absolut nichts einzuwenden. Gegen ein gutes Menü aber auch nicht. Es kommt ja immer auf Appetit und Anlaß an. Und wenn man sich selbst vielleicht auch kein Menü bestellt, bei Einladungen geht oft kein Weg daran vorbei. Und dann? Einfach zugreifen.

Das einfache Menü bietet nur drei Speisen, nämlich Suppe oder Salat, Hauptgericht, also Fleisch oder Fisch mit Beilagen – und Dessert. Das ist genau die Speisenfolge, wie sie in vielen Haushalten heute noch mittags praktiziert wird.

Das festliche Menü kann dann so aussehen: Man erweitert die Speisenfolge um zwei bis drei Gänge. Zum Beispiel um eine kalte Vorspeise vor der Suppe und eine warme Vorspeise oder/und ein leichtes Fischgericht danach.

Das klassische Menü haben die Franzosen erfunden. Nach der Völlerei des Mittelalters, wo alle Speisen wahllos aufgetragen wurden, brachten sie Ordnung in die Schlemmerei. Sinn war es, durch mehrere Gänge, die sich in Würze, Aroma und Geschmack steigerten, Gaumen und Magen auf den Hauptgang einzustimmen. Ein solches Menü war, da die Portionen eher reichlich bemessen wurden, Schwerarbeit für den Magen. So sah die Speisenfolge aus und ist es in ihrem Gerippe bis heute geblieben:

Kalte Vorspeise
Suppe
Warme Vorspeise
Fisch
Hauptplatte (z.B. Geflügel)
Warmes Zwischengericht
Kaltes Zwischengericht
Sorbet
Braten mit Beilagen
Süßspeise, Käse (oder Käse und dann Süßspeise). In der Reihenfolge sind sich die Experten nicht immer ganz einig. Darin sind Obst, Mokka und Gebäck noch gar nicht enthalten. Da haben wir also elf Gänge, wenn Sie mal nachzählen wollen. Sie im häuslichen Bereich für eine Schar Gäste zu praktizieren, wäre schier unmöglich. Und nach unserem heutigen Verständnis von gutem Essen auch unnötig. Von der Gesundheit gar nicht zu reden. Aber auch, wer ein Menü mit nur ein paar Gängen servieren möchte, sollte einige Grundregeln wissen. Und sich vor allem nicht sklavisch daran halten, was Gourmetpäpste von der Zusammenstellung und der Länge eines Menüs predigen. Denn wem die zugegeben köstlichen Häppchen der Nouvelle cuisine im Top-Restaurant perfekt dargeboten werden, der kann – auch elf Gänge genießerisch verkraften. Denn Nouvelle cuisine bedeutet nicht nur leichte Küche aus tagesfrischen Produkten, sondern auch kleine, appetitliche Portionen von Speisen, die so kurz wie möglich und nötig gegart sind. Das erhöht ihren ernährungsphysiologischen Wert. Denn wer die Speisen auf den Punkt genau gart, erhält ihnen den vollkommenen Geschmack und vor allem weitgehend die Nähr- und Vitalstoffe, also Vitamine und Mineralien, was dem menschlichen Organismus zugute kommt. So kann übrigens auch die häusliche Küche aussehen.
Zum Wohle Ihrer Familie.
Zurück zur Gästebewirtung in der Familie. Ihr Menüangebot kann zum Beispiel auch rustikal sein und so aussehen:

Leberpastete, Bouillon mit Gemüsejulienne
Gebackener Camembert
Schweinebraten mit Beilagen
oder ein deftiger Fleischtopf
Vanillepudding mit Schokosauce.
Oder Sie machen's festlich:
Grüner Salat mit pochierter Geflügelleber
Tomatenessenz
Feinfisch in Wirsing mit Sauce Hollandaise
Kiwisorbet
Gekräuterte Lammkeule, grüne Bohnen
Crème Bavaroise (Bayerische Creme).
Das sind zwei von ungezählten Mög-

lichkeiten, ein Menü zusammenzustellen. Damit das korrekt und nach den Regeln der Menüfolge geschieht, sollten Sie sich die folgenden Punkte merken:

· Reichen Sie zuerst die mild gewürzten Gerichte und gehen Sie von Gang zu Gang zu kräftigerer Würze über.

· Verwenden Sie die Zutaten der Jahreszeiten. Gemüse und Obst haben das beste Aroma in ihrer Hauptsaison.

· Abwechslung ist oberstes Prinzip. So ist es nicht empfehlenswert, eine Spargelsuppe vorweg zu servieren und danach nochmals Spargel mit Butter und Schinken.

· Abwechslung wird auch für die Zubereitungsarten empfohlen. Sie sollen sich nicht wiederholen. So sollte Fritiertes nur einmal im Laufe des Menüs serviert werden. Bei Gebakkenem käme entweder ein Soufflé oder ein Gratin infrage.

· Und: Das Auge ißt mit. Abgesehen davon, daß Sie alles so anmutig wie möglich anrichten sollten, bringen Sie auch farblich Abwechslung ins Essen. Also z.B. Speisen mit hellen, dunklen oder roten Saucen, helles Gemüse, wie Spargel oder Blumenkohl nur einmal servieren.

Das einfache Menü, für das wir auf diesen Seiten den Tisch gedeckt haben, ist natürlich das problemloseste. Und da es durchaus excellent sein kann, ist nicht einzusehen, warum selbst bei festlichen Anlässen mehr als drei Gänge serviert werden sollen. Suchen Sie sich in unserem Buch Vorspeise, Hauptgericht und Dessert nach den Prinzipien der Menüfolge aus – und Sie werden mit Ihrem Essen Erfolg bei Ihren Gästen haben. Wenn Sie ein übriges tun wollen, kann es vor der Süßspeise noch eine Käseplatte geben. Darüber hinaus können Sie sich nach dem Essen Kaffee und Kleingebäck servieren. Und es ist nicht mehr ungewöhnlich, daß dazu Obstwasser, Cointreau oder Cognac/Weinbrand gereicht werden. Zum einfachen Menü sollten Sie Bier und Wein Ihrer Wahl bereitstellen. Übers Tischdekken auf den nächsten Seiten mehr.

Der schön gedeckte Tisch

Den festlichen Rahmen für ein besonderes Menü bildet der gedeckte Tisch. Farblich harmonisch abgestimmt – Blumenschmuck Tischdecke und Servietten. Auch in der Hetze des Alltags empfinden wir einen liebevoll gedeckten Tisch als Ort der Entspannung. Die Wirkung und Appetitlichkeit der Speisen wird dadurch noch erhöht. Einen Tisch nun für ein Menü zu decken ist keine Kunst, sondern lediglich eine Frage der Logik. Diese Punkte sollten Sie beachten:

· Grundlage sind zu allererst Tischdecke und Servietten. Falten Sie die Servietten so schlicht wie möglich. Wer sie in Kunstwerke umwandelt, macht sie durch viele Handgriffe eher unhygienisch. Bitte auch die Falten aus den Tischdecken bügeln, die sie beim Zusammenlegen mitbekommen. Tischdecken sollen faltenfrei aufliegen, egal, ob Sie für deftige Menüs rustikale Tücher oder für festliche Menüs Damast auflegen. Daß Tischdecken und Servietten zusammenpassen müssen, ist ja selbstverständlich.

· Planen Sie die Zahl der Gänge nicht nur nach Ihrer Küchenkapazität, sondern auch danach, wieviel Geschirr Sie haben. Denn im Grunde brauchen Sie für jeden Gang neue Teller und neues Besteck, für jedes Getränk auch ein neues Glas. Wo's also nicht ausreicht, sollten Sie lieber weniger Gänge servieren. Damit Ihre Gäste nicht zwei Gänge von einem Teller oder zwei Getränke aus einem Glas trinken müssen.

· Platzteller, größer als flache Teller, aus Porzellan, hellem Metall oder feinem Holz markieren den Platz, an dem der Gast sitzen soll. Darum heißen sie klassisch und nicht von ungefähr Präsentierteller. Darauf deckt man Tassen und Teller mit den Speisen ein. Der Platzteller bleibt also stehen und wird erst abgedeckt, bevor man das Dessert serviert. Wer – wie viele – keine Platzteller hat, verwendet die flachen Teller, von denen dann das Hauptgericht gegessen werden kann.

· Links neben dem Platzteller steht der kleine Brotteller mit dem daraufgelegten Buttermesser. Da kann auch der Salatteller stehen (unser Foto). Wer allerdings Salat als Vorspeise reicht, serviert ihn auf dem Präsentierteller.

· Auf den Seiten vorher sehen Sie, was Sie von daheim kennen: Das Gedeck für eine einfache Speisenfolge. Der Teller fürs Hauptgericht ist eingedeckt, darauf steht die Suppe mit der Tasse mit Untertasse. Von außen nach innen liegen Löffel und Messer und links vom Teller liegt die Gabel, die glatt gefaltete Serviette und der Löffel fürs Dessert oberhalb des Tellers. Also alles in der Reihenfolge, wie es gebraucht wird. Bier- oder/und Weinglas haben am rechten Tellerrand, hintereinander in Richtung Tischmitte ihren Platz.

· Auf diesen Seiten beweisen wir Ihnen, wie einfach es ist, den Tisch für ein klassisches Menü zu decken. Das geschieht in der Reihenfolge, wie man Bestecke und Geschirr braucht. Das Prinzip: Die Bestecke werden den Gängen entsprechend von außen zum Tellerrand hin eingedeckt. Also Messer rechts und Gabel links. Gibt es eine Suppe und zwischendurch ein Sorbet, dann liegen die dazugehörigen Löffel in der Reihenfolge zwischen den Messern. Übrigens immer mit der Wölbung nach unten. Denn auch das gehört zum Prinzip: Der Gast soll sein Besteck so greifen können, wie er es zum Essen braucht. Der Löffel für die Suppe kann übrigens auch oberhalb des Tellers liegen, das Dessertbesteck muß auf jeden Fall da liegen.

· Nun haben wir Ihnen einen Tisch für ein siebengängiges Menü gedeckt. Daß im häuslichen Bereich für solche Menüs auf den eher kleineren Tischen kein Platz ist, weiß jeder, der seinen Eßtisch betrachtet. Aber der Vollständigkeit halber wollten wir Ihnen gerne zeigen, wie so etwas auszusehen hat. Für alle Fälle und um das Prinzip beim Dekken zu demonstrieren.

· Und wohin mit den Gläsern? Sie haben ihren Platz an der rechten Seite des Tellers, auch in der Reihenfolge, wie sie gebraucht werden. Man kann sie ein bißchen schräg zur Mitte des Tisches hin anordnen. Oder man stellt sie oberhalb der Teller

von rechts außen nach links hin.

· Gläser für Mineralwasser sollten an erster Stelle stehen, zumal Mineralwasser heute sehr geschätzt und daher viel getrunken wird. Dieses Glas bleibt bis zum Ende des Menüs stehen, während Gläser, die man nicht mehr braucht, abgeräumt werden. Das Glas für das Verdauungsschlückchen – der kleine Schwenker auf unserem Foto – haben wir nur der Vollständigkeit halber hingestellt. Es wird normalerweise nicht mit eingedeckt, sondern erst mit den Kaffee- oder Mokkatassen zusammen auf den Tisch gebracht.Mit den Sektgläsern ist das anders. Schaumwein gibt es als kleine Erholung für den Magen vorm Dessert oder dazu. Also gehört das Glas auf den Tisch.

· Was nun – zum guten Schluß sei's gesagt – den Wein zum Menü angeht, so schauen Sie bitte mal in unsere Warenkunde auf den Seite 499 nach, was Sie servieren möchten. Grundsätzlich gilt die Faustregel: zu hellem Fleisch und zu Fisch Weißwein zu servieren, zu dunklem Fleisch, zu Gans und Ente aber kräftigen Rotwein. Bei Kalb- und Schweinebraten darf es auch Weißwein oder Rosé sein. Zum milden Käse paßt eher ein frischer Weißwein, zu aromatischem Käse ein feuriger Roter. Port und Sherry sind Dessertweine (können aber genausogut Apéritifs sein). Mancher zieht zum Dessert – wie gesagt – auch den Schaumwein vor.

Nun sind wir allerdings ein Volk von Biertrinkern und auch eins der Individualisten. Seien Sie also nicht enttäuscht, wenn einer Ihrer Gäse ohne Rücksicht auf die Speisenfolge nur sein Bierchen trinken möchte. Oder wenn ein anderer beim zuerst gereichten Wein bleibt, weil er das lieber mag, oder weil er verschiedene Sorten nicht verträgt. Diese Wünsche erfüllt der gute Gastgeber immer mit Toleranz. Übrigens sollte man zuerst leichte Weine, dann schwerere servieren. Das gilt auch für die Qualität.

Leicht und köstlich sollen sie sein, die Vorspeisen und Zwischengerichte. Sozusagen nur ein Häppchen, das dem Gaumen großen Spaß macht, aber den Magen nicht belasten darf. Die Vorspeisen, die der Engländer Appetizer und der Italiener Antipasti nennt, die klassisch-französisch Hors d'œuvres heißen, lassen von ihrer Qualität her auf die Güte des Menüs schließen. Wie zum Beispiel dieser excellente Salat aus Avocados, rohen Champignons, Krabbenfleisch und Kaviar in Sahnemarinade, der Großes von den nachfolgenden Gängen erwarten lassen würde. Egal, ob Sie nun einen Salat, eine Terrine, Pastete, Mousse oder ein Sülzchen anbieten, sie müssen vom feinsten sein. Mit unseren Rezepten gelingen sie immer. Genau wie die Zwischengerichte, die in der Menüfolge zwischen den Hauptgängen aus Fisch oder Geflügel und Fleisch angesiedelt sind. Sie dienen dazu, sich während des Essens genießend ein bißchen zu erholen.

RATGEBER VORSPEISEN

DER APPETITLICHE GAUMEN-SCHMAUS

Hors d'oeuvres, wie sie in der klassischen Küche heißen, sind würzige Appetitanreger und damit gelungener Auftakt für festliche Menüs. Es kann sich dabei um kalte oder warme Vorspeisen handeln. Aber immer sollen sie rechte Gaumenschmeichler sein. Sozusagen eine Vorfreude auf die kommenden Genüsse vermitteln, die ein Menü bietet. Sättigen aber dürfen sie nie. Egal, ob es sich um Pasteten oder Terrinen mit phantasievollen Saucen, gefüllte Eier, um eine Mousse, die auf der Zunge zergeht oder um einen köstlichen Salat, einen herzhaften Cocktail oder feinen Fisch handelt, wie ihn die neue Küche in Vollendung bietet. Nicht viel anders steht es mit den Zwischengerichten, in der klassischen Menüfolge Entrées genannt. Auch sie, ob warme oder kalte Speisen, haben den Charakter von leichten Appetitanregern. Sie sollen dem Magen sozusagen eine Erholungspause zwischen den Hauptgängen gönnen. Um aber auf den Boden der häuslichen Küche zurückzukehren: Mit allen Vorspeisen und Zwischengerichten können Sie Ihre Familie richtig verwöhnen. Es muß ja nicht immer der Auftakt zu einem Menü sein.

KÖNIGIN-PASTETCHEN

1.) Um an die feine, knusprige Hülle zu kommen, brauchen Sie Blätterteig. Ihn selbst herzustellen, ist mühsam. Deshalb kommt uns das Angebot an Tiefkühlblätterteig sehr gelegen. Er ist qualitativ hochwertig und problemlos zu verarbeiten. Die 300-g-Packungen enthalten drei bis fünf Scheiben Blätterteig.

2.) Blätterteigscheiben (Foto links) auseinandergelegt 20 Minuten bei Zimmertemperatur auftauen. Je zwei Platten mit Eiweiß bestreichen, aufeinanderlegen und leicht mit dem Nudelholz darüber gehen. Daraus mit Ausstechern von 4,5 und 7 cm Durchmesser Ringe ausstechen. Den restlichen Teig leicht zusammenkneten. Dann etwa 2 mm dick ausrollen.

3.) Aus dem ausgerollten Teig Böden von 7 cm und Deckel von 4,5 cm Durchmesser ausstechen. Achten Sie darauf: Blätterteig muß immer nach allen Seiten hin ausgerollt werden. Nur so ist der Teig entspannt und kann nicht unregelmäßig backen. Die Ausstechformen müssen übrigens scharf sein. Stumpfe Ausstecher drücken den Teig am Rand zusammen. Dadurch kann er nicht mehr richtig aufgehen, wird nur hier und da blättrig und die Pasteten werden nicht so gerade, wie sie sein sollen.

4/5) Die Böden auf ein mit kaltem Wasser abgespültes Backblech legen. Ringe mit verschlagenem Eigelb bestreichen. Aber das Eigelb darf nicht über die Ränder laufen, sonst verklebt es die Teigschichten, die dann nicht mehr aufgehen können. Teigringe auf die Böden kleben. (Foto links). Auch die Oberfläche der Ringe und die Deckel mit Eigelb bestreichen. Mehrmals mit einer Gabel einstechen.

6.) So lecker sehen die fertigen Pasteten aus (Foto oben). Aber bevor er gebacken wird, muß Blätterteig 15 Minuten ruhen und entspannen. Bei 225 Grad (Gas: Stufe 4) in ca 15 Minuten goldbraun backen. Die Füllung (Foto rechts oben) wird so gemacht: Je 100 g gekochtes Kalbs- und Hähnchenfleisch klein würfeln. Mit 100 g geviertelten, gedünsteten Champignons und 50 g gepökelter Rinderzunge in Würfeln mischen.

7.) Eine weiße Sauce kochen: 1 gewürfelte Zwiebel in 10 g Butter glasig braten. 1 gehäuften Eßl. Mehl darin 10 Minuten anschwitzen. Mit 375 ml (3/8 l) Geflügelbrühe ablöschen. 20 Minuten köcheln lassen. 250 ml (1/4 l) Schlagsahne um die Hälfte einkochen, Sahne unterrühren. Die vorbereiteten Zutaten darin erhitzen. Mit Salz, Zitronensaft und Worcestersauce abschmecken. Pasteten füllen.

LACHSFORELLEN-TERRINE

Zutaten für eine 1,5-l-Form:
1 kleine Zwiebel · 2 Eßl. Butter · 700 g Lachsforellenfilet · 90 g frisches, entrindetes Weißbrot · 1 Ei · Salz · weißer Pfeffer · geriebene Muskatnuß · 350 ml Schlagsahne · 1 Eßl. gehackter Dill · Butter zum Einfetten.

Im Gegensatz zu den in Teig gebakkenen Pasteten sind alle Terrinen der pure Genuß. Denn was bei den Pasteten die Füllung ist, kommt hier ohne alles daher. Farce also in der reinsten und schönsten Form. Eben eine Terrine.

1

1) Die Zwiebel abziehen und sehr fein würfeln. Butter bei schwacher Hitze in der Pfanne zerlassen. Zwiebelwürfel darin unter ständigem Rühren glasig dünsten, aber nicht braun werden lassen. Am besten in einer Pfanne mit schwerem Boden arbeiten, der den Vorteil hat, die Hitze gleichmäßig zu speichern und zu verteilen, was gleichmäßiges Garen garantiert. Die Zwiebeln auskühlen lassen.

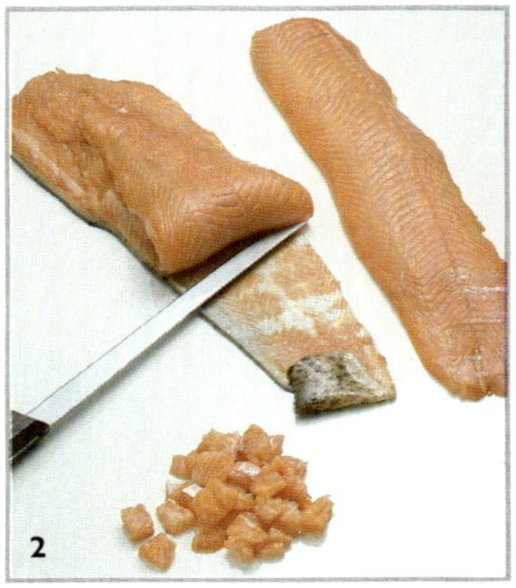

2

2) Die Lachsforellenfilets parieren, also putzen. Häutchen abziehen, eventuell noch vorhandene Gräten herausziehen. Das geht mit der Pinzette besonders gut. Die Filets mit einem dünnen, langen und scharfen Messer sorgfältig von den Häuten schneiden. Das schönste Filet als Einlage zugedeckt im Kühlschrank aufbewahren. Das andere Filet würfeln.

3

3) Die Lachsforellenwürfel in eine Schüssel füllen, darauf die Zwiebelwürfel mit der Butter. Weißbrot in Würfel schneiden, auch in die Schüssel geben. Dazu das Ei, etwa 1 Teelöffel Salz, je 1 Prise Pfeffer und Muskatnuß. Die Sahne darauf gießen und dann zugedeckt etwa 1 Stunde im Kühlschrank durchziehen lassen. Die Mischung muß kalt sein.

4

4) Die Mischung in der Schüssel leicht durchrühren. Dann eine kleine Portion nach der anderen im Mixer oder in der Küchenmaschine zu Püree zerkleinern. So schnell wie möglich arbeiten, denn das Püree darf nicht warm werden, sonst gelingt die Terrine nicht und wird grob. Sie muß aber eine schmelzend-cremige Konsistenz haben.

5

5) Eine große Schüssel mit zerstoßenem Eis füllen. Die kleinere Schüssel mit dem Püree hineinstellen. Mit einem Kunststofflöffel die Masse so lange rühren, bis sie ganz glatt ist und matt glänzt. Den gehackten Dill unterheben, und die Masse sorgfältig mild abschmecken.

6

6) Die längliche Terrinenform gut mit Butter ausfetten. Die Hälfte der Terrinenmasse einfüllen. Mit dem Teigschaber so glattstreichen, daß sich in der Masse keine Luftblasen bilden können. Also mit leichtem Druck arbeiten. Das gekühlte Lachsforellenfilet leicht salzen und in die Form legen. Die restliche Terrinenmasse glatt darauf verteilen. Mit dem Teigschaber glattstreichen.

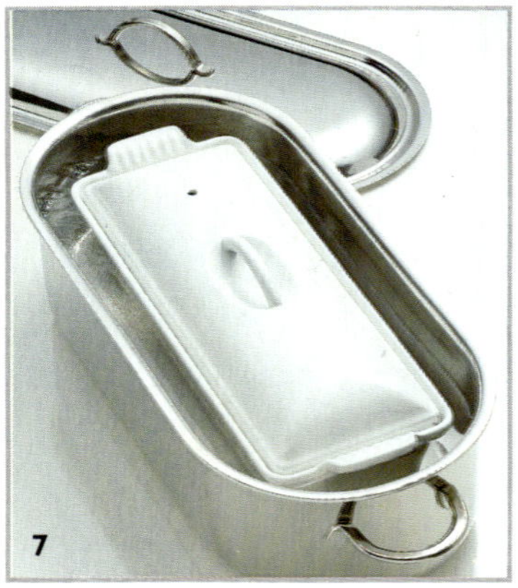

7

7) Die Wasserbadform zu dreiviertel mit Wasser füllen. Wasser auf 80 Grad (bitte genau messen) erhitzen. Terrine zudecken und hineinstellen. Bei 80 Grad im Backofen ca. 50 Minuten garen. Auskühlen lassen (Foto oben). In Scheiben auf Tellern anrichten (Foto rechte Seite). Zum Beispiel mit etwas Salat in Vinaigrette, angereichert mit grob gehackten Walnußkernen. Dazu leicht mit Meerrettich und Salz gewürzte, geschlagene Sahne.

SCHINKENMOUSSE

Zutaten:

2 Blatt weiße Gelatine · 250 ml (1/4 l) heller Kalbsfond (s. Rezept S. 132) · 50 g gekochter Schinken · Salz · weißer Pfeffer · 250 ml (1/4 l) Schlagsahne

Eine Mousse zu genießen, ist oft eine kulinarische Offenbarung. Die Mousse (französische Bezeichnung für Schaum) zergeht Dank ihrer feinen Konsistenz auf der Zunge. Sie besteht aus Püree, das man mit Gelatine und geschlagener Sahne bindet. Grundlage kann Geflügel oder Geflügelleber, Gemüse, Wild und – wie hier – gekochter Schinken sein. Eine besonders delikate aber teure Mousse stellen Profis aus Gänsestopfleber her. Preiswerter, aber auch sehr lecker, ist eine Mousse aus Entenleber.

1

1) Gelatine in kaltem Wasser einweichen. Mit dem Tropfwasser in ein Pfännchen geben und bei geringer Hitze auflösen. Auf keinen Fall kochen lassen. Dann sorgfältig unter den Kalbsfond rühren. Beiseite stellen. Den Schinken in Würfel schneiden. Dann im Mixer oder in der Küchenmaschine etwa zwei Minuten pürieren. Dabei nach und nach den hellen Kalbsfond angießen.

2

2) Die Masse mit einem Kunststoff-Löffel durch ein feines Haarsieb streichen, so daß faserige Schinkenteilchen zurückbleiben. Sie dürfen nicht in die Masse geraten, weil diese dadurch ihre schaumig-sahnige Konsistenz verlieren würde. Vorsichtig mit Salz und frisch gemahlenem Pfeffer würzen. Kalt, aber noch nicht fest werden lassen.

3

3) Die Schlagsahne (süße Sahne wird im Handel unter dieser Bezeichnung verkauft) sehr steif schlagen. Portionsweise mit dem Teigschaber lokker unter das gelierende Schinkenpüree ziehen. Nur so wird die Mousse zart-schaumig. Eventuell noch nachwürzen. Zugedeckt in der Schüssel im Kühlschrank festwerden lassen.

4

4) Von der Mousse mit einem Eßlöffel Nocken abstechen. Pro Person rechnet man zwei Stück. Diese auf Portionstellern anrichten. Etwas gehackten Aspik aus Fleischconsommé und Petersilie anlegen. Möglich und sehr lecker ist dazu ein kleiner Salat aus frischen Mandarinenfilets und Kiwischeiben in pikanter Essig-Öl-Marinade. Aber auch etwas Blattsalat in rassiger Marinade bietet sich an. Dazu reicht man Toast oder frisch aufgebackenes Weißbrot und frische Butter.

LAUCH-KÄSE-TÖRTCHEN

Zutaten für den Teig:

300 g Weizenmehl · 150 g Butter · Salz · 4–6 Eßl. Wasser · 1 kleines Ei · Mehl zum Ausrollen.

Zutaten für die Füllung von 4 Törtchen:

150 g Lauch (Porree) (in feinen Streifen) · Salz · 50 g durchwachsener Speck in Streifen · 125 ml (1/8 l) Béchamelsauce (Rezept S. 134) · 2 Eßl. geriebener Emmentaler · 2 Eßl. geschlagene Sahne · 2 Scheiben Emmentaler (60 g).

Der Pasteten-Knetteig ist die Grundlage für die Tarteletten, die man so abwechslungsreich füllen kann. Daß Tarteletten nichts anderes als Törtchen sind, erklärt der Name fast von selbst. Wir zeigen am Beispiel von Lauch-Käse-Törtchen, wie man den Teig zubereitet, die Törtchen backt, füllt und gratiniert. Dazu haben wir runde Törtchenformen gewählt. Sie können aber auch andere Formen verwenden. So werden die Lauch-Käse-Törtchen zubereitet: Aus Mehl, Butter, Salz, Wasser und dem Ei den Pastetenteig kneten. In Folie gepackt etwa 1 Stunde im Kühlschrank ruhen lassen. Teig auf wenig Mehl ausrollen. Tartelettförmchen damit auslegen. Im vorgeheizten Backofen bei 225 Grad (Gas: Stufe 4) ca. 10 Minuten backen. Auskühlen lassen. Lauchstreifen in wenig Salzwasser kochen. Abtropfen lassen. Speckstreifen in der Pfanne knusprig ausbraten. Béchamelsauce erhitzen. Geriebenen Emmentaler und Sahne unterrühren. Lauch und Speck unterheben. Vier Törtchen mit halben Käsescheiben auslegen. Lauchmischung darauf verteilen. Bei 225 Grad (Gas: Stufe 4) auf der obersten Schiene im Backofen gratinieren, bis die Oberfläche goldbraun ist. Die übrigen Törtchen in einem gut schließenden Behälter kühl aufbewahren.

1

1) So macht man den Pastetenteig: Mehl auf die Arbeitsfläche sieben. In die Mitte eine Mulde drücken. Butter in Flöckchen auf den Mehlrand verteilen. Salz in die Mulde streuen. Zuerst 4 Eßl. Wasser und dann das Ei hineingeben. Zutaten in der Mulde leicht verrühren. Dann von außen nach innen den Knetteig kneten. Sollte er zu trocken sein, gibt man noch 2 Eßl. Wasser hinzu. Zur Kugel geformt in Folie packen und im Kühlschrank etwa 1 Stunde ruhen lassen. Immer auf wenig Mehl gut 0,5 cm dick ausrollen.
Oder: Das Mehl in eine Schüssel sieben und alle übrigen Zutaten hinzufügen. Die Zutaten zunächst auf niedrigster Stufe kurz, dann auf höchster Stufe gut durcharbeiten und mit den Händen auf der mit Mehl bestäubten Tischplatte zu einem glatten Teig verkneten.

3

3) Knetteig kann beim Backen zusammenschnurren, der Rand kann nach innen rutschen. Um das zu vermeiden, gibt es den Trick, den Teig ca. 4 Minuten bei 225 Grad (Gas: Stufe 4) vorzubacken. Dann werden die Formen mit getrockneten Erbsen oder Bohnen gefüllt und die Törtchen zuende gebacken. Diese Methode nennt der Fachmann blindbacken. Das heißt, die Formen werden leer gebacken, dann gefüllt.

2

2) Ein guter Trick, den Teig in die Förmchen zu füllen: Teig zur runden Platte ausrollen. Die Förmchen nah beieinander auf die Arbeitsfläche stellen. Den Teig so locker drauflegen, daß sich die Förmchen fast von selbst damit füllen. Mit dem Teigroller darüber rollen. So haben Sie die Förmchen rasch und vor allem mühelos gefüllt (Foto links).

4

4) Nach dem Backen entfernt man die Hülsenfrüchte, die allerdings beim Backen kleine Vertiefungen in den Törtchen verursachen. Wer sie vermeiden möchte, kann zuerst zugeschnittenes Pergamentpapier auf den Teig legen und darauf die Erbsen einfüllen. Dabei werden die Törtchen nicht vorgebacken, sondern in einem Gang fertig, aber hell gebacken, weil sie mit Füllung noch ein zweites Mal in den Ofen müssen.

MARINIERTE PAPRIKA

Je 1 rote, gelbe und grüne Paprikaschote · Salz · Pfeffer · 2 Knoblauchzehen · 3 Stengel glatte Petersilie · Saft von 1/2 Zitrone · 6 Eßl. Olivenöl

Die Paprikaschoten waschen und abtrocknen. Auf einem Backblech im Backofen etwa 15 Minuten bei 250 Grad (Gas Stufe 5) rösten, bis die Haut dunkel wird und Blasen wirft.
Danach 5 Minuten in ein feuchtes Tuch legen und anschließend die Haut abziehen. Die Schoten halbieren, entkernen, weiße Scheidewände entfernen. Den auslaufenden Saft auffangen. Die Paprika in etwa 3 cm breite Streifen schneiden und auf einer Platte anrichten. Mit Salz und frisch gemahlenem Pfeffer würzen. Knoblauch abziehen und durch die Presse drücken. Petersilie waschen und hacken. Beides über die Paprika geben. Mit Zitronensaft, Paprikasaft und Öl begießen, mehrere Stunden marinieren.
Tip: Mit Crème fraîche und Kapern anrichten.

MARINIERTE AUBERGINEN

300 g Auberginen · Salz · 125 g passierte Tomaten (Fertigprodukt) · 2 Knoblauchzehen · Pfeffer · 1/2 Teel. getrockneter Oregano · 1/2 Bund glatte Petersilie · Außerdem: Speiseöl zum Braten

Die Auberginen waschen und putzen, in daumendicke Scheiben, dann in Würfel schneiden und etwa 10 Minuten in Salzwasser legen. Danach trockentupfen und würfeln. Öl in einer Pfanne erhitzen und die Auberginen unter gelegentlichem Wenden goldbraun braten.
Passierte Tomaten dazugeben. Knoblauch abziehen und darüber pressen. Mit Salz, frisch gemahlenem Pfeffer und Oregano würzen. Einmal aufkochen lassen und auf einer Platte bei Zimmer-

temperatur abkühlen lassen. Petersilie waschen, trockentupfen, hacken und darüberstreuen.

PERLZWIEBELN SÜSS-SAUER
(ohne Foto)

750 g Perlzwiebeln · 1/2 rote Paprikaschote · 1 l Salzwaser · 250 ml (1/4 l) Wein-Essig · 125 ml (1/8 l) Wasser · 375 g Zucker · Gewürznelken · 1 Teel. Senfkörner · 1 Pck. Einmach-Hilfe

Die Perlzwiebeln abziehen. Die Paprikaschote entstielen, entkernen, die weißen Scheidewände entfernen, die Schote waschen und in Würfel schneiden. Das Wasser zum Kochen bringen. Die Perlzwiebeln hineingeben und etwa 1 Minute mitkochen, abtropfen lassen. Perlzwiebeln und Parikawürfel in vorbereitete Gläser füllen. Wein-Essig, Wasser, Zucker, Gewürznelken und Senfkörner zum Kochen bringen, kurz aufkochen lassen, von der Kochstelle nehmen. Einmach-Hilfe unterrühren und über das Gemüse gießen. Die Gläser nach dem Erkalten mit Folie oder Schraubverschluß verschließen, kühl aufbewahren.

MARINIERTE BOHNEN

Je 1 Dose rote und weiße Bohnen (Einwaage je 450 g) · 1 Zwiebel · Salz · 2 Knoblauchzehen · Pfeffer · 1/2 Teel. getrockneter Oregano · 4 Eßl. Rotweinessig · 5 Eßl. Olivenöl · 1 Bund glatte Petersilie

Die Bohnen auf einem Sieb abtropfen lassen. Für die Salatsauce die Zwiebel abziehen und würfeln, mit Salz bestreuen und etwa 10 Minuten ziehen lassen. Knoblauch abziehen und darüber pressen. Senf, frisch gemahlenen Pfeffer, Oregano, Essig und Öl hinzufügen, Petersilie waschen, trockentupfen und hacken. Alles unter die Bohnen mischen und einige Stunden durchziehen lassen.

GEFÜLLTE AVOCADOS

2 reife Avocados · 3 Eßl. Zitronensaft · 2 Eßl. Walnußöl · Salz · Pfeffer · 1 Eßl. gehackter Dill · 200 g geräucherter Lachs

Die Avocados halbieren, den Kern herauslösen und aus dem Fruchtfleisch mit einem Kugelausstecher Kugeln formen (etwas Fruchtfleisch in der Schale lassen). Das Avocadofleisch mit Zitronensaft beträufeln. Aus dem restlichen Saft, dem Öl, Salz und frisch gemahlenem Pfeffer eine Salatsauce rühren. Dill hinzufügen. Den Lachs in dünne Streifen schneiden. Mit den Avocadokugeln in die Sauce geben und alles in die ausgehöhlten Avocadohälften füllen. Etwas durchziehen lassen.

MATJESFILET BORNHOLM
(ohne Foto)

1 säuerlichen Apfel · 100 ml Weißwein · 4 Matjesfilet · 4 Eßl. Preiselbeeren (aus dem Glas) · 150 g Crème fraîche

Den Apfel schälen, mit einem Apfelausstecher das Kerngehäuse entfernen und in vier Scheiben schneiden. Den Wein erhitzen und die Apfelscheiben darin dünsten (sie dürfen nicht zerfallen), in dem Weißwein erkalten und abtropfen lassen. Auf eine Platte legen. Die Matjesfilets aufrollen, auf den Apfelscheiben hochkant anrichten und jeweils 1 Eßl. Preiselbeeren in jedes Matjesröllchen geben. Crème fraîche mit etwas Weißwein verrühren und kurz vor dem Servieren über die Matjesfilets verteilen.

GEFÜLLTE CHAMPIGNONS

24 rosa Champignons · 2 Knoblauchzehen · 80 g weiche Butter · 3 Eßl. gehackte glatte Petersilie · Salz · Pfeffer · Saft von 1/2 Zitrone ·· 1 Dose große Schnecken (24 Stück)

Für die Füllung:

1 Möhre · 1 Frühlingszwiebel · 1 Knoblauchzehe ·

Außerdem: Butter zum Braten

Die Champignons putzen und waschen. Die Stiele herauslösen und für die Füllung aufheben. Knoblauch abziehen und zerdrücken. Butter mit Knoblauch, Petersilie, Salz, frisch gemahlenem Pfeffer und Zitronensaft verrühren.
Die Schnecken 5 Minuten im Sud köcheln lassen, dann abtropfen.
Für die Füllung das Gemüse putzen, waschen und einschließlich der Pilzstiele hacken.
Unter Rühren in Butter braten, bis die Masse trocken ist.
Die Champignons mit der Öffnung nach oben in Schneckenpfännchen setzen. Zunächst etwas Füllung und dann jeweils eine Schnecke hineingeben. Mit der Kräuterbutter bedecken.
Im vorgeheizten Backofen bei 200 Grad (Gas Stufe 4) etwa 20 Minuten backen.
Dazu Baguette reichen.

GEFÜLLTE TOMATEN MIT FISCHMOUSSE

250 g frische Lachsforelle · 2 Eigelb · 8 Tomaten · Salz · Pfeffer · 30 g Butter · 1 Eßl. Zitronensaft

Für die Sauce:

1 Eßl. Zitronensaft · 2 Eßl. Olivenöl · 4 Eßl. Schlagsahne · Salz · Pfeffer · Cayennepfeffer · 1/4 Teel. Dijon-Senf · 1 Eßl. feingeschnittene Basilikumblätter

Vom Fisch Haut und Gräten entfernen. Den Fisch unter kaltem Wasser abspülen, trockentupfen, kurz ins Gefrierfach legen. Eigelb kalt stellen. Tomaten waschen, abtrocknen und am Stielende einen Deckel abschneiden. Vorsichtig das Fruchtfleisch herauslösen, ohne die Tomaten zu beschädigen. Die Tomaten in eine feuerfeste flache Form setzen, salzen, pfeffern und mit zerlassener Butter bestreichen.
Im vorgeheizten Backofen bei etwa 175 Grad (Gas Stufe 2) 10 Minuten dünsten lassen.
Inzwischen das sehr kalte Fischfleisch schnell im Mixer pürieren. Eigelb, Salz, frisch gemahlenen Pfeffer und Zitronensaft hinzufügen und alles durch ein Sieb streichen. Die Farce mit Hilfe eines Spritzbeutels in die Tomaten füllen. Von den Deckeln pfenniggroße Scheiben ausstechen und auf die Tomaten setzen.
Bei 150 Grad (Gas Stufe 1) etwa 30 Minuten garen.
Alle Zutaten für die Sauce verrühren und zu den Tomaten reichen.
Toastbrot und Butter dazureichen.

SPARGEL-VINAIGRETTE
(ohne Foto)

1 kg grüner Spargel · Salz · 1/2 Teel. Zucker · 1 Teel. Butter · 1/2 Teel. Honig · 2 Eßl. Sherryessig · Pfeffer · 1/2 Teel. Dijon-Senf · 4 Eßl. Nußöl · 5 Basilikumblätter · 50 g Bündnerfleisch

Den Spargel waschen und am unteren Ende schälen. In vier Portionen bündeln. In Salzwasser mit Zucker und Butter etwa 10 Minuten zugedeckt garen. Abtropfen lassen und auf Teller verteilen.

Für die Sauce Honig mit 1 Eßl. heißem Spargelwasser verrühren. Essig, Salz, frisch gemahlenen Pfeffer und Senf hinzufügen und gut verrühren. Zum Schluß Öl und in Streifen geschnittene Basilikumblätter unterrühren. Über den lauwarmen Spargel träufeln.

Bündnerfleisch in sehr feine Streifen schneiden und kurz vor dem Servieren darüber streuen.

1

2

3

4

ARTISCHOCKEN MIT SAUCE VINAIGRETTE

4 Artischocken · Zitronensaft · Salz ·

Für die Vinaigrette:

1 Schalotte · 3 Eßl. Weinessig · Salz · Pfeffer · 1 Prise Zucker · 6 Eßl. Olivenöl · 1 Eßl. gehackte glatte Petersilie · 1 Tomate

Die Artischocken waschen, äußere unansehnliche Blätter auszupfen (Foto 1). Mit einem scharfen Messer das obere Viertel und die Stiele abschneiden (Foto 2).
Mit einer Küchenschere die Blattspitzen gerade abschneiden (Foto 3). Die Schnittflächen mit Zitrone abreiben. Die Artischocken in kochendes Salzwasser geben und zugedeckt bei schwacher Hitze etwa 30 Minuten köcheln. Beim Einstechen müssen sich die Böden weich anfühlen.
Die Artischocken mit einem Schaumlöffel herausnehmen (Foto 4) und mit dem Boden nach oben auf einem Sieb abtropfen lassen.
Für die Vinaigrette Schalotte schälen und durch die Knoblauchpresse geben. Mit Essig, Salz, Pfeffer, Zucker, Olivenöl und Petersilie verrühren.
Die Tomate überbrühen, enthäuten, halbieren, die Kerne und Stengelansatz entfernen, das Fruchtfleisch würfeln und unter die Vinaigrette rühren.

CARPACCIO VOM RIND MIT SENF-SAUCE

150 g Rinderfilet · Salz · Pfeffer · Brunnen- oder Gartenkresse · 1/2 Teel. Dijon-Senf · 2 Eßl. Balsamessig · 2 Eßl. Olivenöl

Das vorbereitete Rinderfilet im Tiefkühlfach anfrieren lassen. In hauchdünne Scheiben schneiden (am besten geht das mit der Aufschnittmaschine).
Die Portionsteller mit etwas Salz und frisch gemahlenem Pfeffer bestreuen. Das Fleisch darauf anrichten. Kresse waschen und abtropfen lassen.
Das Fleisch damit garnieren.
Salz, Pfeffer, Senf und Essig verrühren, Olivenöl hinzufügen. Fleisch und Sauce getrennt servieren.

MARINIERTE PILZE
(ohne Foto)

3 Knoblauchzehen · 8 Eßl. Olivenöl · 5 Eßl. Geflügelfond · Saft von 1/2 Zitrone · 1 Lorbeerblatt · 8 weiße Pfefferkörner · 1/2 Teel. Salz · 500 g Champignons
Außerdem: Basilikum zum Garnieren

Die Knoblauchzehen abziehen, vierteln. Mit allen Zutaten – bis auf die Pilze – in einen Topf geben und einmal aufkochen lassen. Etwa 20 Minuten ohne Deckel köcheln.

Inzwischen die Champignons putzen, waschen und vierteln. In den Sud geben und etwa 10 Minuten darin dünsten. Bei Zimmertemperatur abkühlen lassen. Zugedeckt im Kühlschrank 1–2 Tage marinieren.
Mit Basilikumblättern anrichten.

CARPACCIO VOM FISCH (ohne Foto)

300 g frischer Lachs, ohne Haut und Gräten · grobes Salz · weißer Pfeffer · Saft von 1 Limone · 2 Eßl. Olivenöl · 1 Eßl. Crème fraîche · 2 Eßl. saure Sahne · 50 g Kaviar
Außerdem: 1 kleiner Kopfsalat

Den Lachs unter kaltem Wasser abspülen, trockentupfen, schräg in sehr dünne Streifen schneiden und sofort auf gut gekühlten Tellern anrichten. Salz und frisch gemahlenen Pfeffer darüber geben. Limonensaft und Öl darüber träufeln. Crème fraîche und Sahne verrühren, den Kaviar darunter mischen.
Auf die Mitte jeder Portion Lachs einen Löffel Kaviar-Sahne geben.
Mit den gewaschenen, in feine Streifen geschnittenen Herzblättern des Salates garnieren.

KRABBENSALAT IN SAUERAMPFER-SAUCE

100 g Sellerieknolle · Salz ·
2 Avocados · 200 g Krabbenfleisch · 100 g Erdnußkerne ·
1 Eßl. Sonnenblumenöl
Für die Salatsauce:
75 g Sauerampfer ·
100 g Crème fraîche · Saft von 1/2 Zitrone · Pfeffer · Salz ·
einige Tropfen Tabasco

Sellerie schälen, waschen, in Scheiben schneiden und in Salzwasser in etwa 12 Minuten gar kochen. In kleine Würfel schneiden.
Avocados halbieren, entsteinen, schälen. Das Fruchtfleisch in kleine Würfel schneiden. Mit den Selleriewürfeln, Krabben, Erdnußkernen und Öl vermischen.
Sauerampfer putzen, waschen, Stiele entfernen. Einige Blätter für die Teller zurückbehalten, die übrigen in feine Streifen schneiden.
Crème fraîche mit Zitronensaft verrühren und mit Pfeffer, Salz, Tabasco würzen.
Sauerampferblätter auf Desserttellern anrichten, die Sauce darauf verteilen und den Salat darauf anrichten.

ARTISCHOCKEN-BÖDEN MIT EIERCREME
(ohne Foto)

3 Eier · 30 g Butter ·
1 Eßl. Crème fraîche ·
2 Sardellenfilets · 2 Teel. Kapern · Pfeffer · geriebene Muskatnuß · 1/2 Teel. getrockneter Thymian · 1 Dose sauer eingelegte Artischockenböden (8 Stück) ·
8 schwarze Oliven

Die Eier hart kochen, pellen und halbieren. Die Eigelbe mit Butter, Crème fraîche, Sardellenfilets, Kapern und 2 Teel. Kapernsud im Mixer pürieren. Mit den Gewürzen abschmecken.
Die Artischockenböden gut abtropfen lassen. Die Eimasse mit Hilfe eines Spritzbeutels auf die Artischockenböden füllen. Oliven halbieren und die Eiercreme damit garnieren.

1

2

3

4

GRAVED LACHS
(8 – 10 Portionen)

1 kg Lachs, aus der Mitte geschnitten · 5 Korianderkörner · 1 Eßl. Zucker · 1 1/2 Teel. Pfeffer · 1 Teel. grobes Salz · 2 Bund Dill ·
Für die Senfsauce:
1 1/2 Eßl. scharfer Senf · 1 Eßl. Zucker · 2 Eßl. Weinessig · 5 Eßl. Distelöl · 1 Eßl. feingehackter Dill
Zum Anrichten:
Herzblätter vom Kopfsalat · 1/2 Teel. rote Pfefferkörner
Außerdem: Frischhaltefolie

Den gesäuberten Lachs der Länge nach halbieren und die Gräten herauslösen (Foto 1). Koriander zerstoßen und mit Zucker, frisch gemahlenem Pfeffer und Salz mischen. Die Innenseite der Fischstücke damit einreiben.
Dill waschen, trockentupfen, grob zerschneiden und darauf legen (Foto 2). Die Hälften zusammenklappen und in Frischhaltefolie fest einwickeln.
Mit einem Brett und Gewichten (Konservendosen) gleichmäßig beschweren (Foto 3) und 1 – 2 Tage kühl stellen. Den Lachs mehrmals umdrehen.
Die Gewürze abschaben und den Lachs schräg in sehr dünne Scheiben schneiden, die Haut dabei zurücklassen (Foto 4).
Für die Sauce die angegebenen Zutaten verrühren. Den Lachs mit etwas Sauce auf Portionstellern mit Salatblättern anrichten und roten Pfeffer darüber streuen. Die restliche Sauce dazureichen.

GEBEIZTER FISCH
(ohne Foto)

300 g Seeteufel, Seeforelle oder Lachs, filitiert, ohne Gräten und Haut · Salz · Pfeffer · Saft von 1 1/2 Zitronen · 1 reife Avocado · 100 g kleine weiße Champignons · 1 Fleischtomate · 1/2 Teel. rote Pfefferkörner · frische Pfefferminzblätter
Außerdem: Klarsichtfolie

Das Fischfleisch in sehr kleine Würfel schneiden und in eine flache Form geben. Leicht salzen und pfeffern und mit dem Saft von einer Zitrone beträufeln. Mit Klarsichtfolie abdecken und etwa 2 Stunden kalt stellen. Die Avocado halbieren, entsteinen, schälen, würfeln und mit dem restlichen Zitronensaft beträufeln. Champignons putzen, waschen, trockentupfen und in feine Scheiben schneiden.
Die Tomaten abspülen, trockentupfen und würfeln.
Zum Anrichten der Fisch in die Mitte einer Platte legen. Avocado, Champignons und Tomatenwürfel kranzförmig drumherum anrichten. Mit rotem Pfeffer und Pfefferminzblättchen bestreuen.

CHINAKOHL MIT BÜNDNERFLEISCH

Etwa 350 g Chinakohl · 200 g Bündnerfleisch · 3 Orangen · 1 Grapefruit · 125 g blaue Weintrauben · 7 Eßl. Salatmayonnaise · 1 Eßl. Weinbrand · Salz · Pfeffer

Vom Kohl den Strunk herausschneiden, Blätter in Streifen schneiden, waschen und abtropfen lassen.
Bündnerfleisch in Streifen schneiden. Zitrusfrüchte schälen, filieren, dabei den Saft auffangen. Trauben waschen, halbieren, entkernen.
Für die Salatsauce Mayonnaise, Saft und Weinbrand mit Salz und frisch gemahlenem Pfeffer verrühren. Die Salatzutaten in einer Schüssel anrichten und mit der Sauce übergießen.

KALBFLEISCH-PARMA-RÖLLCHEN

4 Dünne Kalbschnitzel (je etwa 125 g) · Pfeffer · 1 Knoblauchzehe · 4 Scheiben Parmaschinken · 8 Salbeiblätter · 40 g eiskalte Butter · 2 Eßl. Olivenöl · 125 ml (1/8 l) heiße Rindfleischbrühe · 5 Eßl. Marsala oder Sherry

Außerdem: Holzspießchen

Die Fleischscheiben unter kaltem Wasser abspülen, trockentupfen und etwas flach streichen, leicht pfeffern.

Knoblauch abziehen, durchpressen und das Fleisch damit einreiben. Mit je einer Scheibe Schinken und 2 Salbeiblättern belegen. Fest zusammenrollen und mit Holzspießen feststecken. Etwa 1 Eßl. Butter und das Olivenöl in einer Pfanne erhitzen und die Röllchen rundherum anbraten. Brühe angießen und zugedeckt etwa 20 Minuten bei kleiner Hitze schmoren. Die Röllchen herausnehmen, Spieße entfernen und das Fleisch zugedeckt warm stellen.

Den Saucenfond offen einkochen, Marsala (Sherry) hinzufügen und noch mal einkochen. Vom Herd nehmen und die restliche Butter in Flöckchen hineinrühren.

Die Röllchen in daumendicke Scheiben schneiden und zusammen mit der Sauce servieren.

HUMMERKRABBEN IN CURRYSAHNE

1/2 Bund Frühlingszwiebeln · 20 g Butter · 12 rohe gepulte Hummerkrabben · 1/2 Eßl. Curry · 125 ml (1/8 l) Weißwein · Salz · 1 Prise Cayennepfeffer · 150 g Crème fraîche · 1 Eßl. Pistazienkerne

Frühlingszwiebeln putzen und in feine Ringe schneiden. Butter in einer Pfanne erhitzen und die Zwiebeln darin weich dünsten. Hummerkrabben hinzufügen und so lange dünsten, bis sie sich rot verfärbt haben. Die Hummerkrabben herausnehmen und zugedeckt warm stellen.

Curry in die Pfanne geben, ganz kurz andünsten und sofort mit Wein ablöschen. Offen einkochen und mit Salz und Cayenne würzen. Crème fraîche einrühren. Die Hummerkrabben in der Sauce anrichten. Pistazienkerne hacken und darüber streuen.

PUTENRÖLLCHEN IN WEINSAUCE

2 kleine Möhren · 200 g Spinat · 4 sehr dünne Putenbrustscheiben (je etwa 125 g) · 2 Teel. grüner Kräutersenf · Pfeffer · 20 g Butterschmalz · 125 ml (1/8 l) trockener Wermut · 150 g Crème fraîche

Außerdem: Holzspießchen

Die Möhren schrappen, waschen und in bleistiftdicke Stäbchen schneiden. Spinat verlesen, waschen, ganz kurz blanchieren und gut abtropfen lassen.
Die Fleischscheiben unter kaltem Wasser abspülen, trockentupfen, dünn mit Senf bestreichen, mit Spinatblättern und je 3 Möhrenstäbchen belegen, leicht pfeffern. Das Fleisch zusammenrollen und mit Holzspießen feststecken.
Butterschmalz in einem Schmortopf erhitzen und die Rollen rundherum anbraten. Das Fett abgießen, den Bratensatz mit Wermut ablöschen. Zugedeckt etwa 15 Minuten schmoren. Röllchen herausnehmen und warm stellen.
Den Sud einkochen, den restlichen Senf und Crème fraîche darunter ziehen. Die Sauce auf einen vorgewärmten Teller geben.
Die Röllchen aufschneiden und darauf anrichten.

HÄHNCHENBRUST IN ORANGENSAUCE

500 g Hähnchenbrustfilet (ohne Haut und Knochen) · 1 Eßl. Weizenmehl · 4 Eßl. Speiseöl · 4 Schalotten · 1/2 Teel. Curry · 125 ml (1/8 l) frischgepreßter Orangensaft · 125 ml (1/8 l) Hühnerbrühe · 100 g kalte Butter frische Minzeblättchen

Außerdem: 1 Orange zum Garnieren

Das Fleisch unter kaltem Wasser abspülen, trockentupfen, würfeln und hauchdünn mit Mehl bestäuben. Öl in einer Pfanne erhitzen und das Fleisch darin bei starker Hitze von allen Seiten einige Minuten anbraten.
Die Hitze auf kleinste Stufe zurückschalten. Schalotten abziehen und fein hacken, dazugeben und mitdünsten, bis sie glasig sind.
Curry darüber stäuben, mit Orangensaft und Brühe ablöschen. Zugedeckt etwa 10 Minuten schmoren. Das Fleisch herausnehmen und warm stellen. Den Sud sämig einkochen. Vom Herd nehmen und die kalte Butter in kleinen Stückchen mit einem Schneebesen darunter schlagen.
Das Fleisch auf Tellern anrichten, mit der Sauce überziehen.
Zum Garnieren die Orange schälen und filitieren, Minzeblättchen darüber streuen.

SCHNECKEN-TÖPFCHEN

100 g weiche Butter · 5 Eßl. Schlagsahne · 2 Knoblauchzehen · 1 Schalotte · 2 Eßl. gehackte gemischte Kräuter (Rosmarin, Estragon, Thymian, Petersilie) · Salz · Zitronenpfeffer · 2 Eßl. Zitronensaft · 2 Fleischtomaten · 2 Dosen Schnecken (je 24 Stück)

Die Butter bis auf etwa 1 Eßl. mit der Sahne in eine Schüssel geben. Knoblauchzehen und Schalotte abziehen und beides mit der Knoblauchpresse darüber pressen. Gehackte Kräuter hinzufügen, alles verkneten und mit Salz, Pfeffer und Zitronensaft würzen. Beiseite stellen. Tomaten am Stengelansatz über Kreuz einritzen, mit kochendem Wasser überbrühen, häuten, entkernen und würfeln. In der restlichen Butter leicht erwärmen. Die Schnecken im Sud erhitzen und abgießen. Auf vier kleine Förmchen verteilen. Kräuter-Sahne-Butter und Tomatenwürfel darüber geben. Kurz unter dem vorgeheizten Grill überbacken.

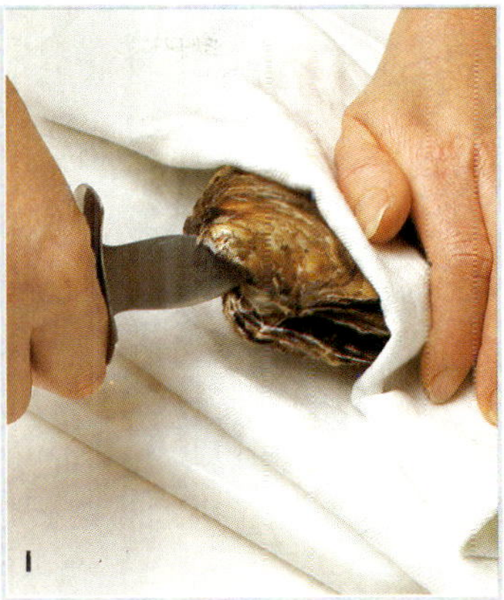

1

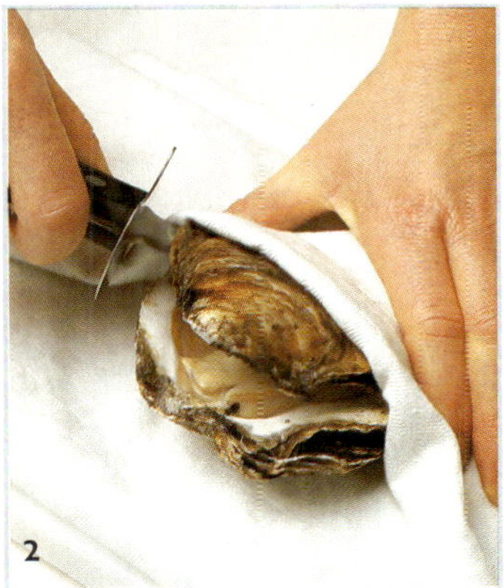

2

3

4

GEBACKENE AUSTERN

18 Austern · 100 g weiche Butter
2 Eßl. gemahlene Mandeln ·
1 Knoblauchzehe · 1/2 Bund gehackte glatte Petersilie ·
Saft von 1/2 Zitrone · 1 Eßl.
Weinbrand · Pfeffer · 1 Eßl.
Mandelblättchen

Die Austern in einer Serviette mit der gewölbten Seite nach unten auf die Arbeitsfläche legen.
Das Austernmesser an der spitzen Seite der Auster am Scharnier ansetzen. durch Drehen des Messers die Schalen knacken (Foto 1). Mit dem Messer die Schalen trennen (Foto 2).
Butter und gemahlene Mandeln verrühren. Knoblauchzehe abziehen und zerdrücken. Petersilie, Zitronensaft, Weinbrand und frisch gemahlenen Pfeffer darunter mischen (Foto 3).
Das Muschelfleisch in den Schalenhälften gut mit Mandelbutter bedecken (Foto 4).
Mandelblättchen darüber streuen.
Unter dem vorgeheizten Grill goldbraun backen.

CRÊPES À LA PHILIPPINE

8 Crêpes
Für den Teig: 100 g Weizenmehl · 1 Eßl. Speisestärke · 1/4 Teel. Salz · 3 Eier · 125 ml (1/8 l) Milch · 2 Eßl. flüssige Butter
Für die Füllung: 200 g grüne Bohnen · 1 Möhre · 1 kleine Stange Porree (Lauch) · 1 kleine Dose Bambussprossen (Einwaage 200 g) · 200 g Rinderfilet · 8 Blätter Eisbergsalat
Für die Sauce: 1 Eßl. Zucker · 1 Eßl.Sojasauce · 125 ml (1/8 l) Instant-Gemüsebrühe · 1 Eßl. Weinessig · 1/4 Teel. Salz · 1 Teel. Speisestärke
Außerdem: Speiseöl zum Braten

Den Teig wie im Rezept S. 61 beschrieben zubereiten und daraus acht Crêpes backen, warm stellen. Für die Füllung Gemüse putzen bzw. schälen, waschen. Gemüse, Bambussprossen und Filet in dünne Streifen schneiden. Öl erhitzen. Das Fleisch darin schnell anbraten, warm stellen. Gemüse im Bratfett in 3 Minuten knackig dünsten, ebenfalls warm stellen. Die Salatblätter abspülen, trockentupfen und auf die Crêpes legen. Fleisch und Gemüse darauf verteilen und die Crêpes zusammenrollen. Für die Sauce Zucker, Sojasauce, Brühe, Essig und Salz aufkochen. Speisestärke mit etwas Wasser anrühren und die Sauce damit binden, warm zu den Crêpes reichen.

CRÊPES SOUFFLÉ

8 Crêpes
Für den Teig: 100 g Weizenmehl · 1 Eßl. Speisestärke · 1/4 Teel. Salz · 3 Eier · 125 ml (1/8 l) Milch · 2 Eßl. flüssige Butter
Für die Füllung: 1 Eßl. Butter · 1 Eßl. Weizenmehl · 250 ml (1/4 l) Milch · 1 Eigelb · 2 Eßl. Zitronensaft · Salz · Cayennepfeffer · 1 Prise Curry · 1 Eiweiß · 200 g geschälte Krabben .2 Eßl. geriebener Emmentaler Käse
Außerdem: Speiseöl zum Backen · Fett für die Form zerlassene Butter zum Bestreichen · Sesamsamen zum Bestreuen

Mehl und Speisestärke mischen, sieben und mit Salz, Eiern, Milch und flüssiger Butter rasch zu einem glatten, flüssigen Teig verrühren. Etwa 30 Minuten ruhen lassen.
Eine kleine Pfanne mit Speiseöl ausstreichen und etwas Teig hineingießen. Die Pfanne so schwenken, daß der Teig sich gleichmäßig dünn auf dem Boden verteilt. Etwa 1/2 Minute backen, bis der Teig an der Oberfläche stumpf ist. Die Crêpe wenden und die andere Seite backen, danach auf einen Teller legen und ein Stück Pergamentpapier darauf geben. Aus dem restlichen Teig weitere sieben Crêpes backen.
Für die Füllung Butter zerlassen, Weizenmehl darin hellgelb andünsten. Milch hinzugießen und mit dem Schneebesen gut durchschlagen und die Sauce unter Rühren etwa 5 Minuten kochen, vom Herd nehmen und das Eigelb unterschlagen und mit Zitronensaft, Salz, Cayennepfeffer und Curry würzen. Das Eiweiß steif schlagen, mit Krabben und Käse unter die Sauce heben. Die Crêpes mit der Masse füllen und zusammenrollen. Jeweils zwei Crêpes nebeneinander in eine gefettete feuerfeste Form legen. Die Crêpes mit zerlassener Butter bestreichen und mit Sesam bestreuen. Die Formen in den auf 225 Grad (Gas Stufe 4) vorgeheizten Backofen setzen und die Crêpes etwa 20 Minuten backen.

BUCHWEIZEN-BLINIS MIT KAVIAR
(Foto links)

125 g Weizenmehl · 125 g Buchweizenmehl · 300 ml Milch · 3 Eigelbe · 1 Teel. Salz · 1 Prise Zucker · 40 g zerlassene Butter · 3 Eiweiß · 150 g Crème fraîche · 75 g Lachskaviar oder Beluga-Malossol-Kaviar
Außerdem: Butter und Speiseöl zum Braten · Dill zum Garnieren

Weizenmehl sieben, mit Buchweizenmehl mischen. Mit Milch, Eigelb, Salz, Zucker und zerlassener Butter zu einem glatten Teig verrühren.Danach etwa 30 Minuten ruhen lassen.
Eiweiß steif schlagen und unter den Teig ziehen. Öl und Butter in einer Pfanne erhitzen. Den Teig eßlöffelweise hineingeben, flachdrücken und daraus von beiden Seiten Blinis von etwa 5 cm Durchmesser backen, warm stellen. Die Blinis mit Crème fraîche, Kaviar und Dill garniert anrichten.

SCHINKEN-PIROGGEN

Für den Teig:
300 g Weizenmehl · 1 Teel. Backpulver · 1/2 Teel. Salz · 100 g kalte Butter · 5 Eßl. saure Sahne · 1 Ei
Für die Füllung:
250 g gekochter Schinken · 3 Eßl. feingeschnittener Dill · 60 g gekochter Reis (20 g Rohware) · 1 Zwiebel · 1 Eßl. Butter · 100 g rosa Champignons · Salz · Pfeffer · 1 Ei · 2 Eßl. Milch
Außerdem: Alufolie und Back-Trennpapier

Mehl und Backpulver mischen und in eine Schüssel sieben. Die übrigen Zutaten für den Teig hinzufügen, zuerst mit dem Handrührgerät mit Knethaken, dann mit den Händen rasch zu einem glatten Teig verkneten.
In Folie gewickelt mind. 1 Std. kalt stellen.
Den Schinken fein würfeln, mit Dill und Reis in eine Schüssel geben.
Zwiebel abziehen, würfeln und in Butter weich dünsten. Champignons putzen, waschen, klein hacken und hinzufügen. Bei starker Hitze unter Rühren so lange dünsten, bis die Flüssigkeit verdampft ist. Zum Schinken geben, salzen, pfeffern und gut vermischen.
Den Teig etwa 3 mm dick ausrollen und rund ausstechen (Durchmesser etwa 10 cm).
Die Füllung darauf geben. Ei trennen. Die Teigränder mit Eiweiß einstreichen, die Teigplättchen zu Halbkreisen zusammenlegen und die Ränder mit einer Gabel rundherum festdrücken. Auf ein mit Backtrenn-Papier ausgelegtes Blech legen. Eigelb mit Milch verschlagen und die Teigoberfläche damit bestreichen.

Im vorgeheizten Backofen bei 200 Grad etwa 25 Minuten backen. Dazu schmeckt saure Sahne.

FISCH IM FISCH

300 g tiefgekühlten Blätterteig ·
500 g geräucherter Heilbutt ·
3 Eßl. gehackter Dill · 1 Ei ·
2 Eßl. Milch
Außerdem: Back-Trennpapier

Den Blätterteig auftauen lassen. Den Heilbutt säubern, entgräten und die Haut ablösen. Fisch fein hacken und mit Dill vermengen. Blätterteigscheiben einzeln ausrollen zur Hälfte mit Fischfarce belegen.
Ei trennen. Teigränder rundherum mit 1 verschlagenem Eiweiß bestreichen, umschlagen. Die Ränder gut festdrücken.
Die Teigpäckchen in Fischform schneiden. Aus den Teigresten „Flossen" und Verzierungen schneiden und aufkleben.
Auf ein mit Back-Trennpapier ausgelegtes Backblech legen. Die Oberfläche mit verschlagenem Eigelb und Milch einpinseln.
Im vorgeheizten Backofen bei 225 Grad (Gas Stufe 4) etwa 20 Minuten backen.
Warm servieren.
Dazu saure Sahne reichen.

EDELPILZ-NUSSTÖRTCHEN

300 g tiefgekühlter Blätterteig ·
150 g Edelpilzkäse · 50 g gehackte Walnußkerne · 3 Eigelbe ·
125 g Speisequark (40%)
Außerdem: Fett für die Form

Den Blätterteig auftauen lassen und anschließend etwa 3 mm dick ausrollen. Kleine Törtchenformen fetten. Den Teig rund ausstechen (um ein Drittel größer als der Durchmesser der Förmchen) und die Förmchen damit auslegen.
Den Käse durch ein Sieb streichen und mit Nüssen, Eigelben (1 Teel. zurückbehalten) und Quark verrühren. In die Teigförmchen füllen.
Aus den Teigresten dünne Streifen schneiden und als Gitter über die Füllung legen.
Restliches Eigelb mit 1 Eßl. Wasser verschlagen und die Teigoberfläche damit bestreichen.
Die Törtchen auf unterer Schiene im vorgeheizten Backofen bei 225 Grad (Gas Stufe 4) etwa 30 Minuten backen.
Dazu schmecken Cumberlandsauce oder Preiselbeerkompott.

PIZZA-MINIATUREN

Für den Teig: 500 g Weizenmehl · 1 Päckchen Trocken-Backhefe · 1 Teel. Salz · 4 Eßl. Olivenöl · 1/2 Teel. Zucker · 250 ml (1/4 l) lauwarmes Wasser
Für den Belag: 8 Tomaten · 400 g Mozzarella · 18 schwarze Oliven · 6 Sardellenfilets · 1 Teel. gerebelter Thymian · 3 Eßl. Olivenöl · 300 g gepulte Krabben · 1 Ei · 2 Eßl. Crème double · Salz · Pfeffer · 3 Eßl. gehackte Petersilie · 100 g geriebener Parmesan
Außerdem: Fett für das Backblech

Das Mehl sieben mit den übrigen Zutaten zu einem geschmeidigen Teig verkneten. Auf bemehlter Arbeitsfläche nochmals gut durchkneten. Mit Mehl bestäubt zugedeckt so lange an einem warmen Ort gehen lassen, bis sich der Teig verdoppelt hat. Nochmals rasch durchkneten, eine lange Rolle formen und in 12 gleich-große Stücke schneiden. Jedes Teigstück etwa 3 mm dick zu einem runden Fladen ausrollen, den Rand etwas dicker lassen. Auf ein gefettetes Backblech legen. Für den 1. Belag Tomaten waschen, mit Mozzarella in Scheiben schneiden. Oliven entkernen. Sardellen wässern. Sechs Pizzas mit diesen Zutaten belegen, mit Thymian würzen, mit Öl beträufeln. Für den 2. Belag die Pizzas mit Krabben belegen. Ei mit Crème double verrühren und darüber verteilen. Salz, Pfeffer, Petersilie und Parmesan darüber streuen. Die Pizzas im vorgeheizten Backofen bei etwa 225 Grad (Gas Stufe 4) etwa 20 Minuten backen. Heiß servieren.

KÄSE-TÖRTCHEN

Für den Teig: 125 g Weizenmehl · 1/4 Teel. Salz · 70 g kalte Butter · 2 Eßl. kaltes Wasser
Für den Belag: 250 g Speisequark · 100 g weiche Butter · 1 Eßl. Weizenmehl · Salz · Pfeffer · 2 kleine Eier · 1 Knoblauchzehe · 2 Eßl. gehackte Petersilie · 2 Eßl. Pinienkerne · 100 g gekochter Schinken · 6 Salbeiblättchen
Außerdem: Fett für die Tortelettförmchen

Das Mehl sieben, zusammen mit den übrigen Zutaten rasch zu einem glatten Teig verkneten und etwa 30 Minuten kalt stellen. Den Teig auf bemehlter Arbeitsfläche dünn ausrollen, 4 kleine, gefettete Tortelettförmchen (Durchmesser 10 cm) mit dem Teig auslegen.

Für den Belag den Quark mit weicher Butter, Mehl, Salz und Pfeffer verrühren. Nach und nach die Eier unterrühren. Knoblauchzehe abziehen, fein würfeln, mit der Petersilie unter die Hälfte der Quarkmasse rühren. Diese Quarkmasse in zwei der Förmchen füllen und glattstreichen. Die Pinienkerne darauf streuen und etwas festdrücken. Die restliche Quarkmasse in die übrigen Förmchen füllen und glattstreichen. Den gekochten Schinken würfeln, auf die beiden restlichen Törtchen geben, die Salbeiblättchen darauf legen. Die Törtchen im vorgeheizten Backofen bei 200 Grad (Gas Stufe 3) 15–20 Minuten backen und lauwarm servieren.

RÄUCHERFISCH-PASTE

2 geräucherte Forellenfilets (etwa 200 g) · 30 g weiche Butter · 3 Eßl. saure Sahne · 2 Eßl. Zitronensaft · Salz · Pfeffer · Brunnenkresse · 1/2 Teel. rote Pfefferkörner

Die Forellenfilets grob zerkleinern, pürieren und mit der Butter, saurer Sahne und Zitronensaft verrühren. Die Paste mit Salz und frisch gemahlenem Pfeffer abschmecken und etwa 1 Stunde kühl stellen. Brunnenkresse waschen und abtropfen lassen, mit der Paste auf 4 Tellern anrichten und mit roten Pfefferkörnern bestreuen. Weißbrotcroutons dazureichen.

KRABBEN-PASTE

(Foto rechts oben)

250 g gepulte Krabben · Saft von 1/2 Zitrone · 100 g Schlagsahne · etwas Meerrettich Pfeffer · 2–3 Eßl. gehackte glatte Petersilie · 1 Kästchen Kresse

Etwa 12 Krabben beiseite legen. Die restlichen Krabben pürieren und mit Zitronensaft und Sahne zu einer streichfähigen Masse verrühren. Mit einer Prise Meerrettich und frisch gemahlenem Pfeffer abschmecken. Zum Schluß d e Petersilie unterheben und die Paste etwa 1 Stunde kühl stellen. Danach eßlöffelweise abstechen und mit den zurückbehaltenen Krabben und Kresseblättchen garnieren.

RINDFLEISCH-PASTE

200 g Filetspitze · 2 Schalotten · 1 Bund glatte Petersilie · 50 g Butter · 1 Eßl. Senf · Cayennepfeffer · Salz · 4–5 Eßl. feingeschnittenen Schnittlauch

Das Fleisch unter kaltem Wasser abspülen, trockentupfen, grob zerkleinern und im Mixer fein zerhacken.
Schalotten abziehen und fein hacken. Petersilie waschen, trockentupfen und hacken. Butter zerlassen, Schalotten und Petersilie darin andünsten, etwas abkühlen lassen und mit dem Fleisch vermengen.
Mit Senf, Cayennepfeffer und Salz abschmecken und etwa 30 Minuten kühl stellen. Die Rindfleischpaste auf 4 Tellern anrichten und mit dem Schnittlauch garnieren.

GEMÜSE-TERRINE

Je 250 g Möhren, Teltower Rübchen, Broccoli und rote Paprikaschoten · 125 ml (1/4 l) Milch · 1 Teel. Gemüsebrühe (Reformhaus) · Pfeffer · 3 kleine Eigelbe · 12 Blatt weiße Gelatine · 125 g Crème double · Salz · Cayennepfeffer · Curry
Außerdem: Fett für die Form

Möhren und Teltower Rübchen putzen, schrappen, waschen und grob zerkleinern. Broccoli in Röschen teilen, am Stiel schälen und waschen. Die Gemüse getrennt in wenig Salzwasser knackig gar dünsten (Möhren und Rübchen etwa 12 Minuten, Broccoli etwa 5 Minuten). Paprikaschoten waschen und abtrocknen. Auf einem Backblech im Backofen etwa 15 Minuten bei 250 Grad (Gas Stufe 5) rösten, bis die Haut dunkel wird und Blasen wirft. Danach 5 Minuten in ein feuchtes Tuch legen, anschließend die Haut abziehen. Die Schoten halbieren und entkernen. Jedes Gemüse getrennt pürieren und kalt stellen. Milch mit Brühe und Pfeffer aufkochen.
Die Eigelbe schaumig schlagen und im Wasserbad mit der heißen Flüssigkeit zu einer lockeren Creme verschlagen. Gelatine etwa 10 Minuten einweichen, gut abgetropft in die heiße Creme rühren. Crème double verrühren und unterheben. Die Masse mit Salz, Pfeffer, Cayennepfeffer und einer Prise Curry abschmecken. In vier Teile aufteilen und jeweils mit einem Gemüsepüree vermengen. Nochmals abschmekken. Eine Terrinenform (3/4 l Inhalt) ausfetten und ein Püree einfüllen, glattstreichen und gut durchkühlen lassen. Erst dann die zweite Püreeschicht einfüllen. Wieder kühlen und so mit allen Pürees verfahren. Die Terrine über Nacht im Kühlschrank durchkühlen lassen.

FISCH-TERRINE

400 g Lachs · 400 g Steinbutt ·
2 Eiweiß · 1 lange Möhre ·
1 Zucchini · Salz · 200 ml (1/5 l)
kalte Schlagsahne · Pfeffer ·
Cayennepfeffer · Curry · 2 Eßl.
Zitronensaft
Außerdem: Butter für die Form

Den Fisch unter kaltem Wasser abspülen, von Haut und Gräten befreien. Aus beiden Stücken ein langes, schmales Filet (etwa 150 g). Als Einlage für die Terrine Lachs und Steinbutt getrennt schneiden und kalt stellen. Lachs und Steinbutt getrennt mit je einem Eiweiß im Mixer fein pürieren und kalt stellen. Möhre putzen, schrappen, waschen. Zucchini waschen. Von Möhre und Zucchini mit dem Kartoffelschäler breite Streifen abschälen, in kochendem Salzwasser blanchieren, abschrecken und abtropfen lassen. Eine Terrine (3/4 l Inhalt) mit Butter ausfetten und mit Gemüsestreifen auslegen. Jeweils die Hälfte der Sahne unter die beiden Fischfarcen rühren und mit Pfeffer, Cayennepfeffer und Curry würzen. Die Steinbuttmasse in die Terrine füllen und mit den gut gekühlten Fischfilets belegen. Die Lachsmasse darauf füllen, glattstreichen und mit den restlichen Gemüsestreifen belegen. Die Terrine zugedeckt in die mit Wasser gefüllte Fettpfanne stellen und im Backofen bei etwa 150 Grad (Gas Stufe 1) etwa 1 Stunde pochieren. Bei Zimmertemperatur abkühlen lassen und etwa 12 Stunden in den Kühlschrank stellen.
Dazu paßt eine Sauce aus Crème fraîche, mit Salz, Pfeffer und Zitronensaft und mit feingeschnittenem Basilikumblättchen gewürzt.

GEFLÜGEL-PARFAIT
(ohne Foto)

500 g Geflügelleber · 1 Apfel
(Boskop) · 2 Schalotten · 400 g
Butter · 125 ml (1/8 l) Portwein
je 1/2 Teel. gehackter Thymian
und Majoran · 250 g Schlagsahne
2 Eier · Salz · 1/2 Teel.
Pfeffer · 1 Msp. Cayennepfeffer
Außerdem: gehackte Pistazienkerne und Orangenfilets als Dekoration

Von der Leber die Sehnen entfernen, die Leber unter kaltem Wasser abspülen, trockentupfen und grob zerkleinern.
Apfel schälen, entkernen und in kleine Stücke schneiden.
Schalotten abziehen und vierteln.
1 Eßl. Butter zerlassen, Apfel und Zwiebel darin gar dünsten Mit Portwein ablöschen und Kräuter hinzufügen. Um die Hälfte einkochen und dann abkühlen lassen.
Die Butter bei schwacher Hitze zerlassen.
Die Leber und die Apfelmasse im Mixer pürieren. Nach und nach die Sahne, die zerlassene Butter und die Eier unterrühren.
Das Püree durch ein feines Sieb rühren, würzen und in eine Terrine (3/4 l Inhalt) füllen.
Zugedeckt in die mit Wasser gefüllte Fettpfanne stellen und bei 150 Grad (Gas Stufe 1) etwa 45 Minuten im Backofen pochieren.
Das gare Parfait muß sich auf Fingerdruck elastisch anfühlen.
Bei Zimmertemperatur abkühlen lassen und etwa 12 Stunden in den Kühlschrank stellen.
Das Parfait mit einem Eßlöffel portionieren, der vorher in heißes Wasser getaucht wurde.
Das Parfait mit Orangenfilets und gehackte Pistazienkernen garnieren.
Dazu schmeckt eine süß-scharfe Sauce aus Orangenmarmelade, Orangensaft und Cayennepfeffer.

SCHINKEN-PASTETE
(10–12 Portionen)

1 Rezept Pasteten-Teig.
600 g gepökeltes Schweinefleisch ohne Knochen (aus der Keule) · 200 g ungeräucherter fetter Speck · 2 Zwiebeln · 25 g Butter 100 ml (1/10 l) Madeira · 2 Eier 50 g Pistazienkerne · 150 g Crème fraîche · Salz · Pfeffer · Piment · geriebene Muskatnuß · 250 g gepökelte, gekochte Rinderzunge · 1 Eiweiß · 1 Eigelb · 2 Eßl. Schlagsahne · 3 Blatt weiße Gelatine · 250 ml (1/4 l) Portwein
Außerdem: Butter für die Form, Alufolie

Den Pastetenteig nach Rezept zubereiten und kalt stellen. Für die Farce Schweinefleisch und Speck würfeln und zuerst durch die grobe, anschließend durch die feine Scheibe des Fleischwolfs drehen. Kalt stellen. Zwiebeln abziehen, würfeln und in Butter andünsten. Mit Madeira ablöschen, sirupartig einkochen und abkühlen lassen. Zur Fleischfarce geben. Eier, Pistazien und Crème fraîche unterrühren. Mit Salz, Pfeffer, Piment und Muskat abschmecken.
Kalt stellen. Für die Einlage die gepökelte Zunge in daumendicke Streifen schneiden.
Eine Kastenform von 30 x 11 cm ausfetten. Etwa 3/4 des Teiges auf bemehlter Arbeitsfläche zu einem Rechteck von 50 x 30 cm etwa 1/2 cm dick ausrollen. An den Ecken jeweils ein Quadrat von 11 cm einschneiden. Diese Teigplatte vorsichtig in die Form legen und an den Wänden leicht andrücken (Foto 1).
Die Farce etwa 3 cm hoch einfüllen. Zungenstreifen in die Mitte legen (Foto 2), die restliche Farce darauf geben und glattstreichen. Der überstehenden Teig darüber legen. Den restlichen Teig dünn ausrollen, einen Deckel von 30 x 11 cm Größe ausschneiden und auflegen (Foto 3). Öffnungen für den Dampfabzug ausstechen. Aus den Teigresten Blättchen schneiden. Eiweiß verschlagen und damit die Verzierungen auf die Teigoberfläche kleben. Aus Alufolie 2 Röllchen formen und als „Kamin" in die Öffnungen stecken (Foto 4). Eigelb und Sahne verschlagen und die Teigoberfläche damit bestreichen.
Die Pastete auf dem Rost in den vorgeheizten Backofen schieben, etwa 15 Minuten bei 225 Grad (Gas Stufe 4) anschließend 35 Minuten bei 180 Grad backen.
Bei Zimmertemperatur abkühlen lassen. Für das Gelee Gelatine im kaltem Wasser einweichen, gut ausdrücken und bei schwacher Hitze in 4 Eßl. Portwein auflösen. Unter den restlichen Portwein rühren und in einer Schüssel im Eiswasserbad kaltrühren. Kurz vor dem Festwerden durch den „Kamin" eingießen. Die Pastete wieder kalt stellen und das Gelee fest werden lassen.
Dazu schmeckt Preiselbeerkompott verrührt mit Meerrettich und Senf.

PASTETEN-TEIG

400 g Weizenmehl · 1 Teel. Salz 200 g kalte Butter · 2 kleine Eier

Das Mehl auf die Tischplatte sieben. Mit den übrigen Zutaten schnell zu einem glatten Teig verkneten. Kalt stellen.

1

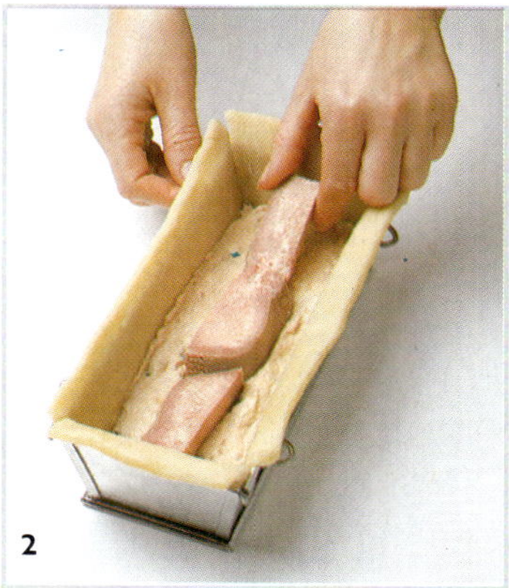
2

3

4

Machen Sie mehr aus den Suppen und Süppchen, die Sie Ihrer Familie oder Ihren Gästen servieren. Mit selbstgekochten Fleisch- oder Fischbrühen. Sie sind die solide Grundlage für leichte Suppen, die man als Vorspeisen serviert und die den Magen so freundlich auf die folgenden Genüsse einstimmen. Am Beispiel der leckeren Möhrenessenz mit Gemüseeinlage zeigen wir Ihnen, wie schön so etwas auch für die Augen sein kann.
Um Suppen fachgerecht kochen zu können, brauchen Sie immer eine Grundbrühe, deren Herstellung wir auf den nächsten Seiten genau zeigen. Auch wenn es eine Fischsuppe sein soll, helfen wir mit dem Grundrezept für die Brühe weiter. Klar, daß solche Brühen auch den kräftigen Eintopfsuppen immer einen unverwechselbaren Geschmack geben. Wie gut, daß man sie auf Vorrat kochen und einfrieren kann. Das versetzt Sie in die Lage, immer die richtige Portion für eine gute Suppe zur Hand zu haben. Mit unseren Rezepten geben wir im übrigen eine Menge Anregungen, Neues für den häuslichen Speisezettel auszuprobieren.

1

2

3

4

ALLLES ÜBER BRÜHEN

Sie sind der willkommene Auftakt eines familiären Essens und der appetitanregende Beginn eines Menüs. Suppen, als Vorspeisen gereicht, stillen den ersten Hunger und wecken die Vorfreude auf die kommenden Genüsse. Als Vorspeise müssen es solche von der leichten Sorte sein, wie Bouillon mit Einlage oder Cremesuppen mit etwas Sahne oder Crème fraîche. Denn sie sollen nicht sättigen. Anders die Eintopfsuppen, mit winterlichen ausgetrockneten Hülsenfrüchten oder die sommerlich-bunten aus verschiedenen Gemüsesorten. Beide sind Hauptgerichte, die anstelle von Fleisch oder anderen Speisen und anstelle der Beilagen serviert werden.
Eine Brühe oder Bouillon kann immer auf Suppenfleisch-, Geflügel- oder Speckbasis mit Suppengrün und Würfel- oder Instantbrühe gekocht werden. Das ist praktisch, unkompliziert und wird im häuslichen Bereich meistens auch so gemacht. Was aber vom Fachmann als Brühe, Bouillon oder in noch feinerem Französisch als Consommé bezeichnet wird, ist ein Extrakt aus Fleisch und Knochen, Gemüse, Kräutern und Gewürzen. Ein Fond sozusagen, der Grundlage für alle Suppen und Eintopfsuppen sein kann und ihnen den kräftigen, unvergleichlichen Geschmack gibt. Die Zubereitung ist zwar auch nicht kompliziert, kostet jedoch ein bißchen Zeit. Aber dieser Aufwand für eine gute Suppe lohnt sich immer.

GRUNDBRÜHE

Zutaten für ca. 3 Liter · 750 g Kalbshaxe · 500 g Ochsenbein · – vom Fleischer halbiert – · 1 Suppenhuhn oder 1500 g Hühnerklein · 1 Stück Schweineschwarte · 3–4 l Wasser ·
Bouquet garni:
2 große Möhren · 1 Petersilienwurzel · 2 zarte Stangen Porree (Lauch) · 1/4 Knollensellerie · 1 Bündel Selleriegrün · 1/2 Bund Petersilie · 2 Stengel Thymian · 1 Lorbeerblatt · 1 Knoblauchzehe
Außerdem:
2 Zwiebeln · 2 Nelkenköpfe

In der Reihenfolge der Fotos – jeweils von oben nach unten – geht man nun so vor:
Kalbshaxe und Ochsenbeinstücke, Suppenhuhn oder Hühnerklein kalt abwaschen. Alles mit der Schweineschwarte in einen Topf mit Drahtgitter schichten (Foto 1). Durch das eingelegte Drahtgitter kann das Fleisch nicht ansetzen. Wenn ein Suppenhuhn verwendet wird, muß es zerlegt werden.
Soviel kaltes Wasser angießen, daß alle Zutaten davon bedeckt sind (Foto 2). Deckel auflegen. Bei geringer Hitze aufkochen. Das dauert etwa 1 Stunde. Dabei bildet sich grauer Schaum aus dem geronnenen Eiweiß und den Trübteilchen der Zutaten. Man muß ihn von Zeit zu Zeit mit einem Eßlöffel oder dem Schaumlöffel (Foto 3) von der Brühe abheben. Gelegentlich einen Schuß kaltes Wasser zugießen und weiter köcheln lassen. Solange abschöpfen, bis sich nur noch weißer Schaum in kleinen Bläschen bildet. Der löst sich später auf. Die Zutaten fürs Bouquet garni zusammenbinden. Dazu erst Möhren, Petersilienwurzel, Porree (Lauch) und Knollensellerie putzen und waschen. Selleriegrün, Petersilie und Thymian auch waschen. Mit Küchengarn fest verknoten (Foto 4). Bouquet garni in den Topf geben.

5

6

7

8

Die Zwiebeln am besten unabgezogen waschen, mit je einem Nelkenkopf spicken (Foto 5). Auch in den Topf (Foto 6) geben. Bei kleinster Hitze wieder aufkochen und noch einmal abschöpfen. Den Deckel nur leicht auf den Topf legen, so daß ein Spalt geöffnet bleibt. Brühe bei niedrigster Hitze 5–6 Stunden leicht simmern lassen. Nach der Kochzeit einen großen Durchschlag mit einem Leinen- oder Mulltuch auslegen. Die Brühe mit den festen Zutaten hineinschütten (Foto 7) ablaufen lassen, aber die Zutaten nicht ausdrücken, sonst wird es zu schwierig, die Brühe später zu klären.
Nun können Sie die Brühe mit kleingeschnittenem Gemüse zur Suppe vollenden und sie kräftig abschmecken (Foto 8). Wie man sie entfettet und klärt und schließlich für die feinen Suppen vorbereitet, steht auf der nächsten Seite.
Hier aber ist noch zu sagen, wie die verschiedenen feinen Süppchen aus Grundbrühe heißen und wie man sie fachgerecht macht.
Fleischbrühe ist das, was wir auf dem Foto 8 zeigen. Sie wird nicht entfettet und kann außer mit Gemüsestreifen mit Einlagen von Suppennudeln bis Markklößchen serviert werden. Fleischbrühe ist eher eine rustikale Suppe.
Bouillon ist die feinere Ausgabe der Fleischbrühe. Es handelt sich um die entfettete Grundbrühe, die mit feineren Einlagen gereicht wird. Zum Beispiel mit Schwemmklößchen und hauchzart geschnittenen Gemüsestreifen, die der Fachmann Julienne nennt. Sehr beliebt ist die Bouillon auch mit Reiseinlage. Dabei muß bedacht werden, daß man den Reis separat kocht, damit er die Bouillon durch die auskochende Stärke nicht trübe macht.
Consommé oder **Kraftbrühe** kann man die Bouillon auch nennen. Mancher sagt aber, es wird erst eine Kraftbrühe daraus, wenn man die Bouillon nochmal mit etwas Suppengrün und Rindfleisch etwa 1 Stunde kocht, im Tuch ablaufen läßt und sie entfettet serviert. Sie ist dann noch kräftiger als die Grundbrühe und kann eine intensive Zusatzwürze vertragen, wie steifgeschlagene, mit Curry abgeschmeckte Schlagsahne, aber auch nur etwas feingehackte Petersilie.
Consommé double oder **Doppelte Kraftbrühe.** Das ist die entfettete Grundbrühe, die mit einer Mischung aus Tatar und Eiweiß noch einmal geklärt wird und durch das zusätzliche Fleisch aromatischer aber auch dunkler in der Farbe wird. Rund abgeschmeckt, kann sie einfach pur als Appetitanreger gereicht werden. Mit hübsch zurechtgeschnittenem Eierstich darin wird eine „Consommé double royal", also eine königliche Doppelte Kraftbrühe daraus. Ein Name, den sie des guten Geschmacks wegen verdient hat. Nun gibt es noch viele Möglichkeiten, jeder dieser Brühen eine andere Geschmacksnuance durch Gewürze zu geben. Von frischen Kräutern wird später noch die Rede sein. Dagegen sind die provenzalischen Kräuter, eine Mischung, die es fertig zu kaufen gibt, eine feine Trockenwürze. Am besten im Mullsäckchen 10 Minuten in der Brühe ausziehen lassen. Nicht länger, sonst wird sie zu kräuterig.
Mit Gewürzen geben Sie jeder Brühe das gewisse Etwas. Vorausgesetzt, sie werden vorsichtig dosiert. Immer erst eine kleine Prise hineingeben und lieber nachwürzen, wenn der Geschmack noch nicht rund ist. Sie können mit Muskat oder Safran, ganz wenig Cayennepfeffer oder Tabascosauce, etwas mehr Sojasauce, mit Piment und sogar mit Zimt (exotisch gut) abschmecken. Weiter bieten sich an: Curry, Ingwer, Macis und Paprika.
Alkohol. Der winzige Schuß Cognac oder Weinbrand in einer Consommé hat schon manchen Feinschmecker begeistert. Nicht weniger der Schuß Sherry, von dem der trockene „fino" gut geeignet ist. Es darf aber auch ein „Cream" sein. Wie ja auch der eher liebliche Port eine gute Würze vermittelt. Zunächst nur ein paar Spritzer hineingeben und lieber nachwürzen, bevor man die Suppe vollkommen beschwipst gemacht hat.

2

3

4

Was Sie sonst noch über Brühen/Suppen wissen sollten, sagen wir Ihnen hier. Da stellt sich zu allererst die Frage, wie man die Brühe fachmännisch entfettet. Das geht auf zweierlei Art. Einmal kann man sie heiß entfetten. Dazu nimmt man ein Stück stark saugfähiges Küchenpapier und zieht es locker von einer Topfseite zur anderen über die Oberfläche der Brühe. Dabei saugt das Papier das Fett auf (Foto 1). Wenn es damit noch nicht getan ist, also noch zuviel Fett auf der Brühe schwimmt, muß man den Vorgang wiederholen. Die zweite Methode, die absolut sicher alles Fett entfernt: Man läßt die Brühe offen abkühlen, dann zugedeckt im Kühlschrank auskühlen. Dabei erstarrt das Fett auf der Oberfläche, so daß man es nur noch mit einem Löffel abheben muß. Das Fett können Sie gut zum Braten, Schmoren und Dünsten verwenden, zumal es Aromastoffe aufgenommen hat und dadurch eine zusätzliche Würze ins Essen bringt.

Die Brühe klären

Das geht so: Man braucht für 1 Liter lauwarm erhitzte Brühe je 100 g Möhre und Knollensellerie in feinen Würfeln, die man in 2 Eßlöffel Öl glasig dünstet. Lauwarm abkühlen lassen und mit 3 zu weichem Schnee geschlagenen Eiweiß mischen (Foto 2). Mischung in die lauwarme Brühe rühren, sofort auf große Hitze schalten. Immer mit einem breiten Rührlöffel auf dem Topfboden in kreisenden Bewegungen rühren, damit sich das Eiweiß nicht ansetzt. Sobald das Eiweiß gar ist und auf der Oberfläche schwimmt (Foto 3), wird die Brühe durch ein Tuch abgeseiht und ist klar. Nun ergeben die im Rezept auf Seite 74 angegebenen Zutaten etwa 3 Liter Brühe, die man ja in dieser Menge für den Normalhaushalt nicht braucht. Aber es ist praktisch, einen Vorrat zu haben. Einfrieren ist deshalb die beste Konservierungsmethode. Um die Brühe in familiengerechte Portionen abpacken zu können, müssen Sie wissen, daß man pro Person etwa 1/4 Liter rechnet, von der Consommé double nur einen knappen Viertelliter, weil sie meist als kleine Vorspeise bei mehrgängigen Menüs gereicht wird. Es ist also für den Haushalt praktisch, jeweils 1-Liter-Portionen einzufrieren. – Zum Rezept ist ergänzend zu sagen, daß diese Zutatenmengen gebraucht werden, um wirklich eine kräftige und gute Brühe zu erzielen. Deshalb: Wer kein Gefriergerät hat, sollte seinen Speisezettel so gestalten, daß die Brühe in kurzer Zeit (in etwa 3–5 Tagen) aufgebraucht ist. Sie muß offen auskühlen und dann in festschließenden Behältern im Kühlschrank lagern. Zum Einfrieren gießt man die kalte Brühe in Gefrierdosen (Foto 4) oder Aluschalen. Man kann sie auch in Gefrierbeutel füllen. Dazu ein praktischer Tip: Ein Litermaß mit einem Beutel auslegen, der über den Rand geschlagen werden kann. Brühe einfüllen und den Beutel sorgsam und fest verschließen. Den Rest besorgt dann das Gefriergerät. Wichtig: Egal, ob Fleisch oder Fischbrühe (nächste Seite), sie werden niemals während der Zubereitung gesalzen oder mit Gewürzen abgeschmeckt. Auch nicht vorm Einfrieren. Gesalzene Brühe wird während des Reduzierens und beim Einfrieren salziger. Also: erst dann abschmecken, wenn sie endgültig zum Essen vorbereitet wird.

1

2

3

4

Fischsuppen schmecken unvergleichlich viel besser, wenn sie auf der Basis von Fischbrühen zubereitet werden. Außerdem kann man mit Fischbrühen auch Saucen zubereiten, wenn man sie reduziert.
Für die Fischbrühe brauchen Sie Fischabfälle (Abgänge, heißen sie in der Küchensprache). Die können Sie beim Fischhändler bekommen: Köpfe, Gräten, Flossen und Haut.

FISCHBRÜHE

Zutaten: 1 kleine Möhre (in dünnen Scheiben) · 2 kleine Zwiebeln (fein gewürfelt) · 2 zarte Porreestangen (in Ringen) · 4 Eßl. Butter · 1000 g Fischreste von Kabeljau, Heilbutt, Leng, Seezunge oder Scholle oder eine Mischung daraus · 2,5 – 3 l Wasser
Bouquet garni:
1 kleines Bund Petersilie ·
2 Stengel Thymian · Fenchelkraut oder 50 g Fenchelknolle ·
4 Stengel Schnittsellerie ·
1 Lorbeerblatt

Möhre, Zwiebeln und Porree in der mäßig erhitzten Butter im Topf unter Rühren glasig dünsten (Foto 1). Die Fischreste sorgfältig waschen. Wenn Köpfe dabei sind, müssen die Kiemen entfernt werden, weil sie Bitterstoffe enthalten. Fischreste in den Topf geben und das kalte Wasser angießen, so daß sie davon bedeckt sind (Foto 2). Petersilie, Thymian, Fenchelkraut oder -knolle, Schnittsellerie und Lorbeerblatt waschen, zum Bouquet garni zusammenbinden. In den Topf geben. Bei geringer Hitze aufkochen. 30 Minuten köcheln lassen, abschäumen. Durch ein Tuch seihen, noch 15 Minuten kochen. Wie Fleischbrühe klären.

Bei den Einlagen für Fischbrühe wird man sich auf Fisch und Meeresfrüchte beschränken, die den Charakter der Suppen unterstreichen. Da bieten sich zum Beispiel Krabben- und Flußkrebsfleisch, Seezungenstückchen und Stücke von geräuchertem Heilbutt an, aber auch Mies- und Herzmuschelfleisch und feine Fischklößchen. Zusätzliche Würze geben frische gehackte Kräuter wie Petersilie, Sauerampfer, Estragon, Dill und Zitronenmelisse.
Bei Fleischbrühe ist die Auswahl an Einlagen größer. Man kann sie mit Suppennudeln (Fadennudeln, Sternchen), mit Reis und Flädle, in Streifen geschnittene Eierpfannkuchen zubereiten. Anders die Teigerbsen (Foto 3). Dazu rührt man einen Eierpfannkuchenteig, den man durch ein groblöcheriges Sieb in heißes Fritierfett tröpfeln läßt. Es bilden sich erbsengroße Bällchen, die goldbraun ausgebacken und noch heiß kurz vorm Servieren auf die Brühe gestreut werden. Daß Schnittlauchröllchen die Fleischbrühe besonders lecker und ein Eigelb sie schmackhaft und sättigender machen, ist allgemein bekannt.
Feine Einlagen sind auch Markklößchen und Eierstich (Foto 4), die man fertig kaufen kann.

MANGOLD CREMESUPPE

2 Stauden Mangold (etwa 800 g) · 750 ml (3/4 l) Instant Brühe · Pfeffer · geriebene Muskatnuß · 1 Zwiebel · 30 g Butter · 20 g Weizenmehl · 250 ml (1/4 l) Schlagsahne · 50 g Roquefort-Käse

Den Strunk vom Mangold abschneiden, die einzelnen Blätter waschen und von den Blattrippen lösen. Rippen in 2 cm breite Streifen schneiden, mit der Hälfte der Blätter in die Brühe geben, mit Pfeffer, Muskat würzen. Zwiebel abziehen, in die Brühe geben, in etwa 35 Minuten weich kochen. Zwiebel entfernen. Suppe mit dem Pürierstab oder im Mixer fein pürieren. Butter mit Mehl gut verkneten, zu kleinen Kugeln formen, in die kochende Suppe rühren und unter ständigem Rühren etwa 5 Minuten kochen, bis sie sich ganz aufgelöst haben. Die Sahne unterziehen, zerkleinerten Roquefort hinzufügen. Restliche Mangoldblätter in sehr feine Streifen schneiden, in der Suppe noch etwa 5 Minuten ziehen lassen und servieren.

KARTOFFEL-SAMTSUPPE MIT AVOCADO

500 g mehlig-festkochende Kartoffeln · 1 l Fleischbrühe · Pfeffer · Kreuzkümmel · 3–4 Stengel glatte Petersilie · 1/2 Teel. abgeriebene Zitronenschale (unbehandelt) · 200 g saure Sahne · 1 große, reife Avocado

Die Kartoffeln schälen, waschen, in Würfel schneiden und mit der Brühe, Pfeffer und etwas Kreuzkümmel zum Kochen bringen. Nach etwa 30 Minuten, wenn die Kartoffeln samtweich sind, Suppe in einen Mixer geben. Petersilie abspülen, Blättchen abzupfen, mit der abgeriebenen Zitronenschale in den Mixer geben, alles sehr fein pürieren. Die Suppe wieder erhitzen (nicht kochen), saure Sahne vorsichtig unterziehen. Avocado halbieren, entsteinen, schälen und in Spalten schneiden. Avocado etwa 3 Minuten in der heißen Suppe ziehen lassen. Suppe auf 4 Tassen oder Suppenteller verteilen und mit Pfeffer bestreuen.

ENDIVIENCREME

500 g Endiviensalat · 20 g Butter · 1 l Fleisch- oder Gemüsebrühe
150 g gekochter Reis
100 ml Schlagsahne ·
1 Eßl. Zitronensaft ·
2 Eßl. gehackte Zitronenmelisse

Den Endiviensalat putzen, in breite Streifen schneiden, waschen und trockenschleudern. In einem großen Topf Butter zerlassen, Salat darin andünsten, Brühe angießen, Reis zugeben. Die Suppe aufkochen, dann etwa 30 Minuten bei kleiner Hitze ziehen lassen. Suppe sehr fein pürieren und wieder erhitzen. Sahne unterziehen und mit Zitronensaft abschmecken, Zitronenmelisse unterrühren. Heiß oder kalt servieren.
Tip: Statt Endivien kann man auch jede andere Sorte Blattsalat verwenden. Wer keinen Mixer oder Pürierstab hat, passiert die Suppe durch ein Sieb.

OLIVENCREME MIT KNOBLAUCHSALAMI

4 Zwiebeln · 1 Eßl. Olivenöl ·
1 l Wasser · 1 Thymianzweig ·
250 g grüne Oliven, mit Mandeln gefüllt · 50 g abgezogene Mandeln · 250 ml (1/4 l) trockener Weißwein ·
150 g Knoblauchsalami (in Scheiben) · 50 g Schafskäse

Die Zwiebeln abziehen, halbieren, in Scheiben schneiden. Öl in einem Topf erhitzen, Zwiebeln darin andünsten, das Wasser angießen, Thymianzweig abspülen, hinzufügen und alles etwa 1/2 Stunde köcheln lassen. Brühe absieben. Etwa 1/4 der Brühe mit den Oliven und den Mandeln im Mixer fein pürieren. Restliche Brühe, Wein und Püree zusammen erhitzen. Käse in Würfel schneiden. Heiße Suppe auf 4 tiefe Teller verteilen, Salami und Käse darüber geben.

MUSCHEL-CREMESUPPE

2 Zwiebeln · 1 Teel. Oregano ·
1 Zweig Thymian · 1 Knoblauchzehe · 125 ml (1/8 l) Weißwein ·
500 ml (1/2 l) Wasser · Salz ·
Pfeffer · 2 kg Miesmuscheln ·
500 g pürierte Tomaten ·
200 g Crème double ·
Worcestersauce · Basilikumblättchen

Die Zwiebeln abziehen, in Ringe schneiden. Knoblauch abziehen, fein hacken. Zwiebel, Knoblauch, Oregano, Thymian, Wein und Wasser zum Kochen bringen. Muscheln gründlich unter fließendem Wasser abbürsten, zugeben (nur geschlossene verwenden), mit Salz und Pfeffer würzen. 5–7 Minuten kochen lassen, bis sich die Muscheln öffnen. Sud durch ein Mulltuch gießen. Muschelfleisch aus den Schalen lösen (nur geöffnete verwenden), warm halten. Garflüssigkeit mit den pürierten Tomaten erhitzen, Crème double unterziehen und die Suppe mit Salz, Pfeffer und Worcestersauce abschmecken. Muschelfleisch unterziehen, in Teller füllen, mit Basilikumblättchen servieren.

1

2

PAPRIKASAHNE MIT PUTENBRUST

1 kg rote Paprikaschoten ·
2 Zwiebeln · 40 g Butter ·
20 g Mehl · 500 ml (1/2 l) Brühe
375 ml (3/8 l) Schlagsahne ·
2 Teel. Paprika edelsüß ·
1/2 Teel. Rosenpaprika · Salz ·
300 g geräucherte Putenbrust
(oder gekochter Schinken) .

Die Paprikaschoten halbieren, entstielen, entkernen, Scheidewände herausschneiden. Schoten, waschen und in grobe Stücke schneiden. Paprika im Mixer zu feinem, flüssigen Mus zerkleinern. Zwiebeln abziehen und sehr fein würfeln. Butter zerlassen, Zwiebeln darin andünsten. Mehl zugeben und hell anschwitzen, nach und nach die Brühe mit dem Schneebesen unterschlagen, dabei darauf achten, daß keine Klümpchen entstehen. Sahne, Paprikamus und -pulver zugeben, etwa 10 Minuten köcheln lassen, mit Salz abschmecken. Putenfleisch von Haut und Fett befreien, in Streifen schneiden, in der Suppe erhitzen.
Tip: Wer keinen Mixer hat, wählt folgende Vorgehensweise: Schoten möglichst klein schneiden, mit den Zwiebeln in 20 g Butter andünsten, in etwa 40 Minuten garen, dabei evtl. etwas Brühe zugießen. Durch ein Sieb streichen. Dann Mehlschwitze von 40 g Butter zubereiten und weiter verfahren, wie oben angegeben.

ROTE-BETE-CREMESUPPE

500 ml (1/2 l) leichter Roséwein
100 g Backpflaumen ·
500 g Rote Bete ·
1 Teel. Speisestärke ·
50 g Honig · 100 g Crème fraîche
1/2 Teel. gemahlener Zimt ·
1 Messerspitze Nelkenpulver ·
Salz

Den Wein über die halbierten, entsteinten Backpflaumen gießen und ziehen lassen. Rote Bete waschen, im Schnellkochtopf in Wasser 15–20 Minuten garen (Normaltopf: 1–1 1/2 Stunden, je nach Knollengröße). Knollen abschrecken, Schale abziehen. (Wegen der intensiven Färbung Haushaltshandschuhe tragen.) Rote Bete pürieren, durch ein Sieb passieren, mit Wein, Backpflaumen und 500 ml (1/2 l) Wasser in einem großen Topf zum Kochen bringen. Stärke mit 1 Eßl. kaltem Wasser anrühren, unterrühren, etwa 2 Minuten köcheln lassen. Honig und Crème fraîche unterziehen, mit Salz, Zimt und Nelken abschmecken, heiß oder kalt servieren.

PARANUSSCREME MIT KERBELSAHNE

200 g Paranußkerne ·
500 ml (1/2 l) Milch ·
500 ml (1/2 l) Gemüsebrühe ·
Salz · Pfeffer · geriebene Muskatnuß · Kardamom · etwa 30 g
Kerbel · 150 ml Schlagsahne ·
1 Prise Anis · 2 cl Kräuterlikör

Die Nüsse möglichst vollständig von der braunen Haut befreien, mit der Milch im Mixer fein pürieren. Nußmilch mit der Brühe erhitzen, mit Salz, Pfeffer, Muskat und Kardamom abschmecken. Kerbel

abspülen, trockenschleudern, sehr fein hacken. Sahne steif schlagen, Kerbel, Anis und Likör unterziehen. Suppe auf Teller verteilen, Sahne darauf setzen.

FORELLENCREME MIT MINZE

2 tiefgekühlte Regenbogenforellen (je etwa 170 g) · 500 ml (1/2 l) Krebsbrühe (Instant) oder Fischbrühe (Rezept siehe S. 77 · Salz · Pfeffer · 2–3 Stengel frische Minze · 250 ml (1/4 l) herber Weißwein · 20 g Mehl · 200 g Crème double

Die Forellen unaufgetaut in die kochende Brühe geben, mit etwas Salz und Pfeffer würzen. Minze waschen, Blättchen abzupfen, nur die Minzstengel mit dem Wein zugeben. Bei kleiner Hitze in etwa 30 Minuten gar ziehen lassen, Brühe durch ein Sieb gießen. Forellen enthäuten, filetieren. Fischfilets mit etwas Brühe pürieren. Die übrige Brühe wieder erhitzen, Mehl mit 1–2 Eßl. Wasser anrühren, in die Brühe rühren, etwa 5 Minuten köcheln lassen. Forellenmus hinzufügen. Minzblätter, bis auf vier, hacken, mit Crème double unter die Suppe ziehen, abschmecken und in Tassen füllen. Mit Minzblättern garnieren.

CREMESUPPE VON ROTEN LINSEN

1 Zwiebel · 1 Stengel Bleichsellerie · 1 rote Paprikaschote · 2 Möhren · 250 g Wildgulasch · 50 g Schinkenreste · 30 g Butter · 2 Eßl. Tomatenmark · Salz · Pfeffer · 750 ml (3/4 l) Brühe · 250 ml (1/4 l) Rotwein · 250 g rote Linsen · 200 g Crème double · 4 Eßl. Sauerkirsch-Konfitüre

Das Gemüse putzen, waschen und in feine Würfel schneiden. Wildfleisch und Schinken ebenfalls kleinschneiden. Butter in einer Kasserolle erhitzen, Fleisch darin anbraten. Tomatenmark und Gemüsewürfel hinzufügen, kurz andünsten, dann salzen und pfeffern. Brühe und Wein angießen, Linsen zugeben. Alles bei kleiner Hitze etwa 50 Minuten simmern lassen. Suppe im Mixer grob pürieren evtl. etwas Wasser zugeben und nochmals mit Salz und Pfeffer abschmecken. Crème double mit Konfitüre verrühren. Suppe auf 4 tiefe Teller verteilen und die rosa Creme daraufgeben.

KÜRBIS-KÄSE-CREME

50 g Weizenkörner · 1 kg Kürbis
1 Zwiebel · 40 g Butter ·
etwa 4 Eßl. gekörnte Gemüsebrühe · Pfeffer · geriebene Muskatnuß · 125 g Emmentaler oder Gruyère-Käse · 40 g Butterschmalz · 1 Teel. Rohzucker

Die Weizenkörner über Nacht in 500 ml (1/2 l) Wasser einweichen. Kürbis schälen, Kerne und Fasern entfernen, Fruchtfleisch in Würfel schneiden. Zwiebel abziehen, fein würfeln. Butter zerlassen, Zwiebelwürfel darin andünsten. Kürbis zugeben, etwa 5 Minuten dünsten. Inzwischen Einweichwasser vom Weizen abgießen, Einweichwasser mit Wasser auf 1 l auffüllen, mit der gekörnten Gemüsesuppe zum Kürbis geben, mit Pfeffer und Muskat würzen und in etwa 20 Minuten weich kochen. Kürbis durch ein Sieb streichen oder pürieren. Den Käse sehr fein reiben, 3/4 in der heißen Suppe, die nicht mehr kochen sollte, schmelzen lassen. Weizenkörner im heißen Butterschmalz etwa 5 Minuten rösten, in den letzten 2 Minuten Zucker zufügen. Suppe auf 4 Teller verteilen, mit Körnern und restlichem Käse bestreut servieren.

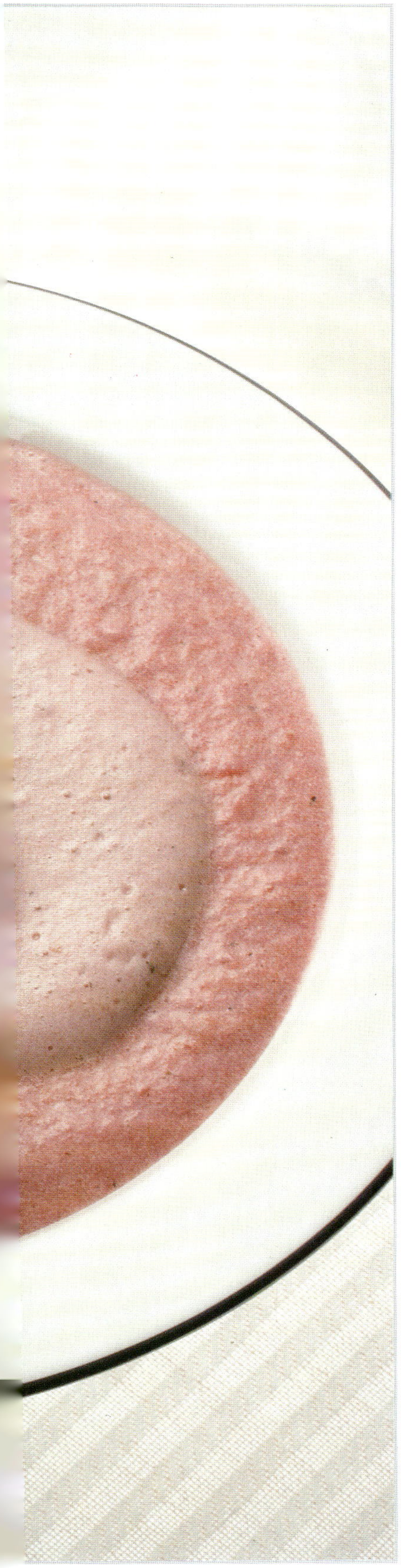

ROTKOHL-SCHAUM MIT ROTWEIN

800 g Rotkohl · 20 g Butter · Salz · gemahlener Zimt · Nelkenpulver · Pfeffer · 1 Apfel · 500 ml (1/2 l) Gemüsebrühe · 250 ml (1/4 l) Rotwein · 2 Eiweiß · 2 Eigelbe · 4 Teel. Preiselbeer-Konfitüre

Den Rotkohl putzen, waschen und hobeln. Butter zerlassen, Rotkohl darin andünsten, mit Salz, Zimt, Nelkenpulver und Pfeffer würzen. Den Apfel schälen, grob raspeln, zum Kohl geben. Brühe und Rotwein angießen, etwa 1 Stunde kochen lassen, dann mit dem Pürierstab pürieren. Eiweiß steif schlagen und halbieren. Eine Schöpfkelle Suppe herausnehmen und unter die eine Hälfte Eischnee ziehen. Topf vom Herd ziehen, zweite Hälfte Eischnee zügig unter die Suppe ziehen, kurz unter ständigem Rühren aufkochen, dann die Eigelb unterschlagen. Sofort auf tiefe Teller verteilen, den rosa Eischnee und Marmelade darauf geben.

PIKANTE APFELSUPPE

250 g Zwiebeln · 100 g Frühstücksspeck · 20 g Butter · 500 g säuerliche Äpfel (z.B. Boskop) · 2 Eßl. Calvados · 3 Wacholderbeeren · 750 ml (3/4 l) Brühe · Pfeffer · 2–3 Eßl. Kartoffelpüree-Pulver

Die Zwiebeln abziehen, halbieren, in dünne Scheiben Streifen schneiden. Speck in Scheiben schneiden, bei mittlerer Hitze in der Butter von beiden Seiten braten, bis er kross und das Fett ausgelassen ist. 4 Scheiben beiseite legen, den Rest zerbröseln. Zwiebeln im zurückgebliebenen Fett anbraten. Äpfel schälen, halbieren, Kerngehäuse entfernen und die Früchte in Spalten schneiden. Äpfel 3–4 Minuten mit den Zwiebeln dünsten, Speckkrümel hinzufügen, mit Calvados und Wacholderbeeren würzen. Die Brühe angießen, bei kleiner Hitze 10–15 Minuten köcheln lassen, die Äpfel sollen weich sein, aber nicht zerfallen. Suppe mit Pfeffer abschmecken, Wacholderbeeren entfernen und die Suppe mit Püreepulver binden. Mit Speckstreifen belegt servieren.

ÜBERBACKENE SPINATSUPPE
(ohne Foto)

600 g tiefgekühlter gehackter Spinat · 250 ml (1/4 l) Wasser · 250 ml (1/4 l) Milch · 1 Knoblauchzehe · 125 ml (1/8 l) Schlagsahne · Salz · Pfeffer · 4 Scheiben Vollkorn-Toastbrot · 1 kleine Zwiebel · 200 g Mozzarella-Käse

Den tiefgekühlten Spinat mit Wasser, Milch und Gewürzen in einen Topf geben, bei mittlerer Hitze auftauen lassen und aufkochen. Knoblauchzehe abziehen, fein würfeln, mit der Sahne unter die Suppe ziehen und mit Salz und Pfeffer abschmecken. Toastbrot toasten und abkühlen lassen. Zwiebel abziehen und sehr fein würfeln. Mozzarella in dünne Scheiben schneiden. Suppe in vier feuerfeste Suppentassen gießen. Toastbrot mit Zwiebelwürfeln bestreuen, mit Mozzarella belegen, auf die Suppenoberfläche setzen, in den auf etwa 250 Grad (Gas Stufe 5) vorgeheizten Backofen Schieben und etwa 10 Minuten überbacken, bis der Käse geschmolzen ist. Sofort servieren.

GRATINIERTE KOKOSSUPPE

2 frische Kokosnüsse ·
250 ml (1/4 l) Brühe ·
125 ml (1/8 l) Weißwein ·
100 g Glasnudeln · 1 Knoblauchzehe · 1–2 Frühlingszwiebeln ·
2 junge Möhren · 250 g Schollenfilet · Salz · 30 g Butter ·
Soja-Sauce · Pfeffer · 1 Eßl. Zitronensaft · 2 Teel. Curry ·
150 g Crème fraîche
Außerdem: Alufolie

Die Kokosnüsse mit einer kleinen Säge quer in der Mitte durchsägen, Milch dabei auffangen. Mit einem Löffel das Fruchtfleisch herausheben (Foto 1). Fruchtfleisch von der braunen Schale befreien (Foto 2), raspeln und beiseite stellen. Brühe mit Wein verrühren, Glasnudeln darin 15 Minuten einweichen. Knoblauch abziehen, fein hacken. Frühlinbgszwiebeln putzen, waschen, in feine Röllchen schneiden. Möhren schrappen, waschen und grob raspeln. Schollenfilets abspülen, in kleine Würfel schneiden, leicht salzen. Gemüse in Butter andünsten, mit Soja-Sauce, Pfeffer, Zitronensaft und 1 Teel. Curry würzen. Glasnudeln mit der Brühe, Kokosmilch zugeben, kurz aufkochen. Fischwürfel dazugeben (Foto 3). Die vier Nußschalen auf ein Blech in vier aus Alufolie geformte Ringe stellen und die Suppe einfüllen (Foto 4). Crème fraîche mit übrigem Curry und den Kokosnußraspeln vermengen, auf die Suppen setzen, im auf etwa 220 Grad (Gas Stufe 4) vorgeheizten Backofen 20–25 überbacken. Heiß servieren.

1

2

3

4

SPARGEL-REIS-SUPPE
(ohne Foto)

500 g Spargel · 500 ml (1/2 l) Wasser · 125 g Langkornreis · 250 ml (1/4 l) kochendes Salzwasser · 1 Bund Kerbel · 1 Eßl. Butter · 500 ml (1/2 l) Instant-Hühnerbrühe · Pfeffer · Salz · geriebene Muskatnuß · Zitronensaft

Den Spargel von oben nach unten schälen, darauf achten , daß Schalen und holzige Stücke völlig entfernt, die Köpfe aber nicht verletzt werden. Den Spargel waschen, in etwa 3 cm lange Stücke schneiden. Die Schalen mit dem Wasser (500 ml) zum Kochen bringen, etwa 15 Minuten kochen lassen, abgießen und das Spargelwasser auffangen. Die Spargelstücke hineingeben, zum Kochen bringen und etwa 15 kochen lassen. Den Langkornreis in das kochende Salzwasser (250 ml) geben, zum Kochen bringen, in etwa 15 Minuten ausquellen lassen. Den garen Reis auf ein Sieb geben, mit kaltem Wasser übergießen, abtropfen lassen. Den Kerbel vorsichtig unter kaltem Wasser abspülen, trockentupfen und fein hacken. Die Butter zerlassen, den feingehackten Kerbel darin andünsten. Die Hühnerbrühe hinzugießen, zum Kochen bringen. Spargel mit Spargelwasser und dem Reis in die Suppe geben, erhitzen und mit Salz, Pfeffer, Muskatnuß und Zitronensaft abschmecken.

WURZEL-SCHICHTSUPPE

250 g Möhren · 250 g Sellerie · 250 g Kartoffeln · 125 g Kasseler ohne Knochen · 125 g Hähnchenfilet · 150 g mittelalter Gouda · 1 1/4 l würzige Knochenbrühe · 2 Stangen Porree (Lauch) · 1 Lorbeerblatt · Pfeffer · Salz
Außerdem: Alufolie

Möhren, Sellerie und Kartoffeln schrappen (schälen) und waschen, getrennt voneinander in dünne Scheiben hobeln. Das rohe Kasseler und das abgespülte Filet in 5 mm breite, 3 cm lange Streifen schneiden. Gouda grob reiben. Porree putzen, gründlich waschen, in feine Ringe schneiden. Lorbeer in 3 Teile brechen. In eine große Auflaufform zunächst die Kartoffeln schichten, 1/3 Lorbeer darüber bröseln, pfeffern, wenig salzen, mit Porree und Kasseler bedecken. Darauf folgen Möhren mit Lorbeer, Pfeffer, Salz, Porree und Hähnchenfilet gefolgt von Sellerie, Porree, Pfeffer, Salz und der Brühe. Den Käse darüber geben. Form mit Deckel oder Alufolie dicht verschließen, im auf etwa 175 Grad (Gas Stufe 2–3) vorgeheizten Backofen etwa 1 3/4 Stunden garen. Während der letzten 15 Minuten Deckel abnehmen, damit der Käse bräunen kann. In der Form servieren.

MAISTOPF MIT PAPRIKA
(ohne Foto)

2 Dosen Thunfisch im eigenen Saft (je 185 g) · 2 Dosen Zuckermais (Einwaage je 340 g) · 500 ml (1/2 l) Instant-Gemüsebrühe · 3 Eßl. Zitronensaft · 125 ml (1/8 l) trockener Weißwein · 1 Knoblauchzehe · 1 Zwiebel 2 rote Paprikaschoten · 30 g Butter · 1 Teel. Paprika edelsüß · 1–2 Eßl. grüner Pfeffer

Den Zuckermais und Thunfisch mit Brühe, Wein und Zitronensaft erwärmen. Knoblauchzehe und Zwiebel abziehen, sehr fein würfeln. Paprika halbieren, entstielen, entkernen, Scheidewände entfernen, Schoten waschen und auf einem Hobel in feine Streifen hobeln. Zwiebel, Knoblauch und Paprika in Butter andünsten, nach etwa 3 Minuten, wenn das Gemüse noch knackig ist, Paprikapulver zugeben und alles unter die Suppe ziehen. Suppe mit grünem Pfeffer würzen, heiß servieren.

SEMMELKREN-SUPPE

1 l Fleischbrühe · 75 g Semmelmehl (Paniermehl) · 1 frische Meerrettichwurzel (ca. 400 g) · Pfeffer · 2 Frühlingszwiebeln · 150 g Crème fraiche · 4 Eßl. Apfelmuß · 250 g gekochte Pökelzunge

Die Brühe erhitzen, mit Semmelmehl binden. Meerrettich schälen und sehr fein reiben, mit Pfeffer unter die Brühe rühren, etwa 15 Minuten ziehen, nicht kochen lassen. Frühlingszwiebeln putzen, waschen, Wurzel abschneiden. Stengel in feine Scheiben schneiden, unterrühren. Zunge würfeln, mit Crème fraîche und Apfelmus unter die Suppe ziehen, erhitzen, servieren.
Tip: Ist der Meerrettich noch ganz jung und scharf, die Menge halbieren. Wer keiner frischen Meerrettich zur Hand hat, nimmt etwa 150–200 g aus dem Glas – jedoch ein Produkt ohne Mayonnaise und Sahne!

ZITRONENBRÜHE MIT ARTISCHOCKEN

1 kg Hühnerklein · 1/2 Zitrone (unbehandelt) · Salz · 3 Pfefferkörner · 2 Pimentkörner · 1 Zwiebel · etwa 1 l Wasser · 1 Dose kleine Artischockenherzen · (Einwaage etwa 240 g) einige kleine Zitronenmelisseblättchen

Das Hühnerklein mit der halben Zitrone, Gewürzen und der abgezogenen Zwiebel in einen Topf geben, das Wasser zugießen und bei kleiner Hitze etwa 2 Stunden kochen lassen. Brühe abgießen und kalt stellen. Sobald das Fett erstarrt ist, abheben und die Brühe wieder erhitzen. Artischockenherzen abtropfen lassen, Blütenförmig auseinanderbiegen, in der Brühe erwärmen. Herzen auf 4 Teller verteilen, Brühe darüber gießen, mit den Melisseblättern bestreuen.

KLARE FISCHSUPPE

1 kg Fischköpfe und -gräten (beim Händler vorbestellen) · 3 Zwiebeln · 1 Knoblauchzehe · 2 Tomaten · 1/2 Bund Petersilie 1 Zweig Thymian · 3 Pfefferkörner · 1 Zitrone (unbehandelt) Salz · 1 1/2 l Wasser · 300 g Fischfilet · 1 Bund Dill

Zwiebeln und Knoblauch abziehen, Zwiebel würfeln, Tomaten waschen und achteln. Gemüse, Fischabfälle, abgespülte Petersilie und Thymian, halbe Zitrone, Pfeffer und Salz in einen großen

Topf geben. Das Wasser zugießen und etwa 1 Stunde köcheln lassen, danach durch ein Mulltuch gießen. Brühe, wenn gewünscht, mit 1 Eiweiß klären (Rezept S. 75). Brühe wieder erhitzen, mit Salz abschmecken. Fischfilet abspülen, in große Würfel schneiden, 3–5 Minuten in der heißen Brühe garziehen lassen. Übrige Zitronenhälfte in dünne Scheiben schneiden. Dill fein hacken. Beides in die Fischsuppe legen und heiß servieren.
Tip: Dazu geröstetes Baguette mit Knoblauchbutter.

PILZESSENZ MIT MADEIRASAHNE

150 g gemischte getrocknete Pilze · 1 1/4 l Wasser · 1 Teel. Salz · 100 ml (1/10 l) Madeira · 2 Eßl. Soja-Sauce · 100 ml (1/10 l) Schlagsahne

Die Pilze mit dem Wasser und Salz in einem großen Topf zum Kochen bringen, etwa 1 1/2 Stunden köcheln lassen, absieben. Die Pilze ausdrücken. Die Brühe, wenn nötig, weiter einkochen, bis etwa 750 ml (3/4 l) übrig sind. Mit der Hälfte Madeira und Soja-Sauce abschmecken. Sahne steif schlagen, unter weiterem Schlagen Madeira in dünnem Strahl hinzufügen. Essenz in Tassen oder Tellern mit der Madeirasahne servieren.

KRABBENESSENZ MIT BLÄTTERTEIG-HAUBE

400 g frische, rohe Shrimps · 1 l Krebsbrühe (aus Dose oder Würfeln) · 30 g Butter · 1 Stückchen Zitronenschale (unbehandelt) · 2 Platten tiefgekühlter Blätterteig (je 60 g) · 1 Eiweiß · 1 Eigelb

Die Shrimps unter kaltem Wasser abspülen, in die kochende Krebsbrühe gleiten lassen, in 10–15 Minuten gar kochen. Krabben mit einem Schaumlöffel herausheben, etwas abkühlen lassen, dann das Fleisch aus den Schwänzen lösen, beiseite legen. Schale, Beine und Kopf in einem Mörser in mehreren Partien grob zerstoßen (Foto 1). Butter in einem Topf zerlassen, Shrimpsschalen darin dünsten (Foto 2). Beginnt die Butter, sich zu bräunen, mit der Brühe ablöschen, Zitronenschale zugeben, etwa 20 Minuten durchkochen lassen und durch ein Mulltuch geben. Brühe auf etwa 750 ml (3/4 l) einkochen. Shrimps auf vier feuerfeste Suppentassen verteilen, Brühe darüber gießen. Die aufgetauten Blätterteigscheiben in je 2 Hälften schneiden, etwas größer als den Durchmesser des Suppentassenrandes ausrollen und rund ausschneiden. Tassenrand mit Eiweiß bestreichen. (Foto 3) Teigplatten darauf legen und an den Rändern andrücken. Oberfläche mit Eigelb bepinseln (Foto 4), in auf etwa 225 Grad (Gas Stufe 4) vorgeheizten Backofen etwa 12 Minuten backen. Sofort servieren.

Tip: Wer keine feuerfesten Suppentassen hat, Blätterteig als Fleurons getrennt zur Essenz reichen.

1

2

3

4

HÜHNERSUPPE ASIATISCHE ART

(ohne Foto)

750 g Hühnerklein · 1 l Wasser · 1 Bouquet garni (aus 1 Zwiebel 1 Lorbeerblatt 1 Thymianzweig) · Salz · Tabasco · 1 Ei · 1 Eigelb · 4–5 Eßl. Milch · geriebene Muskatnuß · 1 Bund Frühlingszwiebeln · 200 g Hühnerbrustfilets · 200 g gepulte Krabben · 1 Eßl. Zitronensaft · 300 g Sojabohnen-Keime · Knoblauchpfeffer · Soja-Sauce · Außerdem: Butter

Das Hühnerklein unter kaltem Wasser abspülen, in einem Topf mit 1 l Wasser bedecken, Bouquet garni zugeben, 1/2 Teel. Salz und einen Spritzer Tabasco zum Kochen bringen, bei kleiner Hitze 1 1/2–2 Stunden köcheln. Brühe absieben, zum Entfetten kalt stellen, Fett abnehmen. Ei mit Eigelb, Milch, etwas Salz, Pfeffer und Muskat gründlich verschlagen, in eine gebutterte, feuerfeste Form füllen. Abgedeckt im kochenden Wasserbad in etwa 15 Minuten stocken, abkühlen lassen und stürzen. Erst in Würfel schneiden, wenn der Eierstich ganz erkaltet ist. Frühlingszwiebeln putzen, waschen und samt grünen Trieben in feinste Ringe schneiden. Hühnerbrustfilet abspülen, trockentupfen, in Streifen schneiden. Krabben mit Zitrone beträufeln. Brühe wieder erhitzen, Hühnerfleisch hinzufügen. Nach 5–8 Minuten die Sprossen zugeben, nach weiteren 3 Minuten die Zwiebeln, die Krabben und den Eierstich. Nicht mehr kochen lassen, sondern nur noch 2 Minuten ziehen lassen. Mit Knoblauchpfeffer und Soja-Sauce abschmecken. Heiß servieren.

OCHSEN-SCHWANZBRÜHE

Für die Brühe:
750 g Ochsenschwanz (in Stückchen) · 250 g Kalbsknochen
1 Zwiebel · 3 Möhren ·
50 g Sellerie · 1–2 Eßl. Speiseöl · 3 l Wasser ·
200 ml (1/5 l) Weißwein ·
1 Petersilienwurzel ·
1 kleines Lorbeerblatt ·
1 Stengel Thymian · 1 Teel. Salz ·
Pfeffer · 1 Eiweiß · Paprika edelsüß · 3–4 Eßl. Madeira ·

Für die Tropfen:
50 g Weizenmehl · 2 kleine Eier
Salz · geriebene Muskatnuß

Außerdem: Pflanzenfett zum Ausbacken

Ochsenschwanz und Knochen unter kaltem Wasser abspülen. Gemüse putzen, waschen und in grobe Stücke schneiden. Öl erhitzen, Knochen und Fleisch mit dem Gemüse darin kräftig anbraten. Fett, soweit wie möglich, abgießen. Dann Wasser mit Wein hinzugießen. Petersilienwurzel schälen, mit den übrigen Gewürzen zugeben, bei sehr kleiner Hitze 2–3 Stunden simmern lassen. Wenn nötig, zwischendurch abschäumen (zu starkes Kochen macht die Brühe zu trübe). Suppe durchsieben, auf 1 l einkochen. Das Eiweiß anschlagen, in die Suppe rühren und leicht zum Kochen bringen, durch ein Mulltuch gießen. Brühe mit Paprika und Madeira abschmecken. Für die Tropfen aus den angegebenen Zutaten einen zähflüssigen Teig rühren, durch ein Sieb portionsweise in heißes Fett tropfen lassen. Sind die Tropfen goldgelb, mit einem Schaumlöffel herausheben und auf Küchenkrepp abtropfen lassen, in die Brühe geben.

SELLERIEESSENZ MIT BISKUITSCHÖBERL

Für die Brühe:
2 Staudensellerie ·
50 g Knollensellerie ·
1 1/2 l Wasser · 1 Teel. Salz · 1 Teel. Anissamen · 1 Teel. schwarze Pfefferkörner · evtl. 1–2 Eßl. Absinth ·
Für die Schöberl:
2 Eier · 2 Eßl. Wasser ·
Salz · geriebene Muskatnuß ·
40 g Weizenvollkornmehl ·
1 Eßl. geriebenen Parmesan-Käse
Außerdem: Back-Trennpapier

Für die Brühe: Bleichsellerie waschen, in Stücke schneiden, einige junge Blatttriebe hacken und beiseite stellen. Knollensellerie waschen, schälen und in kleine Würfel schneiden. Gemüse mit dem Wasser, Salz, Anis und Pfeffer in einen Schnellkochtopf füllen, etwa 1 1/2 Stunde kochen lassen. Brühe durch ein Mulltuch gießen, auf 750 ml (3/4 l) einkochen und evtl. mit Absinth abschmecken.
Für die Schöberl Eier mit dem Wasser sehr schaumig schlagen. Das gesiebte Mehl und den fein geriebenen Parmesan zügig unterheben. Teig in eine mit Back-Trennpapier ausgelegte Kastenform füllen und im auf etwa 175 Grad (Gas Stufe 3) vorgeheizten Backofen etwa 15 Minuten backen. Masse stürzen, Papier abziehen und abkühlen lassen, vor dem Servieren in Rauten schneiden, Tassen oder Teller verteilen, mit heißer Essenz begießen.
Blatttriebe darüber geben.

CONSOMME DOUBLE MIT PETERSILIEN-SCHAUM-KLÖSSCHEN

Für die Brühe:
400 g Hühnerklein · 300 g mageres Rindfleisch · 1 Bund Suppengrün · 1 Eiweiß ·
1 1/2 l Fleischbrühe ·
Für die Klößchen:
Salz · 1 Eiweiß ·
1 Teel. fein gehackte Petersilie ·
1 Eigelb · 1 Teel. Weizenmehl

Das Hühnerklein unter kaltem Wasser abspülen, fein hacken. Rindfleisch vom Fett befreien, durch die grobe Scheibe des Fleischwolfes drehen. Hühnerklein und Fleisch mit der Fleischbrühe etwa 2 Stunden simmern lassen, gegebenenfalls Wasser nachfüllen. Suppengrün waschen und putzen, mit dem angeschlagenen Eiweiß zur Brühe geben. Zum Kochen bringen und bei sehr kleiner Hitze etwa 1 Stunde simmern lassen. Brühe durch ein Mulltuch oder Haarsieb absieben, evtl. nochmals mit 1 Eiweiß klären und auf 750 ml (3/4 l) einkochen.
Für die Klößchen einen großen, flachen Topf mit gesalzenem Wasser aufsetzen, zum Kochen bringen. Inzwischen Eiweiß sehr steif schlagen, übrige Zutaten behutsam unterziehen. Masse auf das kochende Wasser gießen, Hitze reduzieren und bei geschlossenem Topf etwa 5 Minuten leicht köcheln lassen. Consommé mit Salz abschmecken, auf Tassen oder Teller verteilen. Klößchen mit einem Löffel abstechen, auf die Consommé setzen, sofort servieren.
Tip: Consommé schmeckt auch geeist vorzüglich und kann mit Sherry, Portwein oder Madeira aromatisiert werden.

HOCHZEITSSUPPE

500 g Rinderknochen · 1 Beinscheibe (etwa 300 g) ·
4 Markknochen · 1 Bund Suppengrün · 1 Zwiebel ·
etwa 1 1/2 l Wasser ·
1/2 Lorbeerblatt · 1 Bund Petersilie · Salz · Pfeffer ·
Für die Markklößchen:
30 g Knochenmark (aus den Markknochen) · 20 g Butter ·
1 kleines Ei · etwa 70 g Semmelmehl (Paniermehl) · geriebene Muskatnuß ·
Für die Semmelknödel:
1 altbackenes Brötchen ·
5–6 Eßl. lauwarme Milch ·
1/2 kleine Zwiebel · 1 Teel. Butter · 1 kleines Ei ·
1 Teel. gehackte Petersilie ·
Für die Leberschnecken:
50 g Weizenmehl · 1 Ei ·
etwa 100 ml (1/10 l) Milch ·
100 g Hühnerleber · Salbei
Außerdem: Butter

Knochen und Fleisch waschen. Mark aus den Knochen lösen (Foto 1), für die Klößchen beiseite legen. Suppengrün putzen, Zwiebel abziehen, mit Fleisch und Knochen in einen großen Topf geben, mit dem Wasser bedecken. Gewürze und die Petersilienstengel hinzufügen – das Blattwerk fein hacken und beiseite stellen. Suppe zum Kochen bringen, bei kleiner Hitze etwa 3 Stunden köcheln lassen. Die Beinscheibe nach 1 1/2 Stunden herausnehmen, von Sehnen und Fett befreien, in Stücke schneiden und beiseite stellen. Brühe durch ein feines Sieb abgießen.
Für die Markklößchen Mark ganz fein würfeln, mit der Butter bei kleiner Hitze zerlassen, durch ein Sieb streichen, erkalten lassen. Mark mit Ei schaumig rühren, Semmelmehl und Gewürze

1

2

3

4

5

6

unterziehen. Aus der Masse kleine Klößchen formen (Foto 2). Für die Semmelknödel Brötchen in dünne Scheiben schneiden, mit Milch beträufeln und ziehen lassen. Zwiebelhälfte abziehen, fein würfeln und in der Butter 3–4 Minuten dünsten. Zwiebelwürfel, Ei, Petersilie und Salz, Pfeffer, Muskat mit den eingeweichten Brötchenscheiben zu einem festen Teig verkneten (Foto 3). Knödel von Größe der Markklößchen drehen (Foto 4). Beide Klößchen in die köchelnde Brühe einlegen und bei kleiner Hitze etwa 15 Minuten ziehen lassen, Fleischwürfel zugeben. Inzwischen für die Leberschnecken aus Mehl, Ei, Salz und Milch einen dünnen Eierkuchenteig rühren. In der gebutterten Pfanne nacheinander von beiden Seiten etwa 3 Crêpes ausbacken. Leber fein hacken, mit Salz, Pfeffer und Salbei würzen und auf die Pfannkuchen streichen (Foto 5). Pfannkuchen zusammenrollen. Rollen in etwa 1 cm dicke Scheiben schneiden (Foto 6). Diese Schnecken in heißer Butter von beiden Seiten ausbacken. Noch heiß auff 4 tiefe Teller verteilen, Suppe mit Fleischwürfeln, Klößchen und Petersilie darüber geben.
Tip: Für 4 Personen und die angegebene Menge Brühe ist die Einlage sehr reichlich. Beschränken Sie sich auf 2 Arten oder frieren Sie die überschüssigen Einlagen ein.

KALTER TOMATEN-RETTICH-SCHAUM

500 g reife, weiche Fleischtomaten · 1 großer, roter Rettich oder 4 Bund Radieschen · Salz · Pfeffer · 250 g Crème fraîche · 2–3 Eßl. Campari · 1 Eßl. grüne Pfefferkörner

Die Tomaten waschen, pürieren, durch ein Sieb streichen, so daß Haut und Kerne darin zurückbleiben. Aufgefangenes Mus in einen Mixer füllen. Rettich putzen, waschen, schälen, hobeln, mit Salz, Pfeffer und Crème fraîche ebenfalls in den Mixer füllen, zu einer cremigen Masse pürieren. Schaum mit Campari und den Pfefferkörnern abschmecken, eisgekühlt servieren.
Tip: Statt frischer Tomaten Tomatenpüree verwenden.

KALTE ZWIEBELCREME

1 kg Zwiebeln · 1 l Cidre · Salz · Pfeffer · 1 Knoblauchzehe · 1 kleines Lorbeerblatt · 200 ml (1/5 l) Schlagsahne · 125 ml (1/8 l) Sekt · 1–2 Frühlingszwiebeln

Die Zwiebeln abziehen, vierteln, mit Cidre, Gewürzen, der abgezogenen Knoblauchzehe und dem Lorbeerblatt bei kleiner Hitze in etwa 45 Minuten weich kochen. Lorbeerblatt herausnehmen, Suppe im Mixer pürieren und kalt stellen. Vor dem Servieren Sahne halbsteif schlagen. Frühlingszwiebeln putzen, waschen und in feine Ringe schneiden. Cremesuppe abschmecken, Sekt unterziehen,

auf Tassen oder Teller verteilen. Sahne so einrühren, daß die Suppe marmoriert aussieht und mit Zwiebelringen bestreuen.

ORANGENSUPPE MIT GRAUPEN

1 Orange (unbehandelt) · 3–4 Orangen · 75 g Puderzucker · 50 g Graupen · 1 Platte tiefgekühlter Blätterteig (60 g) · 1 Teel. Farinzucker · 2 Eßl. Orangenlikör · Zimt · 200 g Erdbeeren

Die unbehandelte Orange gründlich waschen. Mit einem Spezialmesser oder einer Reibe die Schale in feinen Streifen ohne die weiße Unterhaut abschälen. Alle Orangen auspressen, Saft mit Wasser auf 1 l auffüllen. Zucker mit 1 Eßl. Saft verrühren, bei kleiner Hitze auflösen. Dann die Schale zugeben und solange kochen, bis der Zucker beginnt zu karamelisieren. Kurz in kaltes Wasser stellen, nach und nach Saft zugeben und den Topf wieder auf den Herd stellen. Wenn sich der Karamel aufgelöst hat, Graupen zugeben und in etwa 30 Minuten weich kochen. Inzwischen Blätterteig auftauen lassen. Monde ausschneiden, mit Wasser dünn bestreichen, mit Farin bestreuen. Im auf etwa 225 Grad (Gas Stufe 4) vorgeheizten Backofen etwa 10 Minuten backen. Suppe mit Likör und Zimt abschmecken. Erdbeeren verlesen, waschen, entstielen, vierteln, 2 Minuten in der Suppe ziehen lassen, auf Tassen verteilen, servieren.
Tip: Diese Suppe schmeckt auch vorzüglich kalt. Dann die Beeren roh in die kalte Suppe geben. Statt Erdbeeeren sind auch Brombeeren möglich.

SÜSSE AVOCADO-CREMESUPPE

2 kleine Avocados · 1/2 Vanilleschote · 250 ml (1/4 l) frisch gepreßter Orangensaft · 250 ml (1/4 l) lieblicher Weißwein · 1 Dose Lychees (Einwaage etwa 200 g) · 3–4 Eßl. Honig · 125 ml (1/8 l) Mineralwasser mit Kohlensäure

Die Avocados halbieren, Steine entfernen, Hälften schälen. Vanilleschote aufritzen, auskratzen. Vanillemark mit dem Avocadofleisch, Saft, Wein, Lychees und dem Sirup und dem Honig im Mixer fein pürieren. Creme mit Honig abschmecken. Vor dem Servieren kalt stellen, nach Wunsch mit dem Mineralwasser aufschäumen.

Wer ein Händchen dafür hat und weiß, welche Zutaten zueinander passen und in welcher Marinade sie am besten angemacht werden, erfindet seine Salatrezepte selbst. So ist es denn nicht schwierig, ein paar Blattsalate mit rohen Pilzscheibchen, ein paar knackig gekochte Möhrenscheiben und Zwiebelringe in feiner Vinaigrette zu mischen und mit einem Stückchen Räucherlachs zu servieren, wie wir es auf dem Foto zeigen. Wichtig ist nur zu wissen, wie sich die Marinaden zusammensetzen, wieviel Öl und Essig – und welche Sorten verwendet werden und womit man außerdem würzen kann. Oder wie man Marinade mit Sahne oder Crème fraîche zubereitet. Welche Fragen Sie auch immer haben, die Antworten haben wir in unserem informellen Teil parat. Damit Sie in Zukunft die besten Salate servieren können.

RATGEBER SALATE

1

2

3

4

5

Die knackig-frische Salatfamilie stellt sich auf Foto 1 – jeweils von links nach rechts – vor: Da ist zuerst die krause Endivie oder der Frisée, vornehmlich im Winter, aus Importen auch das Jahr über am Markt. Die zart gefiederten Blätter sind leicht bitter-aromatisch. Die Köpfe werden während des Wachstums zusammengebunden, damit die Herzblätter zart und gelb bleiben. Den Feldsalat auch Acker- oder Nüßlisalat, Mausohr oder Rapunzel genannt, gibt's im September und Oktober aus deutschen Landen als kräftige würzige Pflänzchen, von November bis April als zarte Pflänzchen. Die glatte Endivie (Escariol) hat die breiteren, grob gezahnten Blätter. Sie ist ganzjährig am Markt. Großblättrig ist der Römische Salat oder Bindesalat. Hierzulande nennt man ihn auch Sommerendivie. Er wächst hoch und muß zusammengebunden werden, damit seine Herzblätter hell bleiben. Im September und Oktober gibt es ihn aus deutschem Anbau, von November bis Mai aus Importen. – Der mit den krausen, bräunlichen Blättern ist der Eichblattsalat, ein Neuling auf dem Markt. Die Blätter aus der Frühjahrsernte sind länger, die aus der Sommerernte (Foto 2) sind klein und krauser. Nur im Mai und August gibt es den Salat nicht. – Der Radicchio Rosso ist – wie alle Zichoriengewächse – bitter, aber edel. Saison hat er das ganze Jahr über. Er wird ausschließlich importiert. Vom Kopfsalat weiß jeder, daß er zarte Blätter hat, man ihn ganzjährig kaufen kann

1

2

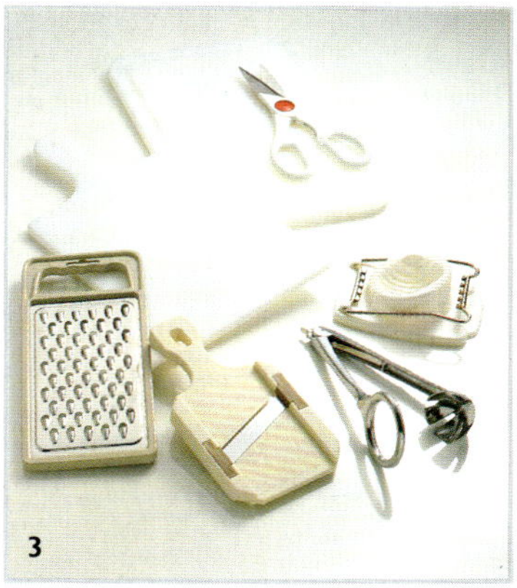

3

4

und die winterliche Unterglasware nicht so aromatisch ist wie die sommerliche Freilandware. – Auf Foto 3 sehen Sie ein besonders schönes Blatt vom Eisbergsalat. Charakteristisch sind die grünen Deckblätter und die hellen Innenblätter der festgeschlossenen Köpfe. Eisbergsalat hat immer Saison. Der Chicorée (Foto 3) ist eine besondere Zuchtform der Zichorie, die unter Lichtentzug entsteht und daher kein Blattgrün bildet. Die Saison: Oktober bis April. Den Chinakohl (Foto 3) mit seinen hellgelben Blättern kann man zwar kochen, aber er eignet sich besonders gut als Salat. Außer von Mai bis Juli ist er immer am Markt. Ebenfalls auf (Foto 3) ganz vorn – Sojasprossen. Zu Rohkost kann man Möhren und Kohlrabi, zu Salaten Radieschen und Rettich (Foto 4) verwenden. Und daß Salatgurken, Paprikaschoten, Zucchini und Tomaten (Foto 5) prima Salatzutaten sind, ist bekannt. Aber nie vergessen: Mit Zwiebeln schmeckt fast jeder Salat besser.

Das beste Handwerkszeug ist für köstliche Salate gerade gut genug. Man braucht dazu mindestens ein scharfes Gemüsemesser zum Putzen, das Sieb, in dem der Blattsalat gewaschen wird und ein Tuch oder eine Schleuder, in denen überflüssiges Wasser entfernt wird. (Fotos 2–4). Reibe und Hobel sind ideal für Rohkost. Schneidbretter, Küchenschere und Eierschneider ebenso nützlich. Und auf die Knoblauchpresse mag kein Knoblauchfan verzichten. Zum Mischen braucht man Schüssel und Salatbesteck, Essig- und Ölfläschchen, Salz- und Pfefferstreuer und die Zitruspresse. Was sonst noch zum praktischen Salat-Handwerkszeug gehört, sehen Sie auf (Foto 1) Wiege- und Buntmesser, Spargel- und Kartoffelschäler. Praktisch sind Kugelausstecher, mit dem man Gurken- und Melonenbällchen formen kann, Tomatenmesser und Apfelausstecher.

RATGEBER SALATE

1

1) Ob Blattsalate oder andere Salatzutaten zuerst geputzt und dann gewaschen werden oder umgekehrt, ist im Grunde gleich. Wichtig ist dies: Niemals zerkleinertes Gemüse waschen. Es laugt aus, verliert Vitamine und Mineralstoffe und ist nur noch halb soviel wert. Hier ein Putztrick für lockere Salatköpfe: Ins Wasser tauchen und den Strunk mit der Haut herausdrehen, so daß der Kopf in Blätter zerfällt.

3) Rohkost ist gesund, weil sie Nähr- und Wirkstoffe liefert, wie die Natur sie schuf. Außerdem enthält sie reichlich verdauungsfördernde Ballaststoffe. Rohkost hält die Blutgefäße elastisch und stärkt den Kreislauf. Aber leicht verdaulich ist sie nicht. Darum ist es ratsam, Wurzel- und Knollengemüse in gewünschter Stärke auf der Rohkostreibe zu zerkleinern. Man kann sie grob und fein raspeln, egal, ob Sellerie, Kohlrabi, Fenchel, Möhren oder sogar Blumenkohlröschen.

3

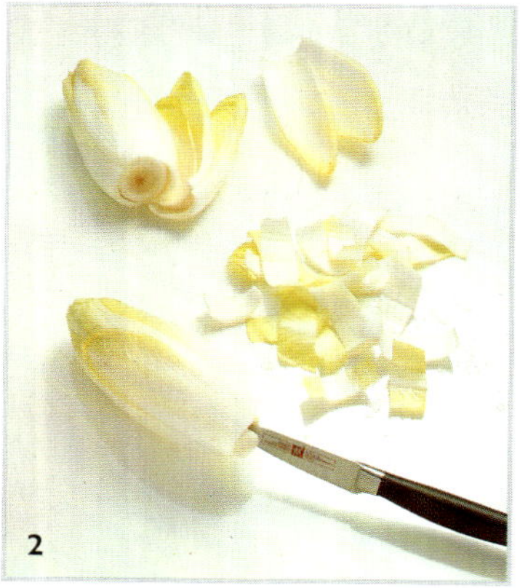

2

2) Manche genießen ihn, manche mögen ihn gar nicht, den bitteren Kern in den Chicoréekolben. Also wird er am Wurzelende mit einem spitzen Messer herausgeschnitten. Oder man schneidet nacheinander 1 cm-Stücke vom Wurzelende ab und löst so nach und nach die Blätter vom Kolben. Der Zuschnitt ist einfach. Entweder den ganzen Kolben in Streifen oder die Blätter in grobe Stücke schneiden.

4) Auf den guten Schnitt kommt es an. Blattsalate zupft man am besten in mundgerechte Stücke. Endiviensalat und Chicorée kann man in Streifen oder grobere Stücke schneiden. Bei Feldsalat bleiben die Blättchen ganz. Um Zwiebel, Tomaten und Champignons in Scheiben zu schneiden, braucht man ein scharfes Gemüsemesser. Genau wie für Gurken, Rettich, Radieschen und Möhren. Hübsch sehen sie aus, wenn sie mit dem Buntmesser geschnitten werden (Foto 4). Gurken kann man auch hobeln oder mit dem Ausstecher Kugeln daraus formen.

4

MARINADEN

Das A und O eines guten Salates sind topfrische Zutaten und eine rassige Marinade. Beides kann ihn zur kulinarischen Offenbarung werden lassen. Dazu aber gehören allerlei Kräuter, Gewürze, Pasten, Essige oder Zitrussäfte, Öl oder Sahne, Joghurt, Crème fraîche oder Mayonnaise. Auf die Qualität dieser Zutaten kommt es genauso an, wie auf die Zusammensetzung des Salates. Gönnen Sie sich das Vergnügen, 3 oder 4 Sorten feinstes Speiseöl und Essige im Haus zu haben. Das bringt Abwechslung in die Salatmarinaden.

Je nach verwendeteten Rohstoffen, Kräutern und Gewürzen unterscheidet man die folgenden Essigsorten: Beim Essig gibt es trotz des großen Angebots vieler Essig-Marken nur zwei Grundsorten nämlich den **Gärungsessig** mit seinen verschiedenen Unterarten und den Essig aus **Essig-Essenz.**

Bei der Herstellung von Gärungsessig wird verdünnter Alkohol mit Hilfe von Essig-Bakterien und Luftsauerstoff unter Wärmeeinwirkung in Essigsäure umgewandelt. Er ist im Handel unter der Bezeichnung **Branntwein-Essig** erhältlich.

Darüber hinaus gibt es **Weinessig** der ausschließlich aus Wein gewonnen wird. Weitere Unterarten sind die verschiedenen **Kräuteressige,** wie Estragon-, Dill-, Melisse-Essig u.a. sowie die **Obstessigsorten.**

Essig muß mindestens 5 g und höchstens 15,5 g wasserfreie Essigsäure in 100 ml Flüssigkeit enthalten. Erzeugnisse mit höherem Gehalt an Essigsäure bezeichnet man als **Essig-Essenz. Essig-Essenz** ist reinste Essigsäure. Man gewinnt Essigsäure entweder aus dem natürlichen Rohstoff Holz oder indem man die Elemente Kohlenstoff, Wasserstoff und Sauerstoff zu Essigsäure verknüpft. Im Haushalt wird **Essig-Essenz** im Verhältnis 1:4 verdünnt verwendet. Verdünnt werden kann mit Wasser, Weißwein, Rotwein, Sherry.

Wer gerne Salat mischt, sollte auch mit **Öl** nicht geizen. Wichtig für eine Salatmarinade ist, daß gutes **Speiseöl** verwendet wird. Am besten solches, das sich auf dem Etikett als „kaltgeschlagen" oder „naturbelassen" ausweist. Es vermittelt noch den Geschmack seines Ausgangsproduktes wie **Olivenöl, Haselnuß- und Walnußöl.** Da diese Öle aber geschmacksintensiv sind – und auch nicht billig – sollte man für eine Marinade immer nur ein, zwei Eßlöffel „Würzöl" und sonst geschmacksneutrales Pflanzenöl verwenden. Marinaden zu rühren ist einfach, wenn man das richtige Mengenverhältnis kennt. Für die Essig-Öl-Marinade nimmt man einen Teil Essig und zwei Teile Öl, schmeckt mit Salz, Pfeffer und anderen Gewürzen ab, kann eine Zwiebel und Kräuter zugeben.

Für Sahne-Marinaden verwendet man einen Teil Zitrussaft oder feinen Essig und zwei Teile süße Sahne. Dann wird gewürzt. Wird saure Sahne oder Joghurt verwendet, dann nimmt man davon fünf Teile und einen Teil Zitrussaft, außerdem Gewürze. Crème fraîche kann pur als Marinade verwendet werden. Sie muß allerdings mit Essig (wenig) und Gewürzen abgeschmeckt werden. Mit Kräuter-Crème fraîche kann man auch eine Essig-Öl-Marinade verfeinern. Bei Mayonnaise-Marinaden lassen Sie Ihrer Fantasie am besten freien Lauf. Es ist möglich, sie mit Delikateßsaucen (Barbecue- oder Schaschliksauce) abzuschmecken, halbsteif geschlagene Sahne unterzuziehen oder sie mit Joghurt oder Quark zu verlängern, was sie fettärmer macht. Rechnen Sie zwei Teile Mayonnaise und einen Teil Ketchup oder Sahne oder ein anderes Milchprodukt.

1

1) Salatkombinationen gibt es unzählige. Bei allen ist wichtig: Die Zutaten müssen miteinander harmonieren und die Marinade muß stimmen. Ist sie rund abgeschmeckt, dann hat der Salat schon gewonnen. Das Foto zeigt mögliche Zutaten. Man kann also rohes Salatgemüse mit Braten, Wurst, Käse, Garnelen, Eier, Oliven und Gewürzgurken und mit vielerlei mehr kombinieren.

2

2) Ganz gleich, ob Sie eine Essig-Öl-Marinade (Vinaigrette), eine Sahne- oder Mayonnaise-Marinade zubereiten möchten, ein Teelöffel Senf tut oft Wunder. Da kann es nur gut sein, ein paar Sorten im Haus zu haben. Der Abwechslung wegen. Es gibt Senf in den Geschmacksrichtungen extra scharf oder stark, scharf, mittelscharf mild und süß. Sehr würzig ist z.B. der französische Dijon-Senf, ein klassisches Produkt.

3

3) Was Marinaden den Pfiff geben kann ist z.B. ein Schuß Sherry oder Portwein, Cognac oder auch mal Aquavit. Zitronen- oder Orangensaft kann auf aromatisch-würzige Weise den Essig ersetzen. Für Sahnemarinaden ist er ohnehin empfehlenswert. Einer Marinade aus Crème fraîche tut die Säure von etwas Essig oder Zitrussaft auch gut. Und frisch gehackte Kräuter machen jeden Salat besser und delikater.

4

4) Marinaden mit Mayonnaise, Joghurt oder Kondensmilch werden besonders herzhaft, wenn man Tomaten- oder Curryketchup, Soja- oder Worcestersauce zugibt. Cremige Marinaden wie diese eignen sich nicht so sehr für zarte Blattsalate. Aber für Eisbergsalat und Chicorée, für Rohkost und gemischte Salate, wie sie auch aus gegartem Gemüse zubereitet werden, sind sie ideal.

RÖMERSALAT MIT LACHS

1 Staude Römersalat ·
100 g Graved Lachs ·
Für die Salatsauce:
1 Knoblauchzehe · Saft und abgeriebene Schale 1/2 Zitrone (unbehandelt) · 1 Eigelb ·
1/2 Teel. Senf · 1/4 Teel. Zucker · Salz · Pfeffer ·
1/2 Teel. Worcestersauce · 5 Eßl. Nußöl

Den Salat verlesen, waschen und trockenschleudern Lachs in Streifen schneiden über den Salat geben.
Knoblauch abziehen und zerdrücken, mit Zitronensaft, -schale, Eigelb, Senf, Zucker, Pfeffer und Worcestersauce verrühren. Das Öl tropfenweise unterrühren, mit dem Salat vermengen.

FRISÉE-ORANGEN-SALAT
(ohne Foto)

1 Friséesalat · 4 Blutorangen ·
1 rote Zwiebel · Salz · 5 Eßl. Olivenöl · Pfeffer · 50 g Kürbiskerne

Den Salat putzen, verlesen, waschen, trockenschleudern und in mundgerechte Stücke schneiden. Die Orangen schälen, filieren und den auslaufenden Saft aufheben. Die Zwiebel abziehen, halbieren, längs in hauchdünne Scheiben schneiden. Mit Salz bestreuen und 10 Minuten stehenlassen. Zwiebel, Orangen und Friséesalat mischen. Den Orangensaft mit Öl und Pfeffer verrühren mit dem Salat vermengen. Kürbiskerne rösten und darüber streuen.

ENDIVIENSALAT MIT ROQUEFORT-SAUCE

1 Endiviensalat · 20 g Roquefort-Käse · 1 Eßl. Weinessig · 1/2 Teel. Senf · 4 Eßl. Nußöl · Salz · Pfeffer · 10 Walnußkerne

Den Salat putzen, verlesen, waschen, trockenschleudern und in Streifen schneiden.
Den Käse mit einer Gabel zerdrücken, mit Essig, Senf und Nußöl verrühren und mit Pfeffer und Salz abschmecken.
Die Sauce erst kurz vor dem Servieren über den Salat geben und vermengen. Nüsse zerkleinern und darüber streuen.

GRÜNER SALAT MIT GRANATAPFEL

1 Kopfsalat · Saft von 1 Zitrone · 1 Eßl. Zucker · Salz · Pfeffer · 1 Teel. Essig · 200 ml (1/5 l) Schlagsahne · 1 Granatapfel

Den Salat putzen, verlesen, waschen, trockenschleudern und in mundgerechte Stücke zerteilen.
Zitronensaft mit Zucker, Essig, Salz und Pfeffer verrühren. Dann die Sahne in dünnem Strahl unterrühren und solange rühren, bis eine cremige Sauce entsteht. Salat auf Teller geben, die Sahne darüber gießen. Den Granatapfel halbieren, die Kerne mit einem Teelöffel herauslösen und über den Salat streuen.

EICHBLATTSALAT MIT PFIFFERLINGEN

1 Kopf Eichblattsalat ·
200 g Pfifferlinge · 70 g fetter geräucherter Speck · 10 g Butter
1 Schalotte · 3 Eßl. Sherryessig
6 Eßl. Nußöl · Salz · Pfeffer

Den Salat putzen, waschen und trockenschleudern. Die Pfifferlinge putzen und ganz kurz abbrausen, damit sie kein Wasser aufsaugen können.
Den Speck in sehr feine Streifen schneiden, ohne Fett in einer Pfanne auslassen, aus der Pfanne nehmen und auf Haushaltspapier abtropfen lassen. Anschließend etwas Butter zum Speckfett geben, zerlassen und die Pilze etwa 1 Minute darin unter Wenden anbraten.
Die Schalotte abziehen und hacken. Aus Schalotte, Essig und Nußöl eine Sauce rühren, mit Salz und Pfeffer abschmecken. Die Hälfte sofort unter die Pilze rühren, die andere Hälfte mit den Salatblättern vermengen. Salat und Pilze auf Portionstellern anrichten und den warmen Speck darüber streuen.

FELDSALAT MIT WARMEN PILZEN
(ohne Foto)

200 g Feldsalat · 50 g Frühstücksspeck (Bacon) ·
150 g rosa Champignons ·
Steinpilze oder Austernpilze ·
20 g Butter · 2 Eßl. Apfelessig
Salz · Pfeffer · 1 Schalotte ·
4 Eßl. Nußöl

Den Feldsalat putzen, waschen und trockenschleudern. Bacon in feine Streifen schneiden, in einer Pfanne ohne Fett langsam knusprig braten und herausnehmen.
Die Pilze putzen, waschen und in Scheiben schneiden. Butter zum Speckfett geben, erhitzen und die Pilze darin andünsten.
Essig, Salz und Pfeffer verrühren. Schalotte abziehen, hacken und hinzufügen. Öl darunter schlagen.
Vinaigrette und Feldsalat vermengen und auf Portionsteller verteilen. Pilze und Speckstreifen darauf anrichten.

BUNTER BLATT-SALAT

1 Knoblauchzehe · 1 Schalotte · 3 Eßl. Weinessig · 1 Teel. Senf · 5 Eßl. Walnußöl · Salz · Pfeffer · 1 Radicchio · 100 g Löwenzahn · 1 Chicoree · 1 kleiner Friséesalat (nur das Herzstück verwenden) · 100 g Frühstücksspeck (Bacon)

Knoblauchzehe und Schalotte abziehen und zerdrücken, mit Essig und Senf verrühren.
Öl unterschlagen, so daß eine cremige Sauce entsteht, mit Salz und Pfeffer abschmecken.
Den Salat verlesen, waschen, trockenschleudern und in mundgerechte Stücke zupfen.
Den Speck in sehr feine Streifen schneiden und in einer Pfanne bei schwacher Hitze knusprig braten.
Salat und Sauce gut vermengen.
Den heißen Speck mit dem Fett darüber geben.
Den Salat sofort servieren, damit die Salatblätter nicht weich und unansehnlich werden.

AVOCADO-SPINAT-SALAT

50 g Frühstücksspeck (Bacon) · 1/2 Eßl. Zitronensaft · 1 Teel. Essig · Zucker · 5 Eßl. Olivenöl · Salz · Pfeffer · 300 g Spinat · 1 reife Avocado · 100 g Champignons

Den Speck fein würfeln und in einer Pfanne bei schwacher Hitze knusprig braten.
Zitronensaft mit Essig und Zucker verrühren. Das Öl unterrühren, mit Salz und Pfeffer würzen.
Den Spinat verlesen, gründlich waschen und trockenschleudern.
Avocado halbieren, entsteinen, schälen und quer in Scheiben schneiden. Die Champignons putzen, waschen, gut abtropfen lassen und in feine Scheiben schneiden. Avocado, Champignons und Spinat vorsichtig mit der Sauce vermengen. Die Speckwürfel darüber streuen.
Tip: Damit die Champignonscheiben weiß bleiben, sie evtl. sofort nach dem Schneiden mit Zitronensaft beträufeln.

SPANISCHER SALAT

1 kleine Gemüsezwiebel
(etwa 200 g) · Salz ·
1 Kopfsalat · 2 große Tomaten ·
2 Eßl. Weinessig · 5 Eßl.
Olivenöl

Die Zwiebel abziehen, in dünne Ringe schneiden, in eine Salatschüssel geben und salzen. Den Salat putzen, verlesen, waschen trockenschleudern und in mundgerechte Stücke zupfen. Die Tomaten waschen und den Stielansatz herausschneiden. Tomaten quer in Scheiben schneiden. Salat und Tomaten zu der Zwiebel geben. Essig und Öl darüberträufeln und gut vermengen.

GURKENSALAT
(ohne Foto)

1 Salatgurke ·
1 Knoblauchzehe · 250 g saure
Sahne · Salz · Pfeffer ·
2 Stengel Dill.

Die Gurken schälen und in dünne Scheiben hobeln. Den Knoblauch abziehen und die Salatschüssel damit ausreiben. Gurke und saure Sahne hineingeben vermengen und mit Salz und Pfeffer würzen. Dill abspülen, trockentupfen, kleinschneiden und erst kurz vor dem Servieren unterheben.

NIZZA-SALAT

500 g Tomaten · Salz ·
1 Salatgurke · 1 grüne Paprikaschote · 2 Frühlingszwiebeln · 4 Eier ·
12 Sardellenfilets · 1 Dose
große weiße Bohnen (Einwaage
220 g) · 150 g schwarze Oliven ·
6 Eßl. Olivenöl · Pfeffer ·
frische Basilikumblätter

Die Tomaten waschen, Stengelansatz entfernen, Tomaten vierteln und mit Salz bestreuen. Gurke schälen und in Scheiben schneiden. Paprikaschote vierteln, entstielen, entkernen, weiße Scheidewände entfernen. Die Schote waschen und in dünne Ringe schneiden. Zwiebeln abziehen und in feine Ringe schneiden. Eier 8 Minuten kochen, abschrekken, pellen und achteln. Sardellenfilets mit kaltem Wasser abspülen, halbieren und aufrollen.

Weiße Bohnen auf einem Sieb abtropfen lassen.
Alle vorbereiteten Salatzutaten einschließlich der Oliven auf einem großen Teller anordnen. Öl, Salz und Pfeffer über den Salt geben. Basilikum abspülen, trockentupfen in Streifen schneiden und darüber geben.

GURKEN-SPROSSEN-SALAT
(ohne Foto)

1 Salatgurke · 1 1/2 Teel. Salz · 250 g Sojabohnen-Sprossen · 1 Knoblauchzehe · 1 haselnußgroßes Stück Ingwerwurzel · 1/2 Teel. Zitronenpfeffer · 5 Eßl. Sesamöl · 3 Eßl. Reis-Essig

Die Gurke schälen, in Stifte schneiden, mit Salz bestreuen und 30 Minuten stehenlassen.
Die Sojabohnensprossen auf ein Sieb geben, mit kaltem Wasser abbrausen und gut abtropfen lassen.
Knoblauchzehe abziehen und Ingwerwurzel schälen, fein hacken, mit Zitronenpfeffer, Öl und Essig verrühren.
Die Gurken trockentupfen, mit Sprossen und Salatsauce vermengen.

BOHNENSALAT

500 g zarte Brechbohnen · Salz · 2 Schalotten · 2 Eßl. Essig · 1/2 Teel. Senf · Pfeffer · 1/4 Teel. Zucker · 6 Eßl. Olivenöl · 150 g Champignons · 2 Eßl. Schnittlauchröllchen

Die Bohnen abfädeln, waschen, in Stücke brechen und in leicht gesalzenem Wasser etwa 15 Minuten kochen.
Für die Salatsauce die Schalotten abziehen, fein würfeln, mit Essig, Senf, Pfeffer, 1/4 Teel. Salz und Zucker verrühren. Öl unterschlagen. Die abgetropften warmen Bohnen hinzufügen und einige Stunden durchziehen lassen.
Champignons putzen, waschen, in feine Scheiben schneiden, unter den Salat heben.
Schnittlauch darüber streuen.

SOJASPROSSEN-SALAT

250 g Sojabohnensprossen ·
1 rote Zwiebel · 1 Birne ·
1 Bund Schnittlauch ·
150 g geräucherte Putenbrust ·
2 Eßl. Weißweinessig · 2 Eßl.
Sherry · Salz · Pfeffer · 6 Eßl.
Nußöl · 2 Eßl. Sesamsamen ·
1 Eßl. Speiseöl

Die Sojasprossen mit kaltem Wasser abbrausen und gut abtropfen lassen. Die Zwiebel abziehen und in Streifen schneiden. Die Birne waschen, Kerngehäuse entfernen, Birne in dünne Scheiben schneiden. Schnittlauch abspülen, in Ringe schneiden. Putenbrust würfeln. Aus Essig, Sherry, Salz, Pfeffer und Nußöl eine Salatsauce rühren, mit den Salatzutaten vermengen, etwa 15 Minuten ziehen lassen. Sesamsamen in Öl hellbraun rösten und über den Salat streuen.

SELLERIE-WALNUSS-SALAT

1 Staude Sellerie · 1 kleine
Radicchio · 2 Birnen ·
20 Walnuß-Hälften · 2 Eßl.
Zitronensaft · 1 Teel. Essig ·
4 Eßl. Walnußöl · Salz · Pfeffer

Die Selleriestengel putzen. Die äußeren Stengel für ein anderes Gericht aufheben, die zarten Stengel, das Herz und die Blätter waschen und in Scheiben schneiden. Den Radicchio waschen trockenschleudern und in Stücke schneiden. Birnen waschen, Kerngehäuse entfernen, Birnen in Stifte schneiden. Zutaten mischen. Die Walnüsse zerkleinern, darüber streuen. Zitronensaft und Essig verrühren, das Öl nach und nach zugeben, mit Salz und Pfeffer abschmekken, unter den Salat mengen.

FENCHEL-ORANGEN-SALAT

2 Fenchelknollen · 2 Orangen ·
1 kleine rote Zwiebel · Salz ·
Pfeffer · 1 Eßl. Weißweinessig ·
3 Eßl. Olivenöl · 20 g gehackte Pistazienkerne

Von den Fenchelknollen die harten äußeren Blätter entfernen. Den inneren zarten Teil waschen, abtupfen und in hauchdünne Scheiben schneiden.
Orangen schälen und die Filets zwischen den Trennwänden herausschneiden.
Zwiebel abziehen und in Streifen schneiden. Salz, Pfeffer, Essig und Öl verrühren und über die Salatzutaten träufeln.
Mit gehackten Pistazien bestreuen.

SAUERKRAUT-SALAT
(ohne Foto)

1 Apfel · 1 Zwiebel ·
3 Scheiben Ananas · 500 g Sauerkraut · 1 Eßl. Mayonnaise ·
4 Eßl. Schlagsahne · 1 Eßl. geriebener Meerrettich ·
1/2 Teel. Zucker · 1 Eßl. Zitronensaft · Salz · Pfeffer ·
80 g Sonnenblumenkerne

Den Apfel waschen, das Kerngehäuse entfernen, den Apfel würfeln. Die Zwiebel abziehen und kleinschneiden. Ananas abtropfen lassen. Sauerkraut kleinschneiden.
Mayonnaise, Sahne, Meerrettich, Zucker, Zitronensaft, Salz und Pfeffer verrühren und mit den Zutaten vermengen.
Sonnenblumenkerne ohne Fett in einer Pfanne anrösten und über den Salat streuen.

KOHLSALAT

500 g Weißkohl · Salz · Pfeffer · 1/4 Teel. Zucker · 2 Eßl. Apfelessig · 4 Eßl. Sonnenblumenöl · 150 g saure Sahne · 2 Eßl. geriebener Meerrettich · 2 Äpfel · Kürbiskerne

Den Kohl putzen, die äußeren Blätter und den Strunk entfernen. Den Kohl so fein wie möglich hobeln. In kochendem Salzwasser 1 Minute blanchieren, abgießen und gut abtropfen lassen.
Pfeffer, Zucker und Essig verrühren, Öl, Sahne und Meerrettich unterrühren.
Die Äpfel waschen, Kerngehäuse entfernen, Äpfel würfeln, sofort in die Sauce geben, damit sie sich nicht verfärben. Alles mit dem Weißkohl vermengen und auf Weißkohlblättern anrichten. Die Kürbiskerne ohne Fett in der Pfanne rösten und über den Salat streuen.

ROTE BETE-SALAT MIT MOZZARELLA

500 g Rote Bete · 2 Orangen · 1 rote Zwiebel · 2 Eßl. Balsamessig · Salz · Pfeffer · 1 Eßl. frisch geriebener Meerrettich · 5 Eßl. Schlagsahne 150 g Mozzarella-Käse · 1 Kästchen Kresse

Die Rote Bete etwa 20 Minuten in

Wasser kochen, abschrecken, schälen und in Stäbchen schneiden. Die Orangen schälen und die Filets zwischen den Trennwänden herausschneiden. Die Zwiebel abziehen und in Streifen schneiden.
Balsamessig mit Salz, Pfeffer und Meerrettich verrühren. Zum Schluß die Sahne unterrühren, mit den Salatzutaten vermengen. Mozzarella würfeln und darüber streuen. Kresse abspülen, Blättchen abschneiden und über den Salat streuen.

PORREE-MÖHREN-SALAT

500 g Möhren · 100 g Sellerie · 1 kleine Stange Porree (Lauch) · 100 g Walnußkerne · Saft von 1 Zitrone · 1 Teel. Honig · Salz · Pfeffer · 125 ml (1/8) Schlagsahne· Außerdem: Salatblätter

Möhren und Sellerie (schrappen) schälen, waschen und fein raspeln.

Den Porree putzen, den weißen Teil in ganz feine Ringe schneiden, gründlich waschen und abtropfen lassen. Walnußkerne grob hacken. Aus Zitronensaft, Honig, Salz, Pfeffer und Sahne eine Salatsauce rühren und mit den übrigen Zutaten vermenegen.

CHAMPIGNON-ZUCCHINI-SALAT

200 g Champignons · 200 g zarte, kleine Zucchini · 1 Knoblauchzehe · Saft von 1 Zitrone · 1/2 Teel. Zucker · 1 Teel. Senf · Pfeffer · 100 ml Schlagsahne · Salz · 15 Basilikumblätter

Die Champignons putzen, waschen, in sehr dünne Scheiben schneiden. Zucchini waschen, Enden abschneiden, Zucchini in dünne Scheiben schneiden. Den Knoblauch abziehen und zerdrücken, mit Zitronensaft, Zucker, Senf und Pfeffer verrühren.
Die Sahne unterschlagen und mit Salz abschmecken. Basilikumblätter abspülen, in Streifen schneiden. Die Zutaten mit der Sauce vermengen.

ARTISCHOCKEN-TOMATEN-SALAT

4 kleine spitze Artischocken · Salz · 1 Zitrone · 1 rote Zwiebel · 150 g rosa Champignons 250 g Kirschtomaten · 1 Eßl. Weinessig · 1 Eßl. Zitronensaft Pfeffer · Zucker · 6 Eßl. Olivenöl · 15 Basilikumblätter

Von den Artischocken den Stiel abbrechen und die Blattspitzen abschneiden. Sofort mit Zitrone einreiben und in kaltes Zitronenwasser legen. In leicht gesalzenem Wasser in etwa 15 Minuten knackig kochen.
Die Zwiebel abziehen und in Streifen schneiden. Die Champignons putzen, waschen und in dünne Scheiben schneiden. Tomaten waschen und halbieren. Essig, Zitronensaft, Salz, Pfeffer und Zucker verrühren und das Öl unterschlagen.
Artischocken achteln und mit den Tomaten kranzförmig auf vier Tellern anordnen. Champignons in die Mitte legen und mit Zwiebelstreifen bestreuen. Basilikumblätter abspülen, trockentupfen in Streifen schneiden und darüber streuen.
Tip: Junge Artischocken kann man wie Kartoffeln schälen, so daß fast alle Blätter entfernt werden und nur der fleischige Teil übrig bleibt. Auch die geschälten Stiele sind bei jungen Früchten eßbar.

WARMER ZUCCHINI-TOMATEN-SALAT

400 g zarte, kleine Zucchini · Salz · Pfeffer · Saft von 1 Zitrone · 5 Eßl. Olivenöl · 2 Tomaten · Basilikumblätter

Die Zucchini waschen, die Enden abschneiden. Zucchini in dünne Scheiben schneiden, in leicht gesalzenem Wasser 1 Minute blanchieren und gut abtropfen lassen. Zucchini salzen, pfeffern, mit Zitronensaft und Olivenöl beträufeln und 15 Minuten durchziehen lassen. Tomaten, kreuzweise einschneiden, überbrühen, abschrecken, enthäuten, entkernen und würfeln. Tomaten mit den Zucchini vermengen. Basilikumblätter abspülen, trockentupfen in Streifen schneiden und über den Salat streuen.

LINSENSALAT MIT WARMER ENTENLEBER

125 g Linsen · 1 Zwiebel · 2 Nelken · 1/2 Lorbeerblatt · 1 Schalotte · 2 Eßl. Rotweinessig · 1/2 Teel. Dijonsenf · 1/2 Knoblauchzehe · Salz · Pfeffer · 4 Eßl. Nußöl · 1 – 2 Stauden Chicorée · 300 g Entenleber · 100 g magerer Räucherspeck · 10 g Butter · glatte Petersilie

Die Linsen über Nacht in abgekochtem Wasser einweichen.
Die Zwiebel abziehen, mit Nelken und Lorbeerblatt spicken, in leicht gesalzenem Wasser zum Kochen bringen. Die Linsen hineingeben und in etwa 45 Minuten gar kochen.
Für die Vinaigrette die Schalotte abziehen, hacken und mit Essig, Senf, abgezogenem zerdrücktem Knoblauch, Salz und Pfeffer verrühren. Das Öl unterschlagen.
Die Vinaigrette unter die noch warmen, abgetropften Linsen mengen und 30 Minuten durchziehen lassen.
Chicorée waschen, Strunk entfernen, Chicorée in Blättchen zerlegen. Die Blattspitzen abschneiden, den unteren Teil in Ringe schneiden. Die Blattspitzen blütenförmig auf vier Teller legen, die Linsen in der Mitte der Teller anrichten.
Leber und Speck würfeln. Speck auslassen und zum Abtropfen auf Haushaltspapier legen.
Die Butter zerlassen und die Leber darin rosa braten. Speck und Leber auf den Linsen anrichten. Mit abgezupfter Petersilie bestreuen.

SALAT MIT POCHIERTEM EI UND LACHS

Saft von 1/2 Zitrone · Zucker · Salz · Pfeffer · 1 Spritzer Tabasco · 1 Eßl. Crème fraîche · 2 Eßl. saure Sahne · Essig · 4 Eier · 1 fester Kopfsalat · 4 Scheiben Räucherlachs · 2 Stengel frischer Dill

Für die Sauce Zitronensaft, Zucker, Salz, Pfeffer und Tabasco verrühren.
Crème fraîche und Sahne hinzufügen. Wasser mit einem Schuß Essig zum Kochen bringen. Die kalten Eier einzeln aufschlagen, in das Wasser gleiten lassen und etwa 4 Minuten pochieren.
Den Salat putzen, waschen und achteln. Salat mit Lachs, pochiertem Ei und Sauce auf Tellern anrichten. Pfeffer darüber mahlen und mit Dill garnieren.

SALAT MIT ENTENBRUST

1 Entenbrust (etwa 250 g) ·
1 Schalotte · 2 Eßl. Balsam-
essig · 4 Eßl. Distelöl · Salz ·
Pfeffer · 100 g Feldsalat ·
1 kleiner Radicchio
Außerdem: Alufolie

Die Haut von der Entenbrust abtrennen, in sehr feine Streifen schneiden und in einer Pfanne ohne Fett langsam bei mittlerer Hitze ausbraten. Haut auf Küchenpapier abtropfen lassen und warm stellen. Das Fleisch im Entenfett von jeder Seite etwa 6 Minuten braten, in Alufolie wickeln. Die Schalotte abziehen, hacken und mit Essig, Öl und Gewürze verrühren. Feldsalat und Radiccio verlesen, waschen und trockenschleudern. Radicchio in Streifen schneiden. Salate mit der Sauce vermengen und auf vier Teller verteilen. Das Entenbrustfleisch in dünne Scheiben schneider auf dem Salat anrichten und mit warmen Entenhautstreifen bestreuen.

BUNTER SALAT MIT JAKOBSMUSCHELN

2 kleine Chicorée · 1 kleiner
Radicchio · 1/2 rote Paprika-
schote · 2 Eßl. Sherryessig ·
1/4 Teel. Dijonsenf · Salz ·
Pfeffer · 1 Schalotte · 4 Eßl.
Walnußöl · 300 g tiefgekühlte
Jakobsmuscheln · 20 g Butter ·
4-6 Eßl. trockener Wermut

Vom Chicorée den Strunk keilförmig herausschneiden, ein paar schöne Blätter ablösen und beiseite legen. Die Stauden waschen und quer in Ringe schneiden. Radicchio zerpflücken waschen und die Blätter in mundgerechte Stücke zupfen. Paprikaschote entstielen, entkernen, weiße Scheidewände entfernen, die Schote waschen und sehr fein würfeln. Für die Vinaigrette Essig, Senf, Salz und Pfeffer verrühren. Die Schalotte abziehen, hacken und hinzufügen.
Das Öl unterschlagen.
Jakobsmuscheln auftauen lassen und in Scheiben schneiden.
Butter zerlassen, die Muscheln hineingeben, kurz schwenken. Wermut angießen und zugedeckt 2 Minuten dünsten.
Den Salat mit Vinaigrette vermengen und auf Portionsteller verteilen. Muscheln daneben anrichten. Den Muschelsud einkochen und auf jede Muschelportion 1 Teelöffel geben.

LACHS IM GRÜNEN BETT
(ohne Foto)

1 kleiner Kopfsalat ·
1 Schalotte · 1 Eßl. Zitronen-
saft · 1 Eßl. Weinessig ·
Salz · Pfeffer ·
4 Eßl. Walnußöl · 2 weiche
Avocados · 200 g Räucher-
lachs · 1 Eßl. gehackter
Dill · 1 Teel. rote Pfefferkörner

Den Kopfsalat zerpflücken, gründlich waschen und trockenschleudern. Für die Vinaigrette die Schalotte abziehen, hacken, mit Zitronensaft, Essig, Salz und Pfeffer verrühren. Öl hinzugeben. Die Avocados halbieren, entsteinen und schälen. Das Fruchtfleisch in 1/2 cm dicke Scheiben schneiden. Sofort mit etwas Vinaigrette bestreichen und ringförmig auf einem Teller anrichten.
Die Salatblätter in Streifen schneiden, mit der Vinaigrette vermengen und in die Mitte des Tellers geben, den Räucherlachs in Streifen schneiden, auf den Salat geben, mit Dill und roten Pfefferkörnern bestreuen.

TINTENFISCH-SALAT

500 g tiefgekühlter Tintenfisch
Salz · 2 Eßl. Zitronensaft ·
Pfeffer · 1 Teel. Senf · 5 Eßl.
Olivenöl · 2 Fleischtomaten ·
1 rote Zwiebel · 50 g grüne
Oliven · 50 g schwarze Oliven ·
100 g eingelegte Peperoni ·
einige Basilikumblätter

Den Tintenfisch auftauen lassen, in Salzwasser 15 Minuten kochen, abgießen etwas abkühlen lassen und in Ringe schneiden.
Für die Marinade Zitronensaft, Salz, Pfeffer und Senf verrühren. Das Öl unterschlagen, über den noch warmen Tintenfisch geben und durchziehen lassen.
Die Tomaten überbrühen, abschrecken, enthäuten und würfeln.
Die Zwiebel abziehen und in Ringe schneiden. Tomaten und Zwiebelringe vorsichtig unter den Tintenfisch haben, mit Oliven, Peperoni und Basilikumblättern auf Portionstellern anrichten.

LANGOSTINEN-SALAT MIT ZUCKERERBSEN

10 Basilikumblätter ·
1/4 Teel. Salz · 1 Eßl. Sherry-
essig · Pfeffer ·
4 Eßl. Olivenöl · 1 kleiner
Friséesalat · 150 g Zucker-
erbsen · 1 Eßl. Butter ·
200 g Langostinenfleisch

Die Basilikumblätter abspülen, trockentupfen, mit Salz im Mörser pürieren. Essig, Pfeffer und Öl unterrühren.
Nur die zarten Blätter vom Friséesalat auswählen, waschen und trockenschleudern. Die Zuckererbsen waschen, trockentupfen und in der Pfanne in

heißer Butter 1 Minute dünsten. Das Langostinenfleisch zugeben, erwärmen, salzen, pfeffern und auf dem Salat anrichten.
Die Sauce darüber träufeln.

FEINER MEERESSALAT

1 Zwiebel · 1 Bund glatte Petersilie · 1 Lorbeerblatt · 1 Teel. weiße Pfefferkörner · Salz ·
400 g tiefgekühlte Calamari ·
8 rohe Gambas ohne Kopf ·
250 g frischer Lachs ·
1 Knoblauchzehe · Saft von 1 Zitrone · 1 Eßl. Rotweinessig · Pfeffer · 1/2 Teel. Senf
5 Eßl. Olivenöl

Die abgezogene Zwiebel, einige Petersilienstengel, Lorbeerblatt und Pfefferkörner in leicht gesalzenem Wasser aufkochen. Die Calamari hineingeben und etwa 5 Minuten kochen. Die Gambas hinzufügen und bei kleiner Hitze 5 Minuten gar ziehen lassen. Beides mit einer Schaumkelle herausheben. Den Lachs etwa 4 Minuten im Sud pochieren, herausnehmen und abtropfen lassen.
Knoblauch abziehen, durchpressen und mit Zitronensaft, Essig, Salz, Pfeffer, Senf und Öl verrühren.
Die Gambas aus der Schale lösen, längs durchschneiden und den Darm entfernen.
Calamari in Ringe schneiden. Lachs von Gräten und Haut befreien, in Stücke teilen. Die Salatsauce über den Fisch gießen, vorsichtig wenden.
Zugedeckt 2–3 Stunden ziehen lassen. Den Salat auf Tellern anrichten. Restliche Petersilie abspülen, grob hacken über den Salat streuen.

SPARGELSALAT
(ohne Foto)

500 g grüner und weißer Spargel
Salz · 1 Schalotte · 2 Eßl. Weinessig · 1 Eßl. Zitronensaft · 1/2 Teel. Zucker · Salz · Pfeffer · 5 Eßl. Sonnenblumenöl · 2 Eier · 1 Bund Petersilie
1/2 Kopfsalat

Den Spargel schälen und in Stücke brechen und in leicht gesalzenem Wasser in etwa 12 Minuten knapp gar kochen.
Für die Vinaigrette die Schalotte abziehen und fein hacken, mit Essig, Zitronensaft, Zucker, Salz und Pfeffer verrühren. Öl hinzufügen und über den abgetropften, noch warmen Spargel gießen. Zugedeckt einige Stunden durchziehen lassen.
Die Eier hart kochen, abschrecken, pellen und hacken. Petersilie abspülen, trockentupfen und fein hacken. Beides über den Spargel streuen. Salat verlesen, waschen, abtropfen lassen, in Streifen schneiden und auf Teller verteilen. Den Spargelsalat darauf anrichten.

REISSALAT MIT KRABBEN

150 g Langkornreis · Salz · 2 Eßl. Mayonnaise · 2 Eßl. Crème fraîche · 1–2 Eßl. Curry
2 Eßl. Zitronensaft · 1/2 Teel. Zucker · etwas frisch geriebener Ingwer · Cayennepfeffer
1 großer Apfel · 3 Scheiben Ananas · 150 g Tiefseekrabben · 3 Eßl. Kürbiskerne

Den Reis in 500 ml (1/2 l) kochendes Salzwasser geben, etwa 20 Minuten kochen und abkühlen lassen. Mayonnaise, Crème fraîche, Curry, Zitronensaft, Zucker, Ingwer und Cayennepfeffer verrühren.
Den Apfel schälen und würfeln. Die Ananas in kleine Stücke schneiden. Alles zusammen mit dem Reis unter die Currysauce heben. Zugedeckt einige Stunden durchziehen lassen.
Krabben hinzufügen. Kürbiskerne rösten und über den Salat streuen.

NUDELSALAT
(ohne Foto)

250 g kleine Nudeln · Salz · 1 Eßl. Speiseöl · 300 g gedünstete Erbsen · 1 rote Zwiebel · 20 g Kapern · 1 Dose Thunfisch in Öl (Einwaage 200 g) · 2 Fleischtomaten · 2 Eßl. Mayonnaise · 150 g saure Sahne · 1 Teel. Senf · Saft von 1/2 Orange · Pfeffer

Die Nudeln in kochendem Salzwasser nach Packungsanweisung kochen, abgießen, und mit kaltem Wasser abschrecken. Öl und die Erbsen untermengen und abkühlen lassen.
Die Zwiebel abziehen und würfeln. Kapern und Thunfisch abtropfen lassen, Thunfisch zerpflücken. Tomaten waschen, halbieren, den Stielansatz herausschneiden, Tomaten würfeln. Alles unter die abgekühlten Nudeln heben.
Aus Mayonnaise, Sahne, Senf, Orangensaft, Salz und Pfeffer eine Salatsauce rühren, unter den Salat rühren und einige Minuten durchziehen lassen.

BIRNEN-MÖHREN-PUTENSALAT

Saft von 1 Zitrone · 1 Eßl. flüssiger Honig · 1 Messerspitze Cayennepfeffer · 2 Eßl. Sojasauce · 6 Eßl. Sojaöl · 2 kleine feste Birnen · 200 g Möhren · 200 g Chinakohl · 250 g geräuchertes Putenbrustfleisch · 2 Eßl. Sesamsamen · Butter

Zitronensaft, Honig, Cayennepfeffer, Sojasauce und Öl verrühren. Die Birnen waschen, Kerngehäuse entfernen, Birnen in Stücke schneiden und gleich mit der Sauce vermengen. Möhren schrappen, waschen und grob raspeln. Chinakohl waschen, in feine Streifen schneiden. Putenfleisch in Streifen schneiden. Alle Zutaten vermengen. Sesam in der Butter anrösten, warm unter den Salat heben und sofort servieren.

GEFLÜGELSALAT

1 geräucherte oder gekochte Hähnchenbrust · 1 reife Avocado · 1 Fleischtomate · 10 schwarze Oliven · 1 Bund glatte Petersilie · 20 g Edelpilzkäse · Salz · Pfeffer · 1 Eßl. Essig · 4 Eßl. Olivenöl · 30 g Cashewkerne

Das Hähnchenbrustfleisch von den Knochen lösen, enthäuten und würfeln. Die Avocado halbieren, entsteinen, schälen, das Fruchtfleisch würfeln. Tomate waschen, Stengelansatz entfernen, Tomate in Würfel schneiden. Oliven entkernen und in Streifen schneiden. Petersilie abspülen, trockentupfen, Blättchen abzupfen und hacken. Die Zutaten vorsichtig mischen. Käse mit einer Gabel zerdrücken. Mit Salz, Pfeffer, Essig und Öl verrühren und über den Salat träufeln. Nüsse über den Salat geben.

KANINCHEN-SALAT

100 g Keniabohnen · Salz · je 1 rote und grüne Paprikaschote · 1 Bund Radieschen · 150 g rosa Champignons · 2 Eßl. Sherry-Essig · 4 Eßl. Walnußöl · Pfeffer · 2 Kaninchenkeulen · Butter · frische Basilikumblätter · rote Pfefferkörner

Die Bohnen in gesalzenem Wasser 1 Minute blanchieren, in Eiswasser abschrecken.
Die Paprikaschoten vierteln, entstielen, entkernen, weiße Scheidewände entfernen, Schoten waschen, in ganz feine Streifen schneiden. Radieschen und Champignons putzen, waschen und in Scheiben schneiden. Zusammen mit den Bohnen in eine Schüssel geben. Mit Sherry-Essig und

Walnußöl etwa 15 Minuten marinieren, salzen und pfeffern. Die Kaninchenkeulen unter kaltem Wasser abspülen, trockentupfen, mit Salz und Pfeffer einreiben. Die Butter zerlassen, Keulen darin von jeder Seite etwa 20 Minuten braten. Das Fleisch in dünne Scheiben schneiden und mit Salat, Basilikumblättern und den zerstoßenen Pfefferkörnern auf Portionstellern anrichten.

ROHKOSTSALAT MIT HÄHNCHENBRUST

500 g Rotkohl · Salz · 2 Eßl. Essig · 1 Teel. flüssiger Honig · 2 Eßl. Zitronensaft · 1 Eßl. Rotweinessig · Pfeffer · 2 Hähnchenbrustfilets (etwa 300 g) · 1 Teel. Butter · 10 Walnußkernhälften

Vom Rotkohl den Strunk und die äußeren Blätter entfernen, Rotkohl waschen und in sehr feine Streifen schneiden. Salzwasser mit dem Essig aufkochen. Den Kohl darin etwa 1 Minute blanchieren, abgießen und gut abtropfen lassen. Honig, Zitronensaft, Essig, Salz und Pfeffer verrühren und unter den noch warmen Salat mengen. Etwa 1 Stunde marinieren, dabei öfter umrühren. Die Hähnchenbrust unter kaltem Wasser abspülen, trockentupfen, in zerlassener Butter bei milder Hitze von jeder Seite etwa 3 Minuten braten, salzen und pfeffern. Den Rotkohlsalat auf vier Teller verteilen. Die Hähnchenbrüste in Scheiben schneiden, neben dem Salat anrichten. Walnüsse hacken, über den Salat streuen.

RINDFLEISCH-SALAT

400 g gekochtes Rindlfeisch · 1 großer Apfel · 2 Gewürzgurken · 1 rote Zwiebel · 2 Eßl. Kapern · 1 Knoblauchzehe · 3 Eßl. Weinessig · 2 Teel. Senf · Salz · Pfeffer · 1/4 Teel. Zucker · Worchestersauce · 4 Eßl. Speiseöl · 1 Kästchen Kresse

Das Fleisch in Streifen schneiden. Den Apfel waschen. Die Zwiebel abziehen. Apfel, Zwiebel, Gewürzgurke in Streifen schneiden.
Die Kapern abtropfen lassen.
Die Knoblauchzehe abziehen und zerdrücken. Mit Essig, Senf, Salz, Pfeffer, Zucker und 2 Spritzern Worchestersauce verrühren. Öl hinzufügen, mit den Salatzutaten vermengen. Einige Stunden durchziehen lassen, mit Kresse anrichten.

HERINGSSALAT

250 g Kartoffeln · 250 g Rote Bete · 250 g Äpfel · 250 g Gewürzgurken · 250 g Matjesfilets · 1 Zwiebel · 1/4 Teel. Salz · 1 Teel. Senf · 1/2 Teel. Zucker · 2 Eßl. Apfelessig · 5 Eßl. Schlagsahne · Eischeiben · Petersilie

Die Kartoffeln waschen, etwa 20 Minuten kochen und pellen. Rote Bete mit Schale etwa 1 Stunde kochen, pellen. Die Äpfel schälen, Kerngehäuse entfernen.
Kartoffeln, Rote Bete, Äpfel, Gewürzgurken und Matjesfilets würfeln.
Die Zwiebel abziehen, hacken, mit Salz bestreuen und 10 Minuten stehenlassen. Anschließend mit Senf, Zucker und Essig verrühren. Sahne unterrühren, vorsichtig mit den Zutaten vermengen. Am besten über Nacht durchziehen lassen.
Mit Eischeiben und Petersilie garnieren.

WALDORFSALAT
(ohne Foto)

250 g Äpfel · 250 g Sellerie · 3 Scheiben Ananas · 125 g Walnüsse · Saft 1/2 Zitrone · Salz · 1 Teel. Zucker · Pfeffer · 1 Eßl. Mayonnaise · 2 Eßl. saure Sahne

Äpfel und Sellerie schälen. Äpfel in Stifte schneiden, Sellerie fein hobeln. Ananas würfeln, Walnüsse grob hacken. Zitronensaft, Salz, Zucker und Pfeffer verrühren, Mayonnaise und saure Sahne unterziehen und mit den Zutaten vermengen.
Den Salat mindestens 4 Stunden durchziehen lassen.

WURST-KÄSE-SALAT

200 g Fleischwurst · 200 g Emmentaler Käse · 2 Salzgurken · 1 Bund Schnittlauch · 4 Eßl. Weinessig · 1/2 Teel. Senf · Salz · Pfeffer · 4 Eßl. Sonnenblumenöl · Kopfsalat

Fleischwurst, Käse und Salzgurken in Streifen schneiden. Schnittlauch abspülen, in Röllchen schneiden. Alles in einer Schüssel vermischen. Essig, Senf, Salz und Pfeffer verrühren, Öl hinzufügen. Unter den Salat mengen.
Salat verlesen, waschen, trockenschleudern. Den Wurst-Käse-Salat auf den Salatblättern anrichten.

EIERSALAT
(ohne Foto)

6 Eier · 2 Fleischtomaten · 30 g Kapern · 2 Frühlingszwiebeln · 1 Eßl. Essig · 2 Teel. Dijon-Senf · 100 ml Schlagsahne · Salz · Zucker · Pfeffer · Basilikumblättchen

Die Eier hart kochen, pellen und achteln. Die Tomaten waschen und würfeln. Die Kapern abtropfen lassen.
Die Zwiebel abziehen und in feine Ringe schneiden. Eier, Tomatenwürfel, Kapern und Zwiebelringe auf einem Teller anrichten.
Essig, Senf, Sahne, Salz, Zucker und Pfeffer verrühren und über die Salatzutaten geben. Mit Basilikumblättchen bestreuen

NUDEL-KÄSE-SALAT

150 g bunte Schmetterlingsnudeln · Salz · 1 rote oder gelbe Paprikaschote · 150 g Emmentaler Käse · 100 g Sojabohnensprossen · 1 Schalotte · 100 g Roquefort-Käse · 150 g Sahnejoghurt · 1 Teel. Worchestersauce · Pfeffer · 1 Eßl. gehackte Pistazienkerne

Die Nudeln in reichlich Salzwasser nach Vorschrift auf der Packung kochen, über einem Sieb abgießen und sofort mit kaltem Wasser überbrausen.
Die Paprikaschote vierteln, entstielen, entkernen, die weißen Scheidewände entfernen, die Schote waschen und fein würfeln. Käse würfeln.
Die Sojabohnensprossen mit kaltem Wasser überbrausen und gut abtropfen lassen. Die Schalotte abziehen und zerdrücken, mit Roquefort-Käse, Joghurt, Worchestersauce, Salz und Pfeffer im Mixer cremig rühren.
Alle Salatzutaten locker vermischen und auf vier Teller verteilen, die Salatsauce darübergeben, mit gehackten Pistazien bestreuen.

KARTOFFELSALAT

750 g kleine festkochende Kartoffeln · 1 Zwiebel · 125 ml (1/8 l) Fleischbrühe · 4 Eßl. Essig · 2 Teel. Zucker · Pfeffer · Salz · 1 Bund Radieschen · 150 g Maiskörner · 1–2 Eßl. geriebener Meerrettich · 1 Eßl. Mayonnaise · 150 g saure Sahne · 2–3 Eßl. Zitronensaft · 1 Bund Dill · 2 Zweige Zitronenmelisse

Die Kartoffeln mit der Schale etwa 20 Minuten kochen, pellen und in Scheiben schneiden.
Die Zwiebel abziehen, würfeln und mit Brühe, Essig, 1 Teel. Zucker und Pfeffer aufkochen. Sud mit Salz abschmecken und über die noch warmen Kartoffelscheiben gießen. Vorsichtig vermengen und so lange ziehen lassen, bis die Marinade von den Kartoffeln vollkommen aufgenommen worden ist.
Ab und zu vorsichtig umrühren. Radieschen putzen, waschen und in Scheiben schneiden. Maiskörner abtropfen lassen und mit den Radieschenscheiben zu den Kartoffeln geben.
Meerrettich, Mayonnaise, Sahne, Zitronensaft und 1 Teel. Zucker verrühren und unter den Salat rühren. Dill und Zitronenmelisse abspülen, trockentupfen, hacken und kurz vor dem Servieren unter den Salat mengen.

GEMISCHTER ROTE-BETE-SALAT

250 g Rote Bete · 250 g Sellerie · 250 g Kartoffeln · 1 Teel. geriebener Meerrettich · 1 Teel. flüssiger Honig · 3 Eßl. Obstessig · Salz · Pfeffer · 5 Eßl. Sojaöl · 4 Eßl. saure Sahne · 1 Kästchen Kresse · 100 g Sonnenblumenkerne

Rote Bete, Sellerie und Kartoffeln waschen, getrennt mit der Schale etwa 20 Minuten kochen und schälen. Rote Bete in Stifte schneiden, Sellerie und Kartoffeln würfeln.
In einer Salatschüssel Meerrettich, Honig, Essig, Salz und Pfeffer verrühren, Öl und Sahne unterschlagen. Die Sauce mit den Salatzutaten vermengen und etwa 1 Stunde durchziehen lassen. Kresse abspülen, die Blättchen abschneiden und mit dem Salat in eine Schüssel anrichten.
Sonnenblumenkerne ohne Fett in einer Pfanne rösten und darüber streuen.

In der Geschichte der Kochkunst nahm der Saucier, der Saucenkoch in einer Küchenbrigade, immer eine Sonderstellung ein. In früheren Jahrhunderten gab es sogar Spezialisten, die von Schloß zu Schloß fuhren, um Königen, Fürsten und Edelleuten zu beweisen, welch köstliche Saucen sie zu kochen imstande waren. Ihr Ansehen war beachtlich.
Kein Wunder, denn Saucen sind nun mal das Herzstück einer Speise.
Nicht von ungefähr wird die Kunst des Saucenkochens deshalb von der neuen deutschen Küche so vollendet gepflegt, daß es kaum noch ein führendes Restaurant gibt, wo nicht der Saucenlöffel zu jedem Gedeck gehört. Urgroßmutters dicke, mehlgebundene Saucen sind also passé. In sind die auf Fond aufgebauten, mit Butter oder Sahne aufgeschlagenen Kreationen, deren Zubereitung leicht zu erlernen ist. Sie brauchen nur umzublättern, um sich davon überzeugen, daß Saucen mit Pfiff leichter zu kochen sind, als mancher denkt. Auch die Sauce Béarnaise ist es, aus der eine Sauce Choron wird, wenn man sie mit Tomatenmark mischt. Zu sehen auf unserem Foto.

HELLER FOND

Bevor wir Ihnen sagen, wie heller Fond zubereitet wird, vorab etwas Grundsätzliches über Fonds und Saucenkunde. Großmutters dicke Mehlschwitze ist in der modernen Küche passé. Leichte Saucen sind gefragt. Sie werden auf hellen oder braunen Fonds aufgebaut, die sozusagen ein Extrakt sind. Er besteht aus Knochen und Fleisch von Kalb, Rind, Schwein, Lamm oder/und Geflügel, Suppengemüse, Zwiebeln und Kräutern, das lange köcheln muß. So oder reduziert bildet der Fond die Basis für eine würzige, wohlschmeckende Sauce. Es ist gut, davon einen Vorrat zu haben. Weil er Saucen, die ja beinahe täglich zubereitet werden, ein unnachahmliches Aroma gibt. Das Rezept für hellen Fond:

500 g Kalbshinterhaxe oder Beinscheibe · (vom Fleischer grob zerkleinert) · 500 g Geflügelklein · 300 g Staudensellerie · 200 g Porree (Lauch) · 200 g Champignons · 2 Möhren · 2 Zwiebeln · 1/2 Bund Petersilie · knapp 3 l Wasser

Kalbfleischstücke und Geflügelklein waschen. Gemüse putzen, waschen und in Stücke schneiden. In einen Topf füllen (Foto 1). Nun soviel Wasser angießen, daß die Zutaten davon bedeckt sind (Foto 2). Bei geringer Hitze aufkochen. Häufig den grauen Schaum abschöpfen. 3–4 Stunden bei leicht geöffnetem Topf köcheln lassen. Brühe durch ein Tuch in einen Topf ablaufen, dann auskühlen lassen. Das Fett abheben. Die Brühe so verwenden oder solange einkochen lassen (reduzieren) bis sie geliert. Auskühlen lassen. Nun kann man sie löffelweise abnehmen (Foto 3). Der reduzierte Fond hält sich im Kühlschrank einige Tage, im Gefriergerät etwa drei Monate frisch.

1

2

3

BRAUNER KALBS-, WILD- ODER RINDERFOND

Rind-, Wild- oder Kalbfleischknochen · 500 g Beinscheibe von Rind oder Kalb (alles kleingehackt) · 5 Eßl. Speiseöl · 2 Möhren · 100 g Sellerie · 1 Zwiebel · 2 Eßl. Tomatenmark · knapp 3 l Wasser

Bouquet garni:

1 kleine Stange Porree (Lauch) · 1 Stück Sellerie · 1 kleines Bund Petersilie · 1 Zweig Thymian · 1 Lorbeerblatt

Außerdem:

2 Schalotten · 1 Knoblauchzehe · 6 zerdrückte Wacholderbeeren · 6 weiße Pfefferkörner · (Foto 4)

Knochen und Fleisch kalt abwaschen. Öl im Topf erhitzen. Fleisch zugeben und bei starker Hitze unter ständigem Wenden kräftig anbraten (Foto 5, rechte Seite). Möhren, Sellerie und Zwiebel putzen, waschen und würfeln. Mit dem Tomatenmark unterrühren (Foto 6). Noch 20 Minuten unter gelegentlichem Wenden bräunen. Soviel Wasser angießen, daß alle Zutaten bedeckt sind. Bei geringer Hitze im knapp geschlossenen Topf aufkochen. Sorgfältig abschäumen. Fürs Bouquet garni Porree und Sellerie putzen und waschen. Auch die Petersilie. Mit dem Thymianzweig und dem Lorbeerblatt zusammenbinden. Schalotten abziehen und in Scheiben schneiden. Alles mit der Knoblauchzehe und Gewürzen in den Topf geben. (Foto 7). 4–5 Stunden bei geringer Hitze im nicht ganz geschlossenen Topf simmern lassen. Durch ein Tuch abseihen, dann auskühlen lassen. Das Fett abheben. Den Fond im Topf einkochen (reduzieren), bis er so konzentriert ist, daß er geliert – oder wie Sie ihn haben möchten. Auskühlen lassen. Wie hellen Fond aufbewahren. Am besten in kleinen Portionen einfrieren.

4

5

6

7

1

2

3

4

HOLLANDAISE

Von der feinen, der echten Holländischen Sauce – international Sauce Hollandaise genannt – soll hier die Rede sein. Aber auch von ihren Variationen. Diese klassische Sauce macht feines Gemüse wie Spargel, Broccoli und Blumenkohl edler. Sie ist zu Seezunge und Steinbutt eine leckere Ergänzung, sie macht Kurzgebratenes aus dem Filet zum Hochgenuß. Aber sie ist ein bißchen knifflig in der Zubereitung, weil die Masse, die im Wasserbad gart, nicht zu heiß werden darf.

250 g Butter · 3 Eigelbe · gut 1 Eßl. Wasser · Salz · weißer Pfeffer · 1 Eßl. Zitronensaft (Foto 1)

Die Butter bei geringer Hitze zerlassen, abschäumen und etwas abkühlen lassen. Dann in ein anderes Gefäß vorsichtig umgießen, so daß die Molke zurückbleibt (Foto 2). Eigelbe mit dem Wasser in einem Topf verrühren. Ins Wasserbad stellen und bei schwacher Hitze mit dem Schneebesen zu Creme rühren. Dann kräftig aufschlagen, so daß sie hellcremig wird und schön bindet (Foto 3 von oben). Butter in dünnem Strahl nach und nach zugeben und portionsweise unter die Creme schlagen (Foto 4). Mit Zitronensaft, Salz und Pfeffer würzen.
Die Sauce **Maltaise** ist eine Abwandlung der Hollandaise. Statt mit Wasser und Zitronensaft wird sie mit 2 Eßl. Blutorangensaft zubereitet. Die unbehandelte Schale in feinste Streifen schneiden, blanchieren und die angerichtete Sauce damit garnieren. Paßt gut zu Spargel und zu gekochten Krustentieren, z.B. Krebsen.
Für die **Sauce bavaroise**, die bayrische Sauce, verwendet man statt Butter Krebsbutter und hebt zum Schluß 2 Eßl. geschlagene Sahne unter. Schmeckt vorzüglich zu Seezungen, Steinbutt, Heilbutt, Lachs, Krusten- und Schalentieren, die man im Sud garziehen läßt.
Zur **Sauce Chantilly** wird die Hollandaise, wenn man zum Schluß 2 Eßl. geschlagene Sahne unterhebt. Fein zu Roastbeef, Kochfisch und Gemüse, wie Spargel, Artischocken und Blumenkohl.
Die bekannte **Sauce Béarnaise** wird fast wie die Hollandaise zubereitet. Nur verwendet man statt Wasser und Zitronensaft 2 Eßl. einer Reduktion aus den folgenden Zutaten: 2 kleine gehackte Schalotten, 2 Eßl. Estragonessig, 3 Eßl. Weißwein. Solange kochen, bis nur noch 2 Eßl. Flüssigkeit vorhanden sind. Abseihen. Zum Schluß je 1 Teel. gehackten Estragon und Kerbel unterziehen. Béarnaise schmeckt zu Grillfisch und -fleisch und zu allen Steaks.

BÉCHAMELSAUCE

Mit der Béchamelsauce berücksichtigen wir eine der beiden mehlgebundenen Saucen aus der klassischen Küche. Die andere ist die Velouté (rechte Seite).

2 Zwiebeln · 30 g Butter · 35 g Weizenmehl · 250 ml (1/4 l) Kalbsbrühe (Rezept S. 74) · 500 ml (1/2 l) Milch · Salz · weißer Pfeffer · geriebene Muskatnuß

Abgezogene, gewürfelte Zwiebeln in der Butter in einem Topf glasig dünsten. Das Mehl zugeben und so lange darin unter Rühren erhitzen, bis es hellgelb ist. Unter Rühren mit dem Schneebesen die Kalbsbrühe und dann die Milch zugießen. Kräftig rühren, damit keine Klümpchen entstehen. 10 Minuten bei geringer Hitze kochen, bis die Sauce die gewünschte Bindung hat. Wer die Béchamelsauce lieber ohne Zwiebelstückchen hat, kann sie durch ein Tuch oder Haarsieb passieren. Mit Salz, Pfeffer und Muskat abschmekken. Die Sauce eignet sich für Kartoffeln, Blumenkohl, Broccoli und z.B. für pochierte Eier.

1

2

3

4

VELOUTÉ

Aus dieser zarten, cremigen weissen Grundsauce können Sie durch Zugabe von Tomatenmark eine Tomatensauce kochen. Oder frisch geriebenen Meerrettich unterrühren. Oder sie zusätzlich mit 4 Eßl. geriebenem Käse, 1 Eßl. Sahne und 1 Eigelb zur Käsesauce oder Sauce Mornay verwandeln. Ihrer Phantasie sind da keine Grenzen gesetzt. Das Rezept:

10 g Butter · 10 g Zwiebelwürfel ·
1 gehäufter Eßl. Weizenmehl ·
375 ml (3/8 l) Fleischbrühe ·
(Rezept S. 74), 125 ml (1/8 l)
Schlagsahne · Salz · weißer Pfeffer

Butter im Topf erhitzen. Die Zwiebelwürfel darin glasig dünsten, aber nicht braun werden lassen. Mehl unter Rühren so lange darin erhitzen, bis es hellgelb ist. Mit der Fleischbrühe ablöschen (Foto 1). Sauce bei schwacher Hitze 10 Minuten kochen lassen. Inzwischen die Sahne zur Hälfte reduzieren. Dann mit dem Schneebesen in die Sauce rühren (Foto 2). Nun kann man sie durch ein Haarsieb passieren. Cremiger wird sie aber, wenn man sie durch ein Tuch drückt. Wieder erhitzen und mit Salz und weißem Pfeffer abschmecken. Braune Grundsauce entsteht aus den gleichen Zutaten. Der Unterschied: man dünstet die Zwiebelwürfel in der heißen Butter goldbraun, gibt 1 ½ Eßl. Mehl hinzu und läßt es unter Rühren auch goldbraun werden. Dann wie bei der Velouté weiter arbeiten.

MAYONNAISE

Für alle, die lieber selbstgemachte Mayonnaise essen, hier das Rezept:

2 Eigelbe · Salz · weißer Pfeffer ·
2 Teel. Dijon-Senf · 1 Eßl. Zitronensaft oder Weinessig ·
Zucker · 250 ml (1/4 l) bestes
Salatöl · Worcestersauce

Eigelb, Salz, Pfeffer, Senf und Zitronensaft oder Weinessig und die Prise Zucker in einer Schüssel mit dem Schneebesen immer in einer Richtung sorgfältig verrühren. Solange, bis sich die Gewürze völlig gelöst haben (Foto 3). Öl zunächst unter ständigem Rühren hineintröpfeln lassen (Foto 4). Sobald die Masse cremig zu werden beginnt, das Öl in dünnem Strahl zugießen. Dabei ausdauernd rühren, bis die Mayonnaise cremig ist. Mit Worcestersauce und eventuell noch mit Salz, Pfeffer und Zitronensaft abschmecken.
Eine Remouladensauce wird daraus, wenn Sie unter 100 g Mayonnaise je 1 kleine Zwiebel und Gewürzgurke und 1 Sardellenfilet fein gehackt hineingeben: außerdem ½ Bund Petersilie, je 2 Stengel Estragon und Kerbel und 2 Teel. Kapern, alles feingehackt. Mit 1 Teel. Senf, Salz und Pfeffer würzen.
Für die **Andalusische Sauce** brauchen Sie 100 g Mayonnaise. Mit Knoblauchsalz, 1 Eßl. Tomatenmark, Püree von 2 rohen Tomaten und einer eingelegten, sehr fein gewürfelten Tomatenpaprikaschote (Konserve) verrühren.
Eine **Currymayonnaise:**
Mayonnaise mit 1 Prise Zucker milder machen, 2 Teel. Curry – nach Geschmack auch mehr – unterrühren. Eventuell mit etwas Sahne sämiger rühren.
Und eine **Paprikamayonnaise** entsteht, wenn Sie unter die im Rezept angegebene Menge noch etwas Zucker, 1 Eßl. Paprika edelsüß und 1 Eßl. Paprikaketchup – nach Geschmack auch mehr – rühren.

TRAUBEN-SAUCE

30 g Butter · 30 g Weizenmehl · 400 ml kochende Hühnerbrühe · 2 cl Sherry (Amontillado) · Salz · Pfeffer · geriebene Muskatnuß · 2 Eßl. Crème fraîche · 250 g Weintrauben · 1 Eßl. gehackte Petersilie

Die Butter in der Pfanne zerlassen. Mehl darüber stäuben und bei mittlerer Hitze bräunen. Topf vom Herd nehmen und kurz abkühlen lassen. Hühnerbrühe angießen und unter Rühren aufkochen. Sherry hinzufügen und alles etwa 10 Minuten köcheln lassen. Mit Salz, Pfeffer und Muskat abschmecken. Crème fraîche unterrühren. Die Trauben waschen, halbieren und die Kerne entfernen. Die Trauben in der Sauce kurz erhitzen. Zuletzt die Petersilie unterrühren.
Zu Geflügel und feinen Klößchen oder Kalbshack reichen.

BUNTE PAPRIKA-SAUCE

2 Zwiebeln · 100 g durchwachsener Speck · 2 Eßl. Speiseöl · 2 Teel. Weizenmehl · 250 ml (1/4 l) trockener Rotwein · 1 Eßl. Estragon-Essig · Saft von 2 Orangen · 4 Tomaten · je 1 rote und grüne Paprikaschote · Salz · Pfeffer · Piment

Die Zwiebeln abziehen und würfeln. Speck würfeln. Öl erhitzen, Zwiebeln und Speck darin anbraten. Mehl darüber stäuben braun braten. Rotwein, Essig und Saft angießen. Tomaten mit kochendem Wasser überbrühen, enthäuten, halbieren, entkernen, grob hacken. Paprikaschoten vierteln, entstielen, entkernen, Scheide-

wände entfernen. Schoten waschen, grob würfeln und mit den Tomaten zur Sauce geben. Mit Salz, Pfeffer und zerdrückten Pimentkörnern würzen und noch 15–20 Minuten garen.
Schmeckt zu Rindfleisch, Wild und unpanierten Schnitzeln.
Tip: Soll die Sauce zu Wild gereicht werden, 1 Eßl. Orangenmarmelade unterziehen.

WILD-SAUCE MIT MÖHRCHEN

1 mittelgroße Zwiebel · 3 Möhren · 2 Eßl. Butterschmalz · 2 Eßl. Weizenmehl · 100 ml (1/10 l) brauner Wildfond (S. 132) · 250 ml (1/4 l) Macon oder anderer Rotwein · 50 g Stockschwämmchen · 5 Wacholderbeeren · 2 Eßl. Crème fraîche · Salz · Pfeffer · 1 Eßl. gehackte Petersilie

Die Zwiebel abziehen und würfeln. Möhren schrappen, waschen und in Stücke schneiden, eventuell olivenförmig schnitzen. Butterschmalz erhitzen, Zwiebel darin andünsten, Möhren dazugeben und anbräunen. Mehl darüber stäuben und mittelbraun anschwitzen. Mit Bratenfond, Rotwein und 150 ml Wasser unter Rühren ablöschen und aufkochen. Pilze putzen, waschen mit den zerdrückten Wacholderbeeren hinzufügen und etwa 15 Minuten zugedeckt, anschließend noch 10 Minuten ohne Deckel köcheln lassen.

KRABBEN-SAUCE

150 g frische Krabben in der Schale · 2 Eßl. Butterschmalz · 1 rote Zwiebel · 1 Teel. Weizenmehl · 250 ml (1/4 l) heiße Fleischbrühe · 2 Eßl. Crème fraîche · 1/2 Teel. Tomatenmark · 1 Teel. gehackte Brunnenkresse oder Dill · Salz · weißer Pfeffer

Die Krabben aus der Schale lösen. Butterschmalz zerlassen, Schalen darin 10 Minuten rösten. Das Fett anschließend durch ein Sieb abgießen und auffangen. Zwiebel abziehen und hacken. In der aufgefangenen Krabbenbutter anschmoren. Mehl darüber stäuben, die Brühe angießen. 15–20 Minuten simmern lassen, dann das Krabbenfleisch hineingeben. Crème fraîche mit Tomatenmark verrühren und die Sauce damit abrunden. Brunnenkresse oder Dill einrühren, mit Salz und Pfeffer würzen.
Schmeckt zu gekochtem und gebratenem Fisch.

PILZ-SAHNE-SAUCE

3 Schalotten · 1 Päckchen getrocknete chinesische Pilze · 125 ml (1/8 l) trockener Weißwein · 250 ml (1/4 l) Schlagsahne · 250 g vollreife Tomaten Salz · Pfeffer · Thymian · 1 geh. Teel. Butter · 1 gehäufter Teel. Weizenmehl

Die Schalotten abziehen und ganz fein hacken, mit den Pilzen in Weißwein geben, so lange einkochen, bis nur noch 2 Eßl. Flüssigkeit übrig sind. Sahne angießen. Tomaten mit kochendem Wasser überbrühen, abschrecken, ent-

häuten, halbieren, entkernen und grob hacken. Tomaten in die Sauce geben und mit Salz, Pfeffer und Thymian würzen.
Butter mit Mehl verkneten, zu einer Kugel formen und in die kochende Sauce geben. Unter Rühren auflösen, um die Sauce zu binden. Schmeckt zu hellem Fleisch, zu unpanierten Schnitzeln und Hühnerbrust.

BADISCHE SCHNECKEN-SAUCE

2 Schalotten · 1 Knoblauchzehe · 1 Stange Porree (Lauch) · 1 Stange Staudensellerie · 30 g Schwarzwälder Schinken · 1 Eßl. Butter · 2 Teel. Weizenmehl · 125 ml (1/8 l) heiße Kalbs- oder Hühnerbrühe · 125 ml (1/8 l) trockener badischer Wein (Gutedel) · 100 g Crème fraîche · 12 Weinbergschnecken aus der Dose) · Salz · Pfeffer · Selleriegrün

Die Schalotten und Knoblauchzehe abziehen und fein würfeln. Porree und Bleichsellerie putzen (vom Porree nur den weißen Teil verwenden), waschen und kleinschneiden. Schinken in Streifen schneiden. Butter in der Pfanne zerlassen, die vorbereiteten Zutaten andünsten, ohne sie zu bräunen.
Mehl darüber stäuben und anschwitzen. Brühe, Wein und Crème fraîche zugeben und alles etwa 20 Minuten bei kleiner Hitze einkochen. Weinbergschnecken vierteln und in der Sauce erhitzen. Mit Salz und Pfeffer abschmecken, mit etwas gewaschenem Selleriegrün servieren.

ROHE TOMATEN-SAUCE

1 kg vollreife Tomaten · 2 Eßl. kaltgepreßtes Olivenöl · Salz · Pfeffer · 1 Eßl. Zitronensaft · 1 Eßl. feingehacktes Basilikum

Die Tomaten mit kochendem Wasser überbrühen, abschrecken, enthäuten, halbieren und mit einem Löffel die Kerne herausheben. Das Fruchtfleisch fein hacken, mit Olivenöl, Salz, Pfeffer und Zitronensaft verrühren. Zuletzt Basilikum über die Sauce streuen und vor dem Servieren einige Zeit durchziehen lassen.
Zu Spaghetti und Speckknödeln. Oder in letzter Minute zu Koteletts in die Pfanne geben.

KÜRBIS-SAUCE

2 Eßl. getrocknete Steinpilze · 750 g frische Kürbis · 125 ml (1/8 l) kräftige Rinderbrühe · 2 Teel. Curry · Salz · Pfeffer · 1/2 Teel. gerebelter Oregano

Die Steinpilze in heißem Wasser einweichen. Mit dem Kartoffelausstecher einige Kugeln aus dem Kürbis herauslösen. Das übrige Kürbisfleisch würfeln und in Rinderbrühe mit Curry, Salz und Pfeffer weich kochen.
Im Mixer pürieren oder durch ein Sieb streichen.
Pilze und Kürbiskugeln etwa 10 Minuten bei schwacher Hitze in der Sauce garen. Zuletzt mit Oregano bestreuen.
Paßt zu dunklen Braten, zu Wild und Wildgeflügel.
Tip: Wer die Geschmacksrichtung süß-säuerlich mag, schmeckt die Sauce mit einer kräftigen Prise Zucker und etwas Essig ab.

PORREECREME

2 kleine Stangen Porree (Lauch) · 1 Eßl. Butter · 250 ml (1/4 l) Weißwein · 1 Eigelb · 125 ml (1/8 l) Schlagsahne · Salz · Pfeffer · 1 Teel. gehackte Estragonblättchen

Vom Porree nur das Weiße verwenden:
Porree putzen, gründlich waschen und in feine Ringe schneiden.
Butter zerlassen, Porree darin andünsten, Weißwein angießen und 20 Minuten garen. Im Mixer glatt pürieren und zurück in den Topf geben.
Eigelb mit Sahne verschlagen und die heiße, aber nicht kochende Sauce damit legieren.
Mit Salz, Pfeffer und Estragon würzen. Schmeckt zu Schweinefilet oder Kalbskotelett.

PAPRIKA-PÜREE IN DREI FARBEN

Je 2 grüne, rote und gelbe Paprikaschoten · 1 Zweig frisches Basilikum · 1 Teel. Tomatenmark · 1 Msp. Safran · 100 ml (1/10 l) dicke, gelierende Hühnerbrühe · Salz · Pfeffer

Die Paprikaschoten waschen, der Länge nach teilen und die Innenwände und Kerne entfernen. Paprikahälften unterm Grill oder im 250 Grad (Gas Stufe 5) heißen Backofen etwa 20 Minuten rösten, bis die Haut Blasen wirft (Foto 1). Mit kaltem Wasser abschrecken und die Haut abziehen (Foto 2).
Die Schoten – nach Farben getrennt – im Mixer pürieren. Basilikum waschen, trockentupfen, hacken und unter das grüne Püree geben. Tomatenmark unter das rote Püree rühren. Safran in 1 Eßl. kochendem Wasser auflösen und unter das gelbe Püree geben.
Jeweils gerade soviel Brühe unterrühren, daß das Püree noch dickflüssig bleibt. Mit Salz und Pfeffer würzen.
Jede Sauce als Segment in eine flache Schüssel gießen (die Saucen dürfen sich nicht vermischen (Foto 3).
Nach Wunsch mit einem Löffelstiel vorsichtig ein spiralförmiges Muster ziehen (Foto 4) oder in Streifen einschichten. Sofort servieren. Paprika-Püree schmeckt zu Roastbeef, Kalbsschmorbraten, zu Kalbs- oder Putenschnitzeln.

1

2

3

4

5

RADIESCHEN-PÜREE
(ohne Foto)

2 Bund Radieschen ·
2 Eßl. Crème fraîche ·
2 Eßl. Magerquark · Salz ·
weißer Pfeffer

Die Radieschen putzen und waschen, einige kleine Blättchen aufbewahren. Radieschen vierteln, im Mixer pürieren, in ein feines Sieb geben und etwas abtropfen lassen.
Mit Crème fraîche und Quark verrühren, salzen und pfeffern. Zum Schluß die Radieschenblätter fein hacken und unterziehen.
Eine originelle Beilage zu Wild- oder Rindersteaks.

BASILIKUM-SCHAUMSAUCE

500 g Hühnerklein · 1 Eßl. Butter · 1 Zwiebel · 1 Teel. Pfefferkörner · 250 ml (1/4 l) Weißwein · Salz · 1 Eigelb · Pfeffer · 1 Eßl. gehacktes frisches Basilikum

Das Hühnerklein unter kaltem Wasser abspülen, trockentupfen, Butter zerlassen und das Hühnerklein darin rundum bräunen.
Die Zwiebel abziehen, halbieren und in Streifen schneiden. Mit den Pfeffekörnern zum Hühnerklein geben. 400 ml Wasser dazugießen und zuerst mit Deckel 45 Minuten, dann noch mal 15 Minuten ohne Deckel kochen lassen.
Fond durch ein Sieb gießen, Weißwein zugeben und bei großer Hitze im offenen Topf auf etwa 200 ml (1/5 l) Flüssigkeit einkochen. Salzen, auf Handwärme abkühlen lassen und das Eigelb unterrühren.
Im heißen, aber nicht kochenden Wasserbad (sonst gerinnt das Eigelb) mit dem Schneebesen oder Handrührgerät schaumig aufschlagen. Nochmals mit Salz und Pfeffer abschmecken und das gehackte Basilikum unterrühren. Schmeckt zu gebratenen Geflügelstücken.

BURGUNDER-SAUCE

1 Markknochen · 1 Frühlingszwiebel · 2 kleine Möhren · 50 g Sellerie · 250 ml (1/4 l) kräftiger Rotwein · 1/2 Teel. Fleischextrakt · Salz Pfeffer · 1 Prise Thymian · 75 g kalte Butter

Das Mark aus dem Knochen lösen, würfeln und bei mittlerer Hitze in einer tiefen Pfanne auslassen. Von den Frühlingszwiebeln nur das Weiße putzen, waschen und würfeln. Möhren und Sellerie schrappen (schälen), waschen und in sehr kleine Würfel

schneiden. Markgrieben aus dem Fett heben und wegwerfen. Im Fett das Gemüse mittelbraun schmoren. Burgunder hineingießen und den Fleischextrakt darin auflösen. Bei großer Hitze auf die Hälfte einkochen, kräftig mit Salz, Pfeffer und Thymian würzen.
Die Butter stückchenweise mit dem Schneebesen in den kochenden Fond einrühren und sofort servieren.
Paßt zu Kurzgebratenem aus dunklem Fleisch.
Tip: Sparen Sie nicht am falschen Ende: Je besser der Rotwein ist, desto köstlicher schmeckt die Sauce.

ZITRONEN-EIER-SAUCE

4 Eier · 2 Zitronen (unbehandelt) · 125 ml (1/8 l) kaltgepreßtes Olivenöl · Salz · grob gemahlener schwarzer Pfeffer

Die Eier hart kochen, abschrecken, pellen, Eigelbe herauslösen.
Zitronen auspressen. Eigelbe im Mixer mit dem Saft pürieren.
Langsam das Öl zulaufen lassen und noch mal gründlich mixen.
Etwas Zitronenschale in ganz feine Streifchen schneiden und in die Sauce rühren.
Eiweiß hacken oder zerdrücken und unterrühren. Sauce mit Salz und Pfeffer abschmecken.
Schmeckt zu Roastbeef und Geflügel sowie zu kaltem Rinderschmorbraten.

FRANKFURTER GRÜNE SAUCE

1 dickes Bund gemischte Kräuter (Petersilie, Schnittlauch, Kerbel, Kresse, Pimpinelle, Borretsch, Zitronenmelisse) · 1 kleine Zwiebel · 1 Gewürzgurke · 150 g saure Sahne · 100 g Joghurt · 2 Eßl. Mayonnaise · 1 Eßl. Zitronensaft · 1 Teel. scharfer Senf · Salz · Pfeffer

Die Kräuter waschen, trockentupfen, Stiele entfernen und die Blättchen hacken. Zwiebel abziehen und fein würfeln. Gewürzgurke ebenfalls würfeln. Sahne, Joghurt und Mayonnaise verrühren, Kräuter, Zwiebel und Gurke unterrühren. Mit Zitronensaft, Senf, Salz und Pfeffer würzen und bis zum Servieren kalt stellen.
Zu neuen Kartoffeln mit hartgekochten Eiern oder gekochtem Rindfleisch.
Tip: Sieben Kräuter gehören in die „echte" Frankfurter Sauce. Je nach Jahreszeit können Sie die Zusammenstellung variieren. Notfalls lassen sich auch Petersilie und Schnittlauch, die es das ganze Jahr frisch gibt, mit Kräutern aus der Tiefkühltruhe ergänzen.

ROTE BETE-SAUCE

1 Glas Rote Bete in Scheiben (Einwaage etwa 600 g) · 1 Eßl. Rotweinessig · 1/2 Teel. gemahlener Piment · 1/4 Teel. gemahlene Nelken · Salz · Pfeffer · 1 Eßl. gehackte Petersilie · 2 Eßl. Crème fraîche

Die Rote Bete abtropfen lassen und im Mixer pürieren. Mit Essig,

Piment, Nelken, Salz und Pfeffer abschmecken. Mit Petersilie bestreuen und kurz vor dem Servieren nach Belieben die Sahne spiralförmig einrühren, aber nicht untermengen.
Paßt zu kaltem Braten von Rind, Schwein oder Pute.

GRÜNE PFEFFER-REMOULADE

2 Eigelbe · 2 Eßl. Zitronensaft · 1/2 Teel. Senf · Salz · Streuwürze · 125 ml (1/8 l) Speiseöl · 3 Pfeffer-Cornichons · 1 Frühlingszwiebel · 1 Eßl. gehackte Petersilie · 2 Teel. eingelegter grüner Pfeffer

Die Eigelbe mit Zitronensaft, Senf, Salz und Streuwürze im Mixer aufschlagen. Langsam das zimmerwarme Öl zulaufen lassen. Cornichons in kleine Würfel schneiden. Frühlingszwiebeln, putzen, waschen und fein würfeln. Mit Petersilie und dem Pfeffer unter die Mayonnaise rühren, bis zum Servieren kalt stellen.
Zu kalten Platten, Bratenaufschnitt und kaltem Geflügel servieren.
Tip: Nur wenn Eigelb und Öl Zimmertemperatur haben, können sie sich verbinden. Achten Sie beim Speiseöl auf eine gute, geschmacksneutrale Qualität.

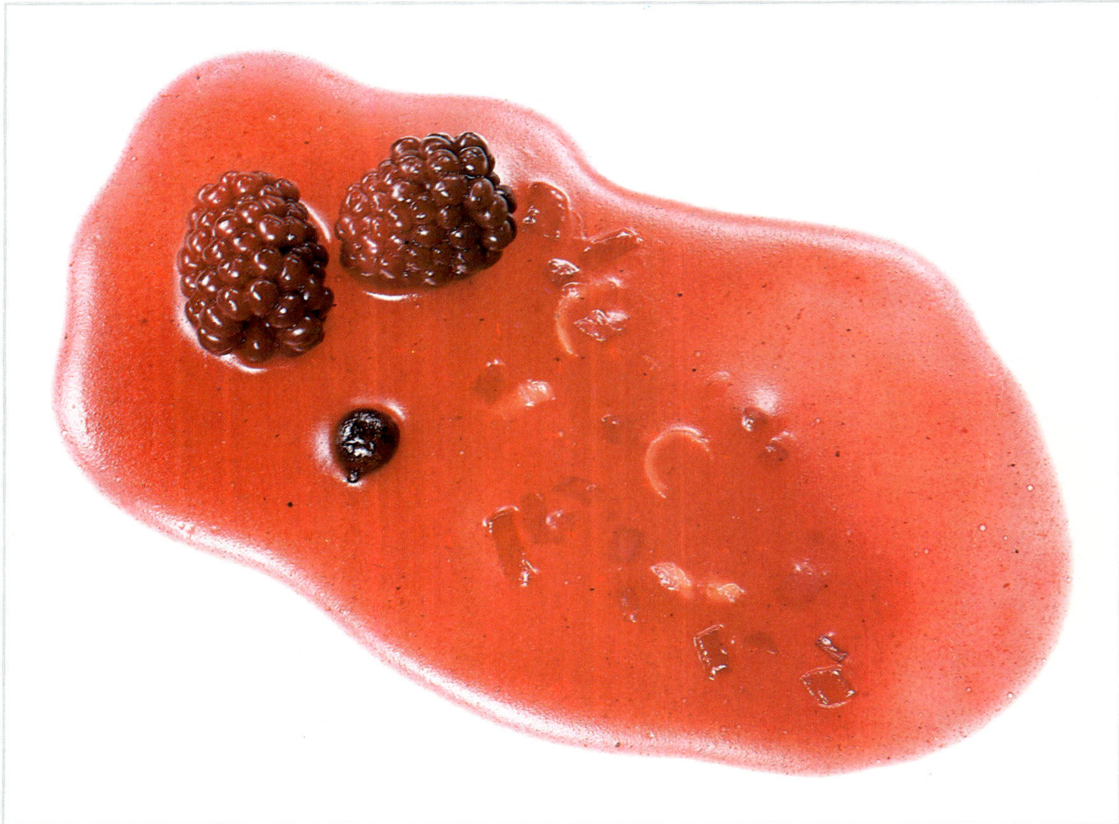

BROMBEER-SAUCE

1 Zwiebel · 1 Eßl. Butter ·
3 Eßl. Brombeer-Gelee ·
250 ml (1/4 l) kräftiger Rotwein ·
1 Msp. gemahlener Piment · Salz
Pfeffer · evtl. einige frische
Brombeeren

Die Zwiebel abziehen, hacken und in heißer Butter bräunen. Brombeer-Gelee hineingeben und darin zerlaufen lassen. Mit Rotwein aufgießen und mit den Gewürzen abschmecken. Nach Belieben vor dem Servieren einige frische Brombeeren unterheben.
Schmeckt zu Kurzgebratenem und Wild-Steaks.

STACHELBEER-SAUCE

1 Zwiebel · 2 Eßl. Butter ·
1 Eßl. Weißweinessig · 5 Eßl.
Stachelbeer-Konfitüre · 100 ml
(1/10 l) trockener Sherry ·
1 geh. Teel. Speisestärke ·
1 Teel. Worcestersauce · Salz ·
evtl. einige frische Stachelbeeren

Die Zwiebel abziehen und fein würfeln. Butter zerlassen und Zwiebelwürfel darin hellbraun andünsten. Essig zugießen, die Konfitüre einrühren, Sherry dazugießen und einmal aufkochen lassen.
Speisestärke mit etwas kaltem Wasser anrühren und die Sauce damit binden.
Mit Worcestersauce, Salz und Pfeffer abschmecken.
Nach Wunsch zuletzt noch einige frische Stachelbeeren in der Sauce garziehen lassen.
Zu Kurzgebratenem und Frikadellen.

CURRYSAUCE MIT BOHNEN

250 g grüne Bohnen · 1 Zwiebel · 1 Eßl. Butterschmalz · 1–2 Teel. Curry · 300 ml Hühner- oder Fleischbrühe · 1 sehr reife Banane · 1 rote Peperoni · Salz · Pfeffer

Die Bohnen waschen, Fäden abziehen, Bohnen sehr schräg in Streifen schneiden. Zwiebel abziehen und fein würfeln. Butterschmalz erhitzen, die Bohnen hineingeben. Curry darüber stäuben, die Brühe hineingießen und zugedeckt 10 Minuten garen. Die Banane schälen und mit einer Gabel glatt zerdrücken. Die Sauce damit binden.
Peperoni waschen, halbieren, entkernen, in Streifen schneiden, in die Sauce geben und mit Salz und Pfeffer abschmecken.
Die Sauce kann pikant bis scharf abgeschmeckt werden und paßt zu Geflügel, hellem Fleisch oder Leber.

PEPERONI-SAUCE

400 g vollreife Tomaten · 125 ml (1/8 l) Fleischbrühe · 1 grüne Pfefferschote · 2 Eßl. eingelgte rote Paprikastreifen · Salz · Pfeffer

Die Tomaten mit kochendem Wasser überbrühen, abschrecken, enthäuten, entkernen, grob hacken. Den Bratensatz von dem Kurzgebratenen, zu dem die Sauce serviert werden soll, mit Fleischbrühe loskochen, Tomaten dazugeben und darin ziehen lassen. Pfefferschote waschen, halbieren, entkernen, in Streifen schneiden, zu den Tomaten geben und 10 Minuten mitgaren. Zum Schluß die Paprikastreifen in die Sauce geben, salzen und pfeffern. Paßt zu Steaks und anderen Kurzbratstücken.

CUMBERLAND-SAUCE

250 g rote Johannisbeeren · 6 Eßl. Gelierzucker · 1 Zitrone (unbehandelt) · 1 Orange (unbehandelt) · 1 Zwiebel · 1 Teel. Butter · 1 Teel. Senfkörner · 3 Pfefferkörner · 1 Msp. gemahlener Ingwer · 1 Eßl. Worcestersauce · Salz · Cayennepfeffer

Die Johannisbeeren waschen, von den Rispen streifen, leicht zerdrücken und mit Gelierzucker bestreuen. Zitrone und Orange heiß waschen, jeweils ein 5 cm langes Stück Schale ganz dünn abschneiden und in sehr feine Streifen schneiden. Früchte auspressen.

Die Zwiebel abziehen und würfeln. Butter zerlassen und die Zwiebel darin anbraten. Zitrussaft zugießen und die Beeren einrühren. Senf- und Pfefferkörner im Mörser zerstoßen und in die Sauce geben.

Mit den übrigen Gewürzen pikant abschmecken und etwa 5 Minuten kochen, dann erkalten lassen. Schmeckt zu englisch gebratenem Roastbeef oder zu Steaks.

Tip: Wenn die Sauce zu dick wird, kann man etwas Wasser zugeben.

SCHWEDISCHE ROSINEN-SAUCE

150 g Rosinen · 2 cl Aquavit oder Cognac · 2 Eßl. Zitronensaft · 100 ml (1/10 l) Portwein · 100 ml (1/10 l) Bratfond · 2 Eßl. brauner Zucker · 4 Eßl. Johannisbeergelee · 1 Teel. Worcestersauce · Salz · Pfeffer · Piment · gemahlener Zimt

Die Rosinen verlesen, in Aquavit und Zitronensaft geben, mit Wasser aufgefüllt bis die Rosinen bedeckt sind, 1–2 Stunden darin einweichen. Flüssigkeit durch ein Sieb gießen und mit Portwein, Bratfond (evtl. aus der Tube, mit Wasser verdünnt) und Zucker aufkochen.
Das Johannisbeergelee einrühren, mit Worcestersauce, Salz, Pfeffer, gestoßenem Piment und etwas gemahlenem Zimt abschmecken. Zuletzt die Rosinen zugeben und nochmals aufkochen.
Zu Schweinebraten oder Schinken reichen.

ITALIENISCHER PESTO

2 Bund frisches Basilikum · 1 Bund glatte Petersilie · 2–3 Knoblauchzehen · 1 Teel. Salz · 2 Eßl. Pinienkerne · 4 Eßl. Olivenöl · 50 g frisch geriebener Pecorino oder Parmesan-Käse · weißer Pfeffer

Die Kräuter abspülen, trockentupfen und grob hacken. Knoblauchzehen abziehen und mit Salz zerdrücken. Pinienkerne in 1 Eßl. heißem Öl bräunen und mit dem restlichen Öl, Käse, Pfeffer, Kräutern und Knoblauch im Mixer glatt und cremig pürieren. Möglichst einen Tag im Kühlschrank durchziehen lassen.
Pesto ist die klassische Sauce zu Spaghetti: mit Olivenöl und einer Schöpfkelle voll Spaghetti-Kochwasser verdünnen und über die Nudeln geben. Sie schmeckt aber auch sehr gut zu gekochtem Rindlfleisch.
Tip: Pinienkerne sind recht teuer.
Preiswerter sind Mandeln oder Pecannüsse, die leicht geröstet sehr gut schmecken.

CHINESISCHE SAUCE

100 ml (1/10 l) Sojasauce · 100 ml (1/10 l) trockener Weißwein (Riesling oder Silvaner) · 2 Eßl. Essig · 2–3 Knoblauchzehen · 1 Msp. gemahlener Ingwer · 1 Eßl. Zucker · 2 Sternanis · 1/2 Zimtstange · 5 Nelken · 1 Eßl. Speisestärke · 2 Eßl. Tomatenketchup · Salz · Pfeffer

Sojasauce, Wein und Essig mit 250 ml (1/4 l) Wasser erhitzen. Knoblauch abziehen, hacken und in die Sauce geben. Mit Ingwer, Zucker, Sternanis, Zimt und Nelken würzen und etwa 30 Minuten köcheln lassen. Sauce durch ein Sieb gießen.
Speisestärke mit etwas kaltem Wasser anrühren, die Sauce damit binden.
Tomatenketchup einrühren. Einmal aufkochen lassen und mit Salz und Pfeffer abschmecken. Schmeckt zu Fischfilet, Schweinefleisch und Geflügel.

TÜRKISCHE JOGHURT-SAUCE

4 Knoblauchzehen · 2 Teel. Salz · 1 Eßl. gehackte glatte Petersilie · 600 g Joghurt · 2 Eßl. Sesamsamen

Die Knoblauchzehen abziehen und mit Salz in einem Mörser zu einer glatten Paste verreiben. Paste mit der Petersilie unter den Joghurt rühren.
Sesamsamen in einer Pfanne ohne Fett goldbraun rösten und über die Joghurt-Sauce streuen.
Zu Hackfleischbällchen oder -spießchen servieren.

SPANISCHE OLIVEN-SAUCE
(ohne Foto)

5 Grillzwiebeln oder Schalotten · 1 Eßl. Olivenöl · 30 g Frühstücksspeck · 1 grünes Porreeblatt · 1 Teel. Weizenmehl 100 ml (1/10 l) Bratenfond von Wild, Kaninchen oder Geflügel · 100 ml (1/10 l) trockener Sherry · 1/2 Teel. Thymian · 1 Lorbeerblatt · je 5 grüne und schwarze Oliven · Salz · Pfeffer

Die Zwiebeln abziehen und im ganzen in heißem Öl von allen Seiten anbräunen. Frühstücksspeck in Streifen schneiden und dazugeben. Das Porreeblatt waschen, in feine Streifen schneiden und kurz mitdünsten. Mehl darüber stäuben und hellbraun anschwitzen. Bratenfond, Sherry und 125 ml (1/8 l) Wasser zugießen. Mit Thymian und zerkleinertem Lorbeerblatt würzen und 20 Minuten bei schwacher Hitze kochen lassen.
Oliven vierteln, entsteinen, mit Salz und Pfeffer abschmecken. Zu Wild, Kaninchen oder Geflügel reichen.

TOMATENCREME

2 Eßl. Tomatenmark · 150 g Crème fraîche · 1 kleine Zwiebel · 1 Knoblauchzehe · 1 Eßl. Zitronensaft · Salz · Pfeffer · Cayennepfeffer · 1 Eßl. eingelegte rote Paprikastreifen nach Belieben

Tomatenmark mit Crème fraîche verrühren. Zwiebel und Knoblauch abziehen, Zwiebel ganz fein hacken, Knoblauch zerdrücken. Beides mit Zitronensaft unter die Creme rühren.
Mit Salz, Pfeffer und Cayennepfeffer würzen. Nach Belieben die Paprikastreifen würfeln und unter die Sauce rühren. Paßt zu Fleisch-Fondue und kaltem Braten.

GORGONZOLA-CREME

100 g Gorgonzola-Käse · 150 g saure Sahne · Salz · weißer Pfeffer · 2 Eßl. Pistazienkerne

Den Gorgonzola mit der Gabel zerdrücken, nach und nach mit der sauren Sahne verrühren. Sehr vorsichtig salzen und pfeffern. Zum Servieren mit grob gehackten Pistazien bestreuen.
Zu Staudensellerie, Karottenstreifen und Crackers servieren.

QUARK-DIP MIT SONNENBLUMEN-KERNEN
(ohne Foto)

500 g Magerquark · 125 ml (1/8 l) Milch · 1 mittelgroße Zwiebel · 1 Knoblauchzehe · Salz · Pfeffer · 1 Eßl. Speiseöl · 3 Eßl. abgezogene Sonnenblumenkerne.

Quark mit Milch glatt verrühren. Zwiebel und Knoblauch abziehen, sehr fein hacken, unter den Quark rühren und kräftig mit Salz und Pfeffer abschmecken. Öl in der Pfanne erhitzen und die Sonnenblumenkerne darin mittelbraun rösten. Unter den Quark mengen.

Der Dip schmeckt zu streifig geschnittener Rohkost oder zu Pellkartoffeln.

TRAUBEN-MEERRETTICH-SAUCE

125 g Weintrauben · 1/4 Stange Meerrettich (mind. 100 g) · 1 Eßl. Zitronensaft · 125 ml (1/8 l) Schlagsahne · Salz · Pfeffer · Cayennepfeffer

Die Weintrauben waschen, halbieren und die Kerne entfernen. Den Meerrettich schälen und fein reiben oder pürieren. Sofort mit Zitronensaft verrühren, damit er sich nicht braun färbt. Sahne steif schlagen, Meerrettich unterrühren und mit Salz, Pfeffer und Cayennepfeffer abschmecken.
Zum Schluß die Trauben unter die Sahne heben und sofort servieren.
Die originelle Sauce paßt sowohl zu Räucherlachs, als auch zu gekochtem Rindfleisch oder Fleisch-Fondue.

MANGO-SAUCE

1 reife Mango · 2 Eßl. Zitronensaft · 1/2 Teel. Chilipulver · 2 Eßl. gehackte Pistazienkerne · 100 g Crème fraîche · Salz · Pfeffer

Die Mango schälen, das Fruchtfleisch vom Kern lösen und mit Zitronensaft im Mixer pürieren. Mit Chilipulver und Pistazien verrühren und unter die Crème fraîche heben. Mit Salz und Pfeffer abschmecken.
Schmeckt zu Fleisch-Fondue und kaltem Braten.

TRAUBEN-CHUTNEY

1 kg Weintrauben (weiß, blau oder gemischt) · 125 ml (1/8 l) Weißweinessig · 500 ml (1/2 l) trockener Weißwein · 500 g brauner Zucker · 100 g frischer Ingwer · 3 Nelken · 1 Stück Zimtstange · 5 Pimentkörner

Die Trauben waschen und jede Beere mehrmals mit einer Nadel einstechen, damit sie später beim Garen nicht platzen.
Essig, Wein und Zucker aufkochen. Ingwer schälen in Streifen schneiden. Mit den Gewürzen etwa 15 Minuten in dem Sirup kochen lassen. Die Trauben hineingeben, etwa 10 Minuten darin ziehen – nicht kochen – lassen und anschließend mit einem Schaumlöffel herausheben. Sirup noch einmal einige Minuten sprudelnd einkochen.
Die Trauben in Gläser füllen und mit heißem Sirup übergießen.
Das Chutney ist fest verschlossen mehrere Monate haltbar.
Paßt als pikante Beilage zu dunklen Schmorgerichten oder zu Wild.

PEPERONATA
(ohne Foto)

Je 2 rote, grüne und gelbe Paprikaschoten · 1 Zwiebel · 2 Knoblauchzehen · 3 Eßl. Olivenöl · 100 ml (1/10 l) Rotwein · 1 Eßl. Tomatenmark · 3 Eßl. Zitronensaft · 1 Teel. italienische Kräuter · Salz · Pfeffer

Die Paprikaschoten unterm Grill oder im 250 Grad (Gas Stufe 5) heißen Backofen etwa 30 Minuten rösten, bis die Haut Blasen wirft, hin und wieder umdrehen. Kalt abspülen und die Haut abziehen. Schoten der Länge nach teilen. Stielansätze und Kerne entfernen. Die Schoten längs in breite Streifen schneiden.
Zwiebel und Knoblauch abziehen und hacken. Olivenöl erhitzen, Zwiebel und Knoblauch darin anbraten. Rotwein, Tomatenmark und Zitronensaft unterrühren. Paprikastreifen hinzufügen und alles mit Kräutern, Salz und Pfeffer würzen. Etwa 10 Minuten bei kleiner Hitze ziehen lassen.
Paßt statt Sauce zu kleinen Kalbs- oder Putenschnitzeln. Sie können Peperonata warm oder kalt servieren.

CHAMPIGNONS „ROTGOLD“

2 rote Zwiebeln · 3 Knoblauchzehen · 1 rote Pfefferschote · 500 ml (1/2 l) Badisch Rotgold oder Spätburgunder Weißherbst · 150 ml Rotweinessig · 2 Lorbeerblätter · 1 Eßl. schwarze Pfefferkörner · 1 Thymianzweig · 2 Teel. Salz · 500 g kleine braune Champignons (Egerlinge)

Zwiebeln und Knoblauch abziehen, Zwiebeln in Ringe schneiden. Pfefferschote waschen, der Länge nach halbieren, die Kerne entfernen, die Schote in feine Ringe schneiden. Wein mit Essig, Zwiebeln, Knoblauch und Gewürzen aufkochen.
Die Champignons putzen, waschen und halbieren, in den Sud geben. 10 Minuten sprudelnd kochen lassen. In Gläser füllen und mit Folie verschließen. Mindestens einige Tage durchziehen lassen.
Die Champignons passen als pikante Beilage zu Kurzgebratenem, sie eignen sich aber auch zum Verzieren kalter Platten, für Salate und als kalorienarme Vorspeise.
Tip: Der Essig sollte möglichst 7% Säure haben, um die Pilze haltbar zu machen.
Statt der Egerlinge können Sie auch weiße Zuchtchampignons verwenden.

APFEL-SALBEI-CHUTNEY

1 kg säuerliche Äpfel · 1 Zweig frischer Salbei · 1 Eßl. Olivenöl · 250 g Rohrzucker · 3 Eßl. Rosinen · 150 g Haselnüsse · 250 ml (1/4 l) Weißweinessig · 250 ml (1/4 l) Weißwein · 1 rote Pfefferschote 1 Teel. Piment · Salz

Die Äpfel schälen, das Kerngehäuse entfernen. Fruchtfleisch würfeln. Salbeiblätter abzupfen, abspülen, trockentupfen, in heißem Öl anbraten und herausheben. Im gleichen Öl Zucker karamelisieren lassen, Apfelwürfel und Rosinen zugeben. Haselnüsse grob hacken und ebenfalls andünsten.
Essig und Wein zugießen.
Pfefferschote waschen, die Kerne entfernen, Schote in Ringe schneiden. Piment im Mörser zerdrücken. Beides in die Sauce geben, salzen.
So lange sprudelnd kochen, bis die Äpfel gerade zerfallen.
Abkühlen lassen, in Gläser füllen und verschließen.
Die Beilage paßt zu Lammbraten, Steaks und Wild.

MARACUJA-SAUCE

2 Saftorangen · 2 Eßl. Zucker ·
2 Maracujas (Passionsfrüchte)

Die Orangen auspressen. In einer Pfanne bei mäßiger Hitze den Zucker mit 1 Eßl. Saft nußbraun karamelisieren lassen. Restlichen Orangensaft zugießen und den Karamel aufkochen.
Maracujas quer halbieren, die Kerne und das Fruchtfleisch herauslöffeln und in der Sauce heiß werden lassen.
Die exotische Sauce paßt zu Crêpes oder zu Eis.

PFLAUMEN-SAUCE

250 g entsteinte Trockenpflaumen · 1/2 Zimtstange ·
3 Nelken · 2 Sternanis ·
2 Eßl. brauner Zucker ·
500 ml (1/2 l) kräftiger Rotwein · 2 Teel. Speisestärke

Die Pflaumen mit Zimtstange, Nelken, Sternanis und Zucker im Rotwein etwa 15 Minuten dünsten.
Speisestärke mit wenig kaltem Wasser anrühren und die Sauce damit binden.
Schmeckt zu Vanillepudding, Grießbrei oder Milchreis.
Tip: Für Kinder – aber natürlich auch für Erwachsene – kann der Rotwein durch roten Traubensaft ersetzt werden.

SCHOKOLADEN-SAUCE

125 ml (1/8 l) heller Traubensaft · 125 ml (1/8 l) Schlagsahne · 1 Eßl. Speisestärke · 2 Eßl. Zucker · 50 g Zartbitter Schokolade

Den Traubensaft mit Sahne aufkochen. Speisestärke mit wenig kaltem Wasser anrühren und die Sauce damit binden. Zucker unterrühren.
Schokolade reiben und unter Rühren in der heißen Sauce schmelzen lassen. Heiß über gedünstetes Obst oder Vanillepudding geben.

ANIS-SAHNE
(ohne Foto)

150 g Crème fraîche · 2 Teel. Honig · 2 cl Anis-Likör

Gut gekühlte Crème fraîche mit Honig und Anis-Likör glatt verrühren. Anschließend mit dem Schneebesen halbsteif aufschlagen.
Schmeckt zu Schokoladen-Pudding und süßen Aufläufen.

WEINSCHAUM-SAUCE
(ohne Foto)

1 Ei · 3 Eßl. Zucker · 250 ml (1/4 l) milder Weißwein · 2 cl Maraschino

Ei mit Zucker und Wein verrühren und im heißen – aber nicht kochenden – Wasserbad mit einem Schneebesen dickschaumig aufschlagen.
Mit Maraschino aromatisieren.
Die warme Sauce ergänzt Obstsalat, Arme Ritter oder Waffeln.

Wenn Tagesfrische für Gemüse und Fleisch heutzutage eine Hauptforderung an gutes Essen ist, so gilt das ganz besonders für Fisch und Schalentiere. Bei aller Anerkennung vorzüglicher Kühlsysteme, die es erlauben, Fisch auch fernab der Küsten und Flüße noch wohlerhalten zu verkaufen – nichts geht über den morgens gefangenen Fisch, der mittags in Topf oder Pfanne gart. Dann hat er – genau wie die Schalentiere – noch seinen unverwechselbaren Geschmack. Schade, daß diese Maßstäbe nicht überall im Land anzulegen sind. Darum gilt vor allem: Frischen Fisch immer am Einkaufstag zubereiten. Niemals über Nacht aufbewahren, weil er durch seinen hohen Eiweißgehalt zu leicht verdirbt. Das gilt auch für die im Sud gegarte Forelle, die wir auf dem Foto mit Krabbenfleisch angerichtet haben. Was Sie außerdem über Fische und Schalentiere wissen müssen, sagen wir auf den nächsten Seiten. Und: Freuen Sie sich auf ausgesucht interessante Rezepte.

RATGEBER FISCHE UND SCHALENTIERE

1

3

1) Mit Heilbutt, Scholle und Seezunge (Foto 1 von oben nach unten) zeigen wir die am Markt wichtigsten Plattfische, von denen der Heilbutt der unbestritten größte ist. Unter 50 cm lange Tiere dürfen nicht gefangen werden. Erreichtbare Länge: 135 cm. Die viel angebotenen geräucherten Filets stammen zumeist vom kleineren Schwarzen Heilbutt. Schollen gibt's lebend und geschlachtet zu kaufen, im Durchschnitt zwischen 25 und 40 cm lang, die feine, teure Seezunge 30–40 cm lang.

2) Das Salzwasser der Sargasso-See im Atlantischen Ozean ist zwar die Wiege des Flußaales (Foto 2), aber von dort durchquert er das weite Meer bis an die Küsten, wächst und gedeiht im Brakwasser oder wandert die Flüsse hinauf. Aale gibt's frisch und geräuchert. Makrelen und Heringe sind dagegen ausschließlich Salzwasserfische. Es gibt sie frisch und geräuchert. Den Hering (auf dem Foto 2) auch gesalzen. Vor der Geschlechtsreife gesalzen, wird Matjes daraus.

3) Den Schellfisch – Foto 3 – kann man zwar an seiner schwarzen Seitenlinie, vor allem aber am schwarzen Fleck über der Brustflosse erkennen. Schellfisch läßt man zumeist im Sud gar ziehen. Darunter zeigen wir Filets von Seelachs, Kabeljau und Rotbarsch. Seelachs gibt's frisch, häufig tiefgefroren und als Seelachs in Öl (Lachsersatz). Der Kabeljau, ein beliebter Tiefkühlfisch, ist frisch zum Braten und Dünsten geeignet, genau wie der in Deutschland beliebte Rotbarsch.

4) Lachs, Karpfen, Lachsforelle (auf dem Foto 4). Der Lachs wird gemeinsam mit den Süßwasserfischen genannt, weil er zur Laichzeit aus dem Meer in die Flüsse und Bäche aufsteigt. Die Wanderfische sind frisch, geräuchert und gebeizt gleich köstlich. Der Karpfen, ob Spiegel- oder Lederkarpfen, ist ausschließlich ein Süßwasserfisch, fettreich und von zartem Fleisch. Forellen gibt es aus Zuchtbetrieben und klaren Bächen, Lachsforellen zumeist aus tiefen Seen. Gebraten, gekocht, gebeizt ein Genuß.

2

4

1

3

1) Kapitale Burschen sind der Hummer und die Languste (Foto 1 links und rechts) im Vergleich zu den kleinen Flußkrebsen. In der Form sind sich Hummer und Krebse ähnlich. Beide haben Scheren, nicht aber die Languste, die an ihren langen Antennen erkennbar ist. Hummer und Langusten leben in aller Herren Meere. Gekocht und vielseitig zubereitet ist ihr Fleisch ein Hochgenuß. Flußkrebse leben – ihr Name sagt es – in Flüssen. Pro Person rechnet man 12 Krebse à 60 g.

2) Zu den Schalentieren gehört die hübsche große Jakobsmuschel mit ihrem hellen Fleisch (Nüßchen) und dem zartroten Rogen (Corail). Auf dem Foto 2 zeigen wir daneben die Miesmuschel, deren blauglänzende schwarze Schale leckeres Fleisch umschließt. Sie lebt frei und in Muschelgärten an Meeresküsten. Die kleine Herzmuschel liefert zwar nicht viel, aber schmackhaftes Fleisch. Sie wird 5 cm groß. Ihre Heimat: Nord- und Ostseeküste, Nordatlantik und das Schwarzes Meer.

3) Zu den Krebstieren zählt auch der Scampo (Foto 3), dessen Mehrzahl die Scampi sind. Sein deutscher Name: Kaisergranat. Er gehört – seine Scheren beweisen es – zur Hummerfamilie. Links daneben zwei Tiefseegarnelen, die es meist nur tiefgefroren gibt. Ihr Lebensraum: Die Meere um Grönland und Spitzbergen. Davor drei Riesengarnelen-Schwänze und Nordseekrabbenfleisch. Wußten Sie denn, daß die Krabbe keine Krabbe, sondern eine Sandgarnele ist? Aber man nennt sie halt Krabbe.

4) Wie Urgestein sehen Austern aus. Aber was darin steckt, hat schon Generationen von Feinschmeckern begeistert. Wir zeigen im Foto 4 die große französische Belon, die holländische Imperial (daneben), beide flache europäische Austern, von denen es verschiedene Arten gibt. Sie alle tragen einen Herkunftsnamen. Die Portugiesische Auster – links – ist kleiner und gewölbter. Dieses ist eine der berühmten Fines de Claires, in Frankreich gezüchtet und von Kennern sehr geschätzt.

2

4

1

2

Am Beispiel einer Dorade, dem beliebten Fisch aus Mittelmeer oder Atlantik, zeigen wir auf den Fotos 1 und 2, wie man Fische für Topf und Pfanne vorbereitet. Da sie gewöhnlich küchenfertig, also ausgenommen geliefert werden, braucht man nur aus der Bauchhöhle die dunklen Häutchen zu entfernen (Foto 1). Die Rücken- und Schwanzflossen werden mit der Küchenschere bis auf 1 cm abgeschnitten. Falls nötig, muß der Fisch geschuppt werden. Man kratzt mit dem Messerrücken vom Schwanz zum Kopfende hin die Schuppen ab (Foto 3). Dann den Fisch rasch innen und außen abspülen und weiter verarbeiten. Falls der Fisch aber noch nicht ausgenommen ist, schneidet man ihn auf der Bauchseite mit einem scharfen Messer auf, hebt mit den Händen die Eingeweide heraus und achtet darauf, daß die Gallenblase intakt bleibt. Läuft Galle aus, dann wird der Fisch ungenießbar. Zum Blaukochen Kopf und

3

Schwanz dran lassen. Auf den Fotos 4 und 5 wird eine Scholle filetiert. Man schneidet mit einem spitzen, scharfen Messer an der Hauptgräte entlang vom Schwanz zum Kopf hin, löst das Filet vorsichtig mit dem Messer von den Gräten und verfährt so auch mit den anderen Filets. Nun wird ein Stück Haut vom Fleisch gelöst. Dieses mit den Fingern fassen und das Filet mit dem Messer von der Haut schneiden.

4

5

Fertig vorbereiteter Fisch, den man im Sud aus Wasser, einem kräftigen Schuß Essig, Salz, Senfkörnern und Lorbeerblatt gar ziehen lassen möchte, braucht man vorher nicht zu salzen. Aber es kann nicht schaden, wenn er leicht mit Zitronensaft oder Essig beträufelt wird. Das macht jedes Fischfleisch fester und hält es beim Garen saftiger. Bitte daran denken: Fisch niemals in sprudelnd kochendem Wasser garen. Er zerfällt, wird zäh und laugt aus. Leicht simmernde Flüssigkeit ist genau richtig. Nur so wird „Kochfisch" schön saftig.
Ganze Fische und Fischfilets, die gebraten werden sollen, rasch waschen (nie wässern!), mit Küchenkrepp trockentupfen, mit Zitronensaft oder Essig gesäuert 10 Minuten ziehen lassen. Dann nochmal abtupfen, salzen und bei mäßiger Hitze im heißen Fett braten. Fisch nicht gesalzen stehen lassen. Salz entzieht ihm wertvolle Flüssigkeit und damit auch Mineralstoffe. Erfolg: Der Fisch wird beim Braten trocken. Gar sind ganze Fische im Sud, wenn die Augen weiß sind und man die Rückenflosse leicht herauszupfen kann. Gebratener, gedünsteter oder gegrillter Fisch ist gar, wenn man das Fleisch leicht von den Gräten lösen kann.
Pro Person sollten Sie 250–300 g ganzen Fisch oder Fischkoteletts rechnen. An Fischfilet reichen 200 g. Gibt es Forellen, so muß man einen Fisch pro Person rechnen. Die Garzeiten liegen im Durchschnitt zwischen 10 und 15 Minuten für Filet und 20 bis 30 Minuten für Brat- und Kochfisch im Ganzen. Wer häufig Tiefkühlfisch verwendet, sollte sich auch noch ein paar Tips merken. Zu allererst immer die Gebrauchsanweisung auf der Packung beachten. Richten Sie sich danach. Sie ist von Fachleuten erprobt. Grundsätzlich gilt: Fisch im Gefriergerät bei mindestens –18 Grad C lagern. Nie vor Gebrauch auftauen, sonst zerfällt der Fisch und wird trocken, egal, welche Garmethode Sie bevorzugen. Tiefkühlfisch wird vorm Zubereiten wie Frischfisch gesäuert und gesalzen.

1

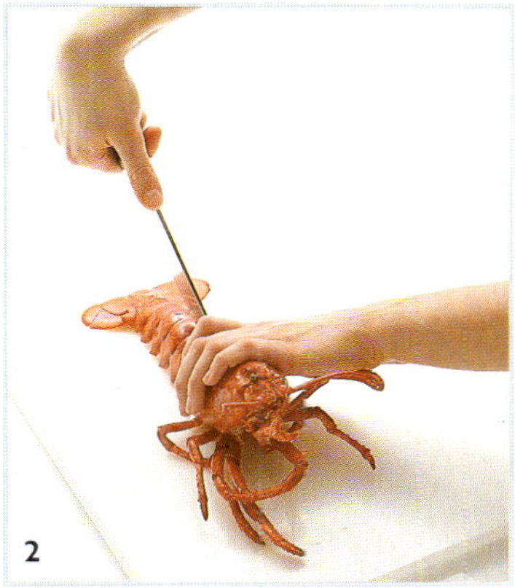
2

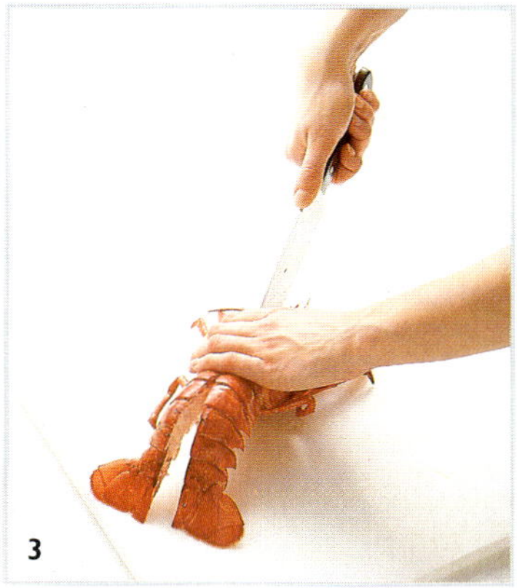
3

4

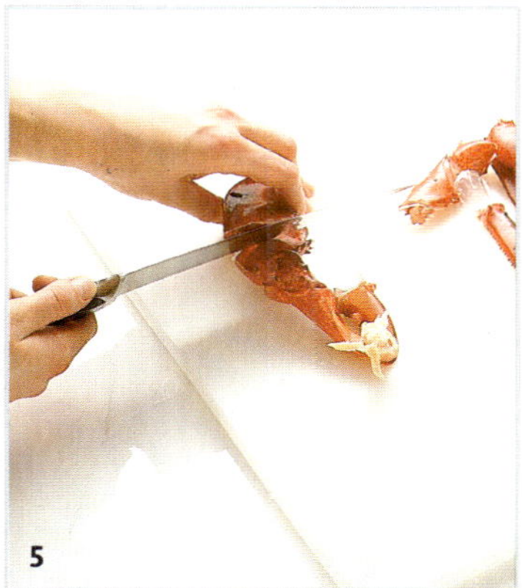
5

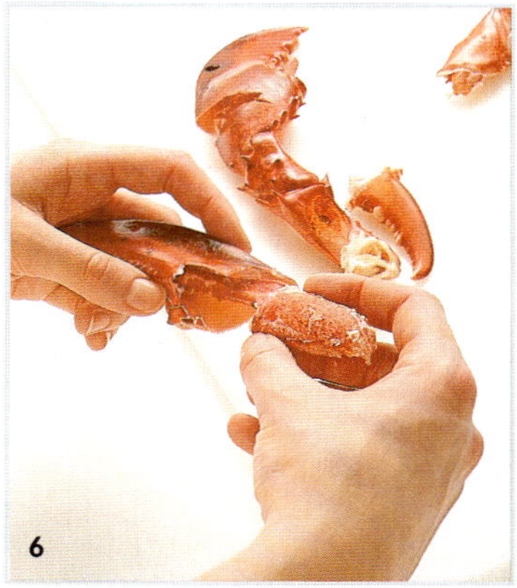
6

Gekochten Hummer zerlegen: Man drückt ihn fest mit der Linken aufs Schneidbrett und trennt mit der Rechten drehend die beiden Scheren ab (Foto 1). Zum Aufschneiden (Foto 2) braucht man ein sehr starkes und scharfes Messer. Zuerst mit der Messerspitze in die Naht zwischen Kopf und Rumpf einstechen, dann zum Schwanzende hin glatt teilen. Um den Kopf auf die gleiche Weise zu trennen, dreht man den Hummer um, setzt wieder an der Naht an und schneidet den Kopf in zwei Teile (Foto 3). Aus den Hälften nun die grünliche Leber (ohne Foto) herausheben. Mit Butter zu Hummerbutter mischen. Dann die eßbaren Fleischteile möglichst unversehrt aus der Karkasse heben. Dabei muß der dunkle Darm entfernt werden, der beim sauber geteilten Hummer freiliegt. Locker herausziehen, damit er nicht reißt. Geschieht das doch, dann kann man Reste mit der Pinzette entfernen. Nun hat aber jeder Hummer auch Beine, die zudem noch zartes Fleisch enthalten. Um daran zu kommen, schlägt man die Schale leicht mit dem Messer auf und entnimmt das Fleisch mit der zweizinkigen Hummergabel. Um an das Fleisch in den Scheren zu kommen, muß man den einen oder anderen Trick anwenden, denn der Scherenpanzer ist von besonderer Härte. Wer häufig Hummer ißt, hat dazu gewiß eine Hummerschere, mit der man die Scheren aufknackt. Aber ein stabiles Messer hilft auch, an das Fleisch heranzukommen. Um das feine Fleisch relativ unversehrt aus der Schere herauszuholen, nimmt man zuerst die Schere in die Hand, gebogene Seite nach innen, hält sie kräftig fest und biegt die kleine Scherenzange mit starkem Zug nach unten ab (Foto 4). Auch das untere Glied an der Schere muß man ablösen (ohne Foto). Es enthält noch einen größeren Happen Fleisch. Ausgelöst ist es schnell denn man muß nur das Gelenk auseinanderziehen und hat das Fleisch damit schon freigelegt.
Nun bleibt noch das große Scherenstück mit dem dicken Panzer. Dem rückt man mit einem kräftigen Schlag mit dem starken Messerrükken zu Leibe (Foto 5). Dazu muß das Scherenstück hochkant gestellt und auf das dickere Ende geschlagen werden. Es entsteht ein Sprung, der den Panzer sozusagen teilt. Und wenn das geglückt ist, kann man das köstliche Scherenfleisch mit leichter Hand locker herausziehen (Foto 6) und nun den Hummer vollauf genießen. Und hier noch ein Rezept für Fischsud (Court Bouillon), in dem man Krusten- und Schalentiere kochen kann: 2 l Wasser und 2 Eßlöffel Salz aufkochen. 350 g Möhren- und 250 g Zwiebelscheiben, 3 Stengel Petersilie und ein Lorbeerblatt 50 Minuten darin kochen. Nach 30 Minuten eine Flasche trockenen Weißwein (0,7 l) angießen. Mit grob gemahlenem Pfeffer würzen. Hummer Kopf voran in den sprudelnd kochenden Sud geben Pro 500 g ca. 12 Minuten garen.

1

2

Miesmuscheln, diese leckere Spezialität aus dem Meer, müssen vorm Zubereiten sorgfältig gesäubert werden. Man bürstet sie unter fließendem kalten Wasser gründlich ab. Dann entfernt man die herunterhängenden Byssusfäden mit der Hand (Foto 1). Im allgemeinen Sprachgebrauch sagt man dazu entbarten. Wichtig: Bereits geöffnete Muscheln muß man wegwerfen, weil sie verdorben sind. Miesmuscheln dämpft man in Brühe oder Sud.

Ein Beispiel für 4 kg (4 Portionen): Mischung aus je 200 g Möhren und Porree und zwei Zwiebeln – kleingeschnitten – in Öl in einem großen Topf glasig dünsten. Miesmuscheln hineingeben, einen Liter trockenen Weißwein draufgießen, leicht salzen, 1 Lorbeerblatt zugeben. Im geschlossenen Topf bei mäßiger Hitze 8 Minuten dämpfen, bis sich alle Muscheln geöffnet haben. Dann sind sie gar. Zum Essen mit einer Muschelschale das Fleisch aus den anderen Muscheln ziehen (Foto 2).

Austern zu öffnen, will geübt sein. So macht man's: Ein doppelt gefaltetes Küchentuch in die Linke nehmen, die Auster drauflegen und gut festhalten. Die gewölbte Seite muß immer in der Hand liegen, denn sie enthält die Muschel und ihre Flüssigkeit, die von Austernfans sehr geschätzt wird. Nun sticht man mit dem Spezial-Austernmesser am Schloß (Scharnier) ein, trennt es durch und fährt mit dem Messer zwischen den Schalenhälften rundherum (Foto 3). Dann hebt man die obere Schale ab, löst die Muschel mit einem Messer von der unteren Schale (Foto 4) und serviert die Auster mit Flüssigkeit auf Eis; ein Dutzend pro Person. Ob man Bier, Champagner oder den französischen Chablis dazu trinkt ist nicht eine Frage des Geldes, sondern des persönlichen Geschmacks. Ganz gewiß schmeckt dazu auch ein Markensekt.

3

4

1

2

Mit ihrem feinen französischen Namen heißen die Jakobsmuscheln Coquilles St. Jacques. Es handelt sich um Kammuscheln, die vor allem im Mittelmeer leben. Im Laufe der vergangenen Jahre haben sie sich auf den Speisekarten gehobener Restaurants einen erstaunlichen Rang erobert. Kein Wunder, denn viele Leute mit feiner Zunge fragen danach. Allerdings: Lebend sind sie nicht häufig am Markt. Aber tiefgefroren und das von guter Qualität. Trotzdem muß man wissen, daß man lebende Tiere 24 Stunden wässern muß, damit sie den Sand ausscheiden, den sie in ihrem Lebenselement zu sich nehmen. Anschließend wäscht man sie. Zum Öffnen nimmt man ein doppelt gefaltetes Küchentuch in die Linke (Foto 1), die tiefe Schalenhälfte nach unten. Mit einem spitzen starken Messer sticht man in die gerade Seite zwischen die Muschelhälften und trennt hier das Scharnier durch. Rundum fahren und die flache obere Schale abheben. Mit dem Messer das Fleisch von der Schale lösen (Foto 2). Nun entfernt man mit den Fingern die grauen Fleischränder vom weißen Muskelfleisch (Nüßchen) und vom Rogen (Foto 3).
Dann trennt man Nüßchen und Corail (Rogen) vorsichtig voneinander (Foto 4). Kurz gegart in Brühe oder Butter, kann die Jakobsmuschel pur zu Feingemüse gereicht oder z.B. als Füllung von Fleischterrinen verwendet werden. Die untere Schale ist übrigens ein beliebter Behälter für kleine, feine Gratins.

Übrigens muß man von den lebenden Jakobsmuscheln auch die Byssusfäden entfernen, sie also „entbarten". Kenner sagen, daß die europäischen Muscheln während ihrer Hauptfangzeit von November bis März am besten schmecken.

3

4

AAL IN KRESSERAHM

1 Aal (etwa 1 kg) · 1 Zwiebel · 1 Lorbeerblatt · 2 Nelken · Salz · Essig · 2 Schalotten · 100 g Butter · 100 ml (1/10 l) Fleischbrühe · 100 ml (1/10 l) Weißwein · 300 ml Schlagsahne · 2 Kästchen Kresse · 2 Eßl. Crème frâche · Pfeffer

Den Fisch mit einem Küchentuch festhalten und mit einem spitzen Messer auf der Bauchseite unterhalb des Kopfes etwa 2 cm einschneiden (Foto 1). Danach die Haut rund um den Körper durchschneiden (Foto 2). Den Kopf mit dem Küchentuch festhalten, die Haut unter dem Kopf etwas lösen und mit einem kräftigen Ruck zum Schwanz hin abziehen (Foto 3).Danach den Kopf abschneiden. Den Aalkörper mit dem Tuch festhalten. Mit Hilfe einer Fleischgabel die Innereien mit drehenden Bewegungen aus der Bauchhöhle ziehen (Foto 4). Den Fisch unter kaltem Wasser ausspülen, trockentupfen und in etwa 7 cm lange Stücke schneiden. Etwa 1 1/2 l Wasser mit Salz und Essig zum Kochen bringen. Zwiebel abziehen, mit Lorbeerblatt und Nelken spicken und hinzufügen. Den Aal dazugeben und in etwa 15 Minuten bei schwacher Hitze gar ziehen, herausnehmen, abtropfen lassen, warm stellen. Für die Sauce Schalotten abziehen, fein würfeln. Butter zerlassen, Schalotten darin glasig dünsten. Brühe, Weißwein und Sahne hinzugießen und cremig einkochen. Kresse abspülen, Blättchen abschneiden und hinzufügen. Crème fraîche unterrühren, die Sauce mit Salz und Pfeffer abschmecken und den Aal darin servieren.

1

2

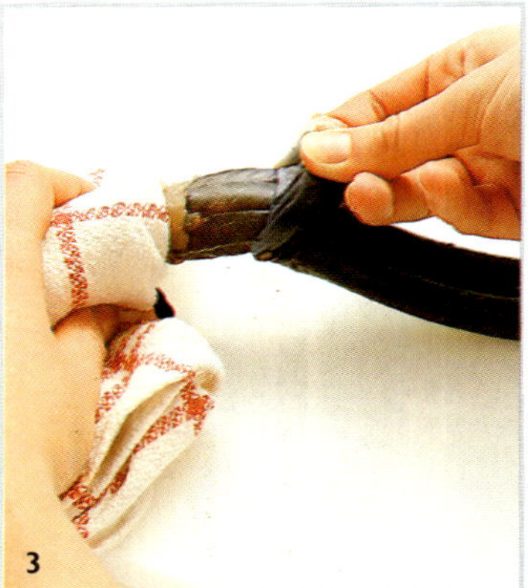
3

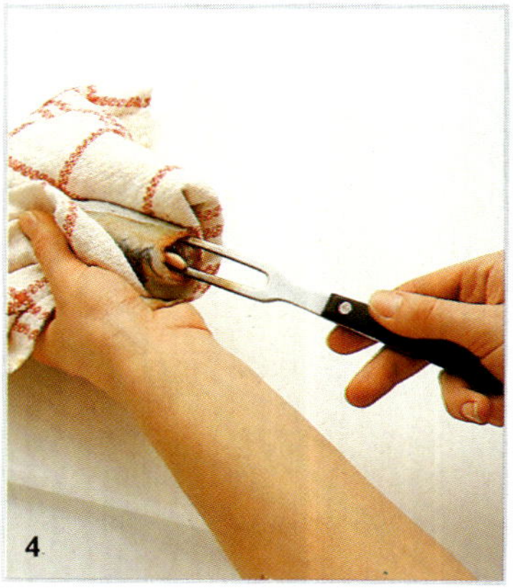
4

AALSPIESSCHEN IN SALBEI
(ohne Foto)

800 g küchenfertiger Aal ·
etwa 20 Salbeiblättchen ·
Zitronensaft · Salz · Pfeffer ·
160 g Butter

Den Aal unter kaltem Wasser abspülen, trockentupfen und in etwa 20 Stücke schneiden. Die Salbeiblättchen abspülen, trockentupfen und abwechselnd mit den Aalstückchen auf vier Grillspieße stecken, mit Zitronensaft beträufeln und mit Salz und Pfeffer würzen.
Butter in einer Pfanne zerlassen und die Aalspieße darin in 15–20 Minuten gar braten.
Die Aalspießchen mit Radicchio-Salat und Baguette servieren.

FORELLENRÖLLCHEN MIT SCHMORGEMÜSE

8 Forellenfilets · Zitronensaft · Salz · Pfeffer · 2 kleine Tomaten · 100 g Gurke · 1 Schalotten · 1 Thymianzweig · 1/2 Bund Schnittlauch · 125 ml (1/8 l) trockener Weißwein · 125 ml (1/8 l) trockener Vermouth · 125 ml (1/8 l) Schlagsahne · 50 g kalte Butter ·
Außerdem: Holzspießchen
Butter zum Ausfetten

Die Forellenfilets unter kaltem Wasser abspülen, trockentupfen, mit Zitronensaft beträufeln, mit Salz und Pfeffer würzen, zusammenrollen und mit Holzspießchen feststecken. Tomaten überbrühen, abschrecken, enthäuten, vierteln, entkernen. Gurke schälen, halbieren, entkernen und in Scheiben schneiden. Schalotten abziehen und fein würfeln. Thymian abspülen, die Blättchen hacken. Schnittlauch abspülen und fein schneiden. Eine Kasserolle ausfetten, Schalotten, Fischröllchen und Kräuter hineingeben. Weißwein, Vermouth und evtl. 2–3 Eßl. Wasser hinzugießen. Den Fisch etwa 8 Minuten dünsten, herausnehmen, warm stellen. Sahne, Tomaten und Gurken in den Fond geben und zu einer cremigen Sauce einkochen lassen. Mit Salz, Pfeffer abschmecken und die Butter in Flöckchen unterschlagen. Die Fischröllchen mit der Gemüse-Sahnesauce anrichten.

LACHSSCHNITTE VOM GRILL

4 Scheiben Lachs (je etwa 200 g) · Salz · Pfeffer · Zitronensaft · 4 Tomaten · 100 g Kräuterbutter · 1 Bund Kresse

Den Lachs unter kaltem Wasser abspülen, trockentupfen, mit Salz, Pfeffer würzen und mit Zitronensaft beträufeln. Danach unter den Grill in den vorgeheizten Backofen setzen und von jeder Seite etwa 10 Minuten grillen. Die Tomaten abspülen, trockentupfen, über Kreuz einschneiden, mit Salz und Pfeffer würzen und etwa 5 Minuten vor Ende der Garzeit unter den Grill setzen. Lachs und Tomaten mit Kräuterbutter und Kresse servieren.

LACHSFORELLE IN DER TEIGKRUSTE
(ohne Foto)

4 Lachsforellenfilets (je 180–200 g) · Zitronensaft · Salz · Pfeffer · 8 Scheiben tiefgekühlter Blätterteig (je 60 g) · 2 Eigelbe
Außerdem: Butter für das Backblech · Weizenmehl

Die Forellenfilets unter kaltem Wasser abspülen, trockentupfen, mit Zitronensaft beträufeln, mit Salz und Pfeffer würzen. Die Filets auf ein mit Butter bestrichenes Backblech legen und in dem auf 175 Grad (Gas Stufe 2) vorgeheizten Backofen etwa 10 Minuten garen. Den Blätterteig etwa 10 Minuten auftauen lassen, auf bemehlter Arbeitsfläche etwas ausrollen. Die Teigplatten in Form eines Fisches ausschneiden. Jeweils ein Filet auf eine Teigplatte legen und mit einer Teigplatte bedecken. Eigelbe verschlagen, die Teigränder damit bestreichen und gut zusammendrücken. Die Teigoberfläche ebenfalls mit Eigelb bestreichen. Die Fische auf ein kalt abgespültes Backblech legen und in dem auf 175 Grad (Gas Stufe 2) vorgeheizten Backofen in etwa 15 Minuten goldbraun und knusprig backen. Grünen Salat dazureichen.

FILET VOM LACHS JUSTINE

4 Lachsfilets (je etwa 180 g) ·
150 g Rotbarschfilet · 1 Ei ·
60 ml Schlagsahne · Salz ·
Pfeffer · 2 Tomaten · 100 g
Gurke · 4 große Champignons ·
2 Schalotten · 200 ml (1/5 l)
trockener Weißwein ·
1 Lorbeerblatt ·
300 ml Schlagsahne

Außerdem: Butter zum Ausfetten

Lachs und Rotbarsch unter kaltem Wasser abspülen und trockentupfen. Den Lachs beiseite stellen. Den Rotbarsch in feine Stücke schneiden und mit der Sahne und dem Ei zu einer einheitlichen Masse verkneten, mit Salz und Pfeffer würzen. Diese Farce auf die Lachsfilets streichen. Tomaten überbrühen, abschrecken und enthäuten. Gurke abspülen. Pilze putzen und abspülen. Das Gemüse in Scheiben schneiden und auf den Lachsfilets anrichten.

Schalotten abziehen, fein würfeln. Eine Kasserolle mit Butter ausfetten, die Schalotten dazugeben, den Fisch hineinsetzen, den Weißwein und das Lorbeerblatt hinzufügen. Den Fisch in etwa 20 Minuten gar dünsten, danach vorsichtig herausnehmen und warm stellen. Die Sahne in den Fond gießen und zu einer cremigen Sauce einkochen lassen, mit Salz und Pfeffer abschmecken und mit den Lachsfilets servieren.

GEFÜLLTER KARPFEN

1 großer küchenfertiger Karpfen (etwa 800 g) · 500 g Rotbarschfilet · 100 ml Schlagsahne · 50 g Pistazienkerne · 2 kleine Eier · 125 ml (1/8 l) Pernod · Salz · frisch gemahlener Pfeffer

Außerdem: Alufolie

Den Karpfen unter kaltem Wasser abspülen, trockentupfen und mit einem kleinen, spitzen Messer die Haut vom Fleisch lösen, ohne sie zu verletzen. Dabei an der einen Bauchseite in Richtung Rücken beginnen und von da aus wieder in Richtung Bauch der anderen Seite (Foto 1). Es entstehen zwei Teile:
1. Kopf mit Haut und Schwanz.
2. Fleisch mit Gräten. (Foto 2).
Das Fleisch sorgfältig von den Gräten befreien (Foto 3) und durch den Fleischwolf drehen.
Das Rotbarschfilet unter kaltem Wasser abspülen, trockentupfen und fein hacken.
Karpfen- und Rotbarschmasse mit Sahne, Pistazien, Eiern und Pernod vermengen (Foto 4) und mit Salz und Pfeffer würzen.
Diese Fischfarce in die Karpfenhülle füllen (Foto 5).
Den Karpfen zweimal mit Alufolie umwickeln und im Wasserbad bei etwa 90 Grad 1 1/2–1 3/4 Stunden köcheln lassen. (Foto 6).
Man kann den Karpfen warm als Hauptgericht oder kalt als Vorspeise servieren.

1

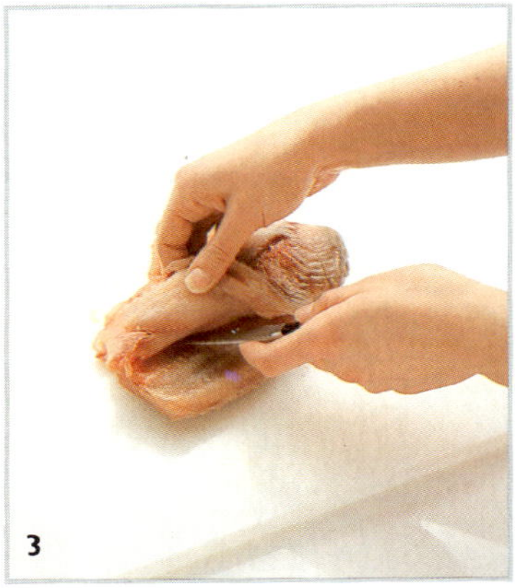
3

4

2

5

6

ZANDERFILET IN MOHNSAUCE
(ohne Foto)

Für den Fisch:
4 Zanderfilets (je etwa 200 g) · Saft von 1 Zitrone · Salz · weißer Pfeffer · 250 g Weizenmehl · 50 g Butter
Für die Sauce:
125 ml (1/8 l) Weißwein · 3 Eigelbe · 2 Eßl. gemahlener Mohn · 200 g Butter · Saft 1/2 Zitrone

Die Zanderfilets unter kaltem Wasser abspülen, trockentupfen und mit Zitronensaft beträufeln. Fisch mit Salz und Pfeffer würzen und in Mehl wenden. Butter in einer Pfanne zerlassen und die Filets in etwa 10 Minuten goldbraun braten.
Für die Sauce 2 Eßl. Weißwein abnehmen. Restlichen Wein aufkochen, über den Mohn gießen und quellen lassen. Butter zerlassen. Die Eigelbe mit den 2 Eßl. Weißwein im Wasserbad schaumig aufschlagen. Butter in dünnem Strahl zugießen, dabei weiterschlagen, bis eine sämige Sauce entstanden ist. Zitronensaft hinzufügen. Sauce vom Herd nehmen, den Mohn unterrühren und mit Salz und Pfeffer abschmecken.
Als Beilagen passen Petersilienkartoffeln und Salat.

STEINBUTT IN RIESLING

4 Steinbuttfilets (je etwa 200 g) · Zitronensaft · 3 Schalotten · 30 g Kerbel · 150 g kalte Butter · 200 ml (1/5 l) Weißwein (Riesling) · 3 Fleischtomaten · 120 g Champignons · 200 ml (1/5 l) Schlagsahne · Salz · Pfeffer · 1 Eßl. Crème fraîche

Die Fischfilets unter kaltem Wasser abspülen, trockentupfen, mit Zitronensaft beträufeln. Schalotten abziehen, fein würfeln. Kerbel abspülen, abtupfen, fein hacken. 50 g Butter zerlassen. Schalotten glasig dünsten. Fisch darauf geben. Kerbel, Wein und 3 Eßl. Wasser hinzufügen, etwa 15 Minuten dünsten. Tomaten enthäuten, entkernen, in Streifen schneiden. Pilze putzen, waschen, in Streifen schneiden. Den Fisch herausnehmen. Sahne zum Fischsud gießen, einkochen. Tomaten und Pilze hinzufügen, miterhitzen. Restliche Butter in Flöckchen unterschlagen, bis eine sämige Sauce entstanden ist, mit Salz, Pfeffer abschmecken, mit Crème fraîche verfeinern. Breite Bandnudeln dazureichen.

SEELACHS IN SCHNITTLAUCH-BUTTER

(ohne Foto)

4 Seelachsfilets (je etwa 200 g) · Zitronensaft · 2 Schalotten · 2 Bund Schnittlauch · 200 g kalte Butter · 100 ml (1/10 l) trockener Weißwein · 100 ml (1/10 l) Noilly Prat (trockener Wermut) · Salz · Pfeffer

Die Fischfilets unter kaltem Wasser abspülen, trockentupfen, mit Zitronensaft beträufeln. Schalotten abziehen, fein würfeln. Schnittlauch abspülen, trockentupfen, in Röllchen schneiden. 50 g Butter zerlassen, Schalotten glasig dünsten. Schnittlauch dazugeben, Fisch hineinlegen. Wein und Noilly Prat angießen. Fisch 10–15 Minuten dünsten, herausnehmen, warm stellen. Sud etwas einkochen. Restliche Butter in Flöckchen unterschlagen, bis die Sauce sämig ist.
Kartoffeln dazureichen.

KABELJAU IN BUTTERSAUCE

4 Scheiben Kabeljau (je etwa 200 g) · Zitronensaft · 2 Möhren · 100 g Sellerie · 1 Zwiebel · 1 kleine Stange Porree (Lauch) · 100 g kalte Butter · Salz · Pfeffer

Den Fisch unter kaltem Wasser abspülen, trockentupfen, mit Zitronensaft beträufeln. Möhren und Sellerie schrappen (schälen) und waschen. Zwiebel abziehen. Den Porree putzen und gründlich waschen. Das Gemüse in Streifen schneiden. Eine feuerfeste Form mit 20 g Butter ausstreichen. Gemüse hineingeben, den Fisch darauf legen, im auf etwa 175 Grad (Gas Stufe 2) vorgeheizten Backofen etwa 20 Minuten garen. Den Fischsud abgießen, einkochen und die Butter in Flöckchen unterschlagen, bis die Sauce sämig ist. Sauce mit Salz, Pfeffer und Zitronensaft abschmecken.
Reis oder Nudeln dazureichen.

1

2

3

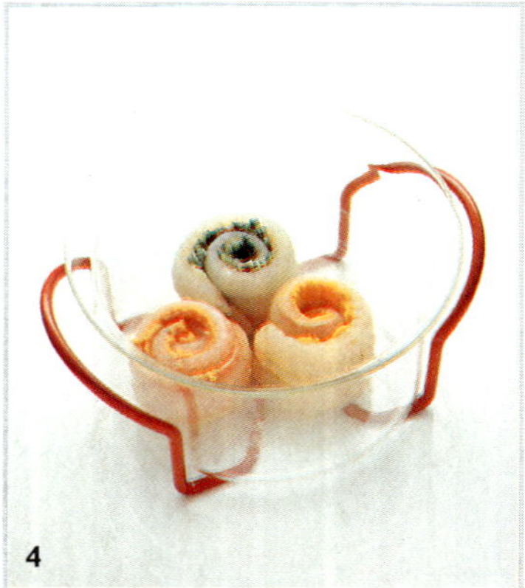

4

SEEZUNGEN-RÖLLCHEN AUF LIMONENSAUCE

Für die Röllchen:
12 Seezungenfilets (je etwa 70 g) · Salz · Pfeffer · 240 g Rotbarschfilet · 100 ml (1/10 l) Schlagsahne · 2 Eier · 30 g Spinat · 20 g Hummer- oder Krebspaste · 2 g Safranpulver · 20 g Butter · 250 ml (1/4 l) Weißwein
Für die Sauce:
2 Schalotten · 300 g kalte Butter · 125 ml (1/8 l) Weißwein · Saft von 1 Limone
Außerdem: Alufolie

Die Seezungenfilets unter kaltem Wasser abspülen, trockentupfen, mit Salz und Pfeffer würzen, mit der Hautseite nach oben auf eine Arbeitsplatte legen.
Die Rotbarschfilet unter kaltem Wasser abspülen, trockentupfen, durch den Fleischwolf drehen und durch ein Sieb streichen (Foto 1). Die Masse mit Sahne und Eiern vermengen. Den Spinat verlesen, putzen, 1 Minute in kochendem Wasser blanchieren und fein hacken. Fischmasse in drei Portionen teilen. Eine Portion mit Spinat, die zweite mit Hummerpaste und die dritte mit dem Safran vermengen (Foto 2). Jeweils vier Filets mit der gleichen Masse bestreichen und zusammenrollen (Foto 3). Die Röllchen dicht nebeneinander in eine mit Butter ausgestrichene Auflaufform setzen (Foto 4). Den Weißwein von der Seite angießen. Form mit Alufolie verschließen, auf den Rost in den auf etwa 175 Grad (Gas Stufe 2) vorgeheizten Backofen schieben und die Röllchen etwa 20 Minuten garen.
Für die Sauce die Schalotten

abziehen und fein hacken. 20 g Butter zerlassen, Schalotten darin andünsten. Weißwein und Limonensaft zugießen und stark einkochen lassen. Restliche Butter in Flöckchen unterschlagen, bis eine cremige Sauce entstanden ist, mit Salz und Pfeffer würzen.
Kräuterreis dazureichen.

SEEZUNGEN-SCHLEIFEN MIT SCHNECKEN
(ohne Foto)

12 Seezungenfilets (je etwa 70 g) · Salz · Pfeffer · 1 Schalotte · 1 Zweig Estragon · 50 g kalte Butter · 100 ml (1/10 l) trockener Weißwein · 1 kleines Lorbeerblatt · 125 ml (1/8 l) Schlagsahne · 6 Weinbergschnecken
Außerdem: Pergamentpapier

Die Seezungenfilets unter kaltem Wasser abspülen, trockentupfen, mit einem 3 cm großen Längsschnitt versehen und ein Ende des Filets durch den entstandenen Schlitz ziehen. Die Filets mit Salz und Pfeffer würzen. Schalotten abziehen und fein hacken. Den Estragon abspülen, trockentupfen, Blättchen abzupfen und fein hacken. Einen kleinen Topf mit wenig Butter auspinseln, Schalotten und Estragon auf dem Boden verteilen und die Filets einschichten. Weißwein und Lorbeer hinzufügen. Filets mit Pergamentpapier bedecken und 5–10 Minuten garen. Fisch herausnehmen und warm stellen. Den entstandenen Fond mit der Sahne und den Schnecken einkochen. Restliche Butter in Flöckchen unterschlagen. Butterreis und Kopfsalatherzen dazu servieren.

LOTTE IN SAFRANSAUCE MIT MORCHELN

40 g getrocknete Morcheln · 4 Scheiben Lotte (je etwa 200 g) · 2 Schalotten · 150 g kalte Butter · 100 ml (1/10 l) trockener Weißwein · 100 ml (1/10 l) Noilly Prat (trockener Wermut) · 120 g Prinzeßböhnchen · 2 kleine Möhren · Salz · Pfeffer · 2 g Safranpulver · 1 Eßl. Crème fraîche

Die Morcheln in 150 ml Wasser 1–2 Stunden einweichen. Lottescheiben unter kaltem Wasser abspülen und trockentupfen. Schalotten abziehen und in feine Streifen schneiden. 50 g Butter zerlassen, Schalotten darin andünsten. Fisch darauf geben. Weißwein, Noilly Prat und etwas gefilterten Morchelsud zugießen und den Fisch 15–20 Minuten garen. Böhnchen putzen und waschen. Die Möhren schrappen, waschen und in feine Streifen schneiden. Prinzeßböhnchen und Möhren in kochendem Salzwasser etwa 8 Minuten garen und auf einem Sieb abtropfen lassen. Fisch aus dem Topf nehmen und mit dem Gemüse warm stellen. Morcheln in den Sud geben und einkochen lassen. Restliche Butter in Flöckchen unterschlagen. Sauce mit Salz, Pfeffer und Safran abschmecken und mit Crème fraîche verfeinern. Reis oder junge Kartoffeln dazureichen.

HEILBUTT MIT ZWEI SENF-SAUCEN

8 Scheiben Heilbutt ohne Haut (je etwa 100 g) · 1 Schalotte · 50 g Butter · 100 ml (1/10 l) trockener Weißwein · 125 ml

(1/8 l) trockener Wermut · 100 ml Schlagsahne · 1 Teel. grüner Senf · 1 Teel. rot-brauner Senf · Salz · Pfeffer

Den Heilbutt unter kaltem Wasser abspülen und trockentupfen. Schalotte abziehen und würfeln. Butter zerlassen und Schalotte darin andünsten. Heilbutt in den Topf geben, Weißwein und Wermut zugießen und 10–15 Minuten garen. Fisch herausnehmen und warm stellen. Die Hälfte des Fonds in einen zweiten Topf geben. Die Sahne auf beide Töpfe verteilen und einkochen. In eine Sauce den grünen, in die andere den rot-braunen Senf rühren und mit Salz und Pfeffer abschmecken.
Als Beilagen passen Salzkartoffeln und Feldsalat.

MAKRELEN IN ROSA PFEFFERRAHM

8 Makrelenfilets (je etwa 100 g) · Zitronensaft · Salz · 1 Teel. zerstoßene rosa Pfefferkörner · 6–8 Eßl. Speiseöl · 1 kleine Zwiebel · 50 g Butter · 100 ml (1/10 l) trockener Rosé · 100 ml Schlagsahne

Die Makrelenfilets unter kaltem Wasser abspülen, trockentupfen und die Haut mehrmals schräg einritzen. Die Filets mit Zitronensaft beträufeln und mit Salz und rosa Pfeffer würzen. Das Öl erhitzen und die Makrelen von beiden Seiten in etwa 5 Minuten knusprig braten. Die Makrelen herausnehmen und warm stellen. Das Öl abgießen. Die Zwiebel abziehen und würfeln. Die Butter zerlassen und die Zwiebel darin andünsten. Mit Rosé und Sahne ablöschen, einkochen und nochmals mit Salz und Pfeffer abschmecken.
Kartoffeln dazureichen.

GEDÜNSTETE ROCHENSCHNITTEN
(ohne Foto)

4 Scheiben Rochen (je etwa 200 g) · Salz · Pfeffer · 100 ml (1/10 l) trockener Weißwein · 100 ml (1/10 l) trockener Wermut · 200 g Möhren · 200 g tiefgekühlter Broccoli · 80 g kalte Butter · 4 Eßl. Crème fraîche

Den Fisch unter kaltem Wasser abspülen, mit Salz und Pfeffer würzen und in einen Topf geben. Weißwein, Wermut und 4 Eßl. Wasser angießen und den Fisch etwa 20 Minuten garen. Möhren schrappen, waschen und in feine Streifen schneiden. Den Fisch herausnehmen und warm stellen. Möhren und Broccoli in den Sud geben, 15 Minuten dünsten und herausnehmen, den Sud etwas einkochen lassen. Butter in Flöckchen unterschlagen, Crème fraîche unterrühren und mit Salz und Pfeffer würzen.
In Brühe gedünstete Würfelkartoffeln dazureichen.

1

2

3

4

GEFÜLLTER BABY-STEINBUTT

Für den Fisch:
2 Babysteinbutts (je etwa 600 g) · Saft von 1 Zitrone · Salz · Pfeffer

Für die Füllung:
300 g Fischfilet · 2 Eier · 150 ml Schlagsahne · 60 g gedünstete, gewürfelte Möhren · 40 g Pistazienkerne · 1 Teel. gehackte Estragonblättchen · 8 Mangoldblätter · 4 Stangen gekochter Spargel

Für die Sauce:
200 g Mayonnaise · 4 cl Weinbrand · 1 Eßl. gehackter Sauerampfer

Außerdem: Alufolie · Butter

Die Fische vom Händler filetieren und entgräten lassen. Die acht Filets und das Grätengerüst werden für die Zubereitung benötigt.
Filets unter kaltem Wasser abspülen, trockentupfen, mit Zitronensaft beträufeln, mit Salz und Pfeffer würzen.
Für die Füllung das Fischfilet unter kaltem Wasser abspülen, trockentupfen, durch den Fleischwolf drehen und durch ein Sieb streichen. Die Schüssel mit der Fischmasse in eine größere Schüssel mit Eiswürfeln stellen. Eier und Sahne unterrühren (Foto 1). Möhren, Pistazien und Estragon untermengen.
Mangoldblätter waschen und kurz in kochendem Wasser blanchieren. Blätter abtropfen lassen und jeweils zwei nebeneinander auf 4 Stücke gebutterte Alufolie legen. Auf die vier Mangoldblätter jeweils 1 Filet legen und 1 cm dick mit der Fischfarce bestreichen. Auf jedes Filet eine Stange Spargel legen (Foto 2). Die vier übrigen Filets mit der restlichen Masse bestreichen und mit der bestrichenen Seite auf den Spargel geben (Foto 3). Die Mangoldblätter darüber zusammenschlagen und die Alufolie verschließen.
Das Grätengerüst in einen genügend großen Topf mit Salzwasser geben, 5 Minuten kochen lassen, herausnehmen und abkühlen lassen. Die eingewickelten Filets in den Topf geben und bei schwacher Hitze etwa 1 Stunde simmern lassen (Foto 4). Die Filets herausnehmen, vorsichtig auswickeln, abkühlen lassen und in Scheiben schneiden. Die Scheiben auf dem kalten Grätengerüst anrichten. Für die Sauce Mayonnaise mit Weinbrand und Sauerampfer verrühren und mit Salz und Pfeffer abschmecken.
Die Fischröllchen können als Hauptgericht mit warmem Baquette oder als Vorspeise für 6 Personen serviert werden.

FISCHKLÖSSCHEN AUF BLATTSPINAT
(ohne Foto)

Für die Fischmasse:
100 g Rotbarschfilet · 100 g Hechtfilet · 2 Eier · 100 m Schlagsahne · Salz · Pfeffer · geriebene Muskatnuß

Für den Brandteig
100 ml (1/10 l) Milch · 30 g Butter · 75 g Weizenmehl · 2 Eier

Für den Spinat:
600 g Blattspinat · 1 Knoblauchzehe

Die Filets unter kaltem Wasser abspülen, trockentupfen und durch die feine Scheibe des Fleischwolfs drehen. Die Masse mit den Eiern und der Sahne vermengen und mit Salz, Pfeffer und Muskat abschmecken.
Für den Brandteig Milch, Butter und 1 Prise Salz aufkochen. Das Mehl auf einmal hineingeben und rühren bis sich der Teig als Kloß vom Topfboden löst. Teig vom Herd nehmen und sofort 1 Ei unterrühren. Teig etwas abkühlen lassen, das restliche Ei unterrühren und gut auskühlen lassen. Den Teig mit der Fischfarce vermengen, mit einem Eßlöffel Klößchen abstechen und in simmerndem Salzwasser in etwa 25 Minuten garziehen lassen.
Spinat verlesen, waschen und in Salzwasser blanchieren. Knoblauch abziehen, durch die Presse drücken. Butter zerlassen, Knoblauch kurz dünsten. Spinat dazugeben und etwa 5 Minuten dünsten, mit Salz und Pfeffer würzen.

GEBACKENE SEEZUNGE

Für den Fisch:
4 küchenfertige Seezungen (je etwa 250 g) · Zitronensaft · Salz · Pfeffer · 2 Eßl. Weizenmehl · 2 Eier · 200 g Semmelmehl (Paniermehl) · 250 ml (1/4 l) Speiseöl · 200 g Butter

Für die Kräuterbutter:
250 g Butter · 4 Eßl. Weizenmehl · 2 Eigelbe · 2 Bund Kräuter (Petersilie · Thymian · Dill · Majoran · Basilikum)

Die Seezungen unter kaltem Wasser abspülen, trockentupfen und auf einer Seite entlang der Mittelgräte aufschneiden. Die Filets auf dieser Seite nach außen klappen. Fische mit Zitronensaft beträufeln, mit Salz und Pfeffer würzen und mit Mehl bestäuben. Die Eier verschlagen, die Seezungen durchziehen und im Semmelmehl wenden. Öl und Butter erhitzen. Seezungen darin bei mittlerer Hitze in 15–20 Minuten braten.
Die Butter mit Mehl und Eigelben vermengen. Kräuter abspülen, trockentupfen, fein hacken, mit der Butter vermengen und mit Salz, Pfeffer würzen. Butter in die Fischöffnungen geben, im Backofen kurz überbacken.
Mit Sahne überbackenes Kartoffelpüree dazureichen.

GEBRATENE SCHOLLE IN ROTWEIN

4 küchenfertige Schollen · Zitronensaft · Worcestersauce · Salz · Pfeffer · 4 Eßl. Weizenmehl · 250 ml (1/4 l) Speiseöl · 200 g kleine Champignons · 100 g Butter · 1 Glas Perlzwiebeln (Einwaage etwa 200 g) · 200 ml trockener Rotwein

Die Schollen unter kaltem Wasser abspülen, trockentupfen, mit Zitronensaft, Worcestersauce beträufeln und mit Salz und Pfeffer würzen. Fische mit Mehl bestäuben. Öl erhitzen und die Schollen von beiden Seiten etwa 15 Minuten braten. Schollen herausnehmen und warm stellen. Das Öl abgießen. Champignons putzen, waschen und abtropfen lassen. Die Butter zerlassen, Champignons und Perlzwiebeln darin anbraten. Den Rotwein angießen, leicht einkochen und mit Salz und Pfeffer würzen. Kleine gebratene Kartoffeln dazureichen.

GEGRILLTE DORADE MIT FENCHEL

2 große küchenfertige Douraden (Goldbrassen je etwa 600 g) · Zitronensaft · Salz · Pfeffer · 2 Fenchelknollen · 4 Eßl. Speiseöl · etwa 150 ml Pernod

Die Douraden unter kaltem Wasser abspülen, trockentupfen, innen und außen mit Zitronensaft beträufeln und mit Salz und Pfeffer würzen. Den Fenchel putzen, gründlich waschen und in längliche Stücke schneiden. Die Douraden mit dem Fenchel füllen, auf ein Backblech legen und mit Speiseöl bestreichen. Das Blech unter den Grill schieben und die Fische 25–30 Minuten grillen. Die Douraden auf einer Platte anrichten, mit heißem Pernod übergießen und flambieren. Petersilienkartoffeln dazureichen oder Kartoffel-Gratin und Blattsalat.

POCHIERTE FISCHROULADE

8 Scheiben Steinbeisserfilet (je etwa 100 g) · Zitronensaft · Salz · Pfeffer · 1 rote Parikaschote · 1 grüne Paprikaschote · 100 g Porree (Lauch) · 4 Schalotten · 1 Bund Dill · 50 g Butter · 100 ml (1/10 l) Weißwein (Riesling) · 100 ml (1/10 l) trockener Wermut · 1 Lorbeerblatt
Außerdem: Holzspießchen

Die Fischfilets unter kaltem Wasser abspülen, trockentupfen, mit Zitronensaft beträufeln und mit Salz und Pfeffer würzen. Paprikaschoten halbieren, entstielen, entkernen, die weißen Scheidewände entfernen und die Schoten waschen. Porree putzen und gründlich waschen. Schalotten schälen. Das Gemüse in feine Würfel schneiden. Den Dill abspülen, trockentupfen und fein schneiden. Gemüsewürfel und Dill vermischen und auf die Filets verteilen. Filets zusammenrollen, mit Holzspießchen feststecken und in einen Topf setzen. Butter, Weißwein, Wermut und Lorbeer hinzufügen und die Rouladen bei schwacher Hitze 15–20 Minuten garen. Pellkartoffeln und Radieschensalat mit Kresse dazureichen.

ROTBARSCHFILET MIT WILDREIS-PLÄTZCHEN

Für den Fisch:
4 Rotbarschfilets (je etwa 200 g) · Saft von 1 Zitrone · Salz · geschroteter Pfeffer · 60 g Butter
Für die Wildreisplätzchen:
80 g wilder Reis · 1/2 Stange Porree (Lauch) · 50 g Butter · 1 Ei
Für die Champagner-Senfsauce:
2 Schalotten · 50 g Butter · 1 Eßl. Weizenmehl · 250 ml (1/4 l) herber Weißwein · 2 Eßl. Champagner-Senf · 250 ml (1/4 l) Schlagsahne

Die Rotbarschfilets unter kaltem Wasser abspülen, trockentupfen, mit Zitronensaft beträufeln. Filets mit Salz und Pfeffer würzen. Den Pfeffer etwas andrücken.
Für die Wildreisplätzchen den Wildreis in 2 l Salzwasser 35–40 Minuten kochen, auf ein Sieb geben, abtropfen und abkühlen lassen. Porree putzen, gründlich waschen und in feine Streifen schneiden. Etwas Butter zerlassen, Porree darin andünsten, herausnehmen und abkühlen lassen.
Die 60 g Butter zerlassen und die marinierten Rotbarschfilets darin 15–20 Minuten braten und warm stellen.
Für die Sauce die Schalotten abziehen und fein würfeln. Einen Teil der Butter zerlassen und die Schalotten glasig dünsten. Das Mehl mit einem Schneebesen einrühren und mit dem Weißwein ablöschen. Die Flüssigkeit unter ständigem Rühren zum Kochen bringen. Dabei die restliche Butter, den Senf und die Sahne unterrühren. Die Sauce etwa 3 Minuten köcheln, mit Salz und Pfeffer abschmecken.
Für die Wildreisplätzchen Reis, Porree und Ei vermengen, mit Salz und Pfeffer würzen. Restliche Butter zerlassen und mit einem Eßlöffel kleine Häufchen der Masse hineinsetzen. Reishäufchen flachdrücken und von jeder Seite 2 Minuten braten.
Mit Radicchiosalat servieren.

SCHELLFISCH IN BRAUNER BUTTER
(ohne Foto)

12 Schellfischfilets (je etwa 100 g) · Salz · Pfeffer · Worcestersauce · 4 Eßl. Weizenmehl · etwa 125 ml (1/8 l) Speiseöl · 1 kleine Zwiebel · 1 Knoblauchzehe · 80 g Butter · 2 Eßl. gehackte Petersilie · 1 Teel. Kapern

Die Schellfischfilets unter kaltem Wasser abspülen, trockentupfen, mit Salz, Pfeffer und Worcestersauce würzen. Filets mit Mehl bestäuben. Das Öl in einer beschichteten Pfanne erhitzen und den Fisch 10–15 Minuten braten. Filets herausnehmen und warm stellen. Das Öl abgießen. Zwiebel und Knoblauch abziehen. Zwiebel würfeln, Knoblauch durch die Presse drücken. Butter erhitzen und braun werden lassen. Die Zwiebel und den Knoblauch kurz darin dünsten. Petersilie und abgetropfte Kapern hinzufügen, erhitzen und über den Schellfisch geben.
Mit Eigelb überbackenes Kartoffelpüree dazureichen.

SCHOLLENFILETS MIT SHRIMPS
(ohne Foto)

16 Schollenfilets (je etwa 60 g) · Salz · Pfeffer · 3 Eßl. Weizenmehl · etwa 125 ml (1/8 l) Speiseöl · 4 Scheiben Toastbrot · 1 Bund Petersilie · 150 g Butter · 200 g Shrimps

Die Filets unter kaltem Wasser abspülen, trockentupfen, mit Salz und Pfeffer würzen und mit Mehl bestäuben. Öl in einer beschichteten Pfanne erhitzen, Filets darin 10–15 Minuten braten und warm stellen. Toastbrot in Würfel schneiden. Die Petersilie abspülen, trockentupfen, fein hacken. Butter in einer zweiten Pfanne zerlassen, Toastwürfel darin bräunen. Petersilie und Shrimps unterrühren, mit Salz und Pfeffer abschmecken und über die Filets geben.
Endiviensalat dazureichen.

HAISTEAKS IN KAPERNBUTTER
(ohne Foto)

4 Haisteaks (je etwa 200 g) · 16 Sardellenfilets · Salz · Pfeffer · Worcestersauce · Saft von 1 Zitrone · 2 Eßl. Weizenmehl · 125 ml (1/8 l) Speiseöl · 150 g Butter · 2 Eßl. Kapern

Die Haisteaks unter kaltem Wasser abspülen, trockentupfen, mit den Sardellenfilets spicken, mit Salz, Pfeffer, Worcestersauce und Zitronensaft würzen und mit Mehl bestäuben. Öl erhitzen und die Steaks darin etwa 15 Minuten braten. Steaks herausnehmen, warm stellen und das Öl abgießen. Butter zerlassen, Kapern unterrühren und über die Steaks geben.
Radieschen-Champignonsalat dazureichen.

MATJES-PALETTE

Für das Matjes-Tatar:
4 Matjesfilets · 10 Kapern ·
1 Gewürzgurke · 1 Schalotte ·
frisch gemahlener Pfeffer

Für Matjes in Chili:
4 Matjesfilets · 2 milde Peperoni · 4 Eßl. süße Chilisauce

Für Matjes mit Pfeffercreme:
4 Matjesfilets · 4 Eßl. Crème fraîche · 1 Teel. eingelegte grüne Pfefferkörner

Für Matjes mit Pfifferlingen:
4 Matjesfilets · 1 kleines Glas Pfifferlinge (Einwaage etwa 150 g) · 2 Eßl. kleine Perlzwiebeln · 2 Eßl. Sherryessig · Pfeffer

Für Matjes mit Dill:
4 Matjesfilets · 1/2 Bund Dill · 100 g Champginons · Pfeffer · 1 Eßl. Weinessig

Außerdem: Kopfsalatblätter · Radicchioblätter · Gewürzgurkenscheiben

Für das Matjes-Tatar die Matjesfilets, Kapern und Gewürzegurke fein hacken. Schalotte abziehen, würfeln, untermengen, mit Pfeffer abschmecken.
Für Matjes in Chili Matjes fein würfeln. Peperoni entstielen und fein würfeln. Beides mit der Chilisauce vermengen.
Für Matjes mit Pfeffercreme Matjes in kleine Würfel schneiden, mit Crème fraîche und Pfefferkörnern vermengen.
Für Matjes mit Pfifferlingen Matjes würfeln, mit den abgetropften Pfifferlingen und Perlzwiebeln vermengen und mit Essig und Pfeffer abschmecken.
Für Matjes mit Dill Matjes würfeln. Den Dill abspülen, trockentupfen, fein hacken. Pilze putzen, waschen, in Scheiben schneiden. Matjes, Dill und Pilze vermengen und

mit Pfeffer und Essig pikant abschmecken.
Die Matjesgerichte etwa 1 Stunde im Kühlschrank durchziehen lassen und auf Salatblättern und Gurkenscheiben anrichten. Frisches Bauernbrot und Butter dazureichen.

MATJESFILETS MIT CURRYRAHM

3 säuerliche Äpfel · Salz · 200 ml (1/5 l) Schlagsahne · 2 Eßl. Crème fraîche · 30 g Currypulver · Pfeffer · 12 Matjesfilets

Die Äpfel schälen, Kerngehäuse ausstechen. Äpfel in Scheiben schneiden und kurz in kochendem Salzwasser pochieren. Äpfel herausnehmen und trockentupfen. Sahne steif schlagen, mit Crème fraîche vermengen und mit Curry, Salz und Pfeffer würzen. Apfelscheiben auf einer Platte verteilen. Matjesfilets zu Röllchen drehen, auf die Apfelscheiben setzen und mit Curryrahm begießen.
Toastbrot und Butter dazureichen.

MARINIERTE HERINGSRÖLLCHEN

16 Heringsfilets · 2 rote Zwiebeln · 2 Möhren · 100 ml (1/10 l) milder Weinessig · 200 ml (1/5 l) Sherry (medium) · 50 g Zucker · 20 g Senfkörner · 20 g weiße Pfefferkörner · 20 g Pimentkörner · 2 Lorbeerblätter · 4 Nelken
Außerdem: Holzspießchen

Die Heringsfilets unter kaltem Wasser abspülen, zusammenrollen, mit Holzspießchen zusammenstecken. Die Zwiebeln abziehen und in Ringe schneiden.
Möhren schrappen, waschen und in Scheiben schneiden.
Heringsröllchen, Zwiebeln und Möhren in ein Glas schichten.
Essig, Sherry und 3 Eßl. Wasser mit Zucker und den Gewürzen aufkochen und noch warm über die Heringsröllchen gießen. Die Röllchen etwa 1 Tag im Kühlschrank ziehen lassen.
Vollkornbrot und Butter dazureichen.

SARDINEN SIZILIANISCHE ART
(ohne Foto)

800 g küchenfertige Sardinen · Salz · Pfeffer · Zitronensaft · 2 Eßl. Weizenmehl · 125 ml (1/8 l) Olivenöl · 1 kleine Zwiebel · 1/4 rote Paprikaschote · 1/4 grüne Paprikaschote · 5 schwarze Oliven · 5 grüne Oliven · 1 Knoblauchzehe · 1 Eßl. gehackte Petersilie · Oregano

Die Sardinen unter kaltem Wasser abspülen, trockentupfen, mit Salz und Pfeffer würzen, mit Zitronensaft beträufeln, mit Mehl bestäuben. Etwa 100 ml Olivenöl erhitzen, Sardinen darin etwa 10 Minuten braten, herausnehmen und warm stellen. Die Zwiebel abziehen. Paprikaschoten putzen, beides in Streifen schneiden. Oliven vierteln und entkernen. Knoblauchzehe abziehen und durch die Presse drücken. Restliches Öl in die Pfanne gießen. Zwiebel, Paprika und Oliven darin etwa 5 Minuten dünsten, mit Knoblauch, Salz, Pfeffer, Petersilie und Oregano würzen und über die Sardinen geben. Warmes Knoblauchbrot dazureichen.

MUSCHELEINTOPF MIT BLÄTTERTEIG-HAUBE

Für den Muscheleintopf:
500 g Miesmuscheln · 500 g Herzmuscheln · 1 Gemüsezwiebel · 80 g Butter · 500 ml (1/2 l) trockener Weißwein · Salz · frisch gemahlener schwarzer Pfeffer · 2 enthäutete Fleischtomaten · 2 Möhren · 2 Kartoffeln · 1/2 Stange Porree (Lauch) · 100 g Fenchelknolle · 2 g Safranfäden · 12 Jakobsmuscheln mit Rogen (ohne Schale)
Für die Blätterteighaube:
2 Platten tiefgekühlter Blätterteig (je 60 g) · 2 Eßl. Weizenmehl · 2 Eiweiß · 2 Eigelbe

Mies- und Herzmuscheln gründlich abbürsten. (Nur geschlossene Muscheln verwenden.) Gemüsezwiebel abziehen, die Hälfte würfeln. 40 g Butter zerlassen, Zwiebel darin andünsten. Muscheln hinzufügen. Weißwein und 500 ml (1/2 l) Wasser angießen und 5 Minuten zugedeckt kochen lassen. Die Muscheln auf einem Sieb abtropfen lassen, den Sud auffangen. Muschelfleisch aus den Schalen lösen. (Nur solche verwenden, die sich geöffnet haben.) Möhren und Kartoffeln schrappen (schälen) und waschen. Porree und Fenchel putzen und gründlich waschen. Das Gemüse und die Zwiebelhälfte in Streifen schneiden. Restliche Butter zerlassen und das Gemüse darin andünsten. Den Muschelsud angießen, mit Salz, Pfeffer, Safran würzen und 10 Minuten kochen. Die Suppe auf große, feuerfeste Suppentassen verteilen und abkühlen lassen. Die Tassen dürfen nur halb bis dreiviertel gefüllt sein. Die Tomaten halbieren, entkernen, würfeln. Tomaten, ausgelöstes Muschelfleisch und Jakobsmuscheln in die Brühe geben. Für die Blätterteighaube die Teigplatten auftauen lassen, mit Mehl bestäuben und etwas ausrollen. Eine leere Suppentasse mit der Öffnung nach unten auf die Platte setzen und im Abstand von 1 cm um den Tassenrand herumschneiden. Auf diese Weise vier Teigkreise herstellen. Die Ränder der gefüllten Suppentassen mit Eiweiß bestreichen. Jeweils einen Teigkreis auf eine Tasse legen. Die Ränder gut andrücken. Die Oberfläche vorsichtig mit verschlagenem Eigelb bestreichen. Die Tassen auf dem Rost in den auf etwa 200 Grad (Gas Stufe 4–5) vorgeheizten Backofen schieben und den Blätterteig etwa 12 Minuten backen.

AUSTERN MIT KREBSBUTTER

36 Austern · 2 Schalotten · 40 g Butter · 100 ml (1/10 l) trockener Weißwein · 100 ml (1/10 l) Noilly Prat (trockener Wermut) · 100 ml (1/10 l) Schlagsahne · 20 g Krebsbutter oder -paste · Salz · Pfeffer · 12 kleine, rund Blätterteigpastetchen

Austern öffnen (siehe S. 166) und die Flüssigkeit auffangen. Die Flüssigkeit aufkochen, Austern kurz darin blanchieren, auf einem Sieb abtropfen lassen, Sud auffangen. Schalotten abziehen, in Ringe schneiden. Butter zerlassen, Schalotten darin andünsten. Austernsud, Wein, Noilly Prat und Sahne angießen und einkochen. Die Sauce mit Krebsbutter, Salz und Pfeffer würzen. Austern in die Pastetchen füllen, mit der Sauce übergießen.

GRATINIERTE JAKOBSMUSCHELN

20 Jakobsmuscheln (ohne Schalen) · 2 Schalotten · 2 Fleischtomaten · 1 Bund Petersilie · 4 Zweige Majoran · Salz · Pfeffer · 80 g Weißbrotkrumen · 160 g Butter

Die Jakobsmuscheln etwa 1 Minute in kochendem Salzwasser blanchieren, abtropfen lassen und auf vier feuerfeste Förmchen oder Jakobsmuschelschalen verteilen. Tomaten kreuzweise am Stengelansatz einschneiden, überbrühen, abschrecken, enthäuten, halbieren, Stengelansatz und Kerne entfernen, Fruchtfleisch würfeln. Petersilie und Majoran abspülen, trockentupfen und fein hacken. Muscheln mit Salz und Pfeffer würzen. Tomaten, Kräuter und Brotkrumen darüber geben. Butterflöckchen darauf verteilen und die Muscheln im auf etwa 200 Grad (Gas Stufe 3) vorgeheizten Backofen 3–5 Minuten überbacken.

KREBSE IN DILLSAUCE

24 lebende Flußkrebse · 1 Bund Suppengrün · 10 g Kümmel · Salz · 1/2 kleine Salatgurke · 2 Schalotten · 1 Bund Dill · 100 g Butter · 100 ml (1/10 l) trockener Weißwein · 100 ml (1/10 l) Noilly Prat (trockener Wermut) · 100 ml Schlagsahne · Pfeffer

Die Krebse gründlich unter fließendem kaltem Wasser abbürsten. Suppengrün putzen, waschen und grob zerkleinern. Die Krebse mit Suppengrün und Kümmel in kochendes Salzwasser geben, 10 Minuten kochen, herausnehmen und abtropfen lassen. Salatgurke waschen, kleine Kugeln ausstechen und in Salzwasser etwa 5 Minuten dünsten. Die Schalotten abziehen und fein würfeln. Den Dill abspülen, trockentupfen und fein hacken. 50 g Butter zerlassen, Schalotten darin andünsten, mit Wein und Noilly Prat ablöschen. Die Sahne und 4 Eßl. Krebsbrühe angießen und einkochen lassen. Zuletzt den Dill unterrühren, mit Salz und Pfeffer abschmecken und die restliche Butter in Flöckchen unterschlagen. Krebsschwänze aus den Schalen lösen und mit den Gurkenkugeln in die Sauce geben.
Kleine Butterkartoffeln oder Butterreis dazureichen.

LANGOSTINOS AUF CHICOREE

24 Langostinos (in der Schale) · 1 Bund Suppengrün · 1 Lorbeerblatt · Salz · 5 Pfefferkörner · 8 kleine Chicorée · 2 Schalotten · 80 g Butter · 1 Eßl. Weizenmehl · 200 ml (1/5 l) Schlagsahne · geriebene Muskatnuß

Die Langostinos gründlich unter fließendem kaltem Wasser abbürsten. Suppengrün putzen, waschen und grob zerkleinern. Langostinos mit Suppengrün, Lorbeerblatt und Pfefferkörnern in kochendes Salzwasser geben und 10–15 Minuten kochen. Langostinos herausnehmen, die Schwänze ausbrechen und das Fleisch warm stellen.
Chicorée waschen, einige Außenblätter abnehmen, beiseite legen, Chicoréestauden in grobe Streifen schneiden. Schalotten abziehen und fein würfeln. Die Butter zerlassen und Schalotten darin andünsten. Mehl darüber stäuben und die Sahne angießen. Chicoréestreifen dazugeben und 3–5 Minuten unter Rühren kochen. Sauce mit Salz, Pfeffer und Muskat würzen. Zurückbehaltene Chicoreeblätter sternförmig auf Tellern anrichten, Gemüse darüber geben und die Langostinos darauf anrichten.

HUMMER-MEDAILLONS MIT MORCHELN

60 g getrocknete, ganze Morcheln · 4 gekochte Hummerschwänze · 2 Schalotten · 80 g kalte Butter · 1 Eßl. Tomatenmark · 100 ml (1/10 l) trockener Wermut · 125 ml (1/8 l) Sherry (medium) · 2 cl Weinbrand · Salz · Pfeffer · 1 Teel. gehackte Estragonblättchen · 100 ml Schlagsahne

Morcheln in etwa 150 ml Wasser 1 1/2 Stunden einweichen.
Die Hummerschwänze aus den Schalen lösen. Die Schalen im Mörser zerstoßen. Schalotten abziehen und würfeln. 50 g Butter zerlassen und die Hummerschalen darin anrösten. Die Schalotten und das Tomatenmark unterrühren, kurz mitdünsten. Wermut, Sherry und Weinbrand angießen und mit Salz, Pfeffer und Estragon würzen. Sud aufkochen und durch ein Sieb in einen anderen Topf passieren. Eingeweichte, nicht abgetropfte Morcheln, und die Schalgsahne hinzufügen und die Sauce sämig einkochen. Restliche Butter in Flöckchen unterschlagen. Das Hummerfleisch in Medaillons schneiden und in der Sauce erhitzen.
Butter-Spinatnudeln dazureichen.

HUMMERKRABBEN MIT KRÄUTERN

32 Hummerkrabben (ohne Kopf) · Bund Thymian · 1 Bund Majoran · 1 Bund Basilikum · 4 Fleischtomaten · 2 Zwiebeln · 2 Knoblauchzehen · 4 Eßl. Speiseöl · 100 g Butter · Salz · Pfeffer

Die Hummerkrabben unter kaltem Wasser abspülen, trockentupfen, auf vier Grillspieße stecken. Die Kräuter abspülen, trockentupfen, fein hacken. Tomaten enthäuten, entkernen und in grobe Würfel schneiden. Zwiebeln und Knoblauchzehen abziehen und fein würfeln. Öl erhitzen, die Hummerkrabben von jeder Seite etwa 5 Minuten darin braten, herausnehmen und warm stellen. Das Öl abgießen und die Butter zerlassen. Zwiebeln und Knoblauch darin dünsten. Tomaten zugeben, in der Butter schwenken, mit den Kräutern, Salz, Pfeffer abschmecken, über die Hummerkrabben geben.
Frisches Baguette dazureichen.

Der gut geratene Braten, das zarte Steak, das saftige Kotelett, die knusprige Haxe und das würzige Gulasch haben auf unseren Speisezetteln einen hohen Stellenwert. Aber es ist uns beileibe nicht gleichgültig, von welchem Schlachttier das Fleisch stammt, das uns serviert wird. Spitzenreiter war und ist der kapitale Schweinebraten, gefolgt von Rouladen und Gulasch vom Rind, Rinderfilet kann sich rühmen, besonders hoch geschätzt zu sein. Kein Alltagsessen, wie jeder weiß. Denn es hat nun mal seine Qualität und seinen Preis. Aber wer sich das Besondere gönnen möchte, entscheidet sich für Rinderfilet mit feinem Gemüse, wie es auf dem Foto zu sehen ist. Mehr über dieses gute Stück können Sie auf den nächsten Seiten lesen. Da haben wir auch alles zusammengetragen, was man über Rind-, Kalb-, Schweine- und Lammfleisch und die Innereien wissen sollte, wofür man die einzelnen Teile verwendet und wie man mit dem Fleisch umgeht. Und dann folgt die Großauswahl an Rezepten, die Ihnen mit Sicherheit Appetit auf's Nachkochen machen werden.

RATGEBER FLEISCH

TEILSTÜCKE VOM RIND

1) **Nacken** sagt man in Norddeutschland zu diesem saftigen Stück, in Süddeutschland aber **Hals**. Was im übrigen einleuchtender ist, weil aus dem ganzen Hals Bratenstücke geschnitten werden. Nicht nur aus dem Nacken. Ob man das Fleisch kochen oder schmoren möchte, ist eine Frage der Speise, für die man es verwenden will.

1

2) **Kamm** oder **Zungenstück**, **Halsgrat** oder **Siegelstück** heißt nord- bis süddeutsch dieses wohlgeformte Fleischstück aus dem unteren Teil des Halses. Es eignet sich als Braten, wird auch gern als Sauerbraten eingelegt und ist da mürbe und saftig gut für Fleischfondue geeignet. Im übrigen macht der Fleischer daraus Tatar (norddeutsch: Beefsteakhack).

2

3) Die **Hochrippe** oder **Hohe Rippe** (süddeutsch auch **Schorrippe**) ist ein kapitales Rinderkotelett, das schmal geschnitten, für mindestens zwei Personen reicht und gegrillt besonders gut schmeckt. Außerdem ist Hochrippe zum Braten, Kochen und Schmoren geeignet. Das Kernstück in der Mitte ergibt saftige und kräftig-aromatische Steaks.

3

4) Das **Roastbeef**, in der ganzen Bundesrepublik so genannt, wird aus dem mittleren Rinderrücken geschnitten. Das Fleisch, vom Verbraucher hoch geschätzt, ergibt – richtig zubereitet – einen zarten Braten und ist auch zum Grillen hervorragend geeignet. Aus dem Roastbeef werden **Rumpsteaks** und **Entrecôtes zum Kurzbraten geschnitten.**

4

5

5) Die **Brustspitze**, leicht oder stark von Fett durchzogen, wird aus dem Stück des Rindes geschnitten, das zwischen den Vorderbeinen gelegen ist. Es wird als Rinderbrust oder als Einlage in Eintöpfen gekocht. Mit viel Wurzelgemüse im Tontopf lange genug gegart, wird daraus übrigens ein vorzüglicher Braten. Und preiswert ist er außerdem noch.

6

6) **Bauchlappen** oder **Lappen**, auch **Dünnung** oder – süddeutsch – **Spannrippe** genannt, gehören zu den gut durchwachsenen und preiswerten Rindfleischteilen. Man kann sie zur Rolle binden und als Braten zubereiten. Im allgemeinen aber kocht man das Fleisch in Eintöpfen, bereitet daraus Bouillon zu oder verwendet es für kräftige Fonds.

7

7) Das **Filet** (die **Lende**), aus der Rükkenmitte ausgelöst, ist das zarteste Teilstück des Rindes und das kostbarste. Teuer deshalb, weil ein mächtiges Rind ein nur vergleichsweise winziges Filet liefert und die Nachfrage groß ist. Es werden daraus Steaks aller Art geschnitten. Es kann aber auch im Stück gebraten und ist ein vorzügliches Fonduefleisch.

8

8) Die **Hüfte**, zum Rinderschwanz hin gelegen, liefert klassische Schmorbratenstücke. Es werden daraus aber auch Rouladenscheiben geschnitten. Und wenn der Fleischer ein Händchen dafür hat, liefert er daraus Hüftsteaks, die den Rumpsteaks in nichts nachstehen, vorausgesetzt sie sind fachmännisch gut abgehangen.

9

9) Die **Schwanzrolle**, ein eher kleines Stück der hinteren Keule, heißt in Süddeutschland einfach **Schwanzstück**. Daraus schneidet der Fleischer Rouladen, Steaks oder Schmorbraten. Das Fleisch ist also zum Braten wie zum Grillen gleichermaßen gut geeignet und bei allen willkommen, die magere Stücke gerne mögen.

10

10) Das **Bürgermeister-** oder **Pastorenstück** im süddeutschen Sprachraum „Namenlos" genannt (links im Foto) liefert die besten Schmorbraten, Sauerbraten und vorzügliches Gulasch. Die **Kugel** (rechts im Foto) ist ein Stück, das sich zum Braten, Schmoren, für Rouladen, aber auch als Fleisch für Fondue anbietet.

RATGEBER FLEISCH

1) Die **Quer-** oder **Flachrippe,** hinter der Vorderkeule des Rindes gelegen, eignet sich vor allem zum Kochen. Sie ergibt, da stark mit Fett durchwachsen, deftige Brühen und ist als Grundlage für kräftige Eintöpfe vorzüglich.
Extratip: Querrippe würzen, im Tontopf (1 kg bei 225 Grad ca. 2 Stunden) braten. Ergibt einen ausgesprochen würzigen Braten, der den großen Vorteil hat, preiswert zu sein.

1

2

2) Die **Beinscheibe** aus dem Beinfleisch (Hesse) sollte rund 5 cm dick geschnitten werden. Dann kann man sie genau wie die Querrippe verwenden. Als Kochfleisch sind Beinscheiben, schon ihres in den Knochen enthaltenen Marks wegen sehr beliebt. Man kann diese Beinscheiben auch schmoren. Ihr Fleisch ist mager. Fett liefert daran nur der Markknochen.

3) Die **Kluft** oder **Oberschale,** aus der hinteren Keule des Rindes geschnitten, liefert schieren und daher hochwertigen Braten zum Schmoren, ausgezeichnete Rouladen und sogar Steaks. In Norddeutschland weiß man die Landesspezialität, das Beefsteak aus der Kluft, hoch zu schätzen. Vorausgesetzt, es ist fachmännisch vom guten Fleischer abgehangen und das Fleisch wurde gepflegt. Dann können diese herzhaften Steaks wirklich butterzart sein.

3

4

4) **Falsches Filet** heißt das Stück der Vorderkeule (Schulter), das dem echten Filet in der Form sehr ähnlich ist. In Süddeutschland nennt man es **Schulterspitze.** Es ist zum Braten, zum Schmoren wie für Ragouts gut geeignet und kann natürlich auch zu Gulasch verarbeitet werden.

TEILSTÜCKE VOM KALB

1

1) Der **Nacken** oder süddeutsch – **Hals** ist ein Stück, das aus dem oberen Hals des Kalbes geschnitten wird. Es wird zumeist mit Knochen verkauft. Man kann Gulasch daraus schneiden, und es wird außerdem sehr gerne als Kochfleisch verwendet.

2

2) Das **Kotelettstück (Kamm oder Mittelstück)** kann im Ganzen als Braten zubereitet werden. In Scheiben natürlich als Koteletts. Kalbskoteletts lassen sich auch gut dünsten (Diät) und grillen.

3

3) **Kalbsnierenbraten,** klassisch mit eingewachsener Niere. Der gängige Kalbsnierenbraten für den Bräter sieht anders aus: In das von den Knochen gelöste Fleisch rollt man die Niere. Ein Sonntagsbraten, der bevorzugt mit Erbsen und Möhren serviert wird.

4

4) Die **Kalbsbrust** wird ebenso gerne zu Frikassee wie, einfallsreich gefüllt, als Braten verarbeitet. Die Tasche läßt man am besten vom Fleischer einschneiden. Er bereitet vom ausgelösten Fleisch auch einen guten Rollbraten vor.

5

5) Für die **Haxe** – in Norddeutschland sagt man einfach Bein – gibt's dreierlei Verwendung. Gebraten oder gegrillt ist sie sehr beliebt. Man kann daraus vorzüglich Fonds zubereiten. In Scheiben zerteilt, wird Ragout daraus.

6

6) Die **Oberschale** ergibt einen saftigen, mürben Braten. In Scheiben geschnitten werden die Schnitzel daraus, in Streifen geschnitten Geschnetzeltes.

7

7) Die **Kalbsnuß**, aus der Keule geschnitten, gehört zu den hochwertigen Stücken zum Braten. Schnitzel daraus haben ein Idealmaß, wenn sie 1 cm stark sind.

8) Das **Kalbsfrikandeau,** von kochenden Profis geschätzt, ist ein begehrtes, saftiges Bratenstück. Ebenso eignet es sich als Schnitzelfleisch und für Geschnetzeltes.

8

TEILSTÜCKE VOM SCHWEIN

1

1) Der **Nacken,** auch **Kamm** oder Hals genannt, ist kräftig durchwachsen und wird gern „wie gewachsen" angeboten. Er ist zum Braten und Grillen geeignet und ergibt in Scheiben saftige Koteletts.

2

2) Die **Schulter (Bug** oder **Blatt)** wie sie hier gezeigt wird, hat noch ihren Knochen- und Schwartenanteil und ist daher ein preiswerter, deftiger Braten. Man kann sie ausgelöst ohne Schwarte bekommen, zahlt aber für diesen mageren Braten mehr.

3

3) Das **Kotelettstück** – in Norddeutschland **Karbonade** genannt – ergibt einen exquisiten Braten. In Scheiben geschnitten werden daraus die beliebten Stielkoteletts. Beides gibt es auch als Kasseler. Auch gepökelte Koteletts gibt es (In Hessen sehr beliebt). Die teuersten ihrer Art sind die Lummerkoteletts, an denen man einen Filetanteil läßt.

4

4) **Dicke** und **dünne Rippe,** also die Fortsetzung der vom Kotelett ausgehenden Rippenknochen, eignen sich zum Kochen und werden gerne gegrillt. Besonders, wenn sie – wie vielerorts – geräuchert sind.

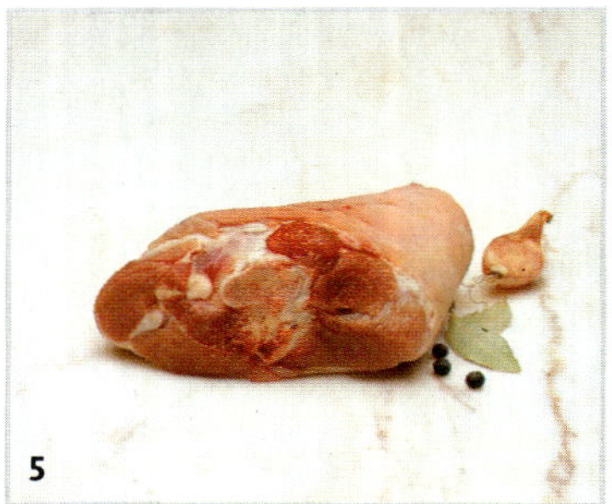

5

5) **Eisbein** – im Süden **Haxe,** im Westen auch **Hämmchen** genannt – ist wohl die berühmteste Beilage zu Sauerkraut. Man kann sie aber auch sauer kochen oder gar schmoren, braten und goldbraun grillen.

6

7

8

6) u. 7) **Schweinebauch** und **Filet** (oben), der Kontrast an sich: Bauch zum Kochen, Schmoren und – in Scheiben geschnitten – zum Kurzbraten, ist das billigste, das Filet das teuerste Stück vom Schwein. Es ist ideal für Steaks und Fondue.

8) Das **Schinkenspeckstück** ergibt einen deftigen Braten und geräuchert den Schinkenspeck.

9

9) Die **Oberschale** kann als Stück oder in Scheiben zu Schnitzel geschnitten gebraten werden. Im Tontopf, mit Suppengemüse gegart, wird der Braten sehr saftig.

10

10) Die **Nuß** vom Schwein oder der **Nußschinken** ist das Ausgangsprodukt für den Schinken gleichen Namens. Frisch werden daraus Schnitzel oder Bratenstücke geschnitten. Die Nuß ist auch für Fondue geeignet.

11

11) Die **Unterschale** oder das **Schinkenstück** eignet sich hervorragend als Braten, Schnitzel oder Steaks. Man kann auch Geschnetzeltes daraus zubereiten. Das magere Fleisch hat seinen Preis.

1

TEILSTÜCKE VOM LAMM

1) u. 2) Der **Nacken** oder auch **Hals** ist angenehm marmoriert und daher ein gutes Stück zum Braten oder Schmoren, für Ragouts und zum Kochen in Eintöpfen geeignet. Die Brust rechts kann gefüllt als Braten und wird gerne zu Ragouts verarbeitet. Unerläßlich für Irish Stew.

2

3

3) u. 4) Vom **Rücken** oder **Sattel** des jungen Tieres kann man vorzügliche Braten zubereiten die besonders würzig sind, wenn sie in Marinade eingelegt werden. Rücken gehört zu den teuersten Stücken des Lammes. Die **Schulter (Bug** oder **Blatt)** – rechts ergibt einen ansehnlichen Braten, läßt sich vorzüglich schmoren, zu Ragout verarbeiten oder in Würfel geschnitten aufspießen und grillen. Sehr lecker ist auch ein Rollbraten aus dem ausgelösten Sattelstück.

4

5

5) **Koteletts** dieser Größe – links – stammen von älteren Lämmern. Sie sind saftig, im Kern fettarm, von Fett umgeben, das man beim Braten wegen des Aromas am besten dranläßt, auch wenn man es nicht mitessen möchte. Diese Koteletts haben ihren Preis.

6) Die **Lammvorderhaxe** – rechts – ist als Kochfleisch nicht zu verachten. Sie macht Wirsing oder Weißkohl aromatisch und schmackhaft. Man kann Lammhaxen aber auch sehr gut schmoren.

6

7

7) Die **Keule** – links – ist ein Prachtstück, das allerdings auch nicht billig ist. Sie ergibt einen hervorragenden Braten und – fachmännisch mariniert – einen hocharomatischen Eßgenuß. In Buttermilch gebeizt, wird sie auch besonders würzig.

8) Die **Hinterhaxe** – rechts – hat von den Haxen den höheren, übrigens mageren Fleischanteil. Besonders saftig werden geschmorte Haxen.

8

STEAK VOM RIND

An der Spitze aller Steaklieferanten steht das Rind. Wie vielseitig es ist, zeigen wir auf unserem Foto oben. Aus dem Filet (1) schneidet man große und kleine Steaks. Vom Kopf, der dicksten Stelle, stammen die Schwergewichte von 200 g und das doppelt schwere Chateaubriand (2) für zwei Portionen. Darunter liegt ein normales Steak von ca. 180 g (3). Nummer 4 ist ein Filet mignon von ca. 100 g. Tournedos und Medaillons sind ähnliche Leichtgewichte. Nicht so ganz zart in der Faser, aber herzhafter im Geschmack ist das Huftsteak (7), das – der Name sagt's – aus der Höfte geschnitten wird. Gewicht: ca. 200 g. Das Kluft oder Beefsteak aus der Keule (8) sollte 175 bis 200 g wiegen. Fachmännisch abgehangen sind die Steaks klasse, wie auch das Rumpsteaks (9), geschnitten aus dem hinteren Teil des Roastbeefs. Sein Gewicht: um 200 g. Der Fettrand muß immer eingeschnitten werden, damit sich das Rumpsteak beim Braten nicht wölbt. Das Entrecôte (10) ist dagegen kapitaler. Es wiegt 400 g und ist für zwei Portionen gedacht. Es wird korrekt aus dem flachen Teil des Roastbeefs geschnitten.

Nach amerikanisch-englischem Schnitt geht's bei den übrigen Steaks zu. Das Porterhouse-Steak (11) wird aus dem Roastbeef mit Knochen und Filetanteil 800–1000 g schwer geschnitten. Ähnlich das T-Bone. Es hat aber einen geringeren Filetanteil. Seinen Namen hat es vom T-förmigen Knochen. Gewicht: ca. 600 g. Das Rib-eye-Steak (13) wird aus der Hochrippe ca. 300 g schwer geschnitten. Das Sirloin-Steak (14) schneidet man aus dem in die Blume hineinragenden Roastbeefteil. Das vom Knochen gelöste Fleischstück (bonelesse = ohne Knochen) wird 300–400 g schwer geliefert.

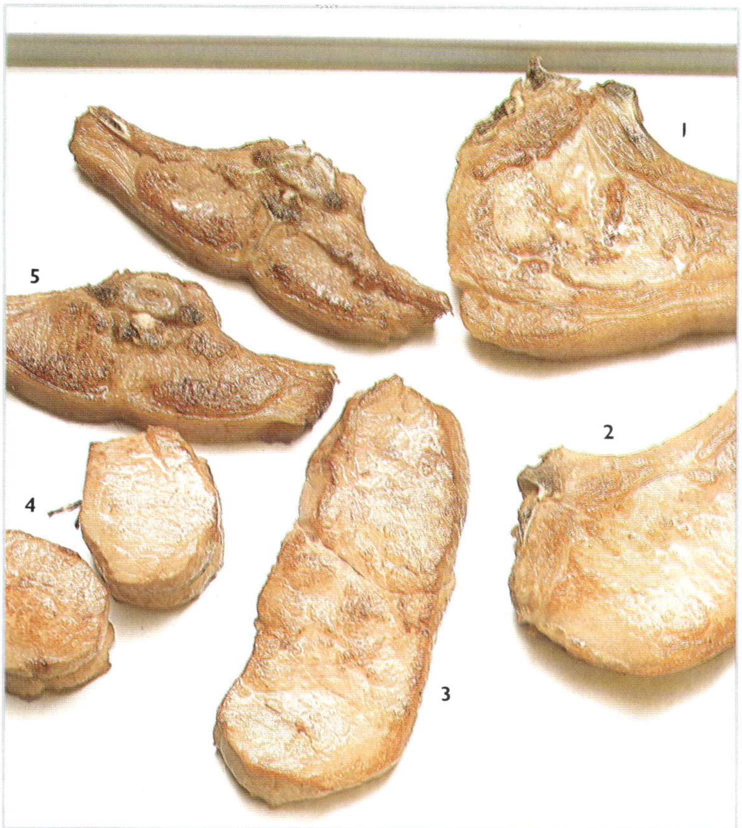

STEAKS BRATEN

Jede fachmännisch geschnittene Fleischscheibe darf sich Steak nennen. Nicht nur das, was wir landläufig so bezeichnen und was aus dem Filet der Schlachttiere stammt. Auch Koteletts oder Schnitzel haben das Recht dazu. Was beweist, daß es auch Steaks mit Knochen gibt. Sonst hieße das Porterhouse auch nicht Steak, wo es doch eigentlich ein Riesenkotelett ist.
Steaks vom Rind sollten generell nach dem Braten innen rot bis rosa sein. Egal, ob sie vom Filet, aus Kluft, Hüfte oder Roastbeef oder wie die amerikanisch-englischen aus dem Rücken geschnitten sind. Das gilt natürlich auch für die Medaillons (4) auf dem Foto oben. Rumpsteak, Huft- und Kluftsteak (Foto linke Seite) 3 Minuten je Seite braten. Dann sind sie rosa. Das Kalbskotelett – Foto oben (1) braucht pro Seite 6 Minuten. Für das Schweinekotelett (2) muß man 5-6 Minuten rechnen, für das Kalbschnitzel (3) pro Seite 4 Minuten und für die Lammkoteletts (5) pro Seite 3 Minuten. Bei panierten Stücken wird die Garzeit pro Seite um 1-2 Minuten verlängert.
Ein paar wichtige Tips: Steaks oder Koteletts, die auf einmal in einer Pfanne gebraten werden sollen, müssen gleich dick sein, wenn sie den gleichen Gargrad haben sollen. Steaks und Koteletts nur in Pfannen mit schwerem Boden braten, der die Hitze gleichmäßig aufnimmt und wieder verteilt. Als Bratfett eignen sich Öl und weißes Pflanzenfett so gut wie Butterschmalz. Gießen Sie das Fett nach dem Braten ab und wenden die Steaks noch einmal in mäßig erhitzter Butter. Das macht sie schmackhafter. Alle Steaks kann man über Nacht in Öl marinieren. Das besondere Aroma gibt ihnen Oliven-, Walnuß-, Haselnuß- oder Mandelöl. Fertige Steaks bis zum Servieren mit Alufolie bedecken. Die Bratzeiten richten sich immer nach der Stärke der Steaks. Aber in jedem Fall brät man sie pro Seite kurz, aber scharf an. So gerinnt das Eiweiß an der Oberfläche sofort. Es bildet sich die schmackhafte Kruste.

(Foto 1) So wird ein 200-g-Steak, wenn man es nach dem Anbraten pro Seite nur 1 Minute brät. Allgemeiner Sprachgebrauch für den Gargrad: englisch gebraten. Fachmännisch nennt man's „saignant" (französisch) und „rare" (englisch). Das Steak (Foto 2) ist auf den Punkt genau gebraten, nämlich pro Seite 3 Minuten. Küchen-französisch heißt es so „point" und englisch „medium" (halbgar). Es ist im Kern rötlich bis rosa. So mögen es die meisten.

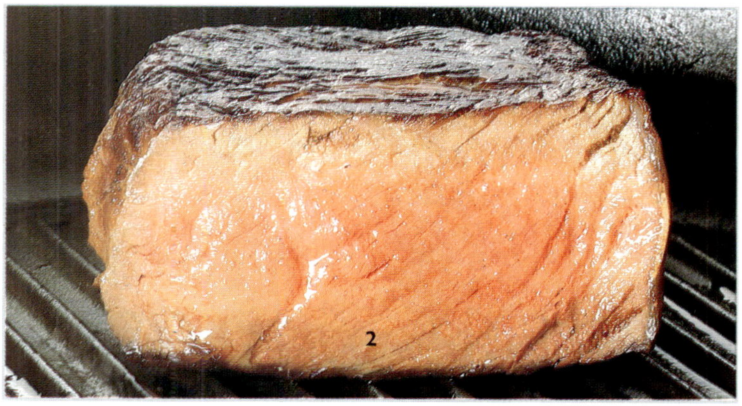

(Foto 3) Hier wird ein durchgebratenes Steak abgebildet. Man gart es pro Seite 5 Minuten. Englisch heißt es dann „welldone" (durchgebraten), französisch „bien cuit" (gut gegart). Steakkenner lehnen diese Garmethode strikt ab, weil das Fleisch dann trocken ist und der Vorstellung von einem saftigen Steak nicht mehr entspricht.

LAGERN UND VORBEREITEN

Fleisch ist ein frisches Produkt, das am besten am Einkaufstag zubereitet wird. Wenn das nicht geht, kann man es im Kühlschrank ausgepackt in einer Porzellan- oder Glasschüssel, mit einem Teller abgedeckt aufbewahren. Beste Temperatur: 6 Grad plus.
Einlegen ist die zweite Möglichkeit, Fleisch frisch zu halten, ihm zusätzlich Würze zu geben und es mürber zu machen. Zum Beispiel in gekräuterter Buttermilch oder in einer Essigmarinade. Möglich ist auch, es mit viel Öl – nach Geschmack mit Kräutern gemischt – einzustreichen. Marinierdauer in allen Fällen: 24 Stunden im Kühlschrank.
Daß man Fleisch roh und zubereitet einfrieren kann weiß jeder, der ein Gefriergerät hat. Das ist praktisch, weil es so über Monate hinaus haltbar ist.

Bratenstücke und Suppenfleisch richtig vorbereiten heißt zunächst, sie parieren – also putzen. Also: Haut, Sehnen und überflüssiges Fett wegschneiden. Knochensplitter entfernt man beim Waschen. Dazu die Fleischstücke rasch unter kaltem Wasser abspülen. Kochfleisch so ins kalte oder kochende Wasser geben. Bratenstücke mit Haushaltspapier abtrocknen, damit sich beim Anbraten sofort die gewünschte Kruste bildet. Das gilt auch für mariniertes Fleisch.
Vor dem Braten muß das Fleisch aber gewürzt werden. Salz und Pfeffer kräftig in die Oberfläche einreiben. Das gilt auch für Gewürze wie Paprika und Curry. Sollen Kräuter verwendet werden, streicht man die Oberfläche vorsorglich mit Öl ein und reibt die frisch gehackten oder getrockneten Kräuter drauf.

Übrigens: Fleischstücke wie Gulasch, Geschnetzeltes und Frikasséestücke nicht waschen, sondern nur mit Haushaltspapier abtupfen.

DIE GARMETHODEN

Beim Garen kommt es darauf an, die Nährwerte zu erhalten und einen optimalen Geschmack zu erreichen. Dabei muß man einige wichtige Grundsätze beachten.

Kochen bedeutet: In Flüssigkeit garen. Das kann Salzwasser, halb Wasser, halb Wein sein oder auch ein Essigsud. Entweder man legt das Fleisch in den Topf, gießt die kalte Flüssigkeit auf, so daß es eben bedeckt ist, kocht auf und gart bei milder Hitze schonend zuende. Oder man gibt das Fleisch in die sprudelnd kochende Flüssigkeit, reduziert die Energie und läßt das Fleisch nur eben köcheln, bis es gar ist. Wer eine konzentrierte Brühe haben will und auf das Fleisch keinen Wert legt, kocht es so lange wie möglich und füllt immer wieder die verdampfte Flüssigkeit auf. Das Suppengemüse mit dem Fleisch aufsetzen. Wer gerne Gemüse mitservieren will, seiht die Brühe nach 1 ½ Stunden Kochzeit ab und gart frisches Gemüse noch 15 Minuten mit. Garzeit für 1 kg Fleisch: etwa 2 Stunden.

Schmoren ist eine Garmachungsart, die zwischen Braten und Kochen liegt, eher dem Dünsten ähnlich ist. Für Schmorbraten natürlich unerläßlich. Auch Sauerbraten, Gulasch, Ragout und Rouladen werden geschmort. Eine Methode, die für grobfaseriges Fleisch also auch Fleisch von älteren Tieren sehr gut geeignet ist. Nach der angemessenen Schmorzeit (2–3 Stunden pro kg) ist es von mürber Konsistenz und von vorzüglichem Geschmack. Zum Schmoren nicht zu wenig Öl oder Speisefett stark erhitzen. Fleisch darin rundherum bräunen. Dann Zwiebeln (Gulasch) leicht mitbräunen und Gemüse nach Geschmack rundherum einlegen. Etwas heißes Wasser oder heiße Brühe angießen. Im geschlossenen Topf bei geringer Hitze schmoren. Sobald die Flüssigkeit verkocht ist, wieder etwas nachgießen. Aber keine Mengen, sonst wird aus dem Schmorfleisch schlichtes Kochfleisch.

Für **Braten** gibt man das gewürzte Fleischstück (über Kurzgebratenes lesen Sie mehr auf Seite 201) in stark erhitztes heißes Öl oder Speisefett in den Bräter und brät es rundherum goldbraun an. Dabei wird es zunächst mit dem Fett überschöpft, später gießt man ab und zu ein bißchen Flüssigkeit an und überschöpft den Braten, wenn sich Fond gebildet hat. Nach dem Anbraten bei mäßiger Hitze im geschlossenen Topf weiterbraten, zum Schluß zum Bräunen im offenen Topf. Gar ist der Braten, wenn beim Einstich kein Fleischsaft mehr herausfließt. Garzeiten siehe Seite 200. Fertigen Braten immer auf dem Schneidbrett mit Alufolie abgedeckt 10 Minuten ruhen lassen. Dann verteilt sich der Fleischsaft gleichmäßig und kann beim Anschneiden nicht abfließen.

Braten im Backofen: Das gewürzte Fleisch in den Bräter legen, mit erhitztem Öl oder Speisefett begießen, in den vorgeheizten Ofen bei ca. 225 Grad (Gas: Stufe 4) stellen. Nach und nach etwa Flüssigkeit angießen, dann den Braten häufig mit Fond überschöpfen.
Eine praktische Art, Fleisch schonend zu garen und selbst grobfaseriges mürbe zu machen, ist das **Garen im Tontopf**. Der unglasierte Tontopf mit Deckel wird gewässert, so daß sich die Poren vollsaugen. Das gewürzte, nur leicht gesalzene Fleisch wird mit oder ohne rohes Gemüse eingelegt. Dann kommt der geschlossene Topf in den kalten Backofen, der jetzt eingestellt wird. Beim Erhitzen bildet sich Dampf (Dunst) im Topf, der das Fleisch umschließt, so daß weder Vital- noch Aromastoffe verloren gehen. Das Fleisch gart im eigenen Saft, wird mürbe und besonders würzig. Je nach Flüssigkeitszugabe kann man im Tontopf auch schmoren und kochen. Zum Braten am besten den Tontopf mit Bratstegen verwenden, der verhindert, daß das Fleisch im eigenen Saft liegt und nicht bräunt.

Fleisch **in Alufolie garen** ist eine ähnliche Technik. Nur muß man zum Schluß die Folie öffnen und den Braten nachbräunen. Bei Spezial-Bratfolie ist das nicht nötig. Darin wird der Braten von selbst knusprig braun. Es gibt verschiedene Fabrikate. Alle sind für den Backofen gedacht und sollten nach der Gebrauchsanweisung auf der Packung eingesetzt werden.

Es wäre schließlich noch zu sagen, daß bei allen Garmethoden im Grunde das Gleiche geschieht: Durch die starke Hitzeeinwirkung gerinnt das Eiweiß an der Oberfläche rasch. Das Stück wird dadurch sozusagen versiegelt. Es kann kein Fleischsaft mehr herausfließen. Beim Braten kommt dieser gewünschte Effekt hinzu: Es bildet sich die beliebte, schmackhafte goldbraune Kruste. Im Tontopf gerinnt das Eiweiß erst dann, wenn sich der heiße Dampf entwickelt hat, der das Fleisch einhüllt und „verschließt".

Übrigens kann man Fleisch auch in **Pasteten- oder Blätterteig** schonend garen. Allerdings muß man es zuvor anbraten und nochmal auskühlen lassen. Eine Zubereitungsart, die für Filets am Stück oder für ausgelöstes Kasseler besonders geeignet ist. Und hier noch etwas über die Mengen. Rechnen Sie pro Portion mindestens 150 g Fleisch ohne Knochen und 200 g Fleisch mit Knochen. Ausgesprochene Fleischesser sind damit allerdings nicht sonderlich zufrieden. Sie kalkulieren 1 kg Fleisch mit Knochen und mindestens 800 g ohne Knochen für 4 Portionen.

Schnellkochtöpfe und -bratpfannen helfen erheblich, Zeit und Energie zu sparen. Und – was auch sehr wichtig ist – man kann darin absolut vitamin- und mineralstoffschonend garen. Gute Gründe also, diese Garmethode genauer zu betrachten. Das Prinzip: Im hermetisch verschlossenen Schnellkochtopf werden die Speisen in Dampf unter leichtem Überdruck bei etwas erhöhter Temperatur in einem Bruchteil der sonst üblichen Garzeiten zubereitet. Denn bei höheren Temperaturen gart alles schneller. Sauerstoff kann die Vitamine nicht schädigen, denn er kommt nicht ran. Sie bleiben also fast vollständig erhalten. Die Mineralstoffe können nicht auslaugen, die Aromastoffe werden durch die erhöhte Temperatur intensiver erschlossen. Fazit: Die Speisen schmecken besonders gut. Kochfleisch, Braten und Gulasch werden im Schnellkochtopf saftiger, zarter und leichter verdaulich. Albert Bouley, einer der großen Köche Deutschlands, hat das Aromagaren im Sicomatic erfunden. Für Fisch, Gemüse, aber auch bestimmte Fleischgerichte verwendet er statt Wasser Wein oder Kräutersud zur Dampferzeugung. Waren bisher meist Zeit- und Energieersparnis die Hauptgründe zur Verwendung eines Schnellkochtopfes, so ist heute für viele Köche und Hausfrauen die Möglichkeit der geschmacklichen Verfeinerung von Speisen durch das Garen im Aromadampf der wichtigste Grund für den Einsatz des Sicomatic. Trotz all dieser Vorteile gibt es bei manchen noch die Hemmschwelle vor der Technik von Schnellkochtopf und -bratpfanne. Zu Unrecht. Denn sie sind im Grunde leicht zu handhaben. Im Modell Sicomatic (5 Liter) mit Schnellbratpfanne auf dem großen Foto sind die Bedienungselemente im Griff (kleines Foto) integriert. Das Ventil ist völlig wartungsfrei. Es muß zum Reinigen nicht zerlegt werden, sondern wird nur unter Wasser abgespült. Hier ein paar eindrucksvolle Zahlen dafür, wie schnell in solchen Spezialtöpfen ein Braten oder Gulasch zubereitet sind. Ein Kalbsbraten von 500-800 g ist in 14–18 Minuten gar, 500 g Rindergulasch braucht 20-25 Minuten, 500–750 g Rinderbraten 24–30 Minuten und Rinderrouladen etwa 10 Minuten. Sicomatic und Sicomatic-Pfanne machen's möglich.

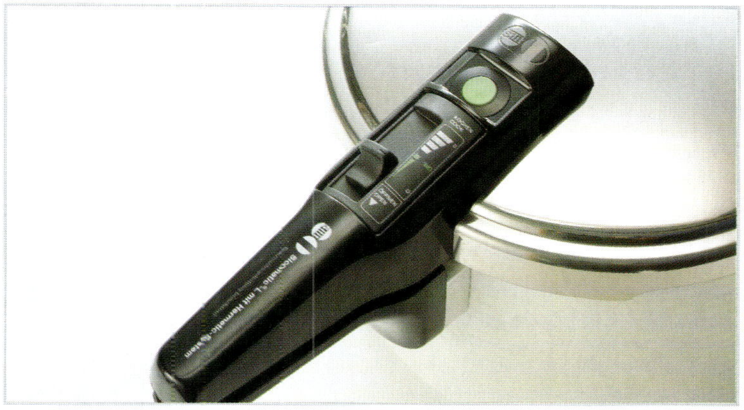

KNUSPRIGER BRATEN GUT GERATEN

1) Auf dem Herd zubereiten: Kräftig mit Salz, Gewürzen oder Kräutern einreiben. In heißem Öl oder in weißem Speisefett anbraten. Nach Wunsch Suppengemüse zugeben. Nach und nach etwas Wasser angießen. Pro 500 g Rindfleisch ca. 50 Minuten, Schweine- und Lammfleisch ca. 40 Minuten und Kalbfleisch ca. 30 Minuten durchbraten.

1

2) Wer seinen Braten im Backofen zubereiten möchte, was sehr praktisch ist, weil er darin fast von alleine gart, würzt ihn zuvor, heizt den Backofen auf 225 Grad (Gas Stufe 4) auf (Durchschnittswert), legt das Fleisch in den Bräter, begießt es mit heißem Öl oder Speisefett und schiebt den Topf auf den Rost in den Backofen. Ab und zu immer mal mit wenig heißem Wasser oder heißer Brühe begießen, dann mit dem Fond überschöpfen.

3) Auch empfehlenswert: Den Braten im Tontopf zubereiten. Topf wässern. Gewürztes Fleisch mit oder ohne Suppengemüse einlegen, zudecken, in den kalten Backofen stellen. Energie einschalten. Etwa 30 Minuten länger als normal bei 225 Grad (Gas Stufe 4) garen. Braun wird der Braten im Topf mit Bratsteg, wenn das Fleisch den Topf voll ausfüllt oder man es 10 Minuten offen nachbrät. Ganz problemlos: Das Fleisch in spezieller Bratfolie zubereiten (Bild rechts). Es wird knusprig braun.

3

4

VON HACKFLEISCH UND INNEREIEN

1) Am Beispiel von gemischtem Hackfleisch zeigen wir auf dem Foto, was man alles daraus zubereiten kann: Die Frikadellen, den Braten, Spießchen zum Grillen, in Wirsing gepackte Frikadellen und die klassischen Kohlrouladen. Die folgenden Hackfleischsorten gibt es bei uns zu kaufen: Rinderhack aus durchwachsenem Rindfleisch; Schweinehack aus durchwachsenem Schweinefleisch; Gemischtes Hackfleisch aus beiden Sorten zu gleichen Teilen. (Aus diesen Sorten kann man zubereiten, was auf dem Foto zu sehen ist. Man verwendet sie auch für Aufläufe und Pfannengerichte). Tatar, auch Beefsteakhack genannt, ist fein zerkleinertes rohes Fleisch vom Rind mit geringem Fettanteil. Zum Rohessen und für Tatarsteaks bestimmt. Schweinemett aus grob zerkleinertem fettreichen Schweinefleisch, ist meist gewürzt, bratfertig aber auch zum Rohessen gedacht. Generell gilt: Das stark zerkleinerte Hackfleisch ist leicht verderblich. Es muß am Einkaufstag verzehrt, kann aber auch eingefroren werden. Aber es bleibt dabei: Verbrauchen, sobald das Fleisch aufgetaut ist.

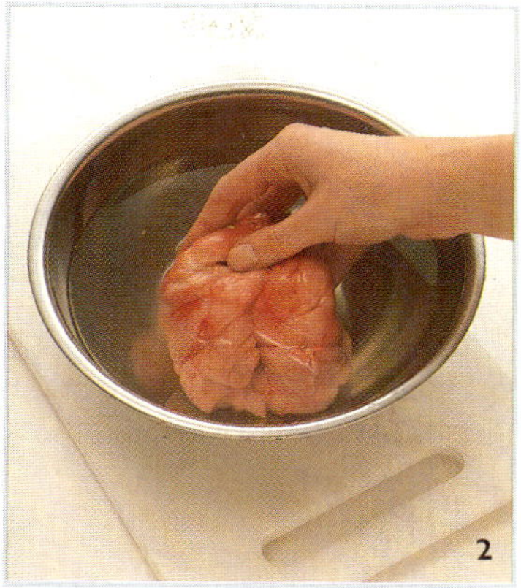

2

2) Kalbsbries vor- und zubereiten: Solange wässern oder unter fließendem Wasser stehen lassen, bis es weiß ist. In lauwarmes Wasser legen, aufkochen, abgießen, in kaltem Wasser auskühlen lassen.

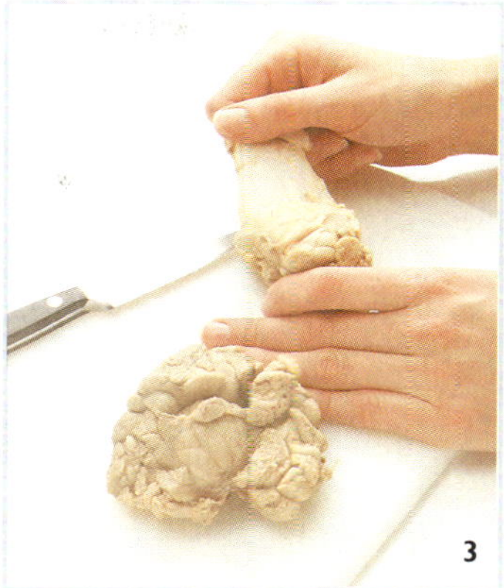

3

3) Das Bries vorsichtig aus den Häuten schälen und eventuell noch vorhandene Adern entfernen. Ganz lassen oder in Röschen teilen, je nach Rezeptangabe.

4

4) Man kann das Bries auch – statt in Wasser – in Brühe mit zerkleinertem Suppengemüse garen. Oder man läßt es in diesem Sud nach dem Abziehen in 5–10 Minuten zum Servieren gar ziehen.

1

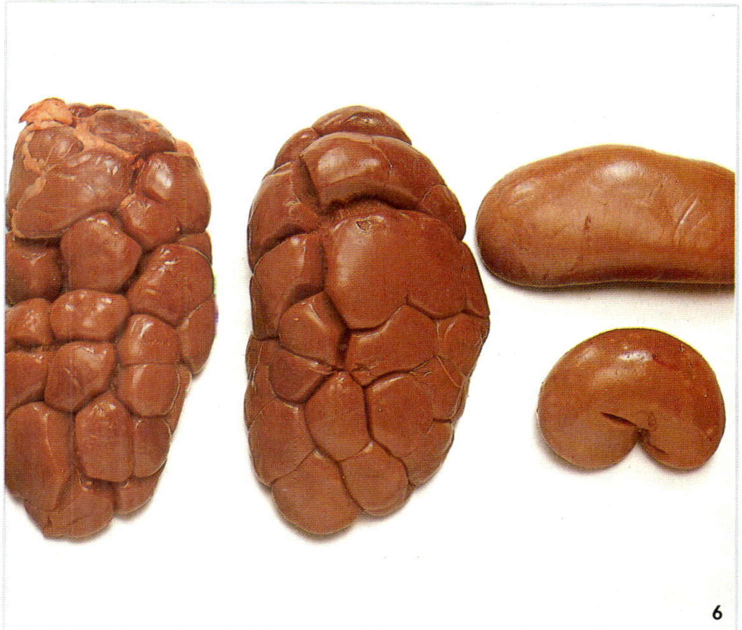

6

5) Leberscheiben, egal von welchem Schlachttier, werden am besten in Mehl gewendet und dann gebraten. Dadurch setzt das eiweißreiche Fleisch nicht an. Oder man erhitzt reichlich Butter nur mäßig und pochiert sie darin naturell. Wichtig: Da es sich bei Leber um zartes, fettarmes Gewebe handelt, darf man sie erst nach dem Braten salzen. Sonst geben sie zuviel Flüssigkeit ab. Sie werden zäh. Garzeiten pro Seite: Kalbs- und Lammleber ca. 2 Minuten, Rinder- und Schweineleber ca. 3–4 Minuten.

5

6) Aus Nieren kann man feine Ragouts zubereiten. In Scheibchen geschnitten oder kurz gebraten, sind sie auch naturell vorzüglich. Wie zum Beispiel die zarte Lammniere, die man kurz in Butter pochiert. Von links nach rechts zeigen wir Rinder- und Kalbsniere, oben rechts eine Schweineniere, darunter eine Lammniere. Vorbereiten: Durchschneiden, Harnröhren und Häute entfernen. Etwa 1 Stunde wässern.

GEFÜLLTE SCHWEINE-RÖLLCHEN

8 kleine Schweineschnitzel (je etwa 60 g) · 1 Knoblauchzehe · Salz · Pfeffer · 100 g Spinat · 1 Zwiebel · 100 g Butter · geriebene Muskatnuß · 250 g rohes Bratwurstbrät · 250 g Champignons · 250 ml (1/4 l) Weißwein · 250 ml (1/4 l) Schlagsahne · 2 Eßl. gehackte Petersilie

Die Schweineschnitzel unter kaltem Wasser abspülen, trockentupfen. Die Knoblauchzehe abziehen und durchpressen. Die Schnitzel salzen, pfeffern und mit dem Knoblauch einreiben. Den Spinat verlesen, waschen und in kochendem Wasser etwa 1 Minute blanchieren, abschrecken, gut ausdrücken. Die Zwiebel abziehen und fein hacken. 50 g Butter zerlassen und die Zwiebel darin andünsten. Den Spinat zugeben, etwa 3 Minuten dünsten lassen und mit Salz, Pfeffer, Muskat abschmecken. Spinat gleichmäßig auf die Schnitzel verteilen. Die rohe Bratwurstmasse auf dem Spinat verteilen. Die Schnitzel zusammenrollen, mit Holzspießchen feststecken, mit Salz und Pfeffer würzen. Die Champignons putzen, waschen und in Scheiben schneiden. Die restliche Butter zerlassen und die Röllchen von allen Seiten darin anbraten. Die Champignons zu den Röllchen geben und andünsten. Mit Weißwein ablöschen und die Sahne hinzufügen. Die Röllchen bei mäßiger Hitze in 20 Minuten gar schmoren. Aus der Pfanne nehmen, Holzspießchen entfernen, die Röllchen warm stellen. Die Sauce cremig einkochen lassen, mit Salz und Pfeffer abschmecken und die gehackte Petersilie unterrühren. Die Röllchen mit der Sauce servieren.

SCHWEINE-KOTELETT „MÜNCHNER ART“

4 Schweinekoteletts mit ein geschnittener Tasche (je etwa 180 g) · 120 g Weißwurstmasse · Salz · Pfeffer · 4 Eßl. Speiseöl · 16 Perlzwiebeln · 250 ml (1/4 l) brauner Kalbsfond (Rezept S. 132) · 125 ml (1/8 l) Schlagsahne · 2 Eßl.Senf · 2 Eßl. gehackte Petersilie · 200 g Champignons · 80 g gekochter Schinken · 60 g Butter
Außerdem: Holzspießchen

Die Koteletts unter kaltem Wasser abspülen, trockentupfen, mit der Weißwurstmasse füllen, die Taschen mit Holzspießchen zustecken und das Fleisch mit Salz und Pfeffer

würzen. Das Speiseöl erhitzen, die Koteletts darin von beiden Seiten etwa 20 Minuten gar braten und warm stellen.
Perlzwiebeln abziehen und in dem Kalbsfond in etwa 15 Minuten gar dünsten. Sahne und Senf unter die Sauce rühren, mit Salz und Pfeffer abschmecken und die Petersilie unterrühren. Champignons putzen, waschen, vierteln. Den Schinken in Streifen schneiden. Die Butter zerlassen, die Champignons darin etwa 5 Minuten

braten, den Schinken hinzufügen, etwa 3 Minuten mitbraten. Die Champignons und den Schinken über die Koteletts geben und mit der Sauce servieren.
Ofenkartoffeln oder Kartoffelpüree dazureichen.

KASSELER-KOTELETTS AUF CURRYLINSEN

1 mittelgroße Zwiebel ·
2 mürbe Äpfel (Boskop) ·
50 g Butterschmalz ·
2 Eßl. Currypulver ·
2 Eßl. trockener Weißwein ·
1 Dose Linsen (Einwaage 450 g)
Salz · Pfeffer · Zucker ·

4 Kasslerkoteletts ·
Außerdem: Apfelscheiben ·
Feldsalat

Die Zwiebel abziehen, halbieren und in Scheiben schneiden. Die Äpfel schälen, vierteln, das Kerngehäuse entfernen, Äpfel in dünne Scheiben schneiden. Etwa die Hälfte des Butterschmalz zerlassen, zuerst die Zwiebelscheiben darin andünsten, dann die Apfelscheiben hinzufügen, mitdünsten und mit Curry bestäuben. Noch etwas dünsten lassen und mit Weißwein ablöschen. Die Linsen abtropfen lassen, hinzufügen und miterhitzen. Das Gemüse mit Salz, Pfeffer und Zucker abschmecken. Die Kasselerkoteletts abspülen und trockentupfen. Restliches Butterschmalz in einer großen Pfanne zerlassen. Die Koteletts darin von jeder Seite etwa 5 Minuten goldbraun braten und auf dem Linsengemüse anrichten.

SCHWEINEFLEISCH IN PFEFFERSAUCE

1 kg Schweinefleisch (Nacken) · 3 Zwiebeln · 2 Knoblauchzehen · 350 g Tomaten · 1 rote Paprikaschote · 1 rote Chilischote · 250 ml (1/4 l) Olivenöl · Salz · 300 ml helles Bier · 1 Lorbeerblatt · 1 Msp. gehackter Kreuzkümmel · 1 Msp. Oregano · 1 Bund Petersilie

Das Fleisch unter kaltem Wasser abspülen, trockentupfen und in etwa 3 cm große Würfel schneiden. Zwiebeln und Knoblauch abziehen und würfeln. Tomaten mit kochendem Wasser überbrühen, abschrecken, enthäuten,entkernen und würfeln. Paprika- und Chilischote halbieren, entstielen, Kerne und Scheidewände entfernen, die Schoten waschen. Paprika würfeln und Chilischote fein hacken.

Das Olivenöl in einem Bräter erhitzen, das Fleisch darin rundherum anbraten und salzen. Zwiebel- und Knoblauchwürfel hinzufügen und glasig dünsten. Tomaten, Paprika, Chili und Bier hinzufügen. Mit Lorbeer, Kreuzkümmel und Oregano würzen und alles im geschlossenen Topf bei mäßiger Hitze etwa 1 Stunde schmoren lassen. Petersilie abspülen, trockentupfen, fein hacken und unter das Fleisch rühren.
Reis dazu servieren.

SCHWEINEFILET MIT GRÜNEM PFEFFER

600 g Schweinefilet · 100 g Butter · Salz · frisch gemahlener Pfeffer · 2 Schalotten · 200 g Champignons · 2 Eßl. Weinbrand · 6 Eßl. Rotwein · 250 ml (1/4 l) brauner Kalbsfond (Rezept S. 132) · 125 ml (1/4 l) Schlagsahne · 50 g eingelegte grüne Pfefferkörner

Das Filet von Haut und Sehnen befreien, unter kaltem Wasser abspülen, trockentupfen, feinblättrig schneiden.
50 g Butter in einer Pfanne zerlassen, Fleisch darin kurz von allen Seiten braten, salzen, pfeffern, herausnehmen und warm stellen. Die Schalotten abziehen und fein würfeln. Champignons putzen, waschen und in Scheiben schneiden. Die restliche Butter in derselben Pfanne zerlassen, die Schalotten und die Champignons darin dünsten. Weinbrand hinzugießen und flambieren. Mit Wein ablöschen, mit Kalbsfond und Sahne auffüllen und zu einer sämigen Sauce einkochen. Zuletzt die Pfefferkörner unterrühren und mit dem Fleisch noch einige Minuten ziehen lassen.
Als Beilage passen Broccoli und Spätzle.

SCHWEINELENDCHEN IM WIRSINGMANTEL

600 g Schweinefilet (Lende) · 4 Eßl. Speiseöl · Salz · Pfeffer · 150 g Kalbfleisch · 150 g Crème fraîche · 6 große Wirsingblätter · 2 Schalotten · 150 g Champignons · 100 g Butter · geriebene Muskatnuß · 4 Eßl. Weinbrand · 250 ml (1/4 l) brauner Kalbsfond (Rezept S. 132) 125 ml (1/8 l) Schlagsahne · 6 Eßl. Weißwein · 1 Bund Salbei

Das Filet von Haut und Sehnen befreien, unter kaltem Wasser abspülen und trockentupfen.
Das Öl erhitzen, das Fleisch darin kurz von allen Seiten anbraten, salzen und pfeffern. Fleisch herausnehmen und kalt stellen. Kalbfleisch unter kaltem Wasser abspülen, trockentupfen, durch die feinste Scheibe des Fleischwolfs drehen, mit Crème fraîche vermengen und kalt stellen. Die Wirsingblätter waschen, in kochendem Salzwasser blanchieren, trockentupfen und die Mittelrippe entfernen. Schalotten abziehen und fein würfeln. Die Champignons putzen, waschen und würfeln. Die Hälfte der Butter zerlassen, Schalotten und Pilze darin dünsten. Die Mischung mit der Fleischfarce vermengen, mit Salz, Pfeffer, Muskat und Weinbrand abschmecken. Die Wirsingblätter schuppenförmig nebeneinander legen, mit der Farce bestreichen. Das Filet darauf legen, in die Blätter wickeln, in eine feuerfeste Form legen, mit 50 g Butter begießen, im auf etwa 175 Grad (Gas Stufe 3) vorgeheizten Backofen etwa 20 Minuten garen.
Aus Kalbsfond, Sahne und Weißwein eine sämige Sauce kochen, mit gehacktem Salbei abschmecken und zum Filet reichen.
Petersiliekartoffeln dazu servieren.

KASSELERRÜCKEN IN BLÄTTERTEIG

300 g tiefgekühlter Blätterteig (3 Teigplatten) · 150 g tiefgekühlter Blattspinat · 800 g Kasseler ohne Knochen · 3 Eßl. Speiseöl · 2 Schalotten · 1 Knoblauchzehe · 50 g Butter · Salz · Pfeffer · geriebene Muskatnuß · 1 Eigelb · 2 Eßl. Milch

Für die Sauce:

125 ml (1/8 l) brauner Kalbsfond (Rezept S. 132) · 125 ml (1/8 l) Rotwein · 50 g kalte Butter

Außerdem: Weizenmehl

Blätterteig und Spinat auftauen. Fleisch unter kaltem Wasser abspülen, trockentupfen.
Öl erhitzen und Fleisch darin braun anbraten (Foto 1), danach abkühlen lassen. Schalotten und Knoblauch abziehen, würfeln und in zerlassener Butter andünsten. Spinat gut ausdrücken und etwa 10 Minuten darin dünsten, mit Salz, Pfeffer und Muskat würzen, dann abkühlen lassen und auf das Fleisch geben (Foto 2). Zwei Teigplatten nebeneinander auf eine mit Mehl bestäubte Arbeitsfläche legen und zu einer Platte ausrollen. Das Fleisch darauf geben und den Teig darüber zusammenlegen (Foto 3). Ränder gut festdrücken. Eigelb mit Milch verschlagen, Oberfläche damit bestreichen. Aus restlichem Teig Motive ausstechen, die Oberfläche damit garnieren (Foto 4), die Motive ebenfalls mit Eigelb bestreichen.
Das Fleisch auf ein mit kaltem Wasser abgespültes Backblech legen und in dem auf 175–200 Grad (Gas Stufe 3–4) vorgeheizten Backofen etwa 45 Minuten garen.
Für die Sauce Kalbsfond und Rotwein cremig einkochen lassen. Die Butter in Stückchen unterschlagen. Sauce zum Fleisch reichen.

1

2

3

4

SCHWEINEBRATEN MIT ZITRONENGLASUR

(ohne Foto)

(8 Portionen)

Etwa 2 kg Schweinerücken · 4 Eßl. Rosmarinnadeln · 250 ml (1/4 l) Weißwein · 100 g Zucker · 100 ml (1/10 l) Zitronensaft · 3 Eßl. Weinbrand · Salz · Pfeffer

Außerdem: Küchengarn · Speiseöl

Das Fleisch unter kaltem Wasser abspülen, trockentupfen, mehrmals in Faserrichtung einschneiden, etwa 3 Eßl. Rosmarin hineindrücken, das Fleisch in eine Schüssel legen. Den Wein darüber gießen und restliches Rosmarin hinzufügen. Das Fleisch etwa 1 1/2 Stunden marinieren, dabei ab und zu wenden.
Danach aus der Marinade nehmen, trockentupfen zusammenrollen und mit Küchengarn umwickeln. Das Fleisch in einen gefetteten Bräter geben und auf dem Rost in den auf etwa 225 Grad (Gas Stufe 4) vorgeheizten Backofen setzen. Nach etwa 15 Minuten die Hitze auf etwa 175 Grad (Gas Stufe 3) reduzieren. 30 Minuten weiterbraten, dabei ab und zu mit dem Bratfett begießen. Zucker in Zitronensaft und Weinbrand auflösen. Bratenfett abgießen und Fleisch mit Zitronenmischung bestreichen. Noch etwa 30 Minuten braten, dabei mehrfach mit Zitronenmischung bestreichen.
Den garen Braten etwa 15 Minuten „ruhen“ lassen, erst dann in Scheiben schneiden.

SCHWEINERÜCKEN IN ALTBIERSAUCE

(ohne Foto)

700 g Kotelettstrang (mit Knochen) · Salz · frisch gemahlener schwarzer Pfeffer · 1 Teel. Kümmel · 2 Zwiebeln · 1 Knoblauchzehe · 2 Möhren · 100 g Sellerie · 330 ml Altbier · 330 ml Malzbier · 160 g kalte Butter

Die Knochen vom Fleisch lösen und klein hacken. (Bitten Sie am besten Ihren Metzger darum.)
Das Fleisch unter kaltem Wasser abspülen, trockentupfen, mit Salz, Pfeffer und Kümmel würzen. Zwiebeln und Knoblauch abziehen und würfeln.
Möhren und Sellerie schrappen, (schälen), waschen und kleinschneiden. Den Boden eines Bräters mit Wasser bedecken. Das Fleisch hineinlegen, Knochen und Gemüse dazugeben. Den Topf in den auf etwa 200 Grad (Gas Stufe 3-4) vorgeheizten Backofen schieben und das Fleisch 50–60 Minuten braten. Währendessen das Fleisch mehrmals mit dem Bier begießen. Das Fleisch herausnehmen und warm stellen.
Für die Sauce Knochen herausnehmen, Gemüse und Bratensaft durch ein Sieb streichen. Die kalte Butter nach und nach in Stückchen unterschlagen, bis die Sauce sämig ist, mit Salz und Pfeffer abschmecken, Majorankartoffeln, Semmelknödel, Rotkohl oder Bayerisches Kraut dazu reichen.

RINDER-ROULADEN MIT BASILIKUM

4 Rinderrouladen (je etwa 200 g) · Salz · Pfeffer · 200 g Sellerie · 1 Bund Basilikum · 4 Blätter Zitronenmelisse · 2 Eigelbe · 100 g durchwachsener Speck · 3 mittelgroße Zwiebeln · 375 ml (3/8 l) heiße Fleischbrühe · 300 g Crème fraîche

Die Rouladen unter kaltem Wasser abspülen, trockentupfen und mit Salz und Pfeffer würzen. Sellerie schälen, waschen und raspeln. Basilikum und Zitronenmelisse abspülen, trockentupfen und fein hacken. Sellerie, Kräuter und Eigelb vermengen, mit Salz und Pfeffer würzen. Die Masse auf den Rouladen verteilen. Den Speck fein würfeln, in einer Pfanne auslassen, die Speckwürfel (oben das Fett) auf die Masse geben. Rouladen zusammenrollen und feststecken. Mit Salz und Pfeffer würzen und im Speckfett anbraten. Zwiebeln abziehen, in Scheiben schneiden und zu den Rouladen geben. Zugedeckt etwa 1 bis 1 1/2 Stunden schmoren lassen, nach und nach die Fleischbrühe hinzugießen. Rouladen aus der Pfanne nehmen und warm stellen. Crème fraîche unter die Sauce rühren, cremig einkochen lassen, mit Salz und Pfeffer abschmecken. Sauce im Mixer pürieren. Sauce mit den Rouladen noch einmal erhitzen. Salat, Salzkartoffeln oder Kartoffelpüree dazureichen.

GRATINIERTER FLEISCHTOPF

300 g Auberginen · 250 g Zucchini · 1 Zwiebel · 1 Knoblauchzehe · 1 grüne Paprikaschote · 1 rote Paprikaschote · 150 g Champignons · 4 Tomaten · 8 Eßl. Olivenöl · 2 Eßl. Tomatenmark · 250 g saure Sahne · Salz · Pfeffer · 600 g Rinderfilet · 4 Scheiben Schmelzkäse

Auberginen und Zucchini waschen. Stengel und Enden abschneiden. Gemüse in Würfel schneiden. Zwiebel und Knoblauch abziehen und fein würfeln. Die Paprikaschoten vierteln, entstielen, entkernen, die weißen Scheidewände entfernen, die Schoten waschen und würfeln. Champignons putzen, waschen und halbieren.
Die Tomaten enthäuten und zerkleinern. 4 Eßl. Olivenöl erhitzen, Zwiebel, Knoblauch und Paprika darin andünsten. Das übrige Gemüse hinzufügen und etwa 10 Minuten dünsten. Tomatenmark unterrühren und kurz mitgaren. Die saure Sahne unterrühren und mit Salz und Pfeffer würzen.
Das Filet unter kaltem Wasser abspülen, trockentupfen, von Haut und Sehnen befreien und in etwa 2 cm große Würfel schneiden. Restliches Olivenöl in einer Pfanne erhitzen und das Fleisch von allen Seiten darin anbraten. Fleisch mit Salz und Pfeffer würzen und mit dem Gemüse vermengen. Alles in eine feuerfeste Form geben, mit dem Käse belegen, in den auf etwa 250 Grad (Gas Stufe 5–6) vorgeheizten Backofen schieben und etwa 15 Minuten überbacken.

RUMPSTEAK MIT BURGUNDERSCHAUM

4 Rumpsteaks (je etwa 180 g) · Salz · frisch gemahlener schwarzer Pfeffer · 6 große Schalotten · 200 ml (1/5 l) Rotwein (Burgunder) · 2 Eigelbe · 1 Eßl. gehackter Kerbel. 1 Eßl. gehackter Estragon · 100 g kalte Butter · 2 Eßl. geschlagene Sahne · Zitronensaft · 60 g Butterschmalz

Die Rumpsteaks unter kaltem Wasser abspülen, trockentupfen, mit Salz und Pfeffer würzen.
Die Schalotten abziehen, würfeln und mit dem Burgunder kochen, bis die Flüssigkeit fast verdampft ist. Etwas abkühlen lassen und Eigelb unterziehen, bei mittlerer Hitze so lange schlagen, bis eine dicke Masse entstanden ist. Kräuter unterrühren und die Butter in Stückchen unterschlagen, bis eine sämige Sauce entstanden ist. Mit Salz, Pfeffer und dem Zitronensaft abschmecken. Geschlagene Sahne unterziehen.
Butterschmalz erhitzen und die Steaks bei starker Hitze von beiden Seiten anbraten, dann bei schwacher Hitze nochmals von jeder Seite etwa 2 Minuten braten. Den Burgunderschaum auf den Rumpsteaks verteilen, kurz bei etwa 250 Grad (Gas Stufe 5–6) überbacken.
Ofenkartoffeln, Salat und Gemüse dazureichen.

RUMPSTEAKS IN KNOBLAUCH-RAHM

4 Rumpsteaks (je 200 g) · 3 Eßl. Speiseöl · Salz · frisch gemahlener schwarzer Pfeffer · 6–8 Knoblauchzehen · 1 Eßl. Butter · 150 g Crème fraîche · 1 Messerspitze Cayennepfeffer · 1 Bund glatte Petersilie ·

Die Steaks unter kaltem Wasser abspülen, trockentupfen, den Fettrand der Steaks rundrum einschneiden damit sich das Fleisch beim Braten nicht zusammenzieht. Öl in einer Pfanne erhitzen. Die Rumpsteaks darin auf jeder Seite zwei Minuten braten. Mit Salz und Pfeffer würzen. Aus der Pfanne nehmen, auf eine Platte legen und mit Alufolie bedeckt nachziehen lassen damit sich der Fleischsaft sammeln kann.
Knoblauchzehen abziehen. Butter zerlassen. Knoblauch durch die Presse dazudrücken und goldgelb andünsten. Crème fraîche unterrühren. Etwa 3 Minuten dünsten lassen. Mit Salz, Pfeffer Cayennepfeffer abschmecken. Petersilie abspülen, von den Stengeln zupfen und grob hacken. Unter die Sauce rühren. Die Steaks mit dem ausgetretenen Fleischsaft in die Pfanne geben und nochmals ganz kurz erhitzen. Die Rumpsteaks auf vorgewärmten Tellern anrichten und mit der Soße überziehen.

T-BONE-STEAKS MIT SENFKRUSTE

2 T-Bone-Steaks · 3 Eßl. Butterschmalz · Salz · schwarzer Pfeffer · 3 Eßl. körniger scharfer Rotisseursenf · 1 Teel. Tomatenmark · 1 Eßl.

Semmelmehl (Paniermehl) ·
1 Messerspitze Cayennepfeffer ·
etwas abgeriebene Zitronenschale (unbehandelt)

Die Steaks unter kaltem Wasser abspülen, trockentupfen. Butterschmalz in der Pfanne zerlassen und die Steaks darin auf jeder Seite 2 Minuten kräftig anbraten.
Salzen, pfeffern und aus der Pfanne nehmen. Nebeneinander in eine feuerfeste Form setzen. Den Rotisseursenf mit dem Tomatenmark und dem Semmelmehl gut verrühren. Mit Salz, Pfeffer, Cayennepfeffer würzen. Etwas Zitronenschale untermischen. Diese Würzpaste auf die T-Bone-Steaks streichen. Im vorgeheizten Backofen bei etwa 250 Grad (Gas Stufe 5-6) etwa 10 Minuten überbacken, bis sich eine Kruste gebildet hat. Sofort servieren.

GEFÜLLTE FILETSTEAKS MIT BIRNENFÄCHER

4 Filetsteaks (200 g) ·
100 g Roquefort-Käse ·
schwarzer Pfeffer ·
3 Eßl. Butterschmalz · Salz ·
2 reife Birnen (z.B. Williams, gute Luise) oder 4 gedünstete Birnenhälften

Die Steaks unter kaltem Wasser abspülen, trockentupfen.
Jeweils eine Tasche einschneiden. Den Käse entrinden, vierteln und in die Taschen geben. Mit Holzspießchen zustecken und von allen Seiten mit Pfeffer würzen. Das Butterschmalz in einer großen Pfanne erhitzen und die Steaks darin auf jeder Seite zwei Minuten braten. Aus der Pfanne nehmen und auf eine Platte legen. Mit Alufolie bedecken und warmgestellt nachziehen lassen mit Salz bestreuen. Die Birnen waschen, längs halbieren und das Kernhaus entfernen. Jede Hälfte quer in Scheiben schneiden, etwas darauf drücken, damit ein Fächer entsteht.
Jeweils ein gefülltes Steak mit einem Birnenfächer auf vorgewärmten Tellern anrichten.

RUMPSTEAKS MIT ROTWEIN-SCHALOTTEN

4 Rumpsteaks (je 200 g) ·
3 Eßl. Speiseöl · Salz · schwarzer Pfeffer · 200 g Schalotten ·
2 Eßl. Butter ·
125 ml (1/8 l) trockener Rotwein

Die Steaks unter kaltem Wasser abspülen, trockentupfen.
Den Fettrand der Rumpsteaks rundum einschneiden, damit sich das Fleisch beim Braten nicht zusammenziehen kann. Öl in einer Pfanne erhitzen. Die Rumpsteaks darin auf jeder Seite zwei Minuten braten. Salzen, pfeffern und auf eine Platte legen. Mit Alufolie bedeckt nachziehen lassen, damit sich der Fleischsaft sammeln kann. die Schalotten abziehen und in Viertel schneiden. Die Butter zerlassen und die Schalotten darin unter Rühren weich dünsten, aber nicht braun werden lassen. Den Rotwein hinzugießen und um ein Drittel einkochen lassen.
Mit Salz und Pfeffer abschmecken.
Die Rumpsteaks mit dem ausgetretenen Fleischsaft in die Pfanne geben und in der Sauce nochmals kurz erhitzen.

SCHMORSTEAK IN BIERSAUCE
(ohne Foto)

4 Scheiben (je 200 g)
Rindfleisch (Bug oder Keule) ·
500 g Zwiebeln · 5 Eßl.
Olivenöl · Salz · Pfeffer ·
2 Teel. brauner Zucker ·
3 Eßl. Weizenmehl · 450 ml
Bier · 250 ml (1/4 l)
Fleischbrühe · 2 Lorbeer-
blätter · 2 Teel. gemischte,
gehackte Kräuter (Thymian,
Oregano, Bohnenkraut)

Die Fleischscheiben unter kaltem Wasser abspülen und trockentupfen. Zwiebeln abziehen und in dünne Scheiben schneiden.
3 Eßl.Olivenöl erhitzen, Zwiebelscheiben darin bei schwacher Hitze unter ständigem Rühren goldgelb dünsten. Zwiebeln auf einem Sieb abtropfen lassen. Den Saft auffangen, mit dem restlichen Öl wieder in die Pfanne geben und erhitzen. Die Fleischscheiben darin von beiden Seiten bei starker Hitze anbraten, mit Salz und Pfeffer würzen. Fleisch zu den Zwiebeln legen, Saft auffangen und wieder in die Pfanne zurückgießen. Zucker unterrühren, bis er geschmolzen ist. Mehl unterrühren. Mit Bier ablöschen. Die Brühe zugießen und durchkochen lassen.
Die Fleischscheiben und die Zwiebeln abwechselnd in eine feuerfeste Form schichten und die einzelnen Schichten mit Lorbeerblatt belegen und mit Kräutern bestreuen. Mit der Brühe begießen, bis alles bedeckt ist.
Die Form verschließen und auf dem Rost in den auf etwa 175 Grad (Gas Stufe 3) vorgeheizten Backofen schieben, das Fleisch 2 ½–3 Stunden garen.
Bohnen, Kartoffeln oder Nudeln dazureichen.

GEKRÄUTERTES ROASTBEEF

6-8 Portionen
1,5 kg Roastbeef (ohne
Knochen) · Salz · frisch
gemahlener schwarzer Pfeffer ·
1 Knoblauchzehe · 30 g Rinder-
mark · 4 Eßl. gemischte,
gehackte Kräuter (Thymian,
Rosmarin, Salbei, Majoran) ·
2 Eßl. Semmelmehl (Paniermehl)

Das Roastbeef unter kaltem Wasser abspülen und trockentupfen. Fleisch etwas einritzen und mit Salz und Pfeffer würzen. Knoblauchzehe abziehen und fein hacken. Das Rindermark pürieren und mit Knoblauch und den Kräutern vermengen. Das Roastbeef damit bestreichen, über Nacht abgedeckt kühl stellen, in die Fettpfanne setzen und mit Semmelmehl bestreuen.
Die Fettpfanne in den auf etwa 250 Grad (Gas Stufe 5–6) vorgeheizten Backofen schieben und das Fleisch etwa 40 Minuten braten.
Als Beilage Bratkartoffeln, Bohnen und Salat reichen.

RINDERBRUST LÄNDLICHE ART

1 kg Rinderbrust (gerollt) · 2 Eßl. Weizenmehl · Salz · Pfeffer · 30 g Rindertalg · 125 g durchwachsener Speck · 500 g Zwiebeln · 250 g Möhren · 125 g Staudensellerie · 30 g Rindertalg · 2 Eßl. brauner Zucker · 300 ml Malzbier

Die Rinderbrust unter kaltem Wasser abspülen und trockentupfen. Mehl mit Salz und Pfeffer würzen und das Fleisch darin wenden. Speck in feine Würfel schneiden. Die Zwiebeln abziehen und würfeln. Die Möhren schrappen, waschen, und würfeln. Staudensellerie waschen, harte Fäden von den Außenseiten abziehen, die Stangen in Scheiben schneiden.
Rindertalg in einem großen Topf oder Bräter erhitzen und das Fleisch darin von allen Seiten anbraten. Fleisch aus dem Topf nehmen und warm stellen. Speck im Bratfett auslassen, Gemüse dazugeben und andünsten. Den Zucker unterrühren, mit dem Altbier ablöschen und mit Salz und Pfeffer würzen. Das Fleisch auf das Gemüse legen, den Topf verschließen und alles bei schwacher Hitze etwa 2 ½ Stunden schmoren lassen, das Fleisch ab und zu wenden, herausnehmen, die Schmorflüssigkeit etwas einkochen lassen und das Fleisch auf dem Gemüse anrichten.
Brühkartoffeln und Wirsinggemüse dazureichen.

BERGISCHER JÄGEREINTOPF

750 g Rindfleisch · 1/2 Teel. Salz · 1 Msp. Pfeffer · 2 Zwiebeln · 500 g Champignons · 4 Eßl. Speiseöl · 125 ml (1/8 l) Rotwein · 250 ml (1/4 l) Rinderbrühe · 3 Möhren · 3 Kartoffeln

Das Fleisch unter kaltem Wasser abspülen, trockentupfen und mit Salz und Pfeffer würzen. Zwiebeln abziehen und hacken. Die Champignons putzen, waschen und in Scheiben schneiden.
Das Öl in einem großen Topf oder Bräter erhitzen und das Fleisch darin bei starker Hitze von allen Seiten anbraten. Die Zwiebeln und Pilze dazugeben und andünsten. Mit dem Rotwein ablöschen und etwa 30 Minuten köcheln lassen. Rinderbrühe zugießen und weitere 30 Minuten köcheln lassen. Möhren und Kartoffeln schrappen (schälen), waschen, in Scheiben schneiden, hinzufügen und nochmals 30 Minuten köcheln lassen. Das Fleisch auf dem Gemüse anrichten.

OCHSENZUNGE IN ROTWEINSAUCE MIT GEMÜSE-WÜRFELN

1 Ochsenzunge (1 1/4 kg ungepökelt) · 2 Zwiebeln · Salz · Pfeffer · 1 Lorbeerblatt · 1 Möhre · 150 g Sellerie · 60 g Schweineschmalz · 1 Eßl. Weinbrand · 1 Eßl. Tomatenmark · 250 ml (1/4 l) Zungenbrühe · 750 ml (3/4 l) Rotwein · 3 Eßl. Weizenmehl

Die Ochsenzunge in heißes Wasser geben. 1 Zwiebel abziehen, in Ringe schneiden, mit dem Lorbeerblatt zur Zunge geben, mit Salz und Pfeffer würzen und etwa 45 Minuten kochen (Foto 1). Die Zunge mit kaltem Wasser abschrecken und enthäuten (Foto 2). Die übrige Zwiebel abziehen und fein hacken.
Möhre und Sellerie schrappen (schälen), waschen und in Würfel schneiden.
Das Schweineschmalz zerlassen und die Ochsenzunge darin rundum anbraten (Foto 3). Das Gemüse hinzufügen und andünsten. Mit Weinbrand ablöschen. Tomatenmark unterrühren und kurz mitdünsten. Alles in einen Topf umfüllen, Brühe und Rotwein dazugießen und leicht salzen (Foto 4). Die Zunge im geschlossenen Topf etwa 2 Stunden schmoren, dabei zweimal wenden.
Die Zunge herausnehmen und warm stellen. Die Sauce einkochen und nochmals mit Salz und Pfeffer abschmecken. Das Mehl mit 5 Eßl. kaltem Wasser anrühren und die Sauce damit binden. Zunge in Scheiben schneiden und mit dem Gemüse anrichten.

1

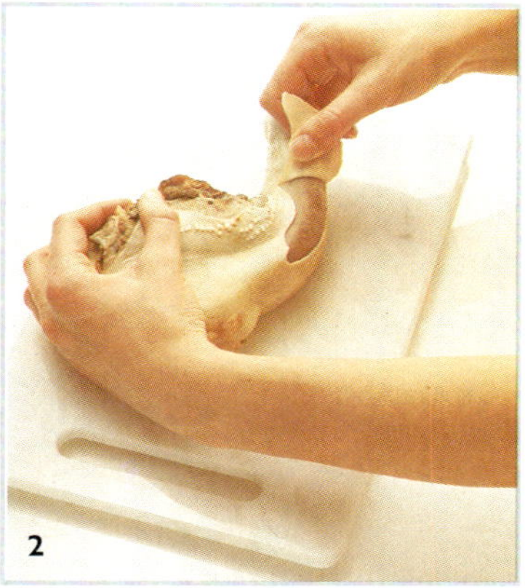

2

3

4

RAGOUT VON KALBS- UND OCHSENZUNGE
(ohne Foto)

400 g Kalbszunge · 400 g Ochsenzunge · 1 Zwiebel · 1 Lorbeerblatt · 2 Nelken · Salz · frisch gemahlener schwarzer Pfeffer · 1 dicke Stange Porree (Lauch) · 200 g Möhren · 100 g Butter · 125 ml (1/8 l) Weißwein · 250 ml (1/4 l) brauner Kalbsfond (Rezept S. 132) · 2 Eßl. Senf · 80 g Kapern

Kalbs- und Ochsenzunge in heißes Wasser geben. Die Zwiebel abziehen, in Scheiben schneiden und zusammen mit dem Lorbeerblatt und den Nelken zu den Zungen geben. Mit Salz und Pfeffer würzen und bei mittlerer Hitze die Kalbszunge etwa 1 3/4 Stunden und die Rinderbrust etwa 2 1/2 Stunden kochen lassen.
Inzwischen den Porree putzen, seitlich einschneiden, gründlich unter fließendem kaltem Wasser waschen und in etwa 5 cm lange Streifen schneiden. Die Möhren schrappen, waschen, und ebenfalls in 5 cm lange Streifen schneiden. Die Butter zerlassen, Porree- und Möhrenstreifen darin andünsten. Mit Weißwein ablöschen, mit dem Kalbsfond auffüllen und das Gemüse etwa 15 Minuten garen. Senf und die abgetropften Kapern unterrühren und die Sauce mit Salz und Pfeffer würzen.
Die Zungen aus der Brühe nehmen, mit kaltem Wasser abschrecken und die Haut abziehen. Zungen in etwa 1 cm dicke Würfel schneiden, in die Sauce geben und kurz mitkochen lassen.
Grüne Bandnudeln dazureichen.

KALBSKOTELETTS PÉRIGORD

4 Kalbskoteletts (je etwa 200 g) · Salz · Pfeffer · 2 Scheiben Schinkenspeck · 12 Schalotten · 1 Knoblauchzehe · 2 Trüffel · 2 Eßl. gehackter Kerbel .3 Eßl. Speiseöl · 75 ml Madeira · 250 ml (1/4 l) Kalbsfond · 50 g kalte Butter

Die Koteletts unter kaltem Wasser abspülen, trockentupfen, salzen und pfeffern. Speck fein würfeln. Schalotten und Knoblauch abziehen und fein hacken. Trüffel würfeln. Speck, Schalotten, Knoblauch, Trüffel und Kerbel mischen. Öl erhitzen, Koteletts darin von beiden Seiten anbraten. Speckmischung auf die Koteletts verteilen, in eine flache feuerfeste Form geben, in den auf etwa 200 Grad (Gas Stufe 3-4) vorgeheizten Backofen schieben, etwa 10 Minuten garen. Koteletts aus der Form nehmen, warm stellen. Das Bratfett vorsichtig abgießen. Bratensatz mit Madeira loskochen. Kalbsfond hinzufügen und einkochen. Butter nach und nach unterschlagen, bis die Sauce sämig ist.
Gebackene Kartoffeln und Böhnchen dazureichen.

KALBSSCHNITZEL MIT KRÄUTER-KRUSTE

4 Kalbsschnitzel (je etwa 150 g) · Salz · Pfeffer · 100 g Butter · 2 Eßl. geriebener Meerrettich (aus dem Glas) · 2 Eßl. gemischte, gehackte Kräuter (Schnittlauch, Petersilie, Kerbel, Estragon) · 1–2 Eßl. Semmelmehl (Paniermehl) · 2 Eigelbe

Die Schnitzel unter kaltem Wasser abspülen, trockentupfen, mit Salz und Pfeffer würzen. 50 g Butter mit Meerrettich und Kräutern cremig rühren, mit Salz und Pfeffer würzen. Etwas Semmelmehl, die Eigelbe und evtl. noch etwas Semmelmehl unterrühren. Restliche Butter erhitzen und die Schnitzel von jeder Seite etwa 2 Minuten braten, in eine flache feuerfeste Form legen. Die Oberfläche der Schnitzel mit der Kräutermischung bestreichen und im auf etwa 250 Grad (Gas Stufe 5–6) vorgeheizten Backofen etwa 10 Minuten überbacken. Röstkartoffeln und Salat dazureichen.

KALBS-MEDAILLONS IN PORTWEINSAUCE

600 g Kalbsfilet · Salz · frisch gemahlener weißer Pfeffer · 2 Eßl. Weizenmehl · 1 Knoblauchzehe · 70 g Butter · 100 ml (1/10 l) Weißwein · 5 Eßl. weißer Portwein · 100 g Crème fraîche

Das Kalbsfilet von Fett und Sehnen befreien, unter kaltem Wasser abspülen, trockentupfen und in acht gleichgroße Stücke schneiden. Die Filetstücke mit Salz und Pfeffer würzen und im Mehl wenden. Die Knoblauchzehe abziehen. Butter zerlassen, die Knoblauchzehe dazugeben. Die Medaillons in der Butter von jeder Seite etwa 3 Minuten medium braten, herausnehmen und abgedeckt warm stellen. Das Bratfett vorsichtig abgießen und die Knoblauchzehe entfernen. Den Bratensatz mit Weißwein ablöschen, den Wein fast vollständig einkochen. Portwein und Crème fraîche hinzufügen, einkochen und mit Salz und Pfeffer abschmecken. Die Medaillons auf Tellern anrichten und mit der Sauce servieren.
Reis dazureichen.

KALBSNIEREN-BRATEN IN SALBEI-SAUCE

1 kg Kalbsnierenbraten (gerollt) · Salz · Pfeffer · 1 Knoblauchzehe · 2 Eßl. gehackter Salbei · 1 Zwiebel · 1 Möhre · 100 g Sellerie · 60 g Kalbsnierenfett · 1 Eßl. Tomatenmark · 5 Eßl. Weißwein · 125 ml (1/8 l) Schlagsahne

Den Kalbsnierenbraten unter kaltem Wasser abspülen, trockentupfen und mit Salz und Pfeffer würzen. Knoblauchzehe abziehen und fein hacken. Den Braten mit Knoblauch und 1 Eßl. gehacktem Salbei einreiben. Die Zwiebel abziehen und würfeln. Möhre und Sellerie schrappen (schälen), waschen und würfeln. Kalbsnierenfett in einem Bräter erhitzen und das Fleisch bei starker Hitze von allen Seiten anbraten. Das gewürfelte Gemüse hinzufügen und mitbraten. Das Tomatenmark unterrühren und kurz mitdünsten. Mit Weißwein ablöschen und soviel heißes Wasser zugeben, bis der Kalbsnierenbraten zur Hälfte in Flüssigkeit liegt.
Den offenen Topf in den auf etwa 200 Grad (Gas Stufe 3) vorgeheizten Backofen schieben und das Fleisch etwa 1 1/2 Stunden garen. Dabei mehrmals mit der Flüssigkeit begießen. Den gegarten Braten herausnehmen und warm stellen.
Die Sauce durch ein Sieb geben und einkochen. Sahne und Salbei hinzufügen, nochmals einkochen und mit Salz und Pfeffer abschmecken. Den Kalbsnierenbraten in Scheiben schneiden und die Sauce darüber geben.
Salzkartoffeln und Gemüse dazureichen.

KALBSHAXEN IN ORANGENSAUCE

2,4 kg Kalbshaxe mit Knochen (in etwa 3 cm dicken Scheiben) · Salz · Pfeffer · 3 Eßl. Weizenmehl · 1 Zwiebel · 1 Möhre · 1 kleine Stange Porree (Lauch) · 60 g Butter · 375 ml (3/8 l) Fleischbrühe · 3 Orangen (unbehandelt) · 120 ml Weißwein

Die Haxenscheiben unter kaltem Wasser abspülen, trockentupfen, mit Salz und Pfeffer würzen und im Mehl wenden. Zwiebel abziehen und fein hacken. Möhre schrappen, waschen und fein würfeln. Porree putzen, seitlich einschneiden, gründlich waschen und in feine Streifen schneiden. Die Butter zerlassen und die Haxenscheiben darin von beiden Seiten anbraten. Gemüse hinzufügen und andünsten. Die Fleischbrühe zugießen und alles zugedeckt bei schwacher Hitze etwa 30 Minuten schmoren. Die Orangen waschen, abtrocknen dünn abschälen. Die Schale in Streifen schneiden und kurz in kochendem Wasser blanchieren. Orangenschale zum Fleisch geben und nochmals etwa [illegible] Stunde schmoren lassen. Kalbshaxenscheiben herausnehmen und warm stellen. Die Garflüssigkeit durch ein Sieb geben. Orangen auspressen. Den Saft mit dem Weißwein in die Flüssigkeit geben und auf die Hälfte einkochen. Die Sauce nochmals mit Salz und Pfeffer abschmecken und zum Fleisch geben.
Risotto dazureichen.

KALBSGESCHNETZELTES MIT GARNELEN

500 g Kalbsfilet oder Oberschale vom Kalb · Salz · frisch gemahlener weißer Pfeffer · 12 Riesengarnelen · 1 Stange Porree (Lauch) · 120 g Butter · 250 ml (1/4 l) trockener Sherry · 250 ml (1/4 l) Schlagsahne · Worcestersauce

Das Kalbfleisch unter kaltem Wasser abspülen, trockentupfen, in feine Scheiben schneiden und mit Salz und Pfeffer würzen. Die Riesengarnelen aus der Schale lösen und den Darm entfernen. Das Garnelenfleisch in etwa 3 cm große Stücke schneiden, mit Pfeffer würzen. Porree putzen, den grünen Teil entfernen. Den weißen Teil seitlich einschneiden, gründlich waschen und in etwa 5 cm lange, feine Streifen schneiden.
Die Hälfte der Butter in einer Pfanne zerlassen. Kalbfleisch und Garnelen darin kurz bei starker Hitze anbraten, herausnehmen und warm stellen. Die restliche Butter in der Pfanne zerlassen und den Porree darin andünsten. Mit Sherry ablöschen, mit Sahne aufgießen und zu einer sämigen Sauce einkochen. Kalbfleisch und Garnelen hinzufügen und nicht mehr kochen lassen. Die Sauce mit Worcestersauce, Salz, Pfeffer abschmecken.
Reis oder Bandnudeln dazureichen.

SALTIMBOCCA VON KALBSLEBER AUF RISOTTO

Für das Saltimbocca:
720 g Kalbsleber · 12 Salbeiblätter · 240 g Parmaschinken (12 Scheiben) · 5 Eßl. Olivenöl · Salz · Pfeffer

Für das Risotto:
1 Zwiebel · 1 Knoblauchzehe · 3 Eßl. Olivenöl · 2 Döschen (2 g) Safran · 400 g Rundkornreis · 1 l kochende Fleischbrühe · 100 g Butter · 80 g Parmesan

Außerdem: 12 Holzspießchen

Die Kalbsleber enthäuten, unter kaltem Wasser abspülen, trockentupfen, in zwölf gleichgroße Schnitzel schneiden. Salbeiblätter abspülen, trockentupfen. Jeweils ein Salbeiblatt auf ein Leberschnitzel legen, eine Scheibe Schinken darüber geben und mit einem Holzspießchen feststecken. Das Olivenöl erhitzen und die Schnitzel bei schwacher Hitze auf jeder Seite etwa 2 Minuten braten. Nach dem Braten salzen und pfeffern.
Für das Risotto Zwiebel und Knoblauch abziehen, fein hacken. Olivenöl erhitzen, Zwiebel und Knoblauch darin andünsten, den Safran unterrühren. Reis hinzufügen, Fleischbrühe zugießen und aufkochen. Topf verschließen, in den auf etwa 200 Grad (Gas Stufe 3) vorgeheizten Backofen schieben und den Reis etwa 15 Minuten garen. Butter und Parmesan unterrühren und mit Salz und Pfeffer würzen.
Risotto auf vier Teller geben und Saltimbocca darauf anrichten.

KALBSHERZ AUF WURZELGEMÜSE

1 Kalbsherz · Salz · Pfeffer · 200 g Sellerie · 2 Möhren · 2 Stangen Porree (Lauch) · 1 kleine Zwiebel · 10 Champignons · 1 Bund Schnittlauch · 1/2 Bund Petersilie · 5 Eßl. Olivenöl · 250 ml (1/4 l) Weißwein (Riesling) · 3 Eßl. Schlagsahne · 10 grüne Pfefferkörner

Das Kalbsherz von Haut und Sehnen befreien, vierteln, unter kaltem Wasser abspülen und trockentupfen. Mit Salz und Pfeffer würzen. Den Sellerie waschen, schälen und in feine Streifen schneiden. Den Porree putzen, seitlich einschneiden, gründlich waschen und ebenfalls in Streifen schneiden. Zwiebel abziehen und würfeln. Champignons putzen, waschen und halbieren. Die Kräuter abspülen, trockentupfen. Den Schnittlauch in Röllchen schneiden, Petersilie fein hacken.
Olivenöl erhitzen und die Herzstücke darin anbraten. Sellerie, Möhren, Porree und Zwiebel hinzufügen, einige Minuten dünsten. Weißwein und Sahne hinzugießen. Champignons, Schnittlauch, Petersilie und Pfefferkörner dazugeben und etwa 1 1/2 Stunden schmoren lassen.
Das Herz in Stücke schneiden und auf dem Wurzelgemüse anrichten.

KALBSNIERE IN WERMUTSAUCE

600 g Kalbsnieren · Salz · Pfeffer · 5 Eßl. Olivenöl · 2 Schalotten · 50 g kalte Butter · 4 Eßl. Wermut · 100 ml (1/10 l) Kalbs- oder Rinderbrühe · 200 ml (1/5 l) Schlagsahne · 2 Avocados

Die Kalbsnieren von Haut und Sehnen befreien, unter kaltem Wasser abspülen, trockentupfen, mit Salz und Pfeffer würzen. Das Olivenöl in einer Pfanne erhitzen und die Nieren darin bei schwacher Hitze etwa 20 Minuten braten. Die Nieren sollten innen noch rosa sein. Nieren herausnehmen und warm stellen. Das Bratfett abgießen.
Schalotten abziehen und würfeln. Etwas Butter in der Pfanne erhitzen und die Schalotten darin glasig dünsten. Mit Wermut ablöschen und mit Brühe und Sahne aufgießen. Die Flüssigkeit etwas einkochen lassen und die restliche Butter in Stückchen unterschlagen, bis die Sauce sämig ist. Avocados halbieren, entsteinen, schälen und würfeln. Die Avocadowürfel in die Sauce geben und mit Salz und Pfeffer abschmecken. Die Sauce auf Teller geben und die Nieren darauf anrichten.
Reis dazureichen.

KALBSBRIES UND KALBSLEBER AUF GETRÜFFELTEM LAUCHGEMÜSE

400 g Kalbsbries · 1 Zwiebel · 1 Lorbeerblatt · 1 Nelke · Salz · Pfeffer · 320 g Kalbsleber (in Scheiben) · 3 Eßl. Weizenmehl · 3 Stangen Porree (Lauch) · 3 kleine Trüffel · 125 ml (1/8 l) Schlagsahne · 125 ml (1/8 l) Hühnerbrühe · 4 Eßl. Trüffelsaft · 4 Eßl. Crème fraîche · 180 g Butter

Das Kalbsbries einige Stunden in kaltes Wasser legen. Zwiebel abziehen, mit Lorbeerblatt und Nelke spicken.
Das Kalbsbries mit der Zwiebel in das kochende Salzwasser geben und etwa 8 Minuten gar ziehen lassen. Das Kalbsbries enthäuten (Foto 1). Bries in Scheiben schneiden, salzen und pfeffern.
Die Kalbsleber unter kaltem Wasser abspülen und trockentupfen. Bries und Leber im Mehl wenden (Foto 2).
Den Porree putzen, längs halbieren, in Scheiben schneiden und gründlich waschen. Die Trüffel in Streifen schneiden. Sahne, Brühe, Trüffelsaft und Crème fraîche vermengen. Porree und Trüffel darin etwa 10 Minuten kochen. Porreegemüse mit Salz und Pfeffer abschmecken.
Butter in einer Pfanne zerlassen. Bries und Leberscheiben darin von beiden Seiten braten (Foto 3). Die Leber nach dem Braten salzen und pfeffern.
Bries und Leber auf dem Gemüse anrichten.
Salzkartoffeln dazureichen.

1

2

3

CRÊPINETTES VOM KALBSHIRN

600 g Kalbshirn · 100 g roher Schinken · 70 g Butter · 1 Eßl. Weizenmehl · 200 ml (1/5 l) Milch · 30 g Champignons · 2 Tomaten · Salz · frisch gemahlener weißer Pfeffer · 100 g Schweinenetz · 1 Ei · 80 g Semmelmehl (Paniermehl) · 2 Eßl. gemischte, gehackte Kräuter (Petersilie, Kerbel, Schnittlauch) · 1 Zitrone

Das Kalbshirn enthäuten, unter kaltem Wasser abspülen, trockentupfen und in Würfel schneiden. Den Schinken würfeln. 30 g Butter zerlassen und den Schinken darin anbraten. Mehl unterrühren und kurz anschwitzen. Die Milch nach und nach unterrühren, darauf achten, daß sich keine Klümpchen bilden. Die Sauce etwa 10 Minuten kochen. Champignons putzen, waschen, in Scheiben schneiden. Tomaten kreuzweise am Stengelansatz einschneiden, mit kochendem Wasser überbrühen, mit kaltem Wasser abschrecken, enthäuten und in Würfel schneiden. Die Sauce etwas abkühlen lassen, Hirn, Champignons und Tomaten hinzufügen und mit Salz und Pfeffer würzen.

Das Schweinenetz in vier gleichgroße Stücke schneiden. Die Hirnmischung in vier Portionen teilen und jeweils auf die Mitte geben. Das Schweinenetz um die Füllung wickeln. Diese Crêpinettes zuerst im verschlagenen Ei und dann im Semmelmehl wenden. Die restliche Butter zerlassen und die Crêpinettes auf jeder Seite etwa 5 Minuten braten. Crêpinettes mit den Kräutern bestreuen und jeweils mit einer geviertelten Zitrone servieren.

PICCATA VOM LAMMRÜCKEN MIT RATATOUILLE
(ohne Foto)

Für das Ratatouille:
1 Zwiebel · 1 Knoblauchzehe · 1 rote Paprikaschote · 1 grüne Paprikaschote · 1 große Aubergine · 1 große Zucchini · 2 Tomaten · 3 Eßl. Oilvenöl · 1 Eßl. Tomatenmark · Rosmarin · Thymian · Salz · Pfeffer

Für die Piccata:
500 g Lammrücken (ohne Knochen) · 2 Eßl. Weizenmehl · 2 Eier · 1 Eßl. Parmesan-Käse · 3 Eßl. Olivenöl

Für das Ratatouille Zwiebel und Knoblauch abziehen und würfeln. Paprikaschoten vierteln, entstielen, entkernen, die weißen Scheidewände entfernen. Die Schoten waschen. Die Aubergine waschen und den Stengelansatz abschneiden. Zucchini waschen und die Enden abschneiden. Die Tomaten kreuzweise am Stengelansatz einschneiden, mit kochendem Wasser überbrühen, dann mit kaltem Wasser abschrecken, enthäuten, entkernen, zerkleinern. Gemüse in Würfel schneiden. Olivenöl erhitzen, Zwiebel, Knoblauch und Paprika andünsten. Das übrige Gemüse, bis auf die Tomaten, hinzufügen mit Rosmarin, Thymian, Salz und Pfeffer würzen und etwa 20 Minuten dünsten. Tomaten und Tomatenmark hinzufügen.
Für die Piccata das Fleisch in Stücke von etwa 40 g schneiden und etwas flach klopfen. Fleischscheiben salzen, pfeffern und in Mehl wenden. Eier verschlagen, mit Parmesan-Käse verrühren und das Fleisch durch diese Masse zie hen. Olivenöl erhitzen und das Fleisch bei schwacher Hitze von beiden Seiten goldgelb braten.
Das Ratatouille auf vier Teller verteilen und das Fleisch darauf anrichten.

LAMMNÜSSCHEN AUF ARTISCHOCKEN

8 Lammnüßchen (je ewta 70 g) · 4 Eßl. Armagnac · 1/2 Teel. Thymian · 1/2 Teel. Salbei · 1 Eßl. gehackte Petersilie · 200 g Kalbsbries · 1 Zwiebel · 1 Lorbeerblatt · 1 Nelke · Salz · 8 kleine Artischocken · Zitronensaft · 80 g Butter · 2 Schalotten · 2 Tomaten · 4 cl Rotwein · 8 gedünstete Champignonköpfe

Die Lammnüßchen in der Hälfte Armagnac mit den Kräutern über Nacht marinieren.
Das Kalbsbries einige Stunden wässern. Zwiebel abziehen, mit Lorbeerblatt und Nelke spicken, in kochendes Salzwasser geben, Bries darin in etwa 80 Minuten gar ziehen lassen und enthäuten.
Artischocken waschen, äußere, Blätter abzupfen. Das obere Viertel und die Stiele abschneiden. Schnittflächen mit Zitronensaft abreiben. Artischocken etwa 30 Minuten in Salzwasser köcheln. Heu im Inneren mit einem Löffel entfernen.
20 g Butter in einer Pfanne zerlassen, Lammnüßchen darin von jeder Seite etwa 2 Minuten rosa braten, auf die Artischocken legen.
20 g Butter in der Pfanne zerlassen. Kalbsbries in Scheiben schneiden, anbraten auf das Lammfleisch geben.
Für die Sauce Schalotten abziehen und hacken. Tomaten enthäuten, entkernen und würfeln. 20 g Butter zerlassen, Schalotten glasig dünsten. Mit restlichem Armagnac und Rotwein ablöschen. Tomaten hinzufügen, einkochen, restliche kalte Butter unterschlagen. Sauce über das Fleisch geben, mit Champignonsköpfen belegen.

LAMMKOTELETTS MIT KARTOFFELHAUBE

16 Lammkoteletts (je etwa 50 g) · Salz · Pfeffer · 1 Knoblauchzehe · 600 g Kartoffeln · 3 Eigelbe · 70 g kalte Butter · 3 Eßl. Olivenöl · 5 Eßl. Rotwein · 250 ml (1/4 l) Lammjus (Ferdigprodukt)

Die Lammkoteletts unter kaltem Wasser abspülen, trockentupfen, mit Salz und Pfeffer würzen. Knoblauchzehe abziehen und die Koteletts damit einreiben.
Kartoffeln schälen, waschen und in Salzwasser in etwa 20 Minuten gar kochen. Die heißen Kartoffeln durch die Presse drücken, mit 20 g Butter und 2 Eigelben vermengen.
Das Olivenöl in einer Pfanne erhitzen, die Lammkoteletts darin von jeder Seite etwa 2 Minuten braten. Den Kartoffelteig auf die Koteletts spritzen und mit dem restlichen verschlagenen Eigelb bestreichen. Die Koteletts auf eine feuerfeste Platte legen, in den auf etwa 250 Grad (Gas Stufe 5 – 6) vorgeheizten Backofen schieben und überbacken, bis die Kartoffelmasse bräunliche Spitzen hat.
Das Bratfett aus der Pfanne vorsichtig abgießen, mit Rotwein ablöschen und den Lammjus zugießen. Die Sauce einkochen und die Butter in Stückchen unterschlagen, bis die Sauce sämig ist. Sauce mit Salz und Pfeffer abschmecken. Lammkoteletts auf Tellern anrichten und mit der Sauce umgießen.

LAMMFILETS IN BLÄTTERTEIG
(ohne Foto)

800 g Lammfilet · 480 g tiefgekühlter Blätterteig (8 Platten je 60 g) · 2 Schalotten · 250 g Champignons · 3 Eßl. Butter · 2 Eßl. Madeira · 1 Eßl. Schlagsahne · 1 Eßl. gehackte Petersilie · Salz · Pfeffer · 2 Eigelbe · 50 g Gänseleberpastete · 1 Ei

Das Lammfilet unter kaltem Wasser abspülen, trockentupfen und in 8 Scheiben schneiden. Den Blätterteig bei Zimmertemperatur auftauen lassen.
Schalotten abziehen und hacken. Champignons putzen, waschen und würfeln. 1 Eßl. Butter zerlassen, die Schalotten darin glasig dünsten. Pilze hinzufügen und dünsten, bis die Flüssigkeit verdampft ist. Madeira und Sahne dazugeben und wieder einkochen lassen. Petersilie unterrühren, mit Salz und Pfeffer abschmecken und auskühlen lassen. Die Eigelbe unter die Farce ziehen, dann die Gänseleberpastete unterrühren. Lammfilets mit Salz und Pfeffer würzen. Die restliche Butter zerlassen und die Lammfilets darin anbraten.
Die Blätterteigplatten zu rechteckigen Stücken ausrollen, die so groß sind, daß die Filets darin eingewickelt werden können. Lammfilets auf die Teigstücke legen und mit Pilzfarce bestreichen. Die Teigränder glatt schneiden, mit Wasser bestreichen, die Filets einwickeln und die Teigränder gut andrücken. Den Teig mehrmals mit einer Gabel einstechen. Das Ei verschlagen und die Teigstücke damit bestreichen. Ein Backblech mit kaltem Wasser abspülen. Die Blätterteigplätzchen darauf setzen, in den auf etwa 200 Grad (Gas Stufe 3-4) vorgeheizten Backofen schieben und etwa 20 Minuten backen.

LAMMRAGOUT MIT ORIENTALISCHEM REIS

Für das Lammragout:
800 g Lammfleisch (aus der Keule ohne Knochen) · 2 Zwiebeln · 1 Knoblauchzehe · 5 Tomaten · 2 Eßl. Olivenöl · 6 Eßl. Weinbrand · Saft von 2 Zitronen · etwa 250 ml (1/4 l) Fleischbrühe · 150 ml Weißwein · 1 Eßl. gehackter Estragon · Salz · Pfeffer · 1 Zitrone · 1 Eßl. gehackte Petersilie
Für den Reis:
250 g Kalbsleber · 1 Knoblauchzehe · 2 Eßl. Olivenöl · 200 g Reis · 25 g Rosinen · 25 g Mandelstifte · 25 g Pinienkerne · 2 Teel. gemahlener Zimt · 500 ml (1/2 l) Fleischbrühe

Das Lammfleisch unter kaltem Wasser abspülen, trockentupfen, in 3 cm große Würfel schneiden. Zwiebeln und Knoblauch abziehen und hacken. Die Tomaten überbrühen, abschrecken, enthäuten und würfeln. Olivenöl erhitzen und das Fleisch bei starker Hitze rundum anbraten. Mit Weinbrand und Zitronensaft ablöschen. Zwiebel, Knoblauch, Tomaten, Brühe, Wein und Estragon hinzufügen. Das Fleisch muß bedeckt sein, evtl. etwas Brühe hinzufügen. Mit Salz und Pfeffer würzen und zugedeckt 1 1/2–2 Stunden schmoren. Das Fleisch herausnehmen. Sauce um ein Drittel einkochen, Fleisch wieder hineingeben und noch 10 Minuten garen. Die Zitrone schälen, in Scheiben schneiden, hinzufügen und mit Petersilie bestreuen.
Für den Reis Kalbsleber unter kaltem Wasser abspülen, trockentupfen, fein würfeln.
Knoblauch abziehen und hacken. Öl erhitzen, Kalbsleber und Knoblauch anbraten. Reis, Rosinen,

Mandeln, Pinienkerne und Zimt hinzufügen und kurz anbraten. Mit Fleischbrühe aufgießen, mit Salz und Pfeffer würzen, zugedeckt in den auf etwa 200 Grad (Gas Stufe 3) vorgeheizten Backofen schieben und den Reis 15–20 Minuten garen.

LAMMFLEISCH MIT OKRASCHOTEN

500 g Okraschoten · 1 Zitrone · 200 g Lammfleisch (aus der Keule) 2 Zwiebeln · 4 Tomaten · 100 g Butter · Salz · frisch gemahlener schwarzer Pfeffer · 250 ml (1/4 l) Fleischbrühe

Die Okraschoten waschen, von den Stengeln befreien. Dabei nicht zu tief einschneiden, damit der Saft nicht ausläuft. Wasser mit Zitronenwasser zum Kochen bringen, die Okraschoten darin etwa 15 Minuten kochen, herausnehmen und abtropfen lassen.
Das Lammfleisch unter kaltem Wasser abspülen, trockentupfen und in etwa 2 cm große Würfel schneiden. Die Zwiebeln abziehen und hacken. Tomaten mit kochendem Wasser überbrühen, mit kaltem Wasser abschrecken, entkernen und würfeln. Die Butter zerlassen, Fleisch und Zwiebeln darin anbraten. Die Tomaten hinzufügen, mit Salz und Pfeffer abschmecken. Die Okraschoten darauf legen und alles zugedeckt etwa 45 Minuten schmoren lassen. Nach und nach etwas Fleischbrühe angießen.
Türkisches Fladenbrot, Weißbrot oder Reis dazureichen.

GESCHMORTE LAMMHAXEN

4 Lammhaxen · 1 Knoblauchzehe · 1 Staudensellerie · 8 Tomaten · 2 Eßl. Olivenöl · 1 Stengel Thymian · Salz · Pfeffer · 2 Eßl. Tomatenmark · etwa 500 ml (1/2 l) Fleischbrühe

Die Lammhaxen unter kaltem Wasser abspülen und trockentupfen. Knoblauch abziehen und hacken. Staudensellerie putzen, waschen, die harten Fäden von der Außenseite abziehen, die Stengel in Stückchen schneiden. Die Tomaten kreuzweise am Stengelansatz einschneiden, mit kochendem Wasser überbrühen, abschrecken, enthäuten, entkernen und würfeln. Das Olivenöl erhitzen und die Haxen darin bei starker Hitze anbraten. Knoblauch und Thymian hinzufügen und mit Salz und Pfeffer würzen. Staudensellerie und Tomatenmark hinzufügen und mit der Brühe begießen, bis die Haxen zur Hälfte bedeckt sind.
Die Haxen zugedeckt in den auf etwa 200 Grad (Gas Stufe 3-4) vorgeheizten Backofen schieben und 1 1/2 Stunden garen.
Kurz vor Ende der Garzeit die Tomaten hinzufügen und nochmals abschmecken.
Reis oder Risotto dazureichen.

LAMMFILET AUF SCHNECKEN-SAUCE

600 g Lammfilet · 2 Möhren · 100 g Sellerie · 1 Stange Porree (Lauch) · 4 Schalotten · 1 Tomate · 80 g Kräuterbutter · 2 Eßl. Cognac · 4 Eßl. Sherry · 250 ml (1/4 l) brauner Kalbsfond (Rezept S. 132) · 1/2 Eßl. gehackte Petersilie · 1/2 Eßl. Schnittlauchröllchen · 1/2 Eßl. gehackter Estragon · 1 Msp. Knoblauch · 24 Schnecken · Salz · Pfeffer

Das Lammfilets unter kaltem Wasser abspülen und trockentupfen. Möhren und Sellerie schrappen (schälen) und waschen. Den Porree putzen, seitlich einritzen und gründlich waschen. Schalotten abziehen. Das Gemüse in feine Würfel schneiden. Die Tomate kreuzweise am Stengelansatz einschneiden, überbrühen, abschrecken, enthäuten, entkernen und würfeln. 40 g Kräuterbutter zerlassen und das Gemüse darin andünsten. Mit Cognac flambieren und mit Sherry ablöschen. Kalbsfond hinzufügen, etwa 15 Minuten köcheln. Kräuter unterrühren. Schnecken hacken, in der Sauce erhitzen und mit Salz und Pfeffer abschmecken. Restliche Kräuterbutter erhitzen. Das Lammfilet darin in etwa 10 Minuten rosa braten. Das Lammfilet in Scheiben schneiden und auf der Schneckensauce anrichten. Zucchini und Kartoffel-Gratin dazureichen.

LAMMSCHULTER AUF GURKEN-RAGOUT

2 Lammschultern (entbeint, gerollt und gebunden) · Salz · Pfeffer · 125 ml (1/8 l) Olivenöl · 3 Salatgurken · 1 Zwiebel · 1 Knoblauchzehe · 300 g saure Sahne · 1 Bund Dill

Das Fleisch unter kaltem Wasser abspülen, trockentupfen, salzen, pfeffern. 75 ml Olivenöl in einem Bräter erhitzen, das Fleisch darin von allen Seiten anbraten, in den auf etwa 200 Grad (Gas Stufe 3-4) vorgeheizten Backofen schieben und etwa 1 1/2 Stunden braten. Dabei mehrmals mit heißem Wasser begießen.
Gurken waschen, längs vierteln, entkernen, würfeln, salzen und pfeffern. Zwiebel und Knoblauch abziehen und hacken. Restliches Olivenöl erhitzen, Zwiebel glasig dünsten. Gurken andünsten. Knoblauch und saure Sahne unterrühren, 10 Minuten schmoren. Dill abspülen, trockentupfen, hacken und unterrühren.

LAMMKEULE IN ROQUEFORT-SAUCE

800 g Lammkeule (ohne Knochen) · 1 Zwiebel · 2 Lorbeerblätter · 4 Nelken · 1 Bund Suppengrün · 250 ml (1/4 l) Schlagsahne · 100 g Roquefort-Käse · Salz · Pfeffer

Die Lammkeule unter kaltem Wasser abspülen. Die Zwiebel abziehen, mit Lorbeerblättern und Nelken spicken. Das Suppengrün putzen, waschen. Alles in kochendes Salzwasser geben, und etwa 1 1/2 Stunden schwach kochen lassen. Etwa 250 ml (1/4 l) Brühe abmessen und mit der Sahne einkochen. Roquefort-Käse hineinbröckeln und glattrühren. Die Sauce darf nicht zu stark kochen. Sauce mit Salz und Pfeffer abschmecken und über das Fleisch geben. Petersilienkartoffeln dazureichen.

Ob es sich um die Vierbeiner aus der freien Wildbahn, um Hirsch, Reh oder Kaninchen handelt, ob es um den Fasan geht, der heutzutage eher aus Zuchtbetrieben in unsere Geschäfte kommt oder ob die zahmen Hähnchen, Enten, Gänse und Puter gemeint sind, an alle haben wir in diesem Kapitel gedacht. Stellvertretend dafür servieren wir Ihnen auf dem Foto eine saftig gebratene Entenbrust mit rosa Kern. So zubereitet, von einer würzig-sahnigen Sauce begleitet, ist sie garantiert eine Delikatesse. Und sie entspricht damit auch der modernen Methode, zarte Geflügelstücke so kurz wie möglich zu braten. Das erhält wesentlich ihren Eigengeschmack und gibt ihnen den zarten Biß. Wie man nun das Geflügel und die Tiere des Waldes vor- und zubereitet, steht in allen Einzelheiten auf den folgenden Seiten. Da können Sie lesen, wie dressiert, bardiert und tranchiert wird und was es alles in welcher Qualität auf dem Geflügel- und Wildmarkt gibt.

RATGEBER GEFLÜGEL

Fachgerecht dressiert präsentieren sich von links nach rechts Hähnchen oder Poulet, Junghuhn oder Poularde und Suppenhuhn. Hähnchen sind 6–8 Wochen junge Tiere von 800–1000 g. Junghühner 8 bis 10 Wochen alt, gibt's im Gewicht zwischen 1200 und 1500 g. Suppenhühner müssen zwei Jahre beweisen, daß sie Eier legen können. Dann wandern sie, im Durchschnitt 2 kg schwer, in die Suppentöpfe.

Ente und Gans (links und Mitte) gehören zum fettreichen Geflügel. Puter (rechts) haben mageres Fleisch. Alle sind sie gewichtig. 8 Wochen alte Frühmastenten wiegen im Durchschnitt 1,8 kg, Jungenten von 6 Monaten bis zu 2 kg. Eine Frühmastgans von 10 Wochen darf etwa 3 kg wiegen, eine Mastgans von 20 Wochen ca. 4–6 kg. Puter, meistens als Babyputer (Jungtiere) angeboten, wiegen 2,5–6 kg.

Perlhuhn, Fasan und Wachtel – von links nach rechts – sind eher selten im Angebot. Fasanen, ursprünglich Wildvögel, gibt es fast nur noch aus Züchtungen in Freigehegen. In guter Qualität liefern die Franzosen neuerdings Perlhühner, die zu einer kleineren Hühnerrasse gehören. Wachteln stammen ausschließlich aus Zuchtbetrieben. Alle haben dunkleres Fleisch als zahmes Geflügel.

Von Rebhuhn, Wildente und Taube – von links nach rechts – ist die Wildente das Schwergewicht. Allerdings schmecken nur junge Tiere. Ältere sind tranig. Auch wenn's nicht so aussieht: Sie sind fettarm und müssen bardiert (mit Speck umwikkeln) werden. Was übrigens auch dem kleinen Rebhuhn und der Taube (auch der Wildtaube) nur guttun kann.

Bevor das Geflügel knusprig gebraten oder als Frikassée zubereitet wird, sollten Sie noch einiges darüber wissen, um sich ein paar Tips für besseres Gelingen merken zu können. Wichtig zu wissen, daß alle Geflügelarten frisch geschlachtet oder tiefgefroren zu haben und in jedem Fall küchenfertig vorbereitet sind. Das heißt also, sie sind gerupft, ausgenommen und gesäubert. Tiefkühl-Geflügel gibt's immer ohne Kopf und Beine, an Frischgeflügel kann beides manchmal noch dran sein, wenn Sie es z.B. auf einem Markt kaufen. Herz, Leber und sauber geputzter Magen werden oft mitgeliefert. Geflügel – egal welches – vor dem Zubereiten kalt abspülen und dann abtrocknen. Das gilt auch für Teilstücke, wie Keulen, Brust und Schenkel. Daß TK-Geflügel immer ohne Folie bei Zimmer-Temperatur oder im Kühlschrank aufgetaut wird, ist nicht neu. Bekannt ist auch, daß dies immer im geschlossenen Gefäß geschieht. Wäre noch hinzuzufügen, daß Hausgeflügel und Wildgeflügel reich an biologisch hochwertigem Eiweiß, aber arm an Fett sind, wenn man mal von Ente, Gans und Suppenhuhn absieht. Von den fetteren Vögeln ist die Ente noch die magerste, und ihr Fleisch ist leicht verdaulich.
Hier ein Überblick über Zubereitungsarten, Mengen und Garzeiten.
Hähnchen können Sie braten, backen, schmoren, fritieren, grillen und sautieren. Ein Tier von 800–1000 g reicht für 2 Portionen. Die Garzeit liegt zwischen 25 und 35 Minuten.
Poularden oder **Junghühner** können wie Hähnchen zubereitet werden. Die Garzeit liegt für 1200–1500 g schwere Tiere bei ca. 45–50 Minuten. Eine Poularde reicht für 4 Portionen.
Suppenhühner – der Name sagt's – verwendet man vornehmlich für Suppen. Man kann daraus aber auch Frikassées und Ragouts zubereiten. Ein Suppenhuhn ergibt 4–6 Portionen. Gar ist ein 2 kg schweres Tier in etwa 2 Stunden.
Enten sind gute Aspiranten für den Brattopf, Brüste von Jungtieren eine Delikatesse. Man kann Enten aber auch schmoren und zu Ragouts oder

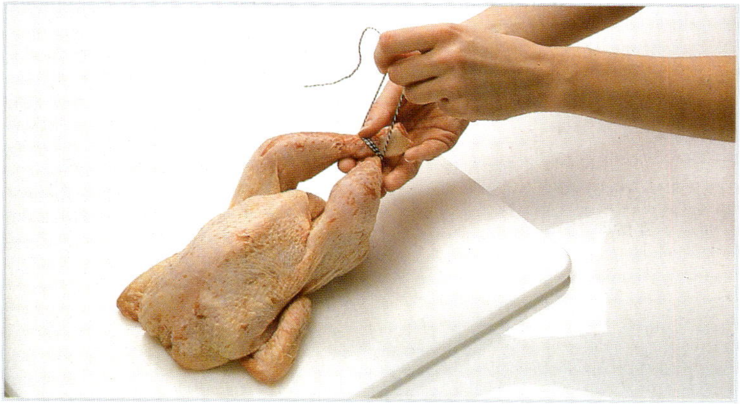

Geflügel in Form bringen heißt, es beim Braten zu schützen. Denn das, was wir dressieren nennen, (der Profi spricht von bridieren) soll dafür sorgen, daß Flügel und Keulen – eng an den Körper gebunden – beim Braten nicht austrocknen. Man legt den Vogel auf den Rücken und bindet die Schenkel rundherum oder kreuzweise mit Küchengarn zusammen.

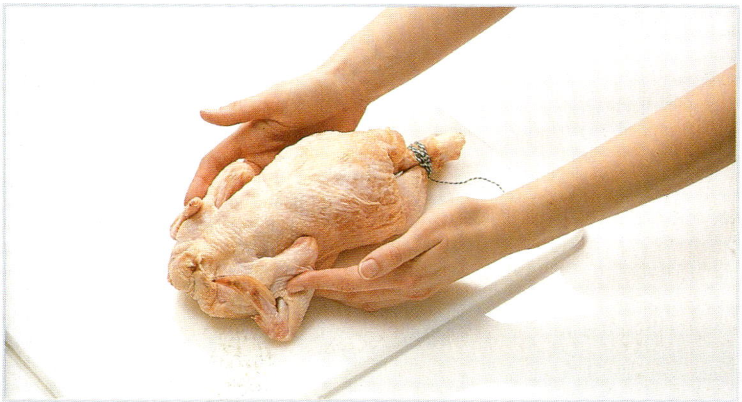

Nun legt man das Tier auf die Brustseite und dreht die Flügelspitzen so, daß sie hinter den Rücken gesteckt werden können. Die Flügel müssen fest am Körper liegen, damit das Tier einen „runden" Braten ergibt. Nur so ist gewährleistet, daß Flügel und Keulen nicht vorzeitig gar oder zu braun werden.

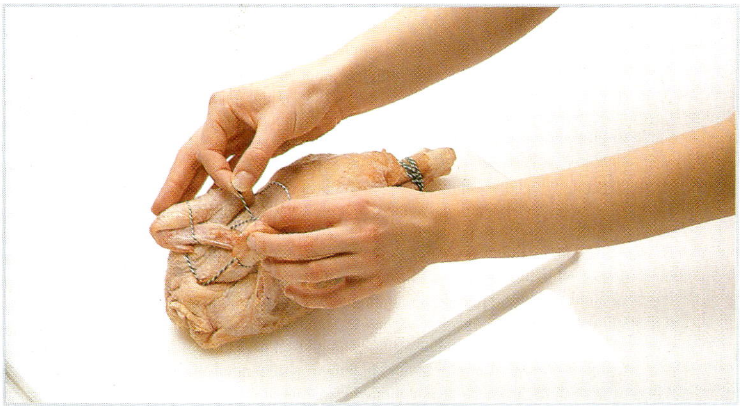

Die Flügel bindet man mit Küchengarn zusammen und befestigt sie am Vogelrumpf, so daß die Gliedmaßen nicht wesentlich über den Körper hinausragen.

Auch die Keulen werden fest an den Rumpf gebunden. Am besten führt man das Küchengarn kreuzweise über den Rücken. Bei kleinen Hähnchen ist das alles kein Problem. Ein bißchen schwieriger wird es aber bei Gans und Puter. Da muß man besonders darauf achten, daß die Fäden stark genug sind und fest verknotet werden.

in anderen Mischgerichten verarbeiten. Eine Durchschnittsente ergibt 4 Portionen und braucht eine Garzeit von etwa 1 1/2 Stunden.

Gänse, knusprig gebraten oder saftig geschmort, haben je nach Gewicht unterschiedliche Garzeiten. Eine 4 kg schwere Gans braucht ca. 3 Stunden im Backofen. Sie ergibt mindestens 6 Portionen.

Babyputer sollten, weil fettarm, mit Speck umwickelt oder in Folie gegart werden. Folie ist sogar sehr praktisch, weil viele keinen ausreichend großen Bräter für einen Puter haben. Man kann die großen Vögel braten, schmoren und auch zu Ragouts oder Frikassées verwenden. Praktisch sind die Puterteilstücke wie Steaks, Keulen, Flügel, Brust und Rollbraten. Niemand ist also gezwungen, in jedem Fall einen kompletten Puter in den Backofen zu schieben. Ein 2,5 kg schweres Tier können Sie in 8 Portionen servieren. Solch ein Puter braucht eine Garzeit von etwa 3 Stunden.

Perlhühner mit dem leichten Geschmack nach Wild, wiegen im Durchschnitt 1000 g. Es gibt aber auch größere Tiere aus Zuchtbetrieben in Frankreich. Ein Perlhuhn ergibt 2 bis 3 Portionen. Es eignet sich zum Braten, Schmoren und wie fast jedes Geflügel für Ragouts und Frikassées. Mit Speck zubereitet, schmecken Perlhühner besonders gut. Die Garzeit liegt zwischen etwa 30 und 50 Minuten.

Der Fasan mit seinem mageren, aber aromatischen Fleisch, sollte nur gebraten werden, wenn es sich um ein Jungtier handelt. Junge Fasane erkennt man am weichen, abgerundeten Sporn an den Beinen. Sie werden vor dem Braten bardiert, also mit Speck umwickelt oder dick mit Butter eingestrichen. Wer aber eine älteres Tier erwischt hat, kann ihn immer noch für eine kräftige Brühe oder für Ragout verwenden. Fasane von ca. 1000 g reichen für 2 Portionen. Sie brauchen, wenn sie jung sind, etwa 45 Minuten Garzeit.

Wachteln, diese Winzlinge von 90–100 g (bratfertig) brauchen eine Garzeit von höchstens 20 Minuten. Gewöhnlich werden sie, gefüllt oder ungefüllt, in Speckhülle gebraten

RATGEBER GEFLÜGEL

Ob Hähnchen oder Perlhuhn, Gans, Ente oder Wachtel, gefüllt gehören sie zur Lieblingsspeise vieler Feinschmecker.Ob nun ein großes oder ein kleines Tier gefüllt werden soll, die Methode bleibt die gleiche. Aber die Füllungen sind variabel. Gerne wird Hackfleisch verwendet oder die Geflügelleber, Weißbrot, Champignons und allerlei Kräuter und Gewürze. Die Farce drückt man mit den Händen in die Öffnung.

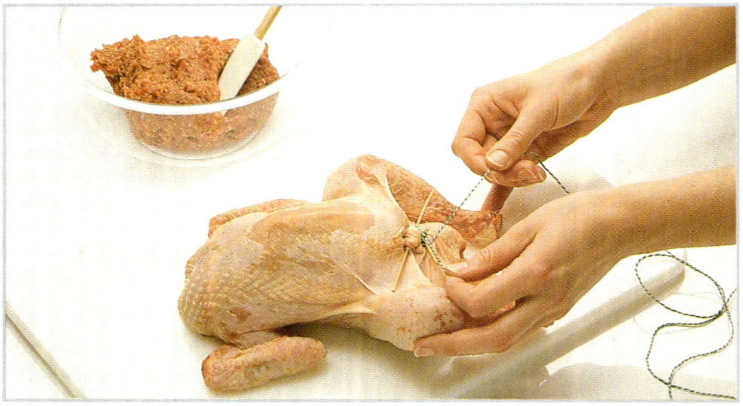

Nun schließt man die Öffnung mit Holzspießchen, die durch das Fleisch gestochen werden. Dazu braucht man mehrere Spießchen, damit die Öffnung vollkommen geschlossen ist und die Füllung nicht herausquellen kann. Zur Sicherheit werden die Spießchen mit Küchengarn kreuzweise umwickelt und zum Schluß sorgfältig verknotet. Je größer das Tier, umso mehr Spießchen brauchen Sie.

Bardieren heißt nichts anderes, als mit Speck umlegen – bei anderen Speisen auch mit Weinblättern oder blanchiertem Gemüse. Am Beispiel des Fasans zeigen wir, wie man das macht. Wichtig ist, sich vom Fleischer lange, dünne, mildgeräucherte Scheiben von fettem Speck schneiden zu lassen. Der dressierte Vogel wird nun auf den Rücken gelegt und seine Bauchseite vor allem die Brust – gleichmäßig mit den Scheiben belegt.

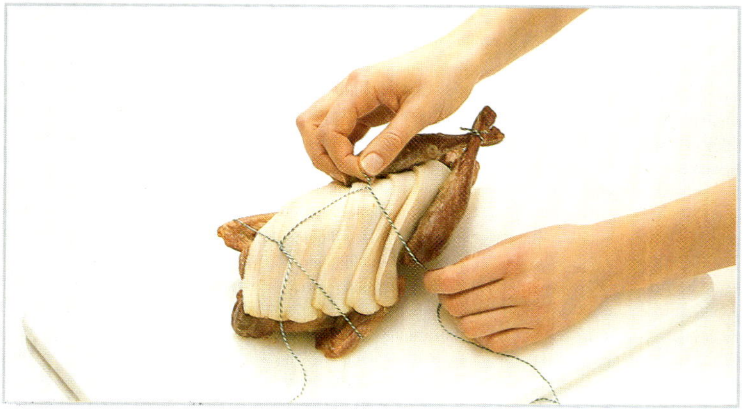

Nun verschnürt man das Tier mit Küchengarn, fast genauso wie ein Postpaket. Also einmal längs rundum und zweimal quer um den Körper. Dann verknoten. Beim Braten schmilzt nun das Speckfett. Das Geflügel bleibt schön saftig und wird trotzdem goldbraun, weil der Speck zusammenschrumpft. Übrigens: Niemand ist verpflichtet, den Speck mitzuessen. Aber man kann.

oder geschmort. Für eine Portion rechnet man 2 Wachteln, wenn sie als Hauptgericht serviert werden sollen. Wachtelbrüstchen sind übrigens in der gehobenen Gastronomie eine beliebte Delikatesse.

Bei Rebhühnern, diesen kleinen Wildvögeln, sollte man darauf achten, nur Tiere mit schwarzen Schnäbeln und gelben Ständern (das sind die Füße) zu kaufen. Das ist die Garantie dafür, ein junges, zartes Tier zu bekommen. Da Rebhühner mager sind, werden sie mit Speck umwickelt gebraten. Die etwa 350–400 g leichten Tiere ergeben eine Portion. Die Garzeit: etwa 30 Minuten. Junge und deshalb sehr wohlschmeckende **Wildenten** erkennen Sie an den zarten Schwimmhäuten, die man leicht einreißen kann. Wildenten eignen sich zum Braten und Schmoren, müssen aber wegen des mageren Fleisches bardiert werden. Eine Wildente ergibt 2 Portionen.

Tauben kann man mit Speck umwickelt braten und schmoren. Sie sind gefüllt besonders lecker, vorausgesetzt, es handelt sich um junge Tiere. Da sich Tauben nicht züchten lassen, zumindest nicht für die Mast, gibt es sie nur gelegentlich beim Geflügelhändler zu kaufen. Man rechnet mit einer Taube pro Person. Die Garzeit liegt bei ca. 35 Minuten.

Nun könnte es auch mal vorkommen, daß Ihnen ein passionierter Jäger einen Fasan aus freier Wildbahn bringt. Der muß natürlich gerupft und ausgenommen werden.

So rupft man Geflügel: Immer ein paar Federn in die rechte Hand nehmen, gleichzeitig mit der Linken die Haut des Tieres spannen. Federn vorsichtig herausrupfen, damit die Haut nicht verletzt wird. Flaum über offener Flamme absengen, in der Haut noch verbliebene Federkiele mit der Pinzette herauszupfen.

Geflügel richtig ausnehmen: Kopf mit Hals 2 cm über dem Rumpf, dann die Beine abschneiden. Kropf und Speiseröhre herausziehen. Darmöffnung herausschneiden, Bauch aufschneiden, und das Eingeweide mit der Hand herausholen.

Richtig zubereitet ist jeder der verschiedenen Vögel ein Genuß. Aber

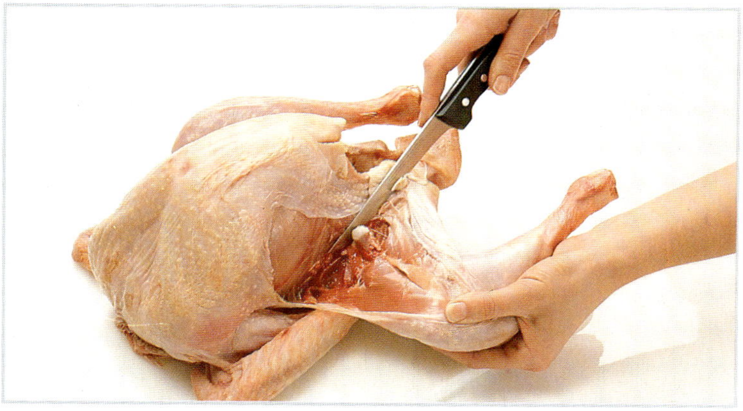

Roh zerlegen oder fertig gegart tranchieren, da gibt es kaum einen Unterschied. Wir zeigen es am Beispiel einer rohen Ente. Also: Ente auf den Rücken legen. Mit einem scharfen Messer die Keulen ringsum bis auf die Knochen einschneiden, zur Seite biegen und dann die Gelenke durchschneiden.

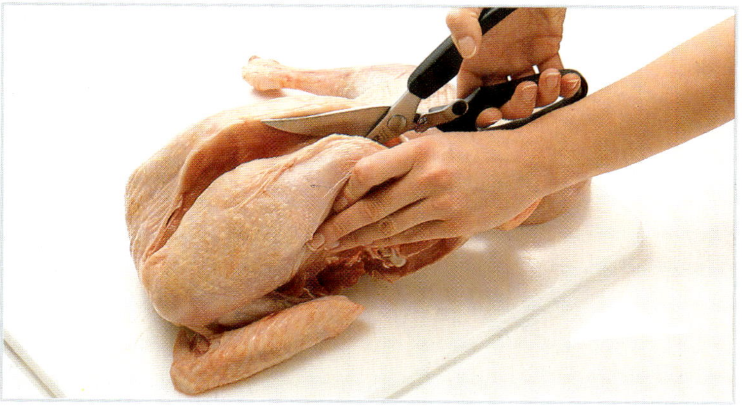

Brustfleisch bis auf die Knochen mit einem scharfen Messer durchschneiden. Dann die Knochen mit der Geflügelschere durchtrennen. Dazu braucht man bei größeren Tieren ein bißchen mehr Kraft. Falls es schwierig wird, kann man mit dem Fleischklopfer nachhelfen. Dann trennt man die Bruststücke einschließlich der Flügel auch mit dem Messer vom Rücken.

Die Bruststücke werden nun quer in Flügel- und Bruststück geteilt. Wer's mit dem Messer nicht schafft, nimmt dazu die Geflügelschere, die allerdings nicht so sauber trennt. Beim Tranchieren eines größeren, fertig gebratenen Tieres (Ente, Gans, Puter) hebt man die Brustfilets von den Knochen, schneidet sie in gleichgroße Scheiben und richtet sie hübsch an.

Zum guten Schluß muß noch einmal das scharfe Messer her. Damit trennt man bei größeren Tieren die Keule in Ober- und Unterkeule. Bei kleineren Tieren läßt man sie ganz, egal ob sie roh zerlegt oder gegart tranchiert werden. In Stücke zerlegtes Geflügel kann man knusprig in der Pfanne braten oder im Topf saftig schmoren.

man muß wissen, wie das am besten geschieht. Für's Braten in Topf oder Backofen eignet sich pur nur junges Geflügel, dessen zartes Fleisch in der Hitze nicht austrocknet wie das Fleisch älterer Tiere. Auch Kleingeflügel wie Wachtel, Taube, Rebhuhn oder gar sehr junge Hähnchen mögen die Backofenhitze nicht so sehr. Es sei denn, sie sind bardiert und durchs Fett geschützt. Im Brattopf auf dem Herd kann man gut junge Hähnchen, Perlhühner, Enten und Teilstücke von Gans und Puter braten, solange sie jung sind. Man überschöpft sie häufig mit ihrem Bratfett und gießt allenfalls mal einen Schuß heißes Wasser drauf. Genausogut brät dieses Geflügel im Backofen. Klar, daß Schwergewichte wie Gans und Puter auch im Backofen zubereitet werden. Am einfachsten und besten in der Bratfolie. Sie erspart die Spülarbeit, hält den Backofen sauber und macht das Geflügel saftig und knusprig. Das Ganze geht natürlich auch im Bräter und in der Fettpfanne. Übrigens tut es dem Puter mit seinem mageren Fleisch gut, wenn er bardiert wird. Wie man das macht, zeigen wir auf den Fotos auf der linken Seite. Anders bei Gans und Ente. Die gibt man – Brust nach unten – in die Fettpfanne, übergießt sie mit heißem Wasser, brät sie und wendet sie gelegentlich. Das Fett brät gut aus und kann von der Sauce abgeschöpft werden. Erstarrt ist es ein köstlicher Brotaufstrich.
Natürlich können Sie jede Art von Geflügel auch schmoren. Ob es bardiert ist oder nicht, es wird dazu im Fett rundherum angebraten. Dann wird heiße Brühe angegossen, der Topf mit dem Deckel geschlossen und bei geringer Hitze geschmort. Ab und zu gießt man etwas Brühe nach, weil die Flüssigkeit verdampft, aber zum Schluß Schmorfond für eine gute Sauce vorhanden sein muß. Das Ergebnis ist zartes Geflügel von angenehm saftigem Biß. Der Schmorfond wird, wenn nötig, entfettet und kann mit Sahne oder Crème fraîche verfeinert werden.

RATGEBER WILD

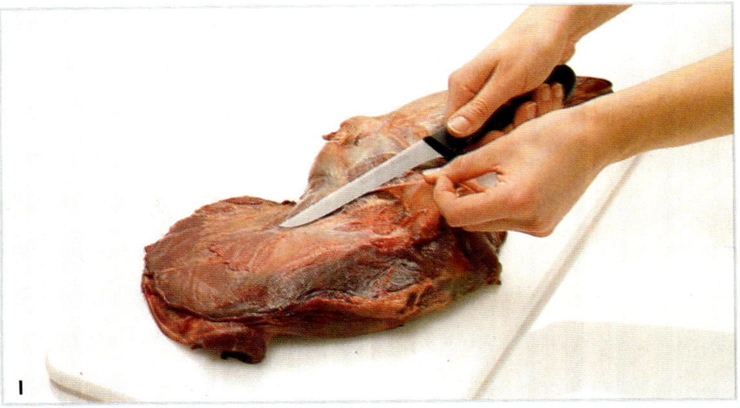

1

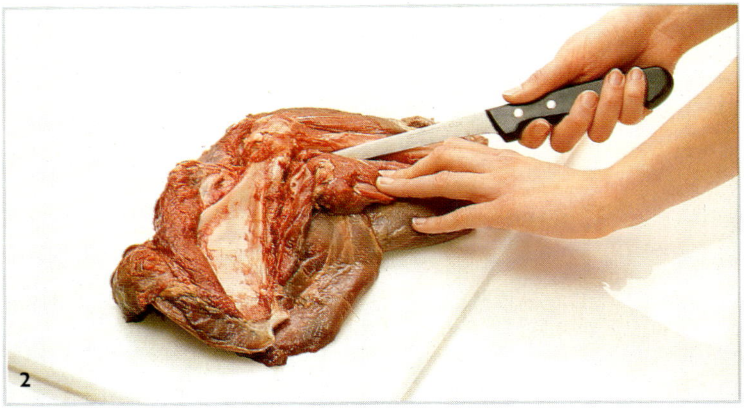

2

Wildfleisch wird gewöhnlich nicht so sorgfältig pariert (geputzt) verkauft wie das Fleisch von Schlachttieren. Wir zeigen deshalb am Beispiel einer Rehschulter, wie man das Fleisch von Häuten und Sehnen befreit, um es zum Braten oder Schmoren vorzubereiten. Das Handwerkszeug ist ein langes, spitzes und vor allem scharfes Messer. Damit fährt man dicht unter die Häute und hebt sie in Schneidebewegung vom Fleisch ab. Wichtig ist, dabei so wenig wie möglich schieres Fleisch wegzuschneiden. Sehnen so entfernen: An den Strängen entlang einschneiden und die Sehnen vorsichtig aus dem Fleisch herausziehen.

Um das Fleisch von den Knochen zu lösen, braucht man wieder das spitze, scharfe Messer. Man macht einen tiefen Schnitt bis auf den Knochen, löst mit der Messerspitze das Fleisch großflächig rund um den Knochen herum ab und hat nun den gewünschten Braten. Nun kann er mariniert werden. Oder man würzt ihn und brät oder schmort ihn. Übrigens: 24 Stunden in Buttermilch marinierter Wildbraten wird nicht nur zarter, sondern auch würziger.

Wildfleisch ist fettarm. Fettzugabe kann deshalb nur gut sein. So umwickelt man gerne gewürzte Reh-, Hirsch- oder Wildschwein-Medaillons mit einer Scheibe durchwachsenem Speck. Mit Küchengarn fixieren und saftig braten.

3

4

Marinaden machen mehr aus magerem Wildfleisch. Zum Beispiel die Weißwein-Marinade. Die Menge reicht für 1 kg Fleisch: Man mischt dazu 750 ml (3/4 l) Weißwein, 125 ml (1/8 l) Weinessig, 250 ml (1/4 l) Öl, 2 Zwiebeln in Scheiben, 1 Stange Porree (Lauch) in Ringen, 1 Petersilienwurzel in Scheiben, 1/4 Knollensellerie in Streifen, 2 Lorbeerblätter, 5 Wacholderbeeren, 6 weiße Pfefferkörner, 2 Nelkenköpfe, Majoran, Thymian und Knoblauch. Die Hälfte in den Mariniertopf geben, darauf das Fleisch und den Rest Marinade. 24 Stunden marinieren, gelegentlich wenden und die Marinade beim Garen mit verwenden. Macht jedes Fleisch zart und hocharomatisch.

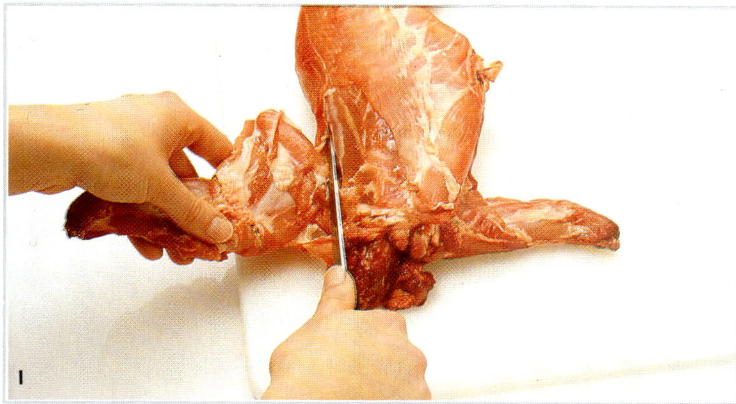

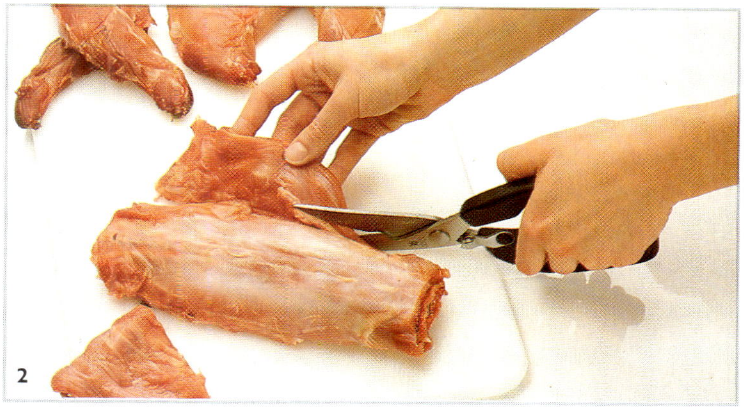

1) Hase oder Kaninchen, wild oder zahm, gehören zu den Favoriten der Wildküche. Da die Tiere küchenfertig geliefert werden – was sehr praktisch ist – kann man sie im Ganzen problemlos braten oder sie wie hier zerlegen und braten oder schmoren. Zum Zerlegen zuerst die Vorderläufe und Keulen rundherum bis auf die Knochen mit einem scharfen Messer einschneiden. Dann die Gliedmaßen zur Seite biegen und die Gelenke mit kräftigem Druck durchtrennen.

2) Den Rücken freilegen. Dazu mit der Geflügelschere den Rücken entlang auf beiden Seiten die Rippenpartie mit den Bauchlappen abtrennen. Diese Rippenkarkasse, Bauch und Hals für einen Fond oder für Ragout verwenden. Den Rücken im Ganzen oder in Stücke geteilt braten oder schmoren. Sehr saftig und würzig wird er, wenn man ihn mit Speckscheiben umwickelt zubereitet. Auch in Buttermilch oder eine Marinade eingelegt, schmeckt der Rücken ausgezeichnet. Die Marinierzeit beträgt für das zarte Fleisch allerdings nur 6–12 Stunden.

3) Eine besondere Delikatesse sind die ausgelösten Rückenfilets, also die von beiden Seiten der Wirbelsäule ausgetrennten Filetstücke. Entweder man sautiert sie nur kurz in reichlich Butter. Oder man umwickelt sie mit fettem, leicht geräuchertem Speck und brät sie dann etwa 15 Minuten in Butter oder feinem Öl (sehr lecker ist Olivenöl extra vergine). Am besten schmecken sie, wenn man sie eben durchbrät, also innen rosa, aber trotzdem gegart.

4) Die Filets aus dem fertig gebratenen Rücken herauslösen geht genauso wie das Auslösen vom rohen Stück, nur etwas leichter, weil das Fleisch gar ist. Man schneidet es auf beiden Seiten an den Knochen entlang heraus. Tranchiert wird das Fleisch in schräge Scheiben. Das sieht nicht nur besser aus, man erreicht dadurch auch größere Scheiben, die hübscher angerichtet werden können als kleine.

HÄHNCHEN MIT PASTIS

2 Hähnchen · Salz · Pfeffer · 2 Zweige Rosmarin · 2 Zweige Thymian · 4 Lorbeerblätter · 3 Eßl. Olivenöl · 1 Eßl. Fenchelsamen · 4 Eßl. Pastis (Anisschnaps) · 4 Knoblauchzehen · 750 g kleine Kartoffeln · 100 g kalte Butter

Hähnchen unter kaltem Wasser abspülen, trockentupfen, innen und außen mit Salz und Pfeffer würzen. Rosmarin und Thymian abspülen, trockentupfen und mit den Lorbeerblättern in die Hähnchen geben. Das Öl in einem Bräter erhitzen und die Hähnchen darin rundum anbraten. Die Hähnchen mit Fenchelsamen bestreuen und mit Pastis übergießen. Die Knoblauchzehen unabgezogen in den Bräter geben. Die Kartoffeln gründlich abbürsten und mit Schale zu den Hähnchen geben. Den Topf zudecken, in den auf etwa 200 Grad (Gas Stufe 3) vorgeheizten Backofen schieben und alles 50–60 Minuten garen. Etwa 15 Minuten vor Ende der Garzeit den Deckel abnehmen und die Hähnchen bräunen lassen. Die Sauce in einen Topf umgießen, entfetten und in den verbleibenden Fond die Butter in Stückchen unterschlagen, bis eine sämige Sauce entstanden ist.

GESCHMORTE POULARDE

1 Poularde (etwa 1,8 kg) · Salz · Pfeffer · 1 Zwiebel · 60 g Butter · 200 ml (1/5 l) trockener Weißwein · 500 ml (1/2 l) · Schlagsahne · 250 g Crème fraîche · 100 g Estragonzweige

Die Poularde unter kaltem Wasser abspülen, trockentupfen, in acht Teile zerlegen, mit Salz und Pfeffer bestreuen. Zwiebel abziehen und würfeln. Butter zerlassen und die Geflügelteile darin goldgelb braten. Zwiebel dazugeben und mitbraten. Mit dem Weißwein ablöschen, Sahne und Crème fraîche angießen. Estragon abspülen, die Blättchen abzupfen, fein hacken und in die Sauce geben. Fleisch bei schwacher Hitze etwa 45 Minuten garen, herausnehmen und warm stellen. Sauce einkochen, mit Salz, Pfeffer abschmecken und über die Geflügelteile geben. Herzoginkartoffeln und Broccoli dazureichen.

HÄHNCHEN IN KÄSESAUCE
(ohne Foto)

2 Hähnchen · Salz · Pfeffer · 2 Zwiebeln · 200 g Butter · 1 l trockener Weißwein · 1000 ml (1 l) Schlagsahne · 2 Eßl. Dijon-Senf · 80 g Emmentaler-Käse

Die Hähnchen unter kaltem Wasser abspülen, trockentupfen, in acht Teile zerlegen, mit Salz und Pfeffer würzen. Zwiebeln abziehen und würfeln. Butter zerlassen, Zwiebeln darin andünsten. Hähnchenteile dazugeben und leicht anbraten. Mit Weißwein ablöschen. Sahne angießen, Senf unterrühren. Käse reiben, unterrühren und etwa 20 Minuten köcheln. Das Fleisch herausnehmen und warm

stellen. Sauce unter ständigem Rühren einkochen, mit Salz und Pfeffer würzen. Sauce über das Fleisch geben und 5 Minuten überbacken.
Reis dazureichen.

KAPAUN À LA CHIPOLATE

1 Kapaun · Salz · Pfeffer · etwa 100 g fetter Speck (in Scheiben) · 2 Zwiebeln · 2 Möhren · 100 g Sellerie · 100 g Butter · 100 g durchwachsener Speck · 12 geschälte Eßkastanien · 20 Perlzwiebeln · 12 Cocktailwürstchen
Außerdem: Küchengarn

Den Kapaun unter kaltem Wasser abspülen, trockentupfen, innen und außen mit Salz und Pfeffer würzen. Den fetten Speck auf die Brust legen und mit Garn umbinden. Zwiebeln abziehen. Möhren und Sellerie schrappen, waschen. Gemüse in große Würfel schneiden und mit der Butter in einen Bräter geben. Den Kapaun darauf setzen, in den auf etwa 200 Grad (Gas Stufe 3) vorgeheizten Backofen schieben und etwa 40 Minuten garen. Kapaun herausnehmen, tranchieren und warm stellen. Das Gemüse durch ein Sieb streichen. Speck in Streifen schneiden und auslassen. Kastanien, Perlzwiebeln und Würstchen darin anbraten, den Bratensaft unterrühren und über den Kapaun geben. Gemischtes Gemüse und Dauphinoise-Kartoffeln dazureichen.

POULARDEN-BRUST MIT LAUCHSAUCE

4 Poulardenbrustfilets · Salz · Pfeffer · 1 Schalotte · 2 Stangen Porree (Lauch) · 100 g Butter · 4 cl Noilly Prat (trockener Wermut) · 250 ml (1/4 l) Weißwein · 125 ml (1/8 l) Schlagsahne · 125 g Crème fraîche · 2 Eßl. Schnittlauchröllchen

Filets unter kaltem Wasser abspülen, trockentupfen, mit Salz und Pfeffer bestreuen. Schalotte abziehen und würfeln. Den Porree putzen, gründlich waschen, in Streifen schneiden und in kochendem Wasser kurz blanchieren. Butter zerlassen, Fleisch und Schalotte darin goldbraun anbraten. Fleisch herausnehmen und warm stellen. Den Bratensatz mit Noilly Prat und Weißwein ablöschen. Sahne und Crème fraîche angießen und auf die gewünschte Konsistenz einkochen. Den Porree zugeben und einige Minuten darin ziehen lassen. Sauce mit Salz, Pfeffer und Schnittlauch abschmecken. Filets auf der Sauce anrichten. Gemüsereis dazureichen.

KAPAUNBRUST MIT BROMBEEREN

4 Kapaunbrustfilets · Salz · Pfeffer · 40 g zerlassene Butter · 400 g Brombeeren · 150 ml Rotwein · 6 Eßl. Crème fraîche · 2 cl Crème de Cassis

Die Filets unter kaltem Wasser abspülen, trockentupfen, salzen, pfeffern, mit Butter bestreichen, in

der Kasserolle im auf 200 Grad (Gas Stufe 3) vorgeheizten Backofen etwa 10 Minuten braten. Brombeeren verlesen, abspülen. Filets herausnehmen. Bratensatz mit Rotwein ablöschen, Brombeeren und Crème fraîche dazugeben, einkochen. Cassis unterrühren, mit Salz und Pfeffer würzen. Herzogin-Kartoffeln dazureichen.

POULARDEN MIT SCHNITTLAUCH-SAUCE

4 Poulardenbrustfilets · 120 g Lachs · Salz · Pfeffer · 120 g kalte Butter · 2 Schalotten · 100 ml (1/4 l) Weißwein · 100 ml (1/10 l) Hühnerbrühe · 250 ml (1/4 l) Schlagsahne · 2 Bund Schnittlauch

Außerdem: Holzspießchen

Die Filets unter kaltem Wasser abspülen, trockentupfen und jeweils eine Tasche hineinschneiden. Den Lachs in vier Teile schneiden, in die Taschen füllen, mit Holzspießchen zusammenstecken, mit Salz und Pfeffer würzen. 50 g Butter zerlassen, die Filets darin bei schwacher Hitze etwa 20 Minuten braten. Filets herausnehmen und warm stellen. Schalotten abziehen, fein würfeln. 20 g Butter im Bratensatz zerlassen, Schalotten darin dünsten. Mit Weißwein und Hühnerbrühe ablöschen. Sahne angießen und einkochen. Den Schnittlauch abspülen, in Röllchen schneiden und unterrühren. Die restliche Butter in Stückchen unterschlagen. Sauce mit Salz und Pfeffer würzen. Nudeln und Erbsen dazureichen.

GESCHNETZELTE HÄHNCHENBRUST

4 Hähnchenbrustfilets · Salz · Pfeffer · 400 g Champignons · 1 Schalotte · 100 g Butter · 125 ml (1/8 l) Weißwein (Riesling) · 4 cl trockener Wermut · 250 ml (1/4 l) Schlagsahne · 20 Zitronenmelisseblätter

Die Hähnchenfilets enthäuten, unter kaltem Wasser abspülen, trockentupfen, in feine Streifen schneiden, mit Salz und Pfeffer würzen. Die Champignons putzen, waschen, abtropfen lassen und in feine Scheiben schneiden. Schalotte abziehen und würfeln. 50 g Butter zerlassen, Hähnchenfleisch darin braten, herausnehmen und warm stellen. Restliche Butter im Bratensatz zerlassen, Schalotte und Champignons darin andünsten. Mit Weißwein und Wermut ablöschen, die Sahne angießen und sämig einkochen. Zitronenmelisse abspülen, fein hacken und in die Sauce geben. Das Geschnetzelte dazugeben, kurz miterhitzen, nicht mehr kochen lassen und mit Salz und Pfeffer abschmecken.
Als Beilage passen Nudeln mit Tomatenwürfeln.

HÄHNCHEN-KEBAB

1 kg Hähnchenbrustfilet · 2 Zwiebeln · 2 Knoblauchzehen · 6 Eßl. zerlassene Butter · 4 Eßl. Soja-Sauce · 2 Eßl. Zitronensaft · 2 Teel. brauner Zucker · 4 Teel. gerebelter Koriander · Salz · Pfeffer
Außerdem: Holzspieße

Das Hähnchenfleisch unter kaltem Wasser abspülen, trockentupfen, in mundgerechte Stücke schneiden. Zwiebeln und Knoblauch abziehen, fein hacken und mit den übrigen Zutaten verrühren. Hähnchenfleisch mit der Marinade vermengen und etwa 7 Stunden im Kühlschrank durchziehen lassen. Die Hähnchenstücke auf Spieße stecken, unter den Grill schieben und etwa 10 Minuten grillen. Reis dazureichen.

HÄHNCHEN MIT ROSMARIN
(ohne Foto)

2 Hähnchen · Salz · Pfeffer · 2 Eßl. gerebelter Rosmarin · 1 Zwiebel · 1 Knoblauchzehe · 1 Möhre · 50 g Sellerie · 4–6 Eßl. Olivenöl · 250 ml (1/4 l) Weißwein · 125 ml (1/8 l) Hühnerbrühe · 250 ml (1/4 l) Schlagsahne

Die Hähnchen unter kaltem Wasser abspülen, trockentupfen, in 8 Stücke zerlegen, mit Salz, Pfeffer, 1 Eßl. Rosmarin einreiben. Zwiebel und Knoblauch abziehen, fein hacken. Möhre und Sellerie waschen, schrappen und würfeln. Öl in einem Bräter erhitzen und die Hähnchenteile im auf etwa 200 Grad (Gas Stufe 3) vorgeheizten Backofen anbraten. Gemüse dazugeben, kurz anbraten und mit Weißwein und Brühe ablöschen. Die Hähnchen etwa 45 Minuten im Backofen garen. Fleisch herausnehmen, von den Knochen lösen, in mundgerechte Stücke schneiden. Sauce durch ein Sieb geben, die Sahne hinzufügen, etwas einkochen lassen, mit Rosmarin, Salz und Pfeffer abschmecken und über das Fleisch geben.
Herzogin-Kartoffeln und Gemüse dazureichen.

KAPAUN IN GEMÜSESAUCE

1 Kapaun · Salz · Pfeffer · 1 Zwiebel · 1 Möhre · 1 Stange Staudensellerie · 1/4 Zucchini · 100 g Butter · 250 ml (1/4 l) Weißwein · 500 ml (1/2 l) Schlagsahne · 2 Eßl. gehackte Estragonblättchen

Den Kapaun unter kaltem Wasser abspülen, trockentupfen, in 8 Stücke zerlegen und entbeinen. Fleisch mit Salz und Pfeffer würzen. Die Zwiebel abziehen. Möhre schrappen und waschen. Staudensellerie putzen und waschen. Zucchini waschen. Gemüse in Würfel schneiden. Butter zerlassen, Fleisch darin von allen Seiten anbraten und herausnehmen. Gemüse anbraten, mit Weißwein ablöschen, Sahne angießen und Estragon dazugeben. Fleisch wieder hineinlegen und etwa 45 Minuten garen.
Sauce im Mixer pürieren, nochmals mit Salz und Pfeffer abschmecken.
Herzogin-Kartoffeln dazureichen.

GEFÜLLTE PUTENRÖLLCHEN

4 Scheiben Putenbrust (je etwa 125 g) · Salz · Pfeffer · 1 Zwiebel · 250 g Champignons · 2 Bund Petersilie · 10 g Butter · 4 Scheiben durchwachsener Speck · 20 g Butterschmalz · 5 Eßl. Weißwein · 2 Eßl. Schlagsahne
Außerdem: Holzspießchen

Das Putenfleisch unter kaltem Wasser abspülen, trockentupfen, mit Salz und Pfeffer würzen und nebeneinanderlegen. Zwiebel abziehen und würfeln. Champignons putzen, waschen und fein hacken. Die Petersilie abspülen und ebenfalls fein hacken. Die Butter zerlassen und die Zwiebelwürfel darin glasig dünsten. Champignons dazugeben und dünsten, bis die Flüssigkeit verdampft ist. Petersilie unterrühren, mit Salz und Pfeffer würzen. Die Masse auf die Putenfleischscheiben streichen. Fleischscheiben zusammenrollen, jeweils mit einer Speckscheibe umwickeln und mit einem Holzspießchen feststecken. Butterschmalz erhitzen und die Röllchen darin anbraten. Wein angießen und die Röllchen zugedeckt 15–20 Minuten garen. Röllchen auf einer vorgewärmten Platte anrichten, die Spießchen entfernen. Sahne in den Bratenfond geben, sämig einkochen, mit Salz und Pfeffer abschmecken und über die Röllchen geben.
Salat, Reis oder gratinierte Kartoffeln dazureichen.

BLANQUETTE VON PUTENBRUST

1 kg Putenbrustfilet (ohne Haut) · 1 Zwiebel · 1 Nelke · 1 Lorbeerblatt · Salz · Pfeffer · 400 g gemischtes Gemüse (z. B. Erbsen, Möhren, Blumenkohl, Champignons, Spargel) · 80 g Butter · 50 g Weizenmehl · geriebene Muskatnuß · 125 ml (1/8 l) Schlagsahne

Das Putenfleisch unter kaltem Wasser abspülen, in etwa 5 cm große Würfel schneiden und in einen Topf geben. Zwiebel abziehen, mit Nelke und Lorbeerblatt spicken und zum Fleisch geben. Alles mit kaltem Wasser gut bedecken, mit Salz und Pfeffer würzen und bei schwacher Hitze etwa 30 Minuten köcheln lassen. Dabei den Schaum abschöpfen.
Inzwischen das Gemüse putzen, waschen und je nach Sorte zerkleinern.
Das Fleisch aus der Brühe nehmen, die Zwiebel entfernen und die Brühe durch ein feines Sieb gießen. Butter zerlassen und das Mehl darin andünsten. Etwa 375 ml (3/8 l) von der Brühe abmessen und nach und nach mit einem Schneebesen in die Mehlschwitze rühren, bis eine sämige Sauce entstanden ist. Darauf achten, daß keine Klümpchen entstehen. Die Sauce mit Salz und Muskat würzen und das Gemüse darin garen. Zuletzt die Sahne unterrühren und das Fleisch hinzufügen.
Reis dazureichen.

GEFLÜGELLEBER-RAGOUT

400 g Hühnerleber · 400 g Champignons · 3 Schalotten · 100 g Butter · 250 ml (1/4 l) Rotwein · 125 ml (1/8 l) Schlagsahne · 4 Zweige Majoran · Salz · Pfeffer · 4 Blätterteigpastetchen

Die Hühnerleber unter kaltem Wasser abspülen, in etwa 2 cm dicke Würfel schneiden und abtropfen lassen. Champignons putzen, waschen und in Scheiben schneiden. Schalotten abziehen und würfeln. 50 g Butter zerlassen, die Hühnerleber darin anbraten, herausnehmen und warm stellen. Restliche Butter zerlassen, Schalotten und Campignons darin dünsten. Rotwein und Sahne angießen und sämig einkochen. Den Majoran abspülen, trockentupfen, Blättchen abzupfen, fein hacken und in die Sauce geben. Die Sauce mit Salz und Pfeffer abschmecken. Die Leber in die Sauce geben, kurz erhitzen, nicht kochen lassen. Blätterteigpastetchen kurz im Backofen wärmen. Das Ragout in die Pastetchen füllen und sofort servieren. Gemischten Salat dazureichen.

ENTENBRUST MIT QUITTEN-KOMTPOTT

4 Entenbrustfilets · Salz · Pfeffer · 80 g Butter · 2 Schalotten · 4 cl trockener Weißwein · 4 cl Cognac · 8 Eßl. Crème double · 1 Messerspitze Instant körnige Hühnerbrühe · 40 g Gänseleberpastete · 2 Salbeiblätter · 2 cl Portwein
Für das Quittenkompott:
200 g Quitten · 60 g Butter · 30 g Zucker · Saft von 1 Zitrone · 2 cl Weißwein

Die Entenbrustfilets unter kaltem Wasser abspülen, trockentupfen, mit Salz und Pfeffer würzen. 40 g Butter zerlassen, die Entenbrüste darin etwa 10 Minuten braten, herausnehmen und warm stellen. Schalotten abziehen und fein hacken. 20 g Butter zerlassen, Schalotten darin andünsten, mit Weißwein und Cognac ablöschen. Crème double und Instant Körnige Hühnerbrühe unterrühren und etwas einkochen. Geflügelpastete durch ein Sieb streichen, in die Sauce rühren. Restliche Butter unterschlagen, nicht mehr kochen lassen. Salbei abspülen und fein hacken. Sauce mit Portwein, Salbei, Salz und Pfeffer abschmecken.
Für das Qittenkompott die Quitten schälen, vierteln, das Kerngehäuse entfernen, Fruchtfleisch in Stücke schneiden. Butter zerlassen, Zucker darin karamelisieren. Zitronensaft, Wein und Quitten hinzufügen und etwa 10 Minuten garen. Entenbrust mit Sauce und Kompott auf Tellern anrichten. Butterreis dazureichen.

ENTENBRUST MIT KREBSEN

4 Entenbrustfilets · Salz · Pfeffer · 200 g kalte Butter · 12 Krebse · 2 Schalotten · 100 ml (1/10 l) Noilly Prat (trockener Wermut) · 4 Eßl. Schlagsahne · 1/2 Bund Sauerampfer · 10 g Trüffel

Die Filets unter kaltem Wasser abspülen, trockentupfen, mit Salz und Pfeffer würzen, mit 40 g zerlassener Butter bestreichen, in der Kasserolle im auf 200 Grad (Gas Stufe 3) vorgeheizten Backofen 10 Minuten braten, ruhen lassen. Die Krebse in kochendes Salzwasser 7 Minuten ziehen lassen und auslösen. Schalotten abziehen, würfeln, in 20 g Butter dünsten. Noilly Prat angießen und einkochen. Sahne angießen, Butterstückchen unterschlagen. Sauerampfer abspülen, in Streifen schneiden, mit Trüffelscheiben in die Sauce geben, mit Salz, Pfeffer abschmecken.
Butternudeln dazureichen.

ENTENKEULE IN HOLUNDERSAUCE

8 Entenkeulen · 1 Schalotte · 100 g Pfifferlinge · 1 Teel. Butter · 1 Eigelb · 1 Eßl. gehackte Petersilie · 1 Eßl. Semmelmehl (Paniermehl) · Salz · Pfeffer · 1 Zwiebel · 50 g Sellerie · 1 Möhre · 4 Eßl. Speiseöl · 250 ml (1/4 l) Holundersaft · 3 cl Wermut

Die Keulen unter kaltem Wasser abspülen, trockentupfen. Schenkelknochen herauslösen. Schalotte abziehen und fein hacken. Pfifferlinge putzen und waschen. Butter zerlassen, Schalotten, Pfifferlinge darin andünsten und mit Eigelb, Petersilie, Semmelmehl, Salz und Pfeffer vermengen, in die Keulen füllen, mit Spießchen zusammenstecken. Keulen mit Salz und Pfeffer würzen. Zwiebel abziehen und würfeln. Sellerie und Möhre schrappen, waschen und würfeln. Das Öl in einem Bräter erhitzen und die Keulen im auf etwa 225 Grad (Gas Stufe 3) vorgeheizten Backofen anbraten. Das Gemüse dazugeben und etwa 30 Minuten garen. Saft angießen und nochmals 15 Minuten garen. Keulen herausnehmen und warm stellen. Sauce durch ein Sieb streichen, Wermut angießen, einkochen, mit Salz und Pfeffer abschmecken. Kroketten oder Rösti dazureichen.

GEFÜLLTE GANS

1 Gans · Salz · Pfeffer · Majoran · 4 cl Calvados · 300 g Hähnchenfilet · 80 g Kalbsleber · 350 ml Schlagsahne · 80 g Gänseleber · 80 g geschälte Eßkastanien · 3 Äpfel · 80 g gekochter Schinken · 80 g Pinienkerne · 2 Zwiebeln · 50 g Sellerie · 2 Möhren · 1 Zweig Beifuß

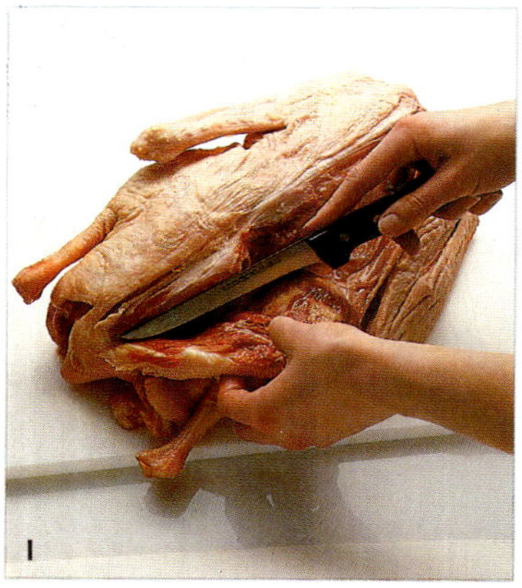
1

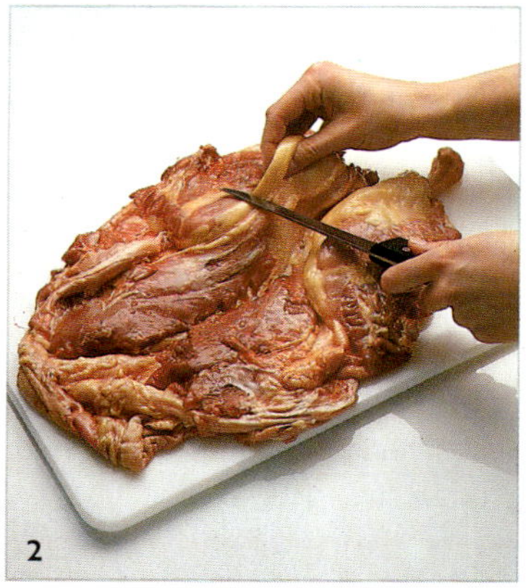
2

3

Die Gans unter kaltem Wasser abspülen und trockentupfen. Mit einem Messer die Gans vom Rücken her auslösen, so daß die Brusthälften verbunden bleiben (Foto 1). Fett und Sehnen entfernen (Foto 2), das Fett zurückbehalten. Gans innen mit Salz, Pfeffer, Majoran und 2 cl Calvados einreiben und etwa 1 Stunde ziehen lassen. Hähnchenfleisch, Kalbsleber durch den Fleischwolf drehen, mit der Sahne verrühren. Gänseleber und Kastanien in Würfel schneiden. 1 Apfel waschen, vierteln, entkernen, würfeln. Schinken ebenfalls in Würfel schneiden. Diese Zutaten mit Pinienkernen und der Hähnchenfarce vermengen (Foto 3), mit Calvados abschmecken und in die Gans füllen (Foto 4). Die Gans am Rücken zunähen, formen und in einen Bräter legen. Restliche Äpfel waschen, entkernen. Zwiebeln abziehen, Sellerie und Möhre schrappen und waschen. Alles grob zerkleinern und mit dem Gänsefett, den zerkleinerten Knochen und Beifuß zur Gans geben (Foto 5). Gans im auf etwa 175 Grad (Gas Stufe 3) vorgeheizten Backofen 2–2 1/4 Stunden braten. Gans herausnehmen und quer in Scheiben schneiden (Foto 6). Sauce durch ein Sieb gießen, entfetten, die Gans darauf anrichten. Serviettenknödel und Rotkohl dazureichen.

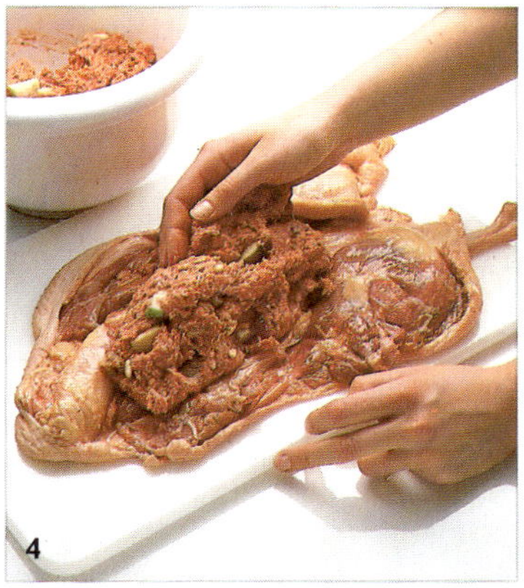
4

5

6

GEBRATENE GÄNSEKEULEN
(ohne Foto)

4 Gänsekeulen · 2 Zwiebeln · 4 Eßl. Zucker · 2 Lorbeerblätter 1 Eßl. Senfkörner · 1 Teel. Salz · 1/4 Teel. gemahlener Zimt · 250 ml (1/4 l) Weißweinessig · 50 g Rosinen · 50 g Butter · 1 Eßl. Zucker · 2 Teel. Speisestärke · 30 g Mandelblättchen

Die Gänsekeulen unter kaltem Wasser abspülen und in einen Topf geben. Die Zwiebeln abziehen, zerkleinern und mit Zucker, Lorbeer, Senfkörnern, Salz, Zimt und Essig zu den Keulen geben und mit Wasser bedecken. Die Gänsekeulen etwa 2 Stunden bei schwacher Hitze köcheln. Rosinen in kaltem Wasser einweichen. Die gegarten Keulen aus der Brühe nehmen und trockentupfen. Brühe erkalten lassen, bis das Fett erstarrt ist. Butter in einer Pfanne erhitzen und die Keulen darin anbraten. Mit etwas Zucker bestreuen und karamelisieren lassen. Das Gänsefett von der Brühe abschöpfen, zu den Keulen geben. Restlichen Zucker darüber streuen, karamelisieren lassen. Die Keulen auf einer vorgewärmten Platte anrichten. 350 ml von der Brühe abmessen, in die Pfanne gießen und mit der angerührten Speisestärke binden. Rosinen und Mandeln hinzufügen, miterhitzen und die Sauce über die Keulen geben. Bratkartoffeln und Rotkohl dazureichen.

FASAN MIT WEINTRAUBEN

2 Fasane · Salz · Pfeffer · 200 g Speck (in dünnen Scheiben)

Für das Champagerkraut:
600 g Sauerkraut · 2 Zwiebeln · 50 g Schmalz · 1/2 Flasche Champagner oder Sekt

Für das Kartoffelpüree:
1 kg Kartoffeln · 250 ml (1/4 l) Milch · 100 g Butter · geriebene Muskatnuß

Außerdem: 200 g Weintrauben · Küchengarn

Die Fasane unter kaltem Wasser abspülen, trockentupfen mit Salz und Pfeffer würzen. Fasane mit den Speckscheiben umhüllen, mit Garn umbinden, in einen Bräter geben, in den auf etwa 200 Grad (Gas Stufe 3) vorgeheizten Backofen schieben und 30–40 Minuten braten. Sauerkraut lockerzupfen. Die Zwiebeln abziehen und würfeln. Schmalz zerlassen, Zwiebelwürfel darin andünsten. Kraut dazugeben, Champagner angießen, mit Salz und Pfeffer würzen und etwa 30 Minuten garen.
Für das Püree Kartoffeln schälen, waschen, 20 Minuten in Salzwasser kochen. Kartoffeln durch die Presse drücken, mit Milch und Butter verrühren und mit Salz und Muskat würzen. Pürree mit einem Spritzbeutel als Rand auf eine Platte spritzen und kurz übergrillen. Champagnerkraut in die Mitte geben. Fasane von dem Speck befreien, auf dem Kraut anrichten. Weintrauben kurz blanchieren, abziehen und um die Fasane legen.

FASANENBRUST AUF LINSEN
(ohne Foto)

300 g Linsen · 4 Fasanenbrustfilets · Salz · Pfeffer · 30 g Sellerie · 1/2 Stange Porree · 1 Möhre · 2 Schalotten · 100 g Butter · 4 Eßl. Crème fraîche · Sherryessig · 2 Eßl. gehackte Petersilie

Die Linsen über Nacht einweichen, abgießen. Die Filets unter kaltem Wasser abspülen, trockentupfen, salzen, pfeffern. Gemüse putzen, waschen, würfeln, in 50 g Butter andünsten. Linsen, 500 ml (1/2 l) Wasser dazugeben, 25 Minuten dünsten. Crème frâche unterrühren, mit Essig, Pfeffer, Salz, Petersilie würzen. Filets in 50 g Butter im auf etwa 200 Grad (Gas Stufe 3) vorgeheizten Backofen etwa 10 Minuten braten, 5 Minuten ruhen lassen, auf dem Gemüse anrichten.

WILDENTE IN CALVADOS

800 g Wildentenbrust · 1 großer Apfel · 2 Schalotten · 2 Eßl. Speiseöl · 50 g Butter · 100 ml (1/10 l) Rotwein · 100 g Schlagsahne · 4 cl Calvados · Salz · Pfeffer

Die Filets von den Knochen lösen, unter kaltem Wasser abspülen, trockentupfen und in feine Streifen schneiden. Apfel schälen, vierteln, entkernen und in Würfel schneiden. Die Schalotten abziehen und würfeln. Das Öl erhitzen, Entenfleisch darin kurz braten, herausnehmen und warm stellen. Das Öl abgießen. Die Butter zerlassen, Apfel und Schalotten darin leicht anbraten. Den Rotwein angießen, etwas einkochen. Die Sahne dazugeben, einkochen, mit Calvados, Salz und Pfeffer abschmecken und das Entenfleisch dazugeben. Butterspätzle dazureichen.

REBHÜHNER MIT MARONENPÜREE

4 Rebhühner · 16 Weinblätter · 8 Scheiben fetter Speck · 2 Zwiebeln · 50 g Sellerie · 2 Möhren · 150 g Butter · Salz · Pfeffer · 400 g geschälte, gekochte Maronen · 4 Eßl. Crème fraîche · geriebene Muskatnuß · 4 cl Weinbrand · 125 ml (1/8 l) heller Traubensaft · 125 ml (1/8 l) Schlagsahne

Das Geflügel unter kaltem Wasser abspülen, trockentupfen, mit abgespülten Weinblättern und Speck umwickeln. Zwiebeln abziehen, fein hacken. Sellerie und Möhren schrappen und waschen. 50 g Butter in einem Bräter zerlassen, das Gemüse hineingeben und die Rebhühner darauf setzen, mit Salz und Pfeffer bestreuen, in den auf etwa 200 Grad (Gas Stufe 3) vorgeheizten Backofen schieben, 40 Minuten braten. Maronen in Wasser erhitzen, abtropfen lassen, durchdrücken, mit restlichen Butter, Crème fraîche, Salz, Pfeffer, Muskat verrühren.
Die gegarten Rebhühner herausnehmen, von Speck und Weinblättern befreien. Bratensatz mit Weinbrand ablöschen und flambieren. Traubensaft und Sahne angießen, einkochen, durch ein Sieb streichen, mit Salz und Pfeffer abschmecken. Rebhühner mit Maronenpüree und Sauce anrichten.

HASENRÜCKEN MIT AUSTERN-PILZEN

2 Hasenrücken · 150 g fetter Speck · Salz · Pfeffer · 6 Eßl. Speiseöl · 400 g Austernpilze · 2 Schalotten · 50 g Kräuterbutter · 6 Eßl. Crème fraîche · 1 Bund Petersilie · 1 Bund Schnittlauch

Die Hasenrücken unter kaltem Wasser abspülen und trockentupfen. Den Speck in Streifen schneiden, das Fleisch damit spicken, mit Salz und Pfeffer würzen. Öl in einem Bräter erhitzen, Hasenrücken hineingeben, in den auf etwa 225 Grad (Gas Stufe 4) vorgeheizten Backofen schieben, etwa 25 Minuten braten. Die Pilze putzen, waschen und würfeln. Schalotten abziehen und fein hacken. Die Butter zerlassen, Schalotten und Pilze darin dünsten. Crème fraîche unterrühren. Kräuter abspülen, fein hacken und unterrühren. Sauce mit Salz und Pfeffer würzen. Hasenrücken auf den Pilzen anrichten.
Kartoffelplätzchen und Rosenkohl dazureichen.

HASENLÄUFE IN BROMBEERSAUCE

12 Hasenläufe · 350 ml Sherry · 350 ml Rotwein · 2 Zwiebeln · 400 g Brombeeren · 6 Eßl. Speiseöl · 2 Lorbeerblätter · Salz · Pfeffer · 3 Eßl. Crème fraîche

Die Hasenläufe enthäuten, unter kaltem Wasser abspülen und trockentupfen. Den Knochen bis zum Fleischansatz abschlagen. Fleisch über Nacht in Sherry und Rotwein marinieren. Die Zwiebeln abziehen und fein hacken. Brom-

beeren verlesen, abspülen und abtropfen lassen. Die Hasenläufe aus der Marinade nehmen, trockentupfen. Öl in einem Bräter erhitzen und das Fleisch darin von allen Seiten anbraten. Zwiebeln dazugeben, kurz andünsten. Brombeeren dazugeben, mit der Marinade auffüllen, Lorbeer hinzufügen. Fleisch etwa 50 Minuten bei mittlerer Hitze garen. Hasenläufe herausnehmen. Sauce im Mixer pürieren, Crème fraîche unterrühren, einkochen, mit Salz und Pfeffer abschmecken. Kartöffeltörtchen dazureichen.

KANINCHEN-PIE MIT CHAMPIGNONS

(Etwa 6 Portionen)

Für den Teig:
300 g Weizenmehl · 1/2 Teel. Backpulver · 100 kalte Butter · 2 Eigelbe · 100 ml (1/10 l) kaltes Wasser

Für das Ragout:
3 Wildkaninchen · Salz · Pfeffer · 2 Zwiebeln · 8 Eßl. Olivenöl · 500 ml (1/2 l) Rotwein · 200 g Champignons · 250 ml (1/4 l) Schlagsahne · 1 Bund Petersilie

Für den Teig das Mehl mit dem Backpulver sieben. Die Butter, 1 Eigelb und Wasser dazugeben, alles rasch zu einem glatten Teig verkneten. Den Teig in Folie gewickelt etwa 1 Stunde im Kühlschrank ruhen lassen. Für das Ragout das Fleisch von den Knochen lösen, unter kaltem Wasser abspülen, trockentupfen, in kleine Würfel schneiden, mit Salz und Pfeffer würzen. Zwiebeln abziehen und hacken. Olivenöl erhitzen und das Fleisch darin bei starker Hitze anbraten. Zwiebel dazugeben und mitbraten. Rotwein angießen. Champignons putzen, waschen, in Scheiben schneiden und zum Fleisch geben. Sahne angießen und etwa 25 Minuten schmoren. Petersilie abspülen, trockentupfen, unterrühren. Ragout mit Salz und Pfeffer abschmecken und in eine flache, feuerfeste Form füllen.
Den Teig zu einer Platte ausrollen. Rand der Form mit verschlagenem Eigelb bestreichen, den Teig als Deckel auflegen, die Ränder gut andrücken. Die Oberfläche mit Eigelb bestreichen, ein kleines Loch in den Deckel schneiden, damit der Dampf entweichen kann. Die Pie in den auf etwa 175 Grad (Gas Stufe 3) vorgeheizten Backofen schieben und 30–45 Minuten backen.

WILDHACKSTEAK MIT PILZEN

(ohne Foto)

Für die Steaks:
400 g Wildfleisch (Reh- oder Hirschkeule) · 50 g Pfifferlinge · 50 g Champignons · 2 Schalotten · 50 g Weißbrot · 4 Eßl. Crème fraîche · 1 Eigelb · 4 cl Weinbrand · 2 Zweige Thymian · Salz · Pfeffer · 6 Eßl. Speiseöl

Für das Pilzragout:
100 g Steinpilze · 100 g Pfifferlinge · 100 g Austernpilze · 2 Schalotten · 1 Bund Petersilie · 1 Bund Schnittlauch · 50 g Kräuterbutter · 6 Eßl. Crème fraîche

Das Wildfleisch unter kaltem Wasser abspülen und trockentupfen. Pilze putzen und waschen. Die Schalotten abziehen und hacken. Fleisch, Pilze und Schalotten durch den Fleischwolf drehen. Weißbrot entrinden und zusammen mit Crème fraîche, Eigelb und Weinbrand unter die Masse mengen. Thymian abspülen, trockentupfen, Blättchen fein hacken und ebenfalls untermengen. Die Masse mit Salz und Pfeffer abschmecken und zu vier Steaks formen. Das Speiseöl erhitzen und die Steaks darin etwa 10 Minuten braten.
Für das Pilzragout die Pilze putzen, waschen und zerkleinern. Schalotten abziehen und würfeln. Kräuter abspülen, trockentupfen und fein hacken. Kräuterbutter zerlassen. Die Schalotten und Pilze darin andünsten. Crème fraîche und Kräuter unterrühren und etwa 5 Minuten dünsten. Pilzragout mit Salz, Pfeffer abschmecken und über die Steaks geben. Kroketten dazureichen.

HIRSCHFILET MIT NÜSSEN UND KIRSCHEN

800 g Hirschfilet · Salz · Pfeffer · 6 Eßl. Speiseöl · 50 g Butter · 1 Glas Sauerkirschen (Einwaage etwa 200 g) · 100 g gehackte Walnußkerne · 6 Eßl. Madeira · 2 Eßl. Crème fraîche

Das Hirschfilet von Haut und Sehnen befreien, unter kaltem Wasser abspülen, trockentupfen und mit Salz und Pfeffer würzen. Öl in einem Bräter erhitzen, das Fleisch darin anbraten, im auf etwa 200 Grad (Gas Stufe 3) vorgeheizten Backofen etwa 30 Minuten braten. Fleisch herausnehmen und warm stellen. Bratfett abgießen, Butter zerlassen. Abgetropfte Kirschen und Walnüsse kurz darin dünsten. Mit Madeira und 6 Eßl. Kirschsaft ablöschen. Crème fraîche unterrühren, einkochen und mit Salz und Pfeffer abschmecken.
Kartoffelnudeln dazureichen.

WILDSCHWEIN-ROULADEN

8 Wildschweinschnitzel (je etwa 100 g) · Salz · Pfeffer · 4 Zwiebeln · 40 g Butter · 8 gekochte Eßkastanien · 200 g Mett · 3 Eßl. Schlagsahne · Rosmarin · Thymian · 2 Möhren · 50 g Sellerie · 50 g Schmalz · 2 Eßl. Tomatenmark · 1 l herber Rotwein

Schnitzel unter kaltem Wasser abspülen, trockentupfen, salzen, pfeffern. 2 Zwiebeln abziehen, fein hacken, in der Butter dünsten. Kastanien hacken, mit Mett, Zwiebeln, Sahne, gehacktem Thymian und Rosmarin, Salz, Pfeffer vermengen auf die Schnitzel streichen, zusammenrollen, feststecken. 2 Zwiebeln, Möhren, Sellerie putzen, zerkleinern. Schmalz erhitzen, Rouladen anbraten. Gemüse und Tomatenmark mitdünsten. Rotwein angießen, Rouladen 25 Minuten schmoren. Sauce pürieren, einkochen, mit Salz und Pfeffer würzen.
Spätzle dazureichen.

GESCHMORTE REHKEULE

1 kg Rehkeule (ohne Knochen) · 3 große Zwiebeln · 4 Möhren · 100 g Sellerie 2 Lorbeerblätter · 2 Zweige Thymian · 30 zerdrückte Wacholderbeeren · 700 ml Rotwein · 8 Eßl. Speiseöl · Salz · Pfeffer · 2 Eßl. Tomatenmark · 3 Äpfel · 1 Eßl. Zucker

Das Rehkeulenfleisch von Haut und Sehnen befreien, unter kaltem Wasser abspülen, mit Küchengarn zusammenbinden. Die Zwiebeln abziehen und hacken. Möhren und Sellerie schrappen, waschen und würfeln. Das Fleisch mit dem Gemüse, Lorbeer, Thymian, Wacholderbeeren und Rotwein in eine Schüssel geben und über Nacht marinieren. Das Öl in einem Bräter erhitzen. Fleisch trockentupfen, mit Salz und Pfeffer würzen, im Öl von allen Seiten anbraten und herausnehmen. Das marinierte Gemüse im Bratensatz andünsten und das Tomatenmark unterrühren. Marinade angießen, Fleisch dazugeben und etwa 45 Minuten schmoren.
Inzwischen die Äpfel schälen, in Spalten schneiden, Kerngehäuse entfernen. Apfelspalten in Zuckerwasser etwa 3 Minuten blanchieren. Fleisch herausnehmen. Sauce durch ein Sieb streichen, einkochen, über das Fleisch geben. Mit Apfelspalten garnieren.
Spätzle und Broccoli dazureichen.

WILDSCHWEIN MIT PERLZWIEBELN
(ohne Foto)

1 kg Wildschweinkeule (ohne Knochen) · Salz · Pfeffer · 3 große Zwiebeln · 6 Eßl. Speiseöl · 3 Eßl. Tomatenmark · 700 ml Rotwein · 10 zerdrückte Wacholderbeeren · 20 Perlzwiebeln · 4 Scheiben durchwachsener Speck

Die Wildschweinkeule unter kaltem Wasser abspülen, trockentupfen, in etwa 3 cm große Würfel schneiden, mit Salz und Pfeffer würzen. Die Zwiebeln abziehen und würfeln. Das Öl erhitzen und das Fleisch darin von allen Seiten anbraten. Zwiebeln dazugeben und glasig dünsten. Tomatenmark unterrühren. Rotwein angießen und die Wacholderbeeren hinzufügen. Ragout etwa 45 Minuten schmoren lassen. In den letzten 10 Minuten die abgetropften Perlzwiebeln mitschoren. Das Ragout nochmal mit Salz und Pfeffer abschmecken. Den Speck in feine Streifen schneiden, in einer Pfanne knusprig braten und über das Wildragout geben. Semmelknödel dazureichen.

GEMISCHTE KALTE WILDMEDAILLONS

4 Hirschmedaillons (je etwa 80 g) · 4 Rehmedaillons (je etwa 80 g) · 4 Wildschweinmedaillons (je etwa 80 g) · 4 Hasenrückenmedaillons (je etwa 80 g) · Salz · Pfeffer · 8 Eßl. Speiseöl · 150 g angeräucherte Kalbsleberwurst · 50 g Butter · 2 Eßl. Weinbrand · 2 Kiwischeiben · 4 Mandeln · 4 Mandarinenfilets · 4 Backpflaumen · 2 Erdbeeren · 4 Ananasstückchen · 4 Melonenkugelchen · 4 Minzeblättchen

Die Medaillons unter kaltem Wasser abspülen, trockentupfen, mit Salz und Pfeffer würzen. Das Öl in einer Pfanne erhitzen und die Medaillons darin in etwa 5 Minuten medium braten. Medaillons herausnehmen und abkühlen lassen.
Für die Creme die Kalbsleberwurst mit der Butter und dem Weinbrand verrühren. Die Masse in einen Spitzbeutel mit Sterntülle füllen und Rosetten auf die erkalteten Wildmedaillons spritzen. Hirschmedaillons mit Kiwischeiben und Mandeln garnieren. Rehmedaillons mit Mandarinen und Backpflaumen garnieren. Die Wildschweinmedaillons mit Erdbeeren und Ananasstückchen garnieren. Hasenmedaillons mit Melonenkugeln und Minze garnieren.

HIRSCHRÜCKEN IN BLÄTTERTEIG
(ohne Foto)

4 Hirschrückenfilets (je etwa 180 g) · Salz · Pfeffer · 60 g Butter · 300 g tiefgekühlter Blätterteig · 250 g Champignons · 2 Schalotten · 2 Eßl. Madeira · 1 Eßl. Schlagsahne · 2 Eßl. gehackte Petersilie · 3 Eigelbe · 50 g Gänselebermus

Die Hirschrückenfilets unter kaltem Wasser abspülen, trockentupfen, mit Salz und Pfeffer würzen. Etwa 45 g Butter erhitzen und die Filets darin von allen Seiten anbraten. Filets herausnehmen und auskühlen lassen. Blätterteig bei Zimmertemperatur auftauen lassen. Champignons putzen waschen und fein hacken. Die Schalotten abziehen und fein würfeln. Restliche Butter zerlassen, Schalotten und Champignons darin dünsten, bis die Flüssigkeit verdampft ist. Madeira und Sahne angießen und einkochen. Petersilie unterrühren, mit Salz und Pfeffer würzen. Masse auskühlen lassen, mit 2 Eigelb und Gänselebermus vermengen. Den Blätterteig in vier Teile teilen und zu genügend großen Platten ausrollen. Ein Filet jeweils auf eine Platte legen, die Farce darauf verteilen und den Teig verschließen. Teig mit verschlagenem Eigelb bestreichen. Die Teigpäckchen auf ein kalt abgespültes Backblech legen in den auf etwa 200 Grad (Gas Stufe 3–4) vorgeheizten Backofen schieben und 20–30 Minuten backen.
Verschiedene Gemüse dazureichen.

REHNÜSSCHEN IN HIMBEERESSIG
(ohne Foto)

8 Rehnüßchen aus der Keule (je etwa 80 g) · Salz · frisch gemahlener weißer Pfeffer · 6 Eßl. Speiseöl · 4 Eßl. Himbeeressig · 40 g Himbeeren · 250 ml (1/4 l) brauner Grundfond (Rezept S. 132) · 100 g kalte Butter

Die Rehnüßchen unter kaltem Wasser abspülen, mit Haushaltspapier trockentupfen, mit Salz und Pfeffer würzen. Das Speiseöl in einer Pfanne erhitzen und die Nüßchen darin etwa 5 Minuten braten. Die Rehnüßchen herausnehmen und warm stellen. Das Bratenfett abgießen und den Bratensatz mit Himbeeressig ablöschen. Die verlesenen Himbeeren dazugeben und den Grundfond angießen. Sauce aufkochen und im Mixer pürieren. Die kalte Butter in Stückchen unterschlagen, bis eine sämige Sauce entstanden ist. Sauce mit Salz abschmecken und über die Rehnüßchen gießen. Als Beilage passen gedünsteter Chicorée und Herzoginkartoffeln.

DIE BESTEN REZEPTE

Tagesfrische ist angesagt, wenn es um's Gemüse geht. Saftig und aromatisch muß es sein. Und wer sich gesund ernähren möchte, sollte bis zu einem halben Pfund täglich „verputzen". Nichts leichter als das. Die Rezepte auf den folgenden Seiten geben Anregungen in Fülle. Originelle Gerichte machen die Auswahl zum Vergnügen. So könnte es sein, daß Sie zum Beispiel noch nie Zimt-Zwiebelchen gegessen haben oder Broccoli mit Erdnußsauce. Jetzt können Sie das mal ausprobieren. Möglich auch, daß Sie noch nicht wissen, wie die hier gezeigte Mischung aus knackig-grünem und blendend-weißem Spargel in Sauce Hollandaise oder in Sauce Bearnaise schmeckt. Das läßt sich jetzt alles nachholen. Bitte, wählen Sie.

RATGEBER GEMÜSE

Wenn von Artischocken die Rede ist, spricht der Fachmann von Blütengemüse. Und davon, daß sie schon seit der Antike bekannt sind und Arabien ihre Heimat ist. Die Blüten dieser kultivierten Distel gehören zum Feingemüse. Sie wachsen an langen, kräftigen Stengeln und haben einen fleischigen Blütenboden, aus dem die Blütenhüllblätter dachziegelförmig zur runden oder zylindrischen Form herauswachsen. Genießbar sind der Boden und die verdickten Blattenden.

Ob Blatt-, Kohl-, Blüten- Stengel-, Zwiebel-, Wurzel- oder Fruchtgemüse, alle Sorten gehören zum Gesündesten, was Sie Ihrem Organismus und Ihrer Zunge anbieten können. Die Gründe: Gemüse enthält viel Vitamine und Mineralstoffe und gesunde Kohlenhydrate, von denen ein erheblicher Anteil zu den willkommenen Ballaststoffe zählt, die ja in unserer Kost immer mehr an Bedeutung gewinnen. Aus all den guten Gründen empfehlen Ernährungsexperten, daß jeder Mensch täglich 250 g Gemüse essen sollte, wenn er sich gesund ernähren möchte. Nun nutzt aber das frischeste Gemüse nichts, wenn es falsch behandelt wird. Deshalb ein paar wichtige Tips: Gemüse, vor allem Blattgemüse wie Spinat und Mangold (Foto oben links) am Einkaufstag zubereiten. Wenn nötig lagern, aber nur dunkel und in Folie gepackt im Kühlschrank. Nie zerkleinert waschen oder offen stehen lassen. Vitamine und Mineralstoffe gehen dann verloren.

Der Spargel, dieses beliebte, aber relativ teure Stengelgemüse, das in der Erde in Wallkultur heranwächst, gehört zum Feinsten, was der Gemüsemarkt bietet. Es gibt ihn mit weißen und violetten Köpfen. Und es gibt den sehr aromatischen grünen Spargel, der leider seltener am Markt ist, obwohl er vorzüglich schmeckt. Früher gab's Spargel nur von Mitte April bis 24. Juni. Heute kann man ihn auch während des übrigen Jahres zuweilen kaufen, sogar aus argentinischen Importen.

Was wir an Champignons und Austernseitlingen (Foto oben) kaufen können, stammt überwiegend aus im ganzen Bundesgebiet produzierenden Pilzkulturen. Daher sind die Pilze auch während des ganzen Jahres frisch zu haben. Bei Champignons unterscheidet man zwischen der weißen und der braunen Sorte. Die braunen nennt der Fachmann Egerlinge. Werden sie aber aus Frankreich importiert, dann werden sie klangvoll als „rosa" Champignons verkauft. Seit einigen Jahren züchtet man auch die Austernseitlinge. Sie haben einen größeren, gewölbten Hut, etwa die Farbe der Egerlinge und eignen sich – wie Champignons – zum Dünsten und Braten. Beide Sorten sind druck- und wärmeempfindlich und sollten nach dem Einkauf bald verarbeitet werden, vor allem die Austernpilze. Intakte Zuchtchampignons ohne wesentliche Druckstellen halten sich einige Tage im Kühlschrank frisch. Pilze haben einen relativ hohen Eiweißgehalt und damit einen hohen Sättigungswert.

Blumenkohl und Broccoli sind fast Geschwister, denn sie stammen aus derselben Familie. Der des wilden Blumenkohls nämlich. Zu allererst gab's übrigens den Broccoli, eine Zuchtform des wilden Stammvaters. Broccoli bildet an saftigen, spargelähnlichen Stengeln grüne, lockere Röschen. Im Gegensatz dazu bildet der Blumenkohl einen Kopf mit eng aneinanderliegenden weißen Röschen. Blumenkohl gibt's das ganze Jahr über, Broccoli hat von Oktober bis Mai Saison.

Zum Kohlgemüse gehören Weißkohl, Wirsing, Grünkohl und Rotkohl, aber auch Chinakohl, Kohlrabi und Rosenkohl (Fotos oben). Nicht aber der Gemüsefenchel. Denn seine Knollen sind keine echten, sondern Blattstiele, die sich in Schichten zur Knolle verdichten. Der Kopfkohl hat einen großen Vorteil: Dank moderner Spezial-Lagerung gibt es ihn von Ernte zu Ernte frisch. Allerdings: Morgens geernteter Kohl, der am Mittag zubereitet wird, ist halt immer noch delikater. Bei der neuen Ernte im Frühjahr ist der sogenannte Spitzkohl (linkes Foto oben links) der erste. Den Namen hat er von seiner Form. Botanisch aber ist er allemal ein Weißkohl. Der zarte Chinakohl kann sowohl als Salat wie als Gemüse und in Eintöpfen verwendet werden. Er ist von August bis April zu haben. Über den feinen aromatischen Rosenkohl können Sie zur gleichen Zeit verfügen. Kohlrabi haben von Mai bis August Hauptsaison. Aber man kann sie praktisch immer kaufen, mit weißer und blauer Schale.

Das Zwiebelgemüse auf einen Blick: Knoblauch und Lauch (Porree), zarte Frühlingszwiebeln mit ihrem grünen Lauch, die kleinen Schalotten, die hellen und roten Speisezwiebeln und die dicke Gemüsezwiebel. Alle haben ihre wichtige Aufgabe in der herzhaften Küche. Wie gut, daß wir zu keiner Jahreszeit darauf verzichten müssen. Denn was wären ungezählte Gerichte ohne die Zwiebel und ihre aromatische Verwandschaft, den würzigen Knoblauch.

Kochen Sie Gemüse auf moderne und gesunde Art immer bißfest. Hier ein paar Anhaltspunkte für Garzeiten in Minuten, die für zerkleinertes Gemüse gelten:

Artischocken 30
Bleichsellerie 10–15
Blumenkohl 2
Bohnen, grün 15–20
Broccoli 10
Chicorée 8–10
Chinakohl 15
Erbsen, grün 15–20
Fenchel 15
Grünkohl 30–40
Kohlrabi 20–35
Lauch 10–15
Möhren 15–20
Paprika 15
Rosenkohl 15–20
Rote Bete 30–40
Rotkohl 30–40
Sellerie 20–30
Spargel 20
Spinat/Mangold 5–10
Spitzkohl 20–30
Weißkohl 30–40
Wirsing 20–30
Zucchini 10

RATGEBER GEMÜSE

Hier geht's um Wurzelgemüse. Um das wichtigste, nämlich die saftigen Möhren. Und um die würzige Steckrübe (Kohlrübe), die vergleichsweise wenig konsumiert wird, wenn man von den norddeutschen Verbrauchern absieht. Sie schätzen Steckrüben sehr. Möhren gibt's das ganze Jahr über. Sie enthalten von allen einheimischen Gemüsesorten das meiste Karotin, die Vorstufe von Vitamin A. Die Kohlrübe enthält dagegen mehr Vitamin C.

Sellerie wird auf dreierlei Art kultiviert. An erster Stelle steht der Knollensellerie, unser beliebtes Suppengemüse, das auch gerne zu Salaten verwendet wird. Der Bleichsellerie, dessen Marktanteil ständig steigt, hat zwar auch eine verdickte Wurzel, verwendet werden aber seine saftig-fleischigen Blattstiele, als Gemüse oder für Salate. Außerdem gibt's noch Schnittsellerie, ein Würzkraut. Die Roten Bete, ein echtes Wurzelgemüse, sind von September bis Februar am Markt.

Prall und glänzend bieten sich die Fruchtgemüsesorten zum Verzehr an (rechtes Foto). Als Stellvertreter der Gurkensorten die Salatgurke, die während des ganzen Jahres angeboten wird, außerhalb ihrer Saison als Unterglasware und aus Importen. Sie wird vornehmlich zu Salat verarbeitet, aber auch gelegentlich gefüllt und geschmort. Wie auch die Schmorgurken, die es von Juli bis September gibt. Die Zucchini im Foto rechts – gehört wie die Gurken zu den Kürbisgewächsen und wird sowohl als Salat wie als Gemüse zubereitet. Dann der milde Gemüsepaprika mit seinem hohen Gehalt an den Vitaminen A und C. Die Hauptsaison dauert von Juli bis November, in geringeren Mengen werden sie aber das ganze Jahr über angeboten. Fast alle aus Importen, wenige aus heimischem Anbau. Die dunkelviolette Aubergine gibt's ganzjährig zu kaufen, sehr selten mal einheimische Treibhausware. Tomaten sind in der Hochsaison von Juli bis September besonders aromatisch.

Zum Fruchtgemüse zählen auch Bohnen und Erbsen, die man in verschiedenen Reifestadien kaufen kann. Zu allererst die grünen Bohnensorten, nämlich die Busch-, Stangen- und Prunkbohnen. Blühen die Prunkbohnen rot, dann nennt man sie auch Feuerbohnen. Daß es noch die Dicken oder Großen Bohnen gibt, ist bekannt. Sie haben aber nur regionale Bedeutung. Busch- und Stangenbohnen können Sie auch mit gelber Hülse, also als Wachsbohnen kaufen. Alle Sorten sind heutzutage nahezu fadenlos, was die Putzarbeit wesentlich erleichtert. Die trockenen gelblichen, weißen und roten Bohnen (alle im Foto rechts) stammen von ausgereiften Sorten. Wie auch die gelben und grünen Trockenerbsen. Zur grünen Erbsenfamilie gehören auch die Pal- und Markerbsen und die Zuckererbsen, die ganz zubereitet werden. Die grünbraunen und roten Linsen (im Foto unten rechts) gehören auch zur Familie der Hülsenfrüchte. Importe kommen aus den USA, Südamerika, Frankreich und Spanien.

Artischocken und Auberginen, Gurken und Kohlrabi, Paprika und Knollensellerie, die beliebten Tomaten und sogar Kartoffeln lassen sich sehr gut füllen. Wir zeigen am Beispiel von Paprikaschoten, wie man das macht. Von jeder Frucht einen Deckel abschneiden, dann entkernen und die weißen Trennwände herausschneiden. Früchte waschen und mit Küchenkrepp abtrocknen.

Eine Hackfleischfüllung: 1 eingeweichtes, ausgedrücktes Brötchen mit 200 g gemischtem Hackfleisch, 50 g gewürfeltem, geräucherten Speck, 1 gehackten Zwiebel, 1 Ei, Salz, Pfeffer und Paprika zum Fleischteig mischen. Die Menge reicht für vier große Paprikaschoten oder acht große Tomaten.

Drahtkörbe sind ideale Helfer für alle, die Gemüse schonend zubereiten möchten. Man kann es darin im normalen Kochtopf dämpfen, so daß es praktisch mit dem Wasser nicht in Berührung kommt. Gut eignet sich so ein Korb auch zum Fritieren, das ja eine schnelle Garmethode ist, wenn man es richtig macht. Das gilt nicht nur für die beliebten Pommes frites, sondern auch für Gemüsestücke, die vorher in Bierteig gewendet fritiert werden. Und: Drahtkörbe kann man auch verwenden, wenn man im Schnellkochtopf fritieren möchte. Für's normale Garen im Schnellkochtopf gibt es gelochte und ungelochte Metall-Einsätze.

Gefülltes Gemüse garen: 4 Eßl. Öl, Butter oder Margarine im Topf erhitzen. 1 Zwiebel darin glasig braten. Das gefüllte Gemüse hineinstellen. 375 ml (3/8 l) heiße, mit 2 Eßl. Tomatenmark gemischte Würfelbrühe angießen. Im geschlossenen Topf bei mittlerer Hitze ca. 30 Minuten schmoren. Soße mit Crème fraîche und mit Speisestärke binden. Gefüllte Tomaten ca. 20 Minuten garen.

Drei gefüllte Gemüsesorten: Paprikaschote, Kohlrabi und Gurke. Kohlrabi großzügig aushöhlen, so daß gut 1 cm Fruchtfleisch stehen bleibt. Gurken halbieren, aushöhlen, in lange Stücke schneiden. Ausgehöhltes Fruchtfleisch hacken und unter die Farce mischen. Kohlrabi garen ca. 30, Gurken ca. 20 Minuten.

Gemüse (und Obst) schonend garen, so daß ihre Nähr- und Wirkstoffe und ihr Aroma weitgehend erhalten bleiben und damit der Gesundheit und dem Genuß zugute kommen, das kann der erreichen, der den Schnellkochtopf benutzt. Er hat zwei einstellbare Kochstufen, und zwar neben der Schnellkochstufe für Fleisch, Suppen, Eintöpfe und Schmorgerichte die sanfte Biostufe. Sie ist für Feingemüse wie Zuckererbsen, grüne Bohnen, Rosenkohl, Paprika oder Tomaten und andere Gemüsesorten gedacht. Biogaren heißt also das Zauberwort. Es bedeutet: Das Gemüse oder auch Obst liegt im Einsatz, kommt mit dem Kochwasser nicht in Berührung, gart schonend im Dampf. Bei etwas höherer Temperatur als beim gewöhnlichen Kochvorgang, aber in einem Bruchteil der sonst nötigen Kochzeit wird unter Ausschluß von Sauerstoff gegart. Wodurch die Vitamine erhalten bleiben.

MAIS MIT KOPFSALAT

6–8 Maiskolben · 3 Zwiebeln · 50 g Butter · 1 Eßl. gehackte Petersilie · 1 Stengel Thymian · 1 Teel. gehacktes Bohnenkraut · 1 Kopfsalat · Salz · Pfeffer · 1 Teel. Zucker · 3 Eßl. Schlagsahne ·

Blätter und Fäden von den Maiskolben abziehen und mit einem großen Messer die Körner von den Kolben schneiden.
Zwiebeln abziehen, in Ringe schneiden. Butter zerlassen, Zwiebeln und Mais darin andünsten. Die Kräuter dazugeben. Salat putzen, waschen, in Streifen schneiden, unabgetropft zum Mais geben, mit Salz, Pfeffer und Zucker würzen. Das Gemüse zugedeckt etwa 15 Minuten dünsten lassen, die Sahne unterheben, nochmals abschmecken (Thymian entfernen). Zu Braten oder Steaks reichen.

GEBACKENER SPINAT VOM BLECH

1 kg kräftiger Blattspinat · 1 Knoblauchzehe · 4–6 Eßl. Olivenöl · 2–3 Eßl. Pinienkerne · 150 g Mozzarella · 5–6 Eßl. geriebener Parmesan-Käse · Salz · Pfeffer

Spinat verlesen, dicke Stiele entfernen, Spinat gründlich waschen und in der Salatschleuder trockenschleudern. Eine Fettpfanne oder ein Backblech mit 2 Eßl. Öl ausfetten. Knoblauchzehe abziehen, längs durchschneiden und mit den Schnittflächen das Blech abreiben. Spinat auf dem Blech verteilen, andrücken, mit Pinienkernen und restlichem Öl beträufeln. Mozzarella in feine Würfel schneiden, mit dem Parmesan auf dem Spinat verteilen, mit Salz und Pfeffer bestreuen. Im vorgeheizten Backofen bei etwa 220 Grad (Gas Stufe 4) 15–20 Minuten backen. Vom Blech servieren.
Als Beilage zu Kurzgebratenem oder mit Baguette als Vorspeise reichen.

MANGOLD-FRÖSCHE

Etwa 1 kg Mangold · 4 Eßl. Butter · 1 Zwiebel · 2 Eßl. Weizenvollkornmehl · 1 Messerspitze Salz · 1/2 Teel. Kümmel · Pfeffer · 200 g Schafskäse ·

Den Mangold putzen, waschen, die breiten Stiele aus den Blättern herausschneiden. 2 Eßl. Butter in einer Pfanne zerlassen und die Mangoldblätter portionsweise darin kurz dünsten, bis sie zusammenfallen. Die Blätter auf der Arbeitsfläche ausbreiten und auskühlen lassen.
Die Mangoldstiele in kleine Stücke schneiden. Die Zwiebel abziehen und in Würfel schneiden. Die restliche Butter zerlassen, die Zwiebelwürfel und die Mangoldstiele darin andünsten. Das Mehl darüber stäuben, unterrühren, mit Salz, Kümmel und Pfeffer würzen und etwa 15 Minuten dünsten, etwas abkühlen lassen. Den Schafskäse zerbröckeln und unter das Stielgemüse rühren. Von dieser Mischung 1–3 Teel. auf jedes Mangoldblatt geben und die Blätter zusammenrollen. Dabei jeweils vor der letzten Drehung die Seiten einschlagen. Die Röllchen in eine gefettete Auflaufform geben und die Form auf dem Rost in den vorgeheizten Backofen schieben. Die Mangoldfrösche bei etwa 175 Grad (Gas Stufe 2–3) 15–20 Minuten garen.
Tip: Bleibt etwas von dem Stielgemüse übrig, kann man es in die Auflaufform geben und die Röllchen darauf legen oder man kocht es mit Sahne auf und reicht es als Sauce zu den Mangoldfröschen.

GEDÜNSTETER SPARGEL

1 kg weißer und grüner Spargel ·
Salz · Zucker · 1 Eßl. Butter ·
1 Teel. Zitronensaft ·
Für die Sauce:
30 g Butter · 20 g Weizenmehl ·
1 Blutorange · 100 ml Schlagsahne · 1 Teel. Orangenlikör ·
weißer Pfeffer

Den Spargel waschen. Den weißen Spargel vorsichtig von oben nach unten mit einem Sparschäler schälen (Foto 1) und die Enden abschneiden. Den grünen Spargel nur am unteren Teil der Stangen schälen (Foto 2) und die Enden abschneiden. Etwa 750 ml (3/4 l) Wasser in einen ovalen Topf geben. Salz, Zucker, Butter und Zitronensaft hinzufügen und zum Kochen bringen. Den Spargel auf einen Dämpfeinsatz legen, in den Topf setzen (Foto 3) und in 15–20 Minuten gar kochen. Den Spargel herausnehmen, auf eine vorgewärmte Platte legen und warm stellen. Vom Spargelkochwasser 125 ml abmessen.
Für die Sauce Butter und Mehl verkneten und kleine Bohnen daraus formen. Die Orange auspressen und den Saft durch ein Sieb geben. Die Hälfte des Saftes mit der Sahne und dem abgemessenen Spargelkochwasser in einen Topf geben, etwas erhitzen, die Mehlbohnen dazugeben (Foto 4) und alles unter ständigem Rühren 5–7 Minuten leicht köcheln lassen. Den restlichen Orangensaft und den Orangenlikör hinzufügen. Die Sauce mit Salz und weißem Pfeffer abschmecken und mit dem Spargel servieren.
Als Beilage zu feinen Fischgerichten wie z.B. Seezungenröllchen reichen.

1

2

3

4

ÜBERBACKENE ARTISCHOCKEN
(ohne Foto)

4 Artischocken · Salz ·
2 Eßl. Zitronensaft · 200 g
magerer, gekochter Schinken ·
100 g Crème fraîche ·
1 Eßl. gehackte Petersilie ·
100 g gepulte Krabben ·
Pfeffer · 1/2 Teel. geriebene
Zitronenschale (unbehandelt) ·
2–3 Eßl. Semmelmehl (Paniermehl · 40 g Butter

Die Artischocken waschen, Stiele bis zum Knospenansatz abschneiden, Artischocken mit Zitronensaft einreiben. In wenig Salzwasser im Dampfdrucktopf in etwa 12 Minuten garen. Im Normaltopf in reichlich Wasser in 30–40 Minuten gar kochen. (Die Artischocken sind gar, wenn man ein Blatt leicht aus der Knospe ziehen kann.) Die Artischocken herausnehmen, abtropfen lassen und die Blattspitzen zu etwa 1/3 abschneiden. Die Artischocken auseinanderbiegen und das „Heu" vom Boden entfernen. Den Schinken in Stücke schneiden, mit Crème fraîche fein pürieren, mit Petersilie, Krabben und Zitronenschale vermischen, mit Pfeffer abschmecken. Schinken-Krabbenmasse in die Artischocken füllen, Semmelmehl darüber streuen, Butterflöckchen darauf setzen. Die Artischocken im vorgeheizten Backofen bei 225 Grad (Gas Stufe 4) 15–20 Minuten überbacken. Als Beilage zu feinen Braten und Medaillons oder mit Kartoffelgratin als leichtes Hauptgericht reichen.

BROCCOLI IN WALNUSSRAHM

750 g Broccoli · 75 g Walnußkerne · 30 g Butter · 1 Teel. Salz · Pfeffer · geriebene Muskatnuß · 125 ml (1/8 l) Weißwein · 125 ml (1/8 l) Schlagsahne · 1 Prise Nelkenpulver

Den Broccoli waschen, Stiele von den Röschen trennen, in etwa 1 cm breite Scheiben schneiden. Die Hälfte der Walnußkerne hacken. Die Butter zerlassen, gehackte Walnüsse und Walnußhälften darin andünsten. Broccolistiele dazugeben, weitere 2 Minuten dünsten, mit Salz, Pfeffer und Muskat würzen. Weißwein und Sahne hinzugießen und zugedeckt etwa 8 Minuten dünsten. Dann erst die Röschen mit dem Stielansatz nach unten auf das Gemüse legen und 4–5 Minuten garen. Röschen auf einer Platte anrichten. Stielgemüse mit Nelken abschmecken und mit den Röschen anrichten. Zu Kurzgebratenem, Schmorgerichten (Rouladen, Braten) oder vegetarisch zu Kartoffelpuffern oder Reis (Hirse, Bulgur) servieren.

GESPICKTER BLUMENKOHL

1 Blumenkohl · Salz · 1 Eßl. Essig · 200 g Knoblauchsalami · 500 g pürierte Tomaten · Pfeffer · 1 Teel. gerebeltes Basilikum · 150 g Crème fraîche · 2 Eßl. geriebener Parmesan-Käse

Den Blumenkohl putzen, waschen, den Strunk tief kreuzweise einschneiden. Wasser mit Salz und Essig zum Kochen bringen, Blumenkohl hineingeben und etwa 15 Minuten darin vorgaren (er sollte noch etwas fest sein). 150 g Salami in Stifte, den Rest in kleine Würfel schneiden. Blumenkohl mit den Stiften „spicken". Dafür die Röschen mit einem spitzen Messer etwas auseinanderdrücken und die Salamistifte dazwischen schieben. Pürierte Tomaten mit Pfeffer, Salz und Basilikum würzen. Salamiwürfel, Crème fraîche und Parmesan unterrühren. Diese Sauce in eine Auflaufform gießen, Blumenkohl hineinsetzen. Im vorgeheizten Backofen bei 225 Grad (Gas Stufe 4) 15–20 Minuten überbacken. Als Beilage zu würzigen Fleischgerichten; mit Nudeln oder Kartoffelklößen als leichtes Mittagessen reichen.

LORBEER-KOHLRABI AUS DER FOLIE

6 kleine, junge Kohlrabi (etwa 800 g) · Salz · Pfeffer · 6 kleine oder 3 größere Lorbeerblätter · 12 dünne Scheiben Frühstücksspeck
Außerdem: Alufolie

Die Kohlrabiknollen von Blättern befreien, dünn schälen. Von oben quer einschneiden, Salz und Pfeffer auf den Einschnitt streuen und ein kleines oder ein halbes größeres Lorbeerblatt in den Einschnitt schieben. Jeweils eine Knolle in eine Scheibe Speck wickeln und in Alufolie – glänzende Seite nach innen – einpacken. Im Backofen bei 225 Grad (Gas Stufe 4) je nach Größe 1 1/2 Stunden backen. (Mit einem Messer eine Garprobe machen).
Als Beilage zu Kurzgebratenem mit Crème fraîche servieren. Oder als kleinen Imbiß reichen.

GEFÜLLTE ROTKOHL-RÖLLCHEN

1

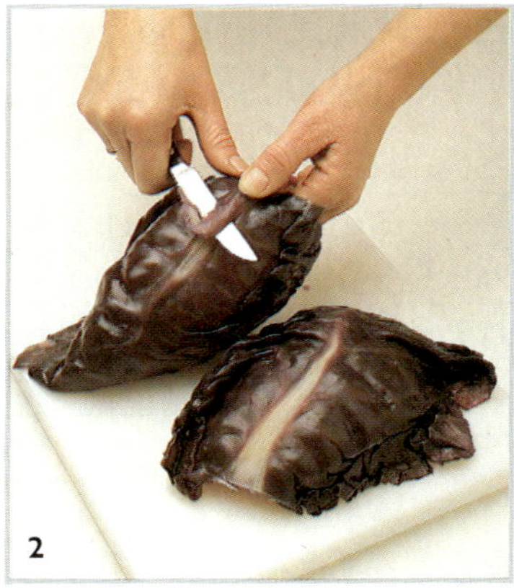

2

1 Rotkohl · 3 altbackene Brötchen · 50 g durchwachsener Speck · 1 Zwiebel · 50 g Butter · 100 g getrocknete Apfelringe · 125 ml (1/8 l) Schlagsahne · 125 ml (1/8 l) Rotwein · Salz · Pfeffer · Nelkenpulver · gemahlener Piment · Macis

Außerdem: Butter

8 schöne Außenblätter vom Strunk trennen, den übrigen Kohl für Rotkohlgemüse verwenden. Die Blätter waschen, in kochendem Salzwasser etwa 3 Minuten blanchieren (Foto 1), so daß sie biegsam und elastisch werden. Die Blätter herausnehmen und die mittlere Blattrippe etwas flach schneiden (Foto 2). Die Brötchen würfeln. Speck fein würfeln, Zwiebel abziehen und fein würfeln. Die Butter zerlassen, Speck darin auslassen, Brotwürfel und Zwiebelwürfel hinzufügen, alles knusprig braun rösten (Foto 3). Die Apfelringe kleinschneiden, dazugeben, alles mit Sahne und Rotwein begießen, vom Herd ziehen und 15 Minuten quellen lassen. Mit den Gewürzen kräftig abschmecken. Die Füllung auf die Blätter verteilen, die Blätter zusammenrollen und jeweils ein zweites Blatt außen herumrollen (Foto 4). Dicht an dicht in eine gefettete Auflaufform setzen. Im vorgeheizten Backofen bei 200 Grad (Gas Stufe 4) etwa 30 Minuten schmoren. Als Beilage zu Wild, Ragouts und Gulasch reichen. Mit saurer Sahne serviert ergibt es eine kleine Mahlzeit.

3

4

KRAUTKNÖDEL
(ohne Foto)

200 g Roggenbrot ·
50 g Schweineschmalz ·
500 g Sauerkraut ·
100 g durchwachsener Speck
etwa 200 ml (1/5 l) lauwarme
Milch · 4 Eier · Salz ·
Pfeffer · Kümmel · 1 Pell-
kartoffel ·
Außerdem: Milch, Semmelmehl
(Paniermehl)

Das Brot in dünne Scheiben schneiden. Das Schmalz zerlassen, Brotscheiben von beiden Seiten darin braten. Sauerkraut kleinhacken, Speck würfeln, auslassen und das Kraut darin etwa 10 Minuten braten, abkühlen lassen. Die Milch über die Brotscheiben gießen, Kraut hinzufügen, ziehen lassen, bis alle Flüssigkeit aufgesaugt ist. Mit den Eiern und den Gewürzen verkneten. Die Kartoffel pellen, zerdrücken und unterziehen. Die Masse sollte feucht, doch fest sein (evtl. mit mehr Milch oder Semmelmehl ausgleichen). 12 kleine Klöße daraus drehen, in kochendes Salzwasser gleiten lassen, aufkochen und bei halb geöffnetem Deckel etwa 10–15 Minuten bei schwacher Hitze ziehen lassen. Mit einem Schaumlöffel herausheben, abtropfen lassen, heiß servieren.
Zu saucenreichen Fleischgerichten und zu Bratwurst reichen.

ROSENKOHL IN KÜRBISPÜREE

500 g Kürbis · 30 g Butter · 1 Knoblauchzehe · 1 Zwiebel · Salz · Pfeffer · Kurkuma · 4 Eßl. Schlagsahne · 1 Eßl. milder Senf · 700 g Rosenkohl · Außerdem: Schlagsahne

Den Kürbis schälen, Fasern und Kerne entfernen, Kürbisfleisch in grobe Würfel schneiden. Butter zerlassen, Kürbis darin andünsten. Knoblauch und Zwiebel abziehen, fein würfeln, dazugeben und mit den Gewürzen abschmecken. Sahne unterziehen und den Kürbis in etwa 15 Minuten ganz weich dünsten, durch ein Sieb streichen, Senf dazugeben, das Mus nochmals kräftig abschmecken. Rosenkohl putzen, Stiele von unten kreuzweise einschneiden, damit das Gemüse gleichmäßig gart. Zum Kürbismus geben und bei kleiner Hitze in etwa 15 Minuten garen. Evtl. während des Garens noch etwas Wasser oder Sahne zufügen.
Als Beilage zu würzigen Fleischgerichten, mit Eiern und Bratkartoffeln als Hauptmahlzeit servieren.

KOHLGEMÜSE SÜSS-SAUER

2 junge Möhren · 400 g Tomaten ·
5 Eßl. Sonnenblumenöl ·
200 ml (1/5 l) Orangensaft ·
1 Eßl. Sojasauce · 1 Eßl. Honig
1–2 Eßl. Weizenvollkornmehl ·
etwa 700 g Spitzkohl oder
Wirsing

Die Möhren putzen, schrappen, waschen und raspeln. Tomaten waschen, Stengelansätze entfernen und die Tomaten in Scheiben schneiden. 1 Eßl. Öl erhitzen, Möhren und Tomaten darin anbraten und etwa 8 Minuten dünsten, bis die Möhren weich sind. Das Gemüse durch ein Sieb streichen und mit Orangensaft, Sojasauce und Honig verrühren. Das Mehl mit 2–3 Eßl. Wasser anrühren, in die Sauce geben und unter Rühren zum Kochen bringen. Bei schwacher Hitze etwa 5 Minuten kochen lassen. Spitzkohl oder Wirsing putzen, Blätter vom Strunk schneiden, waschen und in etwa 2 cm große Quadrate schneiden. Den Kohl in 4 Portionen teilen. Jede Portion in 1 Eßl. Öl in einer Pfanne bei starker Hitze unter ständigem Rühren etwa 5 Minuten braten. Den Kohl in die Sauce geben und weitere 5 Minuten kochen lassen, sofort servieren.

WIRSING AUS DEM RÖMERTOPF

2 Zwiebeln · 1 Knoblauchzehe · 1 Stange Porree (Lauch) · 50 g Butter · 250 ml (1/4 l) Fleischbrühe · 2 Eßl. Tomatenmark · schwarzer Pfeffer · 1 Teel. gerebelter Oregano · 1 Wirsing (etwa 800 g) .

Zwiebeln und Knoblauch abziehen und würfeln. Porree von Wurzel und grünen Blättern befreien, den weißen Teil einritzen, waschen und in Scheiben schneiden. Butter in einer Pfanne zerlassen, Zwiebelwürfel kräftig anbraten, Knoblauch und Lauch zugeben, mit Brühe angießen und aufkochen. Tomatenmark, Pfeffer und Oregano hinzufügen, vom Feuer nehmen. Wirsing putzen, waschen, in Achtel teilen. Die Hälfte der Zwiebelmischung in einen gewässerten Römertopf füllen. Wirsingachtel – die Herzen nach unten – darauf legen. Die restliche Zwiebelmischung darüber geben. Wirsing in dem auf etwa 175 Grad (Gas Stufe 2) vorgeheizten Backofen etwa 40 Minuten schmoren. Als Beilage zu deftigen Fleischgerichten. Als Hauptgang kurz mit Käsescheiben überbacken und zu Kartoffelgerichten geben.

SCHMOR-LAUCH

4 Stangen Porree (Lauch) · 500 g pürierte Tomaten · 2 Eßl. Gin · 100 g geriebener Parmesan-Käse · 200 g Ricotta (italienischer Frischkäse) . Salz · Pfeffer
Außerdem: Butter

Den Porree putzen, Wurzeln und das Grün bis auf 10 cm entfernen, seitlich leicht einritzen, gründlich waschen und abtropfen lassen. Pürierte Tomaten mit Gin, Parmesan und Ricotta verrühren und mit Salz und Pfeffer würzen. Masse in eine gebutterte flache Auflaufform geben. Die Porreestangen darüber geben. Die Form auf dem Rost in den auf etwa 225 Grad (Gas Stufe 4) vorgeheizten Backofen schieben und den Porree 45–50 Minuten garen.

GEDÜNSTETE FRÜHLINGS-ZWIEBELN

4 Bund Frühlingszwiebeln · 40 g Butter · 125 ml (1/8 l) Weißwein · Salz · Pfeffer · geriebene Muskatnuß · 125 ml (1/8 l) Schlagsahne · 125 ml (1/8 l) Milch · 1–2 Eßl. Weizenmehl · 2 Eßl. kleine Kapern · 1 Eigelb

Von den Frühlingszwiebeln Wurzeln und welke Blattenden anschneiden, die Zwiebeln waschen und abtropfen lassen. Die Butter zerlassen, die ungeteilten Zwiebelstangen darin anbraten, mit Wein angießen, würzen. Bei geschlossenem Topfdeckel etwa 20 Minuten gar dünsten. Zwiebeln herausheben und warm halten. Dünstflüssigkeit mit Sahne und Milch loskochen. Mehl mit 2–4 Eßl. Wasser anrühren, in die kochende Sauce rühren, bis sie sämig wird. Etwa 5 Minuten leicht köcheln lassen. Kapern zugeben, 2 Minuten ziehen lassen und nochmals abschmecken. Das Eigelb mit einigen Löffeln Sauce anrühren, Sauce vom Herd ziehen, Ei unterschlagen und Zwiebeln in der Sauce servieren. Zu Braten und Kochfisch oder mit Schinken und Reis als kleines Gericht servieren.

SPECKZWIEBELN IN WEIN

4 Gemüsezwiebeln · Salz · 120 g durchwachsener Speck · 20 g Butter · Pfeffer · 1 Teel. Kümmel · 1 Lorbeerblatt · 250 ml (1/4 l) Weißwein · 1 Teel. heller Saucenbinder

Zwiebeln abziehen, 8 Minuten in kochendem Salzwasser blanchieren, abtropfen lassen und in Achtel schneiden. Speck in dünne Scheiben schneiden. Butter zerlassen, Speck darin auslassen. Zwiebeln darin rundherum anbraten. Die Gewürze hinzufügen, Wein angießen und alles etwa 20 Minuten schmoren lassen. Zwiebel herausheben, Sauce mit Saucenbinder andicken, mit Salz abschmecken und über die Zwiebel gießen.
Als Beilage zu gekochtem Fisch und Fleisch reichen.

LEIPZIGER ALLERLEI
(6–8 Portionen)

250 g Spargel · 500 g Erbsen in der Schote (oder 300 g tiefgekühlte Erbsen) · 1 kleiner Blumenkohl · 250 g Zuckererbsen · 250 g Kohlrabi · 250 g Möhren · 1 Brühwürfel · Salz · Pfeffer · 80 g Butter · 1 Bund glatte Petersilie

Das Gemüse waschen. Den Spargel schälen, in etwa 4 cm lange Stücke schneiden. Erbsen aus der Schote palen. Blumenkohl putzen, in Röschen teilen. Kohlrabi und Möhren schälen (schrappen), in Würfel bzw. Scheiben schneiden. In einem großen Topf Wasser mit Brühwürfel und Salz zum Kochen bringen, Blumenkohl zugeben. Nach 15 Minuten Spargel und Erbsen zufügen, weitere 10–20 Minuten garen, abtropfen lassen. Inzwischen 40 g Butter zerlassen, Zuckererbsen, Kohlrabi und Möhren darin andünsten, mit Salz und Pfeffer würzen. In etwa 15 Minuten gar dünsten. Petersilie abspülen, Blättchen von den Stengeln streifen, fein hacken, mit restlicher Butter und abgetropftem Gemüse unter das gedünstete Gemüse ziehen.
Als Beilage zu allen Fleischgerichten passend.

NUSS-RÜBCHEN

750 g Mai- oder Teltower Rübchen · 2–3 Eßl. Walnußöl · Salz · Pfeffer · geriebene Muskatnuß · 3 Eßl. gehackte Walnußkerne · 5–6 Eßl. Brühe · 125 ml (1/8 l) Schlagsahne · 1 Eßl. Nußlikör

Die Rübchen waschen, von Grün und Wurzeln befreien, Rübchen

schälen. Kleine Rüben ganz lassen, große vom Blattansatz her vierteln. Öl erhitzen, Rübchen andünsten, würzen und die Nüsse zugeben. Brühe angießen, bei kleiner Hitze in etwa 30 Minuten gar dünsten, mit Sahne und Nußlikör abschmecken, kurz aufkochen und servieren.
Als Beilage zu Festbraten, Pökelzunge und Schnitzel reichen.

GLASIERTE KAROTTEN

750 g Karotten · 50 g Butter · Salz · Pfeffer · 3 Orangen (1 unbehandelt) · 1 Teel. Honig 1 Eßl. Orangenlikör ·

Die Karotten waschen, Wurzelenden abschneiden, Karotten schrappen. Bekommt man nicht die relativ raren, runden Karotten möglichst gleichmäßig dicke Möhren auswählen. Nach dem Schälen in Abschnitte teilen, die in der Länge dem Durchmesser entsprechen und zur Kugel zurechtschnitzen. 30 g Butter zerlassen, Karotten andünsten und würzen. 1 Teel. Orangenschale von der unbehandelten Frucht abreiben, Orange auspressen, beides zu den Karotten geben. Bei kleiner Hitze etwa 25–30 Minuten dünsten, bis die Karotten gar sind. Dann bei geöffnetem Deckel Flüssigkeit verkochen lassen, restliche Butter und Honig zufügen, unter ständigem Rühren glasieren, d.h. schmoren, bis die Karotten von einer glänzenden Schicht überzogen sind. Aus der Pfanne nehmen, warm halten. Die zwei restlichen Orangen bis auf das Fruchtfleisch abschälen, in dünne Scheiben schneiden, in der Pfanne mit dem Likör erhitzen, mit den Karotten anrichten.

RETTICH-CURRY

2 große, weiße Rettiche (je etwa 400 g) · 1 Knoblauchzehe · 3 Zwiebeln · 2 Fleischtomaten · 50 g Butterschmalz · 1 – 2 Eßl. Currypulver · 1 Teel. Kreuzkümmel · Pfeffer · 1 Eßl. geraspelter, frischer Ingwer · Salz · Soja-Sauce · 50 g gemahlene Cashewkerne · 150 g Sahne-Joghurt · 1 Teel. Zitronensaft · 1/2 Bund glatte Petersilie

Die Rettiche putzen, waschen, schälen, in 3 cm lange, 1/2 cm breite Streifen schneiden. Knoblauch und Zwiebeln abziehen, sehr fein würfeln. Tomaten überbrühen, enthäuten, kleinschneiden. Butterschmalz in einer Kasserolle zerlassen. Curry, Kreuzkümmel und Pfeffer darin andünsten, Zwiebel, Knoblauch und Ingwer hinzufügen und etwa 5 Minuten schmoren lassen. Dann erst Rettich, Salz und Soja-Sauce zufügen, in etwa 15 Minuten gar dünsten. Tomatenstücke, Nüsse, Sahne-Joghurt und Zitronensaft zugeben, noch 2 Minuten schmoren. Petersilie waschen, Blättchen abstreifen, auf das Rettich-Curry streuen.
Als Beilage zu Kurzgebratenem reichen.

GEFÜLLTE SELLERIEKNOLLEN
(ohne Foto)

2 Knollensellerie (je etwa 300 g) · 2 Eßl. Zitronensaft · 250 ml (1/4 l) Gemüsebrühe (Instant) · 1 Stange Porree (Lauch) · 40 g Butter · 100 g Grünkerngrütze · Pfeffer · geriebene Muskatnuß · Soja-Sauce · 1 Knoblauchzehe · 200 g gekochter Schinken · 1 Eßl. gehackter Dill · 2–3 Eßl. saure Sahne · 50 g geriebener Emmentaler · Außerdem: Alufolie

Die Sellerieknollen waschen, schälen, halbieren und mit dem Kartoffelausstecher aushöhlen. Mit Zitronensaft abreiben. Gemüsebrühe zum Kochen bringen, die Hälften darin etwa 20 Minuten halbgar kochen. Vom Kochwasser 250 ml (1/4 l) abmessen. Das Innere der Knollen hacken. Porree putzen, waschen, in feine Scheiben schneiden. Butter zerlassen, beide Gemüse darin anbraten, die abgemessene Kochflüssigkeit dazugießen, Grünkern und Gewürze unterrühren. Knoblauch abziehen, hacken, dazugeben. Etwa 15 Minuten bei kleiner Hitze quellen lassen. Schinken fein würfeln, mit Dill und Sahne unter die Masse ziehen. In die Selleriehälften füllen, festdrücken, mit Käse bestreuen und auf das mit Alufolie belegte Backblech setzen. Im vorgeheizten Backofen bei etwa 200 Grad (Gas Stufe 3–4) etwa 20 Minuten überbacken. Als Beilage zu saucenreichen Fleischgerichten, mit Käsesauce als kleine Mahlzeit reichen.

GEFÜLLTE RIESENRÜBE
(ohne Foto)

1 Steckrübe (etwa 850 g) · 1 Knoblauchzehe · Salz · Pfeffer · gemahlener Zimt · 60 g Butter · 2 Zwiebeln · 150 g grüne Spiralnudeln · 50 g gehobelte Haselnüsse · 100 g Crème fraîche · 1 Eßl. gehackte Petersilie · 150 g Brie ohne Rinde

Die Rübe waschen und schälen, waagerecht in der Mitte durchschneiden. Mit einem Kartoffelausstecher aushöhlen, so daß eine etwa 1 cm dicke Wand stehen bleibt. Den Knoblauch abziehen, zerdrücken. Innen und außen mit Salz, Pfeffer, etwas Zimt und der Knoblauchzehe einreiben. In einer Kasserolle 40 g Butter zerlassen, Rübenhälften und -kügelchen darin etwa 20 Minuten nicht ganz gar dünsten. Die Zwiebeln abziehen und würfeln. In der restlichen Butter knusprig braun braten, abkühlen lassen. Nudeln in sprudelndem Salzwasser in etwa 10 Minuten „al dente" kochen, abgießen. Nudeln, Zwiebelwürfel, Nüsse, Crème fraîche, Petersilie miteinander vermischen, mit Salz, Pfeffer, Zimt würzen, in die Rübenhälften füllen. Den Brie in Scheiben schneiden, auf die Füllung geben. Im vorgeheizten Backofen bei 225 Grad (Gas Stufe 4) etwa 20 Minuten überbacken. Die Rüben-Kügelchen erst in den letzten 5 Minuten um die Hälften legen. Das Gemüse heiß servieren. Beilage zu Kurzgebratenem und Gegrilltem.

AUSGEBACKENE AUBERGINEN

2 Auberginen (je etwa 300 g) ·
Salz · etwa 50 g Weizenmehl ·
1 Teel. gerebeltes Basilikum ·
Pfeffer · geriebene Muskatnuß ·
2 Eier · Öl zum Ausbacken

Die Auberginen waschen, quer in etwa 1 cm dicke Scheiben schneiden. Schnittflächen mit Salz bestreuen, immer einige Scheiben übereinanderlegen, mit einem Brett bedecken und mit Gewichten (z.B. Konservendosen) beschweren. Nach etwa 2 Stunden, nochmals zusammenpressen und jede Scheibe mit Küchenkrepp gründlich trockenwischen. Mehl mit Basilikum und Gewürzen mischen, Scheiben darin werden. Öl erhitzen, Auberginscheiben nach und nach im leicht geschlagenen Ei wenden und goldgelb ausbacken. Auf Küchenkrepp abtropfen lassen, heiß servieren.
Zu Mittelmeergerichten oder als Vorspeise mit einer Joghurtsauce reichen.
Tip: Das Auspressen geschieht, damit die Auberginen nicht zuviel Fett aufsaugen. Ebenfalls entscheidend ist dafür, daß das Öl die richtige Temperatur von 170 Grad hat. Etwas ungenauer als Richtwert: um einen hölzernen Löffelstiel müssen sich im heißen Fett Bläschen bilden.

BUTTER-TOMATEN MIT AVOCADOS

2 Schalotten · 1 Knoblauchzehe ·
1 kg Fleischtomaten ·
40 g Butter · Salz Pfeffer ·
2 kleine Avocados ·
4–5 Blätter Basilikum

Schalotten und Knoblauch abziehen, sehr fein würfeln. Tomaten mit kochendheißem Wasser überbrühen, 2–3 Minuten darin stehen lassen. Abgießen, pellen, vierteln und entkernen. Tomatenfleisch in 1–2 cm große Stücke schneiden. Butter zerlassen. Schalottenwürfel mit dem Knoblauch darin etwa 5 Minuten dünsten, Tomaten zugeben, würzen und bei kleiner Hitze 3–4 Minuten ziehen lassen. Inzwischen Avocados halbieren, Kern herausheben, Hälften schälen und das Fruchtfleisch in kleine Würfel schneiden. Zu den Tomaten geben, erwärmen, abschmecken. Mit Basilikumblättern anrichten. Zu pochiertem Fisch und Fleisch, zu Nudeln und neuen Kartoffeln servieren.

KARTOFFEL-PAPRIKA-CURRY

Etwa 800 g kleine Kartoffeln ·
5 Eßl. Sonnenblumenöl ·
3 gelbe und 3 grüne Paprikaschoten (etwa 1 kg) · 2 Zwiebeln
1 Teel. Koriandersamen ·
12 schwarze Pfefferkörner ·
1/2 Teel. Kreuzkümmel ·
2 Eßl. gehackte Mandeln ·
1/2 Teel. Kardamom · 1 geriebene Muskatnuß · 1 Knoblauchzehe ·
2 Teel. Salz · 250 g Joghurt ·
2 Eßl. gehackte Petersilie

Die Kartoffeln waschen, schälen, nochmals waschen und mit einer Gabel rundherum einstechen und trockentupfen. 3 Eßl. Öl erhitzen und die Kartoffeln darin unter häufigem Rühren in etwa 15 Minuten braun braten. Die Paprikaschoten halbieren, entstielen, entkernen, waschen und in etwa 2 cm große Quadrate schneiden. 1 Eßl. Öl erhitzen und die Paprikastücke darin etwa 5 Minuten anbraten. Zwiebeln abziehen, würfeln. 1 Eßl. Öl erhitzen. Koriander, Pfeffer, Kreuzkümmel, Mandeln, Kardamom und Muskat darin andünsten. Zwiebelwürfel hinzufügen, in etwa 5 Minuten braun braten. Knoblauchzehe abziehen, zerdrücken und mit dem Salz und 5 Eßl. Wasser unterrühren. Noch etwa 10 Minuten dünsten lassen, dabei nach und nach den Joghurt dazugeben. Kartoffeln und Paprika dazugeben, noch etwa 10 Minuten schmoren lassen und die Petersilie unterrühren.

SAUTIERTE ROTE PAPRIKA MIT LAUCH

2 rote Paprikaschoten · 2 Stangen Porree (Lauch) · 250 g kleine Zucchini · 250 g Sojabohnensprossen · 2–3 Eßl. Maiskeimöl · 1 Knoblauchzehe · Pfeffer · 1 Eßl. Zitronensaft · Soja-Sauce

Die Paprikaschoten halbieren, entstielen, entkernen, von den Scheidewänden befreien, waschen, in kleine Rauten oder Streifen schneiden. Porree putzen in schräge Scheiben schneiden. Zucchini waschen, Enden abschneiden, Zucchini in Streifen schneiden. Sojakeime waschen, abtropfen lassen. In einer großen Pfanne oder einem Wok Öl erhitzen, Gemüse zugeben und unter ständigem Rühren braten, d.h. sautieren. Knoblauch abziehen, zerdrücken. Nach 2–3 Minuten Gewürze und Knoblauch zugeben. Weiterbraten und -rühren, bis das Gemüse nach etwa 8–10 Minuten gar, doch noch knackig ist. Die Hitze muß so groß sein, daß sich keine Garflüssigkeit bildet, denn sonst würde aus dem Sautieren ein Dünsten. Gemüse abschmecken, heiß servieren.
Zu Kurzgebratenem, Fisch und Eierspeisen mit Reis servieren.

KÜRBISSCHNITZEL MIT ALFALFA-MUS

(ohne Foto)

Etwa 750 Kürbis · 1 Eßl.Butter · Salz · 1 Ei · 1 Teel. Apfelessig · 1 Teel. Honig · 30 g Korinthen · 3 Eßl. Maisgrieß · Zimt · geriebene Muskatnuß · Pfeffer · Sojasauce · 4–5 Eßl. Sonnenblumenöl · für das Mus: 50 g Walnußkerne · 50 g Paranußkerne · 50 g Pecanußkerne · 250 ml (1/4 l) Buttermilch · 3 Eßl. Alfalfakeime

Den Kürbis schälen, von Kernen und Innenfäden befreien, das Fleisch in Würfel schneiden. Butter zerlassen, Kürbis darin andünsten, mit ½ Teel. Salz würzen. Kürbis in etwa 25 Minuten gar dünsten. Das Kürbisfleisch durch eine Kartoffelpresse drücken und mit Ei, Apfelessig, Honig, Korinthen und Maisgrieß vermengen. Mit den Gewürzen abschmecken und etwa 30 Minuten durchziehen lassen, danach kleine Fladen aus dem Teig formen. Öl in einer Pfanne erhitzen und die Fladen darin von beiden Seiten braten und auf Küchenkrepp abtropfen lassen. Für das Mus die Nüsse in dem Bratfett etwa 4 Minuten rösten. Mit der Buttermilch in einem Mixer pürieren, erhitzen. Alfalfakeime unterrühren, mit Salz und Pfeffer abschmecken und heiß zu den Kürbisschnitzeln reichen.

KÜRBIS IN SHERRYSAUCE

1 kg Kürbis · 3 Zwiebeln ·
40 g Butter · 50 g grüne,
geschälte Kürbiskerne · Salz
Pfeffer · geriebene Muskatnuß ·
150 ml Sherry Amontillado ·
3 getrocknete Feigen · 1/2 Teel.
geriebene Zitronenschale · 125 ml
(1/8 l) Schlagsahne · Worcester-
sauce · 1 Teel. Saucenbinder

Den Kürbis schälen, Kerne und Innenfasern entfernen. Mit einem Kartoffelausstecher Kugeln aus dem Fleisch formen oder den Kürbis in 2 cm große Würfel schneiden. Zwiebeln abziehen und in Scheiben schneiden. Butter zerlassen, Kürbiskerne darin anrösten, Zwiebeln und Kürbis zugeben, würzen und Sherry dazugießen. Feigen waschen, in feine Würfel schneiden, mit der Zitronenschale zum Kürbis geben, alles in etwa 20 Minuten gar dünsten. Die Sahne hinzufügen und mit Worcestersauce abschmecken, Saucenbinder zugeben und alles einmal aufkochen lassen.
Als Beigabe zu saucenarmen Fleisch- und Wildgerichten reichen.

ZUCCHINI-PUDDING

60 g Maismehl · 3 Eigelbe ·
250 ml (1/4 l) Schlagsahne ·
Salz · Pfeffer · 1 Teel.
gerebeltes Basilikum ·
300 g kleine Zucchini ·
20 g Butter · 3 Eiweiß ·
Außerdem: Fett, Maismehl

Maismehl mit Eigelb, Sahne und Gewürzen verrühren, mindestens 30 Minuten quellen lassen. Zucchini waschen, Enden abschneiden, Zucchini grob raspeln. Butter zerlassen, die Zucchini unter ständigem Rühren darin 3–4 Minuten braten, ohne daß sie zuviel Wasser ziehen. Auf Küchenkrepp abtropfen lassen, leicht würzen, unter den Teig ziehen. Eiweiß steif schlagen, unterheben. Teig in eine gefettete, mit Maismehl ausgestreute Puddingform (Wasserbadform) oder in eine Ringform füllen. Form bis zu 2/3 ins kochende Wasser stellen, den Zucchini-Pudding in 50–60 Minuten garen. Etwa 5 Minuten ruhen lassen, dann stürzen.
Zu saucenreichen Fleischgerichten. Mit Tomatensauce ein eigenständiges Gericht.

Anmerkung: Bei Verwendung einer Ringform diese mit Alufolie abdecken, bevor sie ins Wasserbad gestellt wird.

BOUILLONERBSEN MIT GURKEN

1 kg frische grüne Erbsen in der Schote oder 300 g Tiefkühl-Erbsen oder Markerbsen extra fein aus der Dose · 125 ml (1/8 l) Bouillon · 1 Salatgurke (etwa 400 g) · 40 g Butter · 2–3 Stengel Minze · Salz · Pfeffer · 1 – 2 Teel. hellen Saucenbinder

Frische Erbsen auspalen. Bouillon zum Kochen bringen, frische Erbsen etwa 15 Minuten, Tiefkühlerbsen etwa 5 Minuten und Dosenerbsen etwa 1 Minute darin garen. Gurke schälen, in 1 cm große Würfel schneiden. Nach der Hälfte der Garzeit zu den Erbsen geben, Butter und 1 Eßl. gehackte Minze, etwas Salz und Pfeffer hinzufügen. Nur noch leicht köcheln lassen. Zum Schluß bei geöffnetem Deckel soviel Flüssigkeit verdampfen lassen, das noch etwa 100 ml Sauce übrig bleibt. Mit Saucenbinder verrühren, aufkochen, abschmecken und mit einigen Minzblättern bestreuen.
Als Beilage zu saucenarmen Fisch- und Fleischgerichten reichen.

MUS VON ROTEN LINSEN

2 Zwiebeln · 1 Knoblauchzehe · 80 g Schinkenreste · 20 g Butter 300 g rote Linsen · 250 ml (1/4 l) Rotwein · 100 g Crème fraîche · Pfeffer · Salz · 3 Eßl. Tomatenmark · 1/2 Teel. gerebeltes Basilikum 3 Eier · 40 g fetter Speck Außerdem: Butter

Zwiebeln und Knoblauch abziehen, fein würfeln. Schinkenreste

ebenfalls kleinschneiden. Butter zerlassen, Zwiebelwürfel darin kräftig anbraten, Knoblauch, Schinken und Linsen hinzufügen, Rotwein angießen. Crème fraîche, Pfeffer, Salz, Tomatenmark und Basilikum zugeben, bei kleiner Hitze in etwa 30 Minuten weich kochen. Mit dem Pürierstab pürieren, nochmals würzig abschmecken und abkühlen lassen. Eier verschlagen, unter die Linsencreme ziehen. Speck sehr fein würfeln. Linsenmus in eine gefettete Auflaufform füllen, mit Speckwürfeln bestreuen und im vorgeheizten Backofen bei 175 Grad (Gas Stufe 3) etwa 40 Minuten garen. In der Form servieren.
Mit Feldsalat zu Ragouts, Gulasch, Wildgerichten, Bratwurst und Geräuchertem servieren.

BOHNENPAKETE MIT KÄSE IN BLÄTTERTEIG

700 g Bobbybohnen oder andere zarte Brechbohnen · Salz · gehackte Rosmarinnadeln · 8 dünne Scheiben Raclettekäse (etwa 200 g) · 4 rechteckige Platten Tiefkühl-Blätterteig · 1 Eigelb

Die Bohnen putzen, im ganzen in wenig Salzwasser etwa 10 Minuten kochen, aber sie sollen noch knackig sein), abtropfen und abkühlen lassen. In 8 gleichgroße Pakete teilen, mit etwas Rosmarin bestreuen und jedes Paket in eine Scheibe Käse wickeln. Blätterteig auftauen lassen, jede Platte einmal teilen und so groß ausrollen, daß man die Bohnenpakete in ein Teigstück packen kann. Ränder der Pakete gut andrücken, Oberfläche eventuell mit Teigresten verzieren, mit verschlagenem Eigelb bestreichen. Im vorgeheizten Backofen bei 200 Grad (Gas Stufe 3–4) etwa 20 Minuten backen.

FRITIERTER CHICOREE

8 kleine Chicorée (je etwa 60 g) · 100 g fetter Schafskäse · 20 g Butter · Pfeffer · 2–3 Eßl. Zitronensaft · etwa 60 g Weizenmehl · 1–2 Eier · etwa 100 g Semmelmehl (Paniermehl) · 40 g geriebener Parmesan · Öl zum Fritieren

Den Chicorée waschen, putzen, gut abtropfen lassen. Von unten her den bitteren Keil aus dem Strunk schneiden. Schafskäse mit Butter verkneten, in die Öffnung füllen, fest andrücken. Chicorée mit Zitronensaft beträufeln. Zuerst in Mehl, dann in geschlagenem Ei und zuletzt in einer Mischung aus Semmelmehl und Parmesan wenden. Gut andrücken und im 170 Grad heißen Fett in etwa 8 Minuten goldgelb ausbacken. Abtropfen lassen und heiß servieren.

GEBACKENER STAUDENSELLERIE

2 kleine Stauden Bleichsellerie · 100 g Roquefort · 50 g weiche Butter · Pfeffer · 1 Knoblauchzehe

Staudensellerie waschen, putzen, einzelne Stengel von der Staude lösen, Fäden von den Seiten abziehen, Blätter abschneiden. Lange Stangen halbieren. Knoblauch abziehen, zerdrücken. Roquefort mit Butter, Salz und Knoblauchzehe zu einer cremigen Masse verkneten, in die Stangen streichen. Sellerieblätter hacken, darauf verteilen. Jede Stange in ein Stück Alufolie – glänzende Seite nach innen – wickeln, dicht verschließen. Bei 225 Grad (Gas Stufe 4) im vorgeheizten Backofen etwa 30–40 Minuten garen.

APFEL-PILZE

600 g Wiesenchampignons ·
1 Zwiebel · 1 mürber Apfel ·
40 g Butter · 3 Eßl. Calvados ·
Salz · Pfeffer · Worcestersauce
3 Eßl. Crème fraîche ·

Die Pilze putzen und waschen. Stiele aus dem Hut drehen, in Scheiben schneiden, Hüte je nach Größe – in Viertel oder Achtel teilen. Zwiebel abziehen, halbieren und fein würfeln. Apfel schälen, grob raspeln. Butter zerlassen, Zwiebel darin andünsten, dann Pilze und Apfel zugeben, mit Calvados ablöschen und mit Pfeffer und Salz würzen. Zugedeckt 7–8 Minuten dünsten. Mit Worcestersauce und Crème fraîche abschmecken. Als Sauce zu Nudeln oder Reis, als Vorspeise in Pastetchen oder zu großen Braten reichen.

AUSTERNPILZ-SCHNITZEL
(ohne Foto)

8 sehr große Austernpilze
(etwa 700g) · 100 g Weizenmehl ·
1 Eßl. geriebener Parmesan-Käse ·
1 Ei · 125 ml (1/8 l) Weißwein ·
Salz · Pfeffer · geriebene Muskatnuß · etwas Mineralwasser ·
1 Teel. getrocknete Petersilie ·
Butter und Öl ·

Die Austerpilze abspülen, sehr gut abtropfen lassen, mit Mehl bestäuben. Aus übrigem Mehl, Parmesan, Ei, Wein, Gewürzen und Petersilie einen dickflüssigen Teig rühren. Etwa 15 Minuten ruhen lassen. Zur Hälfte Butter und zur Hälfte Öl 1 cm tief in eine Pfanne füllen, erhitzen. In mehreren Portionen Austernpilze durch den Teig ziehen und von beiden Seiten knusprig braun backen. Auf Küchenkrepp abtropfen lassen, heiß servieren.

Beilagen heißt alles, was sich Nudel oder Teigware nennt. Das sind auch unsere Kartoffeln und die Kartoffel-Zubereitungen. Und das ist nicht zuletzt Reis.
Beilagen – ein Wort, das eher auf beiläufig schließen lassen könnte. Das aber sind diese wichtigen Bestandteile eines Essens beileibe nicht. Denn der Sonntagsbraten ohne die Kartoffeln wäre eine „glatte Null", das Ragout ohne Nudeln nur „eine halbe Sache" und die Reispfanne ohne Reis hätte ihren Namen nicht verdient. Was beweist, daß Beilagen einen prominenten Platz auf jeder Speisekarte haben sollten. Und da sie vielseitig zubereitet werden können, sind sie hier ein Kapitel für sich.
So appetitlich präsentiert wie diese Spaghetti mit Sahnesauce und Keta-Kaviar wird aus der Beilage fast beiläufig „eine runde Sache".

RATGEBER BEILAGEN

Friedrich der Große hat uns die Kartoffeln beschert. Durch Dekret wurde in deutschen Landen, was damals Preußen war, ihr Anbau angeordnet. Und allen Befürchtungen zum Trotz gewöhnte sich das Volk an die Knolle. Was man damals noch nicht wußte, ist heute wissenschaftlich untermauert: Kartoffeln sind ein gesunder Bestandteil unserer Ernährung, an dem die meisten Bundesbürger durchaus Geschmack finden. Hinzu kommt, daß die Kartoffeln voll gesunder Nähr- und Wirkstoffe stecken. Sie bestehen zu 80,7 % aus Wasser, enthalten aber 14,8 % Kohlenhydrate in Form von Stärke, 2,5 % Ballaststoffe und 2 % Eiweiß. Dieses Eiweiß gehört zu den biologisch hochwertigen pflanzlichen Eiweißarten. Außerdem enthalten Kartoffeln beachtlich viele Vitalstoffe. An Mineralstoffen vor allem Kalium, Calcium, Phosphor und Eisen und an Vitaminen B1, B2, Niacin und Vitamin C. Es tut also der Gesundheit gut, Kartoffeln zu essen.
Kartoffeln, lange Zeit als Dickmacher verschrien, sind das genauso wenig wie jedes andere Lebensmittel. Erst dann, wenn sie im Übermaß gegessen werden. Da aber Kartoffeln, den alten Ernährungsgewohnheiten zufolge, häufig von deftigen Braten mit fetten Saucen und in reichlich Fett geschwenktem Gemüse begleitet wurden, ist es kein Wunder, daß dick wurde, wer sich so ernährte. Inzwischen hat es sich herumgesprochen, daß fettärmere Kost gesünder und leichter verdaulich ist und die schlanke Linie erhält. Und die Kartoffel ist sogar kalorienärmer, als bisher in den Nährwerttabellen vermerkt. Denn nach einer Neuberechnung von Prof. Müller (Institut für Agrikulturchemie an der Universität Göttingen) haben 100 g geschälte Speisekartoffeln im Durchschnitt nur 66 Kalorien (276 Joule). Bisher ging man von 85 Kalorien aus. Jetzt können Schlankheitsapostel und Mollige ruhig ein Kartöffelchen mehr essen.
Daß Kartoffeln ständig zu haben sind, ist altbekannt. Auch, daß sie kurz nach der Ernte vitaminreicher sind, als nach längerer Lagerzeit. Das ist natürlich. Was aber beim fachgerechten Lagern noch übrig bleibt, reicht aus, um dem menschlichen Organismus gut zu tun. Über neue Kartoffeln können wir schon früh im Jahr aus Importen verfügen. Von Ende Mai bis Mitte Juni gibt es dann die ersten aus heimischem Anbau. Und da die Sorten verschieden reifen, können wir bis zum September frische Kartoffeln aus deutscher Ernte haben. Anfang Oktober kommen dann noch einmal die frischen Späten auf den Markt. Das sind die Einkellerungskartoffeln, die dann auch in den Wintermonaten ständig im Handel zu kaufen sind.
Nach der neuen Handelsklassen-Verordnung werden Speisekartoffeln nach den drei folgenden Kocheigenschaften unterschieden: festkochend, vorwiegend festkochend und mehligkochend (Foto links).
Es gibt übrigens 46 wichtige Kartoffelsorten.

Folienkartoffeln sind eine beliebte Kartoffelbeilage zu Steaks und anderem Kurzgebratenem. Eine Zubereitungsart, die von Amerika auf uns zugekommen ist, wo sie baked potatoes, also gebackene Kartoffeln heißen. Man bürstet die Kartoffeln in der Schale unter fließendem Wasser ab, trocknet sie sorgfältig und sticht dann mit einem Holzspießchen rundherum Löcher in die Schale.

Kartoffeln fest und glatt in zurechtgeschnittene Alufolienstücke wickeln. Aufs Backblech legen. Im vorgeheizten Backofen auf der mittleren Schiene bei 250 Grad (Gas: Stufe 5–6) etwa 1 Stunde backen, sehr dicke Kartoffeln 10 Minuten länger. Aus dem Ofen nehmen. Folie zurückschlagen und die Kartoffeln an der dicksten Stelle mit einem Messer kreuzweise einschneiden.

Die Kartoffeln mit beiden Händen andrücken, so daß sie großzügig aufbrechen. Als Füllungen kommen z.B. pikante Quarkcremes, Leberwurstmischungen mit Zwiebeln und gehackten Paprikaschoten und auch Frischkäsecremes infrage. Wer sie füllen möchte, sollte die Kartoffeln leicht aushöhlen. Das ist nicht nötig, wenn nur etwas Butter draufgegeben wird oder gar Crème fraîche und ein Teelöffel Kaviar.

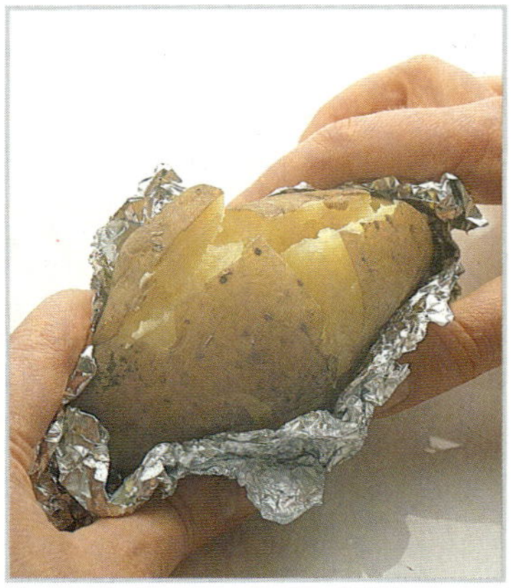

So vielseitig wie Kartoffeln lassen sich andere Beilagen mit Sicherheit nicht zubereiten. Als Salzkartoffeln, Pellkartoffeln, Püree und Klöße, als Rösti und Kroketten sind sie willkommene Beilagen. Aber auch in Form von Kartoffelnestern, Pommes frites, Chips, Waffel-, Strohkartoffeln und als Pommes alumettes, den zarten Streichholzkartoffeln (Foto links). Das ist die Gruppe der in Fett ausgebackenen. Die gelingen am besten, wenn sie nach dem Zuschnitt sorgfältig abgetrocknet und dann im Fritiertopf bei 180 Grad im heißen Fett goldbraun ausgebacken werden. In der elektrischen Friteuse kann man die Temperatur einstellen, im Fritiertopf prüft man sie mit dem Fritierthermometer. Oder man hält einen Holzlöffel ins Fett. Bilden sich daran helle Bläschen, dann hat das Fett die richtige Fritiertemperatur. Man sollte nur bestes Fritierfett verwenden, weil hoch erhitzbar: Öl und Spezial-Fritierfett. Um Kartoffelnester herzustellen gibt es Spezialgerät. Um die Palette der Kartoffelgerichte vollständig aufzuzeigen, hier noch eine Auswahl: Bratkartoffeln und Reibekuchen (bayrisch Reiberdatschi) haben auf deutschen Tafeln große Bedeutung. Beliebt ist der Kartoffelsalat, ob kalt oder warm, der ein eigenständiges Gericht sein kann. Das ist ganz gewiß die Kartoffelsuppe, ein beliebter Eintopf. Dann lassen sich aus Kartoffeln noch herzhafte Aufläufe zubereiten. Hier sagen wir Ihnen, welche Kartoffeln Sie für welche Gerichte verwenden sollten.

Festkochende Kartoffeln sind geeignet für Salz-, Pell- und Bratkartoffeln, für Kartoffelsalat und fritierte Zubereitungen.

Vorwiegend festkochende eignen sich genauso gut für die eben genannten Speisen, aber auch für Folienkartoffeln.

Mehligkochende Kartoffeln sind ideal für manches Pellkartoffelgericht, wenn man dazu z.B. Cremes oder Kräuterquark reicht, unentbehrlich für Kartoffelsuppen, für Püree und allerlei Klöße.

So garen Sie Salzkartoffeln: Kartoffeln schälen, in wenig kaltem Wasser mit Salz aufsetzen und vom Kochen an in 20 Minuten bei geringer Hitze im geschlossenen Topf gar kochen lassen. Abgießen und im Topf bei geringer Hitze 2 Minuten trockendämpfen. Dabei ab und zu aufschütteln. Werden sie nicht sofort serviert, dann bedeckt man sie lose mit einem sauberen Küchentuch, den Deckel obendrauf. Die Kartoffeln bleiben trocken.

Pellkartoffeln – gründlich gewaschen und abgebürstet wie Salzkartoffeln aufsetzen, aber vom Kochen an in 25–30 Minuten garen. Abgießen und 2 Minuten im offenem Topf dämpfen. Pellen und auch in einer Schüssel, mit einem Tuch bedeckt, mit einem Deckel belegt warm halten. Die Feuchtigkeit wird von dem Tuch aufgefangen.

Die Zutaten für Kartoffelteig (auf dem Foto unten): 750 g gekochte Kartoffeln, 30 g Butter, 2 Eigelbe, 3 Eßl. Weizenmehl, Salz, geriebene Muskatnuß. Zum Panieren: 2 Eier, Semmelmehl. So entsteht der Teig: Die heißen Kartoffeln durch die Presse drücken, die Butter unterrühren. Etwas abkühlen lassen. Eigelbe und Mehl unterrühren. Mit Salz und Muskat mild abschmecken.

Aus dem Kartoffelteig Rollen von etwa 3 cm Durchmesser formen, diese in Portionsstücke schneiden. Daraus nach Wunsch Birnchen, Bällchen oder Kroketten formen. Im verschlagenen Eigelb und in Semmelmehl wenden. In Birnchen ein Stück Spaghetti als Stiele einstecken. Die Bällchen so lassen oder noch in Mandelblättchen wälzen. Im heißen Fritierfett ausbacken, bis sie goldbraun sind. Auf Haushaltskrepp abtropfen lassen.

Herzogin Kartoffeln (Pommes duchesse): 1000 g frisch gekochte, abgedämpfte Salzkartoffeln durch eine Presse drücken. 125 g Butter untermischen. Mit Muskat und Salz abschmecken. 5 Eigelbe sorgfältig unterrühren und die Masse schaumig schlagen. In den Spritzbeutel füllen. Kleine Rosetten aufs gefettete Backblech spritzen. Mit verschlagenem Eigelb bestreichen. Im vorgeheizten Backofen 10 Minuten bei 225 Grad (Gas: Stufe 4) goldgelb backen.

KARTOFFEL-KLÖSSE

Der Norddeutsche nennt sie Klöße, der Süddeutsche Knödel, aber immer ist dasselbe gemeint, eine in ganz Mitteleuropa beliebte Kartoffelbeilage. Es gibt sie aus rohen oder gekochten Kartoffeln oder aus beiden gemischt (großes Foto). Gebunden wird die Masse mit Eiern oder Grieß, eingeweichten Brötchen, Semmelmehl oder Mehl. Geschmackszutaten können ausgebratene Zwiebel- und Speckwürfel sein. Füllen kann man sie mit gerösteten Weißbrotwürfeln. Die Würze: Salz, Pfeffer und Muskat. Generell sollten Kartoffelklöße lokker sein, aber eine trockene Konsistenz haben. Deshalb ist es wichtig, immer einen Probekloß zu kochen.

Wichtig: Klöße niemals in sprudelnd kochendem Wasser garen. Sie zerfallen darin. Richtig: Ins kochende Wasser geben. Hitze sofort reduzieren und die Klöße im Wasser gar ziehen lassen. Am Beispiel von Kartoffelklößen halb und halb sagen wir Ihnen, wie man diese leckere Beilage zu Braten mit Sauce macht.

Zutaten:

1500 g Kartoffeln · Salz · 150 g Weizenmehl · 2 Eier · 2 Scheiben Weißbrot · 20 g Butter

Die Hälfte der geschälten, gewaschenen Kartoffeln in einer Schüssel mit Wasser bedeckt beiseite stellen. Die andere Hälfte zu Salzkartoffeln kochen, trockendämpfen, durch die Presse drücken und auskühlen lassen. Rohe Kartoffeln in eine Schüssel reiben (Foto 1). Im Küchentuch ausdrücken und mit dem Kartoffelpüree, dem Mehl und den Eiern zum Teig verarbeiten. Mit Salz abschmekken. Gewürfeltes Weißbrot in der heißen Butter goldbraun braten. Kleine Fladen aus Teig formen (Foto 2). Drei, vier Brotwürfel drauf geben und zu Klößen rollen. Im leicht simmernden gesalzenen Wasser in ca. 20 Minuten gar ziehen lassen.

1

2

NUDELN

Die Auswahl an Teigwaren und Eierteigwaren, so nennt der Gesetzgeber die Nudeln, ist riesig. Produzenten aus dem In- und Ausland, vor allem aus Italien, bringen die größte Abwechslung auf unsere Teller. Und es gibt sogar schon Vollkornnudeln mit ihrem hohen Gehalt an gesunden Ballaststoffen. Nudeln, da relativ geschmacksneutral, können Suppeneinlage, Beilage und Zutat für Aufläufe und Gratins sein. Es gibt sie auch in grün und orange, gefärbt mit Gemüsekonzentraten, z.B. aus Spinat und Möhren (großes Foto). Nudeln werden aus Weizengrieß oder Mehl (Durum-Weizen) mit oder ohne Eier, aber immer ohne Treibmittel zubereitet. Hier ein Rezept für hausgemachte Nudeln:

Zutaten:

500 g Weizenmehl · 3–4 Eier · 1 Teel. Salz · 4–6 Eßl. Wasser

Mehl in die Schüssel sieben. In die Mitte eine Mulde drücken. Eier hineingeben (Foto 1). Mit dem Schneebesen verrühren (Foto 2). Salz in 4 Eßl. Wasser auflösen. Unter den Teig arbeiten. Kräftig kneten, bis ein seidig-geschmeidiger Teig entsteht. Falls er zu fest ist, noch 2 Eßl. Wasser zugeben. Teig in ein Tuch gewickelt 30 Minuten ruhen lassen. Auf Mehl nudeldünn ausrollen. In Streifen schneiden oder mit der Nudelmaschine formen (Foto 3 und 4). Leicht antrocknen lassen.

1

2

3

4

REIS

Für rund 1 Millarde Menschen auf der Erde ist Reis das tägliche Nahrungsmittel, das es schon seit einigen Jahrtausenden gibt. Das belegen chinesische Quellen aus der Zeit um 2800 v. Chr. Interessant zu wissen, daß Reis von Indien über Persien an die afrikanischen Küsten und um 1000 n. Chr. nach Europa kam.

Die Sorten:
Langkorn- oder Patna-Reis, kocht trocken und weißkörnig. 80 % unseres Reiskonsums entfällt auf diesen Reis mit den langen Körnern. **Rundkorn- oder Milchreis** dagegen ist ein kurzkörniger, weichkochender Reis, der in Deutschland einen Verkaufsanteil von rund 20 % hat. **Weichkochender Mittelkornreis** hat für unseren Konsum kaum Bedeutung. Er wird aber gerne für Risotto verwendet. Diese Grundsorten (großes Foto) werden nun nach der industriellen Bearbeitung unterschieden. Und zwar so:
Braunreis/Cargo-Reis. Das Korn wird enthülst, enthält aber noch das fettreiche Silberhäutchen mit den gesunden, lebensnotwendigen Fettsäuren und alle Vitamine und Mineralstoffe. Dieser Naturreis kann zwar nicht lange gelagert werden, weil er leicht ranzig wird. Aber sein gesundheitlicher Wert ist unbestritten.
Bei Weißreis handelt es sich um geschliffenen Reis ohne Silberhäutchen. Er ist lange haltbar.
Parboiled Reis. Durch eine Spezial-Druckbehandlung gelangen wichtige Vitalstoffe ins Korninnere und bleiben so erhalten. Der Reis kocht trockenkörnig.
Schnellkochender Reis wird vorgegart getrocknet und ist in 5 Minuten servierfertig.
Kochbeutel-Reis, den es als Super-Patna- und Parboiled-Reis gibt, ist im Beutel geschützt und verklebt nicht.
Wilder Reis (großes Foto vorne) hat dunkle, fast schwarze lange Körner, unterscheidet sich also absolut von kultiviertem Reis. Er schmeckt leicht nussig nach frischem Getreide und gart mindestens 40 Minuten. Eine Delikatesse von hohem Preis.

1

2

3

4

5

6

7

Mag sein, daß so mancher ein Reismuffel geworden ist, weil ihm falsch zubereiteter Reis vorgesetzt wurde. Das ist jener, der sich übergart zu einem X öffnet, breiig und klebrig ist. Das darf nicht sein, ausgenommen, es handelt sich um Milchreis. Richtig gekochter Reis muß „Biß" haben und trockenkörnig, aber gar im Kern sein. Ihn fachmännisch zuzubereiten ist eine erlernbare Kunst.

Milchreis (Foto 1, linke Seite) und andere Süßspeisen bereitet man aus Rundkornreis zu. Milchreis so: 200 g Rundkornreis in 1 l Milch, 50 g Zucker, Salz und etwas Vanillemark aufkochen. Reis darin bei kleiner Hitze 30–35 Minuten zugedeckt gar quellen lassen. Mit Zimtzucker servieren.

Risotto (Foto 2, linke Seite) kann aus Mittelkorn-, aber auch aus Langkornreis zubereitet werden. Dazu läßt man 250 g Reis in 4 Eßl. Butter oder Öl mit 1 gehackten Zwiebel glasig werden, gießt gut 500 ml (1/2 l) Brühe an, salzt, kocht auf und läßt den Reis zugedeckt quellen. Mittelkornreis mindestens 30 Minuten, Langkornreis nur 20. Nach Geschmack mit Kräutern oder gedünstetem Gemüse mischen.

Wasserreis (Foto 4): 1 1/2 l Wasser mit 1 Teel. Salz im ausreichend großen Topf aufkochen. 250 g Langkornreis hineingeben. 15–20 Minuten im offenen Topf leise sprudelnd kochen, dann in einem Sieb mit lauwarmem Wasser überbrausen (Foto 5). Abgetropft im Topf zwei Minuten trockendämpfen. Diesen Reis kann man in Fett in der Pfanne mit Zwiebelwürfeln braten (Foto 2, linke Seite) mit Curry und Paprika würzen und auch mit Gemüse, wie Mais oder gedünsteten Paprikastreifen und Tomatenwürfeln, zur leckeren Reis-Gemüsepfanne mischen. Eine andere Art Reispfanne: Hackfleisch mit gehackter Zwiebel in Öl anbraten, Paprika und Tomaten kleingeschnitten darin mitgaren. Zum Schluß Reis unterheben und würzen.

Quellreis (Foto 6) bereiten Sie so zu: 500 ml (1/2 l) Wasser mit 1 Teel. Salz aufkochen. 250 g Langkornreis hineingeben. Umrühren. Im fest geschlossenen Topf bei schwacher Hitze ca. 20 Minuten quellen lassen, bis das Wasser völlig aufgenommen ist. Die Grundregel für kleinere Portionen. Ein Teil Reis auf zwei Teile Flüssigkeit. Aus diesem Quellreis können Sie in gefetteten Tassen Bällchen formen oder in der gefetteten Randform den Reisrand (Foto 3, linke Seite) oder Sie fügen gehackte Petersilie zu mit 1 Eßl. Butter.

Als Hauptgericht, also für Reistöpfe- oder -pfannen mit Fleisch und Gemüse rechnet man 70–80 g Reis je Portion.

Für süße Hauptgerichte, wie Aufläufe oder Reis mit Kompott, gelten dieselben Mengen je Portion.

Für Beilagen brauchen Sie je Portion 40–50 g Reis. Als Suppeneinlage genügen je Portion 20–25 g Reis.

Wichtige Reis-Tips Machen Sie mehr aus Ihrer Reisküche. Für pikante Gerichte können Sie Reis auch in Fleischbrühe garen. Oder Sie verwenden halb Wasser, halb Tomatensaft und schmecken mit Worcester- oder Sojasauce ab. Ein besonders würziger Curry-Reis:
1 gehackte Zwiebel in Butter dünsten, 1 Teel. Curry darin anschwitzen, Wasser auffüllen, Reis hineingeben und quellen lassen. In der süßen Reisküche können Sie auch Obstsäfte zum Kochen verwenden.
Reis immer nach der Uhr zubereiten, damit er körnig gelingt. Es darf ruhig eine Minute weniger sein, denn er gart beim Dämpfen ja noch nach. Reis geht beim Kochen ums Dreifache auf. Also ergibt eine Tasse trockener Reis drei Tassen gekochten. Töpfe zum Reiskochen müssen also groß sein.
Gekochten Reis können Sie im Kühlschrank zugedeckt vier Tage aufbewahren. Und einfrieren können Sie ihn auch. Erhitzen oder auftauen: Im Sieb über Wasserdampf.

LYONER KARTOFFELN

750 g festkochende Kartoffeln ·
3 Zwiebeln · 50 g Butter ·
1 Bund glatte Petersilie ·
Salz · Pfeffer

Die Kartoffeln waschen, in Wasser zum Kochen bringen und etwa 20 Minuten kochen lassen. Kartoffeln abgießen, pellen und in fingerdicke Stifte schneiden. Die Zwiebeln abziehen und würfeln. In einer Pfanne die Hälfte der Butter zerlassen und die Zwiebeln darin goldgelb dünsten. In einer zweiten Pfanne restliche Butter zerlassen und die Kartoffeln darin bei schwacher Hitze etwa 10 Minuten braten. Petersilie abspülen, trockentupfen, Blättchen abzupfen, fein hacken und mit den Zwiebeln unter die Kartoffeln rühren. Kartoffeln mit Salz und Pfeffer würzen.
Tip: Lyoner Kartoffeln mit dem Saft von 1–2 Zitronen begießen und durchschwenken – paßt gut zu Lammfleisch und gebratenem Fisch.

ROSMARIN-KARTOFFELN

1 kg kleine, längliche Frühkartoffeln · 150 g Schalotten ·
4 Eßl. Olivenöl · 20 g Butter ·
4 Knoblauchzehen · 1 Eßl. frische Rosmarinnadeln · Salz ·
Pfeffer

Die Kartoffeln gründlich unter kaltem Wasser abbürsten, in kochendes Wasser geben und etwa 15 Minuten kochen. Kartoffeln abkühlen lassen und längs vierteln. Die Schalotten abziehen. Olivenöl und Butter erhitzen. Die Kartoffeln und Schalotten hineingeben. Knoblauch abziehen, in Scheiben schneiden und mit

dem Rosmarin zu den Kartoffeln geben. Kartoffeln unter gelegentlichem Wenden knusprig braten, mit Salz und Pfeffer würzen.
Tip: Die Kartoffeln in dünne Scheiben schneiden und mit Kräutern wie Salbei, Majoran oder Thymian würzen.

RÖSTI

750 g Pellkartoffeln (festkochende, am Vortag gekocht) ·
1 Teel. Salz · Pfeffer ·
30 g Butterschmalz

Die Kartoffeln pellen, grob raspeln, salzen und pfeffern. Butterschmalz in einer Pfanne zerlassen. Kartoffeln hineingeben, in der Pfanne verteilen und flachdrücken. Mit einem flachen Teller abdecken, so daß kaum Hohlraum zwischen Teller und Kartoffeln besteht. Rösti bei ganz schwacher Hitze goldbraun braten. Nach etwa 15 Minuten mit Hilfe des Tellers wenden und danach weitere 15 Minuten braten. Eventuell noch etwas Butter in die Pfanne geben.
Tip: Empfehlenswert sind auch folgende Rösti-Variationen: 4 Eßl. geraspelten Raclettekäse oder Schafskäse, 4 Eßl. Speckstreifen, 3 in Streifen geschnittene Zwiebeln oder etwas Knoblauch und Thymian zu den Kartoffeln geben.

KARTOFFELPUFFER

1 kg Kartoffeln · 1 kleine Zwiebel · 4 Eier · 1 Teel. Salz · 40 g Weizenmehl · Außerdem: Speiseöl zum Braten

Kartoffeln schälen, Zwiebel abziehen. Beide Zutaten fein reiben und auf einem Sieb abtropfen lassen. Eier, Salz und Mehl hinzufügen und unterrühren. In einer beschichteten Pfanne das Öl erhitzen, mit einer Saucenkelle Teig hineingeben und sofort flachdrücken. Bei mittlerer Hitze von beiden Seiten so lange braten, bis der Rand knusprig braun ist. Sofort aus der Pfanne nehmen.
Klassiche Beilage ist Apfelmus und Blaubeer-Kompott.
Tip: Wer's würzig mag, gibt kleingehackten, Schinken, Käse oder Kräuter unter den Kartoffelteig. Dazu schmeckt grüner Salat.

KARTOFFELCRÊPES MIT KAVIAR

500 g festkochende Kartoffeln · 5 Eier · 1 Eßl. Weizenmehl · 250 g saure Sahne · 1/2 Schalotte · Salz · Pfeffer · abgeriebene Schale von 1/4 Zitrone (unbehandelt) · etwa 40 g Butterschmalz · 200 g Crème fraîche · 125 g Lachs-Kaviar · 2 Zweige Dill

Die Kartoffeln waschen, in kochendes Wasser geben und in etwa 20 Minuten gar kochen. Kartoffeln abgießen, etwas abkühlen lassen, pellen und fein reiben. Kartoffeln mit Eiern, Mehl und Sahne verrühren. Die Schalotte abziehen, durchpressen und unterrühren. Masse mit Salz, Pfeffer und Zitronenschale würzen. Butterschmalz in einer Pfanne

zerlassen und eßlöffelweise kleine Crêpes darin ausbacken. Crêpes im Backofen warm halten. Auf jeden Crêpe 1 Teel. Crème fraîche, Kaviar und etwas Dill geben.
Die Crêpes passen auch als Beilage zu gebratenem oder gegrilltem Fleisch. Als Hauptgericht Salat dazureichen.

KLEINES KARTOFFEL-GRATIN

800 g Kartoffeln · 2 Zwiebeln · 150 g Emmentaler oder Greyerzer Käse · Pfeffer · 1 Knoblauchzehe · 125 ml (1/8 l) Milch · 125 ml (1/8 l) Schlagsahne · geriebene Mußkatnuß · 1/2 Teel. Salz · Außerdem: Butter

Die Kartoffeln waschen, schälen und in dünne Scheiben hobeln. Die Zwiebeln abziehen und fein würfeln. Käse grob reiben. Eine große oder vier kleine Gratinformen mit Butter ausfetten. Zwiebelwürfel auf dem Boden verteilen. Eine Lage Kartoffeln schuppenförmig darauf legen, mit Pfeffer und dem Käse bestreuen. Die restlichen Kartoffelscheiben darauf legen. Knoblauch abziehen, durchpressen, mit Sahne und Milch verrühren und mit Muskat und Salz würzen. Die Flüssigkeit über die Kartoffeln gießen, die Form in den auf etwa 225 Grad (Gas Stufe 4) vorgeheizten Backofen schieben, den Gratin etwa 45 Minuten backen.

KARTOFFELBREI

1 kg mehlig-kochende Kartoffeln · 1 Teel. Salz · etwa 250 ml (1/4 l) Milch · Butter · geriebene Muskatnuß

Die Kartoffeln waschen, schälen, kleinschneiden und in wenig Salzwasser etwa 25 Minuten kochen. Kartoffeln abgießen, durch die Presse drücken oder pürieren. Milch zum Kochen bringen und nach und nach unter die Kartoffelmasse rühren. Je nach Beschaffenheit der Kartoffeln die Milchmenge varrieren. Zuletzt Butter unterrühren und mit Salz und Muskatnuß abschmecken.
Tip: Vor dem Servieren 4 Eßl. geriebenen Käse unter den Kartoffelbrei rühren. Oder 100 g Speck- und 100 g Zwiebelwürfel braten und darüber geben.

KARTOFFEL-PORREEKLÖSSE

2 Stangen Porree (Lauch, etwa 500 g) · Salz · 400 g Kartoffeln · 3 kleine Eier · 1 1/2 Teel. Salz · Pfeffer

Den Porree putzen, gründlich waschen und in feine Ringe schneiden. Porree in kochendem Salzwasser blanchieren, abgießen und die Flüssigkeit auffangen. Den Porree in einem Tuch auspressen und im Mixer pürieren. Kartoffeln waschen, schälen und im Porreewasser in etwa 20 Minuten gar kochen. Die Kartoffeln abgießen und durch die Kartoffelpresse drücken. Porree- und Kartoffelpüree mit den Eiern, Salz und Pfeffer zu einem festen Teig verkneten und eigroße Klöße daraus formen. Salzwasser zum Kochen bringen und die Klöße darin bei schwacher Hitze in etwa 15 Minuten gar ziehen lassen.

Tip: Die Klöße in Scheiben schneiden, abwechselnd mit geriebenem milden Schafskäse in eine gefettete Auflaufform schichten, mit Sahne beträufeln und etwa 20 Minuten überbacken.

HIMMEL UND ERDE

750 g mehlig-kochende Kartoffeln · Salz · 3 Äpfel (Boskop) · 1 Eßl. Zucker · 30 g Butter · Pfeffer · 100 g durchwachsener Speck · 2 Zwiebeln

Die Kartoffeln waschen, schälen, kleinschneiden und in Salzwasser in etwa 15 Minuten gar kochen. Inzwischen Äpfel schälen, Kerngehäuse entfernen, Äpfel in Stücke schneiden und mit dem Zucker im geschlossenen Topf bei mittlerer Hitze weich dünsten. Kartoffeln abgießen, das Wasser auffangen. Kartoffeln zerstampfen und mit den Äpfeln und der Butter vermengen. Sollte das Mus zu fest sein, noch etwas Kartoffelwasser unterrühren. Mus mit Salz und Pfeffer würzen. Speck würfeln. Zwiebeln abziehen und in Ringe schneiden. Speck auslassen, Zwiebeln darin dünsten und beides über das Kartoffelmus geben.
Zu gebratener Leber, Blutwurst oder Brühwurst reichen.

ROHE KARTOFFEL-KLÖSSE

500 ml (1/2 l) Milch · Salz · 125 g Hartweizengrieß · 1 kg Kartoffeln

Die Milch mit 1/2 Teel. Salz zum Kochen bringen. Den Grieß einrühren, einmal aufkochen lassen. Den Topf vom Herd nehmen und den Grieß in etwa 30 Minuten ausquellen lassen.
Die Kartoffeln schälen, waschen und reiben. Die Masse in ein Küchentuch geben und fest ausdrücken. Sofort den Grieß unterrühren und mit Salz abschmecken. Aus dem Teig eine etwa 4 cm dicke Rolle formen. Kleine, etwa 3 cm dicke Stücke abschneiden und zu Klößchen formen. Die Teigklößchen in kochendes Salzwasser geben und bei schwacher Hitze garziehen lassen. Die Klöße sind gar, wenn sie an die Oberfläche kommen.
Als Beilage zu Schmorbraten reichen.
Tip: 4 Eßl. gehackte Kräuter unter den Teig rühren, die Klöße mit je einem Würfel Mozzarella-Käse füllen, mit Tomatensauce übergießen und im Backofen überbacken.

GEMÜSENUDELN

1 Möhre · 2 dünne, feste Zucchini · 1 dünne Stange Porree (Lauch) · 250 g Bandnudeln · Salz · 20 g Butter · 2 Eßl. Olivenöl · 50 g frisch geriebener Parmesan-Käse

Möhre, Zucchini und Porree putzen und waschen. Möhren, Zucchini und den hellen, zarten Teil des Porrees in feine Streifen schneiden. Die Bandnudeln in etwa 3 l kochendes Salzwasser geben, 8–10 Minuten kochen, abgießen und abtropfen lassen.
Inzwischen Butter und Olivenöl in einer Pfanne erhitzen und die Gemüsestreifen darin etwa 4 Minuten unter Wenden dünsten. Die abgetropften Nudeln sofort zum Gemüse geben und alles gut vermengen. Die Nudeln mit Parmesan-Käse bestreuen.

Gemüsenudeln können als eigenständiges vegetarisches Gericht oder als feine Beilage zu Fleisch gereicht werden.

TAGLIATELLE MIT LACHS

250 g geräucherter, milder Lachs · 2 Schalotten · 20 g Butter · 200 ml (1/5 l) trockener Weißwein · 200 g Crème double · 500 g Tagliatelle (Bandnudeln) · 1 Eßl. Speiseöl · 3 Zweige Basilikum

Den Lachs in Streifen schneiden. Die Schalotten abziehen und fein hacken. Butter zerlassen und Schalotten darin weich dünsten. Mit Weißwein ablöschen und bis auf die Hälfte einkochen lassen. Crème double unterrühren und mit etwas Salz und Pfeffer

würzen. Tagliatelle in etwa 4 l kochendes Salzwasser geben, Öl hinzufügen, die Nudeln in 8–10 Minuten „bißfest" kochen. Die Nudeln abgießen und sofort unter die Sauce mengen. Die Nudeln auf vorgewärmte Teller füllen und den Lachs darauf verteilen. Basilikum abspülen, trockentupfen, Blättchen in Streifen schneiden und über die Nudeln geben.
Tip: Ganz schnell und trotzdem raffiniert wird's, wenn Sie statt der Sauce einfach Crème double unter die Nudeln rühren und Forellen-Kaviar darüber streuen. Statt Tagliatelle können natürlich beliebige Nudelsorten genommen werden.

SPAGHETTI MIT ROQUEFORT

500 g Spaghetti · Salz · 1 Eßl. Speiseöl · 200 g Roquefort-Käse · 125 ml (1/8 l) Schlagsahne · Pfeffer · 2 Eßl. geschälte Sonnenblumenkerne

Die Spaghetti in 4 l kochendes Salzwasser geben, das Öl hinzufügen, Nudeln in etwa 8 Minuten „bißfest" kochen, abgießen, mit kaltem Wasser übergießen und abtropfen lassen. Roquefort, mit der Sahne pürieren, mit Pfeffer würzen, mit den Nudeln vermengen. Etwa 1 Minute ziehen lassen und auf vorgewärmte Teller geben. Sonnenblumenkerne in einer Pfanne ohne Fett rösten, darüber streuen.

SPÄTZLE

250 g Weizenmehl · 2 kleine Eier · 1 Teel. Salz · 4 Eßl. saure Sahne · 5 Eßl. Wasser · Außerdem: Butter zum Schwenken

Das Mehl in eine Rührschüssel sieben, die übrigen Zutaten dazugeben und so lange kräftig schlagen, bis der Teig glatt ist und Blasen wirft. Den Teig etwa 30 Minuten ausquellen lassen. Den Teig anschließend durch eine spezielle Spätzle-Presse oder -Hobel portionweise direkt in kochendes Salzwasser geben (Foto links). Sobald der Teig gar ist, schwimmen die Spätzle auf der Oberfläche, dann sofort mit einer Schaumkelle abschöpfen, mit lauwarmem Wasser abspülen und gut abgetropft in heißer Butter schwenken.

Veränderung: Die hellen Spätzle mit 1 Teel. Pilzpulver würzen.

Tip: Für grüne Spätzle 2 Bund gehackte Petersilie, für rote Spätzle 2 Eßl. Tomatenmark unter den Teig rühren.

GERÖSTETE SPÄTZLE

Für die Spätzle:
250 g Weizenmehl · 2 kleine Eier · 1 Teel. Salz · 4 Eßl. saure Sahne · 5 Eßl. Wasser · 1 Teel. Pilzpulver
Außerdem: 50 g Butter · 2 Eier · Pfeffer · Parmesan-Käse

Die Spätzle wie im nebenstehenden Rezept zubereiten und gut abtropfen lassen. Die Butter zerlassen, Spätzle darin goldbraun braten. Eier mit Salz und Pfeffer verschlagen, darüber gießen und kurz ziehen lassen. Mit frisch geriebenen Parmesan bestreut servieren.
Grünen Salat dazureichen.

FEINE FISCH-TASCHEN

Für den Nudelteig:
400 g Weizenmehl · 4 Eier · 3 Eßl. Speiseöl · 1 Teel. Salz
Für das Fischragout:
200 g Seezungenfilet · 150 g rohe Scampi · 100 g Jakobsmuscheln (aus dem Glas) · 30 g Butter · 250 ml (1/4 l) Weißwein · 125 g Crème double · Salz · 1 Eßl. Speiseöl · frische Basilikumblätter

Mehl, Eier, Öl und Salz zu einem geschmeidigen Teig verkneten und eingewickelt etwa 2 Stunden ruhen lassen. Den Teig auf bemehlter Arbeitsfläche dünn ausrollen und 8 Quadrate (15 x 15 cm) daraus schneiden. Teig auf einem leicht bemehlten Küchentuch ausbreiten.
Für das Fischragout Fisch und Scampi abspülen und trockentupfen. Fisch kleinschneiden, Scampi pulen. Die Muscheln abtropfen lassen. Die Butter zerlassen, Fisch, Scampi und Muscheln darin andünsten und herausnehmen. Den Bratensatz mit Weißwein ablöschen und bis auf einen kleinen Rest einkochen. Crème double unterrühren, mit Salz abschmecken und Fisch, Scampi und Muscheln wieder hineingeben, noch etwas ziehen lassen.
Teigblätter in kochendes Salzwasser geben, Öl hinzufügen, Nudeln etwa 2 Minuten kochen, herausnehmen. Das Ragout auf die Teigstücke geben, die Ecken übereinanderschlagen, mit Basilikum garnieren, sofort servieren.

GEFÜLLTE NUDELROLLEN

Für den Nudelteig:
300 g Weizenmehl · 3 Eier · 2 Eßl. Speiseöl · 1 Teel. Salz
Für die Füllung:
500 g Fleischtomaten · 150 g Mozzarella-Käse · 1 Bund Petersilie · 1 Bund Basilikum · 2 Knoblauchzehen · 1/4 Zitrone (unbehandelt) · 150 g Crème fraîche · 40 g frisch geriebener Parmesan-Käse · Pfeffer · Salz · 250 ml (1/4 l) Schlagsahne · 70 g Tomatenmark · Paprika edelsüß · 40 g weiche Butter

Den Nudelteig wie im nebenstehenden Rezept zubereiten.
Für die Füllung die Tomaten überbrühen, abschrecken, enthäuten und in Stücke schneiden. Mozzarella würfeln. Kräuter abspülen, Blättchen abzupfen und fein hacken. Den Knoblauch abziehen und zerdrücken. Zitronenschale abreiben. Die Zutaten vermengen.
Den Nudelteig auf einem bemehlten Küchentuch zu zwei großen Rechtecken von etwa 32x25 cm ausrollen. Teig mit Crème fraîche bestreichen und mit Parmesan bestreuen. Die Füllung darauf verteilen und mit Salz und Pfeffer bestreuen. Den Teig mit Hilfe des Tuches zusammenrollen und im Tuch eingerollt etwa 1 1/2 Stunden im Kühlschrank ruhen lassen.
Die Rollen in etwa 2 cm dicke Scheiben schneiden. Sahne, Tomatenmark verrühren, mit Paprika, Pfeffer und Salz abschmecken.
In 1-2 flache Auflaufformen gießen. Die Scheiben nebeneinander in die Form legen, mit Butter bestreichen und im auf etwa 225 Grad (Gas Stufe 4) vorgeheizten Backofen etwa 20-25 Minuten backen.

CANNELLONI

Für die Füllung:

500 g Spinat · 300 g Ricotta (italienischer Frischkäse) · 50 g frisch geriebener Parmesan-Käse · Salz · Pfeffer · geriebene Muskatnuß

Für die Bechamelsauce:

30 g Butter · 30 g Weizenmehl · 500 ml (1/2 l) Milch · 250 g Cannelloni

Außerdem: Butter oder Margarine

Für die Füllung den Spinat verlesen, waschen und tropfnaß im geschlossenen Topf dünsten, bis er zusammenfällt. Spinat auf einem Sieb abtropfen lassen, etwas ausdrücken und grob hacken. Ricotta und 25 g Parmesan mit dem Spinat vermengen und mit Salz, Pfeffer und Muskat würzen.

Für die Sauce die Butter zerlassen, Mehl darin unter Rühren hellgelb dünsten und nach und nach die Milch unter ständigem Rühren hinzufügen. Die Sauce mit Salz, Pfeffer und Muskat würzen.

Cannelloni mit der Spinatmasse füllen und nebeneinander in eine gefettete, flache Auflaufform legen. Die Bechamelsauce darüber gießen, mit Parmesan bestreuen, im auf etwa 200 Grad (Gas Stufe 3) vorgeheizten Backofen etwa 40 Minuten garen.

Tip: So werden Cannelloni selbst gemacht: Den Teig wie im Rezept „Feine Fisch-Taschen" zubereiten, dünn ausrollen und in Vierecke (15 x 15 cm) schneiden. In die Mitte jeweils 1 Eßl. Füllung geben und den Teig zu einer Röhre rollen. Mit der Nahtstelle nach unten in die Form legen.

Statt Ricotta kann auch Hüttenkäse verwendet werden, den man vorher gut abtropfen läßt.

RAVIOLI

Für den Nudelteig:
300 g Weizenmehl · 3 Eier · 2 Eßl. Speiseöl · 1 Teel. Salz · 1 Teel. Pilzpulver · Für die Füllung:
1 Knoblauchzehe · 1 Schalotte · 1 Eßl. Butter · 250 g Tatar · 1 Eßl. Semmelmehl (Paniermehl) · 3 Eßl. frisch geriebener Parmesan-Käse · 1 Ei · 2 Eßl. Crème fraîche · Salz · Pfeffer · geriebene Muskatnuß · Außerdem: Weizenmehl · 1 Eiweiß · frisch geriebener Parmesan-Käse · 100 g zerlassene Butter

Den Teig zubereiten wie im Rezept „Feine Fisch-Taschen" S. 310 beschrieben.
Für die Füllung Knoblauch und Schalotte abziehen und fein hacken. Butter zerlassen, Knoblauch und Schalotte darin glasig dünsten. Tatar hinzufügen, unter Rühren braten und in eine Schüssel umfüllen. Die Masse etwas abkühlen lassen und mit Semmelmehl, Parmesan, Ei und Crème fraîche verrühren (Foto 1). Masse mit Salz, Pfeffer und Muskat würzen.
Den Nudelteig auf bemehlter Arbeitsfläche zu zwei gleichgroßen möglichst dünnen Platten ausrollen. Mit einem Teelöffel die Füllung in gleichmäßigen Abständigen auf ein Platte setzen (Foto 2). Mit einem Pinsel und etwas verschlagenem Eiweiß oder Wasser fingerbreite, möglichst gerade Linien zwischen den einzelnen Häufchen ziehen. Die zweite Teigplatte darüber decken (Foto 3). Die Zwischenräume etwas andrücken. Mit einem Messer oder Küchenrädchen die Teigkissen voneinander trennen (Foto 4) und die Ränder noch etwas festdrücken. Die Ravioli bis zum Kochen auf einem bemehlten Küchentuch aufbewahren. Reichlich Salzwasser zum Kochen bringen und die Ravioli darin bei schwacher Hitze 3–4 Minuten kochen lassen. Abgetropft auf tiefen Tellern anrichten, mit zerlassener Butter beträufeln und mit Parmesan bestreuen. Tomatensauce, Sahne-Champignonsauce oder eine Käse-Bechamelsauce dazureichen.

1

2

3

4

TORTELLINI
(ohne Foto)

Für den Nudelteig:
400 g Weizenmehl · 4 Eier · 3 Eßl. Speiseöl · 1 Teel. Salz

Für die Füllung:
30 g Pistazienkerne · 100 g Mortadella · 100 g gekochter Schinken · 1 Ei · 2 Eßl. Sahnequark · Salz · Pfeffer · geriebene Muskatnuß · 3 l Hühnerbrühe

Für die Sauce:
1 große Fleischtomate · 1 Knoblauchzehe · 30 g Butter · 125 ml (1/8 l) Schlagsahne · 2 Zweige Basilikum

Außerdem: frisch geriebener Parmesan-Käse

Den Nudelteig wie im Rezept „Feine Fisch-Taschen" S. 310 beschrieben zubereiten. Für die Füllung Pistazien, Mortadella und Schinken fein hacken oder im Mixer pürieren. Die Masse mit Ei und Quark verrühren und mit Salz, Pfeffer und Muskat würzen. Den Nudelteig so dünn wie möglich ausrollen. Kreise von etwa 4 cm Durchmesser ausstechen. In die Mitte jeweils einen Teel. Füllung geben. Die Teigränder mit Wasser bestreichen, Kreise zu Monden zusammenklappen, die Ränder gut zusammmendrücken. Tortellini auf einem bemehlten Tuch ruhen lassen. Die Brühe zum Kochen bringen, die Tortellini darin portionsweise bei schwacher Hitze 8–10 Minuten garen, herausnehmen und abtropfen lassen. Für die Sauce die Tomate enthäuten und würfeln. Knoblauch abziehen und fein hacken. Butter zerlassen, Tomate, Knoblauch und Pfeffer darin etwa 1 Minute dünsten. Sahne angießen, mit Salz abschmecken und sofort über die Tortellini geben. Das Basilikum abspülen, in Streifen schneiden, mit Parmesan über die Tortellini geben.

GEMÜSEREIS

1 Möhre · 100 g Sellerie ·
1 Stange Porree (Lauch) · 1 Zwiebel · 20 g Butter · 1 Eßl. Speiseöl ·
200 g ungeschälter Reis ·
250 ml (1/4 l) Weißwein ·
500 ml (1/2 l) Gemüsebrühe ·
150 g Mungobohnenkeime ·
150 g Schafskäse

Möhre und Sellerie schrappen (schälen) und waschen. Porree putzen, einschneiden, gründlich waschen. Das Gemüse in feine Streifen schneiden. Die Zwiebel abziehen und hacken. Butter und Öl erhitzen, das Gemüse darin etwa 5 Minuten dünsten. Reis dazugeben, kurz andünsten. Wein und Brühe hinzugießen und etwa 30 Minuten im offenen Topf kochen. Die Keime die letzten 5 Minuten mitgaren. Den Käse fein raspeln und über den heißen Reis geben.
Tip: So bringt man Mungobohnen zum Keimen: Mungobohnen eine Nacht mit kaltem Wasser bedeckt auf einem Teller stehen lassen. Am nächsten Morgen das Wasser abgießen. Etwa alle 12 Stunden mit kaltem Wasser abspülen. Am Ende des 3. Tages sind die Bohnen richtig ausgekeimt.

RISOTTO GRÜN UND ROT

1 Zwiebel · 1 Knoblauchzehe ·
7 Eßl. Speiseöl · 400 g Rundkornreis · 1 1/4 l kochende Fleischbrühe · 500 g Spinat ·
150 g ausgepalte frische Erbsen · 50 g Butter ·
1 Fleischtomate · 1 rote Paprikaschote · 3 Eßl. Speiseöl · 40 g Parmesan-Käse

Zwiebel und Knoblauch abziehen und hacken, in 4 Eßl. Öl glasig

dünsten. Reis dazugeben und kurz andünsten. Etwa eine Suppenkelle voll Brühe angießen. Nach und nach die Brühe hinzugießen und den Reis etwa 20 Minuten kochen. Der Reis soll weich, jedoch nicht klebrig sein.
Für den grünen Reis den Spinat verlesen, blanchieren und abtropfen lassen. Erbsen 5 Minuten in 3 Eßl. Wasser und 10 g Butter dünsten. Spinat und die Hälfte der Erbsen pürieren. Das Püree und die Erbsen mit der Hälfte von dem Reis vermengen.
Für den roten Reis Tomate überbrühen, abschrecken, enthäuten, entkernen und würfeln. Paprikaschote halbieren, entstielen, entkernen, weiße Scheidewände entfernen, Schote waschen und fein würfeln. Restliches Öl erhitzen, Gemüse darin andünsten unter den restlichen Reis mengen. Restliche Butter und Parmesan unter die Reissorten ziehen.

FENCHEL MIT WILDEM REIS

4 kleine Fenchelknollen ·
Salz · 100 g wilder Reis ·
100 g Langkornreis ·
1 Schalotte · 40 g Butter ·
2 Eßl. Sherry · Pfeffer ·
1-2 Eßl. gebräunte Pinienkerne

Den Fenchel putzen, Knollen in Salzwasser etwa 20 Minuten garen. Wilden Reis in kochendes Salzwasser geben, nach 10 Minuten den Langkornreis dazugeben und noch 20 Minuten kochen. Reis abtropfen lassen. Fenchel halbieren, aushöhlen. Das Innere würfeln. Schalotte abziehen, würfeln, in der zerlassenen Butter mit dem Fenchelfleisch andünsten. Reis dazugeben, mit Sherry, Salz, Pfeffer und Fenchelgrün würzen und in die Hälften füllen, mit den Pinienkernen bestreuen.

GEBRATENER REIS

200 g Langkornreis · Salz · 100 g Schinkenspeck · 300 g geräuchertes Hähnchenfilet · 2 Möhren · 1 Zwiebel · 300 g Weißkohl · 2 Eier · Pfeffer · 8 Eßl. Speiseöl · 150 g Krabben · 2–4 Eßl. Sojasauce

Den Reis etwa 20 Minuten in Salzwasser kochen, abtropfen lassen. Schinken fein würfeln. Das Hähnchenfilet in Streifen schneiden. Die Möhre schrappen, waschen und in Stifte schneiden. Zwiebel abziehen und würfeln. Weißkohl waschen, in kleine Stücke schneiden. Die Eier verschlagen, mit Salz und Pfeffer würzen. 2 Eßl. Öl in einer großen Pfanne erhitzen, Schinken und Hähnchenfleisch darin anbraten, herausnehmen. 2 Eßl. Öl erhitzen, das Gemüse anbraten, herausnehmen. Die Eier in die Pfanne gießen, zu einem hauchdünnen Omelett braten, in Stücke teilen. Restliches Öl erhitzen, Krabben, Reis, die Hälfte vom Omelett und die vorgegarten Zutaten in die Pfanne geben, mit Sojasauce würzen und unter Rühren braten. Mit dem restlichen Omelett anrichten.

LAMMPILAW

750 g mageres Lammfleisch (aus der Keule) · 300 g Sahnejoghurt · Saft von 1 Zitrone · etwa 10 zerdrückte Fenchelsamen · 250 g Langkornreis · 100 g Spinat · 2 Eßl. Butterschmalz · 7 zerdrückte grüne Kardamomkapseln · 1 Zimtstange · 2 Lorbeerblätter · etwa 1 l Fleischbrühe · Salz · 2 Eßl. Pinienkerne · 3 Tomaten · Zitronensaft

Das Fleisch unter kaltem Wasser abspülen, trockentupfen und in kleine Würfel schneiden. Joghurt und Fenchel verrühren, über das Fleisch gießen und zugedeckt über Nacht marinieren lassen.
Reis gründlich waschen, 1 Stunde einweichen, auf ein Sieb geben und abtropfen lassen. Spinat verlesen, gründlich waschen, abtropfen lassen und grob schneiden. In einem breiten Topf 1 Eßl. Butterschmalz zerlassen. Reis, Kardamom, Zimtstange und Lorbeer hinzufügen, den Reis in etwa 6 Minuten glasig braten. Das Fleisch auf ein Sieb geben, Joghurtmarinade über dem Reis abtropfen lassen. Soviel Brühe angießen, daß der Reis etwa 3 cm hoch bedeckt ist. Alles einmal aufkochen lassen, salzen und den Spinat unterrühren. Reis zugedeckt im auf etwa 200 Grad (Gas Stufe 3) vorgeheizten Backofen etwa 15 Minuten garen.
Restliches Butterschmalz zerlassen und das Fleisch darin von allen Seiten kräftig anbraten. Reis unterziehen und etwa 10 Minuten mitgaren. Die Pinienkerne in einer Pfanne hellbraun rösten, über das Pilaw streuen. Tomaten waschen, in Scheiben schneiden, das Pilaw mit den Tomatenscheiben und Zitronenachteln garnieren.

WILDREIS-PFANNE

100 g Wildreis · 4 Zwiebeln · 200 g rosa Champignons · 1 Bund Petersilie · 1 Bund Dill · 30 g Butter · 2 Eier · 1 Eßl. Sherry (medium) · 1 Eßl. Soja-Sauce · 200 g gepulte Krabben

Den Wildreis unter fließendem kaltem Wasser abspülen und in 300 ml Wasser etwa 3 Minuten kochen. Topf von der Herdplatte nehmen, in etwa 1 Stunde ausquellen lassen und abgießen. Zwiebeln abziehen und würfeln. Champignons putzen, waschen und in Scheiben schneiden. Kräuter abspülen, trockentupfen und fein hacken. Butter in einer großen Pfanne zerlassen und die Zwiebelwürfel darin glasig dünsten. Champignons hinzufügen und unter Rühren andünsten. Danach den vorbereiteten Reis hinzufügen und gut verrühren. Eier mit Sherry und Soja-Sauce verschlagen. Eine Vertiefung in den Reis drücken und die Eiermasse hineingießen. Langsam von innen nach außen verrühren. Zuletzt die Krabben und gehackten Kräuter unterheben.

REISBÄLLCHEN
(ohne Foto)

2 Zwiebeln · 100 g Frühstücksspeck · 10 g Butter · 500 g gekochter Reis oder Risotto · 3 Eßl. frischgeriebener Parmesan-Käse · 2 kleine Eier · geriebene Muskatnuß · 150 g Mozzarella-Käse
Außerdem: Semmelmehl (Paniermehl) · Speiseöl oder Pflanzenfett zum Fritieren

Die Zwiebeln abziehen und fein hacken. Den Speck fein würfeln. Die Butter zerlassen und beide Zutaten darin unter Rühren glasig dünsten. Den gekochten Reis hinzufügen und unterrühren. Reis in eine Schüssel füllen. Parmesan-Käse, und die verschlagen Eier untermengen und mit Muskat abschmecken. Den Mozzarella würfeln. Etwa 1 Eßl. Reisteig in die hohle Hand füllen, in der Mitte etwas eindrücken und ein Stückchen Mozzarella hineingeben. 1 Eßl. Reisteig darauf geben und zum Bällchen formen. Die übrigen Bällchen genauso bereiten und in Semmelmehl wenden. Die Reisbällchen im etwa 180 Grad heißen Fett goldgelb fritieren. Gemischten Blattsalat dazureichen.

PAELLA MIT HUHN

1 Poularde (etwa 1,5 kg) · 4 Zwiebeln · 2 grüne Paprikaschoten · 250 g Champignons · 4 Tomaten · 2 Bund glatte Petersilie · 1 Knolle Knoblauch · 4 Eßl. Olivenöl · Salz · 2 Päckchen Safran · etwa 750 ml (3/4 l) kochende Hühnerbrühe · 200 g Langkornreis · 100 g ausgepalte, frische Erbsen

Die Poularde unter kaltem Wasser abspülen, trockentupfen und in etwa 12 Stücke zerteilen. Zwiebeln abziehen und würfeln. Paprikaschoten putzen, waschen und in nicht zu kleine Stücke schneiden. Champignons putzen, waschen und in Scheiben schneiden. Tomaten überbrühen, abschrecken, enthäuten und vierteln. Petersilie abspülen, trockentupfen und hacken. Den Knoblauch abziehen und in Scheiben schneiden.
In einer großen Pfanne oder in einer speziellen Paella-Pfanne das Öl erhitzen. Die Poulardenstücke bei starker Hitze von allen Seiten darin anbraten, leicht salzen und aus der Pfanne nehmen. Zwiebeln und Paprika im Bratfett dünsten. Pilze, Petersilie und Knoblauch hinzufügen und etwa 5 Minuten dünsten. Tomaten hinzufügen. Safran mit etwas Brühe verrühren und mit dem Reis unter das Gemüse mengen. Hähnchenstücke und Erbsen dazugeben. Die kochendheiße Brühe angießen, bis alles knapp bedeckt ist. Paella bei kleiner Hitze etwa 30 Minuten garen.

NASI GORENG
(ohne Foto)

200 g Langkornreis · Salz · 400 g mageres Schweinefleisch (Schnitzelfleisch) · 1 Knoblauchzehe · 3 Zwiebeln · 5 Eßl. Olivenöl · 2–4 Eßl. Soja-Sauce · Tabasco · Eisbergsalatblätter · 1 Frühlingszwiebel

Den Reis in etwa 400 ml Salzwasser in etwa 20 Minuten gar kochen. Das Schweinefleisch unter kaltem Wasser abspülen, trockentupfen und in kleine Würfel schneiden. Knoblauch und Zwiebeln abziehen und hacken. Das Öl erhitzen, Zwiebeln und Knoblauch darin glasig dünsten und aus der Pfanne nehmen. Das Fleisch hineingeben und von allen Seiten braun braten. Reis und Soja-Sauce hinzufügen und unter ständigem Wenden so lange braten, bis der Reis gleichmäßig braun ist. Zwiebeln und Knoblauch unterrühren, mit Salz und Tabasco abschmecken. Die Salatblätter abspülen und trockentupfen. Die Frühlingszwiebel putzen, waschen und in feine Streifen schneiden. Nasi-Goreng auf den Salatblättern anrichten und mit Zwiebelstreifen garnieren.

Hier soll fast ausschließlich von den Produkten unserer Legehennen die Rede sein. Das winzige Wachtelei spielt bei uns und im Delikateßhandel nur eine Statistenrolle. Aber die spielt es unbestritten gut, weil es einen gewissen Witz hat, dieses Mini-Ei gekocht oder gar als Kleinst-Spiegelei auf dem Teller zu haben. Handfest etwas anfangen aber kann man nur mit dem Hühnerei. Und das hat einen hohen Stellenwert in der Küche. Ohne das Hühnerei geht praktisch nichts. Da gäbe es kein zartes Omelett mit Gemüsefüllung, wie auf unserem Foto. Und auch keine Soufflés, keine aufgeschlagenen Saucen wie die Hollandaise, natürlich kein Spiegel-, Setz- oder Rührei, keine legierten Suppen oder Saucen, keine Mayonnaise und kein Frühstücksei. Aber man braucht Eier auch zum Panieren, Garnieren und Fritieren. Unser Universal-Lebensmittel, das in seiner eigenen Verpackung daherkommt, ist einfach unentbehrlich.

RATGEBER EIER

Jeder kann, von welchem Vogel auch immer, Eier verzehren, falls er sie bekommt. Vorschriften bestehen nur für Handel und Gastronomie. Wenn dort von Eiern die Rede ist, dann sind grundsätzlich Hühnereier gemeint. Eier von anderen Vogelarten müssen vollständig bezeichnet werden, also z.B. Wachteleier.

Eier. Hierzulande haben neben den Hühnereiern nur noch die winzigen Wachteleier eine Bedeutung. Aber ihrer Minigröße entsprechend eine geringe (Foto oben). Sie stammen von Zuchtwachteln und werden in Delikateßgeschäften – zumeist gekocht und eingelegt – verkauft. Man kann sie aber auch frisch bekommen. Im Grunde sind sie ein Eßgag. Zum Beispiel reizend, um Platten damit zu garnieren oder Kindern einen Riesenspaß mit einem Mini-Spiegelei zu machen. Möveneier gibts praktisch überhaupt nicht mehr. Sie werden zwar noch in geringen Mengen an der Küste gesammelt, aber nur mit Lizenz in bestimmten Gebieten, nach speziellen Kriterien und in festgelegter Anzahl. Sammler haben meist Privatabnehmer.

Ums Hühnerei geht es uns also zu allererst. Von diesem Grundnahrungsmittel verzehren die Bundesrepublikaner immerhin 296 Stück pro Kopf und Jahr. Damit halten sie den Europarekord und sind zweiter auf der Weltrangliste der Eieresser. Allerdings weit übertroffen von den Champions, den Israelis, die pro Kopf und Jahr 413 Eier essen. – Ein praktischeres Lebensmittel gibt es übrigens nicht. Denn das Ei bringt von Natur aus seine Verpackung gleich mit. Es ist seine luftdurchlässige Kalkschale, die Eiklar und Eidotter umschließt und damit wirksam schützt. Der Eidotter heißt im allgemeinen Sprachgebrauch auch Eigelb, das Eiklar auch Eiweiß. Ein Durchschnittsei von 60 g hat nur 88 Kalorien und ist daher echte, empfehlenswerte Schlankkost.

DIE GÜTE- UND GEWICHTSKLASSEN

Mancher mag lieber große, mancher lieber kleine Eier. Keine Schwierigkeit, die einzukaufen, die man haben möchte. Es gibt sie nach Güte- und Gewichtsklassen sortiert, die auf der Packung abzulesen sind. Die folgenden Bestimmungen gelten für alle Länder der Europäischen Wirtschaftsgemeinschaft.

Güteklasse A-Extra. Es muß sich um topfrische, saubere Eier ohne Fremdgeruch handeln. Die Abpackwoche muß auf der Packung vermerkt sein. Nach sieben Tagen Lagerzeit muß die Banderole „extra" entfernt werden. Dann sind sie Eier der **Güteklasse A.** Also immer noch relativ frische Eier mit den übrigen Merkmalen der Extra-Eier. Das sind übrigens bei uns die meist gekauften Eier.

Güteklasse B. Dabei handelt es sich um Konsumeier, die nicht ganz so frisch und nicht ganz so sauber sein müssen, wie die A-Eier. Sie können haltbar gemacht sein. Auch hier muß die Abpackwoche auf der Packung vermerkt sein.

Güteklasse C gibt es auch noch. Aber diese Eier gehen ausschließlich an die Industrie.

Nach Gewichtsklasse sind die Eier so eingeteilt:
Klasse 1 70 g und schwerer.
Klasse 2 – unter 70 g bis 65 g.
Klasse 3 – unter 65 g bis 60 g.
Klasse 4 – unter 60 bis 55 g.
Klasse 5 – unter 55 g bis 50 g.
Klasse 6 – unter 50 g bis 45 g.
Und dann gibt's noch die Klasse 7 mit Eiern unter 45 g. Güte-, Gewichtsklasse und Abpackwoche müssen auf der Eierpackung vermerkt sein.

Frische Eier – klasse Eier. Die Größe der Eier hat – wie wir wissen – nichts mit ihrer Frische zu tun. Hauptsache es sind A-Eier, die Sie zum Kochen und Backen verwenden. Denn Frische ist in der guten Küche gefragt. Natürlich ist es jedermanns gutes Recht, sich die preiswerten B-Eier zu kaufen. Aber: lieber weniger frische Eier verbrauchen, als auf Qualität verzichten. Ob Sie nun frische Eier gekauft haben, können Sie selbst überprüfen (Fotos links). Man füllt ein Glas zu Dreiviertel mit Wasser und läßt die Eier vorsichtig hineingleiten.
1 – Ein frisches, bis drei Tage altes Ei sinkt auf den Glasboden.
2 – Ein eine Woche altes Ei steht – sozusagen schwimmend – im Glas.
3 – Ein mindestens drei Wochen altes Ei schwimmt vorzüglich und ragt deutlich aus dem Wasser.
Das liegt an der inneren Beschaffenheit der Eier. Je jünger sie sind, umso winziger ist die darin enthaltene Luftkammer. Mit jedem Tag vergrößert sie sich und bringt schließlich das Ei zum Schwimmen.

Gesundheit inclusive. Daß Hühnereier Eiweiß und Fett und nur Spuren von Kohlenhydraten enthalten, ist allgemein bekannt. Nicht so bekannt ist, daß Eiklar weniger Eiweiß (Protein) enthält, als Eigelb. Genau: 100 g Eigelb enthalten 16 g, 100 g Eiweiß 11 g Protein. Hühnereiweiß hat die höchste biologische Wertigkeit aller tierischen Proteine.
Was – vereinfacht gesagt – bedeutet: Es liefert dem menschlichen Organismus am meisten der für Erhalt und Aufbau lebensnotwendigen Proteine (Eiweißbausteine). Eiweiß ist also lebensnotwenig. Ohne diesen Grundnährstoff gäbe es kein Leben. Es sorgt für Erhalt und Aufbau aller Körperzellen, die nach kurzer Lebensdauer absterben und sich ständig erneuern.

Gesunde Wirkstoffe liefert das Hühnerei noch zusätzlich. Es enthält beachtlich viel Kalium, Calcium und Phosphor, drei der essentiellen Mineralstoffe, ohne die der menschliche Körper nicht funktioniert. Zum Glück sind sie auch in anderen Lebensmitteln enthalten. Man braucht also nicht unentwegt Eier zu essen. Was im übrigen für Leute mit hohen Blutfettwerten auch nicht gut wäre, denn Eier enthalten viel Cholesterin. Aber auch viel Vitamin A, das Haut und Haare gesund hält, außerdem die Vitamine B1, B2 und E. Übrigens: Eier mit brauner und weißer Schale sind ernährungsphysiologisch gleich wertvoll.

EIER IN DER PRAXIS

Der Gastrosoph Eugen von Vaerst (1792–1855) hat einmal niedergeschrieben, was im Grunde jedem bewußt ist: „Das Ei ist das Fundament der Küche", d.h.: Am Ei führt in der einfachen wie in der feinen Küche kein Weg vorbei. Eier sind der Hauptbestandteil vieler selbständiger Gerichte wie Rührei, Eierkuchen und Soufflés. Eier sind aber auch unentbehrlich für folgende Tätigkeiten beim Zubereiten:

Zum Lockern, z.B. von Soßen, Suppen, Cremes, Teigen und Massen. Bewirkt wird das durchs Eiweiß, das zu mehr oder minder festem Schnee geschlagen wird.

Zum Binden. Ob Sie Soßen oder Suppen legieren, Cremes oder Teigen und Massen die ihnen spezifische Konsistenz geben wollen, Eigelb ist hier unerläßlich.

Zum Emulgieren. Dazu ist Eigelb gefragt, weil es Lezithin enthält. Dies wiederum hilft, aus einer Masse eine Emulsion zu machen, wie sie sich zum Beispiel bei der kaltgerührten Mayonnaise und bei der warm gerührten Sauce hollandaise zeigt.

Zum Klären. Schließlich sei noch erwähnt, daß man mit geschlagenem Eiweiß großartig Brühen (Fonds) klären kann. Man gibt es in die Brühe,

RATGEBER EIER

Noch ein Frischetest. Je älter das Ei, umso mehr Feuchtigkeit verdunstet durch die feinen Poren der Kalkschale. Umgekehrt kann Luft eindringen. Beides bewirkt, daß Eigelb und Einweiß schrumpfen. Deshalb noch ein Tip, wie man das Alter an aufgeschlagenen Eiern erkennen kann. Wir beweisen es mit den Fotos: Oben ist ein höchstens 3 Tage altes topfrisches Ei zu sehen. Sein Eidotter ist hochgewölbt und von festem Eiklar umschlossen. – In der Mitte ein etwa eine Woche altes Ei, das den deutlich weniger gewölbten Eidotter und ein Eiweiß hat, das sich schon leicht flüssig ausbreitet. Unten zeigen wir ein mindestens drei Wochen altes Ei, dessen Dotter platt und dessen Eiweiß wässrig-flüssig ist. Frische Eier haben eine mildglänzende, rosa schimmernde Schale, die wie Wachs anmutet. Mit jedem Tag, den das Ei altert, wird seine Schale matter. Luft dringt ein, verringert den Inhalt und das Ei läßt sich hörbar schütteln.

die unter Rühren rasch aufgekocht wird. Dabei gerinnt das Eiweiß und umschließt die noch vorhandenen Trübteilchen in der Brühe. Das Eiweiß wird abgeseiht und die Brühe ist bernsteinklar. So kann sie als Consommé serviert oder zu Aspik verarbeitet werden.

Das Omelett, in der Pfanne zubereitet, gehört zu den klassischen Gerichten der feinen Eierküche (Foto rechts). Grundforderung: Es muß aus frischen Eiern zubereitet werden. Auch das kleinste Stäubchen Mehl darin ist eine Sünde wider die gute Küche. So wird es fachgerecht gemacht: Je Portion 2–3 Eier verschlagen, nur leicht salzen, in heißer Butter in mittelgroßer Pfanne stokken lassen, dabei leicht zum Rand hinschieben. Die Oberfläche muß cremig bleiben. 3 Minuten backen, pur oder gefüllt zusammenklappen.

Wie Eischnee entsteht. Je gallertartiger, also fester das Eiweiß ist, umso besser läßt sich daraus Eischnee schlagen. Die Wirkungsweise: Das Eiweiß nimmt beim Schlagen Luft auf, es bilden sich luftgefüllte Eiweißbläschen und je frischer das Ei ist, umso voluminöser wird der Eischnee. (Foto unten rechts). Und: Je kühler das Eiweiß ist und die Umgebung, in der es geschlagen wird, umso fester und voluminöser wird es. Egal, ob es mit dem Schneebesen, dem Handrührgerät oder in der Küchenmaschine geschlagen wird.

Eier zubereiten. Das ist im Grunde einfach. Aber ein paar Dinge sind dabei doch zu beachten. Beim Kochen kommt es zum Beispiel darauf an, welchen Gargrad es haben soll, zartcremig fürs Frühstück oder hartgekocht fürs kalte Büfett. Dazu die Werte für ein Durchschnittsei von 60 g Gewicht. Vom Kochen an brauchen **weiche Eier** 3–4 Minuten, **wachsweiche** Eier 5–6 Minuten, **harte Eier** 10 Minuten. Bei größeren Eiern müssen die Garzeiten um eine gute Minute verlängert werden. Eier bitte sofort abschrecken, damit sie nicht in ihrer Hitze nachgaren.

Für Spiegeleier schlägt man das Ei auf, läßt es in heiße Butter in die Pfanne gleiten und bei geringer Hitze darin stocken. Nach dem Verständnis von Kochprofis wird dieses

Spiegelei, ist es ein einmal gebraten, mit brauner Butter begossen serviert. Gesalzen wird nur das Eiweiß. Was wir Spiegelei nennen, ist für die Profis Setzei. Dieses Setzei wird in der Pfanne gebraten, bis der Eiweißrand goldgelb ist. So oder so, beides schmeckt gut.

Für pochierte Eier, die gewöhnlich in pikanten Soßen serviert werden, aber auch Vorspeisen sein können, schlägt man das Ei auf, läßt es in einen Topf mit siedendem, leicht gesalzenem Wasser gleiten, dem ein kräftiger Schuß Essig beigefügt wurde. Beim Eintauchen gerinnt das Eiweiß. Man kann ihm dabei mit einem Eßlöffel die Eierform geben, damit es den Eidotter völlig umschließt. (Oder man läßt die Eier in einer Schöpfkelle im Wasser 3–4 Minuten sieden.) Mit dem Schaumlöffel herausheben, überlappendes Eiweiß wegschneiden (parieren), damit das Ei wieder in Form kommt.

Rührei. Soviel Eier wie gewünscht salzen, nur solange verschlagen, bis sich Eiweiß und Eigelb miteinander verbunden haben. In heißer Butter bei geringer Hitze stocken lassen. Dabei mit einem Pfannenwender von Zeit zu Zeit vom Rand zur Mitte hin schieben, so daß das Ei schollenähnlich zusammengart. Die Oberfläche sollte cremig sein. Durchgerührtes Rührei, wie es häufig in Haushalten gemacht wird, bekommt eine krümelige, eher harte Konsistenz.

Panieren und Ausbacken. Zum Panieren sind Eier unerläßlich. Egal, ob Sie Fleisch- oder Fischstücke mit Panade saftig halten wollen. Zuerst werden sie in Mehl, dann in verschlagenem, leicht gesalzenem Ei, dann in Semmelmehl (Paniermehl) gewendet, besser noch in frischer Weißbrotkrume. Das „Ei im Ei" ist übrigens eine leckere Idee: Hartgekochte Eier werden paniert und schwimmend in Fett ausgebacken. Oder: Aufgeschlagene Eier in reichlich Fett in einem kleinen Topf fritieren und dabei das Eiweiß mit dem Löffel ums Eigelb wickeln. 1 ½ Minuten backen. Oder: Fritiergut in Eierteig ausbacken.

Auch das Soufflé ist reine Eiersache. Am Beispiel eines Käsesoufflés zeigen wir, wie man dieses zarte, duftige Backwerk zubereitet.

Zutaten (Foto 1).
weiche Butter · Semmelmehl ·
4 Eier (Gewichtsklasse 4) ·
3 Eiweiß · 300 g fein geriebener
mittelalter Käse, z.B. Gouda ·
eventuell Salz · Pfeffer und
geriebene Muskatnuß

Böden und untere Ränder von 4 Auflaufförmchen mit Butter einfetten, mit Semmelmehl ausstreuen. Eier trennen. Die 7 Eiweiß zu festem, aber noch elastischem Schnee schlagen (Foto 2). Er darf nicht schnittfest sein, sonst gelingt das Soufflé nicht. Eigelb verschlagen. Mit dem Teigschaber unters Eiweiß ziehen. Käse unterheben (Foto 3). Dann abschmecken. Masse in die Förmchen füllen. Auf dem Backblech im vorgeheizten Backofen mittlere Schiene bei 175 Grad (Gas: Stufe 2) 40 Minuten backen (Foto 4).

Die andere Art: 3 Eßl. Mehl in 3 Eßl. Butter anschwitzen. 250 ml (¼ l) Milch angießen, cremig dick kochen. Vom Herd nehmen. 4 Eigelb und 100 g geriebenen Käse (Emmentaler) unterrühren. 6 geschlagene Eiweiß unterheben. Abschmecken. Wie die anderen Soufflés backen. Sofort servieren.

Während des Backens nie die Türe öffnen. Soufflés sind sehr zugempfindlich. Sie würden sofort zusammenfallen.

EIER AUF GEMÜSE

2 kleine Salatgurken · 3 Eßl. Butter · 150 g Crème fraîche · Salz · weißer Pfeffer · Worcestersauce · Zitronensaft · 8 Eier · 2 Bund Dill

Die Gurken schälen und längs halbieren. Die Kerne mit einem Löffel herausschaben. Die Gurke in dünne Scheiben scneiden und in einem Topf in heißer Butter 8 Minuten dünsten. Die Crème fraîche unterrühren, mit Salz, Pfeffer, Worcestersauce und Zitronensaft würzen und weitere 10 Minuten bei milder Hitze zugedeckt dünsten.
Die Eier in 5 Minuten wachsweich kochen. Den Dill abspülen, grob hacken, auf das Gurkengemüse streuen. Die Eier abschrecken, pellen, vorsichtig längs halbieren und auf dem Gemüse anrichten.

EIERKROKETTEN

2 Eßl. Butter · 4 Eßl. Weizenmehl · 250 ml (1/4 l) Milch · Salz · Pfeffer · geriebene Muskatnuß · Zitronensaft · 6 Eier · 3 Eßl. geriebener Käse · 6 Eßl. Semmelmehl (Paniermehl) · 6 Eßl. Butterschmalz

Für die Bechamelsauce die

Butter in einem kleinen Töpfchen zerlassen. 2 Eßl. Mehl hinzufügen und unter Rühren kurz dünsten, es darf dabei keine Farbe annehmen. Nach und nach mit der Milch ablöschen. Die Sauce unter ständigem Rühren bei schwacher Hitze köcheln lassen, bis sie sehr dickflüssig ist. Sauce mit Salz, Pfeffer, etwas Muskat und Zitronensaft abschmecken. Die Sauce vom Herd nehmen und ganz auskühlen lassen. Eventuell über Nacht in den Kühlschrank stellen.
4 Eier in etwa 10 Minuten hart kochen, eiskalt abschrecken und abkühlen lassen. Eier pellen, fein hacken und mit dem geriebenen Käse und der Sauce vermengen. Aus der Masse kleine Rollen formen. Diese Kroketten zuerst im restlichen Mehl, dann in 2 verschlagenen Eiern und zuletzt im Semmelmehl wenden. Butterschmalz in einer Pfanne zerlassen und die Eierkroketten darin bei nicht zu starker Hitze goldgelb braten. Die Kroketten nicht zu lange in der Pfanne lassen, da sie sonst auseinanderbrechen können.

INDISCHES EIER-CURRY

8 Eier · 2 große Zwiebeln · 3 Knoblauchzehen · 3 Eßl. Butterschmalz · 1 Eßl. Curry · 1/2 Teel. Kreuzkümmel · 1 Messerspitze gemahlener Kardamom · 1 Messerspitze gemahlener Koriander · Salz · Pfeffer · 3 Eßl. Tomatenmark · 1 große Dose geschälte Tomaten (Einwaage etwa 850 g) · 2 Bund glatte Petersilie

Die Eier in 10 Minuten hart kochen, eiskalt abschrecken und pellen. Die Zwiebeln abziehen und in feine Ringe schneiden. Den Knoblauch abziehen. Butterschmalz in einem breiten Topf erhitzen, Zwiebeln darin weich dünsten, herausnehmen und warm stellen. Knoblauch durch die Presse drücken und in das Fett geben. Die Gewürze hinzufügen und andünsten. Tomatenmark unterrühren und kurz mitdünsten. Tomaten mit dem Saft hinzufügen und etwa 30 Minuten bei schwacher Hitze köcheln lassen, bis eine sämige Sauce entstanden ist.
Zwiebeln auf Teller geben, mit der Sauce übergießen und mit Eivierteln anrichten. Petersilie abspülen, trockentupfen, grob hacken und darüber streuen.

EIERSÜLZE MIT KERBEL

6 Eier · 1 Bund Kerbel · 14 Blatt weiße Gelatine · 1 kleine Dose klare Ochsenschwanzsuppe (400 ml) · Salz · Pfeffer · 125 ml (1/8 l) trockener Sherry · Weißweinessig

Die Eier in 10 Minuten hart kochen, abschrecken, auskühlen lassen, pellen, in Scheiben schneiden. Kerbel abspülen, trockentupfen und die Blättchen abzupfen. Gelatine 10 Minuten in kaltem Wasser einweichen. Brühe durch ein feines Sieb in einen Topf gießen, 500 ml (1/2 l) Wasser hinzugießen und aufkochen. Suppe mit Salz, Pfeffer, Sherry und Essig abschmecken. Die gut ausgedrückte Gelatine in der nicht mehr kochenden Brühe unter Rühren auflösen.
In eine Schüssel oder rechteckige Form (Inhalt 1 1/2 l) mit einem Teil der Flüssigkeit einen etwa 2 cm hohen „Spiegel" gießen und im Kühlschrank erstarren lassen. Einen Teil der Eier und des Kerbels darauf anrichten (Foto 1) und mit etwas Flüssigkeit bedecken (Foto 2). Flüssigkeit erstarren lassen und wieder Eier, Kerbel und Flüssigkeit einfüllen. So fortfahren, bis alle Zutaten aufgebraucht sind. Die letzte Schicht soll aus Aspikflüssigkeit bestehen. Die Sülze über Nacht im Kühlschrank fest werden lassen.
Vor dem Servieren die Form kurz in heißes Wasser tauchen und die Sülze auf eine Platte stürzen (Foto 3).

1

2

3

GEFÜLLTE EIER
(ohne Foto)

8 Eier · 4 Eßl. scharfer Senf · Salz · Pfeffer · Cayennepfeffer · Worcestersauce · 2 Kästchen Kresse

Die Eier in 10 Minuten hart kochen, eiskalt abschrecken, pellen, längs halbieren und das Eigelb vorsichtig herauslösen. Senf mit Salz, Pfeffer, Cayennepfeffer und Worcestersauce abschmecken. Jeweils etwas Senfcreme in die Höhlung der Eihälften füllen und die Eigelb mit der Rundung nach oben daraufsetzen. Die Eierhälften auf einer Platte oder einem runden Teller anrichten.
Die Kresse abspülen, trockentupfen, die Blättchen mit einer Schere abschneiden und die Eierhälften damit garnieren.

POCHIERTE EIER AUF TOMATEN

1 Zwiebel · 2 Eßl. Butter · 2 Knoblauchzehen · 1 kg reife Fleischtomaten · Salz · Pfeffer · 1 Bund Frühlingszwiebeln · 1 Teel. Balsamessig · 5 Eßl. Weißweinessig · 8 Eier

Die Zwiebel abziehen und fein hacken. Butter zerlassen und die Zwiebel darin weich dünsten. Knoblauch abziehen, durch die Presse drücken und kurz mitdünsten. Die Fleischtomaten kreuzweise am Stengelansatz einschneiden, mit kochendem Wasser überbrühen, mit kaltem Wasser abschrecken, enthäuten, entkernen und den Stengelansatz herausschneiden. Die Tomaten achteln, in die Pfanne geben, mit Salz und Pfeffer würzen und bei milder Hitze etwa 5 Minuten dünsten. Frühlingszwiebeln putzen und in feine Ringe schneiden. Kurz vor dem Servieren unter die Tomaten mengen und mit dem Balsamessig abschmecken.
In einem breiten Topf 1 l Wasser mit dem Weißweinessig zum Kochen bringen. Eier einzeln aufschlagen, in eine Schöpfkelle geben, damit ins siedende Wasser gleiten lassen und 4 Minuten darin pochieren. Die Eier vorsichtig herausnehmen, abtropfen lassen.
Tomatengemüse als Kranz anrichten und die pochierten Eier in die Mitte setzen.

KRAFTBRÜHE MIT EI

4 Eßl. Weißweinessig · Salz · 4 Eier · 750 ml (3/4 l) Fleischbrühe · 1 Bund Schnittlauch

Essig mit 750 ml (3/4 l) Wasser und einer Prise Salz zum Kochen bringen. Die Eier einzeln aufschlagen, in eine Schöpfkelle geben und damit ins schwach siedende Wasser gleiten lassen. Die Eier etwa 3 Minuten pochieren, vorsichtig herausnehmen und auf vier Suppentassen verteilen.
Die Fleischbrühe aufkochen und über die Eier gießen. Den Schnittlauch abspülen, trockentupfen, in Röllchen schneiden und auf die Suppe streuen.

POCHIERTES EI AUF FRISÉESALAT

150 g durchwachsener Speck · 1 Eßl. Speiseöl · 1 Knoblauchzehe · 250 g Austernpilze · Pfeffer · 7 Eßl. Weißweinessig · 1 Friséesalat · Salz · 4 Eier

Die Schwarte vom Speck entfernen und den Speck in dünne Scheiben schneiden. Das Öl erhitzen und den Speck darin auslassen. Knoblauch abziehen, durch die Presse geben und unterrühren. Die Austernpilze putzen, abspülen, trockentupfen, in Stücke schneiden. Pilze zum Speck geben, dünsten, bis die Flüssigkeit verdampft ist, mit Pfeffer würzen und mit 3 Eßl. Weißweinessig ablöschen. Friséesalat verlesen, waschen, trockenschleudern, auf vier Tellern anrichten. Etwa 750 ml (3/4 l) Wasser mit dem restlichen Weinessig und Salz aufkochen. Die Eier einzeln aufschlagen, in eine Schöpfkelle geben und damit ins siedende Wasser gleiten lassen. Eier etwa 4 Minuten pochieren und vorsichtig herausnehmen. Die Pilzspeckmischung auf dem Salat verteilen, Eier darauf geben und sofort servieren.

EIERSTICH IN FLEISCHBRÜHE

2 Eier · 4 Eßl. Milch · Salz ·
Pfeffer · geriebene Muskatnuß ·
1 Bund Schnittlauch · 750 ml (3/4 l)
Fleischbrühe
Außerdem: Butter oder
Margarine · Alufolie

Die Eier mit der Milch verschlagen, mit Salz, Pfeffer und Muskat würzen. Schnittlauch abspülen, trockentupfen und in Röllchen schneiden. Die Eiermilch halbieren, unter eine Hälfte den Schnittlauch rühren. Zwei feuerfeste Förmchen ausfetten und in jedes Förmchen eine Eiermilchhälfte füllen. Die Förmchen mit Alufolie verschließen, in einen Topf mit soviel heißem Wasser setzen, daß die Förmchen zur Hälfte im Wasser stehen. Eierstich bei milder Hitze etwa 30 Minuten garen. Den Eierstich aus den Förmchen lösen, in Würfel oder Rauten schneiden und in vier Suppenteller geben. Fleischbrühe zum Kochen bringen, in die Teller gießen und sofort servieren.

CHINESISCHE EIERFLOCKEN-SUPPE

60 g gekochter Schinken ·
1 Frühlingszwiebel · 3 Eier ·
1 Eßl. Sojasauce · 1 Teel.
Sesamöl · weißer Pfeffer ·
1 l Hühnerbrühe · 1 Eßl.
gehackte, glatte Petersilie

Den Schinken vom Fettrand befreien und in feine Streifen schneiden. Frühlingszwiebel putzen, waschen und in dünne Ringe schneiden. Die Eier mit der Sojasauce und dem Sesamöl verschlagen und mit Pfeffer abschmecken. Hühnerbrühe aufkochen. Die Eiermischung durch ein Sieb in die Brühe geben. Die Brühe darf nicht mehr kochen, weil das Eiweiß sonst ausflockt. Zuletzt die Schinkenstreifen und die Zwiebelringe unterrühren und in der heißen Brühe etwas ziehen lassen. Vor dem Servieren mit Petersilie bestreuen.

ZUCCHINI-CHAMPIGNON-TORTE

Für den Teig:
250 g Weizenmehl · 125 g kalte Butter · 1 Ei · 2 Eßl. Wasser · Salz ·
Für den Belag:
600 g kleine Zucchini · 600 g Champignons · 4 Eßl. Butter · Pfeffer · Cayennepfeffer · 1 Teel. Oregano · 4 Knoblauchzehen · 250 ml (1/4 l) Schlagsahne · 5 Eigelb · geriebene Muskatnuß
Außerdem: Butter oder Margarine

Für den Teig das Mehl auf die Arbeitsfläche sieben. Butter, Ei, Wasser und Salz dazugeben und rasch zu einem glatten Teig verkneten. Teig eingewickelt etwa 1 Stunde im Kühlschrank ruhen lassen.
Für den Belag Zucchini waschen, Enden abschneiden, Zucchni in dünne Scheiben schneiden. Pilze putzen, waschen und in Scheiben schneiden. Butter zerlassen, Zucchini und Pilze darin portionsweise 4–5 Minuten braten. Zucchini und Pilze vermengen, mit Salz, Pfeffer, Cayennepfeffer und Oregano würzen. Knoblauch abziehen, durch die Presse drücken und unterrühren. Sahne mit Eigelb schlagen, mit Muskat, Salz und Pfeffer würzen.
Den Teig auf bemehlter Fläche messerrückendick ausrollen. Eine gefettete Springform (Durchmesser etwa 26 cm) mit dem Teig auslegen, so daß ein etwa 4 cm hoher Rand entsteht. Gemüse gleichmäßig auf dem Boden verteilen, mit der Eiersahne übergießen. Form auf dem Rost in den auf etwa 225 Grad (Gas Stufe 4) vorgeheizten Backofen schieben und die Torte 50–60 Minuten backen.

EIER IM TOMATENNEST

4 große, reife Fleischtomaten · Salz · Pfeffer · 1 Bund Basilikum · 4 Eier · 2 Teel. Balsamessig · 1 Eßl. Olivenöl

Die Tomaten waschen, das obere Drittel als Deckel abschneiden. Die Tomaten aushöhlen und innen mit Salz und Pfeffer würzen. Das Tomateninnere und die Deckel pürieren und durch ein Sieb streichen. Basilikum abspülen, trockentupfen und die Blättchen abzupfen. In jede Tomate ein Blättchen legen, die übrigen in Streifen schneiden und unter das Püree rühren. Tomaten in eine feuerfeste Form setzen und in jede Tomate ein Ei geben. Die Form auf dem Rost in den auf etwa 175 Grad (Gas Stufe 2) vorgeheizten Backofen schieben und die Eier in etwa 20 Minuten stocken lassen. Den Balsamessig und das Olivenöl unter die Tomatensauce rühren und mit Salz und Pfeffer abschmecken. Tomaten aus dem Ofen nehmen, auf vier Teller geben, mit der Sauce umgießen.

KNOBLAUCH-RÜHREI AUF KARTOFFELPUFFER

8 tiefgekühlte Kartoffelpuffer · 6 Knoblauchzehen · 3 Eßl. Butter · 8 Eier · 3 Eßl. Schlagsahne · Salz · Pfeffer · geriebene Muskatnuß · 2 Bund glatte Petersilie

Die Kartoffelpuffer nach Anweisung auf der Packung zubereiten und warm stellen.
Den Knoblauch abziehen und in feine Scheiben schneiden. Die Butter in einer großen Pfanne zerlassen und die Knoblauchscheiben darin anbraten. Die Eier mit der Sahne verrühren mit Salz, Pfeffer und Muskat würzen. Die Eiersahne mit einem Schneebesen durchschlagen. Die Masse in die Pfanne gießen und bei schwacher Hitze stocken lassen, dabei immer wieder mit dem Pfannenwender vom Boden lösen. Das Rührei soll locker und saftig sein. Rührei auf die Kartoffelpuffer verteilen. Petersilie abspülen, trockentupfen, die Blättchen fein hacken, über das Rührei geben und sofort servieren.

KRABBENRÜHREI AUF SCHWARZBROT

8 Eier · 4 Eßl. Schlagsahne · Salz · Pfeffer · Worcestersauce · 6 Eßl. Butter · 300 g gepulte Krabben · 4 Scheiben dunkles Bauernbrot · 1–2 Bund Dill

Die Eier mit der Schlagsahne verschlagen und mit Salz, Pfeffer und Worcestersauce würzen. 1 Eßl. Butter in einer Pfanne zerlassen, 1/4 Eiersahne hineingießen und bei schwacher Hitze stocken lassen. Sobald die Masse zu stocken beginnt, 1/4 der Krabben dazugeben und die Masse vom Pfannenboden losrühren. Auf diese Weise vier Rühreier zubereiten. Die Brotscheiben mit der restlichen Butter bestreichen und die Rühreier darauf geben. Den Dill abspülen, Blättchen von den Stengeln zupfen, fein hacken und über die Rühreier streuen.

LYONER OMELETTE

300 g Lyoner Fleischwurst ·
4 Eßl. Butterschmalz · 8 Eier ·
4 Eßl. Schlagsahne · Salz ·
Pfeffer · geriebene Muskatnuß ·
2 Bund Schnittlauch

Die Wurst pellen und in dünne Scheiben schneiden. Butterschmalz in einer Pfanne zerlassen und die Wurstscheiben darin von beiden Seiten anbraten. Die Eier und Sahne mit einem Schneebesen sehr gut durchschlagen und mit Salz, Pfeffer und Muskat würzen. Den Schnittlauch abspülen, trockentupfen, in Röllchen schneiden und unter die Eiermasse rühren. Die Eiermasse langsam über die Wurstscheiben gießen, bei schwacher Hitze stocken lassen, dabei immer wieder die Pfanne rütteln, damit nichts ansetzt. Wenn die Unterseite gut gestockt ist, das Omelette auf einen Topfdeckel gleiten lassen, mit der Oberseite nach unten wieder in die Pfanne geben und fertigbraten. Das Wurstomelette aus der Pfanne nehmen, vierteln und auf Tellern anrichten.
Veränderung: Aus den angegebenen Zutaten 4 kleine Omelettes backen, zusammenklappen und auf Tellern anrichten.

PFANNKUCHEN-TORTE MIT BLUMENKOHL

Für die Pfannkuchen:
3 Eier · 180 g Weizenmehl · 375 ml (3/8 l) Milch · Salz · Pfeffer · 4 Eßl. Butterschmalz
Für die Füllung:
1 Zwiebel · 1 Knoblauchzehe · 2 Eßl. Butterschmalz · 400 g gemischtes Hackfleisch · 3 Eßl. Tomatenmark · 1 kleine Dose geschälte Tomaten (Einwaage etwa 400 g) · 5 Eßl. trockener Rotwein · 1 Teel. Oregano · 1 Lorbeerblatt · Cayennepfeffer · 1 Blumenkohl (etwa 700 g)
Für die Bechamelsauce:
1 Eßl. Butter · 1 Eßl. Weizenmehl · 750 ml (3/4 l) Milch · 250 g frisch geriebener Emmentaler · geriebene Muskatnuß
Außerdem: Butter oder Margarine

Aus Eiern, Weizenmehl und Milch einen Teig rühren, mit Salz und Pfeffer würzen und mindestens 30 Minuten quellen lassen. Butterschmalz in einer Pfanne zerlassen, aus dem Teig 6–8 Pfannkuchen backen und warm stellen.
Für die Füllung Zwiebel und Knoblauch abziehen und fein hacken. Butterschmalz zerlassen, Zwiebel und Knoblauch darin weich dünsten. Hackfleisch hinzufügen und braten bis es krümelig geworden ist. Tomatenmark, Tomaten mit Saft und Rotwein dazugeben, mit Salz, Pfeffer, Oregano, Lorbeer und Cayennepfeffer würzen und im offenen Topf zu einer sämigen Sauce einkochen. Inzwischen Blumenkohl putzen, in Röschen teilen, waschen und in Salzwasser in 6–8 Minuten knapp gar kochen. Die Röschen abtropfen lassen und nach 30 Minuten Kochzeit der Sauce hinzufügen. Sauce nochmals abschmecken, das Lorbeerblatt entfernen.
Für die Bechamelsauce die Butter zerlassen, das Mehl hinzufügen und unter Rühren goldgelb dünsten. Milch nach und nach hinzufügen und gut durchschlagen. Die Sauce 15 Minuten schwach köcheln lassen, dann den Käse unterrühren, mit Salz, Pfeffer und Muskat würzen.
In eine runde, feuerfeste, gefettete Form einen Pfannkuchen legen, etwas Blumenkohl-Tomaten-Sauce darauf verteilen und Bechamelsauce darüber geben. Mit einem Pfannkuchen bedecken. So fortfahren, bis die Zutaten eingeschichtet sind. Zuletzt die restliche Bechamelsauce auf den obersten Pfannkuchen geben, in den auf etwa 200 Grad (Gas Stufe 3-4) vorgeheizten Backofen schieben und 15–20 Minuten überbacken.

APFELPFANNKUCHEN MIT ZIMTSAUCE

Für die Pfannkuchen:
125 g Weizenmehl · 250 ml (1/4 l) Milch · 1 Eßl. Zucker · 2 Eier · 3 Eßl. zerlassene Butter · 2 säuerliche Äpfel · 4 Eßl. Butterschmalz
Für die Sauce:
300 g Crème fraîche · 1 Teel. Zimt · 2 Eßl. Calvados · 1 Eßl. Zucker

Aus Mehl, Milch, Zucker und Eiern einen dickflüssigen Teig rühren. Zuletzt die zerlassene Butter unterrühren und zugedeckt etwa 20 Minuten quellen lassen.
Inzwischen die Äpfel schälen und das Kerngehäuse ausstechen. Die Äpfel in dünne Scheiben schneiden. 1 Eßl. Butterschmalz in einer großen Pfanne erhitzen, 1/4 der Apfelscheiben darin fast weichdünsten. 1/4 des Teiges darüber gießen, stocken lassen, dabei die Pfanne rütteln, damit nichts ansetzt. Den Pfannkuchen wenden und fertig braten. Auf diese Weise vier Pfannkuchen herstellen und warm halten.
Für die Sauce Crème fraîche mit Zimt, Calvados und Zucker cremig rühren und auf die Pfannkuchen geben.

SCHOKOLADEN-SOUFFLÉ MIT ANANAS

250 g trockenes Vollkornbrot · 200 ml (1/5 l) Ananassaft · 3 Eßl. Mandellikör · 80 g Vollmilchschokolade · 60 g weiche Butter · 60 g Zucker · Salz · 3 Eigelbe · 3 Eiweiß · 4 Ananasringe (aus der Dose)
Außerdem: Butter · Zucker

Das Brot in Scheiben schneiden, im Toaster auf niedrigster Stufe gänzlich trocknen. Brot fein reiben, mit dem leicht erwärmten Ananassaft übergießen und etwa 30 Minuten quellen lassen. Mandellikör dazugeben. Die Schokolade im Wasserbad geschmeidig rühren und mit dem Brot vermengen. Butter mit Zucker und Salz cremig rühren, nach und nach die Eigelbe unterrühren. Die Brotmasse unter die Creme ziehen (Foto 1). Eiweiß zu steifem Schnee schlagen, unter die Brotmasse ziehen (Foto 2). Vier feuerfeste Förmchen (Durchmesser etwa 8 cm) am Boden und Rand mit Butter ausstreichen, mit Zucker ausstreuen (Foto 3). Jeweils eine Ananasscheibe auf den Förmchenboden legen und die Soufflé-Masse einfüllen (Foto 4). Die Förmchen auf dem Rost in den auf etwa 225 Grad (Gas Stufe 4) vorgeheizten Backofen schieben und die Soufflés darin etwa 15 Minuten backen. Sofort servieren.
Tip: Man kann die Masse auch in einer großen Auflaufform backen und auf frischen Ananasscheiben servieren. Die Backzeit verlängert sich dann um etwa 5 Minuten.

1

2

3

4

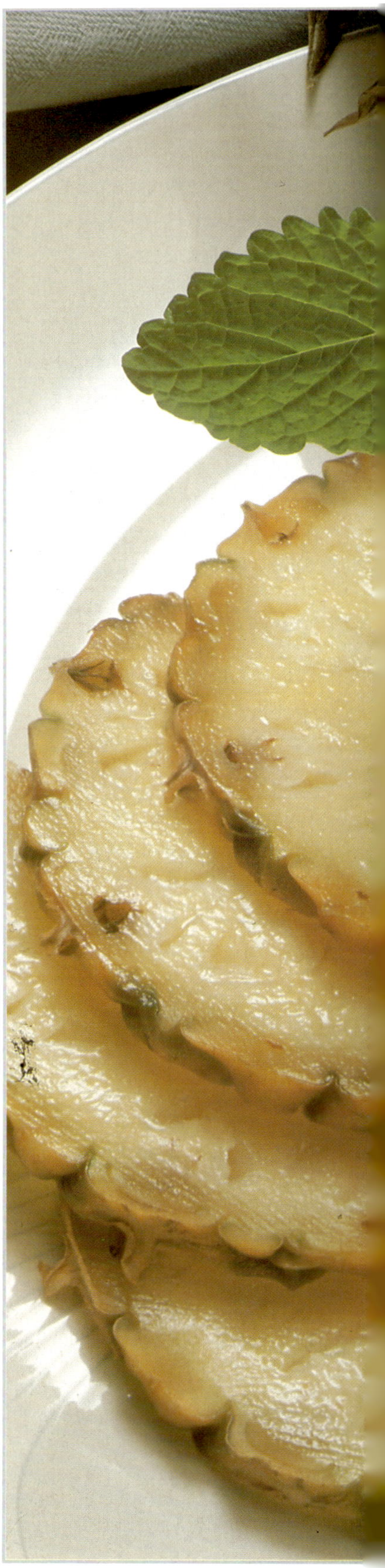

KÜRBIS-SOUFFLÉ IN DER ORANGENSCHALE
(ohne Foto)

400 g Kürbisfleisch · 40 g Butter · 50 g Zucker · 1 Eßl. Orangenlikör · 1/2 Teel. Zimt · Salz · 1 Messerspitze abgeriebene Orangenschale (unbehandelt) · 2 Eigelbe · 2 große Orangen (unbehandelt) · 2 Eiweiß · 2 Eßl. Mandelblättchen

Das Kürbisfleisch von Kernen und Fäden befreien und grob würfeln. 20 g Butter zerlassen, Kürbis darin andünsten. Zucker unterrühren und den Kürbis zugedeckt etwa 30 Minuten garen. Danach die Flüssigkeit bei starker Hitze im geöffneten Topf verdampfen lassen. Das Fruchtfleisch durch ein Sieb streichen und abkühlen lassen. Kürbispüree mit der restlichen Butter, Likör, Zimt, Salz, Orangenschale und den Eigelben verrühren. Die Orangen waschen, halbieren und das Fruchtfleisch herausheben. Fruchtfleisch von den Häutchen befreien, kleinschneiden und wieder in die gesäuberten Orangenschalenhälften füllen. Eiweiß sehr steif schlagen, unter die Kürbismasse ziehen und auf die Orangen verteilen. Mandelblättchen darüberstreuen. Soufflés im auf etwa 220 Grad (Gas Stufe 4) vorgeheizten Backofen etwa 20 Minuten backen. Sofort servieren.

KÄSE-SOUFFLÉ

40 g Butter · 40 g Weizenmehl · 250 ml (1/4 l) Milch · Salz · Pfeffer · geriebene Muskatnuß · abgeriebene Zitronenschale (unbehandelt) · 120 g geriebener alter Gouda · 4 Eigelbe · 4 Eiweiß
Außerdem: Butter

Die Butter zerlassen, Mehl darin dünsten. Milch mit einem Schneebesen unterschlagen, darauf achten, daß keine Klümpchen entstehen, aufkochen, dann abkühlen lassen. Die Sauce mit Salz, Pfeffer, Muskat, Zitronenschale würzen und den Käse unterrühren. Nach und nach die Eigelbe unterrühren. Eiweiß steif schlagen, unterziehen. Masse in vier gefettete Auflaufförmchen füllen, im auf etwa 225 Grad (Gas Stufe 4) vorgeheizten Backofen etwa 15 Minuten backen.

MÖHREN-SOUFFLÉ

500 g Möhren · 20 g Butter · 1/2 Teel. Salz · 1/2 Teel. Zimt · geriebene Muskatnuß · Pfeffer · 100 g Mandeln · 4 Eigelbe · 100 g Crème fraîche · 4 Eiweiß
Außerdem: Butter

Die Möhren schrappen, waschen, in Scheiben schneiden, in Butter andünsten, würzen, zugedeckt 20 Minuten dünsten. Zuletzt die Flüssigkeit verdampfen lassen. Mandeln in wenig Wasser aufkochen, abschrecken, enthäuten. Die Möhren und Mandeln fein pürieren und durch ein Sieb streichen. Die Eigelbe cremig schlagen, mit Crème fraîche und Möhrenmasse verrühren. Eiweiß steif schlagen, unterziehen. Masse in gefettete Auflaufförmchen füllen, im etwa 225 Grad (Gas Stufe 4) vorgeheizten Backofen etwa 20 Minuten backen. Sofort servieren.

PETERSILIEN-SOUFFLÉ

2 Bund glatte Petersilie · 200 ml (1/5 l) Schlagsahne · 200 ml (1/5 l) Milch · 100 g Doppelrahm-Frischkäse · 80 g Kartoffelpüree-Pulver · Salz · Pfeffer · Worcestersauce · 4 Eigelbe · 4 Eiweiß · Butter

Die Petersilie abspülen, trockentupfen, Blättchen sehr fein hacken. Die Sahne und Milch erhitzen, das Kartoffelpulver unterschlagen. Den Frischkäse unterrühren und etwa 2 Minuten mit dem elektrischen Handrührgerät durchschlagen. Masse würzen und Eigelbe unterziehen. Die Eiweiß steif schlagen und unterziehen. Masse in gefettete Auflaufförmchen füllen und im auf etwa 225 Grad (Gas Stufe 4) vorgeheizten Backofen etwa 20 Minuten backen.

SCHINKEN-SOUFFLÉ

12 Backpflaumen · 6 Eßl. Madeira · 125 ml (1/8 l) Schlagsahne · 50 g Weißbrot · 200 g gekochter Schinken · Pfeffer · Ingwer · 4 Eigelb · 4 Eiweiß
Außerdem: Butter

Die Pflaumen in Madeira 3 Stunden ziehen lassen. Sahne erhitzen. Weißbrot entrinden, in der Sahne einweichen. Madeira von den Pflaumen über das Brot träufeln. Schinken würfeln, mit Brot und Eigelb pürieren, würzen. Eiweiß steif schlagen, unterziehen. Pflaumen auf vier gefettete Auflaufförmchen verteilen, die Masse darüber geben. Förmchen aufstoßen, damit sich keine Zwischenräume bilden. Soufflés im auf etwa 225 Grad (Gas Stufe 4) vorgeheizten Backofen etwa 15 Minuten backen. Sofort servieren.

Sie können ein kulinarisches Ereignis sein, die Aufläufe.
Wie zum Beispiel dieser aus Zucchini, Möhren und Kartoffeln, der mit grob geraspeltem Käse überbakken wird. Er kann genausogut als Hauptgericht wie als feine Beilage zu Bratenfleisch serviert werden. Und er soll vor allem ein Vorbild für alle sein, die gerne etwas in die Auflaufform schichten. Je exakter und sauberer das geschieht, um so appetitlicher und ästhetischer wird die Speise. Und das erhöht noch allemal ihren Genußwert. — Auflaufrezepte sind in aller Welt so zahlreich, weil man sie aus zahlreichen herzhaften Zutaten kombinieren kann. Aus Gemüse und Kartoffeln, mit und ohne Fleisch, mit Geflügel oder Fisch. Mit gekochten Eiern und Käse, mit Nudeln und Reis. Allemal phantasievoll gewürzt. Und immer mit Käse oder Käsesauce, Sahne oder Crème fraîche, mit Eiern verquirlt, überbacken. Da kommt schon Lust auf, sich selbst ein Rezept zusammenzustellen, weil es so einfach ist. Anregungen dazu gibt es auf den Rezeptseiten genug.

RATGEBER AUFLÄUFE

SAFTIG-PIKANT ODER SÜSS

Es ist sicher nicht übertrieben zu sagen: Wer kein Auflaufrezept hat, macht sich selbst eins. Das klingt so einfach wie es ist.
Denn Aufläufe sind reine Schichtarbeit. Zum Beispiel ein Nudelauflauf: Man gibt in die gefettete Form eine Lage Schinken, Tomatenscheiben und gekochte Eier in Scheiben, obendrauf wieder Nudeln, übergießt mit gewürzter Eiermilch und backt im vorgeheizten Ofen goldbraun. Oder eine süße Variante: Butter, Zucker und Eigelb schaumig rühren, gekochten Milchreis unterheben – leicht mit Zucker bestreut überbacken. Dazu Fruchtsoße. Vorweg eine leichte Suppe und ein Mittagessen ist fertig. Aufläufe sind die im Ofen gebackenen Verwandten von Eintöpfen. Nur, daß die rohen oder vorgekochten Zutaten eingeschichtet und mit Eiermilch oder weißer Soße übergossen und damit beim Garen gebunden werden. Für Aufläufe gibt es weltweit unzählige Rezepte. Aber wer auch nur ein bißchen Phantasie hat, kann sich die tollsten Mischungen selbst zusammenstellen. So ist auch unser Hackfleisch-Gemüseauflauf entstanden, dessen Zubereitung wir auf den Fotos zeigen.

1

2

3

4

Das Rezept:

1 mittelgroßer, flacher Blumenkohl · Salz · geriebene Muskatnuß · 1 eingeweichtes Brötchen · 250 g gemischtes Hackfleisch · 1 gehackte Zwiebel · 1 Ei · weißer Pfeffer · Fett für die Form · 4 Tomaten

Außerdem:

500 ml (1/2 l) Milch · 4 Eier · Salz · geriebene Muskatnuß · 40 g Butter

Geputzten Blumenkohl in gesalzenes, mit Muskat gewürztes kochendes Wasser geben. 10 Minuten blanchieren. Im Sieb ablaufen lassen. Ausgedrücktes Brötchen, Hackfleisch, Zwiebel und Ei mischen. Mit Salz und Pfeffer absschmecken (Foto 1). Eine Auflaufform einfetten. Fleischteig darin verteilen. In die Mitte den Blumenkohl, drumherum die geschälten Tomaten legen und leicht ins Hackfleisch drücken. Tomaten salzen (Foto 2). Milch mit den Eiern verschlagen. Salzen. Kräftig mit Muskat abschmecken. Eiermilch über den Blumenkohl gießen (Foto 3). Die Butter in Flöckchen darauf verteilen (Foto 4). Im vorgeheizten Backofen auf der unteren Schiene bei 225 Grad (Gas: Stufe 4) 40–50 Minuten backen.
Nun ist es sicher an der Zeit, die Frage zu beantworten, ob Gratins auch zur Gattung Auflauf gehören. Die Antwort: Im Prinzip vielleicht, denn die Grenzen zwischen Auflauf und Gratin sind fließend. Unerläßlich ist bei beiden Speisen, daß sie mit goldbrauner Kruste aus dem Ofen kommen. Wer nun also Braten, Kurzgebratenes, Gemüse oder Fisch, Geflügel oder gar Obst kurz vor Ende der Garzeit mit Käse und/oder Semmelbrösel bestreut, mit Butter-Flöckchen belegt oder mit Soße überzieht und kurz überbackt (gratiniert), hat damit ein klassisches Gratin. Wer aber zum Beispiel das berühmte Gratin dauphinois zubereitet, hat im Grunde einen Auflauf. Das Original besteht aus gewürzten Kartoffelscheiben, die in eine flache, gefettete Auflauf- oder Gratinform geschichtet werden. Darauf gießt man eine Mischung aus Sahne oder Milch und geriebenem Gruyère oder Emmentaler. Obendrauf kommt noch eine dünne Schicht Käse. Gegart wird im Backofen, bis das Gratin goldbraun ist, das Sie mit Fug und Recht auch als Kartoffel-Käse-Auflauf bezeichnen können.

Um die Palette der Aufläufe vollständig zu machen, muß auch von den süßen die Rede sein. Man schichtet die Zutaten wie bei pikanten Aufläufen in die Form. Das kann ein mit Eiweiß gelockerter Teig sein, der abwechselnd mit Beeren oder Fruchtstückchen eingefüllt wird. Das kann auch eine mit Eiern und Flammeri angereicherte Quarkmasse, ein Grießbrei oder ein Reisbrei mit viel Eiern sein. Mit Butterflöckchen belegt und mit etwas Zucker bestreut, erzielt man eine leckere Kruste. Man kann aber auch Zwieback oder Weißbrotscheiben abwechselnd mit Obst in die Form schichten, alles mit Eiermilch übergießen und es schön golden backen. Kein Zweifel: Das ist ein Genuß. Passende Soßen Fruchtsoßen, Weinschaum-, oder Vanillesoßen.

AUFLAUFFORM UND BELAG

Ohne Form kein Auflauf. Das ist klar. Aber die muß zwei wichtige Bedingungen erfüllen: Sie muß feuerfest (ofenfest) sein. So ausgestattet, kann sie die Hitze von Elektro- oder Gasherd aushalten. Egal, ob sie aus Porzellan, Keramik, Glas, Gußeisen oder gar glasiertem Ton ist. Hauptsache, sie ist groß genug für

1

Ihre Familie. Beim Neukauf sorgen Sie am Besten für zwei Formen. Für eine familiengerechte und eine große, damit Sie auch Ihre Gäste gelegentlich mit einem herzhaften oder süßen Auflauf verwöhnen können. Daß die Formen tischfein sind, versteht sich eigentlich von selbst, denn die Aufläufe werden ja immer darin serviert.
Die Größe der auf Foto 1 gezeigten Formen aus emailliertem Gußeisen und Glas (vorne) sind für den Vier-Personen-Haushalt konzipiert. Die Form mit dem Glasdeckel aus feuer- und frostfestem Glasmaterial (4 Portionen) hält sowohl die Backofenhitze wie die Kältegrade im Gefriergerät aus. In der quadratischen, ovalen und rechteckigen flachen Form läßt sich vortrefflich überbacken (gratinieren). Diese Formen sind auch ideal für das Gratin dauphinois (auf der linken Seite beschrieben). Gut geeignet sind sie außerdem als Auflaufformen für den Zwei-Personen-Haushalt oder für Singles.

Von allerlei Belag, der sich zum Überbacken eignet, soll hier die Rede sein. Und davon, wie man ihn am besten verwendet. Ob nun Auflauf mit oder ohne Eiermilch oder Sauce zubereitet wird, es gibt drei gute Möglichkeiten, ihm zusätzliche Würze und eine besonders schmackhafte Kruste zu geben.

1. Geben Sie reichlich geriebenen Käse und Butterflöckchen obendrauf.
2. Oder streuen Sie mit Semmel-

2

mehl gemischten Käse auf die Oberfläche und verteilen Butterflöckchen darauf (Foto 2).
3. Mischen Sie Semmelmehl mit gemahlenen oder gehackten Walnuß- oder Haselnußkernen (sehr lecker!) und bestreuen Sie damit süße Aufläufe. Obendrauf kommen noch Butterflöckchen. Für pikante Aufläufe: Semmelmehl mit gemahlenen oder gehackten Nußkernen und geriebenem Käse mischen, auf den Auflauf streuen und Butterflöckchen drauf geben.

So kommen die Aufläufe in den vorgeheizten Backofen, im Durchschnitt für 40–60 Minuten bei 225 Grad (Gas: Stufe 4). Das gilt für vier Portionen. Aufläufe mit kalten Zutaten auf die untere oder mittlere Schiene, Aufläufe aus vorgegarten, warmen Zutaten auf die obere Schiene stellen.

Natürlich ist die Zusammenstellung von Grundzutaten für einen Auflauf ebenso wichtig wie z.B. Eier, Eiermilch, Saucen und Käse zum Überbacken unerläßlich sind. Grundlage für alle Saucen ist die weiße oder Béchamelsauce. Mit Käse gemischt wird daraus die Sauce Mornay (Zutatenfoto 3), die man auch Käse-Béchamelsauce nennen kann.

3

Das Rezept:
40 g Butter · 40 g gekochter, gewürfelter Schinken · 1 gehackte Zwiebel · 30 g Weizenmehl · 250 ml (1/4 l) heiße Fleischbrühe · 250 ml (1/4 l) heiße Milch · Salz · weißer Pfeffer · geriebene Muskatnuß · 3 Eigelbe · 3 Eßl. Schlagsahne · 30 g geriebener Emmentaler

Butter erhitzen. Schinkenwürfel darin ausbraten. Zwiebel leicht mitbräunen. Mehl darin anschwitzen. Fleischbrühe und Milch unter Rühren angießen. 15 Minuten köcheln lassen. Passieren. Mit Salz, Pfeffer und Muskat abschmecken. Vom Herd nehmen. Eigelbe und Schlagsahne verschlagen. Sauce damit legieren. Käse unterheben.
Sehr wichtig! Für alle Aufläufe gilt: Die Form stets kräftig einfetten.

Die Sauce Mornay oder Käse-Béchamelsauce (in der dritten Spalte beschrieben) macht zum Beispiel einen Auflauf aus Broccoli und Schinken zu einem wahren Eßvergnügen. Und der geht kinderleicht. Man macht ihn so:

1/2 l Sauce Mornay, 1 kg Broccoli · Salz · geriebene Muskatnuß · 150 g gekochter

4

Schinken in Streifen · Butter/ Margarine für die Form

Zuerst die Mornay-Sauce kochen. Dann den geputzten, in Röschen geteilten Broccoli in Salzwasser 5 Minuten blanchieren. Mit Muskat abschmecken, im Sieb ablaufen lassen. Mit dem gekochten Schinken in Streifen in die reichlich eingefettete Form schichten. Mit der Sauce Mornay übergießen (Foto 4). Auf der mittleren Schiene im vorgeheizten Backofen bei 225 Grad (Gas: Stufe 4) ca. 30 Minuten überbacken, bis die Oberfläche goldbraun ist.
Übrigens: Eine einfache Béchamelsauce wird ohne Schinken zubereitet. Und für die Sauce Mornay können Sie auch Würfel aus durchwachsenem Speck verwenden. Dadurch wird sie im Geschmack noch ausdrucksvoller.

ZUCCHINI-NUDEL-AUFLAUF

400 g grüne Bandnudeln · Salz · 1 Bund Basilikum · 200 g Gorgonzola-Käse · 100 g gemahlene Haselnußkerne · 200 g Schlagsahne · 200 g Ricotta oder Sahnequark · Pfeffer · 2 Eßl. Weinbrand · 750 g kleine Zucchini · 50 g Semmelmehl (Paniermehl) · 30 g Butter

Außerdem: Butter oder Margarine

Die Nudeln in kochendem Salzwasser etwa 10 Minuten kochen, dann abgießen, mit kaltem Wasser abschrecken und abtropfen lassen. Basilikumblätter abspülen, trockentupfen und in Streifen schneiden. Gorgonzola, Nüsse, Sahne, Ricotta, Pfeffer und Weinbrand cremig rühren und mit Salz abschmecken. Zucchini waschen, mit Haushaltspapier trockentupfen, die Enden abschneiden, Zucchini raspeln. In eine gefettete Auflaufform jeweils ein Drittel der Nudeln, Zucchini, Basilikumstreifen und der Käsecreme schichten. Den Vorgang zweimal wiederholen. Die oberste Schicht Käsecreme mit Semmelmehl bestreuen und mit Butterflöckchen belegen. Die Form in den auf etwa 225 Grad (Gas Stufe 4) vorgeheizten Backofen schieben und den Auflauf etwa 50 Minuten backen.

WÜRZIGER REIS-AUFLAUF

300 g Parboiled Reis · 500 ml (1/2 l) kochende Fleischbrühe · 1 Lorbeerblatt · 1 Knoblauchzehe · 4 Pfefferkörner · 50 g Korinthen · 500 g Salzgurken · 300 g Kasseler · 250 g saure Sahne · 250 g Schlagsahne · 1/2 Teel. gemahlener Zimt · 1 Prise Pimentpulver

Außerdem: Butter oder Margarine · saure Sahne

Den Reis in die Fleischbrühe streuen und aufkochen. Knoblauchzehe abziehen und mit dem Lorbeerblatt und den Pfefferkörnern hinzufügen. Topf fest verschließen, Reis bei kleiner Hitze in etwa 30 Minuten ausquellen lassen. Die Gewürze entfernen, Reis mit den Korinthen vermengen. Gurken abspülen und in dünne Scheiben schneiden. Kasseler in Streifen schneiden. Beide Sahnesorten verrühren und mit Zimt und Piment würzen. Ein Viertel der Reismasse in eine gefettete Auflaufform füllen, jeweils ein Drittel Gurken, Kasseler und Sahne darauf verteilen. Den Vorgang wiederholen, bis alle Zutaten verbraucht sind. Den Abschluß bildet der Reis. Die Form in den auf etwa 225 Grad (Gas Stufe 4) vorgeheizten Backofen schieben und den Auflauf etwa 50 Minuten backen. Den heißen Auflauf mit kalter saurer Sahne servieren.

COUSCOUS-AUFLAUF

250 g Couscous-Grieß · 500 ml (1/2 l) kochende Hühnerbrühe · 1 kg Blattspinat Salz · 400 g Hähnchenfilet · 60 g Butter · 1 Eßl. Soja-Sauce · 4 Eßl. Tomatenmark · Pfeffer · 250 g Schlagsahne
Außerdem: Butter oder Margarine

Den Couscous-Grieß mit der Hälfte der Brühe übergießen, in etwa 10 Minuten ausquellen lassen. Spinat verlesen, gründlich waschen und in kochendem Salzwasser 2–3 Minuten blanchieren. Spinat herausnehmen und gut abtropfen lassen.
Das Fleisch unter kaltem Wasser abspülen, trockentupfen und in kleine Würfel schneiden. 20 g Butter zerlassen und das Fleisch darin anbraten. Soja-Sauce und Tomatenmark unterrühren und mit Pfeffer würzen. Mit der restlichen Brühe und der Sahne ablöschen und etwa 3 Minuten schmoren lassen, nochmal mit Salz abschmecken.
In eine gefettete Auflaufform die Zutaten in folgender Reihenfolge einschichten: Grieß, Spinat, Fleisch mit Sauce. So fortfahren, bis alle Zutaten eingeschichtet sind. Den Abschluß bildet eine Schicht Grieß. Butterflöckchen darüber geben. Den Auflauf in den auf etwa 200 Grad (Gas Stufe 3) vorgeheizten Backofen schieben und etwa 40 Minuten backen.

NUDEL-LAUCH-AUFLAUF MIT GORGONZOLA

400 g Bandnudeln · Salz · 1,5 kg Porree (Lauch) · 40 g Butter · 125 ml (1/8 l) Weißwein · 250 ml (1/4 l) Milch · 200 g Crème fraîche · 200 g Gorgonzola-Käse · 1 Eßl. Speisestärke · Pfeffer
Außerdem: Butter oder Margarine

Die Nudeln in Salzwasser 8–10 Minuten kochen, abgießen, mit kaltem Wasser abschrecken und abtropfen lassen. Den Porree putzen, gründlich waschen und in 1 cm breite Ringe schneiden.
Die Butter zerlassen, Porree darin andünsten, mit dem Wein ablöschen und mit Salz würzen. Den Porree noch etwa 3 Minuten dünsten, abgießen und die Flüssigkeit mit der Milch und der Crème fraîche erhitzen. Gorgonzola hineinbröckeln und unter Rühren schmelzen lassen. Die Speisestärke mit 1–2 Eßl. kaltem Wasser anrühren, die Flüssigkeit damit binden und mit Pfeffer abschmecken.
Die Hälfte der Nudeln, des Porrees und der Sauce in eine gefettete Auflaufform schichten, die zweite Hälfte darüber geben. Den Auflauf in den auf etwa 200 Grad (Gas Stufe 3) vorgeheizten Backofen schieben und etwa 25 Minuten backen.

MAIS-AUFLAUF

2 Dosen Zuckermais (Einwaage 340 g) · 50 g Butter · 25 g Weizenemehl · 250 ml (1/4 l) Milch · 1 Teel. Paprika edelsüß · Salz · Pfeffer · 2 Teel. Zitronensaft · 4 Eier · 300 g Tomaten · 2 dünne Stangen Porree (Lauch) · 300 g Mozzarella-Käse
Außerdem: Butter oder Margarine

Den Mais abtropfen lassen und die Flüssigkeit auffangen. Die Butter in einem Topf zerlassen, das Mehl hinzufügen und hellgelb dünsten. Den Topf vom Herd nehmen, Maiswasser und Milch angießen, zum Kochen bringen und etwa 5 Minuten kochen lassen. Dabei mit einem Schneebesen durchschlagen und darauf achten, daß keine Klümpchen entstehen. Sauce mit Paprika, Salz, Pfeffer und Zitronensaft würzen. Die Eier etwa 8 Minuten kochen, abschrecken, pellen und hacken. Die Tomaten enthäuten, Stengelansätze herausschneiden, Tomaten in Scheiben schneiden. Den Porree putzen, gründlich waschen und in Ringe schneiden. Mozzarella-Käse in sehr dünne Scheiben schneiden.
In eine gefettete Auflaufform nebeneinander ein Drittel Mais, Porree, Tomaten, Eier, Sauce und Mozzarella schichten. So fortfahren, bis die Zutaten eingeschichtet sind. Den Auflauf in den auf etwa 200 Grad (Gas Stufe 3) vorgeheizten Backofen schieben und etwa 45 Minuten backen.

ITALIENISCHER BROT-AUFLAUF

250 g Sechskornbrot · 2 Knoblauchzehen · 20 Eßl. Olivenöl · 250 ml (1/4 l) Tomatensaft · 2 Auberginen (je etwa 250 g) · 1 Eßl. Salz · 10 schwarze Oliven · 4 Eigelbe · 50 g geriebener Parmesan-Käse · 4 Eiweiß · 6 Eßl. zerkrümeltes Vollkornbrot
Außerdem: Butter oder Margarine

Das Sechskornbrot in kleine Würfel schneiden. Knoblauch abziehen und zerdrücken. 6 Eßl. Öl erhitzen und Knoblauch und Brotwürfel darin etwa 5 Minuten rösten. Brot mit Tomatensaft begießen und 15 Minuten weichen lassen. Die Auberginen waschen, Stengel abschneiden. Auberginen quer in vier Scheiben schneiden und die Schnittflächen mit Salz bestreuen. Auberginen wieder zusammensetzen und mit einem Gewicht beschweren. Nach etwa 30 Minten die Scheiben fest zusammendrücken. Salz und Saft abtupfen. Auberginenscheiben in Würfel schneiden. 12 Eßl. Öl erhitzen und die Auberginen darin in etwa 10 Minuten braun braten. Oliven ensteinen, vierteln, mit Auberginen, dem eingeweichten Brot, den Eigelb und dem Parmesankäse vermengen. Das Eiweiß steif schlagen und unter die Masse heben.
Die Masse in eine gefettete Auflaufform füllen und mit Vollkornbrotbröseln bestreuen. Das restliche Olivenöl darüberträufeln. Den Auflauf in den auf etwa 200 Grad (Gas Stufe 3) vorgeheizten Backofen schieben und etwa 50 Minuten backen.

WIRSING-AUFLAUF

200 g Roggenbrot · 1 Knoblauchzehe · 50 g Butter · 1 kleiner Wirsing (etwa 800 g) Salz · 200 g Frühstücksspeck (in Scheiben) · 250 g Zwiebeln · 150 g geriebener Käse · 1 Päckchen Zwiebelsuppe
Außerdem: Butter oder Margarine

Das Brot in etwa 5 mm dünne Scheiben schneiden, hell toasten und abkühlen lassen. Den Knoblauch abziehen, fein hacken und mit der Butter verkneten. Brotscheiben damit bestreichen. Die trockenen Außerblätter vom Wirsing abtrennen und Strunk entfernen. Unversehrte Blätter waschen und in kochendem Salzwasser 5 Minuten blanchieren. Blätter mit kaltem Wasser abschrecken und abtropfen lassen. 6 Scheiben Frühstücksspeck beiseite legen, restliche Scheiben kleinschneiden. Die Zwiebeln abziehen und würfeln. Speckstückchen in einer Pfanne auslassen, Zwiebeln hinzufügen und braun braten.
In eine gefettete Auflaufform einen Teil der Brotscheiben mit der gebutterten Seite nach unten legen. Speck-Zwiebel-Mischung darüber geben. Käse darüber streuen und einen Teil der Wirsingblätter einschichten. So fortfahren, bis alle Zutaten in der Form sind. Den Auflauf mit möglichst derben Wirsingblättern abdecken. Zwiebelsuppe nach der Anweisung auf dem Päckchen zubereiten. 750 ml (3/4 l) von der Suppe abmessen und über den Auflauf gießen. Speckscheiben darauflegen. Den Auflauf in den auf etwa 225 Grad (Gas Stufe 4) vorgeheizten Backofen schieben und etwa 45 Minuten backen.

PALUCKES MIT MILCH
(ohne Foto)

250 ml (1/4 l) Gemüsebrühe · 250 ml (1/4 l) Milch · 2 Zweige Basilikum · 2 Knoblauchzehen · Salz · Pfeffer · geriebene Muskatnuß · 150 g Maisgrieß · 100 g Pyrenäenkäse · 100 g Schafskäse · 250 ml (1/4 l) Milch
Außerdem: Butter oder Margarine

Brühe und Milch verrühren. Das Basilikum vorsichtig unter kaltem Wasser abspülen, die Blättchen abzupfen und fein hacken. Knoblauch abziehen, durch die Presse drücken und mit dem Basilikum in die Flüssigkeit geben. Brühe mit Salz, Pfeffer und Muskat würzen. Grieß einrühren, aufkochen und bei kleiner Hitze in etwa 15 Minuten ausquellen lassen. Die Masse in eine gefettete rechteckige Form füllen, festdrücken und abkühlen lassen. Die Form stürzen und den Grieß in Scheiben schneiden. Die Grießscheiben schuppenförmig in eine gefettete rechteckige Auflaufform legen. Beide Käsesorten reiben, mischen und über die Grießscheiben streuen. Die Form in den auf etwa 225 Grad (Gas Stufe 4) vorgeheizten Backofen schieben und die Paluckes 15–20 Minuten backen. Milch erhitzen, darüber gießen und sofort servieren.

KARTOFFEL-MÖHREN-GRATIN

500 g Kartoffeln · 500 g Möhren · 500 ml (1/2 l) Milch · 125 g Schlagsahne · Salz · Pfeffer · geriebene Muskatnuß · 100 g abgezogene Mandeln · 3–4 Zweige Majoran
Außerdem: Butter oder Margarine

Kartoffeln und Möhren waschen, schälen (schrappen) und in etwa 4 mm dicke Scheiben hobeln. Eine flache Auflaufform fetten. Das Gemüse schuppenförmig einschichten, so daß sich ein Streifenmuster aus Kartoffel- und Möhrenscheiben ergibt. Milch und Sahne verrühren und mit Salz, Pfeffer und Muskat kräftig abschmecken. Die abgezogenen Mandeln im Mixer pürieren. Majoran abspülen, die Blättchen von den Stengeln zupfen und mit den Mandeln in die Flüssigkeit rühren. Diese Flüssigkeit über das Gemüse gießen. Das Gemüse sollte gerade bedeckt sein. Wenn nötig, noch etwas gesalzene Milch zugießen.
Die Form in den auf etwa 200 Grad (Gas Stufe 3) vorgeheizten Backofen schieben und den Gratin etwa 70 Minuten backen. Den Gratin heiß als Beilage zu Fleisch, Fisch oder Eiern reichen. Oder als Hauptgericht servieren: Dann 15 Minuten vor Ende der Garzeit 8 Eier auf das Gemüse setzen und stocken lassen.

HÜGEL-GRATIN

1 kg Rosenkohl · 1 kg kleine festkochende Kartoffeln · 50 g Butter · 1 Zwiebel · 500 g Rinderhackfleisch · 200 g Magerquark · 1 Ei · 1 Knoblauchzehe · Salz · Pfeffer · 1 Eßl. Currypulver · 500 g saure Sahne · 125 ml (1/8 l) Milch

Außerdem: Butter oder Margarine

Den Rosenkohl putzen, waschen und jeweils den Strunk kreuzweise einschneiden. Kartoffeln waschen, schälen, eventuell etwas kleiner schneiden, so daß sie die Größe der Rosenkohlröschen haben. Butter in einer großen Pfanne zerlassen. Rosenkohl und Kartoffeln darin unter häufigem Wenden etwa 15 Minuten dünsten. Zwiebel abziehen und fein würfeln. Aus Hackfleisch, Magerquark, Ei und Zwiebelwürfel einen Teig kneten. Knoblauch abziehen und fein hacken. Die Hälfte davon unter das Fleisch mengen. Die Fleischmasse mit Salz und Pfeffer kräftig abschmecken. Bällchen von der Größe des Rosenkohls formen. Restlichen Knoblauch mit Curry unter die Sahne ziehen und mit der Milch verrühren. Das Gemüse leicht würzen.
In eine gefettete flache Auflaufform Kartoffeln, Rosenkohl und Fleischklößchen dicht an dicht in buntem Wechsel setzen und mit Sahnemilch begießen.
Die Form in den auf etwa 225 Grad (Gas Stufe 4) vorgeheizten Backofen schieben und den Gratin etwa 1 Stunde backen.

ZWIEBEL-GRATIN

200 g Grünkerngrütze · 500 ml (1/2 l) kochende Gemüsebrühe · 75 g durchwachsener Speck. 40 g Butterschmalz · 500 g kleine weiße Zwiebeln · 750 ml (3/4 l) pürierte Tomaten (Fertigprodukt) · Salz · Pfeffer · Basilikum

Außerdem: Butter oder Margarine

Die Grütze mit der Gemüsebrühe übergießen und 15 Minuten ziehen lassen. Grütze in eine flache gefettete Auflaufform füllen und glattstreichen. Den Speck fein würfeln. Butterschmalz erhitzen und den Speck darin auslassen. Die Zwiebeln abziehen, halbieren und im Speckfett etwa 2 Minuten kräftig anbraten. Die Zwiebeln mit der Schnittfläche nach unten auf der Grütze verteilen. Das Tomatenpüree kräftig mit Salz Pfeffer und Basilikum würzen und über die Zwiebeln geben. Die Form in den auf etwa 200 Grad (Gas Stufe 3) vorgeheizten Backofen schieben und den Gratin etwa 45 Minuten backen.

KOHLRABI-MÖHREN-FLAN
(ohne Foto)

500 g Möhren · 500 g Kohlrabi · Soja-Sauce · Pfeffer · 1 Stange Porree (Lauch) · 2 Knoblauchzehen · 500 g Magerquark · 200 g Schmand · 3 Eßl. gehackte Petersilie · 10 Eßl. Sesamsamen · 1/2 Teel. Kräutersalz · 250 ml (1/4 l) Milch

Außerdem: Butter oder Margarine

Möhren und Kohlrabi putzen, waschen, schrappen (schälen) und in dünne Scheiben hobeln. Das Gemüse mit Soja-Sauce und Pfeffer würzen. Den Porree putzen, gründlich waschen und in dünne Ringe schneiden. Knoblauch abziehen und fein würfeln. Porree und Knoblauch mit Quark, Schmand, Petersilie, 6 Eßl. Sesamsamen und Kräutersalz verrühren und mit Pfeffer würzen. In eine gefettete Auflaufform die Hälfte der Möhren und des Kohlrabi legen, die Hälfte der Quarkcreme darauf verstreichen. Mit der zweiten Hälfte genauso verfahren. Den Auflauf mit Milch begießen, mit dem restlichen Sesam bestreuen, im auf etwa 200 Grad (Gas Stufe 3) vorgeheizten Backofen etwa 75 Minuten garen.

ÜBERBACKENE NUSS-CRÊPES MIT RADICCHIO-FÜLLUNG

Für die Crêpes:
3 Eier · 150 g Weizenmehl · 1/2 Teel. Salz · 200 ml (1/5 l) Milch · 50 g gehackte Walnußkerne · Mineralwasser
Für die Sauce:
40 g Butter · 40 g Weizenmehl · 250 ml (1/4 l) Milch · 250 ml (1/4 l) Fleischbrühe · 125 ml (1/8 l) Schlagsahne · 100 g Crème fraîche · 3 Eßl. Portwein · 3 Eßl. Johannisbeergelee · 50 g gehackte Walnußkerne · 200 g Brie
Für die Füllung:
500 g Radicchio
Außerdem: Butter oder Margarine · Frischhaltefolie

Die Eier mit gesiebtem Mehl glatt verrühren, salzen, nach und nach die Milch einrühren. Die Walnüsse unterziehen (Foto 1) und den Teig etwa 30 Minuten quellen lassen. Vor dem Backen mit einem Schuß Mineralwasser auflockern. In einer großen Pfanne das Fett erhitzen und 8 dünne Crêpes backen (Foto 2). Crêpes in Frischhaltefolie wickeln, damit sie nicht austrocknen.
Butter in einem Topf zerlassen, Mehl dazugeben und etwa 4 Minuten hellgelb anschwitzen. Topf vom Herd nehmen, nach und nach die Milch zugeben, dabei mit dem Schneebesen durchschlagen. Zuletzt die Brühe unterrühren. Sauce etwa 5 Minuten köcheln, dann mit Sahne, Crème fraîche, Portwein und Gelee verrühren. Brie entrinden und mit den Walnußkernen unterrühren, bis sich der Brie gelöst hat.
Radicchio putzen, ganze Blätter lösen und in kochendem Salzwasser etwa 1 Minute blanchieren. Die Crêpes mit Radicchio belegen, 1 kleine Kelle Sauce darübergießen (Foto 3). Crêpes zusammenrollen, in eine flache gefettete Auflaufform legen (Foto 4) und mit der restlichen Sauce begießen. Die Form in den auf etwa 225 Grad (Gas Stufe 3) vorgeheizten Backofen schieben und die Crêpes etwa 40 Minuten überbacken.
Tip: Man kann den Radicchio auch durch Chicorée oder feste Endivie ersetzen.

PFANNKUCHEN-GRATIN
(ohne Foto)

250 g Weizenvollkornmehl · 3 Eier · 300 ml Milch · 1/2 Teel. Salz · 10 Eßl. Speiseöl · 3 Bund Sauerampfer · 250 g Ricotta oder Sahnequark · 250 g Magerquark · 100 g gemahlene Haselnußkerne · Pfeffer · 2 säuerliche Äpfel · 3 Eßl. geriebener Emmentaler
Außerdem: Butter oder Margarine

Das Mehl sieben und mit Eiern, Milch und Salz zu einem dickflüssigen Teig verrühren. Das Öl in einer Pfanne erhitzen und nacheinander darin sechs Pfannkuchen backen. Den Sauerampfer verlesen und waschen. Ricotta, Quark und Haselnüsse verrühren und mit Pfeffer würzen. Äpfel schälen, fein raspeln und unter den Quark ziehen.
Den ersten Pfannkuchen in eine gefettete Auflaufform legen, mit einem Sechstel der Quarkmasse bestreichen, mit einem Fünftel Sauerampferblätter belegen. So fortfahren, bis der letzte Pfannkuchen mit Quarkcreme bestrichen ist. Den geriebenen Käse darüber streuen. Form in den auf etwa 200 Grad (Gas Stufe 3) vorgeheizten Backofen schieben und den Gratin etwa 40 Minuten backen.

ZWIEBACK-AUFLAUF

9 Scheiben Zwieback · 100 g Marzipan-Rohmasse · 500 ml (1/2 l) Milch · 2 reife Bananen · 1 Messerspitze Anis · 3–4 Eßl. Orangenlikör · 1 Dose Aprikosen (Einwaage 400 g) · 2 Eiweiß · 100 g Puderzucker
Außerdem: Butter oder Margarine

Die Zwiebackscheiben dünn mit Marzipan-Rohmasse bestreichen. Milch mit den geschälten Bananen, Anis und dem Likör im Mixer pürieren. Die Aprikosen abtropfen lassen.
In eine gefettete Auflaufform die Zwiebackscheiben abwechselnd mit den Aprikosen einschichten. Die oberste Schicht bilden Aprikosen. Die Bananenmilch darüber gießen. Die Form in den auf etwa 200 Grad (Gas Stufe 3) vorgeheizten Backofen schieben und den Auflauf etwa 40 Minuten backen. Das Eiweiß zu sehr steifem Schnee schlagen, den Puderzucker nach und nach unterschlagen. Etwa 10 Minuten vor Ende der Garzeit den Eischnee mit einem Spritzbeutel auf den Auflauf spritzen und weiterbacken, bis die Baisermasse leicht zu bräunen beginnt.

NUDEL-TRAUBEN-AUFLAUF

250 g Bandnudeln · Salz ·
200 ml Schlagsahne · 100 g
weiße Schokolade · 100 ml
(1/10 l) Eierlikör · 1 Ei ·
300 g blaue Weintrauben ·
100 g Aprikosen-Konfitüre ·
50 g Mandelblättchen ·
20 g Butter
Außerdem: Butter oder Margarine

Die Nudeln etwa 10 Minuten in kochendem Salzwasser kochen, abgießen, mit kaltem Wasser abschrecken und abtropfen lassen. Inzwischen die Sahne erwärmen und die Schokolade behutsam darin schmelzen, etwas abkühlen lassen, dann mit dem Likör verrühren. Das Ei unterschlagen.
Die Trauben waschen, halbieren, entkernen und mit der Konfitüre vermengen.
In eine gefettete Auflaufform ein Drittel der Nudeln schichten, darauf ein Drittel der Sauce und die Hälfte der Trauben verteilen. So fortfahren, bis die Zutaten eingeschichtet sind und die letzte Schicht aus Sauce besteht. Die Mandelblättchen darüber streuen. Auflauf mit Butterflöckchen belegen, in den auf etwa 175 Grad (Gas Stufe 2) vorgeheizten Backofen schieben und etwa 40 Minuten überbacken. Den Auflauf heiß servieren.
Tip: Statt frischer Trauben eignen sich auch Rosinen, die zwei Stunden vorher in Rum eingelegt wurden.

DATTELN IN HIRSESCHAUM

200 ml (1/5 l) Weißwein ·
100 g Honig · 1 Vanilleschote ·
120 g Hirse · 3 Eigelbe ·
1 Prise Salz · 50 g Butter ·
400 g tiefgekühlte Datteln ·
3 Eßl. Rosenwasser · 3 Eiweiß ·
40 g Mandelblättchen · 200 g
Schlagsahne · 50 g kandierte
Rosenblätter
Außerdem: Butter oder Margarine

Wein mit Honig verrühren und aufkochen. Die Vanilleschote aufritzen und mit der Hirse zum Wein geben. Den Topf schließen, die Hirse bei kleiner Hitze in etwa 15 Minuten ausquellen und abkühlen lassen. Eigelb mit Salz cremig rühren, die weiche Butter hinzufügen, hellgelb schlagen und unter die Hirsemasse ziehen. Die Datteln halbieren, eventuell die harte Schale entfernen. Datteln entkernen, mit dem Rosenwasser beträufeln und in eine gefettete Auflaufform legen. Eiweiß steif schlagen, unter den Hirsebrei ziehen und auf die Datteln geben. Die Mandelblättchen darüber streuen, in den auf etwa 220 Grad (Gas Stufe 4) schieben und etwa 35 Minuten überbacken. Sahne halbsteif schlagen, mit den Rosenblättern garnieren und zum Gratin servieren.

APFEL-KARTOFFEL-SCHAUM

(ohne Foto)

500 g säuerliche Äpfel
(z. B. Boskop) · 500 g mehlig
kochende Kartoffeln · 100 g
Zucker · 3–4 Eßl. Calvados ·
100 g Backobst · 100 g
Rosinen · 1 Teel. gmahlener Zimt ·
1 Prise Macispulver · 1 Prise
Pimentpulver · 4 Eigelbe ·
4 Eiweiß
Außerdem: Butter oder Margarine · Alufolie

Die Äpfel waschen, auf Alufolie setzen und im auf etwa 225 Grad (Gas Stufe 4) vorgeheizten Backofen etwa 25 Minuten garen. Die Kartoffeln waschen, in der Schale in etwa 20 Minuten weich kochen und pellen. Apfelfruchtfleisch aus der Schale lösen und mit den Kartoffeln durch ein Sieb streichen oder durch die Presse drücken.
Zucker in einer heißen Pfanne karamelisieren lassen, mit 1–2 Eßl. Wasser ablöschen, Karamel bei kleiner Hitze auflösen. Apfel- und Kartoffelschnee zugeben, einkochen lassen, bis die Masse kein Wasser mehr enthält. Danach den Calvados unterrühren. Backobst kleinschneiden und mit den Rosinen und Gewürzen unterziehen. Die Masse abkühlen lassen und die Eigelb unterschlagen. Eiweiß steif schlagen und unterziehen.
Die Masse in eine gefettete Auflaufform füllen, in den auf etwa 225 Grad (Gas Stufe 4) vorgeheizten Backofen schieben und etwa 40 Minuten.

KROKANT-AUFLAUF

150 g Puderzucker · 70 g Butter · 150 g Mandelblättchen · 100 g Rundkornreis · 750 ml (3/4 l) Milch · 1/2 Teel. Safran · Salz · 2 Eßl. Honig · 4 cl Amaretto · 4 Eigelbe · 4 Eiweiß
Außerdem: Butter oder Margarine · Puderzucker

Etwa 50 g Puderzucker in einer heißen Pfanne unter Rühren auflösen (Foto 1), nach und nach den übrigen Zucker dazugeben, etwa 1 Minute erhitzen, bis er hellbraun karamelisiert ist. Kurz ins kalte Wasserbad stellen. 1 Eßl. Butter unterrühren (Foto 2) und über die Mandeln gießen (Foto 3). Die Masse in einer flachen Schale abkühlen lassen (Foto 4). Reis kurz mit kochendem Wasser überbrühen. Die Milch mit Safran, 1 Prise Salz und dem Honig aufkochen. Reis zugeben, etwa 30 Minuten bei kleiner Hitze ausquellen lassen. Restliche Butter und Amaretto unterziehen und etwas abkühlen lassen. Die Eigelbe unterrühren. Die Mandelmasse zerbröseln, unterziehen. Das Eiweiß steif schlagen und unterheben. Alles in eine gefettete Auflaufform geben, im auf etwa 225 Grad (Gas Stufe 4) vorgeheizten Backofen etwa 35 Minuten backen. Den heißen Auflauf mit Puderzucker bestäuben.

1

2

3

4

BANANEN IM QUARKBETT

(ohne Foto)

500 g Sahnequark · 100 g Kokosraspeln · 2 Eßl. Weizengrieß · 100 g Puderzucker · 4 Eigelbe · 4 Eiweiß · 4 Bananen · 40 g Butter

Außerdem: Butter oder Margarine

Den Sahnequark mit den Kokosraspeln und dem Weizengrieß verrühren. Puderzucker und Eigelb mit den Rührstäben des elektrischen Handrührgeräts schaumig schlagen und unter die Quarkmasse ziehen. Das Eiweiß zu steifem Schnee schlagen und unter die Masse heben. Die Masse in eine flache gefettete Auflaufform füllen. Die Bananen schälen, längs halbieren und auf die Masse legen. Die Butter in Flöckchen darauf verteilen. Die Form auf dem Rost in den auf etwa 225 Grad (Gas Stufe 4) vorgeheizten Backofen schieben und den Auflauf etwa 35 Minuten backen.
Den Auflauf sofort servieren.

Himmlisch-süß, von schaumiger Konsistenz und leicht beschwipst präsentiert sich die Sabayon, wie die Franzosen sie nennen. In Italien heißt dieses Dessert Zabaione und bei uns – das ist gleichzeitig die Übersetzung – Weinschaumsauce oder -creme. Eine leichte Eiercreme, die mit Wein, Sekt oder gar Champagner aufgeschlagen wird, Zabione allerdings vorzugsweise mit aromatischem Marsala. Sie wird als Sauce zu Süßspeisen serviert oder – kaltgeschlagen – als eigenständiges Dessert. Und sie ist schlicht ein Genuß. Genau wie die Auswahl an sahnigen Cremes und kühlen Eisspeisen in unserem Rezeptteil. – Alles Desserts der nationalen und internationalen Küche, die wir auch im informellen Teil erklären. Zu den Desserts im weitesten Sinn aber gehört auch der Käse. Manchmal wird er zum Abschluß eines Essens anstelle der Süßspeise serviert, manchmal auch als Dessert danach. Getreu der Erkenntnis, daß Käse den Magen auf angenehme Weise schließt. Wir informieren Sie deshalb umfassend über die wichtigsten deutschen und internationalen Käsesorten.

ENGLISCHE CREME

Bevor wir Ihnen sagen, was sich hinter der englischen Creme verbirgt, ist es sicher nicht falsch, ein paar Worte über Desserts an sich zu sagen. Zu allen Zeiten waren Desserts krönender Abschluß eines Essens oder gar eines Menüs, dem sie stets das Glanzlicht aufsetzten. Sogar, als die Kochkunst noch in den Kinderschuhen steckte, wußte man sich mit Früchten und Honig Süßes zu verschaffen, das dem Gaumen schmeichelt. Im Laufe der Entwicklung der Kochkunst entstand schließlich auch die Englische Creme, eine Vanillesauce. Sie ist die Grundlage für zahlreiche Cremes und Eiscremes. Hier ist das Rezept.

Zutaten:

6 Eigelbe · 100 g Zucker · Salz · 500 ml (1/2 l) Milch · ausgekratztes Mark 1 Vanilleschote

Wichtig fürs Gelingen: Eigelb und Eiweiß vollständig trennen. Eigelb, Zucker und 1 kleine Prise Salz in eine Schüssel geben. Mit dem Handrührgerät bei kleiner Schaltstufe schlagen (Foto oben links). Es ist wichtig, daß sich der Zucker vollkommen löst, die Masse aber nicht allzu schaumig wird. Inzwischen die Milch mit dem Vanillemark aufkochen. Unter ständigem Rühren nach und nach in die Eigelbmasse gießen. In einen Topf umgießen. Unter Rühren abziehen. Das heißt: Die Creme solange erhitzen, bis sie richtig bindet und bei der Probe cremig auf dem Löffel liegt (Foto Mitte). Immer bei niedriger Temperatur arbeiten. Topf in eine mit Eiswasser gefüllte Schüssel stellen (Foto unten) und damit den Garprozeß stoppen. Durch ein feines Sieb passieren und unter gelegentlichem Rühren auskühlen lassen. Dies ist die Grundlage für die Bayerische Creme.

SCHOKOLADE/ NÜSSE

Alles, was Sie auf dem Foto oben sehen, kann eine wichtige Zutat für Desserts sein, aber auch nur als Würze dienen. Schauen wir es uns mal genauer an.

Kakao wird aus Kakaobohnen gewonnen. Geschält und fermentiert, mahlt man die gerösteten Bohnen und preßt sie, wodurch Kakaobutter und Kakaomasse entstehen. Vereinfacht gesagt, wird die Kakaomasse zu Kakao gemahlen. Je nach Fettgehalt unterscheidet man zwischen stark und leicht entöltem Kakaopulver, die beide gleichgut für Desserts verwendet werden können.

Schokolade entsteht aus Kakaopulver und -butter, Zucker und Gewürzen und kann einen Zusatz von Milch oder Sahne oder/und Nüssen haben. Je nach Anteil von Kakaopulver und Milch wird zwischen Vollmilch-, Zartbitterschokolade und weißer Schokolade unterschieden. Je mehr Kakaobutter sie enthält, umso fester ist sie.

Marzipan-Rohmasse ist eine Mischung aus gemahlenen Mandeln und Zucker. Man verarbeitet sie mit der gleichen Menge Zucker. **Nüsse** werden so oder geröstet, gehackt, gemahlen und blättrig geschnitten in Desserts verwendet. Haselnüsse, Walnüsse und Mandeln sind die gebräuchlichsten. Gerne werden auch die grünen Pistazienkerne verwendet; weniger häufig Paranüsse (über den Pistazien zu sehen) oder Cashewkerne (unter den Pistazien). Nüsse mit Häutchen vor Gebrauch rösten und abreiben.

ZUCKER

Klar, daß Zucker für die Zubereitung von Desserts unverzichtbar ist. Er entsteht aus Zuckerrohr oder Zuckerrüben, im Prinzip nach der gleichen Methode.
Beides wird gemahlen, der entstandene Saft extrahiert, vorgereinigt und zu Sirup eingedickt. Es entstehen die Zuckerkristalle. Das ist der Rohzucker. Durch Auswaschen und Raffinieren wird daraus der weiße Zucker oder die Raffinade.
Puderzucker ist fein gemahlene Raffinade. Man braucht ihn bei der Zubereitung von Eischnee, Baisermasse und Glasuren, weil er sich schnell löst.
Brauner Zucker. Da wird zwischen Rohrzucker (im Foto unten links) und Farinzucker (im Foto Mitte) unterschieden. Rohrzucker entsteht aus Zuckerrohr, dessen Saft gekocht wird. Dabei entstehen von der Melasse umhüllte Zuckerkristalle. Sie bleiben also braun. Die Süßkraft von Rohrzucker ist geringer als die der Raffinade, aber er ist aromatischer. Farinzucker entsteht aus Zuckerablaufsirup, also aus dunklem, karamelisiertem Zuckersirup. Dadurch ist er hellbraun und schmeckt intensiv nach Karamel.
Hagelzucker (Foto Mitte unten) ist granulierter, grobkörniger Zucker, aus Raffinade hergestellt.
Würfelzucker wird aus angefeuchteter Raffinade in Würfelform gepreßt.
Kandis. Das sind große Zuckerkristalle aus reiner Zuckerlösung. Brauner Kandis wird mit Karamel oder Zuckercouleur gefärbt.

CRÈME AU CARAMEL

Die Karamel-Creme gehört seit eh und je zur klassischen Dessertküche. Sie ist sozusagen ein Eierstich in süß, bekommt aber zusätzlich noch einen Mantel aus karamelisiertem Zucker. Ein doppelt süßer Genuß, der im Backofen gegart wird. Hier sagen wir Ihnen, wie man das Dessert zubereitet.

Zutaten für 6 Portionen:
100 g Zucker · 1 Eßl. Wasser · 1/2 Teel. Zitronensaft · 3 Eier · 3 Eigelbe · 75 g Zucker · 2 Päckchen Vanillin-Zucker · 250 ml (1/4 l) warme Milch · 250 ml (1/4 l) warme Schlagsahne

Zucker (100 g) in einen Topf geben. Erhitzen. Sobald er zu schmelzen beginnt, rühren, bis der Zucker sich gelöst hat. Wasser und Zitronensaft unterrühren. Masse hellbraun werden lassen (Foto oben). Eine glattwandige Puddingform damit rundherum auslegen, so daß die ganze Form mit einer Karamelschicht vollkommen bedeckt ist (Foto Mitte). Eier, Eigelb, Zucker (75 g) und Vanillin-Zucker kräftig verrühren, aber nicht schaumig schlagen. Warme Milch und Schlagsahne nach und nach unterrühren. Creme in die Form füllen. Wasser in einer tiefen Pfanne bis kurz vorm Siedepunkt erhitzen. Form hineinstellen (Foto rechts unten). Die Form muß bis gut zur Hälfte im Wasserbad stehen. Im Wasserbad auf den Rost stellen. Im vorgeheizten Backofen – mittlere Schiene – bei 175 Grad (Gas: Stufe 2) ca. 50 Minuten stocken lassen. Aus dem Ofen nehmen. Abkühlen und dann im Kühlschrank völlig auskühlen lassen. Rand mit einem spitzen Messer lösen. Crème au caramel vorsichtig auf eine Platte stürzen. Man kann die Creme auch in sechs Timbale-Förmchen zubereiten und im Wasserbad 20 Minuten bei 200 Grad (Gas: Stufe 3) garen.

ZUCKERSIRUP

„Oeufs à la neige" (Schnee-Eier), ein Dessert von himmlischer Süße und feinem Karamelaroma ist nicht echt, wenn die Klößchen aus Baisermasse nicht mit Zuckersirupfäden übersponnen werden.
Zuckersirup gibt jeder Süßspeise den typischen Karamelgeschmack und macht sie herzhaft-würzig. In Zuckersirup aber können Sie auch Früchte garen. Oder Nüsse zum Garnieren glasieren. Oder Cremespeisen damit zubereiten. Je nach Verwendung spricht man von leichtem, mittelschwerem und schwerem Sirup. Konsistenz und Farbe sind vom Verhältnis Wasser zu Zucker und von der Kochzeit abhängig. Leichter Sirup für Früchte und Saucen wird aus einem Teil Zucker und zwei Teilen Wasser 1 Minute gekocht. Je schwerer der Sirup werden soll, umso weniger Wasser wird verwendet. Bei Karamel und Karamelfäden wird mit einem Teil Zukker und 1/5 Teil Wasser gerechnet. Man kocht den Sirup, bis er hellbraun ist und beim Abkühlen Fäden zieht (Foto Mitte).
Zurück zu den „Oeufs à la neige", die so zubereitet werden: 60 g Zucker karamelisieren lassen. 700 ml Milch und Mark einer Vanilleschote zugeben, aufkochen. 15 Minuten ziehen lassen. 4 Eiweiß mit 80 g Zucker und 1 Teel. Zitronensaft steif schlagen. Klößchen mit einem Teelöffel abstechen und auf die Karamelmilch gleiten lassen (Foto links oben). Im geschlossenen Topf im Backofen bei 150 Grad (Gas: Stufe 1) 8 Minuten garen. Klößchen abheben und kalt stellen. 4 Eigelb mit 6 Eßl. Milch verquirlen. Heiße Karamelmilch bei geringer Hitze nach und nach unterrühren, aber nicht kochen. Auskühlen lassen. Auf tiefe Teller verteilen, darauf die Schneeklößchen geben. 100 g Zucker und 1–2 Eßl. Wasser zu Karamel kochen, der beim Abkühlen Fäden zieht (Foto Mitte). Vom Herd nehmen. Nach und nach mit einem Eßlöffel jeweils eine Portion Karamel vorsichtig gießend auf die Schneeklößchen geben, so daß sie mit den entstehenden Fäden überzogen werden. (Fotos links unten).

GARNIEREN

Mit Phantasie und Geschick und mit allem, was die Nahrungsmittelindustrie uns an süßen Dekorationen zum Aufessen anbietet, läßt sich trefflich garnieren. Auch Desserts kann man so aufputzen, daß sie für Augen und Gaumen gleichermaßen eine wahre Freude sind. An Schokoladenprodukten bieten sich z.B. Streusel, Raspel und hübsch geformte Blätter an (Foto oben). Aber schon geriebene oder geraspelte Schokolade macht Cremes und Flammeris, Eiscreme und Eisbomben feiner. Blättchen können Sie übrigens selbst herstellen. So: Kuvertüre im Wasserbad schmelzen lassen. Frisch gepflückte saubere Blättchen durch die Kuvertüre ziehen. Erstarren lassen und die Blättchen vorsichtig von der Kuvertüre abziehen. Schokospäne macht man so: Geschmolzene Kuvertüre auf eine glatte Fläche streichen, erstarren lassen und mit einem Messer in kurze Späne schaben. Man kann auch Förmchen mit Kuvertüre ausgießen. Sie sind leckere und eßbare Schalen, die Sie mit Cremes oder Eis füllen können. Es gibt sie auch fertig zu kaufen. Für den, der Buntes liebt, gibt's auch Buntzucker in allen Regenbogenfarben. Ganz zu schweigen von all den bunten Zuckerperlen, von den Liebesperlen, die der Fachhandel Non-Pareilles nennt, bis zu silberglitzernden Perlchen. Und es bieten sich die Zuckerblümchen an. Ein damit garniertes Dessert macht nicht nur Kindern Spaß.

CREMES, PUDDING UND FLAMMERIS

Die Grundlage vieler Cremes ist die Englische Creme. Darauf basiert auch die Bayerische Creme, in der internationalen Küche Crème bavaroise genannt, die in allerlei Varianten vorkommt. Das Grundrezept ist so: Zuerst eine englische Creme herstellen. Dann eingeweichte Gelatine in der heißen Creme auflösen und im Kühlschrank abkühlen lassen, bis sie anfängt, dicklich zu werden, aber noch nicht fest ist. Sicherheitshalber von Zeit zu Zeit umrühren. Schließlich steifgeschlagene Sahne unterheben. Gefettete oder kalt ausgespülte Förmchen damit füllen. Festwerden lassen und stürzen.

Aufgeschlagene Cremes. Genau genommen ist jede Creme, die mit dem Schneebesen oder dem Handrührgerät zubereitet wird, eine aufgeschlagene Creme. Aber ganz genau genommen handelt es sich dabei um Cremes, die über Dampf oder im Wasserbad aufgeschlagen werden. Dadurch und durch die Hitzeeinwirkung kommt Luft ins heiße Eigelb. Sein Volumen wird verdoppelt. Die Creme wird locker. Nun ist nichts einfacher, als selbst ein Wasserbad zu „konstruieren". Man stellt die Schüssel mit der Crememasse in einen größeren Topf mit Wasser. Das Wasserbad ist perfekt. Der Vorgang: Das Wasser bis zum Siedepunkt erhitzen. Dann darf es nur noch leicht simmern. Einfacher geht's mit einem Simmertopf (Foto oben). Den Hohlraum zwischen seinen beiden Wänden und Böden füllt man mit Wasser und läßt es kochen. Die Creme wird darin aufgeschlagen. Der Vorteil: Die Hitze verteilt sich gleichmäßig. Darin können Sie zum Beispiel die Zabaione, eine typische aufgeschlagene Creme zubereiten.

Was nun den Pudding angeht, so ist er fachmännisch eine in der geschlossenen Form im Wasserbad gegarte süße oder salzige Speise. Mit Pudding aber wird landläufig das bezeichnet, was wir aus Milch und Zukker kochen und mit Speisestärke binden. Das aber ist fachmännisch der Flammeri. Eine Begriffswandlung hat also stattgefunden, die durch industriell hergestellte Flammeri-Pulver ausgelöst wurde, die als „Pudding-Pulver" auf den Markt kamen. Bleiben wir aber bei der althergebrachten Definition des Pudding. Er ist ein Dessert, das warm verzehrt wird. Es kann aus Teig oder Eiermasse bestehen. Auf dem zweiten Foto von oben sehen Sie eine typische Puddingform mit gut verschließbarem Deckel. Sie muß zum Garen der Masse zu ⅓ im Wasserbad stehen. Da der Pudding immer gestürzt wird, muß die Form vorm Füllen eingefettet und mit Semmelmehl ausgestreut werden, auch der Deckel, weil die Puddingmasse zumeist hoch aufgeht.

Der Flammeri ist also das, was der Volksmund Pudding nennt. Man kocht Milch oder Fruchtsaft mit Zukker auf, bindet mit Speisestärke Grieß, Sago oder Reis oder eben mit Puddingpulver. Nun kann man die Speise mit Eigelb legieren und mit Eischnee lockern. Dann in kalt ausgespülte Formen füllen, erkalten lassen, stürzen und mit Sauce nach Geschmack reichen.

EIS, SORBETS, PARFAITS, GRANITÉS

Speiseeis gibt's in beinahe jeder Geschmacksrichtung und in jeder Form zu kaufen. Die Industrie macht's möglich, und die Verbraucher schätzen die gute Qualität. Trotzdem gefällt es vielen, gelegentlich selbst Eis zuzubereiten. Wer das häufig praktiziert, für den lohnt sich der Kauf einer Eismaschine (zweites Foto von unten). Darin wird die Masse ständig gerührt. Das Eis wird besonders cremig. Grundlage für Eiscremes ist eine geschlagene Eier-Zucker-Masse mit Milch oder Sahne, also eine englische Creme. Man kann sie mit Früchten, Schokolade oder Nüssen anreichern und mit Gewürzen, Likören, Blütenwasser, Kaffee- oder Teekonzentraten würzen. Wer keine Eismaschine hat, kann natürlich auch Eis herstellen. Er friert die Masse einfach in einem Behälter im Gefriergerät oder im Gefrierfach des Kühlschranks ein. Alle 30 Minuten wird einmal umgerührt.

Parfaits sind mit reichlich Sahne zubereitete Eiscremes, die beim Einfrieren nicht gerührt werden, so daß sich beim Aufschneiden – sie werden in Scheiben serviert – die Kristallstruktur zeigt.

Sorbet ist Eis aus gesüßtem Fruchtsaft oder -püree, Sekt oder Wein. Es muß beim Einfrieren häufig umgerührt werden, damit es locker bleibt. Das geht besonders gut in der Eismaschine, die auch Sorbetière genannt wird.

Spooms bestehen aus Sorbet-Masse, die nach dem Einfrieren mit Baiser cremig gerührt wird.

Granités werden aus leicht gesüßter Flüssigkeit – Säfte, Wein, Sekt – eingefroren. Das gefrorene Eis wird mit einem Teigschaber aus dem Behälter gekratzt und muß wie gestoßenes Eis aussehen.

EISBOMBEN

Optisch eindrucksvoll präsentieren sich Eisbomben immer, wenn sie einfallsreich garniert serviert werden. Man stellt sie sozusagen in Schichtarbeit her. Das Eis wird in mehreren Schichten in die Form gestrichen. Und da das eher arbeitsaufwendig ist, sollte man nicht unbedingt auf selbstgemachtem Eis bestehen. Zumindest kann man mit gekauftem Eis kombinieren, zumal es viele Edel-Eisprodukte zu kaufen gibt. Zwischen die Schichten kann man Früchte, Nüsse, Schokolade, Pralinen und kandierte Früchte füllen. Der Phantasie sind da keine Grenzen gesetzt. Beim Arbeiten muß man aber darauf achten, daß jeweils eine Schicht fest gefroren ist, bevor die nächste aufgestrichen wird. Denn angetaute Schichten laufen ineinander. Um ein Antauen zu verhindern, stellen Sie die Eisbombenform während des Einschichtens am besten in eine Schüssel mit Eiswürfeln (Foto unten). Es macht übrigens nichts, wenn Sie keine Eisbombenform haben. Eine glatte Schüssel tuts auch. Ganz einfach: Mehrere Eissorten nacheinander auf eine Platte schichten. Das ist auch eine Art Eisbombe.

RATGEBER KÄSE

1

2

3

4

DEUTSCHLAND

Ein Menü ohne Käse als Dessert wäre für die Franzosen wie ein Himmel ohne Sterne. Zum Glück aller Gourmets der Welt hat es sich herumgesprochen, wie vorzüglich dieser Schlußpunkt eines Essens ist, der „den Magen schließt". Damit Sie Ihre Wahl treffen können, geben wir Ihnen eine Übersicht über europäische Käsesorten. Zuerst über die originellsten deutschen Sorten.

1) Typisch deutsch ist der Bergkäse (1) aus den Allgäuer Alpen, ein herzhaft-pikanter, leicht süßlicher Hartkäse mit kleinen runden Löchern. Der Tilsiter (2) ein ostpreußisches Original, ist ein Schnittkäse von pikant-säuerlichem Geschmack. Dann gibt es den milden Weinkäse (3) aus pasteurisierter Vollmilch. Der außerdem gezeigte Trappistenkäse (4) ist die originelle Nachahmung des halbfesten jugoslawischen Schnittkäse Trapist. Er schmeckt mildfrisch.

2) Der Weißlacker (1) stammt aus dem Süden der Bundesrepublik. Er ist ein halbfester Schnittkäse, stark gesalzen und würzig. Der Romadur (2), ein delikater Weichkäse mit Schmierenbildung (die den strengen Duft verursacht), schmeckt würzig-pikant. Der Steinbuscher (3), ein halbfester Schnittkäse, stammt ursprünglich aus Ostpreußen. Er ist herzhaft-aromatisch.

3) Butterkäse (1), der halbfeste Schnittkäse, wird aus kurzzeit-erhitzter Milch hergestellt. Er ist von milder Haselnußsüße. Der Bavariablu (2), eine deutsche Kreation mit weißem Edelpilz außen und blauem Edelpilz innen, ist von sahniger Würze. Vom Räucherkäse (3) gibt es Schnittkäse und halbfeste Schnittkäsesorten. Alle werden nach der Reifung geräuchert.

4) Der Wilstermarschkäse (1), eine Spezialität Schleswig-Holsteins, schmeckt leicht scharf-aromatisch. Er ist ein halbfester Schnittkäse. Der mildnussige Geheimratskäse (2) ist ein Schnittkäse und der Olmützer Quargel (3) ein Sauermilchkäse, der ähnlich wie Harzer schmeckt.

1

2

3

4

HOLLAND

Ein Käse mit Tradition aus den milchwirtschaftlich reichen Niederlanden, ein Exportkäse par excellence, das ist der Gouda. Es gibt ihn mindestens seit dem 16. Jahrhundert. Heute noch wird er auf vielen Bauernhöfen als sehr pikanter Goudse boerenkaas hergestellt. Der größte Teil stammt aber aus hochmodernen Käsereien. Die Sortenübersicht:

1) Hier haben Sie den alten (1) den mittelalten (2) und den jungen Gouda (3), richtiger: Goudse Kaas. Der Schnittkäse wird aus schonend pasteurisierter Vollmilch hergestellt Junger Goudse Kaas von milder Süße ist drei bis acht Wochen alt. Mittelalter Gouda – kräftig, würzig ist ein zwei bis höchstens sechs Monate gereifter Käse. Je älter, umso schmackhafter, aber auch umso teurer wird der Käse. Das gilt für den alten Gouda. Er muß über sechs Monate gereift sein. Dann hat er das volle Aroma.

2) Der Holländische Doppelrahmkäse (1) ist ein halbfester Schnittkäse, vier bis acht Wochen alt, aus Kuhmilch hergestellt und von feinsahnigem Geschmack. Pikantje (2) ist der Markenname für mittelalten Gouda mit Reifegarantie für mindestens vier Monate. Der Maasdamer (3), eine neuere Käsesorte, ist ein milder Schnittkäse mit leichtem Walnußgeschmack.

3) Der Edamer Kaas (1), bei uns schlicht Edamer genannt, wird zumeist im Alter von sechs Monaten angeboten. Der ältere, sechs bis zwölf Monate alte, ist allerdings würziger. Der Nußkäse (2) ein Weichkäse umhüllt von Haselnußscheiben oder Walnußstücken ist mild im Geschmack und von brieähnlicher Konsistenz. Gilt als Saisonartikel.

4) Der Friese Nagelkaas (l), ein Schnittkäse, wurde früher nur auf Bauernhöfen hergestellt. Ohne Nelken und andere Gewürze heißt er Friese Kantenkaas. Ein pikanter Käse für Individualisten. Leerdamer (2) ist der Markenname für eine bestimmte Sorte Maasdamer. Und der Krondamer (3) ist eine relativ neue, milde Schnittkäsesorte.

FRANKREICH

Für Frankreichs vorzügliche Käse gibt es keine Konkurrenz, was Zahl und Sorten angeht. Oft auch nicht, was Geschmack und Konsistenz betrifft.
Fürsten und Könige schätzten im Mittelalter die Köstlichkeiten aus bäuerlichen französischen Käseküchen, in denen meist Ziegen- und Schafsmilch verarbeitet wurden. Das ist bis heute in manchen Regionen eine Tradition geblieben. Zur Zeit der Karolinger, der Nachkommen Karls des Großen aber begann man schon mit der Verarbeitung von Kuhmilch, die bis heute dominiert. Frankreich verfügt heute über etwa 400 verschiedene Käsesorten. Hier eine Auswahl der wichtigsten Sorten.

1) Den Coulommiers, nach der gleichnamigen Stadt in der Ile-de-France benannt (1), kann man im Geschmack und Aussehen zwischen Brie und Camembert einordnen. Er schmeck mild-würzig. Der Bleu de Bresse (2) oder Bresse bleu aus pasteurisierter Kuhmilch, schmeckt sahnig-aromatisch.

2) Ein Frisch- oder Weichkäse ist der Chaource (1). Er entwickelt aber einen kräftig-herzhaften Geschmack. Vollreif ist er stark aromatisch. Der Epoisses (2), ein Weichkäse, hat geschmacklich einen Hauch von marc de bourgogne (Tresterschnaps), mit dem er während der Reifung und der kurzen Lagerung behandelt wird. Der Camembert (3), Frankreichs Berühmtheit, ist ein Käse aus Vollmilch von mild-würzigem Geschmack, der durchgereift am allerbesten ist. Ein Weichkäse ist auch der Pont l'Evêque (4), der etwas kräftiger schmeckt.

1

3

3) Der Chevrette (1) ist ein Ziegenkäse, wie er auf Bauernhöfen im Département Ain hergestellt wird. Ein aromatisch-würziger Genuß. Der Saint-Maure (2) stammt aus der Tourraine, ist mild bis pikant und ein typischer Ziegenkäse. Ein halbfester Schnittkäse aus Kuhmilch ist der Reblochon (4). Er schmeckt würzig-nussig.

2

4

4) Der Munster (1), ein besonders typischer französischer Käse, ist ausgesprochen pikant-würzig, aber auch sahnig. Ein Weichkäse, den es in verschiedenen Größen gibt. Er wird im Elsaß und in Lothringen hergestellt. Der Roquefort (2), König unter den Edelpilzkäsen (jedem Feinschmecker ein Begriff) wird aus reiner Schafs-Vollmilch hergestellt, in südfranzösischen Dèpartements vorgefertigt, muß aber in den Felsenhöhlen von Roquefort reifen.

DÄNEMARK UND GROSS-BRITANNIEN

Die Käseländer Dänemark und Großbritannien unterscheiden sich insofern wesentlich voneinander, als es in Dänemark keine regional geprägten Käsesorten gibt. Wohl aber in den Grafschaften des Inselreiches. Daß in Dänemark, dem Land im frischen Klima zwischen Nord- und Ostsee, Milchvieh prächtig gedeiht, ist bekannt. Es liefert die Milch für vorzügliche Käsesorten, die eine relativ junge Geschichte haben, obwohl sie aus der bäuerlichen Käseherstellung hervorgegangen sind. Weitgehend verschwunden sind aber die Ursorten wie z.B. der Rauchkäse „Ryge Ost". Heute gibt's u.a. folgende Sorten:

1) Der Weichkäse Blue Castello (1), außen mit Camembert-Schimmel überzogen, innen mit kräftigen Blauschimmeladern, ist sahnig-mild und hat ein ausgeprägtes Pilzaroma. Den Danablu (2) gibt's streichfähig und schnittfest. Sein Innenschimmel macht ihn scharf-pikant. Der Luxus-Danbo (3), ein Schnittkäse vom Typ Steppenkäse, ist ein acht bis 24 Wochen gelagerter Danbo, herzhaft und würzig.

2) Mit den hier gezeigten Käsesorten machen wir einen Abstecher nach Norwegen. Der Jarlsberg (1) ist sozusagen ein südnorwegischer Emmentaler von mild-nussigem Geschmack. Auch der Ridder-Ost (2) ist ein norwegischer Kuhmilchkäse (ost ist übrigens das skandinavische Wort für Käse). Der halbfeste Schnittkäse ist sehr herzhaft. Der Gjetost oder Geitost (3) gehört zu den typischen Molkenkäsesorten, wie sie in Norwegen und in Schweden jahrhundertealte Tradition haben. Früher wurde nur Molke von Ziegenmilch verwendet, heute bedient man sich auch der Kuhmilchmolke. Nach dem Einkochen wird die handwarme Käsemasse geknetet und geformt. Um dem Käse mehr Schmelz zu geben, kocht man heute Rahm mit. Geitost (Geiskäse) wird aus Ziegenmolke mit Rahm hergestellt. Schmeckt süßlich.

1

2

3

3) Noch einmal dänischer Käse. Und zwar der säuerlich-pikante halbfeste Schnittkäse Esrom (1) und der pikante Schnittkäse mit dem leichten Haselnußgeschmack, der Samso (2).

4) Die wichtigsten Sorten Großbritanniens: Der Blue Stilton (1), ein halbfester Käse aus pasteurisierter Kuhmilch mit Innenschimmel, mild pikant. Feinschmecker höhlen ihn aus, füllen etwas Portwein hinein und genießen ihn. Schmeckt vorzüglich. Wer aber vom englischen Käse spricht, muß auch Cheddar (2) sagen. Der kräftig-würzige Hartkäse wurde seit Jahrhunderten in der Grafschaft Somerset auf großen Gutshöfen hergestellt. Heute produzieren vor allem Großmolkereien den rötlich-gelben Käse. Der Cotswold Cheese (3) ist ein naher Verwandter des in England beliebten Gloucester. Ein Hartkäse, der aber weich in der Konsistenz ist und sahnig-mild schmeckt.

ITALIEN, SCHWEIZ, BALKAN

Die Produktion von Parmigiano, Gorgonzola und Pecorino geht in Italien tatsächlich bis ins 10. und 11. Jahrhundert zurück. Mit diesem Käse ließen sich Fürsten und Könige in ganz Europa beliefern. Kein Wunder, daß sie bis heute zur Spitzenklasse gehören.

1) Der Parmiggiano reggiano (1) ist ein Hartkäse aus roher Kuhmilch, der mindestens zwei Jahre reifen muß. Er und sein Name sind gesetzlich geschützt. Nur Käse aus den Regionen Parma, Reggio Emilia, Modena, Mantua und Bologna dürfen den berühmten Namen tragen. Besonders gut schmeckt der frisch angebrochene Käse mit dem kernigen Biß nach herzhaft-würzigen Nüssen. Der Pecorino (2) ist ein Hartkäse aus Schafsmilch, der in verschiedenen Regionen Italiens hergestellt wird. Er ist sehr aromatisch. Der Provolone (3), ein Hartkäse aus vorwiegend roher Kuhmilch, hat seinen Ursprung in Süditalien, wird aber im ganzen Land produziert. Es gibt ihn mild und pikant.

3) Um bei den Italienern zu bleiben, schauen wir zuerst aufs dritte Foto. Der Gorgonzola (1) steht bei Kennern in echter Konkurrenz zum französischen Roquefort, weil er zartschmelzend und milder im Geschmack ist. Es handelt sich um halbfesten Schnittkäse mit Innenschimmel. Wer noch einen Mozzarella (2) aus Büffelmilch bekommen kann, wird seinen echten Geschmack erleben, eine feinsäuerliche Würze. Heute wird der Frischkäse meist aus Kuhmilch, allenfalls aus einer Kuh-Büffelmilchmischung hergestellt. Der Ricotta (3) aus Schaf- oder Kuhmilchmolke ist in vielen Typen in Italien weit verbreitet.

2) Die Schweiz bietet uns Walliser Raclette (1), den leicht schmelzenden, würzigen Weichkäse (fürs Schweizer Raclette z.B.) an. Und den Sbrinz (2), einen aromatisch-pikanten Hartkäse, der gehobelt gerne zu Wein gereicht wird. Der Appenzeller (3) ist ein Schnittkäse (in der Schweiz: Halbhartkäse) aus dem Kanton Appenzell. Er schmeckt besonders kräftig aromatisch. Aus der französischen Schweiz stammt der Hartkäse namens Greyerzer (4), ein pikanter naher Verwandter des Emmentaler (5). Dieser glatte Hartkäse mit dem kräftigen Nußaroma und den großen Löchern, geht in Deutschland – unpräzise – als „Schweizer" über die Theken.

4) Und ein Sprung zum Balkan. Da haben wir den bulgarischen Hartkäse mit Namen Balkanski Káskaval (1) aus roher Schafsmilch, gesalzen und kräftig-pikant gewürzt. Der Feta (2) ist ein Lake-Weichkäse von säuerlich-pikantem Aroma. Es gibt aber auch Kuhmilch-Feta. Ein alter Grieche ist der Kefalotiri (3). Der pikante, gesalzene Hartkäse wird aus Schafsmilch oder aus einer Schaf-Ziegenmilch-Mischung produziert.

1

2

3

4

NEKTARINEN IN HIMBEERMARK

100 g Marzipan-Rohmasse · grüne Lebensmittelfarbe · 300 g Himbeeren · 2–3 Eßl. Himbeergeist · 100 g Zucker · 4 Nektarinen

Die Marzipan-Rohmasse mit Lebensmittelfarbe verkneten und zu Blättchen formen. Himbeeren verlesen, vorsichtig waschen, abtropfen lassen, pürieren, durch ein Sieb streichen, mit Himbeergeist und Zucker verrühren und auf vier tiefe Teller verteilen. Nektarinen mit heißem Wasser waschen, abtrocknen, halbieren, entsteinen, in Spalten schneiden und wie eine Blüte auf das Himbeermark legen. Mit den Marzipanblättern verzieren. Evtl. mit Puderzucker bestäuben.

MIRABELLEN-GRÜTZE IM KROKANT-KÖRBCHEN

50 g Butter · 100 g Haferflocken · 100 g Rohrzucker · 125 ml (1/8 l) Schlagsahne

Für die Grütze:

500 g Mirabellen · 100 ml (1/10 l) Aprikosensaft · 30 g Perlsago

Außerdem: Schlagsahne zum Verzieren · Alufolie

Die Butter in einer Pfanne zerlassen. Die Haferflocken kurz darin anrösten. Mit dem Zucker verrühren, bis er karamelisiert ist.

Nach und nach die Sahne unterrühren zum Kochen bringen und zu einer festen Masse einkochen lassen. Sechs Briocheförmchen mit Alufolie auslegen – glänzende Seite nach innen – Haferflockenteig

hineingeben und mit einem Löffel an den Wänden zu einem Körbchen hochdrücken. Auf dem Rost auf der mittleren Schiene im auf etwa 200 Grad (Gas Stufe 3-4) vorgeheizten Backofen etwa 15 Minuten backen, anschließend auskühlen lassen.
Mirabellen waschen, entsteinen und mit dem Aprikosensaft zum Kochen bringen. Sago unterrühren, wieder zum Kochen bringen. Etwa 10 Minuten ausquellen lassen und kaltstellen. Die Körbchen mit Grütze füllen und mit Schlagsahne garnieren.

MELONE AUF NOUGATCREME

100 g Nuß-Nougatmasse · 300 ml Milch · 1 Päckchen Soft-Creme-pulver Nuß-Geschmack · 1 Eßl. Weinbrand · 1/2 Netzmelone · 4 Teel. Haselnuß-Krokant · 125 ml (1/8 l) Schlagsahne

Die Nougatmasse mit der Milch im Mixer pürieren, in eine Schüssel geben, Soft-Cremepulver zugeben und mit dem Handrührgerät mit Rührbesen 3 Minuten schlagen. Weinbrand unterrühren.
Melone waschen, in acht Spalten teilen, entkernen. Die Nougatcreme auf vier Teller verteilen, Melone darauf legen. Mit Krokant bestreuen. Sahne steif schlagen und neben die Melonenspalten geben.

GÖTTERSPEISE

1 kg Schattenmorellen · 100 g Zucker · 1 Päckchen Vanillin-Zucker · 200 g Vollkornbrot · 3 Eßl. Kirschwasser · 50 g Halbbitter-Schokolade · 200 ml (1/5 l) Schlagsahne · 50 g feiner Zucker · 200 g Crème fraîche

geraspelte Schokolade

Die Kirschen waschen, entstielen, entsteinen, den Saft dabei auffangen.
Kirschen und Saft mit dem Zucker und dem Vanillin-Zucker zum Kochen bringen, nach 2 Minuten auf ein Sieb geben. Etwa 400 ml (2/5 l) Saft abmessen.
Brot in Scheiben schneiden und zwischen den Fingern zerbröseln. Brot mit dem warmen Kirschsaft begießen und so lange ziehen lassen, bis der Saft völlig aufgesaugt ist. Kirschwasser zugeben. Schokolade reiben und ebenfalls unterrühren.
Sahne mit feinem Zucker und Crème fraîche steif schlagen.
In eine Glasschüssel abwechselnd Kirschen, Brotmischung und Sahne schichten, mit Sahne abschließen, mit geraspelter Schokolade bestreuen, kalt stellen.

ERDBEER-GRÜTZE

Für die Grütze:

1 1/4 kg Erdbeeren · 1 Zitrone (unbehandelt) · 150 g Zucker · 120 g Perlsago · 125 g Himbeeren

Für die Vanille-Sahne:

250 ml (1/4 l) Schlagsahne · Vanillin-Zucker · Zucker

Die Erdbeeren waschen, entstielen, ein Viertel der Früchte beiseite stellen, die übrigen in 1 l Wasser zum Kochen bringen, auf ein gespanntes Tuch geben, damit der Saft ablaufen kann. Den Fruchtbrei nach dem Erkalten kräftig auspressen. Saft mit Wasser auf 1 1/4 l Flüssigkeit auffüllen. Zitrone waschen, dünn abschälen. Schale und Zucker zugeben, zum Kochen bringen. Sago einstreuen und wieder zum Kochen bringen.

Etwa 20 Minuten ausquellen lassen und die Zitronenschale entfernen.
Himbeeren verlesen, waschen, mit den zurückbehaltenen Erdbeeren in die Grütze geben, noch einmal 1 Minute kochen lassen.
Für die Sauce Schlagsahne steif schlagen, mit Vanillin-Zucker und Zucker abschmecken, zur lauwarmen oder erkalteten Erdbeer-Grütze reichen.

SOMMER-KOMPOTT

Je 500 g Süßkirschen und Aprikosen · 250 ml (1/4 l) Traubensaft · 1 Eßl. Speisestärke · 30 g gemahlene Mandeln · 1 Eiweiß · 40 g Puderzucker

Die Früchte waschen, entstielen und entsteinen. Aprikosen vierteln. Den Saft erhitzen, Speisestärke mit Wasser anrühren, in den Saft rühren, aufkochen. Früchte darin 5 Minuten ziehen lassen, in eine feuerfeste Schale geben. Eiweiß steif schlagen, Puderzucker unterschlagen, Mandeln unterziehen und über das Kompott streichen. Etwa 5 Minuten bei etwa 250 Grad (Gas Stufe 5–6) überbacken.

RHABARBER-GELEE MIT HÄUBCHEN
(ohne Foto)

750 g Rhabarber (ohne Blätter gewogen) · 6 Eßl. Zucker · 3 Blatt weiße Gelatine · 250 g Magerquark · 2 Eiweiß · 1 Päckchen Vanillin-Zucker

Den Rhabarber waschen, kleinschneiden und mit 4 Eßl. Zucker und 100 ml (1/10 l) Wasser etwa 20 Minuten dünsten lassen. Die Rhabarberstücke in einem Sieb abtropfen lassen (Saft auffangen) und dann pürieren. 250 ml (1/4 l) Rhabarbersaft abmessen. Gelatine etwa 10 Minuten in kaltem Wasser einweichen, ausdrücken, im warmen Saft auflösen, in eine Schüssel gießen und kalt stellen. Quark mit dem Rhabarberpüree verrühren und kalt stellen.
2 Eiweiß steif schlagen, unter weiterem Schlagen löffelweise den kalten Rhabarberquark unterrühren, mit 2 Eßl. Zucker und Vanillin-Zucker abschmecken und auf das Gelee geben.

ZITRUSFRÜCHTE AUF SAHNE-GELEE

250 ml (1/4 l) Schlagsahne · 1-2 Eßl. Zucker · 2 Ingwerstückchen in Sirup · 4 Blatt weiße Gelatine · 100 ml (1/10 l) Orangensaft · 30 g Paranußkerne · 2 Blutorangen · 2 Orangen · 2 Mandarinen

Außerdem: Orangeat zum Verzieren

Die Sahne fast steif schlagen, mit 1 Eßl. Zucker und 1 Teel. Ingwersirup verrühren.
Die Gelatine etwa 10 Minuten in kaltem Wasser einweichen, ausdrücken, in Orangensaft bei schwacher Hitze auflösen, abkühlen lassen und unter die Sahne ziehen, mit Zucker abschmecken.
Die braune Haut von den Nüssen entfernen, Nüsse hobeln. Den Ingwer fein hacken und mit den Nüssen unter die Sahne ziehen. Creme in vier Puddingförmchen füllen und etwa 6 Stunden kalt stellen.
Orangen schälen und in Scheiben schneiden. Mandarinen schälen und in Spalten teilen, die Haut abziehen. Die Früchte auf vier Tellern anrichten, die Gelees darauf stürzen. Mit Orangeat verzieren.

MINZGELEE MIT MELONENBÄLLCHEN

60 g Pfefferminzblätter · 3 Eßl. Honig · Karcamom · 6 Blatt weiße Gelatine · 1/2 Honigmelone · 2 Eßl. Zitronensaft

Von der Pfefferminze 50 g waschen und mit 500 ml (1/2 l) kochendem Wasser überbrühen. 10 Minuten ziehen lassen, durch ein feines Sieb gießen und mit Honig und Kardamom würzen.Die Gelatine etwa 10 Minuten in kaltem Wasser einweichen, ausdrücken und im heißen Tee auflösen.
Mit einem Kartoffelausstecher aus der Melone Bällchen ausstechen, mit Zitronensaft und den restlichen Minzeblättern in den Tee geben und in vier Puddingförmchen gießen. Für 6 Stunden kalt stellen, dann stürzen.
Weinschaumsauce (Rezept S. 159) dazureichen.

WEIN-GELEE MIT ROSEN UND FRÜCHTEN

1 Dose Lychees (Einwaage 200 g) · 100 ml Rosenwasser · 200 ml (1/5 l) Weißwein · 6 Blatt weiße Gelatine · 20 frische Rosenblätter · 1 Glas Schattenmorellen (Einwaage 450 g)

Die Lychees abtropfen lassen, Sirup dabei auffangen. 125 ml (1/8 l) Lycheesirup abmessen, mit je der Hälfte des Rosenwassers und des Weins verrühren. 3 Blatt Gelatine in kaltem Wasser einweichen, ausdrücken, in 3 Eßl. heißer Lycheeflüssigkeit auflösen (Foto 1), mit der übrigen Flüssigkeit verrühren.
Eine Puddingform (Inhalt 1 l) mit kaltem Wasser ausspülen. Mit der Lycheeflüssigkeit einen etwa 5 mm hohen Spiegel hineingießen, kalt stellen.
6 Lychees in Spalten schneiden. Sobald der Spiegel erstarrt ist, die restliche Geleeflüssigkeit in die Form gießen. Lycheespalten und die Hälfte der Rosenblätter einlegen (Foto 2), kalt stellen.
Schattenmorellen abtropfen lassen. Saft auffangen. 125 ml (1/8 l) abmessen, mit restlichem Rosenwasser und Wein verrühren. 3 Blatt Gelatine in kaltem Wasser einweichen, ausdrücken, in 3 Eßl. Kirsch-Rosen-Wein bei kleiner Hitze auflösen, mit der übrigen Flüssigkeit verrühren. 100 g Schattenmorellen mit 10 Rosenblättern in die Kirschflüssigkeit geben. Wenn das Lychee-Gelee erstarrt ist, die Kirschflüssigkeit samt Einlage über einen Löffelrücken auf das Lychee-Gelee gießen, etwa 6 Stunden kalt stellen. Form kurz in heißes Wasser tauchen und das Gelee stürzen. (Foto 3).

1

2

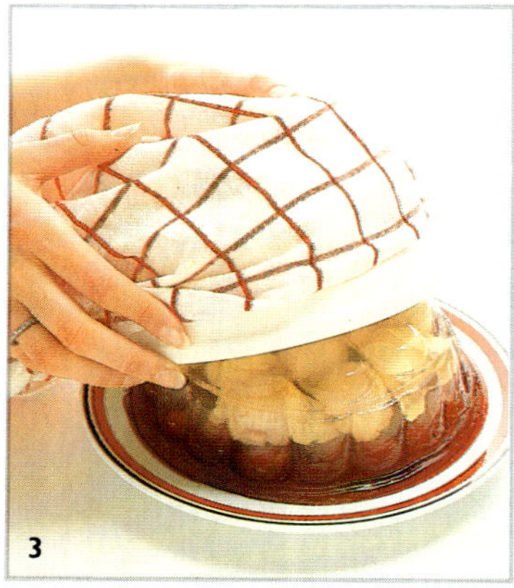
3

REIS-GELEE
(ohne Foto)

4–6 Portionen:
700 ml Milch · 200 g Zucker · 1/2 Vanilleschote · 200 g Rundkornreis · 8 Blatt weiße Gelatine · 2 Eßl. Kirschwasser · 500 ml (1/2 l) Schlagsahne · 5 Blatt rote Gelatine · 300 ml Weißwein · 400 ml (2/5 l) Roséwein

Milch mit 80 g Zucker und der aufgeritzten Vanilleschote zum Kochen bringen. Reis zugeben und im geschlossenen Topf im auf etwa 175 Grad vorgeheizten Backofen (Gas Stufe 2) etwa 40 Minuten ausquellen lassen. 4 Blatt weiße Gelatine etwa 10 Minuten in kaltem Wasser einweichen, ausdrücken. Kirschwasser erhitzen, Gelatine darin auflösen, unter den Reis ziehen und kalt stellen. Die Vanilleschote entfernen. Die Hälfte der Sahne steif schlagen und unter den Reis ziehen. 4 Blatt weiße und 5 Blatt rote Gelatine getrennt einweichen, ausdrücken. Weiße Gelatine in 2 Eßl. heißem Weißwein auflösen, mit restlichem Weißwein und 50 g Zucker verrühren, bis sich der Zucker gelöst hat. In eine Reisform geben und kalt stellen. Mit der roten Gelatine, dem Rosèwein und 50 g Zucker genauso verfahren. Wenn das helle Gelee in der Form erstarrt ist, die Reiscreme hineingeben, andrücken. Rosè-Gelee darübergeben, kalt stellen. Nach 6 Stunden stürzen.

BEEREN-SCHAUM

200 ml (1/5 l) Rotwein · 300 ml Apfelsaft · 60 g Zucker · 1 Zimtstange · 60 g Speisestärke · 4 Eiweiß · 200 g Brombeeren

Den Rotwein mit 2/3 des Apfelsafts, dem Zucker und der Zimtstange zum Kochen bringen. Speisestärke mit dem restlichen Apfelsaft anrühren, unter Rühren in den kochenden Wein geben und aufkochen.
Das Eiweiß steif schlagen und unter die Weincreme heben, noch mal aufkochen. Brombeeren verlesen,waschen und abtropfen lassen, unterziehen und kalt stellen, mit Brombeeren garnieren.

GRAPEFRUIT MIT MARSALA-GELEE
(ohne Foto)

2 Grapefruits · etwa 250 ml (1/4 l) Marsala · 40 g Zucker · 2 Blatt weiße Gelatine · 1 Blatt rote Gelatine · 4 Teel. Ahornsirup

Die Grapefruits halbieren, das Fruchtfleisch herauslösen, die Zwischenhäute entfernen, den Saft dabei auffangen und mit Marsala auf 300 ml auffüllen. Zucker unter Rühren darin auflösen. Gelatine in kaltem Wasser einweichen, ausdrücken und mit 3 Eßl. von der Marsalaflüssigkeit bei schwacher Hitze auflösen. Restliche Marsalaflüssigkeit einrühren, in eine Form gießen und kalt stellen. Grapefruithälften innen säubern. Nach 6 Stunden das Gelee stürzen, hacken und mit den Grapefruitstücken in die Hälften füllen. Auf jede Grapefruithälfte 1 Teel. Sirup geben.

ZABAIONE

4 Eigelbe · 50 g Zucker · 80 ml Marsala oder Portwein

Alle Zutaten im heißen Wasserbad schaumig schlagen, bis die Masse dickflüssig wird.
Zabaione sofort in Gläser füllen, heiß servieren.

CREME AU CARAMEL

6–8 Portionen:
100 g Zucker · 1/2 Teel. Zitronensaft · 250 ml (1/4 l) Milch · 250 ml (1/4 l) Schlagsahne · 3 Eier · 3 Eigelbe · 2-3 Päckchen Vanillin-Zucker · 60 g Zucker

Zucker mit 1 Eßl. Wasser und Zitronensaft unter Rühren erhitzen, bis sich der Zucker gelöst hat und braun ist. Den heißen Karamel in eine warme glattwandige Form gießen und ausschwenken, bis die gesamte Form benetzt ist.
Milch und Schlagsahne erwärmen, mit Eiern und Eigelb sowie dem Vanillin-Zucker und Zucker verrühren und in die Form gießen.
In einem Topf Wasser bis kurz vor dem Siedepunkt erhitzen, Karamelform hineinstellen und 10 Minuten bei kleiner Hitze ziehen lassen, anschließend im auf etwa 175 Grad (Gas Stufe 2-3) vorgeheizten Backofen etwa 50 Minuten garen.
Lauwarm abkühlen lassen, stürzen und kalt stellen.

MOUSSE AU CHOCOLAT

(ohne Foto)

4–6 Portionen:
100 g Vollmilch-Schokolade · 100 g Zartbitter-Schokolade · 3 Eigelbe · 4 Eßl. Puderzucker · 3 Eiweiß · 200 ml (1/5 l) Schlagsahne

Die Schokolade im heißen Wasserbad geschmeidig rühren. Eigelbe und 2 Eßl. Puderzucker mit einem Handrührgerät mit Rührbesen schlagen, bis eine hellgelbe Creme entstanden ist. Die aufgelöste Schokolade mit einem Schneebesen gleichmäßig unter die Creme ziehen.
Eiweiß sehr steif schlagen, restlichen Puderzucker unterschlagen und unter die Schokoladencreme ziehen.
Schlagsahne steif schlagen und ebenfalls unter die Creme heben.
Mousse au chocolat etwa 3 Stunden kalt stellen und mit geraspelter Schokolade und geschlagener Sahne verzieren.

MARQUISE ALICE

4 Eigelbe · 100 g Zucker · 400 ml Milch · 3 Blatt weiße Gelatine · 100 g Aprikosen-Konfitüre · 2 Eiweiß · 125 ml (1/8 l) Schlagsahne

Eigelbe und 80 g Zucker schaumig schlagen, die Milch zugeben und im Wasserbad dicklich schlagen. Gelatine in kaltem Wasser einweichen, ausdrücken, in der heißen Creme auflösen.
Aprikosen-Konfitüre durch ein Sieb streichen. 3 Eßl. Konfitüre in die Creme rühren, in eine flache Schüssel gießen und kalt stellen. Nach 6 Stunden stürzen.
Eiweiß und restlichen Zucker steif schlagen, nach und nach Schlagsahne unterschlagen, über die Creme geben.
Konfitüre spiralförmig auf die Sahne spritzen, sofort servieren.

TIRAMI SU

4–6 Portionen:
2 Eßl. Moccapulver · 3 Eigelbe · 4 Eßl. Honig · 300 g Mascarpone (italienischer Weichkäse) oder Creme double · 3 Eiweiß · 1 Biskuitboden · 1 Eßl. Kakaopulver

Das Moccapulver mit 200 ml (1/5 l) Wasser aufkochen, filtern und abkühlen lassen.
Eigelbe mit Honig schaumig schlagen und mit Mascarpone verrühren. Eiweiß steif schlagen und mit der Mascarponecreme verrühren. 1/3 der Creme in eine flache Schüssel füllen. Den Biskuitboden darüber legen und mit dem kalten Mocca beträufeln. Etwas Kakaopulver über den Biskuit stäuben. Restliche Creme darübergeben, kalt stellen.
Tirami su mit Kakaopulver bestäubt servieren.

CHARLOTTE ROUSSE

6–8 Portionen:
500 ml (1/2 l) Milch · 1 Vanilleschote · 4 Eigelbe · 100 g Zucker · 10 Blatt weiße Gelatine · 2 Eßl. Orangensaft · 1 Dose Aprikosen (Einwaage 300 g) · 15 Löffelbiskuits · 3 Eßl. Marillengeist · 500 ml (1/2 l) Schlagsahne

Die Milch mit der aufgeritzten Vanilleschote zum Kochen bringen. Eigelbe und Zucker schaumig schlagen, nach und nach die heiße Milch unterschlagen. Gelatine in kaltem Wasser einweichen, ausdrücken. Orangensaft erhitzen, Gelatine darin unter Rühren bei kleiner Hitze auflösen, etwas abkühlen lassen, unter die Creme rühren, abkühlen lassen. Aprikosen abtropfen lassen, pürieren. Eine Charlotte-Form mit geraden Wänden (Inhalt 1,5) mit Löffelbiskuits auslegen, mit Marillengeist beträufeln. Schlagsahne unter die Creme ziehen (3 Eßl. zum Verzieren zurücklassen). 1/3 der Creme in die Form geben, mit der Hälfte des Aprikosenmus bestreichen. Noch mal Creme, Mus und Creme einfüllen, kalt stellen. Nach 24 Stunden stürzen.
Die fertige Charlotte mit Schlagsahne verzieren.

MARZIPAN-TIMBALE MIT BEEREN

6–8 Portionen:
100 g abgezogene, gemahlene Mandeln · 200 g Marzipan-Rohmasse · rote Lebensmittelfarbe · 7 Blatt weiße Gelatine · 5 Eßl. Mandellikör · 4 Eßl. Zucker · 250 g saure Sahne · 500 g gemischte Beeren · 500 ml (1/2 l) Schlagsahne
Außerdem: Frischhaltefolie

Mandeln mit Marzipan-Rohmasse verkneten, mit Lebensmittelfarbe rosa färben. Die Masse zwischen Frischhaltefolie sehr dünn ausrollen (Foto 1).
Eine kuppelförmige Schüssel (Inhalt 1,5 l) mit der Marzipanplatte auslegen (Foto 2).
Ränder abschneiden, verkneten und zu Schüsselbodengröße ausrollen.
Gelatine etwa 10 Minuten in kaltem Wasser einweichen, ausdrücken, in dem Mandellikör bei kleiner Hitze auflösen, mit 3 Eßl. Zucker verrühren, abkühlen lassen. Saure Sahne unterrühren und kalt stellen.
Beeren verlesen, waschen, abtropfen lassen, 300 g davon unter die Creme rühren. Die Hälfte der Schlagsahne steif schlagen und unter die Creme ziehen. Die Creme in die Schüssel geben und mit dem Marzipandeckel verschließen (Foto 3).
Über Nacht kalt stellen.
Timbale vorsichtig auf eine Platte stürzen. Restliche Schlagsahne zusammen mit 1 Eßl. Zucker steif schlagen, Timbale damit verzieren (Foto 4). Mit den restlichen Beeren dekorieren.

1

2

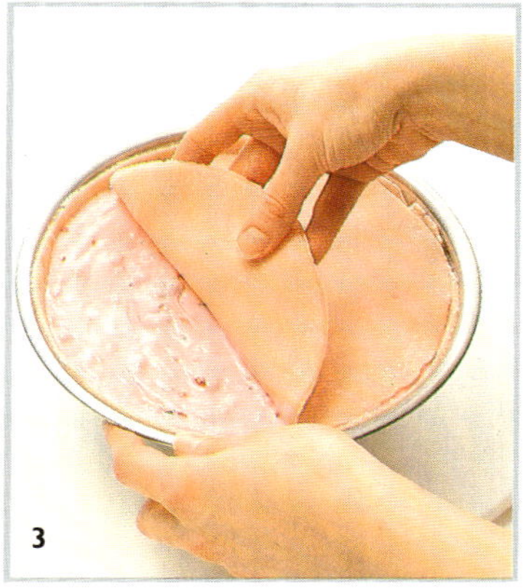
3

4

ORANGEN-BLÜTEN-BAVAROISE
(ohne Foto)

6 Portionen:

3 Eigelbe · 3 Eßl. Honig · 250 ml (1/4 l) Milch · 4 Blatt weiße Gelatine · 100 ml (1/10 l) Orangenblütenwasser · 3 Eiweiß · 40 g Zucker · 1 Päckchen Vanillin-Zucker · 250 ml (1/4 l) Schlagsahne

Außerdem: Obst- oder Kräuterblüten zum Dekorieren

Eigelb und Honig schaumig schlagen. Milch erhitzen, unterrühren und im heißen Wasserbad dicklich aufschlagen.

Gelatine etwa 10 Minuten in kaltem Wasser einweichen, ausdrücken, in der heißen Creme auflösen und mit Orangenblütenwasser verrühren.

Kalt stellen, bis die Creme zu gelieren beginnt.

Eiweiß steif schlagen, Zucker und Vanillin-Zucker unterschlagen und unter die Creme ziehen.

Schlagsahne steif schlagen, unter die Creme ziehen. Die Creme in eine Schüssel füllen und kalt stellen. Bavaroise vor dem Servieren mit Blüten dekorieren.

Tip: Eine besonders attraktive eßbare Dekoration sind Blüten von Borretsch oder Kapuzinerkresse.

MÄUSCHEN MIT APRIKOSENMARK

Etwa 50 frische Salbeiblätter · 500 g Aprikosen · 70 g Zucker · 2 Eßl. Marillengeist · 150 g Weizenmehl · Salz · 2 Eigelbe · 250 ml (1/4 l) Sekt · 2 Eiweiß · 500–750 g Butterschmalz · 4 Eßl. Puderzucker

Außerdem: Küchenpapier

Die Salbeiblätter waschen, trockentupfen und auf Küchentüchern ausbreiten.

Für das Fruchtmark Aprikosen waschen, entsteinen und mit dem Zucker in einem Topf langsam zum Kochen bringen. 10 Minuten kochen lassen, Marillengeist unterrühren, pürieren, kalt stellen.

Für den Ausbackteig Mehl sieben, mit Salz, Eigelbe und Sekt verrühren und 30 Minuten ruhen lassen. Das Eiweiß steif schlagen und unter den Teig ziehen.

Butterschmalz in einem kleinen Topf auf etwa 175 Grad erhitzen, die Salbeiblätter in den Teig tauchen, dann im heißen Fett etwa 2 Minuten goldbraun frittieren. Die Mäuschen auf Haushaltspapier abtropfen lassen, mit Puderzucker bestäuben und heiß mit kaltem Aprikosenmark servieren.

APFEL-SOUFFLÉ

Für das Soufflè: 1 kg Äpfel (Boskop) · 4 Eigelbe · 70 g Zucker · 50 g abgezogene, gemahlene Mandeln · 1 Eßl. Speisestärke · 4 Eiweiß ·
Für die Sahne: 125 ml (1/8 l) Schlagsahne ·
10 g Zucker · 1 Eßl. Calvados · 2 Eßl. Crème fraîche
Außerdem: Alufolie, Butter für die Form

Die Äpfel waschen in Alufolie hüllen – glänzende Seite nach innen. Im auf etwa 200 Grad (Gas Stufe 3-4) vorgeheizten Backofen etwa 30 Minuten garen. Äpfel abkühlen lassen, herausnehmen, mit einem Löffel das Apfelmark aus der Schale kratzen und pürieren.
Eigelbe und 50 g Zucker schaumig schlagen, Mandeln und Speisestärke unterrühren. Eiweiß steif schlagen, 20 g Zucker unterschlagen und unter die Apfelmasse ziehen.
Eine runde, nicht zu große Auflaufform mit weicher Butter ausfetten, die Masse hineinfüllen. Im auf etwa 200 Grad (Gas Stufe 3) vorgeheizten Backofen etwa 40 Minuten backen.
Kurz vor dem Servieren für die Sauce Schlagsahne mit Zucker, Calvados und Crème fraîche verrühren. Sofort servieren.

CRÈPES SUZETTE

2 Eier · 125 ml (1/8 l) Milch · 100 g Weizenmehl · Salz · 1 Schuß Minderalwasser · 60 g Butter · 2 Eßl. Zucker · 1 Eßl. Zitronensaft · 1 Teel. abgeriebene Zitronenschale (unbehandelt) · etwa 6 Eßl. Orangenlikör

Eier, Milch, gesiebtes Mehl und Salz zu einem Teig verrühren und etwa 4 Stunden ruhen lassen. Den Teig mit etwas Mineralwasser verdünnen. Etwas von 20 g Butter in einer Pfanne zerlassen, nacheinander acht dünne Crêpes aus dem Teig backen und zu einem Dreieck zusammenschlagen. Restliche Butter mit Zucker, Zitronensaft und -schale cremig rühren und in einer Pfanne zerlassen.
Die zusammengelegten Crepes darin wenden.
Likör erhitzen, über die heißen Crepes gießen, anzünden und sofort servieren.

SCHOKOLADEN-PARFAIT

6 Portionen:

Für das Parfait:

100 g Vollmilch-Schokolade · 50 g Halbbitter-Schokolade · 5 Eigelbe · 4 Eßl. Marillengeist · 250 ml (1/4 l) Schlagsahne

Für die Sauce:

1 Glas Aprikosenhälften (Einwaage 450 g) · 1 Eßl. Marillenlikör · 250 ml (1/4 l) Schlagsahne · 1 Päckchen Vanillin-Zucker

Außerdem: Schokoladenraspeln und Aprikosenspalten zum Verzieren

Die Vollmilch-Schokolade halbieren, die Hälfte mit der Halbbitter-Schokolade zerkleinern und im heißen Wasserbad geschmeidig rühren.
Die Schokolade mit den Eigelben cremig rühren, Marillengeist unterrühren und abkühlen lassen.
Schlagsahne steif schlagen, restliche Vollmilch-Schokolade hacken und mit der Sahne unter die Schokoladenmasse ziehen, in einen Behälter geben und einfrieren.
Aprikosenhälften abtropfen lassen, pürieren, durch ein Sieb geben und mit dem Marillenlikör verrühren.
Schlagsahne mit Vanillin-Zucker anschlagen mit Aprikosenmark auf sechs Teller verteilen.
Mit dem Eisportionierer Kugeln vom Schokoladen-Parfait abstechen, auf die Aprikosen-Sahnemischung geben, mit Schokoraspeln und Aprikosenspalten verzieren.
Mit einer Messerspitze Aprikosenmark durch die Sahne ziehen.

ZWEI-MELONEN-SORBET

6 Portionen:

Für das weiße Sorbet:

1/4 Honigmelone · 90 g Zucker · 1 Eßl. Honig · 3 Eßl. Mandellikör · Ingwerpulver

Für das rote Sorbet:

1/4 Wassermelone · 75 g Rohrzucker · 3 Eßl. Crème de Cassis gemahlener Zimt · rote Lebensmittelfarbe ·

Für die Sauce:

10 Eßl. Fromage frais · oder Crème fraîche

2 Eßl. Zitronensaft · 1 Teel. abgeriebene (unbehandelte) Zitronenschale

Außerdem: 5 Kiwis · Cigarettes russes

Die Honigmelone schälen, entkernen. Das Fruchtfleisch mit 50 g Zucker, Honig, Mandellikör und Ingwer pürieren, in einen Behälter geben und einfrieren.
Wassermelone schälen, entkernen, mit Rohrzucker, Crème de Cassis und Zimt pürieren, evtl. mit Lebensmittelfarbe nachtönen. Püree in einen Behälter geben und ebenfalls einfrieren. Damit sich keine Kristalle bilden, beide Sorbets alle 20 Minuten mit einem Schneebesen durchschlagen.
Kiwis schälen, in Scheiben schneiden und auf 6 Tellern anrichten.
Fromage frais oder Crème fraîche mit Zitronensaft, -schale und 40 g Zucker verrühren, auf den 6 Tellern verteilen.
Mit einem Eisportionierer je eine weiße und eine rosa Kugel Sorbet auf die Teller geben und mit Cigarettes russes anrichten.

JOHANNISBEER-GRANITÉ

500 g rote Johannisbeeren ·
100 ml (1/10 l) Wasser ·
1/2 Vanilleschote · 5 Eßl. Honig
400 ml Tokajer (ungarischer Weißwein)

Die Johannisbeeren verlesen, waschen, einige Rispen zum Dekorieren zurückbehalten, die übrigen Beeren von den Rispen abstreifen. Beeren mit dem Wasser und der Vanilleschote etwa 10 Minuten kochen lassen und dann durch ein Sieb geben. Flüssigkeit mit Honig süßen, durch ein Mulltuch geben, um den Saft zu klären und in einer flachen Plastikbox einfrieren. Wenn das Eis hart ist, mit einem Löffel in Flocken abkratzen oder in der Eismühle zerkleinern, in vier Gläser geben und mit kaltem Tokajer aufgießen.
Mit den zurückbehaltenen Johannisbeeren verzieren.

EISBOMBE IN DREI SCHICHTEN

Für das Apfel-Pistazien-Eis:
2 Äpfel (Boskop) · 40 g gehackte Pistazien · 2 Eigelbe · 50 g Zucker · 2 Eßl. Honig · 2 Tropfen grüne Lebensmittelfarbe · 400 ml (2/5 l) Schlagsahne
Für das Himbeer-Mandel-Eis:
50 g Himbeeren · 1 Eigelb · 35 g Zucker · 1 Eßl. Mandellikör 50 g gemahlene Mandeln · 100 ml Schlagsahne
Für den Marzipankern:
1 Eigelb · 20 g Zucker · 60 g Marzipan-Rohmasse · 1 Eßl. Sherry · 100 ml Schlagsahne
Außerdem: Schlagsahne, Himbeeren, Marzipanblätter, Alufolie

Die Äpfel in Alufolie wickeln, im auf etwa 225 Grand (Gas Stufe 4) vorgeheizten Backofen etwa 30 Minuten backen.
Äpfel abkühlen lassen, das Fruchtfleisch herauskratzen, durch ein Sieb streichen und mit Pistazien verrühren. Eigelbe (2), Zucker und Honig schaumig schlagen, mit grüner Lebensmittelfarbe tönen.
Schlagsahne steif schlagen, mit der Eiercreme und dem Apfelmark vermengen, in einen Behälter geben und einfrieren.
Für das Himbeer-Eis die Himbeeren verlesen, waschen, abtropfen lassen, durch ein Sieb streichen. Eigelb (1) und Zucker schaumig schlagen, Mandellikör und Mandeln unterrühren, mit dem Himbeermark verrühren. Schlagsahne steif schlagen, mit der übrigen Masse verrühren und einfrieren.
Eigelb (1), Zucker und Marzipan-Rohmasse schaumig schlagen, mit Sherry verrühren. Schlagsahne steif schlagen, unter die Marzipancreme ziehen und einfrieren.
Eine Eisbombenform (Inhalt 0,75 l) vorgefrieren.
Apfel-Pistazien-Eis hineingeben, mit einem Löffel an die Wände drücken, wieder ins Gefrierfach stellen. Nach 30 Minuten Himbeer-Mandel-Eis in die Bombe geben, mit einem Löffel gegen das Apfeleis drücken, wieder 30 Minuten gefrieren lassen.
Die Bombe mit Marzipaneis vollständig füllen, wieder für 2 Stunden einfrieren.
Die Form kurz in heißes Wasser tauchen, stürzen und die Eisbombe noch mal ins Gefrierfach stellen.
Mit Schlagsahne, Himbeeren und Marzipanblättern verzieren.

EISKONFEKT MIT DATTELN UND FEIGEN

6 Portionen:
50 g Mandelblättchen · 100 g gemischte kandierte Früchte · 50 g Zucker · 100 ml (1/10 l) Rosenwasser · 3 Eßl. Honig · 3 Eiweiß · 250 ml (1/4 l) Schlagsahne · 12 frische Datteln · 3 Feigen · 2 Packungen Schokoladen-Eis-Glasur mit Krokant

Die Mandelblättchen in der Pfanne hellbraun rösten. Kandierte Früchte sehr fein hacken. Aus Zucker und Rosenwasser bei kleiner Hitze einen dicklichen Sirup kochen, mit Honig verrühren. Eiweiß steif schlagen, nach und nach den kochendheißen Sirup unterschlagen, im kochenden Wasserbad weiterschlagen, bis die Masse steif und fest wird.
Mit den warmen Mandeln und den kandierten Früchten vermengen.
Schlagsahne sehr steif schlagen, unterziehen, die Masse in eine Kastenform geben und einfrieren.
Wenn die Masse durchgefroren ist, die Form in heißes Wasser tauchen. Eis in Scheiben, dann

in Stangen schneiden, noch mal frieren lassen. Datteln schälen, halbieren und entkernen. Feigen halbieren. Schokoladen-Eis-Glasur mit Krokant in eine hohe Tasse geben, Eisstangen zur Hälfte eintauchen, mit den Früchten auf einer Platte anrichten.

CASSATA

6 Portionen:

400 g Kirsch-Eis ·

2 Eßl. Maraschino (italienischer Kirschlikör) · 300 g Mandel-Karamel-Eis · 2 Eßl. Krokant ·

50 g Amarena-Kirschen 300 g Vanille-Eis

Außerdem: Schlagsahne

Eine Rehrückenform (Inhalt 1 l) 1 Stunde ins Gefrierfach stellen. Kirsch-Eis mit Maraschino verrühren und mit einem Teigschaber an die Wände der Form drücken, glattstreichen. Etwa 30 Minuten ins Gefrierfach stellen.

Mandel-Eis mit Krokant verrühren, auf die Schicht Kirsch-Eis drücken, etwa 30 Minuten ins Gefrierfach stellen.

Amarena-Kirschen hacken, einige ganze Früchte zum Verzieren zurückbehalten. Kirschen mit dem Vanille-Eis vermengen, in die Form füllen, glattstreichen und ins Gefrierfach stellen.

Nach 1 Stunde die Form in heißes Wasser tauchen, stürzen und mit Schlagsahne und Kirschen verzieren.

Wer kennt die Küchen aller Herren Länder, wer nennt die Namen der Speisen, die darin gekocht werden? Wie die Menschen in aller Welt unterschiedlich sind, so unterscheiden sich auch ihre Koch- und Eßgewohnheiten. Um sie ein bißchen kennenzulernen, haben wir für Sie die Landesküchen der Kontinente skizziert. Sie erfahren das Wichtigste über das, was in den Töpfen und Pfannen in den Küchen der Welt gekocht, geschmort und gebraten wird. Und außerdem wußten Sie schon, daß Italiens berühmtestes Käsefondue „Bagna cauda" heißt und daß „Gulyás" in Ungarn eine Art Fleischsuppe ist, daß in China pfannengerührte Speisen die beliebtesten sind und die Mexikaner ihre „Salzas", scharfe Saucen, über alles schätzen? Was Sie sonst noch wissen müssen, erfahren Sie aus dem Rezeptteil. Dort finden Sie die wichtigsten Gerichte aus vielen Ländern, die inzwischen Bestandteil der internationalen Küche geworden sind, wie die „Ratatouille" auf unserem Foto, eine südfranzösische Gemüsespezialität.

RATGEBER INTERNATIONALE SPEZIALITÄTEN

FRANKREICH

Gutes Essen hat in Frankreich Tradition seit Katharina von Medici 1533 den französischen König namens Heinrich II. heiratete und neben ihrem Hochzeitsgut auch zahlreiche Kochkünstler aus der nahen italienischen Toscana mitbrachte. Sie gaben der französischen Küche neue und notwendige Impulse. So kann denn guten Gewissens gesagt werden, daß die klassische französische Küche eine ursprünglich italienische ist. Mit allen Finessen zelebriert, zu denen Köche imstande sind, die sich Künstler nennen dürfen. Und damals schon mit den frischesten Zutaten, die das Land zu bieten hatte und hat. Die Forderung nach tagesfrischem Obst und Gemüse, nach bestem Fleisch und feinstem, meeresfrischem Fisch wurde nicht von den Köchen der heutigen nouvelle cuisine (der neuen Küche) erfunden, sondern war im Lande der Gourmets schon immer Voraussetzung für exzellentes Essen. Und nicht nur die Köche, auch die französischen Hausfrauen orientierten sich zu allen Zeiten an den Angeboten des Marktes. So ist es bis heute geblieben. Die Nachfrage nach frischer Ware bestimmt das Angebot auf französischen Märkten, und damit läßt es sich vortrefflich kochen. Sehen wir mal von der Hektik ab, der Berufstätige auch in Frankreich tagsüber unterliegen, am Abend wird in den Familien noch nach alter Tradition gegessen.

Nun wäre es vermessen, wollten wir hier alle regionalen Spezialitäten aufzählen. Möglich aber ist, ein paar Akzente zu setzen. So gibt es beispielsweise im ganzen Land ungezählte Rezepte für Pasteten und Terrinen, die als Vorspeisen serviert werden. Kenner sind sich da einig: An die hausgemachte Pastete von Madame kann so leicht kein Meisterkoch mit seiner Creation tippen. Eher ist er schon in der Lage, ihr bei der Zubereitung von Fischgerichten, wie sie vor allem an der Atlantikküste und am Mittelmeer zuhause sind, Konkurrenz zu machen. Sie dagegen weiß es wieder besser, wie man Gerichte aus Kaninchen, Lamm- oder Rindfleisch, wie z.B. diesen herrlichen Schmorbraten namens boeuf à la mode zubereitet, der landesweit bekannt ist. Um noch ein paar weitere Spezialitäten zu nennen: Im Baskenland schätzt man die „Piperade", ein Omelett mit Tomaten-Paprikagemüse, im Béarn die würzige Kohlsuppe „Garbure". Die Küche der Brétagne kann mit Austern der besten Sorten prahlen, aber auch mit Hummer, Jakobsmuscheln und Taschenkrebsen. Im Burgund weisen sich die Gerichte à la bourguignonne (mit Burgunder zubereitet) als die besten aus. Das Sauerkraut ist der Elsässer Leibgericht. Aus dem Périgord stammen die kostbaren Trüffel. Nationalgericht im Languedoc und im Roussilon ist das „Cassoulet", ein Fleischtopf mit Gänsefleisch und weißen Bohnen. Und die „Bouillabaisse", diese würzige Komposition aus allerlei Fisch und Meerestieren (Foto links) ist ein Produkt der Küche, die in den Départements am Mittelmeer gepflegt wird.

HOLLAND/ BELGIEN

Kein Zweifel: Auch die Niederländer und die Belgier verstehen eine Menge von gutem Essen. Das hat viele Gründe. Der Wichtigste: sie essen gern. Die Belgier früher eher fettreich, aber das hat sich gewandelt. Man schätzt heute leicht zubereitete Gerichte. Dazu gehört der traditionsreiche „Waterzooi", ein Ragout, das mit Fisch wie Aal, Hecht und Karpfen oder mit Poularde und Suppengrün gekocht wird. Im übrigen ist der Chicorée (Witloof) eine belgische Züchtung. Im niederländischen Nachbarland hat die samtigcremige Holländische Sauce ihren Ursprung. Berühmt sind die zahlreichen Pfannkuchenzubereitungen, ebenso die weltbekannten Käse und die Matjes, die man aus der Hand ißt. Stellvertretend für Süßes, das sehr geschätzt wird, soll die Holländische Kirschtorte stehen. Und indonesische Gerichte sind seit der Kolonialzeit feste Bestandteile der niederländischen Küche.

SPANIEN/ PORTUGAL

Mag sein, daß römische und maurische Besatzer den Spaniern einst die Kichererbsen bescherten. Sicher ist, daß spanische Eroberer ihnen die Tomaten-, Paprika- und Kartoffelpflanzen aus Südamerika mitbrachten. Sie beeinflußten die spanische Küche, in der auch grüne Bohnen, Zwiebeln und Knoblauch auch eine große Rolle spielen. Gewürzt wird bevorzugt mit frischen Kräutern und Safran. Zu den Nationalgerichten gehören die Eintöpfe namens „Cocido", deren Rezepte regional unterschiedlich sind. Aber in fast allen Zubereitungen tauchen Kichererbsen auf, und es sind die „Chorizos" (Knoblauchwürste) unerläßlich. Auch die „Puchero" (übersetzt heißt das Suppentopf) gehören zur echt spanischen Küche. Neben allerlei Fleisch enthalten sie immer auch Knoblauchwurst.

Daß an den Küsten Fischgerichte überwiegen, ist selbstverständlich. Weltbekannt ist die „Zarzuela", ein Fisch-Mischgericht in Tomatensoße, das im Norden Spaniens zuhause ist. Nicht weniger bekannt ist das Pfannengericht „Paella", das allerlei Meerestiere enthält, aber auch immer mit Geflügelfleisch zubereitet wird. Zwar schätzen die Spanier auch den Stockfisch sehr, aber dessen Beliebtheit ist in Portugal unübertroffen. So kommen denn daraus zubereitete Frikadellen, die „Bolinhos de Bacalhau" oft mehrmals in der Woche auf den Tisch. Sie sind äußerst schmackhaft, wie im übrigen vieles, was in portugiesischen Küchen zubereitet wird.

Beispielsweise auch die „Caldo verde", eine Suppe aus pürierten Kartoffeln, angereichert mit einem unserem Grünkohl ähnlichen Kohl, der ganzjährig wächst. Gepökeltes Schweinefleisch und Olivenöl sind unverzichtbar. Fisch und Meeresfrüchte, vor allem Sardinen, sind hier zu Hause, frischer Koriander darf nie fehlen.

GROSS-BRITANNIEN

Natürlich hat die Internationale Küche auch in der Gastronomie Großbritanniens ihren festen Platz. Genauso natürlich aber ist es auch, daß sie nicht an die häuslichen Herde gelangt ist. So bleibt es denn dabei, daß der traditionsbewußte Engländer sein Frühstück mit Tee einleitet und mit" Porridge" (Hafergrütze), mit weißem, weichem Toast und mit Konfitüre fortsetzt. Die Sitte, „Ham and eggs" (Schinken und Spiegeleier) zu verzehren, ist dagegen eher rückläufig. Lobenswert ist die hervorragende Qualität von Rind-, Schweine- und Lammfleisch. Nur, was die Gemüsezubereitung angeht, ist man in Großbritannien eigenwillig. Es wird in Salzwasser gegart und in sonst nichts. Als Beigabe reicht man Tomatenketchup oder Worcestersauce, die jedoch auch nicht in der Lage sind, den Gast vom Kontinent mit solcher Zubereitungsart zu versöhnen. Dagegen kann niemand die Tatsache leugnen, daß es nirgendwo auf der Welt ein besseres als das englische Roastbeef (Foto oben) gibt. Auf der Insel liebt man es mit Filet, Knochen und respektabler Fettschicht. Dazu ein nach allen Regeln der Kunst zubereiteter Yorkshirepudding – und der Genuß ist perfekt. Lecker auch Lammkeule mit Minzsauce und grünen Bohnen. Prächtig-deftige Hausmannskost ist das Irish Stew, nur echt, wenn es nicht – wie fälschlicherweise in Deutschland – mit Weißkohl zubereitet wird. Nur Hammelfleisch, Kartoffeln, Zwiebeln, Fleischbrühe, Salz, Pfeffer und Thymian gehören hinein. Großbritannien ist übrigens auch die Heimat aller Pies, jener Pasteten, wie sie vorzugsweise im angloamerikanischen Raum zubereitet werden. Deren Ursprung liegt in den Cornish Pasties, den Fleischpastetchen, die wie Teigtaschen geformt sind. Die Männer von Cornwall nahmen sie früher zur Arbeit mit. Als Pausenbrot sozusagen. Daß die Briten Weihnachten nicht gern auf ihren Plumpudding verzichten mögen, ist weltbekannt.

DEUTSCHLAND

Was die Hausmannskost angeht, so liebt der Deutsche Sauerkraut und Schweinernes, Gulasch und Rindsrouladen. Und das sind – neue Küche hin, neue Küche her – nicht zu verachtende Genüsse. Vorausgesetzt, sie werden nach allen Regeln der häuslichen Kochkunst zubereitet. Bundesweit kommen sie regelmäßig auf die Tische. Natürlich gibt es auch regional Spezifisches. Vereinfacht gesagt: Nördlich der Mainlinie mag man eher Deftiges. Kohl- und Fleischgerichte, Eintöpfe und eher Kluftsteaks der Weidemastochsen, als Steaks vom Filet. Kartoffeln sind die beliebteste Beilage. Und im übrigen darf es ein bißchen süß sein. Von der Roten Grütze mal abgesehen, haben auch solche Gerichte wie die „Hamburger Aalsuppe" einen leicht süß-säuerlichen Einschlag. Bei „Birnen, Bohnen und Speck" liefern die Birnen die milde Süße und zur „Finkenwerder Speckscholle" gibt es süßsauren Kartoffelsalat. Südlich der Mainlinie geht's schon ein bißchen feiner in den Küchen zu. Da werden die Saucen für Schweins- oder Kalbshaxen eher mal mit Sahne zubereitet. Als Beilage sind Nudeln geschätzt, in Schwaben die in Butter geschwenkten Spätzle. In Bayern wird man auf die zarten Weißwürste und aufs Tellerfleisch, diese Schmankerl, nie verzichten. Und auf die vielen Semmel-, Speck- und Leberknödel schon gar nicht. Leberkäs und Beuschel, Roastbraten und Strudel sind in der süddeutschen Küche zuhause. Aber auch der" Reiberdatsch ", der Reibekuchen ist es. Den können die Rheinländer aber genauso gut. Wie sie auch Meister im Kochen eines ihrer Leibgerichte, der Muscheln in Weißwein sind und im Zubereiten von Sauerbraten mit Rosinensauce. Übrigens: Touristik und ausländische Restaurants haben es bewirkt, daß Pizza und Paella, Chop Suey und Gyros beinahe schon zu Leibgerichten der Deutschen geworden sind. Und: Die Welle der leichten Küche hat nun auch schon viele häusliche Herde erreicht.

SCHWEIZ

Die Schweizer machen es uns nicht so einfach, den rechten Durchblick durch ihre Landesküchen zu bekommen. Denn immerhin gibt es 26 Kantone, die alle den Anspruch auf Spezialitäten erheben können. Eines aber haben sie alle gemeinsam: Sie pflegen alte Eßgewohnheiten, schätzen nicht so sehr große Fleischgerichte, eher viel Gemüse, Mehl-, Eier- und Käsespeisen, Kartoffel-, Reis- und Nudelzubereitungen angereichert mit Kräutern und Gewürzen. Da gibt es denn viel Ursprüngliches. Zum Beispiel das fabelhafte Käsefondue aus Freiburg (Fribourg) oder die Walliser Raclette, diesen geschmolzenen Käse, der zu Pellkartoffeln und feinsauren Gurken, Zwiebelchen und Roten Beten serviert wird. Und es gibt Rösti, sozusagen Pfannkuchen aus gekochten, geraspelten Kartoffeln. Echte Erzeugnisse der Berner Küche. Längst haben die Küchen der Nachbarländer, vor allem die der Deutschen, diese schmackhafte Kartoffelbeilage in ihr Repertoire aufgenommen. Nicht zu vergessen sind die Wähen, die „Pizzas" der Schweizer. Nicht aus Hefeteig, sondern meist aus Knetteig in Springformen gebacken und häufig mit lecker zubereitetem Gemüse belegt, beispielsweise mit Spinat. Man füllt sie aber auch mit Fleischragouts, mit Obst und Cremes. Es kommt halt darauf an, ob sie Mittagessen oder Eßspaß zum Kaffee sein sollen. Vergessen wir auch nicht, daß das „Cordon bleu", jenes mit Emmentaler Käse und Schinken gefüllte Kalbsschnitzel eine Erfindung der Schweizer Küche ist. Weltberühmt ist schließlich „Züricher Geschnetzeltes" aus Kalbfleisch und Champignons, zubereitet in einer köstlichen Weißweinsauce mit Sahne. Dagegen ist die nicht weniger bekannte „Berner Krautplatte" ein Kalorienschwergewicht aus Sauerkraut, durchwachsenem Speck, Rinderzunge, Schälrippchen, Schweinswurst und Kasseler.

RATGEBER INTERNATIONALE SPEZIALITÄTEN

ITALIEN

Italiens Küche hat eine von den alten Römern begründete und von den Mediceern vollendete Tradition. Bis heute steht gutes Essen im Land hoch im Kurs. Hauptanspruch: Die Zutaten müssen vollendet aufeinander abgestimmt sein. So ist Italien beileibe nicht allein das Land der Pasta und Pizza, als das es allenthalben apostrophiert wird. Schauen wir deshalb mal in die Töpfe einiger Regionen. Alle 21 zu berücksichtigen, ist allerdings schier unmöglich. Von Südtirol ist zu berichten, daß sich hier der österreichische Einfluß aus den Zeiten Kaiser Franz Josefs in der Küche stark bemerkbar macht. Aber das nahe Trentin liefert z.B. schon mit einer variationsreichen Polenta einen Hauch echtes Italien. Nebenan, in Venetien, gibt es — Dank der Seefahrer — eine Küche mit beachtlichem ausländischem Einschlag. Reis und Mais wurden hier schon früh angebaut. Und so ist die Polenta eigentlich hier heimisch, wie auch das „Risi e bisi", diese Mischung aus Reis und Erbsen, die als Vorspeise serviert wird. In den westlichen Regionen haben die Küchen wieder andere Schwerpunkte. So werden im Aosta-Tal viel Butter und Milchprodukte verwendet. Das Piemont ist berühmt für seine kostbaren weißen Trüffeln und die köstliche Gemüsefondue namens "Bagna cauda". Die Küche der Lombardei hat der Welt ihr berühmtes „Osso bucco", eines der üppigen Fleischgerichte geschenkt, wie sie in der Region üblich sind. Während hier noch Reisgerichte auf den Speisezetteln stehen, sind sie in der Küche des nahen Liguriens kaum mehr zu finden. Gefragt sind Nudeln jeder Art, die mit den tollsten Saucen gereicht werden, von denen die „Pesto" aus Käse, Olivenöl, Basilikum und Pinienkernen eine der köstlichsten ist. Olivenöl wird in der Küche der Emilia Romagna großzügig verbraucht. Und sogar Schweineschmalz. Hier züchtet man die Schweine, die den weltberühmten Parmaschinken liefern. Und eine weitere italienische Berühmtheit wird hier produziert: Der Parmesan-Käse.
Die Toscana schließlich kann mit Speisen prahlen, die mit dem dort produzierten hochwertigen Olivenöl zubereitet werden, wie das „Bistecca alla fiorentina". In den Märkten gehört die „Brodetto", eine schmackhafte Fischsuppe, zu den Leibgerichten, wie Fischgerichte hier überhaupt große Bedeutung haben. Je mehr man nun nach Süden kommt, umsomehr Teigwaren stehen auf den häuslichen Küchenzetteln und auf den Speisekarten der Restaurants. In Kampanien mit seiner Hauptstadt Neapel sind es vor allem Nudelgerichte. Hier ist auch die Hochburg der echten italienischen Pizza. Vielfalt in allen Landesküchen. Aber auch die Vorliebe für die gleichen Gerichte im ganzen Land. Als Beispiel dafür gelten die „Saltimbocca" (Foto links), die Kalbsschnitzel mit Salbeiblättern und Schinken.

SKANDINAVIEN

Ob Dänen in Finnland, Finnen in Schweden oder Norweger in Dänemark zu Tisch gehen, sie fühlen sich überall in den skandinavischen Ländern zuhause, denn Ihre Küchen sind sich sehr ähnlich. Und der Hang zu schmackhafter, aber unkomplizierter Kost ist bei allen gleich. Landestypisch für Dänemark allein sind die „Smørrebrød", jene delikat mit Fisch, Fleisch, Geflügel oder Pastete saftig belegten Brotscheibchen. Oder der Schweinebraten mit Trockenpflaumen oder Backobst. Oder die beliebten „Fiskeboller". Spezifisch schwedisch ist das Smörgasbord, das Buffet mit allerlei kalten Fischgerichten und warmen Ragouts, Süßspeisen und Obst. Berühmt ist aber auch der Kartoffel-Heringsauflauf mit Namen „Janssons frestelse". Fisch aus Flüssen und Fjorden, Lamm, Renntier und Reh von Feldern und aus Wäldern bestimmen die Küche Norwegens, Pilze aller Art die Finnlands.

ÖSTERREICH

Natürlich gibt's eine österreichische Küche. Denken wir nur an Tiroler Speckknödel, Steirisches Wurzelfleisch, Salzburger Nockerln. Traditionell aber firmiert die österreichische unter der Bezeichnung Wiener Küche. Sie hat fast alles zur Vollendung gebracht, was aus den Landesküchen des Vielvölkerstaates der Habsburger eines Tages an Rezepturen in die Hauptstadt gebracht wurde. Und damit ist sie zur einzigen Nationalküche der Welt geworden, die den Namen einer Hauptstadt trägt. So weiß denn heute kaum noch jemand, daß die Palatschinken ungarischen Ursprungs sind, und die Buchteln aus Böhmen stammen. Ein original Wiener Gericht scheint jedoch der Tafelspitz zu sein, dieses köstliche Rindfleischgericht, das mit Apfelkren (kren = Meerrettich) serviert wird. Neben dem Lungenbraten (Filet) gehört er zu den berühmtesten Fleischgerichten, die diese Küche zu bieten hat. Nicht zu verachten ist auch der Rostbraten. Das sind Scheiben aus dem hohen Roastbeef, die mit viel Zwiebeln zubereitet werden. Und dann das Wiener Schnitzel und das Backhendl, die auch im übrigen Europa angeboten werden. Aber in welcher Verfassung häufig? Kein Zweifel: In ganzer geschmacklicher Vollendung kann man beides nur in Österreich essen.
Schließlich ist die österreichische Küche auch berühmt für ihre phantasievollen Mehlspeisen. Da sind die himmlisch-süßen Salzburger Nokkerln, da ist diese Köstlichkeit von einer Sachertorte, da gibt's den süßen Kaiserschmarrn. Und da ist nicht zuletzt der Apfelstrudel. Zartblättrig, aromatisch von saftigen Äpfeln und Rosinen, mit denen er gefüllt ist. Ein Dessert, das auf der Zunge zergeht. Mit Puderzucker bestäubt und noch warm gegessen, ist er eine kulinarische Offenbarung. Vorausgesetzt, ein Könner hat ihn zubereitet. Wäre noch hinzuzufügen, daß der Apfelstrudel wie die bekannten Kipferl böhmischen Ursprungs sein soll.

GRIECHENLAND

Gyros ist heutzutage das Zauberwort, das überall außerhalb Griechenlands an die Küche des sonnenbeschienenen Landes erinnert. Gyros gibt es in griechischen Gaststätten. Gyros gibt's aber auch in Supermärkten, als Mischung aus fertig geschnetzeltem Lammfleisch mit Zwiebeln in Würzmischung. Nur: Das hat mit dem echten Gyros nichts gemein. Denn dabei handelt es sich um gewürztes Fleisch, das auf komplizierte Weise um einen Spieß gewickelt und am Spieß gegrillt wird. Sobald eine Schicht goldbraun ist, wird sie serviert und ist ein Hochgenuß. Das undefinierbare Geschnetzelte segelt also unter falscher Flagge. Verständlich, daß Sie echtes Gyros beim Griechen bekommen. Er kennt schließlich seine Landesküche. Dabei handelt es sich um eine einfache, bäuerliche Küche, die im ganzen Land etwa gleich ist. Allenthalben findet man im Land auf den Märkten die gleichen Produkte. Und da es in Griechenland keine Küchenregionen gibt, sind auch die Unterschiede in den Rezepturen unerheblich. Wichtig ist nur, daß die Zutaten frisch und aromatisch und von guter Qualität sind. Darauf legt die griechische Hausfrau großen Wert, und das betrifft genauso Fleisch, Fisch und Milchprodukte. Daraus zaubert sie dann würzige Speisen, die nicht nur schmecken, sondern auch gesund sind. Beliebt sind mit Olivenöl zubereitete Gemüsegerichte mit viel Petersilie und Dill. Tomaten und Paprikaschoten spielen eine wichtige Rolle, Knoblauch darf nicht fehlen. Genausowenig wie Thymian und Oregano, Zimt, Lorbeer und Minze. Als Nationalgericht gelten der Bauernsalat „Choriatiki" und die „Mussakà" (Foto oben). Das ist ein Auflauf aus Auberginen, Hackfleisch, Tomaten und Käse, gewürzt mit Kräutern und Knoblauch. Berühmt und beliebt ist auch das „Stifado", ein mit Zwiebeln geschmortes Hasenklein in Rotwein. Ein Genuß an sich, von dem jeder Griechenland-Urlauber schwärmt.

UNGARN

Wer könnte heute noch sagen, wo der Ursprung der ungarischen Küche liegt. Beeinflußt wurde sie im Laufe der Jahrhunderte von den Küchen aller Herren Länder, zu allererst aber von der Küche der Türken, die zum Leidwesen der Ungarn lange Zeit ihre Besatzer waren. Sie waren es aber, die sowohl den Gewürz-, als auch den Gemüsepaprika ins Land brachten. Heute wird beides dort intensiv kultiviert und reichlich konsumiert. Wer aber nun meint, unser mit Paprika gewürztes Gulasch sei nach ungarischem Verständnis auch eines, der irrt. Gulyás hießen zu allererst die Rinderhirten der Pußta. Sie erfanden das Gulasch. Aber dieses Gulyás war eher eine Art Fleischsuppe, die von Hirten im Kessel über offenem Lagerfeuer gekocht wurde. Daher der Name Kesselgulasch (Bogràcs Gulyás). Und das bei uns als Gulasch bekannte Gericht heißt in Ungarn Pörkölt. So verwirrend ist das.

JUGOSLAWIEN

Wer das Land noch nicht bereist hat, kennt vielleicht seine Küche aus Besuchen in jugoslawischen Gaststätten. Denn alles, was an Speisen in Jugoslawien Rang und Namen hat, wird angeboten. Als Vorspeise vielleicht ein jugoslawischer Schinken oder Salamischeiben mit ein paar Stückchen frischer Paprikaschote. Danach könnte es eine „Serbische Bohnensuppe" sein, die allerdings schon ein Hauptgericht ist. Wer aber noch Platz für weitere Genüsse hat, kann sich für eine der folgenden typischen Fleischspeisen entscheiden: Für die zu Würstchen geformte Hackfleischzubereitung mit dem komplizierten Namen „Ćevapčići". Oder für gegrilltes Fleisch vom Spieß, egal ob Lamm oder Schwein oder beides zusammen. Wer das alles original genießen möchte, sollte einfach mal nach Jugoslawien fahren und dort auf jeden Fall „Djuvec", den serbischen Gemüseeintopf probieren.

RUSSLAND/ POLEN

Bei der Betrachtung der russischen und polnischen Küche soll es uns um die Speisen gehen, die im häuslichen Bereich zubereitet werden. Sie sind in der russischen Küche so unterschiedlich wie die Völker, die in der UDSSR leben. Schwer also, ein Leibgericht herauszupicken, das alle mögen. Das wird es nicht geben. Trotzdem haben sich einige Speisen als halbe Nationalgerichte erwiesen. So gibt es praktisch überall „Piroggen". Das sind die mit Kohl- und Fleisch-, zuweilen auch mit Fischfarce gefüllten Pasteten in verschiedenen Größen. Eine davon, die „Kulebjaka" mit Huhn-, Kohl- oder Lachsfüllung – gehört auch auf internationalen Tafeln zu den kulinarischen Ereignissen. Zumal dann, wenn sie als feine französische Verwandte mit Namen „Coulibiac" erscheint, die eine Kreation des großen französischen Kochkünstlers Escoffier ist, aber eben eine Nachahmung bleibt, wenn auch eine besonders delikate. Bei den „Piroschki" handelt es sich um kleinere gefüllte Teigtaschen. Nahe Verwandte sind die „Pelemeni" sibirischer Herkunft, die nicht gebacken, sondern gekocht werden.
Wenn's nun auf russischen Tischen festlich hergeht, wird heute noch „Boeuf Stroganoff" serviert, das schon lange Bestandteil der Internationalen Küche ist. Für den Alltag tut es dann die Kohl- oder/und Rote-Rüben-Suppe „Borschtsch", nur echt mit saurer Sahne obendrauf, die überhaupt ein Charakteristikum der russischen Küche ist. Sie spielt auch in der Küche Polens eine Rolle, die – wie die russische – bäuerlichen Ursprungs ist. Das beweist das Nationalgericht „Bigos", ein Eintopf aus Sauerkraut, Weißkohl, durchwachsenem Speck, Schweinefleisch, Mettwurst und Pfifferlingen, gewürzt mit Knoblauch, Majoran, Lorbeer und Paprika. Auch in der polnischen Küche gibt es schmackhafte „Piroggen", vor allem aber deftige Fleischgerichte.

RATGEBER INTERNATIONALE SPEZIALITÄTEN

ASIEN

Die asiatische Küche in einen Topf zu werfen ist nicht nur unmöglich, sondern auch nicht erlaubt. Denn die Küchen der Länder haben alle ihre Eigenheiten. Allenfalls kann man sagen, daß die Küchen Indiens und Sri Lankas gewisse Ähnlichkeiten miteinander haben. Beiden gemeinsam sind die „Curries", diese Ragouts aus Fleisch, Fisch oder Gemüse, die gerne als Hauptgericht serviert werden. Unterschiedlich scharf abgeschmeckt, sind sie meist delikat und originell. Kein Wunder. Denn jede Hausfrau stellt ihre eigenen Gewürzmischungen her. In beiden Ländern dominieren Reis- und Gemüsegerichte. An den Küsten weiß man wohlschmeckende Gerichte aus Fisch und Meeresfrüchten zu kochen. Der Unterschied: Auf Sri Lanka werden die Speisen generell scharf gewürzt.

In China ist Pfannengerührtes Trumpf. Man schneidet Gemüse, Fleisch oder Fisch klein und gart sie zumeist im Wok, einer tiefen, im Rand weit ausladenden Pfanne. Durch die schnelle Zubereitung bleiben Aroma und Vitalstoffe weitgehend erhalten. Eine gesunde Küche. Generell kann man sagen, daß es in China die Nudel- und Reisküche gibt, hier süßsaures Schweinefleisch, dort Rindfleisch mit Gemüse bevorzugt werden. An den Küsten dominieren Gerichte aus Fisch und Schalentieren. Und da Kochen in China den hohen Stellenwert der Kunst hat, darf von der echt chinesischen Küche Großes erwartet werden. Dazu gehört die Peking-Ente (Foto oben) mit der knusprig-köstlichen Haut. Bei festlichen Anlässen wird die Haut, in kleine Quadrate geschnitten, als Gaumenkitzel serviert.

In Japan, das ist typisch, werden die landesüblichen Speisen wie kleine Kunstwerke auf Tellern anmutig angerichtet. Eine Augenweide aus geschickt zurechtgeschnittenem Gemüse, aus Fisch und Meeresfrüchten, weniger aus Fleisch. Typisch für die Landesküche sind in Teig gewendete Gemüse- oder Fischstücke (auch Meeresfrüchte), die fritiert werden. Der Japaner nennt sie „Tempura". Nationalgericht ist das „Sukijaki" (Skijaki gesprochen). Es besteht aus Rinderfilet, Glasnudeln, Pilzen, Lauch, Weißkohl, Spinat, Bambus- und Sojasprossen und wird bei Tisch in einer Soja-Reiswein-Mischung gedünstet.

In Birma zieht man Fisch und Krustentiere jeder Art von Fleisch vor, schätzt Obst und Gemüse sehr. Grundnahrungsmittel ist der Reis.

Für Thailands Küche ist die scharfe Würze typisch. Schweinefleisch, Paprika, Tomaten und Zwiebeln werden in den Speisen bevorzugt.

Die Küchen von Vietnam, Singapur, Malaysia und auf den Philippinen waren so vielen Einflüssen ausländischer Küchen ausgesetzt, daß ihre Ursprünglichkeit nur noch in Bruchteilen vorhanden ist. Nur in Indonesien gibt es noch viele eigenständige Gerichte, in denen die „Sambals" (scharfe Würzmuszubereitungen), Reis, Schweinefleisch und Geflügel, Eier und Fisch eine große Rolle spielen. Das beweist auch die weltbekannte indonesische Reistafel.

TÜRKEI

Es ist zu vermuten, daß das „Gyros" der Griechen aus der Küche ihrer türkischen Eroberer stammt. Denn deren Spezialität mit Namen „Döner Kebab" aus Lamm- oder Hammelfleisch wird wie echtes „Gyros" zubereitet. Das Fleisch gart allerdings vor einem Holzkohlenfeuer. Die Türken schätzen dieses ihr Nationalgericht. Genau wie „Sis-Kebab", die Lammfleischspieße. Das Fleisch von Lamm und Hammel, aber auch Geflügel, spielen in der türkischen Küche eine große Rolle. Ebenso Gemüse, allen voran Paprika. Es kann sogar sein, daß Geflügel oder Gemüse in der Türkei unverkennbar nach Lamm schmecken. Der Grund: In der Küche der Türkei wird vornehmlich Hammelfett verwendet.

MITTEL/ SÜDAMERIKA

In Mexiko ist die Landesküche sozusagen zweigeteilt. Einerseits gibts die brennend-scharfen Gemüse-Fleischtöpfe, mit Chillies gewürzt. Andererseits sind milde Mais-Gerichte beliebt. Wie auch Maismehl in der mexikanischen Küche eine große Rolle spielt. Die beliebten Tortillas beweisen es. Fleisch, Mais und anderes Gemüse sind für die meisten Mexikaner undenkbar ohne die „Salzas", die scharfen Saucen.

Auf den Inseln der Karibik kann man beim besten Willen nicht von einer eigenständigen Küche sprechen. Ein Eroberer nach dem anderen, aber auch Sklaven brachten ihre Gerichte in die ursprüngliche Küche ein und importierten aus ihren Ländern Obst- und Gemüsepflanzen, die dort kultiviert wurden. Nur Tomaten, Chillies und Mais kann man daher noch als einheimisches Gemüse ansehen. Eintöpfe aus Bananen, Yams, Mais und Bohnen sind heute die bevorzugten Speisen der Einwohner.

Was Südamerika angeht, so gibt es in den einzelnen Ländern durchaus Spezialitäten. In den Nordstaaten zum Beispiel mit Fleischfarce gefüllte Taschen aus Maismehlteig, die in Blätter gewickelt gedämpft werden. Die Indios in Peru kennen Eintöpfe aus Bohnen, Kartoffeln und Fleisch, die in verfeinerter Form zubereitet – „Estadafo" heißen.

Brasiliens Küche kann sich auf seine großen und guten Fleischportionen etwas zugute halten. Spießbraten-„Churrasco"– ist ein beliebtes Essen.

In Bolivien kennt man eine Menge Kartoffelsorten, die einfallsreich mit Gemüse, Fleisch und Kräutern zubereitet werden.

Die argentinische Küche und die Paraguays sind weitgehend von der Küche der spanischen Eroberer beeinflußt. Das kann auch von der chilenischen Küche gesagt werden. Beliebt sind gegrillte Fleischspeisen.

AUSTRALIEN

Hier soll von der australischen und von der neusseländischen Küche die Rede sein. Denn beide haben viele Gemeinsamkeiten. Sie werden vor allem von Fisch und Lammfleisch beherrscht. Neuseeland ist schließlich weltweit bekannter Lammfleischproduzent. Und die Neusseeländer waren es auch, die in Europa ihre köstlichen Früchte, die Kiwis, eingeführt haben. An beiden Produkten partizipiert auch Australien, wiewohl dort die Lammzucht ebenfalls weit verbreitet ist.
Fischgerichte und Meeresfruchtzubereitungen stehen auf den Speisekarten australischer Restaurants, aber auch auf den Küchenzetteln australischer Hausfrauen obenan. Wie zum Beispiel die Knoblauch-Scampis (Foto oben). Stets frisch und von bester Qualität liefert das Meer, das den Kontinent umspült, zahlreiche Fischarten und ungezählte Arten von Meeresfrüchten. Außerdem sind die Austern, die in den Flußmündungen geerntet werden, hochgeschätzt. Nicht weniger sind es köstlich-gegrillte Schollen. Klar, daß man sich auch auf die Zubereitung von Gemüse versteht. So gilt Spargel mit delikaten Saucen als feines Vorgericht. Konkurrenzlos aber als Hauptgericht ist Hummer aus dem Pazifik. Mit Kresse zubereitet, ist er schon ein kulinarisches Ereignis. In den führenden Restaurants gibt es wie in Europa in Butter pochierte Gänseleber, exellente Sorbets, ausgesucht gute Käseplatten. Das Angebot an Fisch ist riesengroß und super. In den häuslichen Küchen aber kocht man im übrigen auf australisch getrimmte Speisen. Was heißen soll: Die australische Küche ist eine gelungene Mischung aus eigenständigen Gerichten und aus den Gerichten, die die Einwanderer importiert haben.

NORDAMERIKA

Indianer und englische Siedler legten die Fundamente für die Küche der USA. In Kanada kamen noch die französischen Siedler hinzu. Und in beiden Ländern die ungezählten Einwanderer, die ihre Bausteine in Form ihrer heimischen Gerichte dazu taten. Das Ergebnis ist dennoch eine erstaunlich eigenständige Küche von großer Vielfalt, die aus dem Riesenangebot an Produkten das Beste zu machen versteht. Von Einfallslosigkeit, die Ignoranten der nordamerikanischen Küche nachsagen, kann überhaupt keine Rede sein. Verständlich, daß es in den 50 Staaten der USA auch 50 eigenständige Küchen gibt, die der Einwanderer nicht mitgezählt. Sie alle leben vom Überfluß des Angebotes an Lebensmitteln. Landesweit. Da gibt es ausgesucht gutes Fleisch, von den vielen Steaksorten ganz zu schweigen. Und große Braten und Geflügel. Zum Erntedanktag (Thanksgiving-day) bringt zum Beispiel fast jede amerikanische Hausfrau den traditionellen Puter knusprig gebraten auf den Tisch. Die Kreativität und die Lust am Kochen, so sagen Kenner, sind eine hervorstechende Eigenschaft amerikanischer Frauen. Sie wissen das große Angebot an Lebensmitteln in schmackhafte Gerichte umzusetzen. Mangel herrscht ja nicht. Im Land werden alle nur denkbaren Gemüse und Obstsorten kultiviert. Salate aller Sorten sorgen für abwechslungsreiche Zubereitungen. Denn die Amerikaner sind ausgesprochene Salatfans. An der Westküste gehören Hummer, Crabs, Langusten und Garnelen auf den Speisezettel. Und daß im ganzen Land leidenschaftlich gern gegrillt wird, weiß man in aller Welt. Pfannkuchen mit würzigem Ahornsirup werden schon zum Frühstück gerne gegessen, „Jambalaya" ist ein kreolischer Eintopf, der in den Südstaaten seinen Ursprung hat und „Chili con carne", ein Fleischgericht mit roten Bohnen und Tomaten, das aus der mexikanischen Küche stammt.

AFRIKA

In alle Töpfe der afrikanischen Küche zu schauen, dazu ist hier kein Platz. Aber am Beispiel von „Couscous" läßt sich die unterschiedliche Zubereitungsart in den nordafrikanischen Ländern aufzeigen. Dieses bekannte Gericht hat immer drei Zutaten als Grundlage: Das Fleisch, das Gemüse und den grobkörnigen Grieß aus Hartweizen, Hirse, Mais oder Gerste. Man dämpft den Gries in Wasser oder in dem Kessel, in dem das dazugehörige Ragout zubereitet wird, so daß der Grieß gleichzeitig das Aroma der Fleischeinlage aufnimmt. Das Ragout kann aus Hammel- und/oder Rindfleisch, auch aus Geflügel bestehen und wird mit Zwiebeln und Gemüse wie Möhren, Kohl, Tomaten, Zucchini, Kürbis und Kichererbsen zubereitet. In Tunesien wird es nun mit Cayennepfeffer, Kreuzkümmel und Knoblauch abgeschmeckt. Die Ägypter geben Nüsse, Rosinen und Datteln hinein. Marrokaner und Algerier schmekken mit Zimt, Safran und Koriander würzig ab.
Machen wir einen großen Sprung nach Südafrika. Die Küche am Kap ist zum großen Teil international, wurde aber sehr stark von der holländischen, der französischen und gar der malaysischen Küche geprägt. Typische Gerichte: Fleischspieße mit Aprikosen namens „Sosaties" und „Bobotie", eine pikante Hackfleischmasse mit Zitronenblättern, die mit Eiermilch überbacken wird und vermutlich malaysischen Ursprungs ist. Dazu mit Rosinen und Zwiebeln zubereiteter, mit Kurkuma gewürzter „Gelber Reis".
Die Küchen Schwarzafrikas zeigen im Westen stark ostasiatische Einflüsse mit scharfer Würze von Chillies. In Ostafrika haben indische Einwanderer die Küche mitgeprägt. Kein Wunder, daß es hier auch schmackhafte Curries gibt. So kennt man auch zahlreiche Reisgerichte. Rind, Ziege und Gazelle, aber auch andere wildlebende Tiere, liefern das nötige Fleisch.

RATATOUILLE

2 Gemüsezwiebeln · 2 Koblauchzehen · 4 Fleischtomaten · 4 Zucchini · 4 Auberginen · 3 rote Paprikaschoten · 3 grüne Paprikaschoten · 1 Bund Thymian · 500 ml (1/2 l) Olivenöl · Salz · Pfeffer

Zwiebeln und Knoblauch abziehen und in feine Streifen schneiden. Die Tomaten enthäuten, entkernen und würfeln. Die übrigen Gemüse putzen, waschen und in grobe Stücke schneiden. Den Thymian abspülen und fein hacken. Die Gemüsesorten im heißen Olivenöl anbraten, mit Salz, Pfeffer und Thymian würzen und 15–20 Minuten dünsten. Dieses Ratatouille eignet sich als Beilage zu Lammgerichten oder als eigenständiges Gericht, das warm oder kalt mit warmem Baguette serviert wird.

LAMMKEULE PROVENCALISCH

1 kleine Lammkeule (etwa 800 g, ohne Knochen) · 1 Bund Rosmarin · 1 Bund Basilikum · 1 Bund Thymian · 2 Knoblauchzehen · Salz · Pfeffer · 4–5 Eßl. Olivenöl

Lammkeule abspülen, trockentupfen, von Haut und Sehnen befreien. Die Kräuter abspülen, trockentupfen, Blättchen von den Stengeln zupfen und fein hacken. Knoblauchzehen schälen und fein hacken. Lammkeule mit Salz, Pfeffer, Knoblauch und den Kräutern würzen. Olivenöl in einem großen Topf oder Bräter erhitzen. Die Lammkeule darin im auf etwa 180 Grad (Gas Stufe 2) vorgeheizten Backofen anbraten und 30–40 Minuten braten.

Als Beilagen passen gegrillte Tomaten und grüne Bohnen.

CANARD À L'ORANGE

1 Ente (etwa 1,3 kg) · Salz · Pfeffer · 1 Eßl. Speiseöl · 3 Orangen (unbehandelt) · 250 ml (1/4 l) brauner Fond (Rezept S. 132) · 2 Eßl. Orangenlikör · 1 Thymianzweig · Zucker

Die Ente gründlich unter kaltem Wasser abspülen, trockentupfen, innen und außen mit Salz und Pfeffer würzen. Das Speiseöl in einem Bräter erhitzen, die Ente hineinlegen und im auf etwa 200 Grad (Gas Stufe 3–4) vorgeheizten Backofen etwa 1 Stunde braten. Die Orangen gründlich waschen und von der Schale hauchdünne Streifen abschälen. Orangen bis auf das Fruchtfleisch schälen, die Filets aus den Häuten schneiden, den Saft dabei auffangen. Die gebratene Ente aus dem Bräter nehmen und warm stellen. Das Fett bis auf einen Rest abgießen. Braunen Fond, Orangensaft, Fruchtfleisch, Schalen und Orangenlikör in den Bratensatz geben und etwas einkochen. Thymian abspülen, trockentupfen, die Blättchen fein hacken. Die Sauce mit Thymian, Salz, Pfeffer und Zucker abschmecken. Broccoliröschen und Mandelkartoffeln dazureichen.

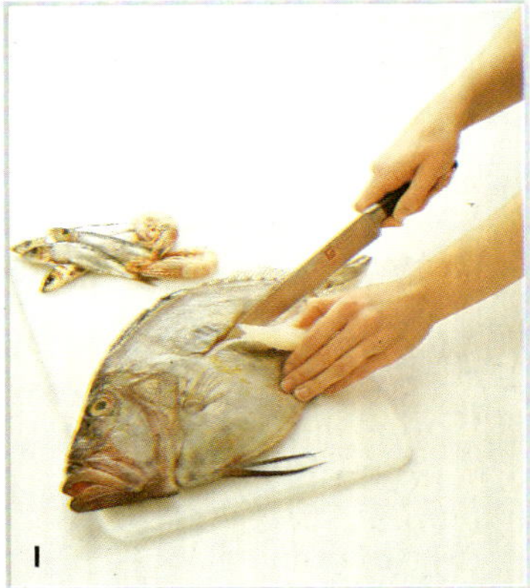

BOUILLABAISE

200 g Rotbarbe · 200 g Peterfisch · 200 g Sardinen · 1 Zwiebel · 200 g Krevetten oder Gambas · 1 Fenchelknolle · 2 Tomaten · 4 Schalotten · 2 Knoblauchzehen · 2–3 Eßl. Olivenöl · 4 Eßl. trockener Wermut · 4 Eßl. Pernod · Salz · Pfeffer

Die Fische unter kaltem Wasser abspülen und die Filets heraustrennen (Foto 1). Gräten und Köpfe für den Fond beiseite stellen. Die Zwiebel abziehen und in Ringe schneiden. Krevetten etwa 3 Minuten in kochendem Wasser mit 2 Lorbeerblättern und den Zwiebelringen blanchieren (Foto 2). Krevetten herausnehmen und aus den Schalen lösen. Gräten, Fischköpfe und Schalen in 2 ½ l Wasser zum Kochen bringen und auf etwa 1 l Flüssigkeit einkochen.
Diesen Fond durch ein Mulltuch gießen. Fenchel putzen und waschen. Die Tomaten waschen. Schalotten und Knoblauch abziehen. Gemüse in Würfel schneiden (Foto 3). Olivenöl erhitzen und das Gemüse darin andünsten (Foto 4). Die Fische in Stücke schneiden und mit den Krevetten hinzufügen (Foto 5). Fischfond, Wermut und Pernod hinzugießen (Foto 6), mit Salz und Pfeffer abschmecken und alles noch etwa 5 Minuten schwach köcheln. Baguette mit Knoblauchbutter dazureichen.
Veränderung: 200 g Champignons putzen, waschen, in Scheiben schneiden, mit dem Gemüse andünsten.

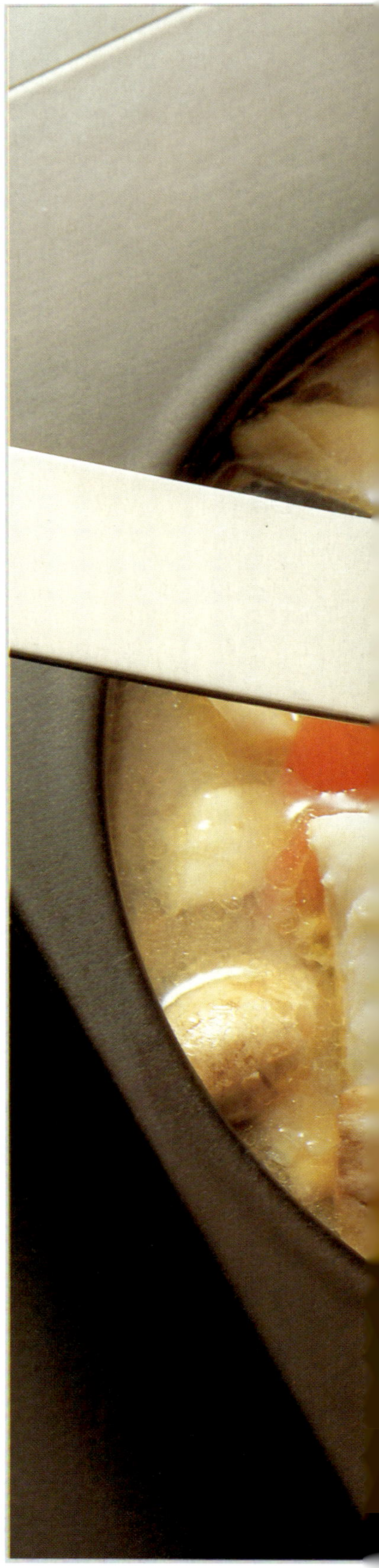

COQ AU VIN
(ohne Foto)

2 Hähnchen · Salz · Pfeffer · 2 Eßl. Weizenmehl · 3 Eßl. Speiseöl · 200 g kleine Champignons · 100 g Butter · 1 Glas Perlzwiebeln (Einwaage etwa 185 g) · 250 ml (1/4 l) Rotwein · 1 Lorbeerblatt · 1 Thymianzweig · 400 ml Schlagsahne

Die Hähnchen unter kaltem Wasser abspülen, trockentupfen und vierteln. Das Fleisch mit Salz und Pfeffer würzen und mit Mehl bestäuben. Das Öl in einem Bräter erhitzen, die Hähnchenstücke darin von allen Seiten anbraten und herausnehmen. Das Bratfett abgießen. 50 g Butter zerlassen. Pilze putzen, waschen, trockentupfen und mit den abgetropften Perlzwiebeln in der Butter andünsten. Mit Rotwein ablöschen, Lorbeer, abgespülten, gehackten Thymian und die Sahne hinzufügen. Die Hähnchenteile dazugeben und bei schwacher Hitze 30–35 Minuten köcheln lassen. Die Hähnchenstücke herausnehmen, warm stellen. Danach die restliche Butter in Flöckchen unter die Sauce schlagen und mit Salz und Pfeffer abschmecken.
Als Beilagen passen Herzoginkartoffeln und Feldsalat mit Nüssen.

OSSO BUCCO

4 Kalbshaxenscheiben mit Knochen (je etwa 200 g) · 1 Möhre · 1 Stange Staudensellerie · 1 kleine Stange Porree · 1 Knoblauchzehe · 1 Zwiebel · 3 Fleischtomaten · 100 ml (1/10 l) Olivenöl · 30 g Butter · 100 ml (1/10 l) Weißwein. 1 l Fleischbrühe · 1 Bund Petersilie · 1/2 Teel. abgeriebene Zitronenschale (unbehandelt) · Salz · Pfeffer

Die Haxenscheiben unter kaltem Wasser abspülen und trockentupfen. Möhre, Sellerie und Porree putzen, gründlich waschen und in Streifen schneiden. Knoblauch und Zwiebel abziehen und würfeln. Fleischtomaten enthäuten, entkernen und in Würfel schneiden. Das Olivenöl erhitzen und die Fleischscheiben von beiden Seiten anbraten. Die Butter in einem Bräter zerlassen. Zwiebel, Möhre, Sellerie und Porree darin andünsten und mit Weißwein ablöschen. Die Haxenscheiben, abtropfen lassen und zum Gemüse geben. Fleischbrühe angießen und die Tomaten hinzufügen. Den Bräter in den auf etwa 175 Grad (Gas Stufe 3) vorgeheizten Backofen schieben und alles etwa 1 1/2 Stunden schmoren lassen. Petersilie abspülen, trockentupfen, fein hacken und kurz vor Ende der Garzeit mit dem Knoblauch und der Zitronenschale zugeben. Osso buco mit Salz und Pfeffer abschmecken.
Als Beilage eignen sich Safranrisotto und Nudeln.

MINESTRONE

1 kleiner Blumenkohl · 400 g Broccoli · 4 Möhren · 200 g Sellerie · 1 Gemüsezwiebel · 1 Stange Porree (Lauch) · 3 Fleischtomaten · 1 Knoblauchzehe · Salz · 3 Eßl. Olivenöl · 1 1/4 l Fleischbrühe · Pfeffer

Blumenkohl und Broccoli putzen, in Röschen teilen und waschen. Möhren und Sellerie schrappen (schälen) und waschen. Möhren in Scheiben schneiden, Sellerie würfeln. Gemüsezwiebel abziehen und

in Streifen schneiden. Tomaten enthäuten, entkernen und achteln. Knoblauch abziehen und mit etwas Salz verreiben. Olivenöl erhitzen und das Gemüse darin andünsten. Knoblauch unterrühren, Fleischbrühe angießen und mit Pfeffer würzen. Die Gemüsesuppe etwa 20 Minuten bei mittlerer Hitze köcheln lassen. Vor dem Servieren nochmal mit Salz und Pfeffer abschmecken. Geröstete Käsetoasts oder frisches Weißbrot dazureichen.

SALTIM BOCCA

8 Kalbsschnitzel (je etwa 80 g) · 8 Salbeiblätter · 8 Scheiben Parma Schinken · Salz · Pfeffer · 1–2 Eßl. Weizenmehl · 3 Eßl. Olivenöl · 250 ml (1/4 l) brauner Fond (Rezept S. 132) · 2 Eßl. trockener Wermut

Außerdem: Holzspießchen

Die Kalbsschnitzel unter kaltem Wasser abspülen und trockentupfen. Salbeiblätter vorsichtig abspülen und trockentupfen. Die Kalbsschnitzel nebeneinanderlegen und jeweils ein Salbeiblatt auf jedes Schnitzel legen. Die Schinkenscheiben zusammenfalten, auf die Schnitzel legen und mit Holzspießchen feststecken. Schnitzel mit Salz und Pfeffer würzen und mit Mehl bestäuben. Öl erhitzen und die Schnitzel auf jeder Seite 2–3 Minuten braten. Fleisch aus der Pfanne nehmen und warm stellen. Bratfett abgießen. Braunen Fond und Wermut in die Pfanne gießen und den Bratensatz loskochen. Sauce eventuell nachwürzen. Safranrisotto oder Tomatenspaghetti dazureichen.

POLLO AL DIABOLO

2 Hähnchen · 2 Eßl. scharfer Senf · Salz · Pfeffer · Cayennepfeffer · 1 Zweig Rosmarin · 3 Eßl. Speiseöl

Die Hähnchen unter kaltem Wasser abspülen und trockentupfen. Mit einer Geflügelschere entlang dem Rückgrad schneiden (Foto 1). Das Rückgrad heraustrennen (Foto 2). Die Hähnchen mit einem Fleischklopfer leicht flach klopfen (Foto 3). Fleisch und Haut innen und außen mit Salz, Pfeffer und Cayennepfeffer würzen. Den Rosmarin abspülen, trockentupfen, die Blättchen abzupfen und fein hacken. Die Hähnchen mit dem Rosmarin würzen. Das Öl in einem flachen Bräter erhitzen und die Hähnchen von beiden Seiten darin anbraten. Die Hähnchen 30–35 Minuten grillen, ab und zu wenden.
Als Beilagen passen Paprikagemüse und Strohkartoffeln.

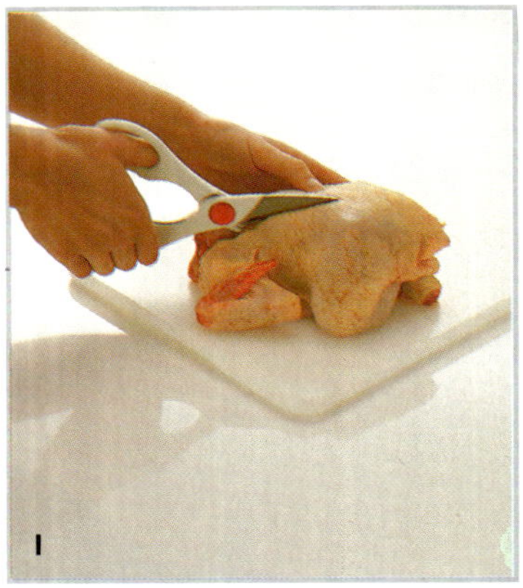
1

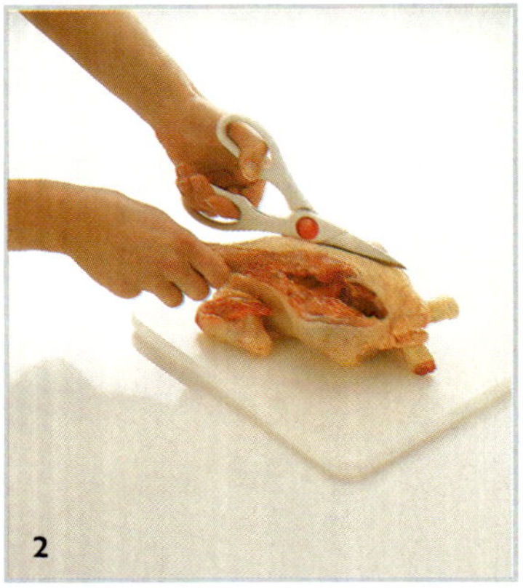
2

3

KANINCHEN IN OLIVENSAUCE
(ohne Foto)

1 Kaninchen · Salz · Pfeffer · 1 Zweig Rosmarin · 2 Möhren · 100 g Sellerie · 2 Zwiebeln · 2 Tomaten · 30 schwarze Oliven · 4 Eßl. Olivenöl · 250 ml (1/4 l) Weißwein · 20 g Olivenpaste · 250 ml (1/4 l) Hühnerbrühe · 250 g Crème fraîche

Das Kaninchen unter kaltem Wasser abspülen, trockentupfen, in acht Teile zerlegen und mit Salz und Pfeffer würzen. Rosmarin abspülen, trockentupfen, die Blättchen abzupfen und fein hacken. Möhren und Sellerie schrappen (schälen), waschen und in Stücke schneiden. Zwiebeln abziehen und würfeln. Tomaten enthäuten, entkernen, grob zerkleinern. Oliven vierteln und entkernen. Olivenöl erhitzen und die Kaninchenstücke darin von allen Seiten anbraten. Gemüse dazugeben und mitbraten. Weißwein angießen. Olivenpaste unterrühren und die Hühnerbrühe hinzugießen. Kaninchen in etwa 1 Stunde gar schmoren. Die Sauce im Mixer pürieren, Crème fraîche unterrühren und einkochen lassen. Eventuell nochmals abschmecken. Als Beilage passen bunte Nudeln.

ZARZUELA

24 Miesmuscheln · 8 Jakobsmuscheln · 4 Tintenfische · 8 Hummerkrabben · 400 g Douraden-Filet · 2 Schalotten · 2 Knoblauchzehen · 1 Bund Petersilie · 3 Fleischtomaten · 3 Eßl. Olivenöl · 2 Eßl. Sherry · Zitronensaft · Salz · Pfeffer · 16 grüne Oliven

Miesmuscheln und Jakobsmuscheln gründlich in kaltem Wasser abbürsten (Foto 1). Muscheln in 1 l Wasser kochen, bis sich die Schalen öffnen. Den Muschelsud beiseite stellen. Das Fleisch aus den Schalen lösen. Tintenfisch abspülen und in Ringe schneiden (Foto 2). Hummerkrabben schälen. Fischfilet abspülen, in Würfel schneiden. Schalotten und Knoblauch abziehen und fein würfeln. Petersilie abspülen, trockentupfen und fein hacken. Die Tomaten enthäuten, entkernen und in Würfel schneiden. Olivenöl erhitzen, Schalotten, Knoblauch, Petersilie und Tomaten darin andünsten. Muschelfleisch, Tintenfisch, Krabben und Fischfilet dazugeben. Den Muschelsud angießen, mit dem Sherry, Zitronensaft, Salz und Pfeffer kräftig würzen (Foto 3). Oliven hinzufügen und alles etwa 15 Minuten köcheln lassen (Foto 4).

1

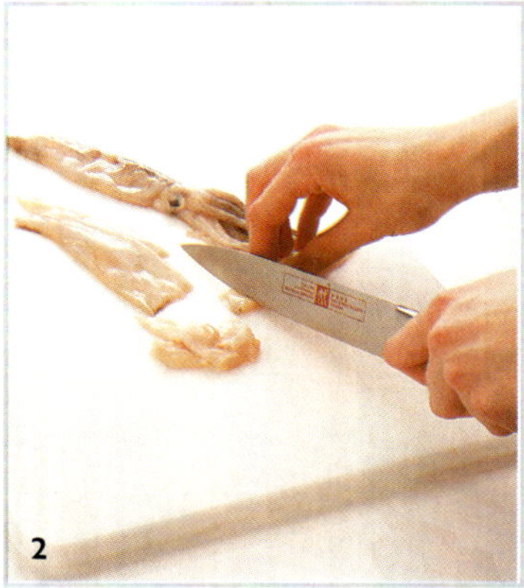
2

3

4

SCHWEINEFLEISCH MIT MUSCHELN
(ohne Foto)

600 g Schweinefleisch · 1 kg Herzmuscheln · 4 Eßl. trockener Wermut · 2 rote Paprikaschoten · 1 Zwiebel · 3 Knoblauchzehen · 4 Eßl. Olivenöl · Salz · Pfeffer

Das Schweinefleisch unter kaltem Wasser abspülen, trockentupfen und in Streifen schneiden. Muscheln gründlich in kaltem Wasser abbürsten. 250 ml (1/4 l) Wasser mit dem Wermut zum Kochen bringen, die Muscheln darin köcheln lassen, bis sich die Schalen öffnen. Muscheln herausnehmen und aus den Schalen lösen. Paprikaschoten halbieren, entstielen, entkernen, die weißen Scheidewände entfernen. Die Schoten waschen und in Würfel schneiden. Zwiebel und Knoblauch abziehen und fein würfeln. Das Olivenöl erhitzen und das Schweinefleisch darin bei starker Hitze anbraten. Fleisch herausnmehmen und warm stellen. Restliches Olivenöl erhitzen, Paprika, Zwiebel und Knoblauch darin andünsten. Muschelfond angießen und 5 Minuten kochen lassen. Schweinefleisch und Muscheln hinzufügen, nicht mehr kochen lassen und mit Salz und Pfeffer abschmecken.
Safran-Reis dazureichen.

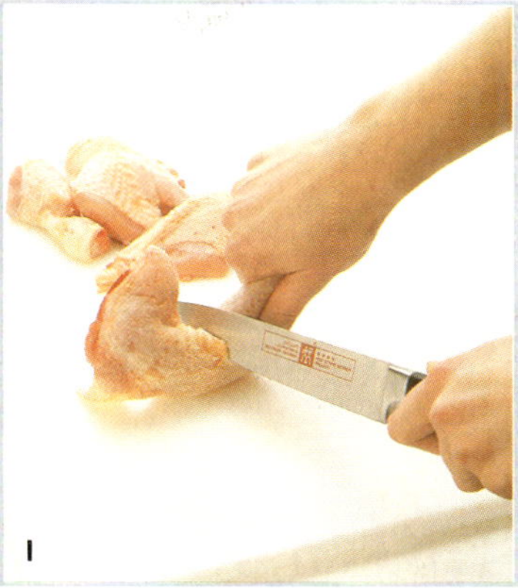

1

2

3

4

WATERZOOI

1 Poularde (etwa 1 1/2 kg) · Salz · Pfeffer · 1 Stange Porree (Lauch) · 1 Zwiebel · 1 Möhre · 200 g Sellerie · 30 g Butter · 2 Eßl. gehackte Petersilie · 150 ml Hühnerbrühe · 2 Eigelbe

Das Hähnchen unter kaltem Wasser abspülen, trockentupfen und in acht Teile zerlegen (Foto 1), mit Salz und Pfeffer würzen. Porree putzen, gründlich waschen und in Ringe schneiden. Möhre und Sellerie schrappen (schälen), waschen und zerkleinern (Foto 2). Zwiebel abziehen und in Würfel schneiden. Die Butter zerlassen, das Gemüse und die Petersilie darauf verteilen. Die Hähnchenstücke darauf legen (Foto 3). Die Hühnerbrühe angießen, den Topf verschließen und das Gericht etwa 1 Stunde kochen lassen. Das Fleisch herausnehmen und die Flüssigkeit mit den verschlagenem Eigelb binden (Foto 4). Fleisch wieder hineingeben und sofort servieren. Kartoffelpüree dazureichen.

HUTSPOT MET KLAPSTUCK
(ohne Foto)

750 g Rinderbrust · etwa 1 1/2 l Fleischbrühe · 1 kg Möhren · 750 g Zwiebeln · 1 kg Kartoffeln · 50 g Butter · Salz · Pfeffer

Das Rindfleisch unter kaltem Wasser abspülen und in 1 l Fleischbrühe etwa 1 Stunde kochen lassen. Möhren schrappen, waschen und in kleine Stücke schneiden. Die Zwiebeln abziehen und zerkleinern. Möhren und Zwiebeln zum Fleisch geben und alles noch etwa 20 Minuten kochen. Fleisch herausnehmen und warm stellen. Möhren und Zwiebeln mit der Brühe durch ein Sieb geben und die Brühe auffangen. Kartoffeln waschen, schälen, in kleine Stücke schneiden, in die Brühe geben und in 15–20 Minuten gar kochen. Evtl. noch etwas Fleischbrühe hinzugießen. Die Kartoffeln abgießen und die Brühe auffangen. Kartoffeln, Möhren und Zwiebeln mit einem Kartoffelstampfer zerdrücken und mit der Butter und Brühe zu einem sämigen Püree rühren, erhitzen. Pürree mit Salz und Pfeffer abschmecken und das Fleisch darauf anrichten.

1

2

3

4

ROASTBEEF MIT YORKSHIRE-PUDDING

Für das Roastbeef:
1 kg Roastbeef · Salz · grob gemahlener schwarzer Pfeffer · 3 Eßl. Speiseöl

Für den Yorkshire-Pudding:
200 g Weizenmehl · 3 Eigelbe · 250 ml (1/4 l) Milch · 160 g Rindernierenfett · 3 Eiweiß · weißer Pfeffer

Das Roastbeef unter kaltem Wasser abspülen und trockentupfen. Fleisch mit Salz und dem Pfeffer würzen (Foto 1). Für den Yorkshire-Pudding das Mehl in eine Schüssel sieben. Die Eigelbe und die Milch dazugeben (Foto 2). Rindernierenfett auslassen, zu den Zutaten geben und alles zu einem glatten Teig verrühren. Eiweiß zu steifem Schnee schlagen und unter den Teig ziehen. Teig mit Salz und Pfeffer abschmecken und in kleine Auflaufförmchen füllen (Foto 3). In den auf etwa 175 Grad (Gas Stufe 2) vorgeheizten Backofen schieben und 30–40 Minuten garen. Inzwischen das Speiseöl in einem Bräter erhitzen und das Roastbeef darin scharf anbraten. Den Bräter ebenfalls in den Backofen schieben und das Roastbeef etwa 30 Minuten braten.
Den Yorkshire-Pudding nach dem Garen mit einem Messer vorsichtig vom Förmchenrand lösen (Foto 4) und stürzen.
Als zusätzliche Beilage kann gedünsteter Staudensellerie gereicht werden.

IRISH STEW

(ohne Foto)

1,5 kg Lammfleisch ·
12 Kartoffeln · 4 Zwiebeln ·
1 Zweig Thymian · Salz · frisch
gemahlener schwarzer Pfeffer
Außerdem: Alufolie

Das Lammfleisch unter kaltem Wasser abspülen und in 8–10 Stücke schneiden. Die Kartoffeln schälen und waschen. Vier Kartoffeln in Scheiben schneiden. Die restlichen Kartoffeln vierteln. Zwiebeln abziehen und in Ringe schneiden. Thymian abspülen, die Blättchen vom Stengel zupfen und fein hacken. Die Kartoffelscheiben in einen Topf schichten. Die Hälfte der Zwiebelringe und das Fleisch darauf geben und mit Salz, Pfeffer und Thymian würzen. Die restlichen Zwiebeln und die Kartoffelviertel darauf verteilen, salzen und 500 ml (1/2 l) Wasser angießen. Den Topf mit Alufolie verschließen und den Deckel darauf setzen. Den Topf in den auf etwa 175 Grad (Gas Stufe 3) vorgeheizten Backofen schieben und das Gericht etwa 2 1/2 Stunden köcheln lassen. Die auf dem Topfboden liegenden Kartoffelscheiben zerfallen während des Garens und binden dadurch die Brühe. Evtl. nochmal mit Salz abschmecken.

1

2

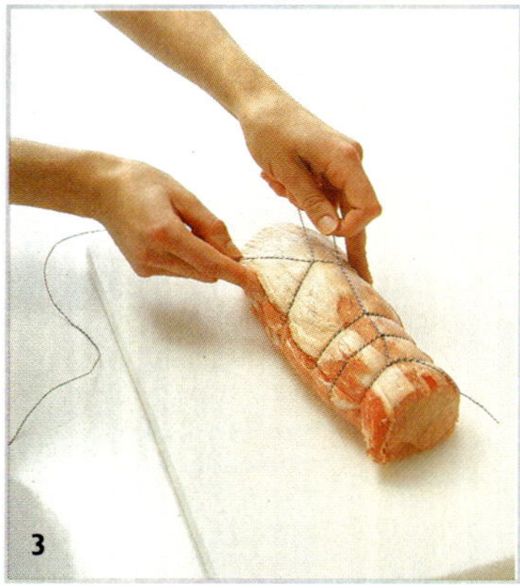

3

4

SCHWEINE-RÜCKEN MIT BACKPFLAUMEN

30 entsteinte Backpflaumen · 1 kg Schweinerücken ohne Knochen · Salz · Pfeffer · 2 Teel. gemahlener Ingwer · 60 g Butter · 500 ml (1/2 l) kochende Fleischbrühe · 100 ml Schlagsahne

Außerdem: Küchengarn

Die Backpflaumen etwa 1 Stunde in kaltem Wasser einweichen. Das Schweinefleisch abspülen, trockentupfen und mit einem Längsschnitt versehen (Foto 1). Die Backpflaumen abtropfen lassen und in die entstandene Fleischtasche füllen (Foto 2). Das Fleisch mit Küchengarn umbinden (Foto 3). Das Fleisch mit Salz, Pfeffer und Ingwer einreiben. Butter zerlassen und das Fleisch darin von allen Seiten braun anbraten (Foto 4). Die Brühe zugießen, zugedeckt in den auf etwa 175 Grad (Gas Stufe 3) vorgeheizten Backofen schieben und etwa 1 Stunde garen, dabei immer wieder mit Brühe begießen. Das gegarte Fleisch herausnehmen, das Küchengarn entfernen. Das Fleisch in Scheiben schneiden und warm stellen. Die Sahne zum Bratensatz gießen, einkochen und nochmals mit Salz, Pfeffer und Ingwer abschmecken. Die Sauce über das Fleisch geben. Kartoffelpüree und Rotkohl dazureichen.

KREBSE IN DILL
(ohne Foto)

20 Krebse · 1 Möhre · 1 Zwiebel · 1/4 Stange Porree · (Lauch) 2 Bund Dill · 2 l Fischbrühe (Rezept S. 77) · 6 zerstoßene Pfefferkörner · Zitronensaft · 1 Lorbeerblatt · Salz

Die Krebse unter fließendem kaltem Wasser abbürsten. Die Möhre schrappen, waschen und in Würfel schneiden. Zwiebel abziehen und würfeln. Den Porree putzen, gründlich waschen und in Ringe schneiden. Dill abspülen und grob hacken. Die Fischbrühe mit dem zerkleinerten Gemüse, Dill, Pfefferkörnern, Zitronensaft, Lorbeer und Salz zum Kochen bringen. Die Krebse in den kochenden Sud geben und etwa 15 Minuten garen lassen. Frisches Stangenweißbrot und Butter dazureichen.

BIRNEN, BOHNEN UND SPECK

500 g durchwachsener Speck · 1/2 Teel. schwarze Pfefferkörner · 1 kg Grüne Bohnen · 1 Bund Bohnenkraut · Salz · 4 Kochbirnen · 1 gestrichener Eßl. Speisestärke · Pfeffer · 1 Eßl. gehackte Petersilie

Den Speck mit dem Pfeffer in 1 l kochendes Wasser geben und bei mittlerer Hitze etwa 30 Minuten köcheln lassen. Dabei die verdampfte Flüssigkeit ersetzen. Bohnen abfädeln, waschen, in etwa 4 cm lange Stücke brechen, zum Speck geben. Bohnenkraut abpülen, dazugeben und mit Salz würzen. Die Birnen waschen, vierteln, das Kerngehäuse herausschneiden. Birnen zu den Bohnen geben und 25–30 Minuten garen. Speck, Birnen und Bohnenkraut herausnehmen. Speisestärke mit 1 Eßl. kaltem Wasser anrühren und die Brühe damit binden. Speck in Scheiben schneiden, mit den Birnen und Bohnen in einer vorgewärmten Schüssel anrichten. Die Brühe mit Pfeffer abschmecken, in die Schüssel geben und mit Petersilie bestreuen.

KASSELER AUF KRAUT

500 g Kasseler · 1 Zwiebel · 2 Eßl. Schmalz · 500 g Sauerkraut · 1 Apfel · 12 Wacholderbeeren · 250 ml (1/4 l) Weißwein · 150 ml Fleischbrühe · 500 g durchwachsener Speck · 2 Eßl. Kirschwasser · 4 Mettwürstchen

Das Kasseler abspülen und in 1 l Wasser etwa 1 Stunde kochen. Zwiebel abziehen und würfeln. Das Schmalz erhitzen und die Zwiebelwürfel darin glasig dünsten. Sauerkraut lockerzupfen und etwa 5 Minuten mitdünsten. Apfel schälen, vierteln, Kerngehäuse entfernen, Apfel in Würfel schneiden und hinzufügen. Wacholderbeeren (am besten im Mullbeutel) hinzufügen. Weißwein und Brühe hinzugießen. Den Speck und das Kirschwasser dazugeben und etwa 40 Minuten garen. Die Würstchen dazugeben und etwa 15 Minuten darin erhitzen. Das Sauerkraut in eine Schüssel geben, Wacholderbeeren entfernen. Kasseler und Speck in Scheiben schneiden und mit den Würstchen auf dem Sauerkraut anrichten.
Kartoffelpüree und Senf dazureichen.

RHEINISCHER SAUERBRATEN

1 kg mageres Rindfleisch · 1 Möhre · 100 g Sellerie · 1 Petersilienwurzel · 1 Zwiebel · 250 ml (1/4 l) Weißweinessig · 40 g durchwachsener Speck · 50 g Rosinen · 3 Eßl. zerbröckelter Honigkuchen · 1 Lorbeerblatt · 3 gestrichene Eßl. Weizenmehl · Salz · Pfeffer · Zucker

Das Rindfleisch unter kaltem Wasser abspülen, trockentupfen. Gemüse schälen, waschen und grob zerkleinern. Essig mit 500 ml (1/2 l) Wasser und dem Gemüse aufkochen und abgekühlt über das Fleisch gießen und 3–4 Tage an einem kühlen Ort ziehen lassen. Das Fleisch täglich wenden. Fleisch herausnehmen, trockentupfen. Die Marinade durch ein Sieb gießen. Speck in Würfel schneiden, auslassen und das Fleisch im Speckfett von allen Seiten anbraten. 375 ml (3/8 l) Marinade abmessen und mit Wasser auf 500 ml (1/2 l) auffüllen, etwas davon zum Fleisch gießen. Das Fleisch etwa 1 1/2 Stunden schmoren lassen, dabei nach und nach die Flüssigkeit zugießen. Rosinen, Honigkuchen und Lorbeer dazugeben und nochmals 1 Stunde schmoren. Fleisch herausnehmen, in Scheiben schneiden. Mehl mit 4 Eßl. kaltem Wasser anrühren, die Sauce damit binden, mit Salz, Pfeffer und Zucker abschmecken.
Klöße und Apfelmus dazureichen.

1

2

3

BADISCHER REHRÜCKEN

1 Rehrücken (etwa 1,6 kg) · 1 Zwiebel · 50 g Sellerie · 1 Möhre · 3 Eßl. Speiseöl · 5 zerstoßene Wacholderbeeren · Salz · Pfeffer · 2 Williamsbirnen · 200 ml (1/5 l) lieblicher Weißwein · Saft von 1 Zitrone · 200 ml (1/5 l) trockener Rotwein · 400 ml Schlagsahne · etwa 175 g Preiselbeerkompott

Den Rehrücken unter kaltem Wasser abspülen, trockentupfen, von Haut und Sehnen befreien (Foto 1). Zwiebel abziehen und würfeln. Sellerie und Möhre schälen (schrappen), waschen und in Würfel schneiden. Das Öl in einem Bräter erhitzen und das Fleisch darin von allen Seiten anbraten. Gemüsewürfel, Wacholder, Salz und Pfeffer dazugeben und im auf 200–225 Grad (Gas Stufe 4) vorgeheizten Backofen etwa 45 Minuten braten. Birnen waschen, halbieren, mit einem Kugelausstecher das Kerngehäuse entfernen (Foto 2). Die Birnen in Weißwein mit Zitronensaft etwa 10 Minuten dünsten.
Fleisch herausnehmen und warm stellen. Gemüse durch ein Sieb streichen. Bratensatz mit Rotwein ablöschen, Gemüsepüree dazugeben. Die Sahne angießen, mit 2 Eßl. Preiselbeerkompott dazugeben und einkochen lassen. Die Sauce durch ein Sieb geben (Foto 3), nochmals mit Salz und Pfeffer abschmecken. Rehrücken tranchieren, auf einer Platte anrichten. Birnenhälften mit Preiselbeerkompott füllen, um den Rehrücken legen. Die Sauce getrennt dazureichen.
Als Beilage eignen sich Pfifferlinge und Mandelkroketten.

GEFÜLLTE KALBSBRUST
(ohne Foto)

1 Kalbsbrust (2–2 1/2 kg, mit eingeschnittener Tasche) · 5 Scheiben Toastbrot · 125 ml (1/8 l) Milch · 2 Zwiebeln · 20 g Butter · 500 g Bratwurstbrät · 2 Eßl. gehackte Petersilie · 2 Eier · Salz · Pfeffer · geriebene Muskatnuß · 50 g Schmalz · 50 g Sellerie · 1 Möhre
Außerdem: Küchengarn · Nadel

Die Kalbsbrust unter kaltem Wasser abspülen und trockentupfen. Für die Füllung das Toastbrot entrinden, würfeln und mit heißer Milch übergießen. Zwiebeln abziehen und würfeln. Butter zerlassen und 1 Zwiebel darin glasig dünsten. Brot, Zwiebel, Bratwurstbrät, Petersilie und Eier vermengen und mit Salz, Pfeffer und Muskat abschmecken. Die Kalbsbrust innen und außen mit Salz und Pfeffer würzen. Die Masse in die Tasche füllen. Die Tasche mit Küchengarn zunähen. Sellerie und Möhre schälen (schrappen), waschen und in Würfel schneiden. Schmalz in einem Bräter erhitzen und die Kalbsbrust darin von allen Seiten anbraten. Die restliche Zwiebel, Sellerie und Möhre schälen, in den Bräter geben und in den auf 200–225 Grad (Gas Stufe 4) vorgeheizten Backofen schieben. Nach einigen Minuten mit etwas heißem Wasser ablöschen. Die Kalbsbrust etwa 2 Stunden braten, dabei nach und nach mit 500 ml (1/2 l) heißem Wasser begießen. Brust herausnehmen und warm stellen. Sauce einkochen lassen, durch ein Sieb geben und nochmals mit Salz und Pfeffer abschmecken. Die Fäden aus der Kalbsbrust entfernen, Fleisch in Scheiben schneiden und auf der Sauce anrichten.

ALTDEUTSCHE KARTOFFELSUPPE
(ohne Foto)

700 g mehlig-kochende Kartoffeln · 50 g Sellerie · 3 Möhren · 100 g Butter · 1 1/2 l Fleischbrühe · 2 Zwiebeln · 1 Lorbeerblatt · 1 Nelke · 1 Stange Porree (Lauch) · 125 ml (1/8 l) Schlagsahne oder Crème fraĉhe · Salz · Pfeffer · Majoran · 1 geriebene Muskatnuß · 200 g Pfifferlinge · 2 Eßl. gehackte Kräuter (Kerbel, Schnittlauch, glatte Petersilie)

Kartoffeln, Sellerie und Möhren schälen, waschen und in Würfel schneiden. 50 g Butter zerlassen, Sellerie und Möhre darin andünsten. Kartoffeln und die Fleischbrühe dazugeben. Zwiebeln abziehen. 1 Zwiebel mit Lorbeerblatt und Nelke spicken, in die Brühe geben und zugedeckt etwa 20 Minten kochen. Den Porree putzen, gründlich waschen, in Ringe schneiden und in der Suppe etwa 10 Minuten kochen. Die gespickte Zwiebel entfernen. Etwa 1/3 der Kartoffeln aus der Suppe schöpfen, pürieren, mit Sahne verrühren und wieder in die Suppe geben. Die Suppe mit Salz, Pfeffer, Majoran und Muskat würzen. Pfifferlinge putzen, waschen und abtropfen lassen. Restliche Zwiebel in feine Würfel schneiden. Restliche Butter zerlassen, Zwiebelwürfel darin andünsten. Pilze dazugeben und 5 Minuten dünsten, in die Suppe geben, 5 Minuten ziehen lassen und mit den Kräutern bestreuen.

1

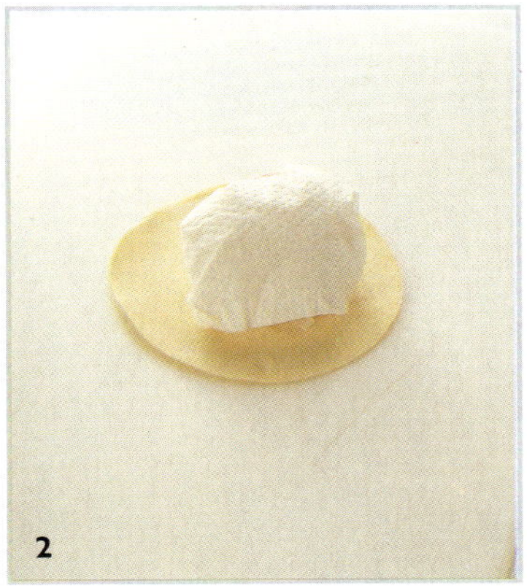

2

3

4

VOL AU VENT

Für die Pastetenhäuser:
600 g tiefgekühlter Blätterteig
1 Ei
Für die Füllung:
600 g mageres Kalbfleisch ·
1 Zwiebel · 1 Lorbeerblatt ·
2 Nelken · 350 g Champignons ·
30 g Butter · 300 g tiefgekühlte
Erbsen · 300 g gekochte Spargel-
stücke · 5 Eßl. Schlagsahne ·
Salz · weißer Pfeffer ·
Zitronensaft · 3 Eßl. Saucen-
binder
Außerdem: Haushaltspapier

Die Blätterteigplatten nebeneinander legen und auftauen lassen.

Das Kalbfleisch unter kaltem Wasser abspülen, in einen Topf geben und 1–1 1/4 l Salzwasser hinzugießen. Die Zwiebel abziehen und mit dem Lorbeerblatt und den Nelken spicken. Zwiebel zum Fleisch geben und das Fleisch etwa 1 1/4 Stunden köcheln lassen. Die Hälfte der Blätterteigplatten etwa 3–5 mm dick ausrollen. Einen Teller (Durchmesser etwa 25 cm) auf die Teigplatte legen und ringsherum eine kreisrunde Platte ausschneiden (Foto 1).

Einen zweiten Kreis (Durchmesser etwa 26 cm) mit Hilfe eines zweiten Tellers ausschneiden.

Aus Haushaltspapier eine Kugel formen und auf die kleinere Platte legen (Foto 2). Den Rand der kleineren Teigplatte mit etwas verschlagenem Ei bestreichen. Die Papierkugel mit der zweiten Teigplatte bedecken (Foto 3) und die Ränder gut andrücken. Die Teigoberfläche des Pastetenhauses mit verschlagenem Ei bestreichen, auf ein mit kaltem Wasser abgespültes Backblech setzen. Aus den restlichen Blätterteigplatten ein zweites Pastetenhaus herstellen, auf das Backblech setzen und in den auf 200–225 Grad (Gas Stufe 3–4) vorgeheizten Backofen schieben und etwa 15 Minuten backen.

Inzwischen für die Füllung das Kalbfleisch aus der Brühe nehmen und in feine Würfel schneiden.

Die Pilze putzen, waschen und in Scheiben schneiden. Die Butter zerlassen, Champignons und Erbsen darin 3–5 Minuten dünsten. Fleisch und Spargelspitzen dazugeben. 750 ml (3/4 l) von der Brühe abmessen, mit der Sahne angießen, mit Salz, Pfeffer, Zitronensaft abschmecken, aufkochen lassen und den Saucenbinder unterrühren, nochmals kurz zum Kochen bringen.

Von den gebackenen Pastetenhäusern einen Deckel abschneiden und das Haushaltspapier vorsichtig herausziehen (Foto 4).

Die beiden Pasteten mit dem Ragout füllen und sofort servieren. Grünen Salat mit Joghurt-Dressing dazu servieren.

WIENER TAFELSPITZ

Für das Fleisch:
1 kg Tafelspitz · 2 dicke Möhren · 1 Petersilienwurzel · 100 g Sellerie · 2 Zwiebeln · 1 Stange Porree (Lauch) · 4 Petersilienstengel · 1 Lorbeerblatt · 1 Eßl. Pfefferkörner · Salz
Für die Sauce:
1 altbackenes Brötchen · 1 Teel. Weißweinessig · 3 hartgekochte Eigelbe · 2 Eigelbe · 8 Eßl. Speiseöl · Zucker · Weißweinessig · Pfeffer · 4 Eßl. Schnittlauchröllchen

Den Tafelspitz unter kaltem Wasser abspülen. Möhren, Petersilienwurzel und Sellerie schrappen (schälen), waschen und in Würfel schneiden. 1 Zwiebel abziehen und würfeln. Porree putzen, gründlich waschen und in Ringe schneiden. Petersilie abspülen. Gemüse mit der Petersilie, Lorbeer und Pfefferkörnern in einen Topf geben, mit Wasser bedecken, mit Salz würzen und 10 Minuten bei schwacher Hitze garen. Die zweite Zwiebel waschen, trockentupfen, halbieren, mit der Schnittfläche auf eine heiße Herdplatte setzen, bräunen und in die Brühe geben. Tafelspitz dazugeben und zugedeckt 3–4 Stunden ziehen, nicht kochen, lassen.
Inzwischen für die Sauce die Rinde vom Brötchen entfernen. Brötchen in Stücke schneiden und mit 125 ml (1/8 l) Wasser und Weißweinessig begießen, etwa 30 Minuten einweichen und ausdrücken. Gekochte Eigelbe durch ein Sieb streifen, mit dem Brötchen verrühren und durch das Sieb streifen. Die Masse mit den rohen Eigelben schaumig rühren, tropfenweise das Öl unterschlagen. Sauce mit Salz, Pfeffer, Weißweinessig und

Zucker würzen und die Schnittlauchröllchen unterziehen.
Das gegarte Fleisch aus der Brühe nehmen, in Scheiben schneiden. Das Fleisch mit dem Gemüse auf einer Platte anrichten, mit Brühe begießen.
Die Sauce getrennt dazureichen.
Als Beilage passen Röstkartoffeln.

STEIRISCHES WURZELFLEISCH

1 kg Schweinefleisch · 100 g Sellerie · 4 Möhren · 2 große Zwiebeln · 3 Eßl. Speiseöl · Salz · 6 Pfefferkörner · Thymian · 4 Eßl. Weißweinessig · etwa 1 l Rinderbrühe · 500 g Kartoffeln · 1/2 Stange Meerrettich 2 Eßl. Butter · 4 Eßl. Semmelmehl (Paniermehl)

Das Schweinefleisch unter kaltem Wasser abspülen, trockentupfen und in etwa 3 cm große Würfel schneiden. Sellerie und Möhren schälen (schrappen), waschen und in Stifte schneiden. Die Zwiebeln abziehen, halbieren und in Scheiben schneiden. Das Öl erhitzen, das Fleisch darin rundum anbraten. Gemüse dazugeben, ebenfalls anbraten, mit Salz, den Pfefferkörnern und Thymian würzen und mit Essig ablöschen. Die Zutaten mit der Rinderbrühe bedecken und etwa 40 Minuten köcheln lassen. Die Kartoffeln waschen, schälen, in Würfel schneiden, zum Eintopf geben und nochmals 25 Minuten köcheln. Meerrettich schälen und raspeln. Butter zerlassen und das Semmelmehl (Paniermehl) darin rösten. Vor dem Servieren den Meerrettich und das Paniermehl über das Wurzelfleisch geben oder dazureichen.

KALBSVÖGEL

8 Kalbsschnitzel (je etwa 60 g) · 100 g Champignons · 320 g Kalbshackfleisch · Salz · Pfeffer · 8 Speckstreifen · 4 Eßl. Speiseöl · 250 ml (1/4 l) brauner Kalbsfond (Rezept S. 132) · 200 ml (1/5 l) trockener Weißwein · 400 ml Schlagsahne

Die Kalbsschnitzel unter kaltem Wasser abspülen, trockentupfen und leicht klopfen. Champignons putzen, waschen, abtropfen lassen und fein hacken. Pilze mit dem Hackfleisch vermengen und mit Salz und Pfeffer würzen. Die Farce auf die Kalbsschnitzel streichen und zusammenrollen. Jeweils einen Speckstreifen mit Hilfe einer Spicknadel durch die Röllchen ziehen. Das Öl erhitzen und die Röllchen darin von allen Seiten anbraten. Kalbsfond und Weißwein angießen und die Röllchen etwa 40 Minuten schmoren. Die Kalbsröllchen herausnehmen und warm stellen. Die Sahne zugießen und einkochen lassen, evtl. mit Salz und Pfeffer nachwürzen. Die Sauce über die Röllchen geben. Kartoffelpüree dazureichen.

ROSTBRATEN „ESTERHAZY"

1,5 g Roastbeef · 1 Zwiebel · 2 Möhren · 100 g Sellerie · 1 Stange Porree (Lauch) · 100 g Schmalz · 1 Lorbeerblatt · 1 Teel. Salz · 1/2 Teel. Pfeffer · 60 g Butter · Saft 1/2 Zitrone · 1 Eßl. Senf · 500 g saure Sahne · 1 Eßl. gehackte Petersilie

Das Roastbeef unter kaltem Wasser abspülen, trockentupfen. Zwiebel abziehen und würfeln. Möhren und Sellerie schrappen (schälen), waschen und in Streifen schneiden. Porree putzen, gründlich waschen und Streifen schneiden. Schmalz erhitzen, das Fleisch darin von beiden Seiten anbraten und herausnehmen. Zwiebel und die Hälfte des übrigen Gemüses im Fett anbraten. Etwa 400 ml Wasser, Lorbeerblatt, Salz und Pfeffer dazugeben. Das Fleisch wieder hineinlegen und bei schwacher Hitze zugedeckt etwa 40 Minuten garen. Butter zerlassen und das restliche Gemüse darin etwa 15 Minuten dünsten. Das gegarte Fleisch aus dem Topf nehmen und warm stellen. Die Kochflüssigkeit mit Gemüse und dem gedünsteten Gemüse im Mixer pürieren. Zitronensaft, Senf und saure Sahne unterrühren. Das Fleisch nochmals in der Sauce ziehen lassen, die Sauce darf nicht mehr kochen. Fleisch in Scheiben schneiden, auf der Sauce anrichten und mit Petersilie bestreuen.
Röstkartoffeln oder Salzkartoffeln dazureichen.

LETSCHO MIT FLEISCH

750 g Rindfleisch · 750 g Schweinenacken · 100 g durchwachsener Speck · 5 Eßl. Speiseöl · 500 ml (1/2 l) Fleischbrühe · 4 grüne Paprikaschoten · 2 Fleischtomaten · 2 Gemüsezwiebeln · 1 Bund Petersilie · 50 g Paprika edelsüß · Kümmel · Salz Pfeffer

Das Rind- und Schweinefleisch unter kaltem Wasser abspülen, trockentupfen und in etwa 3 cm große Würfel schneiden. Speck in kleine Würfel schneiden. Öl erhitzen und den Speck darin auslassen. Das Fleisch zugeben und von allen Seiten anbraten. 250 ml (1/4 l) Fleischbrühe angießen und 30 Minuten köcheln lassen. Inzwischen die Paprikaschoten halbieren, entstielen, entkernen, die weißen Scheidewände entfernen, Schoten waschen und in Streifen schneiden. Tomaten waschen, Stengelansätze herausschneiden, Tomaten ebenfalls in Streifen schneiden. Die Gemüsezwiebeln abziehen, halbieren und in Scheiben schneiden. Die Petersilie abspülen und fein hacken. Das Gemüse, die Petersilie und die restliche Brühe hinzufügen und mit Paprika, Kümmel, Salz und Pfeffer würzen, bei geringer Hitze etwa 1 1/2 Stunden schmoren lassen. Evtl. noch etwas Wasser angießen. Vor dem Servieren nochmals mit Salz und Pfeffer abschmecken. Salzkartoffeln dazureichen.

SCHWEINE-PÖRKÖLT

1 kg Schweineschulter · 200 g Zwiebeln · 1 grüne Paprikaschote · 1 gelbe Paprikaschote · 3 Fleischtomaten · 1 Knoblauchzehe · 100 g Schmalz · 100 g Tomatenmark · 2 Eßl. Paprika edelsüß · 1 Eßl. Essig · 1 Teel. gemahlener Kümmel · Salz · Pfeffer

Das Fleisch unter kaltem Wasser abspülen, trockentupfen und in etwa 3 cm große Würfel schneiden. Zwiebel abziehen und in Ringe schneiden. Paprikaschoten putzen, waschen und würfeln. Tomaten enthäuten, in Streifen schneiden. Knoblauch abziehen, fein hacken. Schmalz erhitzen, Fleisch darin portionsweise anbraten. Zwiebeln und Paprika einige Minuten mitbraten. Tomatenmark unterrühren, kurz dünsten. Paprika dazugeben und mit Essig ablöschen. Etwa 500 ml (1/2 l) heißes Wasser angießen, mit Knoblauch, Kümmel, Salz und Pfeffer würzen und etwa 1 Stunde schmoren. Evtl. noch etwas Flüssigkeit hinzufügen. Kartoffeln oder Reis dazureichen.

BORSCHTSCH

2 Rote Bete · 1 Stange Porree (Lauch) · 100 g Sellerie · 500 g Weißkohl · 1 Fleischtomate · 1 Gemüsezwiebel .250 g Rinderbrust · 2 geräucherte Mettwürste · 3 Eßl. Speiseöl · 2 l Fleischbrühe · 2 Eßl. gehackte Petersilie · 1 Lorbeerblatt · Salz · Pfeffer · 200 g saure Sahne

Das Gemüse putzen, waschen und in grobe Streifen schneiden. Das Rindfleisch unter kaltem Wasser abspülen, trockentupfen und in kleine Würfel schneiden. Würste in Scheiben schneiden. Öl erhitzen, Fleisch anbraten. Fleischbrühe angießen und etwa 45 Minuten köcheln lassen. Mettwürste, Gemüse, Petersilie und Lorbeerblatt hinzufügen, mit Salz und Pfeffer würzen, 30 Minuten kochen, mit Sahne servieren.

KOHLPASTETE

Für den Teig:
250 g Weizenmehl · 20 g Hefe · 1 Prise Zucker · 125 ml (1/8 l) lauwarmes Wasser · 1/2 Teel. Salz · 4 Eßl. Speiseöl
Für die Füllung:
500 g Weißkohl · Salz · 1 Gemüsezwiebel · 1 Bund Dill · 1 Bund Petersilie · Pfeffer · 2 Eier · 60 g Butter
Außerdem: 1 Eigelb

Aus den Zutaten einen Hefeteig bereiten (Rezept S. 448), etwa 30 Minuten gehen lassen. Kohl putzen, waschen, in Streifen schneiden, in Salzwasser 5 Minuten kochen und abtropfen lassen. Zwiebel abziehen, in Streifen schneiden. Kräuter abspülen und fein hacken, mit Kohl und Zwiebel vermengen, mit Salz, Pfeffer würzen. Eier hartkochen, pellen und fein hacken. Teig zu einem Rechteck ausrollen, Kohl darauf geben. Eier darüber streuen, mit zerlassener Butter beträufeln. Teig verschließen, mit Eigelb bestreichen, auf dem Backblech in den auf etwa 175 Grad (Gas Stufe 3) vorgeheizten Backofen schieben, etwa 40 Minuten backen.

KARPFEN POLNISCH

1 Karpfen (etwa 1,2 kg) · 1 Gemüsezwiebel · 100 g Pfefferkuchen · 250 ml (1/4 l) Rotwein · 500 ml (1/2 l) Bier · 2 Eßl. gehackte Petersilie · 1 Lorbeerblatt · 2 Nelken · Thymian · Salz · Pfeffer · 2 Eßl. Zucker · Essig · 2 Eßl. Sultaninen · 2 Eßl. gehackte Mandeln

Den Karpfen unter kaltem Wasser abspülen, in Scheiben schneiden. Zwiebel abziehen, in Ringe schneiden. Kuchen würfeln. Wein, Bier, Zwiebel, Kuchen, Petersilie und Gewürze aufkochen, den Fisch darin 20–30 Minuten garen. Fisch herausnehmen. Den Sud durch ein Sieb streichen. Zucker in 1 Eßl. Wasser karamelisieren lassen, in die Sauce geben, mit Essig abschmecken. Sultaninen und Mandeln unterziehen. Salzkartoffeln dazureichen.

BIGOSCH

500 g Schweinenacken · 150 g durchwachsener Speck · 2 Kabanossiwürste · 1 rote Paprikaschote · 1 Gemüsezwiebel · 300 g Weißkohl · 5 Eßl. Speiseöl · 2 Eßl. Tomatenmark · 1 Lorbeerblatt · Salz · Pfeffer · Kümmel · Majoran · 500 ml (1/2 l) heiße Fleischbrühe · 1 kleine Dose gemsichte Pilze (Einwaage etwa 200 g) · evtl. 200 g saure Sahne

Das Schweinefleisch unter kaltem Wasser abspülen, trockentupfen, in etwa 3 cm große Würfel schneiden. Den Speck in feine Würfel schneiden. Die Kabanossiwürste in Scheiben schneiden. Paprikaschote vierteln, entstielen, entkernen, die weißen Scheidewände entfernen, Schote waschen und in Würfel schneiden. Zwiebel abziehen und fein würfeln. Weißkohl putzen, waschen und in Streifen schneiden. Speiseöl erhitzen, die Speckwürfel darin auslassen. Fleisch und Wurstscheiben im Speckfett anbraten. Paprika, Zwiebel und Weißkohl dazugeben, ebenfalls anbraten. Tomatenmark unterrühren, Lorbeerblatt hinzufügen und mit Salz, Pfeffer, Kümmel und Majoran würzen. Die Fleischbrühe angießen und etwa 40 Minuten bei mittlerer Hitze schmoren. Kurz vor Ende der Garzeit die abgetropften Pilze dazugeben, miterhitzen. Nach Wunsch saure Sahne unterziehen und nicht mehr kochen lassen. Reis dazureichen.

LAMM-GEMÜSE-SPIESSE

500 g Lammfleisch · 1 rote Paprikaschote · 1 grüne Paprikaschote · 1 Gemüsezwiebel · 1 Maiskolben · 1 Zucchini · 8 Scheiben durchwachsener Speck · Paprika edelsüß · etwa 125 ml (1/8 l) Sonnenblumenöl · Salz · frisch gemahlener schwarzer Pfeffer
Außerdem: 4 Grillspieße

Das Lammfleisch unter kaltem Wasser abspülen, trockentupfen und in mundgerechte Stücke schneiden. Paprikaschoten vierteln, entstielen, entkernen, die weißen Scheidewände entfernen, Schoten waschen und in grobe Stücke schneiden. Die Gemüsezwiebel abziehen, achteln und in Stücke zerteilen. Den Maiskolben waschen und in Scheiben schneiden.
Die Zucchini waschen, die Enden abschneiden, die Zucchini in Scheiben schneiden. Fleisch- und Gemüsestücke abwechselnd auf vier Grillspieße stecken und mit Paprika bestäuben. Die Spieße in eine Schüssel legen, mit Sonnenblumenöl begießen und 1–2 Stunden im Kühlschrank ziehen lassen. Die Spieße danach bei mittlerer Hitze etwa 20 Minuten braten. Vor dem Servieren mit Salz und Pfeffer bestreuen.
Tomatenreis mit Basilikum dazureichen.

DJUVEC

1 kg Lammschulter (gebunden) · 4 rote Paprikaschoten · 4 grüne Paprikaschoten · 2 Möhren · 2 Zwiebeln · 2 Knoblauchzehen · 2 Fleischtomaten · 100 g Okra · 2 Auberginen · Salz · Pfeffer · Paprika edelsüß · 5 Eßl. Sonnenblumenöl

Das Lammfleisch unter kaltem Wasser abspülen. Paprikaschoten putzen, waschen und würfeln. Die Möhren schrappen, waschen, würfeln. Die Tomaten enthäuten, entkernen, in Würfel schneiden. Zwiebeln und Knoblauch abziehen und fein hacken. Okra waschen, entstielen, in Scheiben schneiden. Auberginen waschen, Stengel abschneiden, die Auberginen halbieren, in Scheiben schneiden. Das Gemüse mischen, mit Salz, Pfeffer und Paprika würzen und in eine feuerfeste Form füllen. Das

Lammfleisch darauf setzen, mit Öl begießen und im eigenen Saft etwa 1 1/2 Stunden garen. Kümmelkartoffeln dazureichen.

CEVAPCICI
(ohne Foto)

800 g Hackfleisch (halb Rind-, halb Schweinefleisch) · 2 Eier · Salz · Pfeffer · Paprika edelsüß · etwa 125 ml (1/8 l) Speiseöl · 1 Gemüsezwiebel · 1 rote Paprikaschote · 1 grüne Paprikaschote

Das Hackfleisch mit den Eiern vermengen und mit Salz, Pfeffer und Paprika würzen. Aus der Masse fingergroße Rollen formen. Das Öl erhitzen und die Röllchen darin etwa 5 Minuten braten. Zwiebel abziehen und in Würfel schneiden. Paprikaschoten entstielen, entkernen, waschen und in Ringe schneiden. Cevapcici mit den Zwiebelwürfeln und den Paprikaringen auf einer Platte anrichten. Gemüsereis dazureichen.

BOSNISCHER FLEISCH-KARTOFFEL-EINTOPF
(etwa 8 Portionen)

1 Rindfleisch · 1 kg Lammfleisch · 400 g Möhren · 200 g Sellerie · 200 g Petersilienwurzel · 1 kg Kartoffeln · 300 g Zwiebeln · 1 Knolle Knoblauch · 800 g Weißkohl · 1 große grüne Paprikaschote · 200 g Grüne Bohnen · 400 g Fleischtomaten · 3 Nelken · 2 Lorbeerblätter · Salz · Pfeffer · 10 g Paprika edelsüß · 100 g Tomatenmark · 500 ml (1/2 l) Weißwein · 4 Eßl. Olivenöl

Das Fleisch unter kaltem Wasser abspülen und in etwa 3 cm große Würfel schneiden. Möhren, Sellerie, Petersilienwurzel und Kartoffeln schrappen (schälen) und waschen. Zwiebel und Knoblauch schälen, Knoblauch durch die Presse drücken. Kohl, Paprikaschoten und Bohnen putzen und waschen. Fleischtomaten enthäuten, entkernen, Stengelansatz herausschneiden. Das Gemüse in Würfel schneiden. Gemüse und Fleisch abwechselnd in einen gewässerten Tontopf schichten. Die einzelnen Schichten würzen. Die oberste Schicht sollte Gemüse sein. Tomatenmark, Wein und Olivenöl dazugeben und Wasser angießen, bis alles bedeckt ist. Dann in den auf etwa 175 Grad (Gas Stufe 3) vorgeheizten Backofen schieben und 2 1/2–3 Stunden garen.

LAMM MIT SPINAT UND ZITRONENSAUCE

800 g mageres Lammfleisch · 2 Zwiebeln · 100 g Butter · Salz · Pfeffer · 250 ml (1/4 l) Rindfleischbrühe · 1 kg Spinat · 3 Eigelbe · Saft von 1 Zitrone

Das Lammfleisch unter kaltem Wasser abspülen, trockentupfen und in kleine Würfel schneiden. Zwiebeln abziehen und fein hacken. Die Hälfte der Butter zerlassen und die Zwiebeln darin glasig dünsten. Das Fleisch darin bei starker Hitze etwa 5 Minuten braten, mit Salz und Pfeffer würzen. Die Hälfte der Brühe angießen und etwa 45 Minuten bei mäßiger Hitze schmoren lassen, evtl. etwas Wasser nachgießen. Spinat verlesen, waschen und abtropfen lassen. Restliche Brühe zum Kochen bringen. Spinat darin etwa 5 Minuten dünsten, auf einem Sieb abtropfen lassen. Die Dünstflüssigkeit auffangen. Spinat grob hacken und auf dem gegarten Fleisch verteilen. Restliche Butter in Flöckchen daraufgeben und alles nochmal erhitzen.

Die Eigelbe schaumig schlagen, die Gemüseflüssigkeit erhitzen und vorsichtig mit dem Zitronensaft unter die Eigelbe schlagen. Sauce mit wenig Salz abschmecken, über den Spinat gießen und einige Minuten in den auf etwa 200 Grad (Gas Stufe 3) vorgeheizten Backofen schieben.

HUHN MIT ZIMT

1 Poularde (etwa 1,3 kg) · Salz · Pfeffer · 100 g Butter · 2 rote Zwiebeln · 125 ml (1/8 l) Fleischbrühe · 2 Knoblauchzehen · 8 enthäutete Tomaten · 250 ml (1/4 l) Weißwein · 1 Eßl. Tomatenmark · 250 g Staudensellerie · 2 Eßl. gehackte Petersilie · 500 g verschiedene Nudeln · 2 Eßl. geriebener Käse · 1/2 Teel. gemahlener Zimt

Die Poularde unter kaltem Wasser abspülen, trockentupfen und in acht Stücke zerteilen. Das Fleisch mit Salz und Pfeffer einreiben. Die Butter erhitzen und das Fleisch von allen Seiten darin anbraten. Zwiebeln abziehen, in Scheiben schneiden und zum Fleisch geben. Die Brühe angießen und das Huhn etwa 45 Minuten schmoren.

Den Knoblauch abziehen, mit Salz verreiben. Tomaten entkernen, Stengelansatz herausschneiden, Tomaten in Scheiben schneiden. Wein mit Tomaten und Knoblauch zum Kochen bringen, Tomatenmark unterrühren. Staudensellerie putzen, waschen, in feine Scheiben schneiden, hinzufügen, mit Salz und Pfeffer würzen und etwa 15 Minuten kochen. Petersilie unterrühren.

Die Nudeln in Salzwasser etwa 10 Minuten kochen, mit kaltem Wasser übergießen, abtropfen lassen und mit der Hälfte des Käses vermengen. Poulardenstücke mit dem Zimt bestreuen, auf die Nudeln geben, mit Sauce übergießen, mit dem restlichen Käse bestreuen.

MOUSAKA

1 kg Auberginen · Salz ·
5 Eßl. Olivenöl · 90 g Butter ·
2 Zwiebeln · 750 g gehacktes
Lamm- oder Rindfleisch ·
Pfeffer · gemahlener Zimt ·
4 Tomaten · 3 Eßl. gehackte
Petersilie · 1 Teel. gerebelter
Oregano · 125 ml (1/8 l) Fleischbrühe · 6 Eßl. geriebener
Parmesan-Käse · 40 g Weizenmehl · 250 ml (1/4 l) Milch ·
3 Eigelbe
Außerdem: Butter

Die Auberginen waschen, Stengel abschneiden, Auberginen in Scheiben schneiden, mit Salz bestreuen und 30 Minuten ziehen lassen. Das Salz abtupfen. Öl erhitzen, Auberginen darin hellbraun braten, herausnehmen. Zwiebeln abziehen, würfeln. 60 g Butter zerlassen, Zwiebeln glasig dünsten. Hackfleisch dazugeben, mit Salz, Pfeffer und Zimt würzen und gut verrühren. Tomaten enthäuten, kleinschneiden, mit Petersilie und Oregano unterrühren. Brühe angießen und etwa 20 Minuten schmoren. Restliche Butter zerlassen, Mehl darin andünsten, die Milch nach und nach mit einem Schneebesen unterschlagen, etwa 5 Minuten kochen, mit Salz und Pfeffer würzen. Eigelbe unterrühren.
Eine feuerfeste Form ausfetten, die halbe Fleischmasse einfüllen, Hälfte Auberginen darauf geben, mit 3 Eßl. Käse bestreuen, restliche Fleischmasse, Auberginen, 3 Eßl. Käse einfüllen. Sauce darüber gießen, mit Käse bestreuen, in den auf etwa 175 Grad (Gas Stufe 2–3) vorgeheizten Backofen schieben und etwa 45 Minuten backen.

HAMMELRAGOUT MIT OKRA

1,5 kg Hammelkeule (ohne Knochen) · 2 Gemüsezwiebeln · 4 Fleischtomaten · 1 Bund glatte Petersilie · 5 Eßl. Olivenöl · 750 ml (3/4 l) Fleischbrühe · 250 g Okraschoten · 2 Knoblauchzehen · Salz · Pfeffer

Die Hammelkeule unter kaltem Wasser abspülen, trockentupfen und in etwa 4 cm große Würfel schneiden. Gemüsezwiebeln abziehen, in Achtel schneiden und zerteilen. Die Tomaten waschen, Stengelsansätze entfernen, Tomaten in Achtel schneiden. Petersilie abspülen, trockentupfen, die Blättchen von den Stengeln zupfen, fein hacken. Das Öl erhitzen und das Fleisch darin von allen Seiten anbraten. Zwiebeln und Tomaten dazugeben und etwa 10 Minuten dünsten. Die gehackte Petersilie und die Fleischbrühe hinzufügen und etwa 45 Minuten schmoren. Okraschoten waschen und die Stiele entfernen. Knoblauch abziehen, durch die Presse drücken. Okra und Knoblauch dazugeben und nochmals 15–20 Minuten schmoren. Zuletzt mit Salz und Pfeffer abschmecken. Reis dazureichen.

GEFÜLLTES GEMÜSE

2 große Auberginen · 2 große Zucchini · 1 Gemüsezwiebel · 2 Knoblauchzehen · 2 Fleischtomaten · 600 g gehacktes Lammfleisch · 2 Eier · 1 Eßl. gehackte Minze · Salz · Pfeffer
100 g Schafskäse
Außerdem: Butter

Die Auberginen waschen, Stengel abschneiden. Zucchini waschen, die Enden abschneiden. Beides quer halbieren, Fruchtfleisch bis auf 1 cm dicken Rand herauslösen und würfeln. Zwiebel und Knoblauch abziehen, fein hacken. Tomaten enthäuten, entkernen, würfeln. Lammfleisch mit dem Gemüse, Knoblauch, Eiern und Minze, Salz, Pfeffer vermengen, in die Hälften füllen. Gemüse in eine gefettete Auflaufform setzen, in den auf etwa 175 Grad (Gas Stufe 3) vorgeheizten Backofen schieben, 30–40 Minuten garen. Schafskäse darüber geben und 5 Minuten überbacken.

HACKFLEISCH-BÄLLCHEN
(ohne Foto)

2 große Auberginen · 1 Bund Melisse · 100 g Rosinen · 100 g Pinienkerne · 700 g gehacktes Lammfleisch · 2 Eier · Salz · Pfeffer · 250 ml (1/4 l) Olivenöl · Saft von 1 Zitrone

Die Auberginen waschen, in eine feuerfeste Form legen und im auf etwa 200 Grad (Gas Stufe 3) vorgeheizten Backofen etwa 30 Minuten garen. Melisse abspülen, trockentupfen. Melisse, Rosinen und Pinienkernen fein hacken und mit dem Hackfleisch, Eiern, Salz und Pfeffer vermengen. Bällchen aus der Masse formen. 125 ml (1/8 l) Olivenöl erhitzen und die Bällchen darin 5–10 Minuten braten. Fruchtfleisch aus den Auberginen lösen, mit dem Pflanzenöl und Zitronensaft aufschlagen. Das Auberginenpüree mit Salz würzen und zu den Bällchen reichen.

TÜRKISCHER PILAW

4 Hähnchenbrüste · 1 Gemüsezwiebel · 2 rote Paprikaschoten · 4 Eßl. Olivenöl · 250 g Reis · 100 g Rosinen · 500 ml (1/2 l) Hühnerbrühe · 2 g Safran · Ingwerpulver · Salz · Pfeffer

Die Hähnchenbrüste unter kaltem Wasser abspülen, trockentupfen, auslösen und in Stücke schneiden. Zwiebel abziehen und würfeln. Paprikaschoten putzen, waschen und würfeln. Olivenöl erhitzen und die Hähnchenstücke darin anbraten. Zwiebel und Paprika dazugeben und mitbraten. Reis und Rosinen unterrühren, die Brühe angießen und mit Safran, Inwerpulver, Salz und Pfeffer würzen. Pilaw etwa 30 Minuten bei schwacher Hitze kochen lassen.

PEKING-ENTE

Für die Ente:
1 Ente mit Hals (etwa 2 kg) · Salz · 3 Eßl. Melasse oder Honig · 1 Teel. Ingwerpulver
Für die Sauce:
4 Eßl. süße Sojabohnenpaste · 4 Eßl. Zucker · 2 Eßl. Sesamöl · 8 kleine Stangen Porree (Lauch)
Außerdem: Küchengarn · Nadel · Strohhalm

Die Ente unter kaltem Wasser abspülen, trockentupfen und innen mit Salz einreiben. Die Öffnungen der Ente mit Küchengarn zunähen. Mit einem Strohhalm Luft zwischen Haut und Fleisch blasen. Die Entenhaut soll dabei etwas aufgebläht werden. Die Ente in eine Schüssel legen. 100 ml (1/10 l) Wasser zum Kochen bringen, Melasse oder Honig darin auflösen, 2 Teel. Salz und das Ingwerpulver unterrühren. Die Ente mit dieser Flüssigkeit gleichmäßig bestreichen. Danach die Ente an einem kühlen, luftigen Ort 10–24 Stunden aufhängen.
Die Fettfangschale zur Hälfte mit warmem Wasser füllen und die Ente auf den Rost legen und über der Fettfangschale in den auf etwa 200 Grad (Gas Stufe 3–4) vorgeheizten Backofen schieben und etwa 45 Minuten braten. Die Hitze auf 175 Grad (Gas Stufe 2–3) zurückschalten, die Ente wenden und weitere 45 Minuten braten. Gegen Ende der Bratzeit die Hitze wieder erhöhen, damit die Haut knusprig und goldbraun wird.
Für die Sauce 2 Eßl. Wasser mit der Sojabohnenpaste und dem Zucker verrühren. Das Sesamöl erhitzen und die angerührte Paste hineingießen. Unter Rühren so lange erhitzen, bis alles etwas eingekocht ist. (Statt dieser Sauce kann auch die fertig gekaufte Hoisin-Sauce serviert werden.) Den Porree putzen, waschen, in etwa 7 cm lange Stücke schneiden. An einem Ende den Porree mehrfach einschneiden und in Eiswasser legen. Dadurch biegen sich die geschnittenen Porreestreifen nach außen, so daß eine Art Pinsel entsteht.
Beim Servieren zuerst die Haut mit einem scharfen Messer in gleichmäßigen, kleinen Stücken abschneiden. Dann das Fleisch von den Knochen lösen, schräg in feine Scheiben schneiden. Haut und Fleisch mit der Sauce servieren, die man mit den Porreepinseln auf das Fleisch streicht.
Kleine hauchdünne Eierpfannkuchen dazureichen.

FÜNF-FARBEN-REIS

3 getrocknete chinesiche Pilze · 175 g Reis · 100 g tiefgekühlte Erbsen · Salz · 2 Eier · 100 ml (1/10 l) Speiseöl · 100 g Schweinefilet · 100 g Schinken · 100 g ausgelöste Shrimps · 1 Eßl. helle Soja-Sauce · 1 Prise Glutamat · 1 Zwiebel · Pfeffer

Die Pilze nach Anweisung auf der Packung einweichen. Den Reis in 300 ml kochendes Wasser geben und etwa 20 Minuten kochen. Die Erbsen in wenig Salzwasser etwa 5 Minuten dünsten, abtropfen lassen und warm stellen. Die Eier leicht verschlagen. 1 Eßl. Öl in einer Pfanne erhitzen, die Eier hineingeben und unter Rühren stocken lassen, warm stellen. Fleisch unter kaltem Wasser abspülen, trockentupfen und in kleine Würfel schneiden. Schinken in kleine Stücke schneiden. Pilze abtropfen lassen und kleinschneiden. 2 Eßl. Öl in einem Wok erhitzen und die Pilze darin anbraten. Fleisch dazugeben und etwa 3 Minuten braten. Schinken hinzufügen und

etwa 2 Minuten braten. Die Shrimps etwa 1 Minute mitbraten. Die Zutaten mit Soja-Sauce und Glutamat würzen, herausnehmen, warm stellen. Zwiebel abziehen und fein würfeln. 4 Eßl. Öl im Wok erhitzen, die Zwiebeln darin glasig dünsten, Reis, Erbsen, das Rührei, Fleisch, Pilze, Schinken und Shrimps dazugeben und mit Salz und Pfeffer abschmecken.

ROHER FISCH

150 g Tintenfischfilet · 1 Blatt Algen · 4 Teel. Wasabi-Pulver · 200 g Lachsfilet · 200 g Thunfischfilet · 150 g Kabeljaufilet · 4 Wellenmuscheln · 100 g Rettich · 1 Möhre · 50 g gepreßter Beluga-Kaviar · 5 Petersilienblätter · einige Limettenscheiben · Soja-Sauce

Das Tintenfischfilet (150 g) unter kaltem Wasser abspülen, trockentupfen. Das Algenblatt ausbreiten. Wasabi-Pulver mit etwa Wasser anrühren, 1 Teel. davon auf das Algenblatt streichen. Tintenfischfilet darauf legen und zusammenrollen. Die Rolle in Scheiben schneiden. Lachs- und Thunfischfilet (200 g) unter kaltem Wasser abspülen und trockentupfen. Lachs in kleine dünne Scheiben, den Thunfisch in etwa 2 cm dicke Scheiben schneiden. Kabeljaufilet unter kaltem Wasser abspülen, trockentupfen, in dünne Scheibchen schneiden und zu Rosetten drehen. Das Muschelfleisch auslösen, in feine Streifen schneiden, in die Muschelschalen füllen. Den Rettich schälen, raspeln, mit der restlichen Wasabi-Paste verrühren und zu kleinen Kegeln formen. Möhre schrappen, waschen, in Rauten schneiden. Tintenfischröllchen, Fischscheiben, Muscheln, Beluga-Kaviar mit den Rettichkegeln, Möhrenrauten, Petersilie und Limettenscheiben dekorativ anrichten. Soja-Sauce dazureichen.

FLEISCH-CURRY

750 g Lammschulter (ohne Knochen) · 1 Zwiebel · 2 Knoblauchzehen · 50 g geklärte Butter · 1 Teel. Chilipulver · 2 Teel. Pfeffer · 2 Teel. Korianderpulver · 1 Teel. Kreuzkümmelpulver · 1 Teel. Kurkuma · 3 kleine reife Tomaten · Saft von 1 Zitrone · Salz · 300 ml Fleischbrühe · 2 Teel. Garam Masala

Das Fleisch unter kaltem Wasser abspülen, trockentupfen, evtl. Fett und Sehnen entfernen. Das Lammfleisch in 2,5 cm große Würfel schneiden. Zwiebel und Knoblauch abziehen und fein wiegen. Butter in einer großen Pfanne erhitzen, Zwiebel und Knoblauch darin anbraten. Chili, Pfeffer, Koriander, Kreuzkümmel und Kurkuma hinzufügen. Die Tomaten waschen, vierteln und dazugeben. Sobald sie gar sind, die Fleischwürfel hineingeben, mit Zitronensaft beträufeln und mit Salz abschmecken. Die Brühe erhitzen, zum Fleisch geben und bei mäßiger Hitze etwa 45 Minuten kochen. Dabei hin und wieder umrühren. Zuletzt das Garam Masala dazugeben, salzen und 10 Minuten köcheln lassen.
Reis dazureichen.
Garam Masala:
ist eine indische Würzmischung für die Zubereitung raffinierter Speisen. In Spezialgeschäften erhältlich.

HUHN IN KOKOSSAUCE

1 Poularde (etwa 1,3 kg) · 600 ml Kokosmilch (aus Konzentrat) · Salz · 5 Knoblauchzehen · 1 Eßl. Kümmel · 1 Eßl. Koriander · 4 Pfefferkörner · 1 Eßl. geröstete Erdnüsse · 1 Teel. abgeriebene Zitronenschale (unbehandelt) · 1 Eßl. Fischsauce (nam pla) · 2 Teel. Chilipulver · 2 Eßl. dunkle Soja-Sauce · 1 Eßl. Shrimps-Paste · 1 Teel. Zucker

Die Poularde unter kaltem Wasser abspülen, trockentupfen und in einen Topf geben. Die Kokosmilch angießen, leicht salzen und zugedeckt etwa 1 Stunde 20 Minuten köcheln. Poularde herausnehmen, das Fleisch von den Knochen lösen und warm stellen. Die Kochflüssigkeit auf die Hälfte einkochen lassen. Den Knoblauch abziehen, mit den Gewürzen und Erdnüssen in einen Mixer geben und zerkleinern. Zitronenschale, Fischsauce, Chilipulver, Soja-Sauce, Shrimps-Paste und Zucker unterrühren und in die kochende Brühe rühren. Flüssigkeit nochmals sämig einkochen und mit Salz abschmecken. Hühnerfleisch auf einer Platte anrichten und mit Sauce übergießen.
Safranreis dazureichen.

BAMI GORENG

250 g Bandnudeln · Salz · 1 kleine Zwiebel · 2 Knoblauchzehen · 1 Stange Staudensellerie · 250 g Hühnerbrustfilet oder Schweinefleisch · 200 g gepulte Scampi · 3 Eßl. Speiseöl · 2 Eßl. helle Soja-Sauce · Pfeffer

Die Bandnudeln in reichlich Salzwasser 8–10 Minuten „bißfest" kochen. Die Nudeln auf einem Sieb abtropfen lassen. In der Zwischenzeit die Zwiebel und Knoblauchzehen abziehen und sehr fein hacken. Den Staudensellerie waschen, die harten Fäden von der Außenseite abziehen und die Stange in Stücke schneiden. Das Hühnerbrustfilet unter kaltem Wasser abspülen, trockentupfen und in Würfel schneiden. Die Scampi evtl. in kleinere Stücke schneiden. In einer Pfanne das Öl erhitzen und die Zwiebel, den Knoblauch und den Staudensellerie darin anbraten. Die gewürfelte Hühnerbrust und die Scampi zugeben, umrühren und bei schwacher Hitze garen. Die Nudeln dazugeben, gut umrühren, mit der Soja-Sauce beträufeln, salzen und pfeffern. Das Ganze etwas ziehen lassen und heiß servieren.

SCHWEINERIPPCHEN IN BARBECUESAUCE

2 kg Schweinerippchen · 2 Zwiebeln · 2 Knoblauchzehen · 125 ml (1/8 l) Maiskeimöl · 150 g Tomatenmark · 4–6 Eßl. Essig · 1 Teel. Salz · 1 Teel. Basilikum · 1 Teel. Thymian · 1 Teel. Senfpulver · 1 Teel. Sambal olec · 1/2 Teel. Tabasco · 250 ml (1/4 l) Rinderbrühe · 100 g Honig · 4 Eßl. Worcestersauce

Die Rippchen unter kaltem Wasser abspülen, trockentupfen und auf eine Fettpfanne legen. Zwiebeln und Knoblauch abziehen und sehr fein hacken. Das Öl erhitzen, Zwiebeln und Knoblauch darin glasig dünsten. Tomatenmark, Essig, Gewürze, Brühe und Honig, Worcestersauce unterrühren und etwa 10 Minuten unter ständigem Rühren kochen lassen. Die Sauce auf die Rippchen streichen, in den auf etwa 175 Grad (Gas Stufe 2–3) vorgeheizten Backofen schieben und etwa 1 Stunde garen. Ofenkartoffeln und Eisbergsalat dazureichen.

JAMBALAJA

2 Hähnchen · Salz · Pfeffer · Paprika edelsüß · 4 Eßl. Speiseöl · 250 g Reis · 2 rote Paprikaschoten · 2 grüne Paprikaschoten · 2 Schalotten · 100 g roher Schinken · 80 g Butter

Die Hähnchen unter kaltem Wasser abspülen, trockentupfen, mit Salz, Pfeffer und Paprika würzen und mit Öl bestreichen. Die Hähnchen auf dem Backblech in den auf etwa

225 Grad (Gas Stufe 4) vorgeheizten Backofen schieben und 40–45 Minuten braten. Dabei hin und wieder mit Öl bestreichen. Den Reis in etwa 500 ml (1/2 l) Salzwasser 20 Minuten garen und abtropfen lassen. Paprikaschoten putzen, waschen und würfeln. Die Schalotten abziehen, fein hacken. Schinken würfeln. Das Fleisch von den gegarten Hähnchen ablösen. Die Butter zerlassen, alle Zutaten darin andünsten, mit Salz und Pfeffer würzen.
Eisbergsalat dazureichen.

GEBRATENER TRUTHAHN

1 Truthahn (etwa 5 kg) · Salz · Pfeffer · 5 Eßl. Speiseöl · 4 kleine Tomaten · 2 Äpfel · 250 g kleine Champignons · 80 g Butter · 12 Spargelspitzen · 1 Eßl. gehackter Estragon · 100 ml (1/10 l) trockener Weißwein · 200 ml (1/5 l) Schlagsahne

Den Truthahn innen und außen unter kaltem Wasser abspülen, trockentupfen, mit Salz und Pfeffer würzen, in einen Bräter setzen, mit Öl bestreichen, in den auf etwa 225-250 Grad (Gas Stufe 4–5) vorgeheizten Backofen schieben und etwa 3–3 1/4 Stunden braten. Dabei mehrmals mit Öl bestreichen. Tomaten waschen, kreuzweise einschneiden, die letzten 10 Minuten mitgaren, mit Pfeffer bestreuen. Champignons putzen und waschen. Äpfel waschen, halbieren, entkernen und in Scheiben schneiden. Den gegarten Truthahn herausnehmen, Bratfett abgießen. 40 g Butter im Bräter erhitzen, Apfelscheiben darin anbraten. Spargel darin erhitzen. Beides warm stellen. Champignons und Estragon in der Butter andünsten, mit Weißwein ablöschen, Sahne angießen, einkochen, mit Salz, Pfeffer würzen. Pilze, Tomaten, Apfel und Spargel mit dem Truthahn anrichten.

GLACIERTER SCHINKEN

1 gepökelter angeräucherter Schinkenbraten (etwa 1,2 kg) · Pfeffer · etwa 125 ml (1/8 l) Speiseöl · 1 kleine Dose Ananasscheiben (etwa 300 g) · etwa 15 Nelken · 1 Eßl. Puderzucker

Den Schinkenbraten unter kaltem Wasser abspülen, trockentupfen und mit Pfeffer würzen. Öl in einem großen Topf erhitzen und das Fleisch von allen Seiten darin anbraten. Ananasscheiben abtropfen lassen und mit den Nelken auf dem Braten feststecken. Fleisch in den auf etwa 225 Grad (Gas Stufe 4) vorgeheizten Backofen schieben und etwa 1 Stunde braten. Puderzucker darüber stäuben und bei Oberhitze unter dem vorgeheizten Grill in etwa 5 Minuten glacieren. Ofenkartoffeln und Eisbergsalat dazureichen.

ROASTBRATEN MIT BOHNEN

1 kg Roastbeef · 2 Knoblauchzehen · 2 Eßl. süße Chili-Sauce · Salz · Pfeffer ·
1 Zwiebel · 50 g Butter ·
1 Dose rote Bohnen (Einwaage etwa 800 g)
Außerdem: Alufolie

Das Roastbeef unter kaltem Wasser abspülen, trockentupfen. Knoblauch abziehen, fein hacken, mit Chili-Sauce, Salz und Pfeffer verrühren, das Fleisch damit einreiben und 1 Stunde ziehen lassen. Fleisch mit der Fettschicht nach oben auf den gefetteten Rost auf eine mit Wasser ausgespülte Fettpfanne legen, in den auf etwa 225 Grad (Gas Stufe 4) vorgeheizten Backofen schieben, etwa 40 Minuten braten, ab und zu wenden, das Fleisch herausnehmen, in Alufolie wickeln, 10 Minuten ruhen lassen. Die Zwiebel abziehen, würfeln. Die Butter zerlassen, Zwiebel darin andünsten, Bohnen darin etwa 5 Minuten erhitzen, mit Salz und Pfeffer würzen, mit dem Fleisch servieren.

TORTILLAS

Für den Teig:
200 g Maismehl · 200 g Weizenmehl · 2 Eier · 500 ml (1/2 l) Milch · Salz · Speiseöl
Für die Füllung:
2 Avocados · 400 g gepulte Shrimps · Saft 1/2 Zitrone ·
2 Eßl. gehackte Petersilie ·
Pfeffer · Eiweiß

Das Mehl sieben, mit Eiern, Milch und Salz zu einem glatten Teig verrühren. Speiseöl in einer beschichteten Pfanne erhitzen und aus dem Teig dünne Fladen backen.

Für die Füllung Avocados schälen, entsteinen, würfeln und mit Shrimps, Zitronensaft, Petersilie, Salz und Pfeffer vermengen. Die Fladen damit füllen, die Ränder mit Eiweiß bestreichen, glattschneiden, die Fladen zusammenklappen, die Ränder andrücken und nochmals kurz braten.

KANINCHEN IN KOKOSSAUCE

8 Kaninchenkeulen · Salz · Pfeffer · 1 Zwiebel · 350 g Tomaten · 125 ml (1/8 l) Olivenöl · 250 ml (1/4 l) Milch · 250 ml (1/4 l) Schlagsahne · 100 g Kokosraspeln · 2 Carambola

Die Kaninchenkeulen unter kaltem Wasser abspülen, trockentupfen und mit Salz und Pfeffer würzen. Zwiebel abziehen und fein würfeln. Tomaten enthäuten, entkernen, Stengelansätze herausschneiden, Tomaten zerkleinern. Das Olivenöl erhitzen und die Kaninchenkeulen darin von allen Seiten anbraten. Zwiebel dazugeben und andünsten. Tomaten hinzufügen, Milch und Sahne angießen und die Kokosraspeln unterrühren. Die Keulen in 30–40 Minuten garschmoren. Die Keulen herausnehmen und warm stellen. Die Sauce im Mixer pürieren, einkochen, nochmal mit Salz und Pfeffer abschmecken und über die Keulen geben. Carambola waschen, in Scheiben schneiden und mit den Keulen anrichten. Kartoffelplätzchen und Gemüse dazureichen.

KNOBLAUCH-SCAMPI

24 Scampi · 4–5 Eßl. Speiseöl · 4 Knoblauchzehen · 2 Fleischtomaten · 1 Bund Petersilie · 80 g Butter · Salz · Pfeffer

Die Scampi unter fließendem kaltem Wasser abspülen, mit Haushaltspapier trockentupfen. Das Öl erhitzen und die Scampi darin etwa 5 Minuten braten. Scampi auf einer vorgewärmten Platte anrichten und warm stellen.
Die Knoblauchzehen abziehen und fein hacken. Tomaten kreuzweise am Stengelansatz einschneiden, überbrühen, mit kaltem Wasser abschrecken und enthäuten. Die Stengelansätze herausschneiden, Tomaten entkernen und in Würfel schneiden. Petersilie abspülen, trockentupfen, die Stengel entfernen und die Blättchen fein hacken. Das Bratfett der Scampis abgießen und die Butter in der Pfanne zerlassen. Knoblauch darin andünsten, Tomaten und Petersilie dazugeben und mitdünsten, mit Salz und Pfeffer abschmecken und über die Scampi geben. Safranreis oder ofenwarmes Baguette dazureichen.

GEGRILLTER HUMMER MIT ROTWEIN-BUTTER

Für den Hummer:
1 Zwiebel · 1/2 Stange Porree (Lauch) · 1 Möhre · 50 g Sellerie · 5 Pfefferkörner · 1 Lorbeerblatt · Salz · Paprika edelsüß · 2 Hummer (je etwa 600 g)

Für die Rotwein-Butter:
2 Schalotten · 30 g Kerbel · 30 g Kresse · 30 g Petersilie · 100 ml (1/10 l) Rotwein · 250 g Butter · Pfeffer

Die Zwiebel abziehen und grob würfeln. Den Porree putzen, gründlich waschen und in Ringe schneiden. Möhre und Sellerie schrappen (schälen), waschen und in grobe Stücke schneiden. Einen großen Topf mit Wasser, dem Gemüse, Pfefferkörnern, Lorbeerblatt, Salz und Pfeffer aufsetzen. Die Hummer in die kochende Flüssigkeit geben und etwa 15 Minuten darin garen. Hummer herausnehmen und abtropfen lassen. Für die Rotwein-Butter die Schalotten abziehen und fein hacken. Kräuter abspülen und ebenfalls fein hacken. Die Schalotten und Kräuter mit dem Rotwein zum Kochen bringen und die Flüssigkeit auf die Hälfte einkochen. Die Butter hinzufügen, den Topf vom Herd nehmen und die Butter mit dem Schneebesen schaumig schlagen, mit Salz und Pfeffer abschmecken. Die Hummer längs halbieren, die Scheren abdrehen und ausbrechen. Das Hummerfleisch vorsichtig aus den Schwänzen lösen und in grobe Stücke schneiden. Das Fleisch mit der Rotwein-Butter vermengen, in die Hummerhälften füllen und bei Oberhitze etwa 5 Minuten übergrillen.

GEGRILLTER LAMMRÜCKEN

1,6 kg Lammrücken · 2 Äpfel (Granny Smith) · 1 Glas Mint-Gelee (400 g) · Zitronensaft · Salz · grob gemahlener schwarzer Pfeffer

Den Lammrücken unter kaltem Wasser abspülen und trockentupfen. Die Fettschicht auf der Rückenoberseite mehrmals diagonal einritzen. Den Lammrücken auf einen Grillspieß stecken, unter dem vorgeheizten Gril etwa 45 Minuten grillen. Danach mit Salz und Pfeffer würzen.
Für die Mint-Sauce die Äpfel schälen, vierteln, Kerngehäuse entfernen, Äpfel würfeln. Äpfel mit dem Minzgelee aufkochen mit mit Zitronensaft abschmecken. Ofenkartoffeln dazureichen.

COUSCOUS

150 g Kichererbsen · 500 ml (1/2 l) Wasser · 600 g Lammfleisch · 1 Gemüsezwiebel · 2 Tomaten · 2 Möhren · 1 Zucchini · 1/2 Stange Porree (Lauch) · 150 g Kürbisfleisch · 300 g Coucous-Grieß · 300 ml heißes Salzwasser · 5 Eßl. Olivenöl · 2 Eßl. Tomatenmark · 2 Knoblauchzehen · Salz · Pfeffer · Saft von 1 Zitrone

Die Kichererbsen mit kaltem Wasser bedecken, über Nacht einweichen und abtropfen lassen. Das Lammfleisch unter kaltem Wasser abspülen, trockentupfen und in Würfel schneiden. Zwiebel abziehen und würfeln. Tomaten enthäuten, entkernen und in Achtel schneiden. Möhren schrappen, waschen und in Würfel schneiden. Zucchini waschen, die Enden abschneiden, ebenfalls würfeln. Porree putzen, gründlich waschen und in Ringe schneiden (Foto 1). Kürbisfleisch von Fasern und Kernen befreien und würfeln. Grieß mit dem heißen Salzwasser vermengen (Foto 2) und kleine Kugeln daraus formen. Das Öl in einem Topf erhitzen, Lammfleisch, Gemüse und Kichererbsen darin anbraten (Foto 3). Tomatenmark unterrühren. Knoblauch abziehen, durchpressen, dazugeben, mit Salz, Pfeffer und Zitronensaft würzen. Das Weichwasser der Kichererbsen hinzugießen. Die Couscousklößchen in den Siebeinsatz des Topfes oder ein passendes Küchensieb legen (Foto 4) und in den Topf hängen. Den Topfdeckel auflegen und das Gericht etwa 1 1/4 Stunden garen. Das Fleisch mit dem Gemüse und den Klößchen anrichten, die Sauce dazureichen.

1

2

3

4

SÜSSES FLEISCH
(ohne Foto)

1,2 kg Lammschulter · 6 Eßl. Speiseöl · 80 g abgezogene Mandeln · 80 g Zucker · 250 ml (1/4 l) Orangensaft . Salz · Pfeffer · gemahlener Zimt · 250 g Backpflaumen

Die Lammschulter unter kaltem Wasser abspülen, mit Haushaltspapier trockentupfen und in etwa 3 cm große Würfel schneiden.
Das Öl in einem Topf erhitzen und das Fleisch darin von allen Seiten anbraten. Die abgezogenen Mandeln und den Zucker unterrühren. Den Zucker schmelzen und leicht karamelisieren lassen. Mit dem Orangensaft ablöschen und mit Salz, Pfeffer und Zimt würzen. Das Ragout etwa 60 Minuten bei mittlerer Hitze köcheln lassen. Dabei eventuell etwas Wasser hinzugießen.
Inzwischen die Backpflaumen halbieren, entsteinen und nach 30 Minuten Garzeit hinzufügen.
Vor dem Servieren nochmal mit Salz, Pfeffer und Zimt abschmecken.
Reis dazureichen.

Zu allen Zeiten war der Hang des Menschen groß, Süßes zu genießen. Und immer hat er verstanden, es sich zu beschaffen. Zunächst genoß er die Früchte. Dann aber entdeckte er die mildwürzige Süße des Honigs und später Rohrzucker aus Übersee. In Europa und in Nordamerika wußte man also schon frühzeitig Speisen zu süßen. Zunächst Getreidegrützen. Aber schon bald fand man hierzulande heraus, daß aus Mehl und Honig Flädchen gebacken werden konnten.
Der Grundstein für die Backkunst war gelegt.
Die Vielfalt der Torten und Kuchen mit süßer Sahne, zarter Cremes und Kreationen von Obst und die Palette der Pralinés und Plätzchen ist enorm.
Denken wir nur an die Baisers wie hier, die eine reine Zucker-Eiweiß-Sache sind oder auch an den bewährten Guglhupf und die Lust auf ein gemütliches Kaffeetrinken wird groß.
Was es sonst noch an ausgezeichnetem Backwerk gibt, finden Sie im Rezeptteil. Und auch für jede Teigart das Grundrezept und viele nützliche Backtips.

RÜHRTEIG

Die Zubereitung dieser bei uns so beliebten und geschätzten Teigart wurde durch den Einsatz von Handrührgeräten und Küchenmaschinen wesentlich erleichtert. Aber bevor Sie mit der Teigzubereitung beginnen, sollte erst die Form vorbereitet werden. Gerade bei Rührteigen ist es besonders wichtig, die Formen gut auszufetten. Verwenden Sie dafür streichfähige Butter oder Margarine, kein Speiseöl, da dieses am Rand der Form herunterlaufen würde. Die Formen können evtl. auch noch mit Semmelmehl ausgestreut werden. Bei Springformen ist zu beachten, daß nur der Springformboden gefettet wird. Kastenformen können evtl. nach dem Ausfetten mit Pergament- oder Back-Trennpapier ausgelegt werden. Dadurch läßt sich das Gebäck besser aus der Form nehmen. Um das Papierfutter herzustellen, stellen Sie den Boden der Kastenform auf das Papier und zeichnen ihn auf; die Form kippen und die Seitenteile aufzeichnen. So mit allen vier Seiten verfahren. Die Ecken werden nun ausgeschnitten und die Bodenlinie geknickt.
Jetzt für die Teigzubereitung alle Backzutaten bereit stellen und überprüfen, bevor Sie an die Arbeit gehen.
Machen Sie es sich zum Prinzip, immer nach Rezept zu arbeiten. Wiegen Sie die Zutaten genau ab. Zucker zum Backen sollte feinkörnig sein, damit er sich beim Rühren (auch beim Kneten) mit Fett und Eiern möglichst ganz löst und sich dadurch besser mit den anderen Zutaten verbindet.

Grundrezept (Rodonkuchen)

200 g weiche Butter oder
Margarine · 200 g Zucker ·
1 Päckchen Vanillin-Zucker · Salz ·
4 Eier · 500 g Weizenmehl ·
1 Päckchen Backpulver ·
gut 125 ml (1/8 l) Milch · 150 g
Korinthen · 150 g Rosinen

Das weiche Fett in einer Rührschüssel geschmeidig rühren, (mit dem Handrührgerät auf höchster Stufe etwa 1 1/2 Minuten). Dann den mit Vanillin-Zucker gemischten Zucker nach und nach zu dem geschmeidig gerührten Fett geben. Sind in den Rezepten Gewürze oder Aromen angegeben, kommen diese nun zu der Butter-Zuckermasse. So lange rühren, bis eine gebundene Masse entstanden ist. Nun nach und nach die Eier hinzufügen. Dafür jedes Ei über einer Tasse aufschlagen, um zu prüfen, ob es gut ist. Jedes Ei etwa 1/2 Minute unterrühren. Danach das mit Backpulver gemischte Mehl auf mittlerer Stufe unterrühren. Wenn der Teig zu fest ist, etwas Milch hinzufügen. Nur soviel Milch verwenden, daß der Teig schwer reißend von einem Löffel fällt. Je nach Rezept werden jetzt die Früchte vorsichtig unter den Teig gerührt.
Nun den Teig in eine Form füllen und nach Rezept backen.
Tip: Bei Verwendung von Früchten, wie z.B. für den Rodonkuchen angegeben, ist es empfehlenswert, diese vor der Zubereitung des Teiges zu verlesen, ggf. auch einzulegen (je nach Rezept) und dann in den Teig zu geben.

DER HELFER AUS DER STECKDOSE

Was immer Sie backen wollen, setzen Sie die Geräte ein, die Ihnen diese Arbeit erleichtern, wie z.B. das Handrührgerät. Es hilft, extrem Zeit und Kraft zu sparen. Damit Sie sich ein genaues Bild machen können, stellen wir Ihnen im Foto oben den Krups 3 Mix 4000 vor und auf Seite 446 seine große Schwester, die Küchenmaschine.

Bei der Entwicklung dieses Handrührgerätes wurden vor allem drei Erkenntnisse berücksichtigt:
1. Der Spaß am Backen (und Kochen) wächst schneller als der Platz in den Küchen. 1979 servierten 18 Millionen aller bundesrepublikanischen Hausfrauen regelmäßig Selbstgebackenes, 1983 aber waren es schon 20 Millionen. Der Platz in den Küchen aber blieb der gleiche. Also mußte ein platzsparendes Gerät geschaffen werden, das in vielen Gefäßen einsatzbereit ist. –
2. Die 80 Prozent der Frauen, die täglich kochen und mindestens einmal wöchentlich backen, erwarten natürlich eine einfache Bedienung und eine gute, handliche Form von ihrem Handrührgerät. Das hier gezeigte Gerät hat deshalb einen schräggestellten Griff, der es handlich macht und locker handhaben läßt. Man muß also weniger Kraft aufwenden, der Griff – der natürlichen Form der greifenden Hand nachempfunden – bietet Sicherheit bei der Bedienung. Stufenschalter und Auswurftaste sind bequem mit der Hand erreichbar.
3. Der Trend von der Großfamilie zum Kleinhaushalt hält an und spielt eine immer wichtigere Rolle. Die Nachfrage nach einem dafür geeigneten Handrührgerät hat dazu geführt, noch das kleinere Handrührgerät „3 Mix 2000" zu entwickeln. Es ist ideal für Klein- und Singlehaushalte. Wäre noch zu sagen, daß Sie einen Rührteig mit dem 3 Mix in 5 Minuten fertig haben. Per Hand dauert es 30 Minuten.

EINE KÜCHENMASCHINE KANN ALLES

Sie schnitzelt Gemüse – grob und fein. Sie hackt und zerkleinert Fleisch, reibt Käse und Kartoffeln, mixt Milchdrinks, schlägt Cremes auf und rührt die Zutaten für Terrinen zu seidig-glänzenden, zarten Massen. Aber nirgendwo ist sie so wertvoll wie beim Backen. Nie zuvor war ein Hefeteig so schnell geknetet, ein Knetteig so problemlos zusammengeknetet, ein Rührteig so rasch gerührt, eine Baisermasse im Handumdrehen backbereit. Was mit der Hand längere Zeit benötigt, geschieht mit der Küchenmaschine in Minuten. Einfach auf Knopfdruck und vollkommen ohne Einsatz von Muskelkraft. Küchenmaschinen sind die angenehmen und angesehenen Roboter in den modernen Küchen. Als Beweis für all diese Behauptungen steht die „Krups Rotary" (unser Foto). Eine kleine, kompakte Küchenmaschine, die zum Glück nur wenig Platz braucht. Was in unseren durchweg kleinen Küchen ein wichtiges Argument bei der Anschaffung solcher Geräte ist. Weitere Pluspunkte: Sie kann, weil sie nicht viel Platz beansprucht, immer griffbereit auf der Arbeitsfläche stehen, ist also stets einsatzbereit. Sie ist praktisch und einfach zu bedienen, was gut ist. Sie hat einen großen Schalter, der sich gut handhaben läßt, auch wenn man nasse oder fettige Finger hat. Damit kann man zwei Geschwindigkeitsstufen und die Momentstufe einschalten, die zum Nachregulieren wichtig ist. Es gibt diese Maschine in der Standardausführung und elektronisch mit stufenlos regulierbarer Geschwindigkeit, wobei auch bei unterschiedlicher Belastung die Drehzahl konstant bleibt. Das große, durchsichtige Arbeitsgefäß erlaubt es, die Arbeitsvorgänge zu beobachten. Der Ausgießer ist praktisch und die Verriegelung im Deckel bietet die Sicherheit. Eine Kontrolleuchte schützt vor Überlastung.

KNETTEIG

Auch für Knetteige ist die Verwendung von Handrührgeräten und Küchenmaschinen empfehlenswert. Die Zutaten können damit schneller und besser verknetet werden als mit den Händen. Wichtig dabei ist, daß das Fett weich (streichfähig) ist. Erst wenn alle Zutaten miteinander verbunden sind, sollte der Teig nochmals kurz auf der Arbeitsfläche mit den Händen durchgearbeitet werden.
Um die Teigbeschaffenheit beim Ausrollen nicht zu verändern, sollten nicht zu große Teigstücke ausgerollt werden. Das gilt hauptsächlich für Kleingebäck. Während des Ausrollens ab und zu mit einem großen Messer unter dem Teig herstreichen, damit er sofort gelöst wird, wenn er an einer Stelle kleben sollte.
In der Regel brauchen Backbleche und -formen für Knetteige nicht gefettet zu werden. Eine Ausnahme bilden Obstkuchen-Formen, Tortelett-Formen und Backbleche, wenn wasser- oder milchreiche Teige darauf gebacken sollen.

Grundrezept für eine Obsttorte

150 g Weizenmehl · 1 1/2 gestrichene Teel. Backpulver · 75 g Zucker · 1 Päckchen Vanillin-Zucker · Salz · 1 Ei · 75 g weiche Butter oder Margarine

Das Mehl mit Backpulver mischen und in eine Rührschüssel sieben (Mischen und Sieben lockern das Mehl und verteilen das Backpulver gleichmäßig im Mehl. Das Gebäck wird dadurch besser gelockert. Ist außerdem Kakao angegeben, ihn gleich zum Mehl geben). Die übrigen Zutaten hinzufügen und mit einem Handrührgerät mit Knethaken zunächst kurz auf niedrigster, dann auf höchster Stufe gut durcharbeiten, anschließend auf der mit Weizenmehl bestäubten Tischplatte zu einem glatten Teig verkneten. (Dabei nicht zu viel Mehl auf die Tischplatte sieben, damit der Teig nicht brüchig wird. Den Teig mit geschlossenen, flachen Händen schnell verkneten). Sollte der Teig kleben, ihn in Klarsichtfolie wickeln und eine Zeitlang kalt stellen. 2/3 des Teiges auf dem gefetteten Boden einer Springform (Durchmesser etwa 28 cm) ausrollen. Unter den Rest des Teiges 1 gestrichenen Eßl. Mehl kneten und zu einer Rolle formen. Den Teig als Rand auf den Teigboden legen, so an die Form drücken, daß ein 2–3 cm hoher Rand entsteht.
Den Teig mehrmals mit einer Gabel einstecken und auf dem Rost in den vorgeheizten Backofen schieben.
Backeinstellung und -zeiten s. Rezepte.
Das Gebäck sofort nach dem Backen aus der Form lösen oder vom Backblech nehmen.
Tip: Verschiedene Knetteiggebäcke lassen sich sehr gut einfrieren. Bei Torten ist folgendes zu beachten. Torte unverpackt anfrieren lassen. Erst wenn die Sahne fest geworden ist, wird die Torte in Folie gepackt und endgültig eingefroren.

HEFETEIG

Im Handel ist Frisch-Hefe und Trocken-Backhefe erhältlich. Wie man mit beiden Produkten arbeitet, ist im nachfolgenden Grundrezept beschrieben.

Grundrezept

500 g Weizenmehl · 1 Päckchen Trocken-Backhefe oder 1 Würfel Frischhefe (42 g) · 75 g Zucker · 1 Päckchen Vanillin-Zucker · Salz 250 ml (1/4 l) lauwarme Milch · 75 g zerlassene, abgekühlte Butter oder Margarine

Bei Trocken-Backhefe das Mehl in eine Rührschüssel sieben und die Hefe gleichmäßig mit einer Gabel unterrühren;
oder
bei Frischhefe das Mehl in eine Rührschüssel sieben, in die Mitte eine Vertiefung eindrücken und die Hefe hineinbröckeln. Mit etwas Zucker bestreuen und mit etwas lauwarmer Milch verrühren. Zugedeckt 15–20 Minuten gehen lassen.
Die weitere Verarbeitung für beide Hefesorten:
Alle übrigen im Rezept angegebenen Zutaten zu dem Mehl geben. Die Zutaten zunächst nur kurz auf niedrigster, dann auf höchster Stufe etwa 5 Minuten verarbeiten. Der Teig muß glatt sein. Den Teig zugedeckt an einem warmen Ort so lange stehenlassen, bis er sich sichtbar vergrößert hat (etwa 30 Minuten). Nun den Teig – je nach Rezept – weiterverarbeiten.

BISKUITTEIG

Biskuitteige müssen immer in gut vorbereitete Formen gefüllt werden, d.h. sowohl für Springformen als auch für Backbleche die Formenböden fetten und mit Back-Trennpapier auslegen. Beim Backblech das Papier an der offenen Seite des Bleches zu einer Falte knicken, damit der Teig nicht auslaufen kann.

Das Grundrezept

4 Eier · 3–4 Eßl. heißes Wasser · 125 g Zucker · 1 Päckchen Vanillin-Zucker · 75 g Weizenmehl · 50 g Speisestärke · 1 Messerspitze Backpulver

Die Eier mit einem Handrührgerät mit Rührbesen auf höchster Stufe in 1 Minute schaumig schlagen. Den Zucker mit Vanillin-Zucker mischen und in 1 Minute einstreuen, dann noch etwa 2 Minuten schlagen. Das Weizenmehl mit der Speisestärke und dem Backpulver mischen, die Hälfte davon auf die Eiercreme sieben und kurz auf niedrigster Stufe unterrühren. Den Rest des Mehlgemischtes auf dieslbe Weise unterarbeiten.
Den Teig entweder in eine vorbereitete Springform, oder auf ein vorbereitetes Backblech geben. Den Tortenboden nach dem Backen sofort am Rand mit einem Messer lösen und auf einem Rost stürzen und auskühlen lassen. Die Biskuitplatte nach dem Backen sofort mit einem Messer von den Rändern des Blechs und von dem Papierrand lösen und mit Hilfe des anhaftenden Papiers hochheben und auf ein mit Zucker bestreutes Geschirrtuch stürzen. Das Backpapier mit kaltem Wasser (mit einem Pinsel) bestreichen und es vorsichtig, aber schnell abziehen.

BRANDTEIG

Er ist der einzige unter seinesgleichen, dessen Mehl- und Butteranteil mit der Flüssigkeit zum Kloß wird. Leicht abgekühlt, gibt man die Eier hinzu. Jetzt ist der Teig backfertig.

Grundrezept

250 ml (1/4 l) Wasser · 50 g Butter oder Margarine · 150 g Weizenmehl · 4–5 Eier · Margarine zum Einfetten · Weizenmehl zum Bestäuben

Wasser mit Fett in einem Stieltopf zum Kochen bringen. Das gesiebte Mehl auf einmal hineinschütten. So lange rühren, bis ein Kloß entstanden ist. Dabei bildet sich auf dem Topfboden eine weiße Haut, ein Zeichen für genügend langes „Abbrennen."
Den Kloß sofort in eine Schüssel geben und etwas abkühlen lassen. Nun die Eier hinzufügen. Zuerst 1 Ei unterrühren (Foto unten), dann nacheinander noch 3 bis 4 Eier. Wenn der Teig stark glänzt und in dicken Zapfen am Löffel hängt, erübrigt sich das letzte Ei. Der Teig muß so geschmeidig sein, daß man ihn gut spritzen kann. Backblech mit Margarine ausfetten und dünn mit Mehl bestäuben. Den Brandteig in einen Spritzbeutel mit großer Sterntülle füllen. Für Windbeutel dicke Rosetten in genügendem Abstand – der Brandteig geht stark auf – aufs Backblech spritzen. Für Eclairs etwa 6 cm lange Streifen mit Rosetten an beiden Enden spritzen (Foto unten).
Das Backblech in den vorgeheizten Backofen schieben und je nach Rezeptangabe backen.
Erst gegen Ende der Backzeit darf der Backofen vorsichtig geöffnet und nach dem Gebäck gesehen werden, da es sonst leicht zusammenfällt. Fertiges Gebäck sofort quer durchschneiden und auskühlen lassen.

BAISERMASSE

Baisers sind die zuckersüß-schaumige Versuchung unter allen Backwerken. Sie bestehen fast nur aus Eiweiß und Zucker. Eine rechte Schaumschlägerei, bei deren Zubereitung allerdings ein paar Klippen zu überwinden sind. Denn zuweilen kann Baisermasse auch mal daneben gehen. Entweder war der Eischnee nicht steif genug, der Zucker nicht ausreichend gelöst oder der Backofen zu heiß, wie es manchmal bei Gasbacköfen passieren kann.

Grundrezept

4 Eiweiß · 200 g feiner Zucker

Bei keiner Masse für Gebäck ist der Einsatz von Rührgerät oder Küchenmaschine so angebracht wie hier. Man schlägt das Eiweiß zu weißem Schnee und läßt bei kleiner Schaltstufe nach und nach den Zucker einrieseln (Foto oben). Dann auf mittlerer Stufe weiterschlagen, bis der Zucker gelöst und die Masse schnittfest ist. Die Baisermasse in einen Spritzbeutel füllen. Das Backblech mit Back-Trennpapier auslegen. Dann zum Beispiel mit der glatten Lochtülle von der Mitte aus spiralförmig Tortenböden aufspritzen. Oder mit 2 Teelöffeln kleine Häufchen auf das Backblech setzen. Oder die Masse in mit Back-Trennpapier ausgelegte Förmchen für Törtchen oder Schalen spritzen. Unser Rezept ergibt zum Beispiel 3 Tortenböden oder 15 Schalen oder Gebäckstücke. Baisers werden eher getrocknet, als gebacken. Man gibt sie auf Blechen oder in Formen bei 120 Grad in den Elektroherd oder bei einem Gasherd 25 Minuten Stufe 1, 25 Minuten aus, 25 Minuten Stufe 1 und läßt sie 2 Stunden backen.

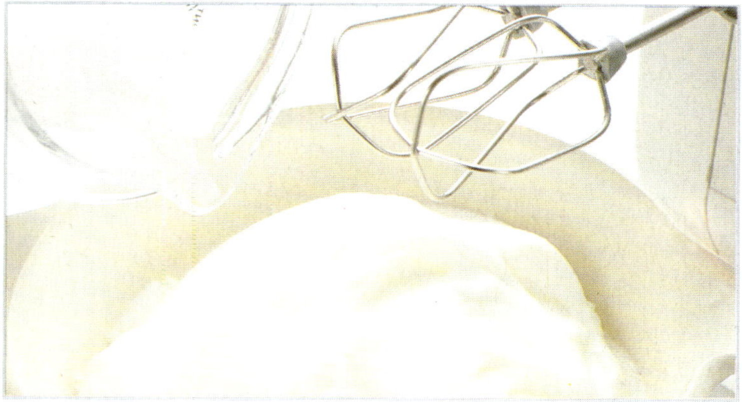

DIE GROSSEN BACKGERÄTE

Es gibt so manches Zubehör zum Backen, das eigentlich immer nur im Schrank steht und selten benutzt wird. Aber es gibt auch die unentbehrlichen Helfer für die Backstube, die wir uns hier genauer ansehen möchten. Da die Genauigkeit beim Nachvollziehen der Rezepte Grundlage für gutes Gelingen ist, brauchen Sie die **Meßgeräte.** Das sind die großen und kleinen Waagen (Foto unten) und die Meßbecher (Foto rechte Seite oben). Wandwaagen sind praktisch, weil sie auf der Arbeitsfläche keinen Platz wegnehmen. Küchenwaagen kann man, genau wie die kleineren Waagen (im Foto unten nebeneinander) im Schrank verstauen. Praktisch sind auch Balkenwaagen, die bis zu 500 g fassen und beinahe so handlich sind wie ein Eßlöffel. Apropos Meßbecher: Sie können darin fast alles abmessen, nur leider kein Fett.
Die Schüsseln (Foto unten) sollen mehrere Forderungen erfüllen. Erstens müssen sie bruchsicher sein. Sie können also aus Kunststoff, Chromargan oder anderem Metall bestehen. Dann müssen sie einen festen Stand haben. Schüsseln mit Gummiringen an der Standfläche sind deshalb ideal. Andere muß man beim Arbeiten auf ein feuchtes Tuch stellen, damit sie nicht rutschen. Und schließlich sollen Backschüsseln immer einen relativ hohen Rand haben. Boden und Rand aber sollten nahtlos ineinander übergehen. Es gibt dann keinen Absatz, so daß gleichmäßig gerührt werden kann. Wichtig bei Handrührgeräten.
Große Backformen. Da haben Sie zu allererst das Backblech, das bekanntlich mit jedem Herd mitgeliefert wird. Dann gibt es die klassischen Guglhupf- oder Napfkuchenformen. Unentbehrlich ist die Springform – mit Rohrbodeneinsatz für Kranzkuchen und mit Flachbodeneinsatz für flache und hohe Tortenböden. Auf eine Form für Obsttorte wollen Sie gewiß nicht verzichten (alle Foto oben). Entbehrlich, aber schön sie zu besitzen, ist

die Margueritenform, sind viereckige Tortenformen, Sterne oder Herzen. Und die Kastenform brauchen Sie für den Königskuchen.
Dazu müssen Sie noch wissen: Helle Backformen eignen sich für Gasherde und dunkle Backformen für Elektroherde.
Ganz prima: Viele dieser Kuchenformen gibt es auch in Mini-Ausführung. Auch für Kinder gedacht, aber vor allem für Kleinhaushalte. Eine gute Idee der Hersteller, die damit den Bedürfnissen von Zwei- und Einpersonenhaushalten Rechnung tragen.
Schließlich gibt es noch die Aluformen, die man nach Gebrauch wegwirft. Sie sind für alle gut, die nicht so häufig backen. Noch ein paar Worte darüber, warum man überhaupt Backformen braucht. Ganz einfach: Wenn es sie nicht gäbe, könnten Sie keinen Napfkuchen aus gerührtem Hefeteig, keinen Kuchen aus Rührteig, keine Torten und Kränze aus cremiger Biskuitmasse backen. Sie sind also vor allem für „zerfließende Teige" geschaffen. Diese bekommen nämlich ihre gewünschte Form nur durch die festen Formen, die sie umhüllen und deren Form sie während des Backens, wenn der Teig sich verfestigt, annehmen. Nötig sind diese Formen auch für Sandkuchenmasse.
Kleine historische Anmerkung: Die Napfkuchen- oder Guglhupfform ist eine der ältesten Backformen überhaupt.

DIE KLEINEN BACKGERÄTE

Es könnte ja sein, daß Sie mal ganze Nüsse oder Mandeln haben, sie zerkleinern möchten, aber keine Mandelmühle besitzen. Unser Beispiel beweist, daß Sie dieses Geräte brauchen, wenn Sie häufig backen. Spätestens zur Weihnachtszeit für Mandel oder Nußmakronen. Auf dem Foto oben links sehen Sie neben der Mandelmühle auch so unentbehrliche Dinge wie die grobe und feine Reibe tisch für allerlei Kuchenbäckerarbeit, liegen neben zwei Teigrädchen (Foto oben), mit denen Sie ausgerollte Teige in Form bringen können. Backpinsel sind geradezu unentbehrlich. Man fettet damit Formen ein, bestreicht Teig mit verschlagenem Eigelb, Milch, Wasser und bringt Glasur damit auf. Wer viel mit der Hand arbeitet, braucht auch Rührlöffel. Teigroller, auch Siebe (Foto unten links) sind so unentbehrlich wie die Teigschaber und Teighörnchen, mit denen man Teig aus

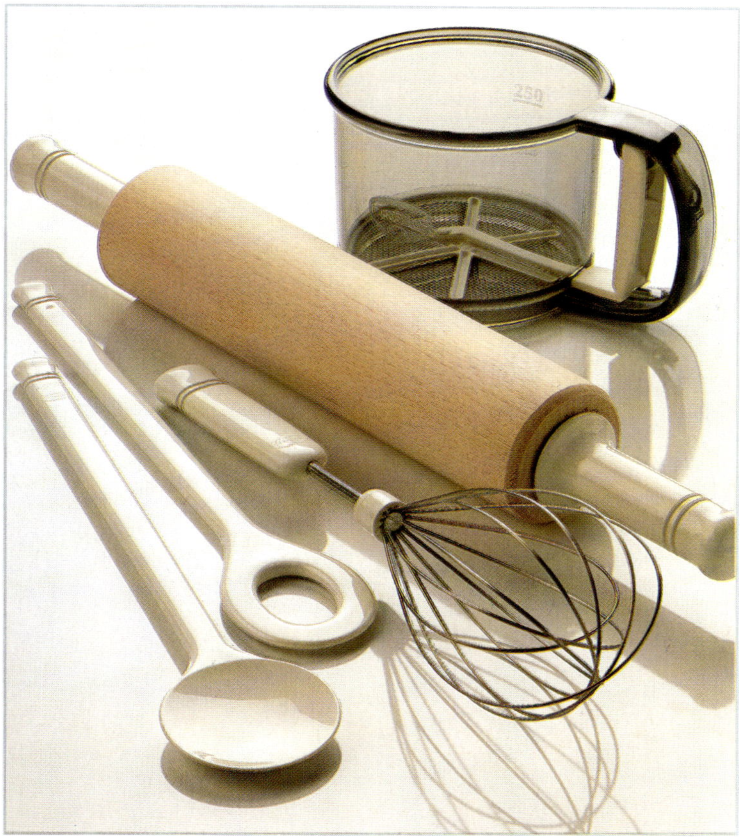

z.B. für Schokolade und Zitronenschale. Dann kleine Formen für allerlei Torteletts. Und Tortenteiler, mit denen Sie problemlos gleichmäßig große Tortenstücke auf Torten markieren und mit manchen Geräten auch schneiden können. Etwas versteckt darunter steht das wichtige Kuchengitter. Darauf läßt man fachgerecht Kuchen auskühlen. Würde das auf Tellern geschehen, dann würde der Boden feucht und weich, was keiner wünschen kann. Schneebesen aller Formen, prak- den Schüsseln schabt und Teig in der Form glattstreicht. Und dann die vielen hübschen Förmchen (Foto oben), die Herzen, Sterne und Bogen für Kleingebäcke, die Schiffchen und rechteckigen Formen, die man mit Knetteig ausfüllt und süß oder pikant füllt. Wer häufig Torten zubereitet, braucht dringend Spritzbeutel mit verschiedenen Tüllen. Und mit den Paletten kann man leicht Kleingebäck vom Blech heben.

1

2

3

MARMORKUCHEN

300 g Puderzucker oder sehr feiner Zucker · 300 g weiche Butter oder Margarine · 5 Eier · 300 g Weizenmehl · 4 gestrichene Teel. Backpulver · 30–40 g Kakao · 2 Eßl. Milch
Außerdem: Butter oder Margarine für die Form

Den Zucker und das Fett cremig rühren. Nach und nach die Eier unterrühren. Das Mehl mit dem Backpulver mischen, über den Teig sieben und unterrühren. Den Teig halbieren und unter eine Hälfte den gesiebten Kakao und die Milch rühren. Eine Napfkuchenform ausfetten und den hellen Teig hineingeben (Foto 1). Den dunklen Teig darüber verteilen (Foto 2) und mit einer Gabel spiralförmig durch die Teigschichten ziehen (Foto 3), damit ein Marmormuster entsteht. Die Form auf dem Rost in den auf etwa 175–200 Grad (Gas Stufe 3–4) vorgeheizten Backofen schieben und den Kuchen etwa 1 Stunde backen.

SIZILIANISCHER KÖNIGSKUCHEN

Für den Teig:
125 g Puderzucker oder sehr feiner Zucker · 125 g weiche Butter oder Margarine · 2 Eigelbe · 125 g Weizenmehl · 1 Teel. abgeriebene Zitronenschale (unbehandelt) · 2 Eiweiß ·
Für die Füllung:
3 gestrichene Teel. Gelatine gemahlen, weiß · 3 Eßl. kaltes Wasser · 1 Eßl. Schlagsahne · 3 Eßl. Orangenlikör · 250 g Ricotta (italienischer Sahnefrischkäse) oder Sahnequark · 20 g Zucker · 3 Eßl. gehackte Belegfrüchte · 50 g Zartbitter-Schokolade
Für die Glasur:
70 g Zartbitter-Schokolade · etwas Kokosfett
Außerdem: Butter oder Margarine für die Form

Für den Teig Zucker und Fett cremig rühren. Nach und nach die Eigelbe unterrühren. Das Mehl über den Teig sieben und zusammen mit der Zitronenschale unterrühren. Das Eiweiß zu steifem Schnee schlagen und unter den Teig heben. Eine Kastenform (Länge etwa 20 cm) ausfetten und den Teig hineingeben. Die Form auf dem Rost in den auf 175–200 Grad (Gas Stufe 3–4) vorgeheizten Backofen schieben und den Kuchen etwa 40 Minuten backen, erkalten lassen.
Für die Füllung die Gelatine mit dem Wasser anrühren, 10 Minuten zum Quellen stehenlassen und unter Rühren erwärmen, bis sie gelöst ist. Mit der Sahne und dem Orangenlikör verrühren.
Den Käse mit dem Zucker verrühren. Die Gelatinelösung vorsichtig unterrühren, die Belegkirschen und die grob gehackte Schokolade hinzufügen, unterrühren.
Den Kuchen waagerecht zweimal durchschneiden.
Den unteren Boden auf eine Platte legen und mit einem Teil der Käse-Masse bestreichen.
Die zweite Kuchenplatte darauf legen und mit der restlichen Käsemasse bestreichen, mit der dritten Kuchenplatte bedecken, etwas andrücken und abgedeckt in den Kühlschrank stellen.
Für die Glasur die Schokolade in kleine Stücke brechen und mit dem Kokosfett im heißen Wasserbad geschmeidig rühren. Den Kuchen damit überziehen.

1

2

3

4

RÜBLI-TORTE

Für den Knetteig:
100 g Weizenmehl · 50 g Butter · 25 g Zucker · 1–2 Eßl. kaltes Wasser
Für den Möhrenteig:
100 g weiche Butter · 75 g Zucker · einige Tropfen Zitronenaroma · 1 Messerspitze gemahlener Zimt · 4 Eigelbe · 175 g Weizenmehl · 1 Teel. Backpulver · 50 ml Milch · 3 Eßl. geschlagene Sahne · 125 g gemahlene Haselnußkerne · 250 g geraspelte Möhren (von etwa 350 g Rohware). 4 Eiweiß · 75 g Zucker
Für den Guß:
3 Eßl. Aprikosen-Konfitüre · 100 g Puderzucker · 3 Eßl. Kirschwasser
Für die Garnitur:
50 g abgezogene, gehobelte, gebräunte Mandeln · 100 g Marzipan-Rohmasse · rote Lebensmittelfarbe · Pistazienkerne

Für den Knetteig das Mehl in eine Rührschüssel sieben, Butter, Zucker, Wasser hinzufügen. Die Zutaten mit einem Handrührgerät mit Knethaken kurz auf niedrigster, dann auf höchster Stufe gut durcharbeiten, anschließend auf der Tischplatte zu einem glatten Teig verkneten, kalt stellen. Für den Möhrenteig die Butter mit dem Zucker cremig rühren. Zitronenaroma und Zimt unterrühren. Nach und nach die Eigelbe unterrühren. Mehl und Backpulver sieben und abwechselnd mit der Milch unterrühren. Die Sahne mit den Haselnußkernen und den geraspelten Möhren vermengen und unter den Teig rühren. Das Eiweiß zu steifem Schnee schlagen, zuletzt den Zucker unterschlagen und unter den Teig ziehen. Eine Springform (Durchmesser etwa 26

cm) ausfetten. Den Knetteig in der Größe des Bodens ausrollen und in die Form legen. Den Möhrenteig in die Form füllen und auf dem Rost in den auf 175 – 200 Grad (Gas Stufe 3) vorgeheizten Backofen schieben und etwa 45 Minuten backen.
Die Aprikosen-Konfitüre erhitzen, glattrühren und die abgekühlte Torte damit bestreichen (Foto 1) Puderzucker und Kirschwasser verrühren und die Torte damit glasieren (Foto 2). Den Tortenrand mit den gehobelten Mandeln belegen (Foto 3).
Für die Garnitur die Marzipan-Rohmasse mit Lebensmittelfarbe orange färben. Eine Rolle daraus formen, in 12 Stücke schneiden und zu Möhrchen formen, jeweils zwei halbe Pistazienkerne als Stiel hineindrücken (Foto 4) und im Kreis auf die Torte legen.

BAUMKUCHEN

Für den Teig:
250 g weiche Butter oder Margarine · 250 g Zucker · 1 Päckchen Vanillin-Zucker · Salz · 3 Eßl. Rum · 2 Eier · 4 Eigelbe · 150 g Weizenmehl · 100 g Speisestärke · 3 gestrichene Teel. Backpulver · 4 Eiweiß

Für Guß und Belag:
200 g Zartbitter-Kuvertüre · 200 g Mandelsplitter

Außerdem: Back-Trennpapier

Für den Teig das Fett cremig rühren. Nach und nach den Zucker, Vanillin-Zucker, Salz und Rum unterrühren. Nach und nach die Eier und die Eigelbe unterrühren. Das Mehl mit der Speisestärke und dem Backpulver mischen, sieben, eßlöffelweise unterrühren. Das Eiweiß steif schlagen, vorsichtig unter den Teig heben. Eine gefettete Springform (Durchmesser etwa 28 cm) (Foto 1) mit Back-Trennpapier auslegen. Einen gut gehäuften Eßl. Teig gleichmäßig mit einem Pinsel darauf streichen (Foto 2). Die Form auf dem Rost in den vorgeheizten Backofen schieben (Abstand zwischen Grill und Teigschicht etwa 20 cm). Die Teigschicht unter dem vorgeheizten Grill in etwa 2 Minuten hellbraun backen.
Als zweite Schicht wieder 1–2 Eßl. Teig (Foto 3) auf die gebackene Schicht streichen, die Form wieder unter den Grill schieben. Auf diese Weise den ganzen Teig verarbeiten (Die Einschubhöhe nach Möglichkeit so verändern, daß der Abstand von etwa 20 cm zwischen Grill und Teigschicht bestehen bleibt).
Den fertigen Kuchen mit einem Messer vorsichtig vom Rand der Form lösen, auf ein Backblech stürzen, das Papier abziehen (Foto 4), den Kuchen sofort noch

1

2

3

4

etwa 5 Minuten in den heißen Backofen schieben.
Für Guß und Belag die Zartbitter-Kuvertüre im heißen Wasserbad geschmeidig rühren und den Baumkuchen mit einem Teil davon überziehen.
Die restliche Kuvertüre mit den Mandeln vermengen und auf der Kuchenoberfläche verteilen.

HOLLÄNDISCHER BUTTERKUCHEN
(ohne Foto)

Für den Teig:
175 g Weizenmehl · 150 g feiner Zucker · 150 g Butter
1/2 Ei · 1 Messerspitze Salz
Außerdem: 1/2 Ei zum Bestreichen

Das Mehl in eine Rührschüssel sieben. Zucker, Butter, das halbe Ei und Salz hinzufügen. Die Zutaten mit einem Handrührgerät mit Knethaken zunächst kurz auf niedrigster, dann auf höchster Stufe gut durcharbeiten, anschließend auf der Tischplatte zu einem glatten Teig verkneten, kalt stellen. Den Teig in eine gefettete Springform (Durchmesser etwa 26 cm) geben glattstreichen. Die Oberfläche mit verschlagenem Ei bestreichen. Die Form auf dem Rost in den auf 175–200 Grad (Gas Stufe 2–3) vorgeheizten Backofen schieben und den Teig 30–35 Minuten backen. Den gebackenen Kuchen in kleine Würfel oder Ecken schneiden.
Tip: Man kann den Kuchen auch mit gehobelten Mandeln oder mit in dünne Scheiben geschnittenem Ingwer belegen.

SAVARIN

Für den Teig:
350 g Weizenmehl · 20 g frische Hefe · 75 ml Milch ·
140 g Butter oder Margarine ·
45 g Zucker · 4 Eier · 1/2 Teel. Salz · 1/2 Teel. abgeriebene Zitronenschale (unbehandelt) ·
Für den Sirup:
250 ml (1/4 l) Wasser ·
150 g Zucker · 150 ml Mandellikör · 3 Eßl. Aprikosenkonfitüre
Für die Füllung:
200 ml (1/5 l) Schlagsahne ·
250 g Erdbeeren ·
Außerdem: Butter oder Margarine und etwas Weizenmehl für die Form

Für den Teig das Mehl in eine Schüssel sieben und eine Vertiefung in die Mitte drücken. Die Hefe in die Mulde bröckeln. Die Milch hinzugießen und mit etwas Mehl zu einem Vorteig rühren. Die Schüssel mit einem Tuch bedecken und den Teig an einem warmen Ort etwa 15 Minuten gehen lassen. Das Fett zerlassen, mit dem Zucker, den Eiern, Salz und Zitronenschale zum Vorteig geben und zu einem glatten Teig verkneten. Eine Savarinform (Durchmesser etwa 16 cm) ausfetten und mit Mehl ausstreuen. Die Hälfte des Teiges hineinfüllen (Foto 1) und die Form auf dem Rost in den auf etwa 200 Grad (Gas Stufe 3–4) vorgeheizten Backofen schieben. Den Savarin 25–30 Minuten backen. Den gebackenen Savarin aus der Form lösen. Die zweite Teighälfte ebenso backen.
Für den Sirup Wasser mit Zucker unter Rühren aufkochen (Foto 2) und abkühlen lassen. Die Savarins auf einen Kuchenrost legen und den Sirup darauf verstreichen (Foto 3). Diesen Vorgang wiederholen, bis die Savarins durchtränkt sind und der Sirup aufgebraucht ist. Anschließend die Aprikosenkonfitüre erhitzen, glattrühren und die Savarins damit bestreichen. Für die Füllung die Sahne steif schlagen. Die Erdbeeren verlesen, waschen, entstielen und je nach Größe halbieren. Einen Teil der Sahne in die Savarins füllen, mit dem Rest die Savarins verzieren. Die Erdbeeren auf die Sahne setzen, servieren.

1

2

3

NUSS-HEFEKUCHEN
(ohne Foto)

Für den Teig:
200 g Weizenmehl · 20 g Hefe · 50 ml lauwarme Milch · 2 Eßl. Zucker · 40 g Butter · 1 Ei · Salz

Für den Belag:
100 g Rosinen · 3 Eßl. Rum · 150 g Marzipan-Rohmasse · 5-6 Eßl. Schlagsahne · 1 Eigelb · 150 g abgezogene, gehobelte Mandeln

Für den Guß:
2 Eigelbe · 1 Eßl. Vanillin-Zucker · 2 gestrichene Eßl. Speisestärke · Zimt · 250 ml (1/4 l) Milch

Außerdem: Margarine

Das Mehl in eine Schüssel sieben. Eine Vertiefung in die Mitte drücken und die Hefe hineinbröckeln. Die Milch und den Zucker hinzufügen, mit etwas Mehl zu einem Vorteig verrühren, etwa 15 Minuten an einem warmen Ort gehen lassen. Milch, Fett, Ei und Salz hinzufügen und zu einem glatten Teig verkneten. Zugedeckt 30 Minuten an einem warmen Ort gehen lassen. Für den Belag die Rosinen in Rum einweichen. Die Marzipan-Rohmasse mit Sahne und Eigelb verrühren. Den Teig ausrollen und auf den Boden einer gefetteten Springform (Durchmesser etwa 26 cm) legen. Die Marzipan-Masse darauf streichen. Die eingeweichten Rosinen und die Mandeln darauf verteilen.

Für den Guß die Eigelbe und den Vanillin-Zucker schaumig schlagen. Die Speisestärke und den Zimt unterrühren. Die heiße Milch hinzufügen und einige Minuten bei schwacher Hitze kochen lassen. Den Guß auf den Kuchen geben und die Form auf dem Rost in dene auf etwa 175 Grad (Gas Stufe 2) vorgeheizten Backofen schieben. Den Kuchen etwa 20 Minuten backen.

1

2

3

ORANGEN-WALNUSS-TORTE

Für den Teig:
7 Eier · 200 g Zucker · 1 Päckchen Vanillin-Zucker · 2 Eßl. geraspelte Orangenschale (unbehandelt) · 300 g gemahlene Haselnußkerne · 50 g Speisestärke
Für die Garnitur:
375 ml Schlagsahne (3/8 l) · 1 Päckchen Sahnesteif · 1 Päckchen Vanillin-Zucker · 100 g Halbbitter-Kuvertüre ·
Außerdem: Butter oder Margarine · Pergamentpapier

Die Eier mit einem Handrührgerät mit Rührbesen auf höchster Stufe in 1 Minute schaumig schlagen. Zucker, Vanillin-Zucker und Orangenschale mischen, in 1 Minute einstreuen, dann noch etwa 2 Minuten schlagen.
Die gemahlenen Haselnußkerne mit der Speisestärke mischen, die Hälfte davon auf die Eiercreme geben, kurz auf niedrigster Stufe unterrühren. Den Rest des Nuß-Speisestärke-Gemisches auf dieselbe Weise unterarbeiten.
Den Teig in eine gefettete, mit Pergamentpapier ausgelegte Springform (Durchmesser etwa 26 cm) füllen. Die Form auf dem Rost in den auf 165–185 Grad (Gas Stufe 1 ½–2) vorgeheizten Backofen schieben und 50–60 Minuten backen.
Den Tortenboden gut auskühlen lassen. Für die Garnitur die Sahne mit Sahnesteif und Vanillin-Zucker steif schlagen und die Torte ganz damit bestreichen. Die Kuvertüre im heißen Wasserbad geschmeidig rühren (Foto 1), auf ein Backblech (Tortengarnierplatte) gießen (Foto 2), dünn verstreichen und erstarren lassen. Mit einem Spatel großzügige Schokoladenraspeln abschaben (Foto 3) und die Torte damit verzieren.

WALNUSS-KARAMEL-TORTE
(ohne Foto)

Für den Teig:
85 g Butter oder Margarine · 85 g Zucker · 200 g Weizenmehl · 1/2 Ei · 1 Eigelb · 1/2 Teel. abgeriebene Zitronenschale (unbehandelt) · Salz ·
Für die Füllung:
180 g Zucker · 125 g (1/8 l) warme Schlagsahne · 1 Eßl. Honig · 100 g gehackte Walnußkerne · 1 Messerspitze gemahlener Zimt
Für die Garnitur:
100 g Vollmilch-Kuvertüre · 50 ml Schlagsahne · 12 Walnußkernhälften ·
Außerdem: 1/2 Ei zum Bestreichen · Butter oder Margarine für die Form

Für den Teig das Fett cremig rühren. Nach und nach den Zucker unterrühren. Nach und nach Ei, Eigelb, Zitronenschale und Salz unterrühren. Das Mehl sieben und unterziehen. Den Teig halbieren und den Boden einer gefetteten Springform (Durchmesser etwa 22 cm) so damit auslegen, daß ein etwa 1 cm hoher Rand entsteht.
Für die Füllung den Zucker schmelzen und karamelisieren lassen. Die warme Sahne unterrühren. Honig, Walnüsse und Zimt unterrühren. Die Masse abkühlen lassen und auf den Boden streichen. Die zweite Teighälfte in der Größe der Form ausrollen. Das Ei verschlagen, den Rand damit bestreichen und mit der zweiten Teigplatte bedecken. Die Oberfläche ebenfalls mit Ei bestreichen. Die Form auf dem Rost in den auf etwa 200 Grad (Gas Stufe 3-4) vorgeheizten Backofen schieben und den Kuchen etwa 20 Minuten backen.
Für die Garnitur die Sahne erhitzen, die Kuvertüre darin unter Rühren auflösen und im kalten Wasserbad so lange schlagen, bis sie locker und kalt ist. Die Masse in einen Spritzbeutel mit gezackter Tülle füllen und 12 Rosetten auf die Torte spritzen. Jeweils eine Walnußkernhälfte auf eine Rosette setzen.

1

2

3

4

OBSTKUCHEN AUF FRANZÖSISCHE ART

Für den Teig:
200 g Weizenmehl · 1 Päckchen Vanillin-Zucker · Salz · 100 g weiche Butter · 1 Ei

Für den Belag:
250 g Aprikosen · 3 mittelgroße Äpfel · 2 Birnen

Für den Guß:
2 Eigelbe · 250 ml (1/4 l) Schlagsahne · 60 g Zucker · 1 Päckchen Vanillin-Zucker · 2 gestrichene Eßl. Speisestärke

Außerdem: 4–5 Eßl. Aprikosen-Konfitüre, Butter oder Margarine für die Form

Für den Teig das Mehl in eine Rührschüssel sieben. Vanillin-Zucker, Salz, Butter und das Ei hinzufügen. Die Zutaten mit einem Handrührgerät mit Knethaken zunächst auf niedrigster, dann auf höchster Stufe gut durcharbeiten, anschließend auf der Tischplatte zu einem glatten Teig verkneten, kurze Zeit kalt stellen. Den Teig auf bemehltem Küchentuch ausrollen (Foto 1) und eine gefettete Tarte-Form damit auslegen. Für den Belag die Aprikosen waschen, halbieren und entsteinen. Äpfel und Birnen schälen, das Kerngehäuse entfernen und die Früchte in Spalten schneiden. Den Boden mit den Früchten belegen (Foto 2). Für den Guß die Eigelbe mit der Sahne verschlagen. Zucker, Vanillin-Zucker und Speisestärke unterrühren und über das Obst verteilen (Foto 3). Die Form auf dem Rost in den auf 175–200 Grad (Gas Stufe 3–4) vorgeheizten Backofen schieben und den Kuchen etwa 50 Minuten backen. Die Aprikosenmarmelade erhitzen, glattrühren und den heißen Kuchen damit glasieren (Foto 4).

BANANEN-TORTE MIT APRIKOSEN

(ohne Foto)

Für den Teig: 300 g Weizenmehl · 1 gestrichener Teel. Backpulver · 100 g Zucker · 1 Päckchen Vanillin-Zucker · Salz · 1 Ei · 125 g weiche Butter

Für den Belag:
etwa 500 g gedünstete Aprikosen-Hälften · 4 Bananen · 2 Eßl. Zitronensaft · 25 g abgezogene, gehackte Mandeln

Für den Guß: 150 g gesiebter Puderzucker · 2–3 Eßl. Zitronensaft

Das Mehl mit dem Backpulver mischen, in eine Rührschüssel sieben. Zucker, Vanillin-Zucker, Salz, Ei und die Butter hinzufügen. Die Zutaten mit einem Handrührgerät mit Knethaken zunächst auf niedrigster, dann auf höchster Stufe gut durcharbeiten, anschließend auf der Tischplatte zu einem glatten Teig verkneten, kalt stellen. Für den Belag die Aprikosen abtropfen lassen, die Bananen schälen, beide Zutaten in Spalten bzw. Scheiben schneiden, mit Zitronensaft und den Mandeln vermengen. 2/3 des Teiges auf dem Boden einer gefetteten Springform (Durchmesser etwa 28 cm) ausrollen, am Rand etwa 2 cm hochdrücken. Den Teigboden mehrmals mit einer Gabel einstechen. Die Form auf dem Rost in den auf 200–225 Grad (Gas Stufe 4) vorgeheizten Backofen schieben und etwa 10 Minuten backen. Die Früchte auf dem Boden verteilen. Den restlichen Teig zu einer Platte in der Größe der Springform ausrollen, als Decke auf die Früchte legen. Die Teigdecke mehrmals mit einer Gabel einstechen. Die Form auf dem Rost in den auf 200–225 Grad (Gas Stufe 4) vorgeheizten Backofen schieben, etwa 35 Minuten backen. Für den Guß den Puderzucker sieben, mit dem Zitronensaft verrühren, die heiße Tortenoberfläche damit bestreichen.

MANDEL-KIRSCH-TORTE

Für den Teig:
150 g kalte Butter oder Margarine · 150 g Marzipan-Rohmasse · 150 g Weizenmehl 1/2 gestrichener Teel. Backpulver · Salz · 1 Teel. abgeriebene Zitronenschale (unbehandelt)

Für die Füllung:
1 Päckchen Vanille-Puddingpulver 3 Eßl. Zucker · 500 ml (1/2 l) Milch · 125 g weiche Butter · 4 Eßl. Kirschwasser · 250 g dunkelrote Kirschen

Für den Belag:
100 g weiße Schokolade

Für die Garnitur:
30 g abgezogene, gehobelte Mandeln · Puderzucker · Kakao

Außerdem: Back-Trennpapier

Fett und Marzipan gut miteinander verkneten. Mehl und Backpulver mischen und darüber sieben mit Salz und Zitronenschale zu einem glatten Teig verkneten, etwa 1/2 Tag im Kühlschrank ruhen lassen. Den Teig danach auf bemehlter Arbeitsfläche etwa 3 mm dick ausrollen und drei Böden von jeweils 22 cm Durchmesser ausstechen (Foto 1). Die Teigböden auf ein mit Back-Trennpapier belegtes Backblech legen, in den vorgeheizten Backofen schieben und bei etwa 175–200 Grad (Gas Stufe 3) 10–15 Minuten backen. Die Ränder sofort nach dem Backen glatt schneiden (Foto 2) und die Böden erkalten lassen.
Für die Füllung aus dem Puddingpulver, 2 Eßl. Zucker und der Milch einen Pudding nach der Vorschrift auf dem Päckchen zubereiten, auskühlen lassen und dabei ab und zu umrühren.
Die Butter und 1 Eßl. Zucker

1

2

3

4

cremig rühren und den kalten Pudding langsam unter Rühren hinzufügen. Kirschwasser unterrühren. Für den Belag die weiße Schokolade im heißen Wasserbad geschmeidig rühren und die Böden damit bestreichen (Foto 3). Auf einen Boden die Hälfte der Creme streichen. Die Kirschen waschen, halbieren, entsteinen und darauf legen (Foto 4), mit dem zweiten Boden bedecken. Darauf ein Viertel der Creme streichen, mit dem dritten Boden bedecken und mit

5

6

der restlichen Creme die Oberfläche und die Seiten der Torte bestreichen. Tortenrand mit Mandeln bestreuen und auf die Oberfläche gleichmäßig den Puderzucker sieben (Foto 5). Eine Papierschablone mit dem gewünschten Motiv auf die Tortenoberfläche legen und den Kakao darüber stäuben (Foto 6). Schablone entfernen.

HIMMLISCHE TORTE
(ohne Foto)

Für den Teig:
175 g Butter oder Margarine ·
150 g Zucker · 1 Päckchen
Vanillin-Zucker · 2 Eigelbe ·
Salz · 175 g Weizenmehl ·
1 gestrichener Teel. Back-
pulver
Für den Belag:
2 Eiweiß · 30 g Zucker ·
1 Päckchen Vanillin-Zucker ·
1 gestrichener Teel. gemah-
lener Zimt · 80 g abgezogene,
gehobelte Mandeln
Für die Füllung:
500 ml (1/2 l) Schlagsahne
2 Päckchen Sahnesteif ·
100 g Himbeer-Konfitüre

Für den Teig das Fett cremig rühren. Nach und nach Zucker, Vanillin-Zucker, die Eigelbe und Salz unterrühren. Weizenmehl und Backpulver mischen, sieben und eßlöffelweise unterrühren.
Aus dem Teig 3 Böden backen, dafür jeweils 1/3 des Teiges auf den gefetteten Boden einer Springform (Durchmesser etwa 26 cm) streichen. Für den Belag das Eiweiß steif schlagen und gleichmäßig auf die 3 Böden streichen.
Zucker, Vanillin-Zucker und Zimt mischen. Jeweils 1/3 davon und 1/3 von den gehobelten Mandeln auf jeden Teigboden streuen. Die Böden nacheinander (ohne Springformrand) in den vorgeheizten Backofen schieben und bei 175–200 (Gas Stufe 3–4) etwa 15 Minuten backen, erkalten lassen.
Für die Füllung die gut gekühlte Sahne 1/2 Minute schlagen, Sahnesteif einstreuen und die Sahne steif schlagen.
2 gebackene Böden mit der Himbeer-Konfitüre und der Schlagsahne bestreichen, zu einer Torte zusammensetzen.
Den dritten Tortenboden in 12 Stücke schneiden und auf die Torte legen.

HIMBEER-TORTE

Für den Teig:
6 Eier · 125 g Zucker ·
1 Päckchen Vanillin-Zucker ·
125 g Weizenmehl
Für die Creme:
4 Eigelbe · 125 g Zucker ·
1 Teel. Vanillin-Zucker ·
60 g Weizenmehl · 500 ml (1/2 l)
kochende Milch
Für den Belag und die Garnitur:
600 g Himbeeren · 250 ml (1/4 l)
Schlagsahne · 60 g gehackte
Haselnußkerne oder abgezogene,
gehobelte Mandeln
Außerdem: 1/2 Päckchen roter
Tortenguß · 125 ml (1/8 l)
Himbeersaft, mit Wasser ergänzt
Butter oder Margarine ·
Pergamentpapier

1

2

3

Für den Teig die Eier mit einem Handrührgerät mit Rührbesen auf höchster Stufe in 1 Minute schaumig schlagen.
Zucker mit Vanillin-Zucker mischen, in 1 Minute einstreuen, dann noch etwa 2 Minuten schlagen. Das Mehl auf die Eiercreme sieben und auf niedrigster Stufe unterrühren. Den Teig in eine gefettete, mit Pergamentpapier ausgelegte Springform (Durchmesser etwa 24 cm) füllen, auf dem Rost in den auf 175-200 Grad (Gas Stufe 3–4) vorgeheizten Backofen schieben und etwa 30 Minuten backen. Für die Creme die Eigelbe, den Zucker und den Vanillin-Zucker weißschaumig schlagen (Foto 1). Das Mehl sieben und unterziehen. Die kochende heiße Milch unterrühren und die Creme bei schwacher Hitze etwa 2–3 Minuten kochen lassen (Foto 2). Die Creme in eine Schüssel umfüllen und auskühlen lassen.
Die Himbeeren sorgfältig verlesen. Den ausgekühlten Boden

4

5

waagerecht durchschneiden, den unteren Boden mit knapp ⅔ der Creme bestreichen und mit gut der Hälfte der Himbeeren belegen. Den oberen Boden dünn mit Creme bestreichen (Foto 3) und mit der bestrichenen Seite auf die Himbeeren legen. Die restliche Creme auf die Torte streichen. Die Sahne steif schlagen und die Seiten und die Oberfläche der Torte mit einem Teil der Sahne bestreichen (Foto 4). Den Rand mit den Nüssen oder Mandeln bestreuen. Mit der restlichen Sahne einen Sahnerand obenauf spritzen und die restlichen Himbeeren auf der Torte verteilen (Foto 5).
Den Tortenguß nach Vorschrift auf dem Päckchen zubereiten und die Himbeeren damit bestreichen.

ERDBEER-TORTE
(ohne Foto)

Für den Teig:
150 g Weizenmehl · 50 g sehr feiner Zucker · Salz · 125 g kalte Butter oder Margarine
Für die Füllung:
6 Blatt weiße Gelatine · 2 Eiweiß · 200 ml (1/5 l) Schlagsahne · 50 g feiner Zucker · Saft von 1 Zitrone · 2 Eigelbe · 4 Eßl. Johannisbeergelee · 500 g Erdbeeren · Zucker · 250 ml (1/4 l) Erdbeersaft, mit Wasser ergänzt · 1 Päckchen roter Tortenguß
Außerdem: Butter oder Margarine für die Form

Das Mehl in eine Rührschüssel sieben und mit Zucker und Salz vermischen. Das Fett in Stückchen hinzufügen und mit einem Handrührgerät mit Knethaken verarbeiten. Den Boden einer Springform (Durchmesser etwa 26 cm) ausfetten und mit dem Krümelteig bedecken, leicht andrücken. Den Teig mehrmals mit einer Gabel einstechen und die Form auf dem Rost in den auf etwa 175–200 Grad (Gas Stufe 3–4) vorgeheizten Backofen schieben. Den Boden etwa 30 Minuten backen vom Backblech lösen und auskühlen lassen.
Für die Füllung die Gelatine etwa 10 Minuten in kaltem Wasser einweichen. Das Eiweiß zu steifem Schnee schlagen. Die Sahne steif schlagen. Den Zitronensaft erhitzen und die Gelatine darin unter Rühren auflösen. Die Eigelbe und 50 g Zucker cremig schlagen. Die aufgelöste Gelatine unterrühren. Die geschlagene Sahne und zuletzt den Eischnee unterziehen. Den Tortenboden mit Johannisbeergelee bestreichen, einen Tortenring herumstellen.
Die Creme darauf geben und erstarren lassen.
Die Erdbeeren verlesen, waschen, entstielen, halbieren zuckern, einige Zeit zum Saftziehen stehenlassen, abtropfen lassen, den Saft auffangen.
Die Erdbeeren auf die Creme legen. Für den Guß den Saft mit Wasser auf 250 ml (¼ l) ergänzen und den Tortenguß nach der Vorschrift auf dem Päckchen zubereiten, gleichmäßig über die Erdbeeren geben.

1

2

3

SCHOKOLADEN-KIRSCH-TORTE

Für den Knetteig:
150 g Weizenmehl · 40 g Zucker · 1 Teel. Kakao · 100 g weiche Butter oder Margarine · 1 Teel. Zitronensaft
Für den Biskuitteig:
1 Ei · 2 Eßl. heißes Wasser · 50 g Zucker · 1/2 Päckchen Vanillin-Zucker · 75 g Weizenmehl · 1 Messerspitze Backpulver
Für die Schokoladencreme:
3 Blatt weiße Gelatine · 2 Eßl. Zucker · 3 Eßl. Kakao · 375 ml (3/8 l) Schlagsahne
Für die Kirschcreme:
3 Blatt weiße Gelatine · 4 Eßl. Kirschwasser · 375 ml (3/8 l) Schlagsahne · 1/2 Päckchen Vanillin-Zucker · 1 Teel. Zucker
Für die Garnitur:
150 ml Schlagsahne · 4 Eßl. Schokoladenraspeln · Kakao ·
Außerdem: Butter oder Margarine für die Form · Pergamentpapier · 3 Eßl. Himbeer-Konfitüre

Für den Knetteig das Mehl in eine Rührschüssel sieben. Zucker, Kakao, Fett und Zitronensaft hinzufügen. Die Zutaten mit einem Handrührgerät mit Knethaken zunächst auf niedrigster, dann auf höchster Stufe gut durcharbeiten, anschließend auf der Tischplatte zu einem glatten Teig verkneten. Den Teig auf dem gefetteten Boden einer Springform (Durchmesser etwa 26 cm) ausrollen und in dem auf etwa 200 Grad (Gas Stufe 3) vorgeheizten Backofen etwa 15 Minuten backen. Den Boden sofort nach dem Backen vom Tortenboden lösen, erkalten lassen.
Für den Biskuitteig das Eigelb mit dem Wasser mit einem Handrührgerät mit Rührbesen auf höchster Stufe in 1 Minute schlagen. Zucker und Vanillin-Zucker mischen, in 1 Minute einstreuen, dann noch etwa 2 Minuten schlagen. Mehl und Backpulver mischen, die Hälfte davon auf die Eiercreme sieben, kurz auf niedrigster Stufe unterrühren. Den Rest des Mehl-Gemisches auf dieselbe Weise unterarbeiten. Den gefetteten Boden einer Springform mit Pergamentpapier auslegen. Den Teig in die Form füllen, glattstreichen. Die Form auf dem Rost in den auf 175–200 Grad (Gas Stufe 3–4) vorgeheizten Backofen schieben und etwa 15 Minuten backen. Den gebackenen Boden vorsichtig auf einen Kuchenrost stürzen, das Papier abziehen.
Für die Schokoladencreme die Gelatine etwa 10 Minuten in kaltem Wasser einweichen. Zucker und Kakao mit 5 Eßl. Wasser anrühren, unter Rühren zum Kochen bringen, bis sich der Zucker gelöst hat. Die ausgedrückte Gelatine darin auflösen, etwas abkühlen lassen. Die Sahne nicht zu steif schlagen. Den Kakao-Gelatine-Sirup gleichmäßig unter die Sahne schlagen (Foto 1).
Für die Kirschcreme die Gelatine etwa 10 Minuten in kaltem Wasser einweichen. Das Kirschwasser erhitzen. Die Gelatine unter Rühren darin auflösen. Die Sahne nicht ganz steif schlagen, Vanillin-Zucker, Zucker und Gelatine gleichmäßig unterschlagen.
Den Knetteigboden mit Himbeer-Konfitüre bestreichen, mit dem Biskuitboden bedecken. Die Schokoladencreme kuppelförmig (Foto 2) darauf streichen. Einen innen geölten Tortenring um die Torte stellen und die Kirschcreme einfüllen (Foto 3). Die Torte für einige Stunden in den Kühlschrank stellen.
Für die Garnitur die Sahne steif schlagen. Den Tortenrand mit einem Teil der Sahne bestreichen und mit Schokoladenraspeln bestreuen. Die Torte mit Sahne-Rosetten verzieren und mit Kakao bestäuben.

SCHNEEFLOCKEN-TORTE
(ohne Foto)

Für den Teig:
125 g weiche Butter · 125 g Zucker · 1 Päckchen Vanillin-Zucker · 4 Eigelbe · Salz · 100 g Weizenmehl · 1 gestrichener Teel. Backpulver · 60 g hellbraun geröstete Kokosraspeln · 4 Eiweiß
Für die Füllung:
3 Eßl. Himbeer- oder Sauerkirsch-Konfitüre · 500 ml (1/2 l) Schlagsahne · 1 Päckchen Vanillin-Zucker · 2 Päckchen Sahnesteif · 40–50 g Kokosraspeln · Puderzucker

Für den Teig Butter, Zucker und Vanillin-Zucker cremig rühren. Nach und nach die Eigelbe, Salz unterrühren. Mehl und Backpulver mischen, sieben, eßlöffelweise unterrühren und die gerösteten Kokosraspeln hinzufügen.
Das Eiweiß steif schlagen, unter den Teig heben. Den Teig in eine gefettete Springform (Durchmesser etwa 28 cm) füllen, glattstreichen. Die Form auf dem Rost in den auf etwa 175 Grad (Gas Stufe 3) vorgeheizten Backofen schieben und etwa 30 Minuten backen. Den erkalteten Boden einmal durchschneiden.
Für die Füllung den unteren Tortenboden mit Konfitüre bestreichen. Die Sahne 1/2 Minute schlagen, Vanillin-Zucker und Sahnesteif einstreuen und die Sahne steif schlagen.
Gut die Hälfte der Sahne auf den unteren Tortenboden streichen, mit dem oberen Tortenboden bedecken. Die Torte mit der restlichen Sahne bestreichen, mit den Kokosraspeln ganz einstreuen. Kurz vor dem Servieren mit Puderzucker bestäuben.

RUSSISCHE APFELTORTE

Für den Knetteig:
150 g Weizenmehl · 1 Messerspitze Backpulver · 40 g Zucker
1 Päckchen Vanillin-Zucker · Salz · 100 g weiche Butter oder Margarine
Für den Biskuitteig:
5 Eier · 3 Eßl. heißes Wasser · 150 g Zucker · 1 Päckchen Vanillin-Zucker · 125 g Weizenmehl · 125 g Speisestärke · 2 1/2 gestrichene Teel. Backpulver
Für die Buttercreme:
1 Päckchen Vanille-Puddingpulver · 3 Eßl. Zucker · 500 ml (1/2 l) Milch · 250 g weiche Butter
Für die Apfelmasse:
750 g säuerliche Äpfel · 500 ml (1/2 l) Wasser · 3 Eßl. Aprikosen-Konfitüre · 2 Eßl. Rum · 50 g Korinthen · 2 Eßl. Mandelsplitter
Außerdem: 2–3 Eßl. Aprikosen-Konfitüre · 4 Eßl. Rum · 2 Eßl. Wasser · 1 Teel. Zucker . 100–125 g Krokant · Butter oder Margarine für die Form · Pergamentpapier

Für den Knetteig Mehl und Backpulver mischen, in eine Rührschüssel sieben. Zucker, Vanillin-Zucker, Salz und Butter hinzufügen. Die Zutaten mit einem Handrührgerät mit Knethaken zunächst auf niedrigster, dann auf höchster Stufe gut durcharbeiten, anschließend auf der Tischplatte zu einem glatten Teig verkneten, kurze Zeit kalt stellen. Den Teig auf den umgedrehten, gefetteten Boden einer Springform (Durchmesser etwa 28 cm) ausrollen, mehrmals mit

1

2

3

einer Gabel einstechen und auf dem Rost in den auf 200-225 Grad (Gas Stufe 3-4) vorgeheizten Backofen schieben und etwa 15 Minuten backen. Den Boden sofort nach dem Backen vom Springformboden lösen und erkalten lassen.
Für den Biskuitteig die Eier mit dem Wasser mit einem Handrührgerät mit Rührbesen auf höchster Stufe in 1 Minute schaumig schlagen. Zucker, Vanillin-Zucker mischen, in 1 Minute einstreuen, dann noch etwa 2 Minuten schlagen. Mehl, Speisestärke und Backpulver mischen, die Hälfte davon auf die Eiercreme sieben, kurz auf niedrigster Stufe unterrühren.
Den Rest des Mehl-Gemisches auf dieselbe Weise unterarbeiten.
Den Teig in eine gefettete, mit Pergamentpapier ausgelegte Springform (Durchmesser etwa 28 cm) füllen, glattstreichen. Die Form auf dem Rost in den auf 175–200 Grad (Gas Stufe 3–4) vorgeheizten Backofen schieben, etwa 35 Minuten backen. Den gebackenen Boden sofort aus der Form lösen, auf einen Kuchenrost stürzen, das Papier abziehen. Den Boden erkalten lassen und dreimal durchschneiden.
Für die Buttercreme aus dem Puddingpulver, 2 Eßl. Zucker und der Milch nach der Vorschrift auf dem Päckchen einen Pudding zubereiten, etwas abkühlen lassen, dabei ab und zu durchrühren. Die Butter cremig rühren, 1 Eßl. Zucker unterrühren und den abgekühlten

4

5

6

Tortenoberfläche und -rand mit dem Krokant (Foto 6) bestreuen und mit der Buttercreme aus dem Spritzbeutel verzieren.

Pudding (er sollte die gleiche Temperatur haben wie die Butter) langsam unter Rühren hinzufügen (Foto 1). Für die Apfelmasse die Äpfel schälen, vierteln, entkernen, in Spalten schneiden, in das kochende Wasser geben und einige Minuten schwach kochen lassen (Foto 2). Aus der Flüssigkeit nehmen, abtropfen und erkalten lassen. Die Apfelspalten vorsichtig mit der Aprikosen-Konfitüre, dem Rum (2 Eßl.) und den Korinthen vermengen. Unter knapp die Hälfte der Apfelmasse die Mandelsplitter heben. Den Knetteigboden mit Aprikosen-Konfitüre bestreichen und den ersten Biskuitboden darauf legen. Den Rum (4 Eßl.) mit Wasser und Zucker verrühren. Den aufgelegten Biskuitboden damit beträufeln, knapp 1/3 der Buttercreme darauf streichen (Foto 3), mit dem zweiten Biskuitboden bedecken. Die Apfelmasse ohne Mandeln darauf verteilen (Foto 4), mit dem dritten Biskuitboden bedecken, etwas andrücken. Knapp die Hälfte der restlichen Buttercreme darauf verteilen. Den vierten Biskuitboden darauf legen. Von der restlichen Buttercreme 2–3 Eßl. in einen Spritzbeutel mit Sterntülle füllen. Mit der übrigen Creme den Tortenrand und einen etwa 4 cm breiten Rand auf der Tortenoberfläche bestreichen. Die vorbereitete Apfelmasse in die Mitte geben (Foto 5). Die mit der Buttercreme bestrichene

1

2

3

4

5

LIMONEN-ROLLE

Für den Teig:
8 Eier · 200 g Zucker · 1 Teel. abgeriebene Zitronenschale (unbehandelt) 200 g Weizenmehl · Für die Creme:
400 ml Milch · 150 ml Schlagsahne · 1 Vanilleschote · 6 Eigelbe · 200 g Zucker · 50 g Weizenmehl · 1/2 Teel. abgeriebene Zitronenschale (unbehandelt) · 100 ml (1/10 l) Limonensaft · 6 Eier · 300 g Butter
Außerdem: 200 g Marzipan-Rohmasse · grüne Lebensmittelfarbe · Puderzucker

Für den Teig die Eier mit einem Handrührgerät mit Rührbesen auf höchster Stufe in 1 Minute schaumig schlagen. Zucker und Zitronenschale mischen, in 1 Minute einstreuen, dann noch etwa 2 Minuten schlagen. Die Hälfte des Mehls auf die Eiercreme sieben, kurz auf niedrigster Stufe unterrühren. Den Rest des Mehl-Gemisches auf dieselbe Weise unterarbeiten. Ein Backblech mit Back-Trennpapier auslegen und den Teig gleichmäßig darauf streichen (Foto 1). Das Blech in den auf etwa 225 Grad (Gas Stufe 4–5) vorgeheizten Backofen schieben und etwa 12 Minuten backen. Den Biskuit sofort nach dem Backen auf ein mit Zucker bestreutes Geschirrtuch stürzen und das Papier abziehen. Die Biskuitplatte mit dem Küchentuch aufrollen und erkalten lassen.
Für die Creme die Milch mit der Sahne und der aufgeritzten Vanilleschote zum Kochen bringen. Die Eigelbe mit 100 g Zucker schaumig schlagen und das gesiebte Mehl unterrühren. Die Vanilleschote entfernen. Die kochende Milch-Sahne-Flüssigkeit unter die Eiercreme rühren. Die Masse unter Rühren aufkochen, bis sie cremig ist, unter Rühren erkalten lassen. Zitronenschale, Limonensaft und den restlichen Zucker mit den Eiern im heißen Wasserbad zu einer Creme aufschlagen (Foto 2), kühl stellen, ab und zu durchrühren. Die Butter cremig schlagen. Eiercreme und Zitronencreme vorsichtig unterschlagen. Die Marzipanmasse mit der Lebensmittelfarbe verkneten. Aus 1/3 der Marzipanmasse sechs etwa 1 cm dicke Rollen formen.
Die Biskuitrolle vorsichtig auseinanderrollen (Foto 3). 1/3 der Creme darauf streichen. Die Marzipanrollen in gleichmäßigen Abständen darauf verteilen (Foto 4). Die Hälfte der restlichen Creme auf die Marzipanrollen streichen und die Biskuitrolle aufrollen. Die Biskuitrolle mit einem Teil der restlichen Creme bestreichen. Die übrige Creme in einen Spritzbeutel mit Sterntülle füllen. Die restliche Marzipan-Rohmasse dünn auf gesiebtem Puderzucker ausrollen und die Biskuitrolle damit umwickeln (Foto 5). Die Limonenrolle mit der Creme aus dem Spritzbeutel verzieren.

KÄSE-KUCHEN MIT STREUSELN
(ohne Foto)

Für den Teig:
150 g Weizenmehl · 1/2 gestrichener Teel. Backpulver · 75 g Zucker · 1 Päckchen Vanillin-Zucker · Salz · 1 Ei · 75 g weiche Butter · 1 gestrichene Eßl. Weizenmehl
Für die Füllung:
750 g Speisequark · 150 g Zucker · 3 Eßl. Zitronensaft · 50 g Speisestärke · 3 Eigelbe · 3 Eiweiß · 250 ml (1/4 l) Schlagsahne
Für die Streuseln:
100 g Weizenmehl · 75 g Zucker · 1 Päckchen Vanillin-Zucker · 75 g weiche Butter

Für den Teig das Mehl mit dem Backpulver mischen und in eine Rührschüssel sieben. Zucker, Vanillin-Zucker, Salz, Ei und Butter hinzufügen. Die Zutaten mit einem Handrührgerät mit Knethaken zunächst auf niedrigster, dann auf höchster Stufe gut durcharbeiten, anschließend auf der Tischplatte zu einem glatten Teig verkneten. Gut 2/3 des Teiges auf dem gefetteten Boden einer Springform (Durchmesser etwa 28 cm) ausrollen. Unter den Rest des Teiges 1 Eßl. Mehl kneten, zu einer Rolle formen und sie als Rand auf den Teigboden legen. So an die Form drücken, daß ein etwa 3 cm hoher Rand entsteht. Den Teigboden mehrmals mit einer Gabel einstechen. Die Form auf dem Rost in den auf 200–225 (Gas Stufe 3–4) vorgeheizten Backofen schieben und 10 Minuten backen.
Für die Füllung den Quark mit Zucker, Zitronensaft, Speisestärke und Eigelben gut verrühren. Das Eiweiß steif schlagen. Die Schlagsahne steif schlagen. Beide Zutaten unter die Quarkmasse heben, gleichmäßig auf den vorgebackenen Boden streichen. Für die Streusel das Mehl (100 g) in eine Rührschüssel sieben. Zucker, Vanillin-Zucker und Butter hinzufügen und zu Streuseln in der gewünschten Größe verkneten. Gleichmäßig auf der Füllung verteilen und die Form auf dem Rost in den auf 175 Grad (Gas Stufe 2–3) vorgeheizten Backofen schieben und 70–80 Minuten backen.
Den Kuchen nach der Backzeit noch etwa 15 Minuten bei geöffneter Backofentür im ausgeschalteten Backofen stehenlassen.

SAHNE-OMELETTS MIT HIMBEEREN

Für den Biskuitteig:
3 Eier · 3–4 Eßl. heißes Wasser · 100 g feiner Zucker · etwas abgeriebene Zitronenschale (unbehandelt) · 100 g Weizenmehl
Für die Füllung:
250 ml Schlagsahne (1/4 l) · 1 Eßl. Zucker · 1 Päckchen Vanillin-Zucker · 150 g Himbeeren
Für die Himbeersauce:
300 g Himbeeren (evtl. tiefgekühlt) · 2 Eßl. Himbeergeist · evtl. etwas Zucker
Außerdem: Butter oder Margarine für die Förmchen · Alufolie · 1 Eßl. Puderzucker

Für den Teig Eier und heißes Wasser mit einem Handrührgerät mit Rührbesen auf höchster Stufe in 1 Minute schaumig schlagen. Zucker und Zitronenschale mischen, in 1 Minute einstreuen, dann noch etwa 2 Minuten schlagen. Das Mehl auf die Eiercreme sieben, kurz auf niedrigster Stufe unterrühren. Aus Alufolie 4 Kreise von etwa 20 cm Durchmesser ausschneiden, über den Boden eines Topfes (Durchmesser etwa 16 cm) legen und an den Seiten zusammendrücken, so daß Förmchen entstehen (Foto 1). Die Förmchen gut ausfetten, den Biskuitteig hineingeben (Foto 2), und die Förmchen auf einem Backblech in den auf 200–225 Grad (Gas Stufe 4–5) vorgeheizten Backofen schieben. Die Omeletts 8–12 Minuten backen, danach sofort aus den Förmchen lösen, auf einen Teigroller legen und erkalten lassen.
Für die Füllung die Sahne mit dem Zucker und dem Vanillin-Zucker steif schlagen und in einen Spritzbeutel mit gezackter Tülle füllen. Die Omeletts zur Hälfte mit einem Teil der Sahne

1

3

4

bespritzen. Die Himbeeren verlesen und darauf verteilen (Foto 3). Die Omeletts zusammenklappen und mit der Sahne aus dem Spritzbeutel verzieren (Foto 4). Den Puderzucker darüber sieben.
Dafür die Himbeer-Sauce die Himbeeren (300 g) verlesen (tiefgefrorene auftauen lassen), mit dem Himbeergeist erhitzen und durch ein Sieb streichen.
Die Himbeer-Sauce nach Geschmack süßen und heiß zu den Omeletts reichen.

ERDBEER-SCHNITTEN
(ohne Foto)

Für den Teig:
8 Eier · 200 g Zucker · abgeriebene Schale von 1/2 Zitrone (unbehandelt) · 200 g Weizenmehl

Für die Creme:
500 g Erdbeeren · 1 Päckchen Puddingpulver Vanillegeschmack · 1 Eßl. Speisestärke · 200 g Zucker · 100 ml (1/10 l) frisch gepreßter Orangensaft · 500 g weiche Butter · 2 Eßl. Orangen- oder Mandellikör

Zum Beträufeln:
4 Eßl. Orangen- oder Mandellikör

Für die Garnitur:
300 g Erdbeeren

Außerdem: Back-Trennpapier

Für den Teig die Eier mit einem Handrührgerät mit Rührbesen auf höchster Stufe in 1 Minute schaumig schlagen. Zucker und abgeriebene Zitronenschale mischen, in 1 Minute einstreuen, dann noch etwa 2 Minuten schlagen. Die Hälfte des Mehls über die Eiercreme sieben und kurz auf niedrigster Stufe unterrühren. Den Rest des Mehls auf dieselbe Weise unterarbeiten.
Den Teig auf ein mit Back-Trennpapier ausgelegte Backblech streichen und in den auf etwa 200–225 Grad (Gas Stufe 4) vorgeheizten Backofen schieben, etwa 10 Minuten backen. Die Biskuitplatte sofort nach dem Backen auf ein Geschirrtuch stürzen und das Papier abziehen.
Für die Erdbeer-Creme die Erdbeeren entstielen, vorsichtig waschen und pürieren. Das Erdbeer-Püree mit dem Zucker verrühren und zum Kochen bringen. Das Puddingpulver mit dem Orangensaft und der Speisestärke anrühren, unter das Erdbeer-Püree rühren, zum Kochen bringen, unter Rühren einige Minuten kochen lassen.
Die Erdbeermasse abkühlen lassen, dabei ab und zu durchrühren.
Die weiche Butter in kleinen Portionen unter die erkaltete Erdbeermasse rühren und zum Schluß den Orangen- oder Mandellikör (2 Eßl.) unterrühren. Die Biskuitplatte in etwa 7 cm breite und etwa 20 cm lange Stücke schneiden und mit dem Orangen- oder Mandel-Likör (4 Eßl.) beträufeln.
Die Creme in einen Spritzbeutel mit weiter Tülle füllen und gleichmäßig auf die Biskuitstücke spritzen. Danach jeweils 3 bespritzte Biskuitstücke zusammensetzen, etwas andrücken.
Für die Garnitur die Erdbeeren (300 g) entstielen, vorsichtig waschen, trockentupfen und die Erdbeer-Schnitten damit garnieren.

1

2

3

4

ERDBEER-TORTELETTS

Für den Teig:
300 g tiefgekühlter Blätterteig
Für den Belag:
500 ml (1/2 l) Milch · 125 ml (1/8 l) Schlagsahne · 1 Vanilleschote · 3 Eigelbe · 50 g Zucker
40 g Speisestärke · 500 g Erdbeeren · 4 Eßl. Aprikosen-Konfitüre

Den Blätterteig bei Zimmertemperatur auftauen lassen und etwas ausrollen. 12–15 Tortelettsoder Brioche-Förmchen mit kaltem Wasser ausspülen und mit dem Blätterteig auslegen (Foto 1). Für die Creme die Milch mit der Sahne mischen, 5 Eßl. davon abnehmen. Die restliche Flüssigkeit mit der aufgeritzten Vanilleschote zum Kochen bringen. Die Eigelbe mit Zucker, Speisestärke und den 5 Eßl. Milch anrühren, in die kochende Flüssigkeit geben unter Rühren aufkochen, erkalten lassen, ab und zu durchrühren. Die Blätterteigtörtchen mit der abgekühlten Creme füllen (Foto 2). Die Törtchen auf dem Rost in den auf etwa 200 Grad (Gas Stufe 3–4) vorgeheizten Backofen schieben und etwa 30 Minuten backen, bis die Creme leicht bräunlich ist.
Die Aprikosen-Konfitüre mit 1 Eßl. Wasser verrühren, erhitzen und die Oberfläche der Törtchen mit der Hälfte bestreichen (Foto 3). Die Törtchen auskühlen lassen.
Die Erdbeeren entstielen, vorsichtig waschen, trockentupfen, halbieren und auf den Törtchen anordnen. Die Erdbeeren mit der restlichen Aprikosen-Konfitüre bestreichen (Foto 4).

BIRNEN-TÖRTCHEN
(ohne Foto)

Für den Teig:
300 g tiefgekühlter Blätterteig
Für die Füllung:
4 Eßl. Rosinen · 2 Eßl. Birnengeist · 60 g Marzipan-Rohmasse · 2 Eßl. Aprikosen-Konfitüre · 4 gedünstete Birnenhälften
Außerdem: 1 Eigelb

Den Blätterteig bei Zimmertemperatur auftauen lassen und dick auf bemehlter Arbeitsfläche ausrollen. Aus dem Teig 4 Kreise mit etwa 10 cm Durchmesser und 4 Kreise mit etwa 13 cm Durchmesser ausschneiden.
Die Rosinen verlesen und in Birnengeist einweichen. Marzipan-Rohmasse, Aprikosen-Konfitüre und die Rosinen vermengen und auf die kleineren Kreise streichen. Die Birnenhälften auf die bestrichenen Kreise legen. Die Teigränder mit verschlagenem Eigelb bestreichen und die größeren Kreise darüber legen. Die Teigränder andrücken und etwa 10 Minuten ruhen lassen. Die Törtchen auf ein mit kaltem Wasser gespültes Blech setzen, mit verschlagenem Eigelb bestreichen und in den auf etwa 200 Grad (Gas Stufe 3–4) vorgeheizten Backofen schieben. Die Törtchen etwa 20 Minuten backen.
Tip: Am besten schmecken sie noch leicht warm mit Vanille-Sauce.

WINDBEUTEL, ECLAIRS UND BANANEN-WINDBEUTEL

Für den Teig:
200 ml (1/5 l) Wasser ·
40 g Butter oder Margarine ·
20 g Zucker · 1 Päckchen Vanillin-Zucker · 125 g Weizenmehl · 20 g Speisestärke ·
4 Eier · 1 gestrichener Teel. Backpulver

Für die Erdbeer-Füllung:
6 Blatt weiße Gelatine · 1 Päckchen Soßenpulver Vanillegeschmack · 250 ml (1/4 l) Milch ·
2 Eßl. Zucker · 250 g Erdbeeren
250 ml (1/4 l) Schlagsahne ·
evtl. etwas Zucker · 1 Eßl. Puderzucker

oder für die Pistazien-Füllung:
375 ml (3/8 l) Schlagsahne ·
1 Eßl. Puderzucker · 100 g Pistazienkerne · 1 Eßl. Mandellikör ·
oder

Für die Bananen-Schiffchen:
375 ml (3/8 l) Schlagsahne ·
1 Teel. Zucker · 4 Bananen

Für den Guß:
75–100 g Puderzucker · etwa 3 Eßl. Wasser · gelbe Lebensmittelfarbe · 30 g Kuvertüre

Außerdem: Back-Trennpapier · Pergamentpapier

1

2

3

Für den Teig Wasser, Fett, Zucker, Vanillin-Zucker am besten in einem Stieltopf zum Kochen bringen und von der Kochstelle nehmen. Mehl und Speisestärke mischen, sieben, auf einmal in die von der Kochstelle genommene Flüssigkeit schütten, zu einem glatten Kloß verrühren, unter Rühren etwa 1 Minute erhitzen. Den heißen Kloß sofort in eine Rührschüssel geben. Nach und nach 5 Eier mit einem Handrührgerät mit Knethaken auf höchster Stufe unterarbeiten. Das Backpulver unter den erkalteten Teig rühren. Den Teig in einen Spritzbeutel mit weiter Tülle füllen. Ein Backblech mit Back-Trennpapier auslegen und darauf Teighäufchen für die Windbeutel oder etwa 6 cm lange Streifen für die Eclairs oder leichte runde Streifen für die Bananen-Schiffchen spritzen (Foto 1) Das Backblech auf dem Rost in den auf 200–225 Grad (Gas Stufe 4–5) vorgeheizten Backofen schieben. Die Windbeutel 25–30 Minuten, die Eclairs und die Bananen-Schiffchen etwa 20 Minuten backen. Das Gebäck sofort nach dem Backen quer durchschneiden (Foto 2).
Für die Erdbeerfüllung die Gelatine etwa 10 Minuten in kaltem Wasser einweichen, gut ausdrücken. Soßenpulver, Milch und Zucker (2 Eßl.) nach der Vorschrift auf dem Päckchen zubereiten. Die Gelatine unter den heißen Pudding rühren. Die Erdbeeren waschen, entstielen, abtropfen lassen und pürieren, zu dem abgekühlten Pudding geben, kalt stellen. Die Sahne mit etwas Zucker steif schlagen und unter den Erdbeerpudding heben.
Die unteren Windbeutel-Hälften mit der Erdbeer-Sahne bespritzen und jeweils mit einem Deckel bedecken, mit Puderzucker bestäuben.
Für die Pistazienfüllung die Sahne mit dem Puderzucker

(1 Eßl.) steif schlagen. Die Pistazienkerne fein hacken und mit dem Mandellikör unter die Sahne ziehen, in einen Spritzbeutel füllen und auf die untere Hälfte der Eclairs spritzen. Die obere Hälfte darauf setzen (Foto 4).
Für die Bananenfüllung die Sahne steif schlagen und auf die untere Hälfte der Bananen-Schiffchen spritzen. Die Bananen schälen, in Scheiben schneiden, auf der Sahne verteilen (Foto 5). Für die Glasur den Puderzucker (75 – 100 g) mit dem Wasser (3 Eßl.) glattrühren, mit etwas Lebensmittelfarbe zartgelb einfärben und auf die Oberseite der Bananen-Schiffchen streichen, etwas trocknen lassen. Die Kuvertüre im heißen Wasserbad geschmeidig rühren, in ein Pergamentpapier-Tütchen geben. Die Spitze des Tütchens abschneiden und die gelbgefärbten Windbeutel-Hälften damit verzieren (Foto 6). Die Bananen-Schiffchen zusammensetzen.

PETITS FOURS

Für den Teig:
6 Eier · 180 g Zucker ·
1 Teel. Honig · 100 g Weizenmehl

Für den Belag:
5 Eßl. Aprikosen-Konfitüre ·
5 Eßl. Himbeer-Konfitüre ·
200 g Marzipan-Rohmasse ·
100 g Puderzucker

Für den Guß:
500 g Puderzucker · 5–6 Eßl. Wasser · Lebensmittelfarbe

Für die Garnitur:
Plätzchenschmuck (z.B. Liebesperlen, Silberkügelchen, bunte Zuckerkugeln) · kandierte Veilchen und Früchte · Schokoladenstreusel

Außerdem: Pergamentpapier

Für den Teig die Eier mit einem Handrührgerät mit Rührbesen auf höchster Stufe in 1 Minute schaumig schlagen. Den Zucker in 1 Minute einstreuen. Den Honig hinzufügen, noch etwa 2 Minuten schlagen. Die Hälfte des Mehls auf die Eiercreme sieben, kurz auf niedrigster Stufe unterrühren. Den Rest des Mehls auf dieselbe Weise unterarbeiten. Die Hälfte des Teiges auf ein gefettetes, mit Pergamentpapier ausgelegtes Backblech streichen. Das Backblech in den auf 200 Grad (Gas Stufe 4) vorgeheizten Backofen schieben und etwa 10 Minuten backen. Die Teigplatte sofort nach dem Backen auf ein Geschirrtuch stürzen und das Papier abziehen. Die Teigplatte erkalten lassen. Mit der restlichen Teighälfte genauso verfahren.

Eine Gebäckplatte mit Aprikosen-Konfitüre (Foto 1) bestreichen, mit der zweiten Gebäckplatte bedecken, mit Himbeer-Konfitüre bestreichen. Die Marzipan-Rohmasse mit dem Puderzucker verkneten und in der Größe der Gebäckplatte ausrollen und darauf legen. Beliebige Motive (Dreiecke, Ovale, Kreise oder Halbmonde) (Foto 2) ausschneiden.

Für den Guß den gesiebten Puderzucker (500 g) mit dem Wasser verrühren. Nach Wunsch den Guß in verschiedenen Farben zart einfärben und die Petits fours damit überziehen (Foto 3). Nach Belieben mit den angegebenen Zutaten garnieren (Foto 4).

1

2

APFEL-TASCHEN
(ohne Foto)

Für die Füllung:
750 g Äpfel · 50 g verlesene Rosinen · 50–75 g Zucker · 3–4 Tropfen Backöl Zitrone
Für den Teig:
300 g Weizenmehl · 1 Päckchen Backpulver · 150 g Speisequark (Magerstufe) · 6 Eßl. Milch · 6 Eßl. Speiseöl · 75 g Zucker · 1 Päckchen Vanillin-Zucker · Salz · Milch
Für den Guß:
100 g Puderzucker · heißes Wasser

Für die Füllung die Äpfel schälen, vierteln, entkernen und in kleine Stücke schneiden. Mit Rosinen und Zucker unter Rühren leicht dünsten, erkalten lassen, mit Backöl abschmecken.
Für den Teig Mehl und Backpulver mischen und in eine Rührschüssel sieben. Quark, Milch, Öl, Zucker (75 g) und Salz hinzufügen. Die Zutaten mit einem Handrührgerät mit Knethaken auf höchster Stufe in etwa 1 Minute durcharbeiten und auf der Tischplatte zu einer Rolle formen. Den Teig dünn ausrollen, runde Platten (Durchmesser etwa 10 cm) ausstechen. Die Hälfte jeder Teigplatte mit etwas Apfelfüllung belegen, den Rand jeder Teigplatte mit Milch bestreichen, die andere Teighälfte darüber klappen. Die Taschen gut an den Rändern andrücken und auf ein gefettetes Backblech legen. Das Backblech in den auf 175–200 Grad (Gas Stufe 3–4) vorgeheizten Backofen schieben und etwa 15 Minuten backen.
Für den Guß den Puderzucker mit so viel Wasser glattrühren, daß eine dickflüssige Masse entsteht. Sofort nach dem Backen die Apfel-Taschen damit bestreichen.
Tip: Anstelle von Äpfeln Sauerkirschen, Pfirsiche oder Aprikosen verwenden. Das Obst nach Belieben mit 50–100 g gestiftelten Mandeln bestreuen.

NUSSMARZIPAN

Für die Masse:
200 g Marzipan-Rohmasse ·
1 gehäufter Eßl. Puderzucker ·
1 Teel. Nußlikör ·
40 g gemahlene, geröstete Haselnußkerne · etwa 75 g Vollmilch-Kuvertüre · etwa 75 g Zartbitter-Kuvertüre
Für die Garnitur:
Haselnußkerne
Außerdem: Puderzucker

Die Marzipan-Rohmasse mit dem Puderzucker, Nußlikör und den Haselnußkernen verkneten. Die Masse auf einer mit Puderzucker bestäuten Fläche etwa 1 cm dick ausrollen und in kleine Rechtecke schneiden (Foto 1). Die Kuvertüre im heißen Wasserbad geschmeidig rühren und die Hälfte der etwas getrockneten Pralinen mit Vollmilch die andere mit Zartbitter-Kuvertüre überziehen.
Für die Garnitur die Haselnußkerne in Zartbitter-Kuvertüre tauchen und jeweils einen auf die Mitte einer hellen Praline setzen (Foto 2). Mit der restlichen Vollmilch-Kuvertüre die dunklen Pralinen garnieren.

SCHOKOLADEN-MARZIPAN-PRALINEN

Für die Masse:
200 g Marzipan-Rohmasse ·
1 gehäufter Eßl. Puderzucker ·
40 g Zartbitter-Kuvertüre ·
2 Eßl. Weinbrand
Für die Garnitur:
75–100 g Vollmilch-Kuvertüre ·
75–100 g Zartbitter-Kuvertüre ·
Schokoladenstreusel ·
Liebesperlen

1

2

3

Außerdem: Puderzucker

Die Marzipan-Rohmasse mit dem Puderzucker verkneten. Die Kuvertüre (40 g) im heißen Wasserbad geschmeidig rühren, mit dem Weinbrand untermengen und 1 cm dick auf mit Puderzucker bestreuter Fläche ausrollen. Formen ausstechen (Foto 3) oder aus der Masse Kügelchen formen. Die Kuvertüre zerlassen, die Pralinen damit überziehen und mit Schokoladenstreusel oder Liebesperlen bestreuen (Foto 4).

ANANAS-KROKANT-PRALINE

Für die Masse:
- 200 g Vollmilch-Kuvertüre ·
- 200 g Krokant

Für die Garnitur:
- 60 g kandierte Ananasstückchen ·
- 30 g Zartbitter-Kuvertüre

Außerdem: Back-Trennpapier

Die Vollmilch-Kuvertüre im heißen Wasserbad geschmeidig rühren und mit dem Krokant verrühren. Mit zwei Teelöffeln kleine Häufchen auf Back-Trennpapier (Foto 5). Auf jede Praline ein Ananasstückchen setzen, diese nach Belieben vorher in geschmolzene Zartbitter-Kuvertüre tauchen (Foto 6).

NOUGAT-PRALINEN

Für die Masse:
125 ml (1/8 l) Schlagsahne ·
250 g Zartbitter-Kuvertüre ·
150 g Nuss-Nougat-Masse ·
30 g Butter · 2 Eßl. Erdnuß-Butter
Für die Garnitur:
Puderzucker
Außerdem: Pralinenförmchen oder -tütchen

Die Schlagsahne aufkochen und die Kuvertüre darin auflösen. Den Topf vom Herd nehmen und die Nougatmasse, die Butter und die Erdnuß-Butter unterrühren. Den Topf in eine Schüssel mit Eiswasser stellen und die Masse schlagen, bis sie schaumig und kalt ist (Foto 1). Die Masse in einen Spritzbeutel füllen, in Pralinenförmchen spritzen (Foto 2). Mit Puderzucker bestäuben.

WEICHE KARAMEL-NUSS-PRALINEN

Für die Masse:
165 g Zucker · 15 g Butter ·
3 Eßl. Schlagsahne ·
75 g Marzipan-Rohmasse ·
85 g geröstete Mandelsplitter
Für den Guß:
Vollmilch-Kuvertüre
Für die Garnitur:
Kakao
Außerdem: Butter für das Blech

Den Zucker unter Rühren schmelzen lassen (Foto 3), bis er hellbraun ist (Foto 4). Den Topf vom Herd nehmen, die Butter und zuletzt die Sahne unterrühren. Die Masse nochmals leicht erhitzen und danach die Marzipan-Rohmasse und die Mandelsplitter unterrühren. Die

1

2

3

4

5

6

Masse auf ein gebuttertes Blech etwa 1 cm dick streichen und auskühlen lassen. Aus der Masse kleine Rechtecke von etwa 1 x 3 cm ausschneiden. Die Kuvertüre im heißen Wasserbad geschmeidig rühren und die Pralinen damit überziehen. Die Pralinen mit Kakao bestäuben.

MANDELSPLITTER-TRÜFFEL

Für die Masse:
125 g Butter · 1 gehäufter Eßl. Puderzucker · 1 gestrichener Eßl. Fruchtzucker · 250 g Zartbitter-Kuvertüre · 5 Eßl. Mandellikör · geröstete Mandelsplitter

Für die Glasur:
Vollmilch-Kuvertüre

Für die Garnitur:
Weiße Schokolade

Außerdem: Pergamentpapier

Die Butter, den Puderzucker und den Fruchtzucker cremig rühren. Die Kuvertüre im heißen Wasserbad geschmeidig rühren und etwas abkühlen lassen. (Die Kuvertüre sollte flüssig, jedoch nicht mehr zu warm sein). Die Kuvertüre und den Mandellikör unter die Butter rühren (Foto 5) und gleich mit einem Spritzbeutel mit Lochtülle auf Pergamentpapier spritzen. Auf jedes Häufchen einige Mandelsplitter drücken und die Trüffel auskühlen lassen. Nach Wunsch die Vollmilch-Kuvertüre im heißen Wasserbad geschmeidig rühren und die Trüffel damit überziehen (Foto 6). Mit weißen Schokoladenraspeln garnieren.

BAISER

Für die Baisermasse:
6 Eiweiß · 300 g sehr feiner Zucker
Für die Baiserschleifen und -tupfen:
Kuvertüre · Pistazien ·
Für die Baisertörtchen:
etwa 50 g Zarbitter-Kuvertüre ·
500–750 g Obst (z.B. Erdbeeren, Himbeeren, Mandarinen, rote Johannisbeeren) ·
200 ml (1/5 l) Schlagsahne
Für die Baiser-Eiskugeln:
etwa 500 g Eiscreme ·
etwa 200 ml (1/5 l) Schlagsahne
Außerdem: Back-Trennpapier

Das Eiweiß mit einem Handrührgerät mit Rührbesen auf höchster Stufe steif schlagen (Foto 1). Nach und nach den Zucker unterschlagen. So steif schlagen, daß ein Messerschnitt sichtbar ist.
Für die Baiserschleifen und -tupfen die Masse in einen Spritzbeutel mit gezackter Tülle füllen und Schleifen oder Tupfen auf ein mit Back-Trennpapier ausgelegtes Backblech spritzen (Foto 2).
Für die Törtchen Kreise von 8–10 cm Durchmesser auf das Back-Trennpapier zeichnen. Einen Teil der Baisermasse in einen Spritzbeutel mit glatter Tülle geben und die Kreise spiralförmig ausspritzen. Die restliche Baisermasse in einen Spritzbeutel mit gezackter Tülle geben und auf jedes Törtchen einen Tupfenrand spritzen.
Für die Baiser-Eiskugeln Kreise von etwa 8 cm Durchmesser auf Alufolie zeichnen. Die Masse in einen Spritzbeutel mit großer glatter Tülle füllen und die Kreise kuppelförmig ausspritzen (Foto 3). Das Backblech in den auf etwa 100 Grad (Gas Stufe 1) vorgeheizten Backofen schieben und die Baisers in etwa 3 Stun-

1

2

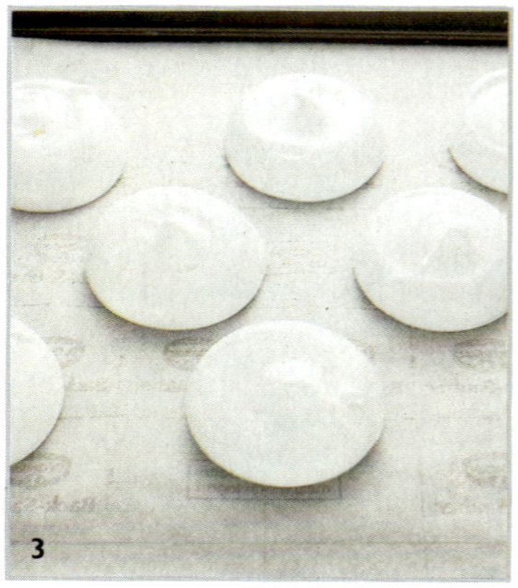

3

4

5

den trocknen lassen.
Die Baiserschleifen oder -tupfen nach Wunsch zur Hälfte mit aufgelöster Kuvertüre (sie sollte nicht zu warm sein) überziehen und mit gehackten Pistazienkernen bestreuen. Die Torteletts innen mit aufgelöster Kuvertüre (sie sollte nicht zu warm sein) bestreichen (Foto 5). Die Sahne steif schlagen und in die Törtchen spritzen. Das Obst vorbereiten und die Törtchen damit belegen.

Für die Baiser-Eiskugeln die Halbkugeln gleich nach dem Trocknen von der Alufolie lösen und die Unterseiten mit einem Löffel vorsichtig eindrücken (Foto 4). Die Hälfte der Halbkugeln mit Eiskugeln füllen und jeweils mit einer Halbkugel bedecken. Die Baiser-Eiskugeln mit geschlagener Sahne verzieren.

AMSTERDAMER PLÄTZCHEN

Für den Krokant:
100 g Zucker
Für den Teig:
300 g Butter · 250 g Zucker ·
2 Eßl. Wasser · 1 Teel.
Vanillin-Zucker ·
300 g Weizenmehl ·
1 Teel. Backpulver
Außerdem: Speiseöl ·
Back-Trennpapier

Für den Krokant den Zucker bei mittlerer Hitze schmelzen lassen. Den Sirup auf ein geöltes Blech geben (Foto 1), auskühlen lassen und fein hacken (Foto 2). Für den Teig die Butter mit Zucker und Vanillin-Zucker cremig rühren. Langsam das Wasser unterrühren. Mehl und Backpulver sieben und unterrühren. Zuletzt den Karamel unterheben (Foto 3). Den Teig mit einem Spritzbeutel als Tupfen von etwa 2 cm Durchmesser auf ein mit Back-Trennpapier ausgelegtes Backblech setzen (Foto 4). Das Backblech in den auf etwa 175 Grad (Gas Stufe 3) vorgeheizten Backofen schieben, und die Plätzchen etwa 15 Minuten backen.

SPRITZ-GEBÄCK
(ohne Foto)

375 g weiche Butter oder Margarine · 250 g Zucker · 2 Päckchen Vanillin-Zucker · Salz · 500 g Weizenmehl · 125 g abgezogene gemahlene Mandeln · 10 g Kakao · 10 g Zucker

Das Fett mit Zucker, Vanillin-Zucker und Salz cremig rühren. Das Mehl sieben und eßlöffelweise unterrühren.
Den Teigbrei mit dem Rest des Mehls und den Mandeln auf der Tischplatte zu einem glatten Teig verkneten, zu Rollen formen, diese in eine Gebäck-Presse geben und auf ein Backblech spritzen. Nach Belieben den Kakao mit dem Zucker (10 g) mischen, unter knapp 1/3 des
Teiges kneten. Etwas von d
dunklen Teig mit hellem T
die Gebäck-Presse geb
ein Backblech spritzer
Das Backblech in de
175–200 Grad (
vorgeheizten Ba
und etwa 10 M
Veränderun
einen Fleis
vorsatz d
S-Form
Backb
auf
o

SPRITZ-GEBÄCK
(ohne Foto)

375 g weiche Butter oder Margarine · 250 g Zucker · 2 Päckchen Vanillin-Zucker · Salz · 500 g Weizenmehl · 125 g abgezogene gemahlene Mandeln · 10 g Kakao · 10 g Zucker

Das Fett mit Zucker, Vanillin-Zucker und Salz cremig rühren. Das Mehl sieben und eßlöffelweise unterrühren.
Den Teigbrei mit dem Rest des Mehls und den Mandeln auf der Tischplatte zu einem glatten Teig verkneten, zu Rollen formen, diese in eine Gebäck-Presse geben und auf ein Backblech spritzen. Nach Belieben den Kakao mit dem Zucker (10 g) mischen, unter knapp 1/3 des Teiges kneten. Etwas von dem dunklen Teig mit hellem Teig in die Gebäck-Presse geben und auf ein Backblech spritzen.
Das Backblech in den auf 175–200 Grad (Gas Stufe 3–4) vorgeheizten Backofen schieben und etwa 10 Minuten backen.
Veränderung: Den Teig durch einen Fleischwolf mit Spezialvorsatz drehen, als Stangen, S-Formen oder Kränzchen auf ein Backblech legen. die Enden in aufgelöste Schokolade tauchen oder zur Hälfte damit bestreichen.

SULTANS

Für den Teig:
50 g Rosinen · 2 Eßl. Rum · 100 g weiche Butter · 125 g Puderzucker · 1 Messerspitze Vanillin-Zucker · 1 Ei · 150 g Weizenmehl · 2 Eßl. abgezogene, gemahlene Mandeln

Für die Creme:
100 g weiche Butter · 3 Eßl. Puderzucker · 3 Eigelbe · 1 Eßl. Weinbrand

Für die Garnitur:
20 g Kuvertüre

Außerdem: Back-Trennpapier

Die Rosinen verlesen und in Rum einweichen. Das Fett mit dem gesiebten Puderzucker und dem Vanillin-Zucker cremig rühren. Ei und Mandeln unterrühren. Das Mehl darüber sieben und unterrühren. Den Teig in einen Spritzbeutel füllen und auf ein mit Back-Trennpapier ausgelegtes Backblech kleine Rosetten von 1–1 1/2 cm Durchmesser spritzen. Jeweils eine Rosine auf die Mitte setzen (Foto 1). Das Blech in den auf etwa 175 Grad (Gas Stufe 2–3) vorgeheizten Backofen schieben, und die Plätzchen 10–15 Minuten backen.
Für die Creme die Butter und den Puderzucker cremig rühren. Nach und nach die Eigelbe und den Weinbrand unterrühren (Foto 2). Aus Back-Trennpapier ein Tütchen drehen, mit Kuvertüre füllen (Foto 3), kurz in den warmen Backofen legen und die Kuvertüre schmelzen lassen. Die Tütchenspitze abschneiden und die Hälfte der ausgekühlten Plätzchen damit verzieren. Auf die andere Hälfte der Plätzchen jeweils etwas Creme spritzen und mit den verzierten Plätzchen bedecken.

1

2

3

4

Die Kirschbowle mit Minze, tausendfach perlend, fruchtig und leicht, steht als Symbol für alles, was Hobby- und Profimixer in die Gläser zu zaubern imstande sind. Kalte und heiße Mixgetränke, Short- und Longdrinks – mit und ohne Alkohol. Drinks mit großen Namen und unbekannte von erstaunlichem Wohlgeschmack. Alles finden Sie im Rezeptteil. Und wer wissen möchte, was es an Spirituosen, Säften, Limonaden und Mineralwässern auf dem Markt gibt, den lassen wir mit seinem Wissensdurst auch nicht alleine. Sie erfahren viel über anregende Schnäpse aus aller Herren Länder. Wir informieren Sie ausführlich über des Deutschen liebstes Getränk, über das Bier. Wir lassen Sekt und Champagner aufschäumen, berichten von edlen Weinen und sagen Ihnen auch, wie Sie Ihre Bar ausstatten können und welche Gläser man für welches Getränk verwendet. Und das, damit Sie bei dem Riesenangebot an Getränken den klaren „Durchblick" behalten.

DIE ANREGENDEN SCHNÄPSCHEN

Das Angebot auf dem Spirituosenmarkt ist so riesig, daß wir Ihnen mit unserem Überblick helfen möchten, einen klaren Kopf zu behalten.

1

2

3

4

Die Branntweine (Foto 1) bilden die größte Gruppe unter den Spirituosen. Ihr berühmtester Vertreter ist der Cognac. Er ist gesetzlich geschützt und darf nur aus bestimmten Trauben aus dem Departement Charente im Südwesten Frankreichs nach einem festgelegten Brennverfahren produziert werden, muß mindestens zwei Jahre im Faß reifen und einen Alkoholgehalt von 40 Vol.-% haben. Ein zwei Jahre alter Cognac trägt die Bezeichnung VS, ein vier Jahre alter V.S.O.P. Fünf Jahre und ältere Cognacs dürfen sich X.O., Napoleon oder Extra Reserve nennen. Ein gesetzlich geschützter Edelbrand ist auch der Armagnac (40—43 Vol.-%) der nur aus Trauben der Region von Armagnac gebrannt werden darf. Es gibt aber in Frankreich noch die Marcs de Raisins, helle Brände aus Weinresten.
Und dann der Brandy! Das ist zwar die englische Bezeichnung für Weinbrand. Aber darunter werden vor allem übrigens hervorragende spanische Branntweine angeboten. Auch italienische. Die spanischen Sorten beziehen ihren spezifischen Geschmack von der Lagerung im Faß, wie sie beim Sherry praktiziert wird.
Deutscher Branntwein ist der Weinbrand (mind. 38 Vol.-%). Er wird aus Trauben besonders ausgesuchter Rebsorten hergestellt und muß mindestens sechs Monate in Eichenholzfässern lagern. Echter Weinbrand hat eine amtliche Prüfnummer. Zwölf Monate alter oder älterer Weinbrand heißt Weinbrand V.S.O.P. oder Alter Weinbrand.
Die Geister, Wasser und Brände (Foto 2) sind kristallklar und an ihrem unwiderstehlichen Aroma zu identifizieren. Das sind zunächst die Obstwasser. Sie werden aus Steinobst und Beeren gebrannt und dürfen weder Zucker, Farbstoff noch zusätzlichen Alkohol enthalten. Dazu gehören die Kirschwasser und der jugoslawische Slivovitz (Slibowitz). Obstgeister werden aus zukkerarmen Früchten wie Himbeeren, Brombeeren und Aprikosen gebrannt. Zwar können sie mit Alkoholzusatz destilliert werden, dürfen aber nicht gezuckert oder gefärbt sein. Ihr Alkoholgehalt muß mindestens 40 Vol.-% betragen. Einer der berühmtesten Obstgeister ist der Barack Palinka aus Ungarn. Kernobstbranntweine (38 Vol.-%) sind ebenfalls ungezuckert und ohne Alkoholzusatz. Ihre bekanntesten Vertreter: der Calvados und der Williamschrist-Birnenbrannt.
Was nun den Whisky angeht, so entdeckten einstmals irische Mönche, daß sich aus Gerste und Wasser ein trinkbares Elixier brennen läßt und hatten damit den Whiskey erfunden. Heute gibt es unzählige Sorten (Foto 3). Die Schreibweise Whisky deutet auf schottische, Whiskey auf amerikanische und irische Herkunft. Beim Irish Whiskey wird die gemälzte Gerste in geschlossenen Öfen getrocknet und dreifach statt zweifach destilliert. Der Whiskey lagert mindestens drei, meistens aber zehn bis zwölf Jahre in Fässern. Irisch Whiskey hat einen milden Geschmack. An der Spitze der schottischen Whiskies steht der Pure Malt Whisky. — Er wird nur aus über Torf geräucherter, gemahlener Gerste hergestellt und lagert acht Jahre und länger in Eichenfässern. Blended Scotch ist eine Mischung aus Grain-Whisky und verschiedenen Malts. Er reift mindestens drei Jahre und kann aus 15 bis 20 verschiedenen Einzelwhiskies bestehen. Bourbon ist amerikanischer Whiskey. Er muß mindestens zu 51 Prozent aus gemahlenem Mais bestehen. Canadian stammt aus Kanada, wird aus Mais und Roggen hergestellt und lagert meist zwei Jahre.
Korn, in der Bundesrepublik außerordentlich geschätzt, gehört zu den klassischen Klaren, die eiskalt getrunken werden. Korn darf nur aus Roggen, Weizen, Buchweizen, Hafer oder Gerste hergestellt und mit keinem anderen Erzeugnis vermischt werden. Sein Alkoholgehalt: mindestens 32 Vol.-%. Auch der **Wodka**

(Foto 4) gehört zur Familie der Klaren. Er wird in Finnland entweder aus Weizen oder Kartoffeln, in Rußland und Polen aus Roggen und Gerste gewonnen. Sein Alkoholgehalt beträgt 40 bis 50 Vol.-%.

Kommen wir zu Gin und Genever (Foto 3). Gin ist sozusagen ein Sohn des Genevers, der sich in England selbständig gemacht hat. Der Edelschnaps beruht auf einer Gerste-Roggenbasis und Destillaten aus Wacholderbeeren, einschließlich verschiedener Gewürze. In der Regel hat er einen Alkoholgehalt von mindestens 38 Vol.-%, ein dry Gin (trokken) sogar 40 Vol.-%. Der holländische Genever, sein Vater, ist auch ein Wacholderbrannt mit mindestens 38 Vol.-%. Es gibt „Jonge Genever", ein leicht aromatisierter Klarer und „Oude Genever" der mehrfach destilliert und gelagert wird (Foto 3). Der deutsche Wacholderschnaps ist übrigens der Steinhäger (Foto 7) nur echt, wenn er in Steinhagen in Westfalen gebrannt und abgefüllt ist.

Rum (Foto 5) wird aus Zuckerrohr destilliert und stammt ursprünglich aus Westindien. Von Natur ist Rum wasserklar (weißer Rum). Erst die Lagerung in Eichenholzfässern und der spätere Zusatz von Zuckercoleur bewirkt die bräunliche Farbe. „Original Rum" wird aus dem Erzeugergebiet mit verhältnismäßig hohem Alkoholgehalt, etwa 73 %, eingeführt und darf im Inland nicht verändert werden. „Echter Rum" ist ein Original-Rum, der mit Wasser auf mindestens 38 Vol.-% herabgesetzt ist, „Rum Verschnitt" ist eine Mischung von Rum mit geschmacksneutralem Alkohol.

Der Arrak (Foto 5) ist sozusagen ein Bruder des Rum. Er wird aus Zukkerrohr, Reis und dem Saft der Zukkerpalme gewonnen und hat etwa 60 Vol.-% Alkohol.

Bitter oder Bitterschnäpse wurden früher nur in Apotheken als Medizin für den strapazierten Magen verkauft. Heute ist das anders. Bitter heißen alle hochprozentigen Getränke, die ihren Geschmack aus Kräutern, Wurzeln und Gewürzen beziehen. Dazu gehören u.a. der deutsche Jägermeister und der dänische Gammel-Danks-Bitter Dram (Foto 6).

5

6

7

8

Der Enzian, eine Spezialität der Alpenländer (Foto 6), wird aus den Wurzeln des Gelben Enzian gebrannt. Er ist der wichtigste, bittererdig schmeckende Brannt aus Wurzeln, muß mindestens 38 Vol.-% Alkohol enthalten, hat jedoch meistens 45 bis 50 Vol.-%.

Der italienische Grappa (Foto 6) wird aus Trester, also den Rückständen beim Weinkeltern gebrannt. Grappa aus Weißwein schmeckt fein und feurig, der aus Rotwein kräftig und füllig. Die Italiener trinken Grappa gerne zum Espresso.

Der italienische Sambuca, der griechische Ouzo und der französische Pernod (Foto 6) sind Anis-Liköre bzw. -brände. Auch der französische Ricard (Foto 8). Sambuca und Ouzo werden auch als Digestif serviert. Alle drei können aber auch mit Wasser getrunken werden.

Aquavit (mindestens 38 Vol.-%) ist Skandinaviens liebster „Snaps" (Foto 7). Es handelt sich um Korn mit Kümmelaroma und je nach Sorte einem Hauch von Koriander, Fenchel, Dillsamen, Zimt, Nelken und Zitronenschalen. Er ist meist kristallklar. Es gibt aber auch gelbe Aquavits, wie zum Beispiel den „Jubilaeums Akvavit". Am meisten zahlen muß man übrigens für den norwegischen „Linie Aquavit". Er reist in Sherryfässern auf Schiffen nach Australien und zurück, ehe er abgefüllt wird.

Die ungezählten Liköre bieten eine Fülle von Geschmackserlebnissen. Da ist zum Beispiel Crème de Cassis, ein Likör aus der schwarzen Johannisbeere, der pur wie gemixt gleichgut schmeckt. Interessant ist der „Pisang Ambon", ein aus der feigenartigen Banane gleichen Namens gewonnener Likör. Als Digestif empfiehlt sich der Drambuie (Foto 8), ein Honiglikör auf der Basis von schottischen Maltwhisky mit mindestens 40 Vol.-% Alkohol. Er wird – wie auch der Southern ein amerikanischer Whiskeylikör – auf Eis serviert (alle Liköre auf Foto 8).

RATGEBER GETRÄNKE

Bier – unser liebstes Getränk
Dem Wittelsbacher Herzog Wilhelm IV. sei Dank. Dieser bayrische Landesherr erließ am 15. April 1516 auf dem Landstädtetag in Ingolstadt das heute noch wörtlich beachtete (und schriftlich erhaltene) Reinheitsgebot, das seit 1906 für alle Gebiete Deutschlands galt und heute noch in der Bundesrepublik gilt. In der alten Vorschrift heißt es „Zur Bereitung von Bier darf nur Malz, Hopfen, Hefe und Wasser verwendet werden". Beim Wittelsbacher hieß es „Wir wöllen auch sonderlichen / das füran allenthalben in unseren Stettn / Märckten / unnd auf dem Lannde / zu kainem Pries mehrer Stückh, dann allein Gersten / Hopfen / und Wasser genommen und gepramcht sölle werden". Und so ist es bis heute geblieben. Die älteste lebensmittelrechtliche Bestimmung, ein echter Verbraucherschutz, hat die Jahrhunderte überdauert. Und daß sie eingehalten wird, dafür machen sich unsere Zollämter stark. Unser Bier wird aus den vier Grundzutaten Gerste, Hopfen, Hefe und Wasser gebraut. Und aus sonst nichts, sieht man mal von Weizenbier ab, für das auch Weizen verarbeitet werden darf. Hopfen gibt dem Bier den bitterherben Geschmack durch den in den Dolden enthaltenen Bitterstoff Lupulin. Die außerdem darin vorhandenen Öle und Gerbstoffe machen das Bier haltbarer und festigen die Schaumkrone. Hopfen ist übrigens eine Nesselart, deren Dolden – aber nur die weiblichen zum Bierbrauen verwendet werden. Zwei Bier- oder Kulturhefen werden zum Gären der Bierwürze verwendet. Und zwar die obergärige und die untergärige Hefe. Unerläßlich ist reines, klares Wasser. Der Gesetzgeber hat festgelegt, daß es sich um alles „in der Natur vorkommende Trinkwasser" handeln darf. Die Braumeister sind da eigensinniger. Sie halten möglichst nach Quellfrische Ausschau. Und diese Biersorten gibt es (siehe Fotos):

Alkoholfreies Bier ist nicht vollkommen alkoholfrei, obwohl es sich so nennen darf. 0,3 % Alkohol ist allemal noch drin.

Bockbier. Das sind untergärige Starkbiere, die meistens 16 % Stammwürzegehalt haben und zu bestimmten Zeiten gebraut werden, wie zum Beispiel im Frühling.

Export: Ein untergäriges Vollbier, das ausschließlich mit Gerstenmalz hergestellt wird.

Kölsch. Obergäriges helles Vollbier, stark gehopft. Seine Herstellung ist nur auf den Kölner Raum beschränkt.

Lagerbier. Helles oder dunkles untergäriges Vollbier. Das, was man als „Helles" oder „Dunkles" in Gaststätten bestellt.

Märzenbier. Auf der Grundlage von Gerstenmalz gebrautes Vollbier mit 3,9 bis 4,5 % Alkoholgehalt von starkem Malzaroma. Es wird vor allem im März gebraut.

Pilsener. Ein helles, untergäriges Bier von herbem Charakter. Hauptmerkmal: Spritzig.

Schlankbier. Hat gewöhnlich einen Alkoholgehalt von 2,5 %. Das bekannteste ist die Berliner Weiße.

Starkbier. Alle Bock- und Doppelbockbiere mit 5 und mehr Prozent Alkoholgehalt.

Vollbier. Beinahe 99 Prozent aller in der Bundesrepublik gebrauten Biere mit 11 – 14 % Stammwürze sind Vollbiere. Die bekanntesten: Pils, Export, Märzen, Alt, Kölsch. Der Alkoholgehalt liegt bei ca. 4 Prozent.

Weizenbier. Es ist eine bayrische Erfindung, hergestellt aus Weizen und Gerste.

Malzbier, auch Nährbier genannt, ist dunkles, obergäriges Vollbier mit Zuckerzusatz (meistens Invertzukker). Solche zuckerhaltigen Biere müssen in Bayern – da der Zuckerzusatz verboten ist – als Malztrunk bezeichnet werden. Eine Regelung, die sich auch in der übrigen Bundesrepublik durchsetzt.

Übrigens: Bier schmeckt frisch am besten. Im Gegensatz zu Wein wird es durch Lagern nicht besser. Kaufen Sie daher einen Vorrat für höchstens 6 Wochen. – Flaschenbier dunkel und kühl aufbewahren, aber stehend. Im Kühlschrank wird Bier bei 7 bis 9 Grad gelagert. So hat es auch die beste Trinktemperatur.

SEKT UND . . . CHAMPAGNER

Grundsätzlich sind Schaumwein, Sekt, Mousseux und Crémant schäumende Weine, die Kohlensäure (Kohlendioxyd) enthalten. Sie steigt in feinen Bläschen wie Perlenschnüre vom Boden des Glases an die Oberfläche, wo die Bläschen prickelnd zerplatzen. Im einzelnen:

Schaumwein an sich kann aus nur der ersten, aber auch aus der ersten und zweiten Gärung von Wein gewonnen sein. Er muß minimal 9,5 % Alkohol enthalten. Eine festgesetzte Lagerdauer ist nicht vorgesehen.

Sekt wird auch als Qualitätsschaumwein bezeichnet. Man gewinnt ihn nach der zweiten Gärung des Weines. Er muß mindestens 10 % Alkohol enthalten und neun Monate gelagert sein. Kellerei und Verbraucher legen Wert auf gleichbleibenden Geschmack, weshalb 12 bis 20 Weine verschiedener Herkunft, Lagen und Jahrgänge von erfahrenen Kellermeistern zur Cuvée gemischt werden.

Jahrgangssekt wird ausschließlich aus Weinen eines Jahrgangs gewonnen.

Champagner darf nur der Schaumwein heißen, der nach streng feststehenden Gesetzen in der Champagne in Frankreich gewonnen wird. Champagner wird ausnahmslos im Flaschengärungsverfahren hergestellt, Sekt zumeist in Großraumbehältern.

Jahrgangchampagner wird ausschließlich aus Weinen eines Jahrgangs der Champagne hergestellt. Es gibt mehrere Methoden, aus Wein Sekt zu produzieren. Aller Basis aber ist stets der Cuvée. Das ist eine gekonnte Mischung aus Grundweinen nach der ersten Gärung, die sich besonders zur Sektherstellung eignet. Die Auswahl dieser Weine trifft der Kellermeister, der eine empfindsame Zunge, eine feine Nase und Fantasie haben muß. Denn es ist schon eine Kunst, Weine so miteinander zu kombinieren, daß daraus Jahr für Jahr ein ständig gleich schmeckender Sekt von kontinuierlicher Qualtität entsteht, wie der Verbraucher ihn erwartet.

Den Zuckergehalt verrät übrigens das Etikett des Schaumweines. Nicht in Gramm, sondern in Eigenschaften, die nach EG-Vorschriften genau definiert sind.

Herber Sekt oder brut hat pro Liter bis zu 15 g Zucker.

Sehr trockner Sekt, auch extra dry oder extra sec genannt, darf pro Liter zwischen 12 und 20 g Zucker enthalten.

Trockener Sekt, auch als dry oder sec bezeichnet, enthält pro Liter zwischen 17 und 35 g Zucker. Interessant zu wissen, daß die Mehrzahl der deutschen Sekte als trockene auf den Markt kommt (Foto unten).

Halbtrockener Sekt, auch demi-sec, medium dry oder demi bezeichnet, hat eine Dosage von 33–50 g Zukker pro Liter.

Süßer Sekt, auf dessen Etikett meist mild oder doux, seltener süß gedruckt ist, hat über 50 g Zucker.

Der Spumante. Er ist ein echter Italiener, lieblich, frisch und beliebt.

Der Champagner. Dieser kostbare Tropfen, Inbegriff von Luxus und Reichtum, hat durchaus seinen Preis. Trotzdem wird bei uns Jahr für Jahr mehr Champagner gekauft. Immerhin sind die Bundesdeutschen die drittgrößten Abnehmer weltweit (Foto oben).

Vom Crémant und vom Mousseux – muß aber auch die Rede sein. Denn sie gehören zu den bei uns beliebten Schaumweinen. Sie stammen aus französischen Weinbaugebieten außerhalb der Champagne. Steht auf dem Etikett „Appellation d'Origine controlée", dann haben Sie garantiert eine gute Qualität und die Sicherheit, daß die Schaumweine nach der Champagnermethode hergestellt wurden.

Lesen Sie „Cava" auf dem Etikett eines spanischen Schaumweines, dann können Sie mit gehobener Qualität rechnen.

Auch Südosteuropa liefert uns gute Provenienzen, darunter Schaumweine aus Jugoslawien, Ungarn, Bulgarien und Rumänien.

Russischer Krimsekt gilt vielen als Inkarnation des Genusses. Er ist ein feuriger Tropfen, soweit es sich um den Roten handelt. Es gibt jedoch auch den zahmeren Weißen.

BARAUSTATTUNG UND GLÄSERKUNDE

Man muß kein Profi-Barkeeper sein, um originelle Cocktails, Highballs oder Fizzes mixen zu können. Mit einem bißchen Fantasie und Geschick gelingt das auch dem Laien. Vorausgesetzt, er hat die dafür notwendigen Utensilien zur Hand. Zur Grundausstattung einer Hausbar gehört zuerst einmal ein hochwandiges Rührglas (Barglas) mit Barlöffel aus Metall (Foto 1). Es sollte ein Fassungsvermögen von mindestens einem Liter haben. In das Rührglas gibt man die Eiswürfel, gießt das Schmelzwasser ab, fügt dann die Zutaten zu und rührt mit dem Barlöffel spiralförmig von unten nach oben alles gut durch. Unentbehrlich ist auch der Shaker (Mixbecher) mit festsitzendem Deckel und einem Siebeinsatz (Foto 1). Man gibt zuerst die Eiswürfel oder Eisstücke hinein, gießt das Schmelzwasser ab, füllt mit den Zutaten für den Mixdrink auf, verschließt den Shaker und schüttelt. Dabei wird der Shaker mit beiden Händen umfaßt, in Schulterhöhe möglichst waagerecht gehalten und zehn bis 20 Sekunden hin und her geschüttelt. So ist der Kühlweg am längsten. Damit beim Einschenken keine Eiswürfel, Zitronenkerne oder Fruchtstücke in die Gläser geraten, braucht man das Barsieb (Strainer) mit einer rundumlaufenden Drahtspirale. Nicht zu vergessen sind natürlich auch Eiskübel mit Eiswürfelzange und der Pickel zum Zerkleinern des Eises (Foto 2).
Sie brauchen auch noch Meßgläser oder Schnapsgläser mit 2 cl-Eichstrich zum Abmessen der Zutaten. Unentbehrlich sind Zitronenpresse, Korkenzieher, Kapselheber, Dosenöffner und Flaschenverschlüsse für angebrochene Flaschen. Weiteres wichtiges Handwerkszeug: langstielige Löffel (Cocktail-Löffel) und Spießchen, mit denen man Oliven und Fruchtstücke aus dem Getränk aufpicken kann. Messer und Holzbrett zum Zerschneiden von Früchten, und Trinkhalme.
Nun macht nicht die Ausstattung allein eine gute Hausbar aus. Flaschenvorrat ist genauso wichtig.
Ein Grundstock kann so aussehen: je eine Flasche Gin, Wodka, roten und trockenen Wermuth, Cointreau, Weinbrand, Cognac, Rum, Calvados, Sherry, Portwein, Apricot Brandy, Campari, Curaçao, Crème de Menthe; Je zwei Flaschen Whisky (schottischen und Bourbon) oder Obstbrände, mehrere Flaschen Sekt oder Champagner. Außerdem braucht man Orange- und Angostura-Bitter, Grenadine, Sodawasser, Orangensaft, Tonic, Bitter Lemon, Tomatensaft, grüne Oliven, Cocktailkirschen, Kristall- und Puderzucker, Gewürze wie Muskat, Vanille, Zimt und Pfeffer.
Das alles kann man nach und nach anschaffen, um das Budget nicht zu sehr zu belasten.
Wichtig sind auch die Mengen. So muß man wissen, daß 1 Dash soviel ist wie ein Spritzer oder drei bis vier Tropfen. Ein kleines Schnapsglas faßt 2 cl, die etwa dem Inhalt von 2 Eßlöffeln entsprechen.
Wären noch die Gläser zu berücksichtigen. Denn erlesene Getränke verlangen nach dem besonderen Glas (Foto 3 und 4).
Im kleinen, tulpenförmigen Likörglas kann man Dessertweine, Weinbrände, Obstbrände und Obstgeist servieren. Südwein- und Dessertweingläser eignen sich nicht nur für Südweine, sondern auch für Flips, Apéritifs und Shortdrinks.
Ballongläser und Schwenker sind genau das Richtige für Cognac, Armagnac und Highballs. Rot- und Weißweine entwickeln ihr Bukett am besten in langstieligen, Tulpengläsern. Die Tulpen eignen sich aber auch für Fizzes, Cocktails und Crustas.
In Sektkelchen serviert man Sekt und Champagner. Cocktailgläser mit 50 ccm Inhalt sind ideal für Shortdrinks und Cocktails. Bechergläser in verschiedenen Größen eignen sich für Fizzes, Whisky und Milchmixgetränke. Klassische Bier-Trinkgefäße sind das Pils-Glas, der Keferlohe, der Seidel und der Pokal für die Berliner Weiße. Zur Grundausstattung gehören außerdem Punschgläser für heißen Punsch und Glühwein und natürlich noch Bowlengläser.

1

2

3

4

VOM WEIN AUS ALLER WELT

Auf gute deutsche Weine, wie sie ehrliche Winzer in anerkannter Qualität auf den Markt bringen, ist Verlaß. Sie stammen aus den Weinanbaugebieten Mosel-Saar-Ruwer, Mittelrhein, Ahr, Nahe, Rheinhessen, Rheinpfalz, Rheingau, Hessische Bergstraße, Franken, Württemberg und Baden. Die Weine auf den Fotos 1 und 2 stehen als Beispiele für deutschen Wein, der weltweit wegen seiner fruchtigen Eleganz geschätzt wird. Rebsorten und Böden, auf denen sie wachsen, geben ihnen ihren spezifischen Geschmack. Nicht zuletzt auch das Können des Winzers. Schade, daß wir Ihnen nicht alle deutschen Weine vorstellen können. Aber mit unserer Übersicht über die gesetzlich festgelegten Qualitätsstufen geben wir Ihnen die Hilfe an die Hand, die Sie brauchen, um den Wein nach Ihrem Geschmack herauszufinden.

Tafelwein. Das ist Wein der unteren Qualitätsstufe. Er stammt aus vier genau festgelegten Tafelweinbau-Gebieten, nämlich Rhein und Mosel, Main, Neckar und Oberrhein mit ihren Untergebieten. Innerhalb dieser Gebiete dürfen die Weine miteinander gemischt fachlich: verschnitten werden.

Landwein, ein Tafelwein der gehobenen Klasse, gibt's seit 1983. Aber nur als trockenen und halbtrockenen Wein, der übrigens rasch vom Verbraucher akzeptiert wurde. Er muß einen um 0,5 % höheren Alkoholgehalt haben als Tafelwein. Sein Restzuckergehalt darf 18 g pro Liter nicht übersteigen. Landwein gibt's nur aus den Anbaugebieten Rheinland-Pfalz, Hessen und Baden-Württemberg.

Qualitätswein ist Wein der nächsthöheren Stufe, oft auch als Q.b.A. = „Qualitätswein bestimmter Anbaugebiete" bezeichnet. Er muß aus einem der elf deutschen Anbaugebiete stammen. Im Gegensatz zum Tafelwein dürfen diese Weine nicht untereinander gemischt werden. Für alle ist die „Amtliche Prüfung für Qualitätswein" vorgeschrieben.

1

2

3

4

Qualitätswein mit Prädikat. Bei allen Weinen, die ein Prädikat erhalten, können Sie sich darauf verlassen, daß sie nicht mit Zucker angereichert sind, wie es beim normalen Qualitätswein gesetzlich und in genau festgelegten Grenzen erlaubt ist. Folgende Weine gehören zu dieser Gruppe: Kabinett, Spätlese, Auslese, Beerenauslese, Trockenbeerauslese und Eiswein.

Französische Weine (Fotos 3 und 4) kann man in den folgenden vier Qualitätsgruppen kaufen, die auf den Etiketten vermerkt sind: A.O.C. (Weine der Spitzenklasse); V.D.Q.S. (Weine höherer Qualität); Vins des Pays (Landweine) und Vin de Table (Tafelwein). Bei den Anbaugebieten haben Sie die Großauswahl. Hier ein Kurzüberblick, der keinen Anspruch auf Vollständigkeit erheben kann.

Bordeaux: Auf kieselartigen Lehmböden mit kalkig-steinigem Untergrund gedeihen die besten Weine Frankreichs.

Elsaß: Von dort kommen fruchtig-herbe, durchgegorene Weißweine, die als einzige den Namen ihrer Rebsorten wie Riesling oder Sylvaner tragen.

Burgund (Bourgogne): Im milden Klima wachsen auf Hängen Weine wie der Beaujolais und der Mâcon.

Languedoc-Roussillon: Ein Gebiet von der Rhônemündung bis an die Pyrenäen. Es bringt starke und milde, herbe und schwere Weine hervor.

Loire-Tal: Auf schieferhaltigen Böden und Sandböden wachsen so fruchtige Weine wie der Bourgueil, ein Rotwein.

Provence: Sonne gibt ihren Weinen Feuer. Fruchtig: der Côtes de Provence.

Côtes du Rhône: Auf sandigem, granitreichem Boden bei Mittelmeerklima werden so große Weine wie der Chateauneuf-du-Pape ausgebaut.

Korsika. Die Insel hat durch ihr sonnenreiches Klima kräftige, bouquetreiche Rote und Rosés wie den Patrimonio und den Ajaccio. Landweine sind unverschnittene Tafelweine, Mischsorten aus verschiedenen Anbaugebieten.

RATGEBER GETRÄNKE

Unter Italiens Sonne gedeihen 2000 Weine! Kein Wunder, daß wir nur mit ein paar Beispielen eine Orientierungshilfe geben können.
Im Piemont reift der samtige Barolo. Im Aostatal kann man den weichen roten Donaz kosten. An den felsigen Hängen Liquriens gedeihen der rote Rossese die Dolceacqua und der weiße Cincque Terra. In der Lombardei kann man sich auf den Roten namens Valtellina und den weißen Franciacorta freuen. Aus Venetien kommen der rote Valpolicella und der Bardolino wie der beliebte weiße Soave. Die Emilia-Romagna verwöhnt uns mit dem perlenden Lambrusco die Sorbera. Umbrien kann mit seinem berühmten Orvieto prahlen . Sicherlich der bekannteste italienische Wein ist der Chianti, der in der Toscana gedeiht (Foto 1).
„Chianti Classico" aber darf nur der heißen, der im Kerngebiet des Chianti zwischen Siena und Florenz heranwächst und angebaut wird. Bemerkenswert sind noch ungezählte andere italienische Weine.
Spanische Weine (Foto 2) gewinnen beim Genießer immer mehr an Bedeutung. Und man kann sicher gehen, einen guten Tropfen zu bekommen, wenn man nur Weine mit der geschützten Ursprungsbezeichnung DO einkauft, was „Denominación de Origen" bedeutet. Das sind Weine aus 14 Anbaugebieten, darunter aus dem Gebiet der Rioja. Hier wachsen feine, leichtere Rote, die dem Bordeaux Konkurrenz machen, aber auch frisch-fruchtige Weiße.
Portugal, das alte Weinland war immer exportorientiert. Denken wir nur an seine Berühmtheit, den Portwein. Es gibt aber auch gut ausgebaute Tafelweine, wie z.B. den Vinho verde (Foto 2), den es in weiß und rot gibt. Als besten Tropfen bezeichnen Kenner den Rotwein aus der Region Demarcada an der Atlantikküste.
Jugoslawien hat auch eine Menge guter Kreszenzen zu bieten. Spritzige, kräftige Weißweine gibt's in Slowenien, Kroatien und Vojvodina, samtigen Roten aber auch Weißen in den südlichen Landesteilen und auf den Adria-Inseln (Foto 3).

1

2

3

4

Ungarn hat sechs Weinbauregionen, nämlich Alföld, Balaton, Pècs-Villàny, Sopron, Eger und Tokaj. Im traditionsreichen Weinland werden Rote, Weiße und Rosé von sehr unterschiedlichem Charakter ausgebaut (Foto 3). Sie sind zumeist vollmundig, feurig und eher alkoholreich. König aller ungarischen Weine aber ist der Tokajer, ein Süßwein ohne Spritzusatz mit ca. 12 Vol.-% Alkohol, der ausschließlich im Gebiet von Tokaj-Hegyalja angebaut sein darf.
In Rumäniens fünf wichtigsten Weinbaugebieten wachsen bukettreiche Weine. In Siebenbürgen z.B. trokkene bis leicht-süße und fruchtige Weißweine, im Gebiet zwischen Karpaten und Donau Weiße und Rote aller Geschmacksrichtungen. Im Banat kennt man vor allem frische Weißweine, aber auch einige Rotweine. Im Anbaugebiet der Moldau gibt's sowohl schweren wie leichten Weißwein als auch feurigen Roten, von trocken bis lieblich. In der Dobrudscha werden Weiße und Rote produziert (Foto 3).
Österreich kann seinen Wein noch allemal vorzeigen, obwohl Geschäftemacher seinen Ruf arg angekratzt haben. Ehrliche Winzer bringen noch immer gute Tropfen auf den Markt. Wohlschmeckende, meist frischtrockene Weine. 86 % davon sind Weißweine, von denen die Beerenauslesen und die Spätlesen (Foto 4) der Weingenuß an sich sein können.
Schweizer Wein hat, wie jeder weiß, einen guten Ruf beim Kenner. 78 % der Weine sind Rote, der Rest interessante Weiße. So können Sie z.B. beim Kauf des weißen Fendant oder des roten Dôle aus dem Wallis (Foto 4) oder beim roten Salvagnin oder dem weißen Dorin aus dem Kanton Waadt nicht fehlgehen (Foto 4).

DIE ALKOHOL-FREIEN

Gegen den großen Durst haben sich alkoholfreie Erfrischungsgetränke seit eh und je bewährt. An erster Stelle **die Mineralwässer.** Sie sind nur echt, wenn sie Mineralstoffe enthalten, aus einer natürlich-sprudelnden oder künstlich erschlossenen Quelle kommen und am Quellort abgefüllt sind. Dennoch ist Mineralwasser nicht gleich Mineralwasser (Foto 1).
Natürliches Mineralwasser muß in einem Liter mindestens 1 g gelöste Salze oder 0,25 g Kohlendioxyd enthalten. Quellwasser hat weniger als 1 g gelöste Salze auf einen Liter und darf mit Kohlensäure angereichert werden. Tafelwasser kann aus Trinkwasser unter Zusatz von Kohlensäure und Mineralstoffen hergestellt werden. Sodawasser ist zum Beispiel ein Tafelwasser.
Heilwasser sind Mineralwasser mit nachgewiesener Heilwirkung. Wofür und wogegen sie gut sind, steht auf dem Etikett.
Stille Wasser sind natürliche Mineralwasser ohne oder nur mit wenig Kohlensäure. Durst löschen und gleichzeitig Gesundheit tanken kann man mit Säften. Aber nicht alles ist Saft, was so aussieht.
Naturreiner Fruchtsaft wird aus frischen oder tiefgefrorenen reifen Früchten gewonnen und ohne jeden Zusatz und ohne Konservierungsstoffe abgefüllt.
Fruchtsaft aus Fruchtsaftkonzentrat besteht ebenfalls zu hundert Prozent aus Früchten. Dem Saft wird nach dem Keltern lediglich Wasser entzogen (Foto 2).
Fruchtnektar heißen alle mit Wasser und Zucker oder Süßstoff verlängerten Säfte (Foto 3). Ihr Mindestfruchtanteil schwankt zwischen 25 und 50 Prozent, muß jedoch immer auf der Packung angegeben sein. Fruchtnektar werden neuerdings auch die Säfte genannt, die früher Süßmost hießen. Das sind Säfte aus Beeren und Steinobst, die so viel Fruchtsäure enthalten, daß man sie ohne Zusatz von Zucker und Wasser gar nicht trinken kann.
Fruchtsaftgetränke werden aus

1

2

3

4

Fruchtsäften oder Fruchtsaftkonzentraten hergestellt und dann mit erheblichen Mengen von Tafelwasser mit oder ohne Kohlensäure und mit Zucker verdünnt. Die vorgeschriebene Mindestfruchtmenge beträgt bei Kernobstsaftgetränken und Traubensaftgetränken 30 Prozent, bei Orangen- und anderen Zitrusfruchtgetränken nur mindestens sechs Prozent.
Mehrfrucht- oder Multivitaminsäfte sind Säfte oder Nektare, die aus drei oder mehreren Früchten gemixt und eventuell mit Vitaminen angereichert wurden.
Auch bei Gemüsesäften gibt's Unterschiede. Gemüsesaft besteht zu hundert Prozent aus Gemüse oder Gemüsemark (Foto 2), während Gemüsetrunk über die ursprüngliche Saftstärke hinaus verdünnt ist. Mischungen aus Gemüsesäften nennt man Gemüse- Cocktail.
Limonaden sind die absoluten Spitzenreiter unter den Alkoholfreien, zu denen auch Cola-Getränke, Bittergetränke und die Brause gehören (Foto 4). Limonaden werden aus Mineralwasser mit und ohne Kohlensäure, Fruchtauszügen, Genußsäuren und reinem Zucker hergestellt. Sie dürfen auch Fruchtanteile enthalten, allerdings nur halb so viele wie Fruchtsaftgetränke.
Colagetränke enthalten neben Zukker, Tafelwasser und anderen Geschmacksstoffen das belebende Coffein.
Zu den Bittergetränken gehören Bitter Lemon, Bitter Orange und Bitter Grapefruit, die aus den leicht bitteren Schalen von Limone, Bitterorangen und Grapefruits gewonnen werden. Dazu gehören auch das Tonic-Water, eine Limonade, die wie alle Bittergetränke Chinin enthalten.

WESTFALEN-KORN

2 cl eiskalter Burekorn ·
1 Scheibe feine Leberwurst

Burekorn in ein geeistes Schnapsglas gießen. Die Wurst darauflegen.

BUREKORN SPEZIAL

2 cl eiskalter Burekorn ·
1 Scheibe Blutwurst · Senf

Burekorn in ein geeistes Schnapsglas gießen. Die Wurstscheibe auf das Glas legen und einen Tupfer Senf darauf geben.

BUREKORN HOLSTEIN

2 cl eiskalter Burekorn ·
2 Würfel Katenschinken

Burekorn in ein geeistes Schnapsglas gießen. Die Schinkenwürfel auf ein Holzspießchen stecken und über das Glas legen.

UNGARN-KORN

2 cl eiskalter Burekorn ·
1 Scheibe Salami · 1 Perlzwiebel

Burekorn in ein geeistes Schnapsglas gießen. Salami zusammengerollt mit der Perlzwiebel auf ein Holzspießchen stecken, über das Glas legen.

BAYERN-KORN

2 cl eiskalter Burekorn ·
3 Würfel Leberkäse ·
2 Perlzwiebeln

Burekorn in ein geeistes Schnapsglas gießen. Leberkäsewürfel und Perlzwiebel auf ein Holzspießchen stecken und über das Glas legen.

PARTY-KORN

2 cl eiskalter Burekorn ·
1 Perlzwiebel · 1 Cocktailwürstchen · 1 grüne Olive

Burekorn in ein geeistes Schnapsglas gießen. Perlzwiebel, Würstchen und Olive auf ein Spießchen stecken und über das Glas legen.

JÄGER-KORN

2 cl eiskalter Burekorn ·
1 Scheibe Jagdwurst ·
1 grüne Olive

Burekorn in ein geeistes Schnapsglas gießen. Wurst zusammenrollen und mit der Olive auf ein Holzspießchen stecken, über das Glas legen.

OLD FASHIONED
(Foto rechts)

1 Stück Würfelzucker ·
Angostura · 1 Barlöffel
Wasser · 4 cl Whisky ·
Zitronenschale (unbehandelt) ·
1 Cocktailkirsche

Zucker in ein Whisky-Glas geben, mit Angostura tränken. Wasser dazugeben, den Zucker zerdrücken und rühren.
3 Eiswürfel und den Whisky hinzufügen, rühren und mit Zitronenschale abspritzen. Mit der Cocktailkirsche garnieren.

MONTE CARLO HIGHBALL
(Foto, 1. Glas)

Saft 1/2 Zitrone · 1 cl
Crème de Menthe Weiß ·
4 cl Gin · 1 Barlöffel Zucker ·
Söhnlein Brillant Sekt

Einige Eiswürfel in einen Shaker geben. Zitronensaft, Crème de Menthe, Gin und Zucker hinzufügen und gut schütteln. In ein Longdrinkglas abseihen und mit Söhnlein Brillant auffüllen.

SEKT-FIZZ
(Foto, 2. Glas)

Saft 1/2 Zitrone · 2 cl
Grenadine-Sirup · 4 cl
trockener Weißwein ·
Söhnlein Brillant Sekt
Außerdem: 1 Zitronen- und
1 Limettenscheibe zum Garnieren

Einige Eiswürfel in einen Shaker geben. Zitronensaft, Grenadine und Weißwein hinzufügen und gut schütteln. In ein Longdrinkglas abseihen und mit Söhnlein Brillant auffüllen. Den Sekt-Fizz mit Zitronen- und Limettenscheibe garnieren.

PRINCE OF WALES
(Foto, 3. Glas)

2 Spritzer Angostura ·
2 Spritzer Curaçao Orange ·
2 cl Cognac · Söhnlein Brillant
Sekt · 1 Zitronenscheibe
(unbehandelt)

Etwa 3 Eiswürfel zerstoßen und in ein Kelchglas geben. Angostura, Curaçao und Cognac darüber geben und mit Söhnlein Brillant auffüllen, kurz umrühren. Zitronenscheibe hineingeben.

RITZ
(Foto, 4. Glas)

2 cl Orangen-Likör · 1 cl
Orangensaft · 1 cl Orangensirup ·
Söhnlein Brillant Sekt

Einige Eiswürfel in einen Shaker geben. Likör, Saft und Sirup hinzufügen, gut schütteln und in ein Sektglas abseihen. Mit Söhnlein Brillant auffüllen.

WILLIAMS GLORY
(Foto links, 5. Glas)

Saft 1/2 Zitrone · 1 Barlöffel Puderzucker · 2 cl Orangen-Likör · 2 cl Birnen-Branntwein · Söhnlein Brillant Sekt

Einige Eiswürfel in einen Shaker geben. Zitronensaft, Puderzucker, Likör und Birnen-Branntwein hinzufügen und gut schütteln. In ein Sektglas abseihen und mit Söhnlein Brillant auffüllen.

OHIO
(Foto links, 6. Glas)

1 Spritzer Angostura · 2 Spritzer Curaçao Weiß · 2 Spritzer Maraschino-Likör · 3 cl Whisky · Söhnlein Brillant Sekt · 1 Orangenscheibe · 1 Cocktailkirsche

Einige Eiswürfel in ein Rührglas geben. Angostura, Curaçao, Maraschino und Whisky hinzufügen, rühren und in eine Cocktailschale abseihen. Mit Söhnlein Brillant auffüllen. Orangenscheibe und Cocktailkirsche in das Glas geben.

AMERICANO
(Foto rechts)

3 cl Campari · 3 cl roter Vermouth · Sodawasser · Zitronenschale (unbehandelt)

In ein Longdrinkglas einige Eiswürfel geben. Campari und Vermouth dazugießen und mit Sodawasser auffüllen. Mit einem Barlöffel rühren und mit etwas Zitronenschale abspritzen. Die Schale in das Glas geben. Den Cocktail mit dünn abgeschälter Zitronenschale garnieren.

ALEXANDER NO. 1
(Foto, 1. Glas)

2 cl Gordon's Dry · 2 cl
Crème de Cacao Weiß · 2 cl
süße Sahne · Muskatnuß

Einige Eiswürfel mit Gin, Crème de Cacao und Sahne im Shaker gut schütteln und in ein Cocktailglas abseihen. Mit etwas geriebener Muskatnuß bestreuen.

PARADISE FIZZ
(Foto, 2. Glas)

Saft 1 Zitrone · 2 Barlöffel
Zucker · 1 Eiweiß · 1 Barlöffel
Grenadine-Sirup · 4 cl Gordon's
Dry Gin · Sodawasser

Einige Eiswürfel mit Zitronensaft, Zucker, Eiweiß, Grenadine und Gin im Shaker schütteln, in ein Longdrinkglas abseihen und mit Sodawasser auffüllen.

SINGAPORE SLING
(Foto, 3. Glas)

6 cl Gordon's Dry Gin · Saft
1/4 Zitrone · 1 Barlöffel
Zucker-Sirup · 1 Spritzer
Grenadine-Sirup · Sodawasser ·
2 cl Cherry Brandy ·
1 Zitronenscheibe (unbehandelt)

Einige Eiswürfel mit Gin, Zitronensaft, Zucker- und Grenadine-Sirup im Shaker gut schütteln und in ein Longdrinkglas geben. Mit Soda auffüllen. Brandy und Zitronenscheibe hinzufügen.

BLUE DREAM
(Foto, 4. Glas)

2 cl Gordon's Dry Gin ·
2 cl Curacao Blue ·
1 cl Zitronensaft

Einige Eiswürfel mit den Zutaten im Shaker schütteln und in ein Cocktailglas abseihen.

DRY MARTINI
(Foto, 5. Glas)

5 cl Gordon s Dry Gin ·
3 Spritzer Vermouth Dry ·
1 grüne Olive

Einige Eiswürfel mit Gin und Vermouth in ein Rührglas geben, rühren und in ein kleines Cocktailglas abseihen. Die Olive hinzufügen.

FLORIDA
(Foto, 1. Glas)

1 Eigelb · 2 cl Grenadine-Sirup · 2 cl Zitronensaft · je 4 cl Ananas-und Orangensaft · 1/2 Orangenscheibe · 1 Stück Ananas · 2 Cocktailkirschen

Einige Eiswürfel mit Eigelb, Grenadine und den Säften im Shaker gut schütteln und in ein Longdrinkglas abseihen. Das Obst auf einen Sticker spießen und in das Glas geben.

ZITRONEN-FLIP
(Foto, 2. Glas)

Zitronensaft · roter Zucker · 1 Eigelb · 4 Barlöffel Puderzucker · 2 cl Zitronensaft

Ein Sektglas mit dem Rand zuerst in den Zitronensaft, dann in den Zucker tauchen. Einige Eiswürfel in einen Shaker geben. Eigelb, Zucker und Zitronensaft hinzufügen, gut schütteln und in das Glas abseihen.

BORIS SPECIAL
(Foto, 3. Glas)

1 Eigelb · 2 cl süße Sahne · 1 cl Zitronensaft · 4 cl Ananassaft · 2 cl Orangensaft · 4 cl Curaçao Blue (ohne Alkohol) · 1 Stück Ananas · Cocktailkirsche

Einige Eiswürfel mit Eigelb, Sahne, den Säften und Curaçao im Shaker gut schütteln und in ein Glas abseihen. Mit Ananas und Kirsche garnieren.

BLUE LAGOON
(Foto)

4 cl Finlandia Vodka ·
2 cl Curaçao Blue ·
1 Barlöffel Zitronensaft ·
Zitronen-Limonade ·
Außerdem: 1 Zitronenscheibe ·
1 Cocktailkirsche

Einige Eiswürfel in einen Shaker geben. Vodka, Curaçao und Zitronensaft hinzufügen, schütteln und mit dem Eis in ein Longdrinkglas geben. Mit etwas Zitronen-Limonade auffüllen und mit der Zitronenscheibe und der Cocktailkirsche garnieren.

CHI CHI

5 cl Finlandia Vodka ·
1 Barlöffel Curaçao Triple Sec ·
1 Barlöffel Zitronensaft ·
5 cl Ananassaft · 5 cl Cream of Coconut · 1 Minzezweig

Einige Eiswürfel in einen Shaker geben. Vodka, Curaçao, Zitronen- und Ananassaft und Cream of Coconut hinzufügen, schütteln und in ein Longdrinkglas abseihen. Zwei Eiswürfel hinzufügen und mit dem Minzezweig garnieren.

VODKA GIBSON

5 cl Finlandia Vodka ·
1 cl Vermouth Dry ·
2 Perlzwiebeln ·
etwas Zitronenschale (unbehandelt)

Einige Eiswürfel mit Vodka und Vermouth in ein Rührglas geben. Rühren und in ein Cocktailglas abseihen. Die Perlzwiebeln hineingeben, mit der Zitronenschale abspritzen.

PLANTER'S PUNCH
(Foto, 1. Glas)

6 cl weißer Bacardi Rum ·
Saft 1/2 Zitrone · 1 Barlöffel
Grenadine-Sirup · Orangensaft ·

Einige Eiswürfel mit dem Rum, Zitronensaft und Grenadine in ein Longdrinkglas geben, umrühren und mit Saft auffüllen.

BACARDI MAI TAI
(Foto, 2. Glas)

4 cl Bacardi Rum Gold ·
2 cl weißer Bacardi Rum ·
1 cl Curaçao Orange ·
1 cl Amaretto · 1 Barlöffel
Zuckersirup · 1/4 Limette

Einige Eiswürfel mit den Zutaten im Shaker schütteln, abseihen. Limette darüber ausdrücken,mit hineingeben.

STRAWBERRY DAIQUIRI (Foto, 3. Glas)

5 Erdbeeren · Saft 1/2 Limette ·
1 Barlöffel Zucker-Sirup ·
4 cl weißer Bacardi Rum

Erdbeeren mit den Zutaten, etwas zerstoßenem Eis im Mixer pürieren und in ein Glas abseihen. Mit Obst garnieren.

PIÑA COLADA
(Foto, 4. Glas)

4 cl weißer Bacardi Rum ·
2 cl Cream of Coconut ·
1 cl Ananassaft · 1 Barlöffel
fein gehackte Ananas

Rum, Cream of Coconut, Ananas mit zerstoßenem Eis im Mixer pürieren, in ein Glas füllen.

GRASSHOPPER
(Foto, 5. Glas)

3 cl Crème de Menthe Grün ·
3 cl weißer Bacardi Rum ·
3 cl süße Sahne

Einige Eiswürfel in einen Shaker geben. Die Zutaten hinzufügen, gut schütteln und in ein Cocktailglas abseihen.

BACARDI MARY

4 cl weißer Bacardi Rum ·
1 Spritzer Zitronensaft ·
1 Spritzer Worcestersauce ·
Tomatensaft · Salz · Pfeffer ·

Einige Eiswürfel in ein Longdrinkglas geben. Rum, Zitronensaft und Worcestersauce hinzufügen, rühren, mit Tomatensaft auffüllen. Mit Salz, Pfeffer würzen.

ZOMBIE

4 cl Bacardi Rum Gold ·
4 cl weißer Bacardi Rum ·
1 cl Apricot Brandy ·
1 cl Grenadine-Sirup ·
je 2 cl Ananas- und Zitronensaft

Einige Eiswürfel mit den Zutaten im Shaker schütteln und in ein Longdrinkglas abseihen.

TROPICAL CAFÉ

3 cl weißer Bacardi Rum ·
starker, heißer Kaffee ·
1 Teel. brauner Zucker ·
geschlagene Sahne · Zimt

Rum in eine Tasse geben, mit dem Kaffee auffüllen und dem Zucker süßen. Die geschlagene Sahne als Haube darauf setzen und mit etwas Zimt bestäuben.

GOLDEN FRIENDSHIP
(Foto)

2 cl Amaretto di Saronno Originale · 2 cl weißer Bacardi Rum · 2 cl Vermouth Rot

Einige Eiswürfel in ein Rührglas geben. Die Zutaten hinzufügen, rühren und in ein Cocktailglas abseihen.

ADAM & EVA

1 cl Amaretto di Saronno Originale · 2 cl Gordon's Dry Gin · 1 cl Drambuie · 1 cl Zitronensaft · 1 Spritzer Zuckerrohr-Sirup · 1 Spritzer Grenadine-Sirup · 1 Zitronenscheibe

Einige Eiswürfel in einen Shaker geben. Amaretto, Gin, Drambuie, Zitronensaft, Zuckerrohr- und Grenadine-Sirup hinzufügen und schütteln. In ein Cocktailglas abseihen, mit Zitronenscheibe garnieren.

NICOLA

2 cl Amaretto di Saronno Originale · 2 cl Crème de Cacao Weiß · 2 cl süße Sahne · Grenadine-Sirup

Einige Eiswürfel in einen Shaker geben. Amaretto, Crème de Cacao und Sahne hinzufügen und schütteln. Etwas Grenadine-Sirup in ein Kelchglas geben und durch Drehen im Glas verteilen. Den Cocktail in das Glas abseihen.

SOUTHERN SUNSET (Foto, 1. Glas)

2 cl Southern Comfort · 2 cl weißer Bacardi Rum · 1 cl Grapefruitsaft · 2 Spritzer Grenadine-Sirup

Einige Eiswürfel in einen Shaker geben. Die Zutaten hinzufügen, schütteln und in ein Glas abseihen.

SOUTHERN TRIP (Foto, 2. Glas)

4 cl Southern Comfort · Saft 1/4 Orange · Sekt

Einige Eiswürfel in einen Longdrinkglas geben. Southern Comfort und Orangensaft hinzufügen und mit Sekt auffüllen.

MASQUERADE (Foto, 3. Glas)

4 cl Southern Comfort · 2 cl Zitronensaft · 1 cl Grenadine-Sirup · Mineralwasser

Southern Comfort, Zitronensaft und Grenadine mit Eis in einem Shaker schütteln. In ein Longdrinkglas über zerstoßenes Eis geben und mit Wasser auffüllen.

CAPITANO (Foto, 4. Glas)

4 cl Southern Comfort · 2 cl Whisky · 1 cl Amaretto · 4 cl Orangensaft · 2 cl Zitronensaft

Einige Eiswürfel in einen Shaker geben. Die Zutaten hinzufügen, schütteln und in ein Longdrinkglas über zerstoßenes Eis abseihen.

STEAMBOAT (Foto 5. Glas)

2 cl Southern Comfort · 8 cl Sodawasser · 2 Zitronenscheiben

Southern Comfort über einige Eiswürfel in ein Longdrinkglas geben. Mit Sodawasser auffüllen und mit den Zitronenscheiben garnieren.

AFTER MIDNIGHT

4 cl Southern Comfort · 4 cl Canadian Club Whisky · 4 cl Pfirsichsaft · 1 cl Zitronensaft

Die Zutaten mit einigen Eiswürfeln in einem Shaker schütteln und in ein Longdrinkglas abseihen.

SUMMER NIGHT

4 cl Finlandia Vodka · 2 cl Southern Comfort · 1 cl Ahorn-Sirup · 6 cl Grapefruitsaft · 2 cl Zitronensaft

Die Zutaten mit einigen Eiswürfeln in einem Shaker schütteln und mit dem Eis in ein Longdrinkglas geben.

FINLANDIA BITE

2 cl Finlandia Vodka · 2 cl Southern Comfort · 2 cl süße Sahne · 1 Spritzer Zitronensaft

Die Zutaten mit einigen Eiswürfeln in einem Shaker gut schütteln und in ein Cocktailglas abseihen.

REGISTER

Rezeptverzeichnis nach Kapiteln

Küchenratgeber Seite

Vorspeisen und Zwischengerichte Seite

Suppen Seite

Salate Seite

Saucen Seite

Fische und Schalentiere Seite

Fleisch Seite

Geflügel und Wild Seite

Gemüse Seite

REGISTER

Beilagen Seite

Eier Seite

Aufläufe Seite

Desserts Seite

Internationale Spezialitäten Seite

Backen

Seite

Getränke

Seite

REGISTER

Rezeptverzeichnis, alphabetisch

Seite

G

H

I/J

K

REGISTER

L

M

N

O

P

REGISTER